NO E-WORK BOOK!
NO EMAIL - WORKBOOK (GIVE TO HER IN CLASS)

EMAIL: E-LAB ONLY

MOSAICOS

Third Edition

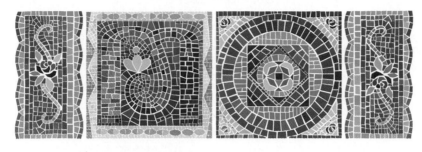

MOSAICOS

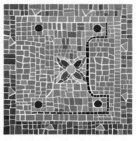

Spanish as a World Language

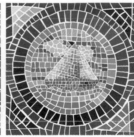

Matilde Olivella de Castells
Emerita, California State University, Los Angeles

Elizabeth Guzmán
College of Saint Benedict, St. John's University

Paloma Lapuerta
Central Connecticut State University

Carmen García
Arizona State University

Prentice
Hall

Upper Saddle River, New Jersey 07458

Library of Congress Cataloging-in-Publication Data

Mosaicos: Spanish as a world language / Matilde Olivella de Castells ... [et al.].— 3rd ed.
   p. cm.
  ISBN 0-13-031480-3 student text: alk. paper— ISBN 0-13-034180-0 (annotated instructor's ed.: alk. paper)
  1. Spanish language—Textbooks for foreign speakers—English. I.
Castells, Matilde Olivella de.
  PC4129.E5 M69 2001
  468.2'421--dc21

2001021686
CIP

VP, Editorial Director: *Charlyce Jones Owen*
Development Editor: *Mariam Rohlfing*
Executive Managing Editor: *Ann Marie McCarthy*
Production Editor: *Claudia Dukeshire*
Media Editor: *Heather Finstuen*
Assistant Editor: *Meriel Martínez*
Editorial Assistant: *Meghan Barnes*
VP, Director of Production and
  Manufacturing: *Barbara Kittle*
Prepress and Manufacturing Manager: *Nick Sklitsis*
Prepress and Manufacturing Buyer: *Tricia Kenny*

Marketing Manager: *Stacy Best*
Creative Design Director: *Leslie Osher*
Interior and Cover Design: *Ximena P. Tamvakopoulos*
Line Art Manager: *Guy Ruggiero*
Illustrations: *Andrew Lange*
Realia: *Mirella Signoretto*
Director, Image Resource Center: *Melinda Reo*
Interior Image Specialist: *Beth Boyd*
Manager, Rights and Permissions: *Kay Dellosa*
Photo Research: *Diana Góngora*
Image Coordinator: *Debbie Hewitson*

This book was set in 10/12.5 Sabon by *Wee Design Group*
and was printed and bound by *World Color*.
The cover was printed by *Phoenix Color Corp*.

©2002, 1998, 1994 by Pearson Education, Inc.
Upper Saddle River, New Jersey 07458

Printed in the United States of America
10 9 8 7 6 5 4 3

Student Text ISBN: 0-13-031480-3
Annotated Instructor's Edition ISBN: 0-13-031480-0

Prentice-Hall International (UK) Limited, *London*
Prentice-Hall of Australia Pty. Limited, *Sydney*
Prentice-Hall Canada Inc., *Toronto*
Prentice-Hall Hispanoamericana, S.A., *Mexico*
Prentice-Hall of India Private Limited, *New Delhi*
Prentice-Hall of Japan, Inc., *Tokyo*
Pearson Education Asia Pte. Ltd., *Singapore*
Editora Prentice-Hall do Brasil, Ltda., *Rio de Janeiro*

Contents

Scope and Sequence

COMUNICACIÓN

Introducing oneself and others
Greetings and good-byes
Expressions of courtesy
Spelling in Spanish
Identifying people and classroom
   objects
Locating people and objects
Using numbers from 0 to 99
Expressing dates
Telling time
Using classroom expressions

Asking for and providing
   information
Expressing needs
Asking for prices
Talking about daily activities
Asking about and expressing
   location

Asking about and describing
   persons, animals, places,
   and things
Expressing nationality and place
   of origin
Expressing where and when
   events take place
Expressing possession
Expressing likes and dislikes

Lección 10

La comida y la nutrición   328

Lección 11

La salud y los médicos 360

Lección 12

Las vacaciones y los viajes   394

Lección 13

Los hispanos en los Estados Unidos   430

COMUNICACIÓN

Discussing food, shopping, and planning menus
Expressing wishes and hope
Making requests and expressing opinions
Granting and denying permission
Expressing doubt
Giving advice

Talking about the body
Describing health conditions and medical treatments
Expressing emotions, opinions, and attitudes
Expressing expectations and wishes
Giving informal orders and instructions
Expressing goals and purposes

Making travel arrangements
Asking about and discussing itineraries
Describing and getting hotel accommodations
Asking and giving directions
Expressing denial and uncertainty
Expressing possession (emphatically)
Talking about the future

Stating facts in the present and in the past
Giving opinions
Describing states and conditions
Talking about the past from a present-time perspective
Hypothesizing about the future

EXPANSIÓN GRAMATICAL

Preface

About the *Mosaicos* Program

Welcome to the third edition of **Mosaicos**! With this text, the beginning classroom becomes a setting for true communication and cultural exchange. **Mosaicos** combines the best elements of language instruction in a highly interactive approach. An emphasis on frequently used vocabulary, practical applications of grammar, illustrated language contexts, and engaging activities help to successfully develop good communication skills.

Mosaicos is built on a foundation of interaction, communication, and culture. Its functional grammatical syllabus provides an understanding of the language in a clear, concise format. Structures are presented as a means to effective communication and valuable class time can be spent interacting as well as developing and improving language skills in Spanish.

Highlights of the Program

The third edition of **Mosaicos** continues the successful tradition of the first and second, retaining and enhancing the core features, and presenting an all-new integrated video, CD-ROM, and Website that are unique to the **Mosaicos** program.

Focus on communication

The **Mosaicos** program features a lively and visual communicative format for presenting and practicing new language. Abundant activities in the *A primera vista* section of each chapter foster use of newly-acquired and previously-learned words and expressions in a variety of contexts. These contexts provide a natural environment for learning and practicing new vocabulary, as well as for recycling previously-taught language and previewing new structures.

Mosaicos presents grammar as a means to communicate effectively. The scope and sequence of grammatical topics in **Mosaicos, Third Edition**, is dictated by the communicative needs of beginning students. Activities in the *Explicación y expansión* section of each chapter develop the ability to use linguistic structures for direct communicative purposes.

Opportunities for previewing and recycling. The *Algo más* section is designed to introduce structural points needed for communication in increments, which facilitates students' internalization of these linguistic structures. Throughout the text, annotations suggest opportunities for instructors to review and reinforce recycled structures and vocabulary clusters.

A closer integration of culture and language

In the third edition, the integration of culture and language has been further enriched and developed. Each chapter focuses closely on a country or region, and numerous examples from that country or region are used consistently throughout the chapter in language samples, photos, maps, and realia. Related cultural content is interwoven throughout the text in activities and readings.

Integrated media program

Mosaicos, Third Edition offers a robust and truly integrated technology program featuring a new *Fortunas* Video, an Activity CD-ROM bound into every new copy of the text, and a Website. Each of the 15 chapters now concludes with the newly developed *Enfoque interactivo*, which integrates the *Mosaicos* media program —Video, Activity CD-ROM, and Website— into the course. The *Enfoque interactivo* highlights the activities that are available in the media program, indicates when the activities can be completed, and provides guidance to the instructor and student for when and how to use the media components and for the amount of time required by the task. Also new to this edition are the E-Workbook and E-Lab Manual, which are on-line versions of the print Workbook/Lab Manual.

From skill building to skill using

The unique culture-based *Mosaicos* sections of each chapter provide skill-building and skill-using activities in each area: listening, speaking, reading, and writing. These sections also provide ample opportunities for skill-chaining.

Listening strategy work. Many *A escuchar* sections include pre-listening activities that provide general listening strategies. In many cases, students are asked to fill in charts, comment on, or otherwise process the information they hear after completing the specific listening task, integrating listening with productive skills.

Personalized speaking activities. More open-ended activities in every chapter provide opportunities for individuals, pairs and groups of students to gather, process and share information in Spanish, stimulating real communication in the classroom. Conversation activities in the *A conversar* section of each chapter encourage interaction on a personal level combining newly acquired structures and vocabulary in discussions on chapter topics.

Increased attention to reading skills. Pre- and post-reading activities provide opportunities and strategies for developing reading skills. Reading selections include a greater number of authentic texts and reflect a variety of discourse types and styles ranging from journalistic to literary. Texts become longer and more challenging as the book progresses.

Process writing apparatus. Carefully-crafted process writing activities conclude each *Mosaicos* section. Pre- and post-writing activities are a guide through critical steps in the writing process. Throughout, extensive annotations guide instructors to teach writing as a recursive —rather than linear— process.

Scope and Sequence of the Third Edition

In response to helpful feedback from users of the second edition, the following adjustments have been made to the scope and sequence:

✖ To quickly facilitate learners' ability to communicate in Spanish, a number of linguistic structures needed for conversation are now presented earlier in the text. For example: question words are now in lesson 1, possessive adjectives are in lesson 2, adverbs and some reflexive verbs appear in lesson 4.

✖ Key structural points were moved. In the third edition, the presentation and practice of the preterit has been divided between lessons 6 and 7. Lesson 6 covers the preterit tense of regular verbs and the preterit of **ir** and **ser.** Lesson 7 addresses the irregular forms of the preterit, the preterit of *-er* and *-ir* verbs whose stem ends in a vowel and the preterit of stem-changing *-ir* verbs: ($e \rightarrow i$) ($o \rightarrow u$).

✖ Indirect commands were moved to lesson 10, and informal commands to lesson 11; the conditional was moved to lesson 13 to be presented immediately after the future; the past perfect and the infinitive as subject of a sentence and object of a preposition were moved to lesson 14; the imperfect subjunctive was moved to lesson 15.

✖ The present perfect subjunctive, the past perfect subjunctive, *if* clauses using the perfect tenses, and the passive voice were moved to the *Expansión gramatical*. Instructors who wish to include these structures may incorporate them in the core lessons of the program.

Other features of the third edition that should prove beneficial for both students and instructors are:

✖ **Expanded *Enfoque cultural* sections.** These sections in each chapter provide practical knowledge of specific cultural topics of the Spanish-speaking world as well as an orientation to the countries that make up that world. Activities in each *Enfoque cultural* encourage the exploration of Spanish-language Websites to gather information on the cultural topic presented. A new, interactive version of the *Enfoque cultural* on the **Mosaicos** Website provides hotlinks to related Spanish language Websites that extend the range of cultural examples to which the student is introduced. The new **Mosaicos** Website also provides numerous activities based on — and hotlinked to — Websites all over Spain and Latin America.

✖ **Revised *situaciones* sections** offer students guided, semi-guided, and open-ended role plays. These *situaciones* foster the use of the various patterns of oral exchanges in Spanish, allows for personalization of information and/or the filling of a communication gap, and aim at specific student output.

✖ **More extensive and consistent use of *Cultura* boxes.** The range of the *Cultura* boxes has been expanded in the third edition and they now appear in each chapter to ensure students gain an understanding and appreciation of people and cultures while building linguistic skills.

✖ ***Acentos* boxes.** Syllable stress and accent rules in Spanish often overlooked in introductory texts appear in new concept boxes called *Acentos*.

✖ ***Lengua* boxes,** which inform learners of socio-linguistic distinctions in the Spanish language, appeared at strategic intervals throughout the second edition. In the third edition, they appear in every chapter.

✖ *A investigar boxes* as well as *A investigar* activities appear in every lesson of the text to make the acquisition of cultural knowledge an active process by guiding students to gather information in the library or on the World Wide Web, which they then use to examine the cultural content embedded in the chapter materials.

Organization of the Text

Mosaicos consists of a preliminary chapter (*Bienvenidos*) and fifteen regular chapters. Through a variety of visual stimuli, the *Bienvenidos* chapter allows instructors to conduct classes in Spanish from the very first day. Each regular chapter maintains the following consistent structure:

Goals. Succinct, easy-to-understand objectives in each chapter opener provide realistic, communicative, structural, and cultural goals.

A primera vista. This opening section of each chapter provides a richly contextualized, cultural framework for learning and practicing new language. New material is presented within two or three thematic groupings, which make use of photos, illustrations, and authentic documents.

Comprehensible input is provided through a wide variety of language samples (dialogs, brief narratives, brochures, comic strips, captions, etc.). Within each thematic grouping, activities provide opportunities to practice the new vocabulary and in some cases preview grammar points which are formally presented later in the chapter. Following the thematic presentations, the *A escuchar* listening activity recycles vocabulary in an authentic conversational framework while providing practice in global listening skills. Previously-taught material is consistently recycled and reinforced.

Explicación y expansión. The *Explicación y expansión* sections consist of concise grammar explanations focused on usage followed by immediate practice of each new structural item within a contextualized framework. The exercises and activities in this section develop students' abilities to use linguistic structures for direct communicative purposes. Contextualized and personalized, the exercises focus student attention on a variety of useful tasks and provide practice for communicating effectively in pairs or small groups in a variety of real-life situations. These activities reinforce both vocabulary introduced in the *A primera vista* section of the chapter and vocabulary presented in previous chapters.

Mosaicos. Skills and topics are interwoven at the end of each chapter into a series of skill-building and skill-chaining activities that bring together the chapter vocabulary, structures, and cultural content:

✖ *A escuchar* develops students' ability to understand spoken Spanish in a variety of authentic contexts: brief exchanges and longer conversations between two or more speakers, telephone messages, radio broadcasts, literary texts, etc.

✖ *A conversar* includes open-ended speaking activities based on naturally-occurring discourse situations and authentic written texts. Students learn to express and discuss their own needs and interests. This section provides many opportunities for personalized expression.

✖ *A leer* teaches students how to become independent readers by introducing basic strategies for understanding the general meaning of a text as well as for extracting specific information from it. A complete apparatus of pre-, during-, and post-reading activities guides students to develop their ability to read a variety of high-interest, authentic Spanish texts, from simple documents such as advertisements to the extended discourse of brochures, newspaper and magazine articles, letters, literary texts, etc.

✖ *A escribir* provides step-by-step activities in which students learn to compose messages and memos, postcards and letters, journals, simple expository paragraphs and brief essays. Pre- and post-writing activities guide students through critical steps in the writing process, including: brainstorming (to develop ideas for topics); defining one's purpose, means of communication, tone, and reader; making an outline; revising; and conferencing and peer editing. Additionally, useful tips in *A leer* provide students with specific lexicon, structures, and points of syntax relevant to the writing task at hand.

Vocabulario. The vocabulary list includes all new, active vocabulary words and expressions presented in the chapter in clear, semantically-organized groups. All words included in the list are practiced and recycled throughout the chapter and in subsequent chapters in a variety of contexts. Written vocabulary practice appears in the *A primera vista* sections and in the accompanying Workbook/Lab Manual, and a recording of all active vocabulary words is included in the lab program and on the CD-ROM.

Enfoque cultural. This entertaining and informative section focuses on contemporary cultural issues related to the chapter theme. *Enfoque cultural* sections use a graphic layout, combining visual and textual elements—photos, maps, brief essays—to capture students' interest and expose them to key information. Additionally, every *Enfoque cultural* includes activities that encourage students to explore the issues at hand. A broad variety of contemporary topics is featured, ranging from distinctive and changing aspects of daily life, such as family, housing, shopping, and travel, to broader social, political, and economic issues in Hispanic countries. Students can explore the topics presented in the *Enfoque cultural* on the Web via an interactive version presented on the *Mosaicos* Website.

Enfoque interactivo. The *Enfoque interactivo* highlights the numerous resources and activities available on the *Mosaicos Fortunas* Video, Activity CD-ROM, and Website, and provides guidance to the instructor for how to integrate those components into his or her course. Media activities in the *Enfoque interactivo* can be done during classroom media lab sessions, or can be assigned as homework. Time estimates indicate the approximate time necessary to complete the activity, and teacher's annotations provide suggestions for using the activities in the classroom.

The Complete Program

Mosaicos is a complete learning and teaching program that includes the following components:

- Student text with Activity CD-ROM
- Annotated Instructor's Edition with Activity CD-ROM
- Instructor's Resource Manual
- *Fortunas* Video
- *Mosaicos* Activity CD-ROM
- *Mosaicos* Website
- Testing Program
- Computerized Testing Program
- Transparencies
- Student Audio CDs/Cassettes
- Workbook/Lab Manual
- Workbook Answer Key
- Audioprogram (Lab CDs/Cassettes)
- E-Workbook
- E-Lab Manual

Student Text with Activity CD-ROM

A copy of the *Mosaicos* Activity CD-ROM is included in each copy of the student text and instructor's edition. Also, **Mosaicos** is available for purchase with or without two sixty-minute audio CDs or cassettes that contain recordings of the *A escuchar* sections in the textbook. The *A escuchar* sections are also recorded for departmental language labs free of charge and are included in the audioprogram.

Annotated Instructor's Edition

Marginal annotations in the Annotated Instructor's Edition include extensive strategies, activities, expansion exercises, and a selected answer key for all sections of the text, and a printed Tapescript for the *A escuchar* section. Additional tips and hints offer effective classroom techniques.

Instructor's Resource Manual

The Instructor's Resource Manual is designed to aid instructors in using the text. It addresses theoretical and pedagogical concerns such as classroom atmosphere and the communicative oriented classroom. In addition, it provides course syllabi, suggestions for lesson plans, suggestions for using the media components of the program, a complete Tapescript for the Audioprogram, and tips for using video successfully.

Fortunas Video

Written and filmed specifically for the *Mosaicos, Third Edition* program, the new *Fortunas* video is an ongoing drama that features four contestants competing to solve cultural mysteries and locate three fortunes within Mexico. The three fortunes correspond to three cultural periods of Mexican history (Aztec, Colonial, and Contemporary). Clues highlight and teach students about these cultural periods while the contest atmosphere provides students with a dynamic, interesting environment in which to learn the target grammar and vocabulary. The *Fortunas* contest becomes interactive as activities presented in the in-text *Enfoque interactivo*, Activity CD-ROM, and Website allow students to try to solve the mysteries themselves, interact with the video characters by writing and voice-recording on the Activity CD-ROM, and influence the outcome of the contest by awarding the contestants points through viewer polls on the Website.

Mosaicos Activity CD-ROM

Packaged FREE with each copy of *Mosaicos, Third Edition,* the *Mosaicos* Activity CD-ROM includes the entire *Fortunas* Video with a series of activities designed to involve students in the video story-line. Students work with the information presented in order to follow clues, gather information, and draw conclusions. These activities engage students and offer practice of the four skills (reading, writing, listening, and speaking). In addition, the *Mosaicos* Activity CD-ROM also includes numerous grammar and vocabulary practice exercises, cultural e-mails for the development of reading and writing skills, and fun review games.

Mosaicos Website

The *Mosaicos* Website offers abundant vocabulary and grammar practice exercises and opportunities to explore Spanish language Websites. The entire *Enfoque cultural* section from the text is now available online with hotlinks to authentic Spanish Websites enabling students to further explore the themes and topics presented and to complete the *Para investigar* activities which accompany each *Enfoque cultural*. The *Mosaicos* Website also features a *Fortunas* section based on the video where students can work with clues and weblinks to solve the video mysteries, read contestant biographies and diaries, and cast their vote for different characters to influence the outcome of the contest through viewer polls.

Testing Program

The Testing Program consists of vocabulary quizzes for each *A primera vista* and three alternate versions of tests for each chapter: a more open-ended test, a structured test, and a multiple choice test. Each test is organized by skill, and uses a variety of techniques and activity formats to complement the text. The Testing Program is available in paper or computerized formats.

Computerized Testing Program

The Testing Program is available electronically for Macintosh and IBM. With the electronic version, instructors can mix and match testing materials according to their own needs.

Transparencies

Created specifically for the *Mosaicos* program, this set of fifty-three full-color transparencies of illustrations, realia, and maps, offers the instructor visual classroom support for presenting vocabulary, creating activities, and reviewing chapter materials.

Student Audio CDs or Cassettes

The Student Audio CDs/Cassettes contain the recordings for the in-text *A escuchar* listening activities. These recordings help students acquire and review vocabulary, become more accustomed to hearing spoken Spanish, and understand it better.

Workbook

The organization of the Workbook parallels that of the main text. The Workbook provides further practice of each chapter's vocabulary and grammar structures through sentence building and completion exercises, fill-ins, and art- and realia-cued activities. Reading and writing activities include strategies for improving reading and writing skills. Two new sections have been added to the third edition: a section to assess comprehension of the *Enfoque Cultural* and a section to practice accentuation, which correlates with the stress and written accent in the Lab Manual and the Acentos boxes in the text.

Workbook Answer Key. An answer key for the Workbook is available for instructors who want students to check their own work.

Lab Manual

The Lab Manual is to be used in conjunction with the Audioprogram recordings of listening-comprehension passages such as conversations, descriptions, interviews, and public announcements. The listening-comprehension passages are followed by various comprehension check activities such as true-or-false, multiple choice, completion, and writing responses. Answers to the activities are included at the end of the Lab Manual.

Audioprogram

The Audioprogram is available in either CD or cassette format and consists of the following three components: listening segments to accompany the Lab Manual; chapter-by-chapter text vocabulary; and in-text *A escuchar* listening selections. The listening CDs/Cassettes and the Lab Manual activities help students move beyond the in-text activities towards guided, more realistic, listening contexts.

E-Workbook

This on-line, passcode protected version of the print Workbook allows students to complete activities and receive instant feedback on close-ended Workbook activities. The results for graded activities and students' answers to open-ended activities can be e-mailed to instructors.

E-Lab Manual

The E-Lab Manual offers an on-line version of the print Lab Manual, with streaming audio. The passcode protected E-Lab Manual offers flexibility and convenience to students for accessing listening materials and completing the Lab Manual activities.

National Standards

The National Standards in Foreign Language Education Project published *Standards for Foreign*

Language Learning: Preparing for the 21st Century which identified five goal areas for programs of foreign language instruction: Communication, Cultures, Connections, Comparisons, and Communities. These goal areas inform the pedagogy of the Third Edition of **Mosaicos**.

Communication. Throughout the text, students engage in meaningful conversations, providing and obtaining information, expressing their opinions and feelings, and sharing their experiences. Students also listen to, read, and interpret language on a variety of topics. Through *informes* as part of many activities and in compositions in *A escribir*, students present information and ideas in both written and oral communication.

Cultures. *Cultura* boxes and the *Enfoque cultural* sections of each chapter give students an understanding of the relationship between culture and language throughout the Spanish-speaking world.

Connections. Realia, readings, and conversation activities throughout the text provide opportunities for making connections with other discipline areas. Students gain information and insight into the distinctive viewpoints of Spanish speakers and their cultures.

Comparisons. *Lengua* boxes often provide students with points of comparison between English and Spanish. *Para pensar* activities in the *Enfoque cultural* sections encourage students to reflect on aspects of daily life in their own culture before reading about and investigating similar aspects of daily life in Spanish-speaking countries.

Communities. The text encourages students to go beyond the classroom through Internet activities, and the *Mosaicos* Website provides abundant opportunities for exploration, personal enjoyment, and enrichment. Instructors are reminded to encourage students to explore and become a part of Spanish-speaking communities in their areas.

Acknowledgments

The Third Edition of **Mosaicos** is the result of a collaborative effort between ourselves, our publisher, and you, our colleagues. We are sincerely appreciative of all the comments and suggestions from First and Second Edition users, and we look forward to continuing the dialog and having your input on this edition. We are especially indebted to the many members of the Spanish teaching community whose reviews and comments at various stages throughout the preparation of the First, Second, and Third Editions have made **Mosaicos** the solid program that it is. We especially acknowledge and thank:

Mercedes Arissó-Thompson, El Camino College
Lucrecia Artalejo, Northeastern Illinois University
José Bahamonde, Miami Dade Community College
Linda Jane C. Barnette, Ball State University
Debra L. Barrett, University of Minnesota
Margarita Batlle, Miami Dade Community College
Kathleen Boykin, Slippery Rock University
Rodney Lee Bransdorfer, Gustavus Adolphus College
J. Dianne Broyles, Oklahoma City Community College
Morris E. Carson, J. Sargent Reynolds Community College
John Chaston, University of New Hampshire
María Cooks, Purdue University
Rafael Correa, California State University, San Bernardino

Debora Cristo, Arizona State University
Jorge H. Cubillos, University of Delaware
Harry J. Dennis, California State University, Sacramento
Anthony F. DiSalvo, Frederick Community College
Martin Durrant, Mesa Community College
Raymond Elliott, University of Texas-Arlington
Herbert O. Espinoza, College of Charleston
José Feliciano-Butler, University of South Florida
José B. Fernández, University of Central Florida
Rosa Fernández, University of New Mexico
Marcella Fierro, Mesa Community College
Mary Beth Floyd, Northern Illinois University
Herschel Frey, University of Pittsburgh
Robert K. Fritz, Ball State University
Dulce M. García, City College of New York
Ricardo García, San Jacinto College, South Campus
Marta Garza, Oxnard College
Barbara González-Pino, University of Texas-San Antonio
Ronni Gordon, Harvard University
Lynn Carbón Gorrell, University of Michigan, Ann Arbor
James A. Grabowska, Minnesota State University-Mankato
John W. Griggs, Glendale Community College
Terry Hansen, Pellissippi State Technical Community College
Mark Harpring, University of Kansas
Juana Amelia Hernández, Hood College
Sonja G. Hokanson, Washington State University
Ed Hopper, UNC-Charlotte
Hildegart Hoquee, San Jacinto College, Central Campus
Michael Horswell, University of Maryland-College Park
René Izquierdo, Miami-Dade Community College
María C. Jiménez, Sam Houston State University
Teresa Johnson, St. Louis University
Marilyn Kiss, Wagner College
Barbara A. Lafford, Arizona State University
Roberta Levine, University of Maryland-College Park
Lucia Lombardi, University of Illinois-Chicago
Timothy McGovern, University of California Santa Barbara
Marcelino Marcos, Lakeland Community College
Marina Martin, College of Saint Benedict, St. John's University
Hope Maxwell-Snyder, Shepherd College
Cynthia Medina, York College of Pennsylvania
Niurka Medina-Valin, Cerritos Community College
Robert M. Mee, Delta College
Karen-Jean Muñoz, Florida Community College at Jacksonville
Raúl Neira, Buffalo State College
Carmen Pena-Eblen, Oxnard College
M. Mercedes Rahilly, Lansing Community College
Ana M. Rambaldo, Montclair State College
Richard Raschio, University of St. Thomas

Elaine Rees, Cosumnes River College
Arsenio Rey, University of Alaska
Teresa Roig-Torres, Miami University
Marcia H. Rosenbusch, Iowa State University
Hildebrando Ruiz, University of Georgia
Cecilia Ryan, McNeese University
Carmen Salazar, Los Angeles Valley College
Kimberley Sallee, University of Missouri-Columbia
David Shook, Georgia Institute of Technology
Jay Siskin, Brandeis University
Karen L. Smith, University of Arizona
R. Roger Smith, Indiana University of Pennsylvania
Lourdes Torres, University of Kentucky
Joanna Vargas, Columbia College
Irma Velez, City College of New York
Carmen Vigo-Acosta, Mesa Community College
Montserrat Vilarrubla, Illinois State University
Helga Winkler, Eastern Montana College
Bill Woodard, Hampden-Sydney College
Janice Wright, University of Kansas

We would like to thank Professors Juan Felipe García Santos and Jesús Fernández González, University of Salamanca, Spain, for their collaboration. Thanks are also due to Blanca and César Gómez Villegas, Ana María and Juan Jorge Sanz, Gloria Toriello de Herrera, Johanna Herrera, Miguel Ordóñez, Benjamín Guzmán, and Raúl Salas for their help in obtaining authentic materials, and their advice regarding elements of current Spanish usage in their respective countries.

We would also like to thank all the editorial, production, and marketing staff at Prentice Hall who have contributed to the *Mosaicos* program. Special thanks to Charlyce Jones Owen, Editorial Director, and Rosemary Bradley, former Editor-in-Chief, for their support, direction and organization; Mariam Rohlfing, Development Editor, for her dedication, creative ideas and meticulous work on the manuscript and page proofs; Claudia Dukeshire, Production Editor, for her careful and resourceful attention to every detail during the book production; Ximena de la Piedra Tamvakopoulos, Art Director, who worked endless hours to create the beautiful design of the text; and Ann Marie McCarthy, Executive Managing Editor, who supervised the book's production; Heather Finstuen, Media Editor, for her creativity, dedication, and many hours of hard work on the exciting *Fortunas* Video, Website, *Mosaicos* Activity CD-ROM, and *Enfoque interactivo* sections; Julia Caballero, Development Editor, for her hard work and commitment to quality in creating the *Fortunas* video; Rob Reynolds, University of Oklahoma, creator of the *Fortunas* concept, for his inspired work in writing the Mosaicos video, *Enfoque interactivo* sections, and *Fortunas* Website and CD-ROM activities; José Juan Colín, University of Oklahoma, for his excellent CD-ROM activities; Kate Ramunda, Media Project Editor, for her commitment to the success of the Website and CD-ROM projects, and all the hard work it took to make that happen; Meriel Martínez, Assistant Editor, for her calm efficiency and good humor in managing the audio supplements, the Workbook and Lab Manual; Mark Harpring, University of Kansas, for his cooperative, thoughtful work on the testing program; Frank Morris, Development Editor, who came in on the final stages of the preparation of the manuscript, for his support and enthusiasm for the project; Meghan Barnes, Editorial Assistant, for her willing assistance; Stacy Best, Marketing Manager, for her inspiration and many excellent ideas; Andrew Lange, Illustrator, for his excellent illustrations and cooperation throughout; Wanda España for composing the pages, and Mirella Signoretto for creating the realia.

Lección preliminar

Bienvenidos

COMUNICACIÓN

- ✖ Introducing oneself and others
- ✖ Greetings and good-byes
- ✖ Expressions of courtesy
- ✖ Spelling in Spanish
- ✖ Identifying people and classroom objects
- ✖ Locating people and objects
- ✖ Using numbers from 0 to 99
- ✖ Expressing dates
- ✖ Telling time
- ✖ Using classroom expressions

Las presentaciones

ANTONIO: Me llamo Antonio Mendoza.
Y tú, ¿cómo te llamas?
BENITO: Benito Sánchez.
ANTONIO: Mucho gusto.
BENITO: Igualmente.

PROFESOR: ¿Cómo se llama usted?
ISABEL: Me llamo Isabel Mendoza.
PROFESOR: Mucho gusto.
ISABEL: Encantada.

LAURA: María, mi amigo José.
MARÍA: Mucho gusto.
JOSÉ: Encantado.

- Spanish has more than one word meaning *you*. Use **tú** when talking to someone on a first-name basis (close friend, relative, child). Use **usted** when talking to someone you address in a respectful or formal manner, as **doctor**, **profesor, señora, don, doña**, and so on. Use it also to address individuals you do not know well.

- Young people normally use **tú** when speaking to each other.

- **Mucho gusto** is used by both men and women when meeting someone for the first time. A man may also say **encantado** and a woman **encantada**.

- When responding to **mucho gusto**, you may use either **encantado/a** or **igualmente**.

¿Qué dice usted?

B-1 Presentaciones. With a classmate, complete the following conversation with the appropriate expressions from the column on the right. Then move around the classroom introducing yourself to several classmates, and introducing classmates to each other.

ALICIA: Me llamo Alicia. Y tú, ¿cómo te llamas?

ISABEL: Isabel Pérez. _____.

ALICIA: _____.

ALICIA: Isabel, _____.

ISABEL: Mucho gusto.

PEDRO: _____.

Igualmente

Mucho gusto

Encantado

mi amigo Pedro

Los saludos

SEÑOR: Buenos días, señorita Mena.

SEÑORITA: Buenos días. ¿Cómo está usted, señor Gómez?

SEÑOR: Bien, gracias. ¿Y usted?

SEÑORITA: Muy bien, gracias.

MARTA: ¡Hola, Inés! ¿Qué tal? ¿Cómo estás?

INÉS: Regular, ¿y tú?

MARTA: Bastante bien, gracias.

SEÑORA: Buenas tardes, Felipe. ¿Cómo estás?

FELIPE: Bien, gracias. Y usted, ¿cómo está, señora?

SEÑORA: Mal, Felipe, mal.

FELIPE: Lo siento.

- Use **buenas tardes** from noon until nightfall. After nightfall, use **buenas noches** (*good evening, good night*).

- **¿Qué tal?**, is a more informal greeting. It is normally used with **tú**, but it may also be used with **usted.**

- Use **está** with **usted**, and **estás** with **tú.**

Cultura

When saying *hello* or *good-bye* and when being introduced, Spanish-speaking men and women almost always shake hands. When greeting each other, young girls and women often kiss each other on the cheek. This is also the custom for men and women who are close friends. In Spain this kissing is done on both cheeks. Men who are close friends normally embrace and pat each other on the back. Native Spanish speakers also tend to get physically closer to the person with whom they are talking than do Americans. In Spain, people normally use **buenos días** until lunch time, which is around 2:00 P.M.

¿Qué dice usted?

B-2 Saludos. You work as a receptionist in a hotel. Which of the following greetings is appropriate at the following times: **buenos días, buenas tardes, buenas noches?**

a. 9:00 a.m   c. 4:00 p.m.   e. 1:00 p.m.
b. 11:00 p.m.   d. 8:00 a.m   f. 10:00 p.m.

Las despedidas

adiós	*good-bye*
hasta luego	*see you later*
hasta mañana	*see you tomorrow*
hasta pronto	*see you soon*

- **Adiós** is generally used when you do not expect to see the other person for a while. It is also used as a greeting when people pass each other, but have no time to stop and talk.

- **Chao** (also spelled **chau**) is an informal way of saying good-bye, which is very popular in South America.

Expresiones de cortesía

con permiso	*pardon me, excuse me*
de nada	*you're welcome*
gracias	*thanks, thank you*
lo siento	*I'm sorry*
perdón	*pardon me, excuse me*
por favor	*please*

Con permiso and **perdón** may be used "before the fact," as when asking a person to allow you to go by or when trying to get someone's attention. Only **perdón** is used "after the fact," as when you have stepped on someone's foot or need to interrupt a conversation.

¿Qué dice usted?

B-3 ¿Perdón o con permiso? Would you use **perdón** or **con permiso** in these situations?

a.

b.

c.

d.

e.

B-4 Expresiones de cortesía y despedidas. Which expression(s) would you use in the following situations?

gracias	de nada	por favor
adiós	hasta luego	lo siento

1. Someone thanks you.
2. You are saying good-bye to a friend whom you will see later that evening.
3. You are asking a classmate for his/her notes.
4. You hear that your friend is sick.
5. You receive a present from a friend.
6. Your friend is leaving for a vacation in Spain.

B-5 Encuentros. You meet the following people on the street. Greet them, ask them how they are, and then say good-bye. A classmate will play the other role.

1. su amigo Miguel
2. su profesor/a
3. su amiga Isabel
4. su doctor/a

 A ESCUCHAR

Saludos. You will hear four brief conversations. Mark the appropriate column to indicate whether the greetings are formal (with **usted**) or informal (with **tú**). Do not worry if you do not understand every word.

FORMAL   INFORMAL

1. _____   _____
2. _____   _____
3. _____   _____
4. _____   _____

El alfabeto

a	a	**o**	o
b	be	**p**	pe
c	ce	**q**	cu
d	de	**r**	ere
e	e	**s**	ese
f	efe	**t**	te
g	ge	**u**	u
h	hache	**v**	ve, uve
i	i	**w**	doble ve,
j	jota		doble uve,
k	ka		uve doble
l	ele	**x**	equis
m	eme	**y**	i griega, ye
n	ene	**z**	zeta
ñ	eñe		

- The letter **ñ** does not exist in English.

- The letters **k** and **w** appear mainly in words of foreign origin.

¿Qué dice usted?

B-6 ¿Cómo se escribe? Ask your classmate how to spell these Spanish last names.

MODELO: Zamora
                E1: ¿Cómo se escribe Zamora?
                E2: Con z.

1. Celaya
2. Montalvo
3. Salas

4. Bolaños
5. Henares
6. Velázquez

B-7 Los nombres. Ask three of your classmates their names. Write down their names as they spell them.

MODELO: E1: ¿Cómo te llamas?
                E2: Me llamo David Montoya.
                E1: ¿Cómo se escribe Montoya?
                E2: M-o-n-t-o-y-a

Identificación y descripción de personas

CARLOS: ¿Quién es ese chico?
SANDRA: Es Julio.
CARLOS: ¿Cómo es Julio?
SANDRA: Es romántico y sentimental.

LUIS: ¿Quién es esa chica?
ENRIQUE: Es Carmen.
LUIS: ¿Cómo es Carmen?
ENRIQUE: Es activa y muy seria.

SER *(to be)*				
yo	soy		I	am
tú	eres		you	are
usted	es		you	are
él, ella	es		he, she	is

- Use **ser** to describe what someone is like.

- To make a sentence negative, place the word **no** before the appropriate form of **ser**. When answering a question with a negative statement, say **no** twice.

Ella es inteligente.	→	Ella **no** es inteligente.
¿Es rebelde?	→	**No, no** es rebelde.

Cognados

Cognates are words from two languages that have the same origin and are similar in form and meaning. Since English shares many words with Spanish, you will discover that you already recognize many Spanish words. Here are some that are used to describe people.

The cognates in this first group use the same form to describe a man or a woman.

arrogante	importante	optimista	rebelde
competente	independiente	paciente	responsable
eficiente	inteligente	parcial	sentimental
elegante	interesante	perfeccionista	terrible
idealista	liberal	pesimista	tradicional
imparcial	materialista	popular	valiente

The cognates in the second group have two forms. The **-o** form is used to describe a male and the **-a** form to describe a female.

atlético/a	creativo/a	introvertido/a	romántico/a
atractivo/a	dinámico/a	lógico/a	serio/a
agresivo/a	extrovertido/a	moderno/a	sincero/a
ambicioso/a	generoso/a	pasivo/a	tímido/a
cómico/a	impulsivo/a	religioso/a	tranquilo/a

There are also some words that appear to be cognates, but do not have the same meaning in both languages. These are called false cognates. **Lectura** (*reading*) and **éxito** (*success*) are examples of this kind. You will find more examples in future lessons.

¿Qué dice usted?

👤👤 **B-8 Conversación.** With a partner, ask each other about your classmates. Describe them using cognates from the lists above.

MODELO: E1: ¿Cómo es... ?
            E2: Es...

B-9 ¿Cómo es mi compañero/a? Choose words from the cognates list on page 10 to ask the person next to you about his/her personality traits.

MODELO: E1: ¿Eres pesimista?
         E2: No, no soy pesimista. *o*
             Sí, soy (muy) pesimista.

Then find out what he/she is really like.

MODELO: E1: ¿Cómo eres (tú)?
         E2: Soy activo, rebelde y creativo.

¿Qué hay en el salón de clase?

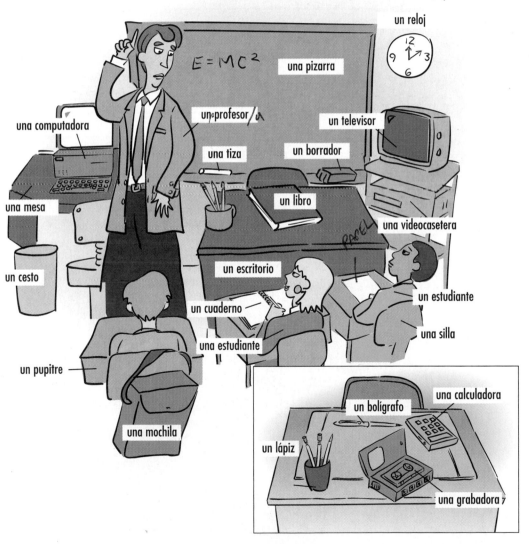

¿Qué dice usted?

👥 **B-10 Identificación.** With a partner, identify the items on this table.

👥 **B-11 Para la clase de español.** Write down a list of the things you need for this class. Compare your list with that of your partner.

¿Dónde está?

To ask about the location of a person or an object, use **dónde + está**.

¿Dónde está la profesora?	Está en la clase.
¿Dónde está el libro?	Está sobre el escritorio.

¿Qué dice usted?

B-12 Para completar. With a classmate, complete the following sentences based on the relative position of people or objects in the drawing on the previous page.

1. La pizarra está _____ la profesora.
2. El libro está _____ el escritorio.
3. María está _____ de la profesora.
4. Mercedes está _____ Juan y María.
5. Juan está _____ Mercedes.
6. El cesto está _____ la pizarra.
7. María está _____ de la ventana.
8. El televisor está _____ la pizarra y la puerta.

B-13 La clase de español. The X marks your location on the seating chart below.

María	Juan	Ester	Susana	Pedro
Carlos	Cristina	Ángeles	Alberto	Anita (ventana)
(puerta) Mercedes	X	Roberto	Rocío	Pablo
	Profesor Gallegos			

1. Tell where Juan, Ángeles, Cristina, and Pedro are seated.
2. Ask questions about the location of other students.

B-14 ¿Dónde está? Your partner will ask where several items in your classroom are. Answer by giving their position in relation to a person or another object.

MODELO: E1: ¿Dónde está el libro?
            E2: Está sobre el escritorio.

B-15 ¿Quién es? Based on what your partner says regarding the location of another student, guess who he/she is.

MODELO: E1: Está al lado de Juan. ¿Quién es?
            E2: Es María.

 ## A ESCUCHAR

¿Dónde está? Look at the drawing of the classroom on the previous page. You will hear statements about the location of several people and objects. Mark the appropriate column to indicate whether each of the statements is true (**sí**) or false (**no**).

	SÍ	NO		SÍ	NO
1.	_____	_____	4.	_____	_____
2.	_____	_____	5.	_____	_____
3.	_____	_____	6.	_____	_____

0	cero	11	once	21	veintiuno
1	uno	12	doce	22	veintidós
2	dos	13	trece	30	treinta
3	tres	14	catorce	31	treinta y uno
4	cuatro	15	quince	40	cuarenta
5	cinco	16	dieciséis	50	cincuenta
6	seis	17	diecisiete	60	sesenta
7	siete	18	dieciocho	70	setenta
8	ocho	19	diecinueve	80	ochenta
9	nueve	20	veinte	90	noventa
10	diez				

- Numbers from 16 through 29 are usually written as one word. Note the spelling changes and the written accent on some forms.

  18 dieciocho   **22 veintidós**

- Beginning with 31, numbers are written as three words.

  31 treinta y uno   **45 cuarenta y cinco**

- The number one has three forms in Spanish: **uno, un,** and **una.** Use **uno** when counting: **uno, dos, tres…** Use **un** or **una** before nouns: **un borrador, una mochila, veintiún libros, veintiuna mochilas.**

- Use **hay** for both *there is* and *there are.*

  Hay un libro sobre la mesa.   *There is a book on the table.*
  Hay dos libros sobre la mesa.   *There are two books on the table.*

¿Qué dice usted?

B-16 ¿Qué número es? Your instructor will read a number from each group. Circle the number.

a.	8	4	3	5		d.	54	38	76	95
b.	12	9	16	6		e.	83	62	72	49
c.	37	59	41	26		f.	47	14	91	56

👥 **B-17 Una lista.** This is a list of items you might need for your new office. The numbers next to each item indicate the quantity you can order. Choose five items and tell your partner (the acquisitions manager) how many of each you want. Exchange roles.

MODELO: Necesito cuatro mesas.

1. 6–10 teléfonos
2. 8–12 escritorios
3. 4–8 mesas
4. 10–13 sillas
5. 40–60 disquetes
6. 6–12 calculadoras
7. 10–20 cestos
8. 24–48 bolígrafos
9. 9–15 computadoras
10. 1–2 computadora(s) portátil(es)
11. 1–3 reloj(es)
12. ....

👥 **B-18 Problemas.** With a classmate, take turns in solving the following problems. Use **y** (+), **menos** (-), and **son** (=).

MODELO:
2 + 4 = 12 - 5 =
dos y cuatro son seis *doce menos cinco son siete*

a. 11 + 4 =   d. 20 - 6 =   g. 50 - 25 =
b. 8 + 2 =   e. 39 + 50 =   h. 26 + 40 =
c. 13 + 3 =   f. 80 - 1 =   i. 90 - 12 =

👥 **B-19 Los números de teléfono y las direcciones.** With a classmate, ask each other the addresses and phone numbers of some of these people.

MODELO: Castellanos Rey, Carlos Colón 62 654-6416
E1: ¿Cuál es la dirección de Carlos Castellanos?
E2: Calle Colón, número 62.
E1: ¿Cuál es su teléfono?
E2: (El) 6-54-64-16

Cárdenas Alfaro, Joaquín	General Páez 40	423-4837
Cárdenas Villanueva, Sara	Avenida Bolívar 7	956-1709
Castellanos Rey, Carlos	Colón 62	654-6416
Castelli Rivero, Victoria	Chamberí 3	615-7359
Castillo Montoya, Rafael	Santa Cruz 73	956-3382

Cultura

In Spanish-speaking countries, the name of the street precedes the house or building number. At times, a comma is placed before the number.
Calle Bolívar 132
132 Bolívar Street
Telephone numbers are generally not stated as individual numbers, but in groups of two whenever possible. This also depends on how the numbers are written, or the number of digits, which varies from country to country.
12-24-67 =
doce - veinticuatro - sesenta y siete
243-89-07 =
dos - cuarenta y tres - ochenta y nueve - cero siete

Los meses del año y los días de la semana

enero	*January*	**mayo**	*May*	**septiembre**	*September*
febrero	*February*	**junio**	*June*	**octubre**	*October*
marzo	*March*	**julio**	*July*	**noviembre**	*November*
abril	*April*	**agosto**	*August*	**diciembre**	*December*

ENERO CALENDARIO

lunes	martes	miércoles	jueves	viernes	sábado	domingo
		1 AÑO NUEVO	**2** San Gregorio N.	**3** Sta. Genoveva	**4** San Prisciliano	**5** Sta. Amelia
6 LOS SANTOS REYES	**7** San Luciano	**8** San Apolinar	**9** San Julián	**10** San Nicanor	**11** San Higinio	**12** San Alfredo
13 San Gumersindo	**14** Sta. Marina	**15** San Mauro	**16** San Marcelo	**17** San Antonio Abad	**18** San Leonardo	**19** San Mario
20 San Fabián	**21** Sta. Inés	**22** San Gaudencio	**23** San Ildefonso	**24** N. Sra. de la Paz	**25** Sta. Elvira	**26** Sta. Paula
27 S. Jn. Crisóstomo	**28** San Pedro N.	**29** San Aquilino	**30** Sta. Martina	**31** Sta. Virginia V.		

LENGUA

Days of the week and months of the year are not generally capitalized in Spanish, but sometimes they are capitalized in advertisements and invitations.

- Monday (**lunes**) is normally the first day of the week on Hispanic calendars.
- To ask what day it is, use **¿Qué día es hoy?** Answer with **Hoy es. . .**
- To ask about the date, use **¿Cuál es la fecha?** Respond with **Es el (14) de (octubre).**
- Express *on* + *a day* of the week as follows:
el lunes	*on Monday*	**los lunes**	*on Mondays*
el domingo	*on Sunday*	**los domingos**	*on Sundays*
- Cardinal numbers are used with dates (e.g., **el dos**, **el tres**) except for the first day of the month, which is **el primero**. In Spain, the first day could be **el uno**.
- When dates are given in numbers, the day precedes the month: *11/10* = **el 11 de octubre**.

¿Qué dice usted?

B-20 ¿Qué día de la semana es? With a classmate, take turns asking and answering the following questions. Use the calendar on the previous page.

1. ¿Qué día de la semana es el 2?
2. ¿Qué día de la semana es el 5?
3. ¿Qué día de la semana es el 22?
4. ¿Qué día de la semana es el 18?

5. ¿Qué día de la semana es el 10?
6. ¿Qué día de la semana es el 13?
7. ¿Qué día de la semana es el 28?
8. …

B-21 Preguntas. Now, take turns with your partner asking and answering these questions.

1. ¿Qué día es hoy?
2. Hoy es martes, ¿qué día es mañana?
3. Hoy es jueves, ¿qué día es mañana?
4. ¿Hay clase de español los domingos? ¿Y los sábados?
5. ¿Qué días hay clase de español?

B-22 Fechas importantes. With a classmate, tell each other the dates on which these events take place.

MODELO: la reunión de estudiantes (10/9)
      E1:   ¿Cuándo es la reunión de estudiantes?
      E2:   (Es) el 10 de septiembre.

1. el concierto de Gloria Estefan (9/11)
2. el aniversario de Carlos y María (14/5)
3. el banquete (18/3)
4. la graduación (22/5)
5. la fiesta de bienvenida (24/8)

B-23 El cumpleaños. Find out when your classmates' birthdays are. Write your classmates' names and birthdays in the appropriate space in the chart.

MODELO: E1: ¿Cuándo es tu cumpleaños?
      E2: (Es) el 3 de mayo.

CUMPLEAÑOS			
enero	febrero	marzo	abril
mayo	junio	julio	agosto
septiembre	octubre	noviembre	diciembre

La hora

■ Use **¿Qué hora es?** to inquire about the hour. To tell time, use **Es la...** from one o'clock to one thirty and **Son las...** with the other hours.

Es la una.	*It's one o'clock.*
Son las tres.	*It's three o'clock.*

■ To express the quarter hour use **y cuarto** or **y quince**. To express the half hour use **y media** or **y treinta**.

Son las dos **y cuarto**.	*It's two fifteen.*
Son las dos **y quince**.	
Es la una **y media**.	*It's one thirty.*
Es la una **y treinta**.	

■ To express time after the half hour subtract minutes from the next hour using **menos**.

Son las cuatro **menos** diez.	*It's ten to four.*

■ Add **en punto** for the exact time and **más o menos** for approximate time.

Es la una **en punto**.	*It's one o'clock sharp.*
Son las cinco menos cuarto **más o menos**.	*It's about quarter to five.*

■ Use **mediodía** for noon and **medianoche** for midnight.

■ For **A.M.** and **P.M.**, use the following:

de la mañana	(from midnight to noon)
de la tarde	(from noon to approximately 7:00 P.M.)
de la noche	(from nightfall to midnight)

■ Use **¿A qué hora es... ?** to ask the hour at which something happens.

¿A qué hora es la clase?	*At what time is (the) class?*
Es a las nueve y media.	*It's at 9:30.*

¿Qué dice usted?

B-24 ¿Qué hora es en... ? What time is it in the following cities?

Los Ángeles, a.m.   México, p.m.   San Juan, p.m.

Buenos Aires, p.m.   Madrid, p.m.

B-25 El horario de María. Take turns with a classmate asking and answering questions about María's schedule.

MODELO: E1: ¿A qué hora es la clase de español?
            E2: Es a las nueve.

LUNES	
9:00	clase de español
10:15	receso
10:30	clase de matemáticas
11:45	laboratorio
1:00	almuerzo
2:00	clase de física
5:00	partido de tenis

B-26 Mi horario. Write down your Monday schedule omitting the time each class meets. Exchange schedules with your partner and find out what time each of his/her classes starts.

 **A LEER**

Reading is an important skill that you will develop as you study Spanish. You should not expect to be able to read proficiently at first, however, it is important to begin developing this ability early in the language learning process. Here you'll find some helpful tips that you should keep in mind as you begin to read in Spanish.

- Draw on your experience and knowledge of the world to comprehend an unfamiliar text. Use what you know about the topic as you read; this will help you predict and/or discover new meanings.

- Underline cognates, that is, words that are spelled similarly in Spanish and English and that bear the same meaning. Such words will help tremendously with comprehension of the text. Beware that there are also false cognates—words with the same or almost the same spelling—, which may hinder your interpretation of meaning. When in doubt, guess meaning from context.

- Avoid doing a word-by-word reading of a text. Instead, read holistically— that is, try to get the gist of what you're reading. As you begin to read in Spanish, understanding key concepts or words such as simple nouns and verbs will be sufficient.

- Pay close attention to visual cues like photographs, illustrations and charts that may accompany the reading, or to the size of type used for headings, etc. These visual cues will help you make educated guesses about the content and meaning of the text.

- Read the title and subtitles or headings in the text, and pay attention to the format. This is a strategy called skimming that helps you get a general overview of the text you are going to read.

- Do not consult your dictionary every time you come across an unfamiliar word. Guess meanings using contextual clues. You will be surprised how much you can hypothesize about as you infer the meanings of new words and phrases.

- As you expand your knowledge of Spanish grammar and structure, use it to comprehend new words and unfamiliar structures.

- Get used to reading a text at least twice. First, read the text to get the general sense and main ideas. When you read the second time, underline or jot down unfamiliar expressions or structures that block your comprehension of the text. Then, use some of the techniques explained above as well as grammatical and contextual clues to help you clarify obscured meanings. Make hypotheses about possible meanings and read the text a third time. This last reading should serve as a confirmation of your guesses.

Now look at the following text and consider the following questions: 1. What type of text is it? 2. How do you know? 3. Do you see any cognates? If so, which one/s?

TELEVISIÓN

LUNES 10

CANAL 3

6:00	Buenos días		15:40	Tardes de cine: "El Santo"
7:00	Encuentros extraterrestres		17:40	El mundo de hoy
8:00	Panorama		18:00	★Harry, detective privado
9:00	Barrio Sésamo		19:00	Zona M
10:00	Pepe y sus amigos		19:30	El precio justo
10:30	El reino animal		20:30	Telenoticias
11:00	Documental		21:00	El tiempo
12:00	Escuela de deportes		21:15	Mesa redonda
13.00	El arte de la cocina		23:00	★La familia de enfrente
13.30	Conversaciones		23:30	★Documentos TV
14:00	Exploradores del universo		0:30	Cine: "Pasión oculta"
15:00	Telenoticias		3:30	Teledeporte
15:35	El tiempo			

Most likely, you immediately recognized this text as a TV listing even before you read it. The size and color of the title **Televisión** made it stand out. The format and the times provided additional information to corroborate your guess. You also found some cognates: **detective, privado, justo, documentos.**

As you read the listing a second time, look for the following specific information. This strategy is called scanning.

1. Day and date of programs
2. Time of the morning shows
3. Names of recommended shows*
4. Titles of the first and last shows
5. Name of a program for children
6. Number of newscasts during the day

Programas interesantes. Review the TV listing and select the programs that seem most interesting to you. Then, in small groups, compare your lists to determine the two most popular programs.

Expresiones útiles en la clase

Conteste.

Repita.

Levante la mano.

Lea.

Escriba.

- When asking two or more people to do something, the verb form ends in **-n**: **vaya → vayan, conteste → contesten, repita → repitan.**

- Although you may not have to use all these expressions, you should be able to recognize them and respond accordingly. Other expressions that you may hear or say in the classroom are:

Abra/n el libro en la página...	*Open the book to page...*
Más alto, por favor.	*Louder, please.*
Otra vez.	*Again.*
¿Comprende/n?	*Do you understand?*
¿Tiene/n alguna pregunta?	*Do you have any questions?*
Repita/n por favor.	*Repeat please.*
No comprendo.	*I don't understand.*
No sé.	*I don't know.*
Tengo una pregunta.	*I have a question.*
Más despacio, por favor.	*More slowly, please.*
¿En qué página?	*On what page?*
¿Cómo se dice... en español?	*How do you say... in Spanish?*
¿Cómo se escribe... ?	*How do you spell...?*
Presente	*Here, present*
Ausente	*Absent*
Cambien de papel.	*Switch roles.*

Vocabulario*

Presentaciones

¿Cómo se llama usted?	*What's your name? (formal)*
¿Cómo te llamas?	*What's your name? (familiar)*
encantado/a	*delighted*
igualmente	*likewise*
me llamo…	*my name is…*
mucho gusto	*pleased/nice to meet you*

Saludos y contestaciones

bien	*well*
bastante bien	*pretty well, rather well*
muy bien	*very well*
buenos días	*good morning*
buenas noches	*good evening, good night*
buenas tardes	*good afternoon*
¿Cómo está usted?	*How are you? (formal)*
¿Cómo estás?	*How are you? (familiar)*
hola	*hello, hi*
mal	*not well*
¿Qué tal?	*How's it going?*
regular	*so-so*

Despedidas

adiós	*good-bye*
chao/chau	*good-bye (informal)*
hasta luego	*see you later*
hasta mañana	*see you tomorrow*
hasta pronto	*see you soon*

Expresiones de cortesía

con permiso	*excuse me*
de nada	*you're welcome*
gracias	*thanks, thank you*
lo siento	*I'm sorry*
perdón	*excuse me*
por favor	*please*

En el salón de clase

el bolígrafo	*ball-point pen*
el borrador	*eraser*
la calculadora	*calculator*
el cesto	*wastepaper basket*
la computadora	*computer*
el cuaderno	*notebook*
el escritorio	*desk*
la grabadora	*tape recorder, cassette player*
el lápiz	*pencil*
el libro	*book*
la mesa	*table*
la mochila	*backpack*
la pizarra	*chalkboard*
la puerta	*door*
el pupitre	*student's desk*
el reloj	*clock*
la silla	*chair*
la tarea	*homework*
el televisor	*TV set*
la tiza	*chalk*
la ventana	*window*
la videocasetera	*VCR*

La dirección

la calle	*street*
el número	*number*

Posición

al lado (de)	*next to*
debajo (de)	*under*
detrás (de)	*behind*
enfrente (de)	*in front of*
entre	*between, among*
sobre	*on, above*

Personas

el/la amigo/a	*friend*
la chica	*girl*
el chico	*boy*
don[1]	*Mr.*
doña	*Mrs.*
él	*he*
ella	*she*
el/la estudiante	*student*
el/la profesor/a	*professor*
señor (Sr.)	*Mr.*
señora (Sra.)	*Mrs.*
señorita (Srta.)	*Miss*
tú	*you* (familiar)
usted	*you* (formal)
yo	*I*

Tiempo, hora y fecha

el año	*year*
cuarto	*quarter*
el día	*day*
en punto	*sharp*
la fecha	*date*
la hora	*hour*
hoy	*today*
mañana	*tomorrow*
la mañana	*morning*
de la mañana	*A.M.*
media	*half*
mediodía	*noon*
medianoche	*midnight*
menos	*minus, to* (for telling time)
el mes	*month*
la noche	*night*
de la noche	*P.M.*
la semana	*week*
la tarde	*afternoon*
de la tarde	*P.M.*

Verbos

eres	*you are* (familiar)
es	*you are* (formal), *he/she is*
está	*he/she is, you are* (formal)
estás	*you are* (familiar)
hay	*there is, there are*
son	*they, you* (familiar) *are*
soy	*I am*

Palabras útiles

a	*at, to*
con	*with*
¿cuándo?	*when?*
¿dónde?	*where?*
en	*in*
ese/a	*that* (adjective)
mi	*my*
sí	*yes*
su	*his, her, their, your* (formal)
tu	*your* (familiar)
un/una	*a, an*
y	*and*

Expresiones útiles

¿A qué hora es... ?	*At what time is... ?*
¿Cómo es... ?	*What is he/she/it like?*
¿Cuál es la fecha?	*What is the date?*
Es el... de...	*It is the ... of...*
Es la... /Son las...	*It's ...* (for telling time)
Es a las...	*It's at...*
Hoy es...	*Today is...*
más o menos	*more or less*
¿Qué día es hoy?	*What day is it today?*
¿Qué hora es?	*What time is it?*

[1]**Don** and **doña** are titles roughly equivalent to *Mr.* and *Miss/Mrs.* They are used with a person's first name, for example, **don Pedro, doña Inés.**

*See page 10 for cognates.
**See pages 14 and 16 for numbers, days of the week, and months of the year.

Lección 1

Los estudiantes y la universidad

COMUNICACIÓN

- Asking for and providing information
- Expressing needs
- Asking for prices
- Talking about daily activities
- Asking about and expressing location

ESTRUCTURAS

- Subject pronouns
- Present tense of regular **-ar** verbs
- Articles and nouns: gender and number
- Present tense of the verb **estar**
- Question words
- ALGO MÁS: Some regular **-er** and **-ir** verbs

MOSAICOS

A ESCUCHAR

A CONVERSAR

A LEER

- Identifying cognates to improve reading comprehension
- Guessing content of specific texts

A ESCRIBIR

- Identifying basic aspects of writing
- Revising content and form to improve communication

ENFOQUE CULTURAL

- Las universidades hispanas
- España

ENFOQUE INTERACTIVO

 WWW   VIDEO   CD ROM

27

Los estudiantes y los cursos

Me llamo Carmen Granados. Soy estudiante de la Universidad de Salamanca. Voy a clase todos los días. Llego a la universidad a las ocho y media. Trabajo en una oficina por las tardes. Este semestre estudio psicología, economía, sociología y antropología. La clase de economía es mi favorita. La clase de antropología es difícil, pero el profesor es muy bueno. La clase de psicología es fácil y muy interesante.

Este chico es mi amigo. Se llama David Thomas. Es norteamericano y estudia español. También estudia literatura, historia y geografía. David es un chico muy responsable y estudioso. Llega a la universidad a las diez. Habla español y practica todos los días con sus compañeros de clase. Por la tarde él escucha los casetes en el laboratorio de lenguas.

¿Qué dice usted?

👥 **1-1 ¿Qué sabe usted de Carmen?** Complete the following information about Carmen with a classmate.

Nombre completo:	
Universidad:	
Clases:	
Clase favorita:	
Clase difícil:	
Clase fácil:	

1-2 ¿Y qué sabe usted de David? Answer the following questions about David.

1. ¿Es norteamericano David?
2. ¿Habla español?
3. ¿Qué estudia David?
4. ¿A qué hora llega a la universidad?
5. ¿Con quién practica español?
6. ¿Dónde escucha los casetes?

David y Carmen hablan de sus clases

DAVID: Hola, Carmen. ¿Cómo estás?

CARMEN: Hola, David. ¿Cómo te va?

DAVID: Bueno… bastante bien, pero mi clase de historia es muy difícil.

CARMEN: ¿Quién es tu profesor?

DAVID: Se llama Pedro Hernández. Es inteligente, pero la clase es aburrida.

CARMEN: ¡Vaya! Lo siento. ¿Estudias bastante?

DAVID: Estudio mucho, pero saco malas notas.

CARMEN: ¡Qué lástima! Mis cuatro clases son excelentes. Y tú, ¿cuántas clases tienes?

DAVID: Tengo cuatro también.

CARMEN: ¡Uy! Son las once. Tengo un examen de economía ahora. Hasta luego.

DAVID: Hasta la vista. ¡Buena suerte!

¿Qué dice usted?

1-3 ¿En qué clase… ? Match the words on the left with the appropriate class.

1. _____ casetes
2. _____ números
3. _____ mapa
4. _____ animales
5. _____ Freud
6. _____ Napoleón

a. geografía
b. biología
c. español
d. historia
e. matemáticas
f. psicología

👥 **1-4 Mis clases.** Make a list of your classes. Next to each one, indicate the days and times it meets. Also say whether the class is easy, difficult, interesting or boring. Compare your list with those of your classmates.

CLASE	DÍAS	HORA	¿CÓMO ES?

A INVESTIGAR

🌐 Look up **Universidad de Salamanca** on the Internet (www.usal.es).

1. Go to **Centros y Departamentos** and write down six of the departments listed.

2. Find out the name of one professor in each of the departments you listed. Share your findings with those of other classmates.

👥 **1-5 Las clases de mis compañeros/as.** Use the following questions to interview one of your classmates. Then, change roles.

1. ¿Qué estudias tú este semestre?
2. ¿Cuántas clases tienes?
3. ¿Cuál es tu clase favorita?
4. Tu clase de español, ¿es fácil o difícil? ¿interesante o aburrida?
5. ¿Trabajas con computadoras/ordenadores?
6. ¿Escuchas casetes en el laboratorio?
7. ¿Sacas buenas notas?
8. ¿Tienes muchos exámenes?

La vida estudiantil

En la biblioteca

Unos alumnos estudian en la biblioteca. No conversan porque está prohibido. Estudian, toman apuntes y revisan sus tareas. A veces buscan palabras en el diccionario.

¿Y qué hacen los fines de semana?

Miran televisión en casa.

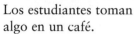

Los estudiantes toman
algo en un café.

Bailan en una discoteca.

Caminan en la playa.

Montan en bicicleta.

¿Qué dice usted?

1-6 Para escoger. Look at the illustrations above and on the previous page. Then, with a classmate, choose the word or phrase that makes sense.

1. Los estudiantes _____ en
   la biblioteca.
   a. toman café
   b. estudian
   c. hablan

2. Buscan palabras en _____.
   a. el reloj
   b. el diccionario
   c. el laboratorio

3. Miran televisión en _____.
   a. la biblioteca
   b. la playa
   c. casa

4. Montan en bicicleta _____.
   a. los fines de semana
   b. en el café
   c. los jueves

En la librería

ESTUDIANTE: Buenos días. Necesito comprar un diccionario de español.
DEPENDIENTE: ¿Grande o pequeño?
ESTUDIANTE: Grande. Es para mi clase de español.
DEPENDIENTE: Este diccionario es muy bueno.
ESTUDIANTE: ¿Cuánto cuesta?
DEPENDIENTE: Cuarenta y ocho euros.

Cultura

Although many Spanish-speaking countries (Argentina, Chile, Colombia, Cuba, México, República Dominicana, and Uruguay) use the **peso** as the basic currency, a significant number do not. Note the following countries and their currencies:
Bolivia – **boliviano**;
Costa Rica – **colón**;
Ecuador – **sucre**;
El Salvador – **colón**;
Guatemala – **quetzal**;
Honduras – **lempira**;
Nicaragua – **córdoba**;
Panamá – **balboa**;
Paraguay – **guaraní**;
Perú – **nuevo sol**;
Puerto Rico – **dólar (U.S.)**;
España – **peseta** until 2002, **euro** after 2002; and
Venezuela – **bolívar**.

¿Qué dice usted?

1-7 Para completar. With a classmate, complete the following statements.

1. El estudiante necesita _____.
2. Es un diccionario _____.
3. Es para su clase de _____.
4. El diccionario cuesta _____.

1-8 ¿Cuánto cuesta? You are at the university bookstore. Ask the salesclerk how much each of the following items costs.

MODELO:

ESTUDIANTE:
¿Cuánto cuesta la grabadora?
DEPENDIENTE/A:
Cuesta cincuenta dólares.

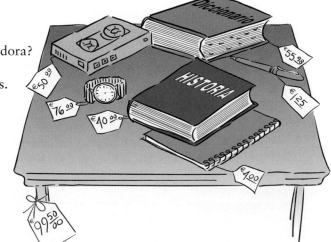

En la universidad

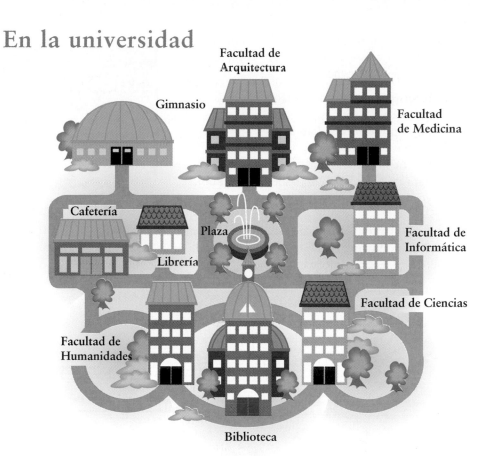

Facultad de Arquitectura

Gimnasio

Facultad de Medicina

Cafetería

Plaza

Librería

Facultad de Informática

Facultad de Ciencias

Facultad de Humanidades

Biblioteca

¿Qué dice usted?

1-9 Encuesta. Ask a classmate where and when he/she does each of the following activities.

MODELO: practicar frisbi
    E1: ¿Dónde practicas frisbi?
    E2: Practico frisbi en la plaza.
    E1: ¿Cuándo practicas?
    E2: Practico por las tardes.

ACTIVIDAD	DÓNDE	CUÁNDO
1. ESTUDIAR PARA UN EXAMEN DIFÍCIL		
2. MIRAR TELEVISIÓN EN ESPAÑOL		
3. TOMAR CAFÉ		
4. BAILAR		
5. ESCUCHAR MÚSICA		
6 COMPRAR UN DICCIONARIO		

👥 **1-10 En la universidad.** Tell your partner about your classes. Take turns to complete the following sentences.

1. Llego a la universidad a la(s)…
2. Mi clase favorita es…
3. El/La profesor/a se llama…
4. La clase es muy…
5. Practico español en…
6. Para mi clase de composición en español, yo necesito…

👥 **1-11 Busco una escuela.** With a classmate, read the following brochure and look for the following specific information:

a) name of the school,
b) classes offered,
c) school's address, and
d) school's telephone number

Centro Audiovisual

MÉTODOS AUDIOVISUALES

Informática
Inglés
Contabilidad
Prácticas de oficina
Cálculo comercial
Secretariado y administración

Miguel Moya, 16 - 2.°, Valencia
Telf. (96) 329 58 48
(Junto al Mercado)

👂 A ESCUCHAR

A. ¿Qué hacen estas personas? You will hear three people talking about work, studies, and free time. As you listen, determine what the main topic is. Then write the number of the description under the appropriate heading.

_____ estudios
_____ trabajo
_____ tiempo libre

B. ¿Cómo es Alicia? Listen to the following description to determine if it refers to the activities of a student or a professor.

_____ estudiante
_____ profesor

Now read the statements below and listen to the description again. Then indicate whether each of the statements is correct (**sí**) or incorrect (**no**).

	SÍ	NO
1. Alicia es muy inteligente y activa.	_____	_____
2. Ella estudia matemáticas en la universidad.	_____	_____
3. Alicia estudia mucho y saca buenas notas.	_____	_____
4. Ella llega a la universidad a las tres de la tarde.	_____	_____

Explicación y expansión

1. Subject pronouns

SINGULAR		PLURAL	
yo	*I*	nosotros, nosotras	*we*
tú	*you*	vosotros, vosotras	*you* (familiar)
usted	*you* (formal)	ustedes	*you* (formal/familiar)
él	*he*	ellos	*they* (masculine)
ella	*she*	ellas	*they* (feminine)

- In Spain, the plural of **tú** is **vosotros** or **vosotras**. In other Spanish-speaking countries, the plural of both **tú** and **usted** is **ustedes**.

- Except for **ustedes**, the plural pronouns have masculine and feminine endings. Use **-as** for a group composed only of females; use **-os** for a mixed group or one composed only of males.

- Because the endings of Spanish verbs indicate the subject (the doer of the action), subject pronouns are generally used only for emphasis, clarification, or contrast.

Practice activities for each numbered grammar point are provided on the CD-ROM and website (www.prenhall.com/ mosaicos)

¿Qué dice usted?

1-12 ¿Qué pronombre usa usted? Indicate which pronoun you would use in these situations:

1. You're talking <u>about</u> the following people:
   - a. el Sr. Martínez
   - b. la Sra. Gómez
   - c. Alicia y Susana
   - d. Alfredo y Juana
   - e. usted (*yourself*)
   - f. Ana y usted

2. You're talking <u>with</u> the following people:
   - a. su profesor de historia
   - b. su amigo íntimo
   - c. dos doctores
   - d. una senadora
   - e. dos compañeros
   - f. una niña (*a child*)

 1-13 Mis compañeros. Working with a small group, ask questions to find out what your classmates are like. One student will take notes and share answers with the class.

MODELO: E1: ¿Quién es optimista?
          E2: Yo (or él, ella, etc.)
          RESULTADO FINAL: Hay tres estudiantes optimistas, *o*
                       No hay estudiantes optimistas en el grupo.

hiperactivo/a	responsable	pesimista	hipocondríaco/a
estudioso/a	perfeccionista	tolerante	…

RESULTADO FINAL: _____

2. Present tense of regular *-ar* verbs

HABLAR			
yo	hablo	nosotros/as	hablamos
tú	hablas	vosotros/as	habláis
Ud., él, ella	habla	Uds., ellos, ellas	hablan

■ Use the present tense to express what you and others generally or habitually do or do not do. You may also use the present tense to express an ongoing action. Context will tell you which meaning is intended.

Ana trabaja en la oficina.   *Ana works in the office.*
Ana is working in the office.

■ Here are some expressions you may find useful when talking about what you and others habitually do or do not do.

siempre	*always*	**muchas veces**	*often*
todos los días/meses	*every day/month*	**a veces**	*sometimes*
todas las semanas	*every week*	**nunca**	*never*

¿Qué dice usted?

1-14 Preferencias. Rank the following activities from 1 to 8, according to your preferences (1=more interesting, 8= the least interesting). Compare your answers with those of your classmates.

_____ bailar en una discoteca
_____ mirar televisión en casa
_____ conversar con amigos en los cafés
_____ caminar en la playa

_____ montar en bicicleta los fines de semana
_____ escuchar música rock
_____ comprar casetes y videos
_____ hablar por teléfono con amigos

1-15 Intercambio. Ask a classmate about the following people and activities.

MODELOS: E1: ¿Quién estudia por la tarde?   ¿Cuándo estudia Marta?
E2: Marta (estudia por la tarde). *o* Estudia por la tarde.

PERSONA	ACTIVIDAD	CUÁNDO/DÓNDE
Marta	estudia español	por la tarde
	mira televisión	por la noche
Asunción	llega a la universidad	a las 9:30 a.m.
	escucha música clásica	en su casa los domingos
David y Andrea	practican español con sus amigos	en la universidad
	trabajan en una oficina	los martes y jueves

👥 **1-16 Mis actividades.** Indicate with a check mark which of the following activities are part of your routine at the university. Then compare your answers with those of a classmate, and report your findings to the class.

MODELO: David y yo somos (muy) similares. Él y yo miramos programas cómicos en la televisión.
David y yo somos (muy) diferentes. Yo estudio por las mañanas; él estudia por las tardes.

1. Llego a la universidad a las nueve de la mañana.
2. Tomo notas en todas las clases.
3. Hablo con mis amigos en la plaza.
4. Reviso las tareas con mis compañeros.
5. Estudio por las mañanas.
6. Practico español con el CD-ROM en el laboratorio de computadoras.
7. Miro programas cómicos en la televisión.
8. A veces camino en el parque con un amigo.

👥 **1-17 Unos estudiantes muy buenos.** Both you and a classmate are good students. Make a list of things you do and not do to get good grades. Then, compare your list with those of other classmates.

MODELO: Siempre tomamos apuntes.
No conversamos en las clases.

👥 **1-18 Firmas: las actividades de mis compañeros/as.** Walk around the classroom and ask classmates if they do the activities listed on the chart, below. Your classmates should write their names in the space that indicates the frequency with which they do the activity.

MODELO: estudiar psicología
E1: ¿Estudias psicología?
E2: Sí.
E1: Firma aquí, por favor.
E2: _(firma)_
E1: Gracias.

ACTIVIDADES	A VECES	MUCHAS VECES	SIEMPRE	NUNCA
estudiar con amigos				
sacar buenas notas				
llegar tarde a la facultad				
mirar televisión por la noche				
bailar los sábados				

👥 **1-19 Tengo mucha curiosidad.** You are really curious about how busy or quiet Friday evenings/nights are for one of your classmates. Write down four questions and ask him/her. Be prepared to answer his/her questions as well.

MODELO: ¿Estudias los viernes por la noche?

👤👤 **1-20 Un día típico en la vida de Asunción. Primera fase.** With a classmate, describe what Asunción does on a typical day.

MODELO: Asunción llega a la oficina a las nueve menos diez.

1.

2.

3.

4.

5.

6.

Segunda fase. Tell each other what you normally do on a regular workday.

SITUACIONES

1. Greet your partner and ask a) how he/she is, b) what subjects he/she is studying this semester, c) the time of his/her first class (**primera clase**), and d) what the professor is like.

2. You would like to know more about your partner's job. Ask your partner a) where he/she works, b) what days of the week and which hours, and c) how interesting/boring/difficult/easy the job is.

3. Tell your partner at least four activities you do on Saturdays. Ask what he/she does (**¿Qué haces?**).

3. Articles and nouns: gender and number

Nouns are words that name a person, place, or thing. In English all nouns use the same definite article, *the*, and the indefinite articles *a* and *an*. In Spanish, however, masculine nouns use **el** or **un** and feminine nouns use **la** or **una**. The terms masculine and feminine are used in a grammatical sense and have nothing to do with biological gender.

Gender

	MASCULINE	FEMININE	
SINGULAR DEFINITE ARTICLES	el	la	*the*
SINGULAR INDEFINITE ARTICLES	un	una	*a/an*

- Generally, nouns that end in **-o** are masculine and require **el** or **un**, and those that end in **-a** are feminine and require **la** or **una**.

el/un libro	**el/un** cuaderno	**el/un** diccionario
la/una mesa	**la/una** silla	**la/una** ventana

- Nouns that end in **-d**, **-ción**, **-sión** are feminine and require **la** or **una**.

la/una universidad	**la/una** lección	**la/una** televisión

- Some nouns that end in **-a** and **-ma** are masculine.

el/un día	**el/un** mapa
el/un programa	**el/un** problema

- In general, nouns that refer to males are masculine and require **el/un** while nouns that refer to females are feminine and require **la/una**. Masculine nouns ending in **-o** change the **-o** to **-a** for the feminine; those ending in a consonant add **-a** for the feminine.

el/un amigo	**la/una** amiga
el/un profesor	**la/una** profesora

- Nouns ending in **-e** normally share the same form (**el/la estudiante**), but sometimes they have a feminine form ending in **-a** (**el dependiente**, **la dependienta**).

- Use definite articles with titles (except **don** and **doña**) when you are talking about someone. Do not use definite articles when addressing someone directly.

La señorita Andrade trabaja en el Departamento de Lenguas Extranjeras.	*Miss Andrade works in the Department of Foreign Languages.*
Cuando **el** profesor Jones llega por la mañana, ella dice: "Buenos días, profesor Jones", y él contesta: "Buenos días, señorita Andrade".	*When Professor Jones arrives in the morning, she says, "Good morning, Professor Jones," and he answers, "Good morning, Miss Andrade."*

Number

	MASCULINE	FEMININE	
PLURAL DEFINITE ARTICLES	los	las	*the*
PLURAL INDEFINITE ARTICLES	unos	unas	*some*

- Add **-s** to form the plural of nouns that end in a vowel. Add **-es** to nouns ending in a consonant.

la silla	las silla**s**	el cuaderno	los cuaderno**s**
la actividad	las actividad**es**	el señor	los señor**es**

- Nouns that end in **-z** change the **z** to **c** before **-es**.

el lápi**z**	los lápi**ces**

- To refer to a mixed group, use masculine plural forms.

los chic**os**	*the boys and girls*

¿Qué dice usted?

1-21 Conversaciones incompletas. Complete the following dialogs as indicated.

A. Supply the appropriate definite articles (**el, la, los, las**).

E1: ¿Dónde está María?

E2: Está en __LA__ clase de __LA__ profesora Sánchez.

E1: ¡Qué lástima! Necesito hablar con ella. Es urgente.

E2: Bueno, ella está en __EL__ salón de clase hasta __LA__ una, y por __LA__ tarde trabaja en __EL__ laboratorio.

E1: ¿Y a qué hora llega?

E2: Llega a __LAS__ dos, más o menos.

B. Supply the appropriate indefinite articles (**un, una, unos, unas**).

E1: Necesito comprar __UNA__ grabadora y __UNOS__ lápices.

E2: Y yo necesito __UN__ bolígrafo y __UN__ diccionario, pero no sé qué diccionario comprar.

E1: Para el primer curso, __UNOS__ profesores usan __UN__ diccionario pequeño y otros usan __UN__ diccionario grande. Habla con tu profesor.

C. Supply the appropriate definite or indefinite articles.

E1: Tengo __UN__ examen de matemáticas mañana y necesito sacar __UNA__ buena nota en esa clase.

E2: ¿Quién es __EL__ profesor?

E1: Es __LA__ doctora Solís.

E2: ¡Ah! Es __UNA__ profesora excelente.

E1: Sí, pero __LA__ clase es muy difícil. Estudio y reviso __LAS__ tareas todos __LOS__ días, pero no saco buenas notas.

E2: ¡Vaya! Lo siento mucho.

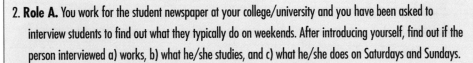 **1-22 ¿Qué necesitan?** With your partner, take turns to say what these students need, according to each situation.

MODELO: Alicia tiene que escuchar unos casetes.
          Necesita una grabadora.

1. Mónica tiene que tomar apuntes en la clase de historia.
→2. Blanca y Lucía tienen que buscar dónde está Salamanca.
3. Carlos y Ana tienen que hacer (*to do*) la tarea de matemáticas.
4. Alfredo tiene que estudiar para el examen de geografía.
5. Isabel tiene que escribir una composición para su clase de inglés.
6. David tiene que copiar un programa de su computadora para un compañero.

1. **Role A.** You have missed the first day of class. Ask one of your classmates a) at what time the class is, b) who the professor is, and c) what you need for the class.

   Role B. Tell your classmate a) the time of the class, and if the class is in the morning, afternoon or evening, b) the name of the professor and what he/she is like, and c) at least three items that your classmate will need for the class.

2. **Role A.** You work for the student newspaper at your college/university and you have been asked to interview students to find out what they typically do on weekends. After introducing yourself, find out if the person interviewed a) works, b) what he/she studies, and c) what he/she does on Saturdays and Sundays.

   Role B. Tell the interviewer a) if you work and where you work, b) the classes you take, and c) the things you do on weekends, where you do them, and with whom you do them.

4. Present tense of the verb *estar*

ESTAR			
yo	**estoy**	*I*	*am*
tú	**estás**	*you*	*are*
Ud., él, ella	**está**	*you are, he/she*	*is*
nosotros/as	**estamos**	*we*	*are*
vosotros/as	**estáis**	*you*	*are*
Uds., ellos, ellas	**están**	*you are, they*	*are*

■ Use **estar** to express the location of persons or objects.

   ¿Dónde **está** el gimnasio?   *Where is the gym?*
   Está al lado de la cafetería.   *It is next to the cafeteria.*

■ Use **estar** to talk about states of health.

   ¿Cómo **está** el señor Mora?   *How is Mr. Mora?*
   Está muy bien.   *He is very well.*

¿Qué dice usted?

1-23 ¿Dónde está...? Ask a classmate where various buildings on campus are. He/she will answer as specifically as possible.

MODELO: E1: ¿Dónde está la biblioteca?
E2: Está _____.

1-24 Horas y lugares. Ask a classmate where he/she usually is at the following times and days. Take turns asking and answering the questions.

MODELO: 8:00 a.m. /los lunes
E1: ¿Dónde estás a las ocho de la mañana los lunes?
E2: Estoy en la clase de física.

a. 9:00 a.m / los martes
b. 11:00 a.m. / los miércoles
c. 1:00 p.m / los viernes

d. 3:00 p.m. / los domingos
e. 9:00 p.m. / los lunes
f. ...

Ask two classmates where they usually are a) in the morning, b) in the afternoon, and c) in the evening on weekends.

1-25 Conversación. Look at the following drawings. Ask a classmate where these people are, how they feel, and what they're doing.

MODELO: E1: ¿Dónde está la chica?
E2: Está en la biblioteca.
E1: ¿Cómo está?
E2: Está regular.
E1: ¿Qué hace?
E2: Estudia.

1.

2.

3.

1. **Role A.** You are the university representative who has to give directions to a graphic designer for the new students' handbook. Explain to him/her the location of the various buildings below, according to a campus map that you have previously drawn.

cafetería	librería
Facultad de Ciencias	Facultad de Humanidades
biblioteca	gimnasio

Role B. You are the graphic designer for the campus map. Ask questions, clarification, etc. as you draw the new map. When you have finished, compare your map with that of the university representative to verify that they are alike.

2. **Role A.** You are a new student at the university and you don't know where the bookstore is. Introduce yourself to one of your classmates. Then, a) tell him/her that you need to go (**ir**) to the bookstore and b) ask where it is.

Role B. A new student will greet you and ask you questions. Your answers should be as complete and specific as possible.

5. Question words

cómo	*how/what*	**cuál(es)**	*which*
dónde	*where*	**quién(es)**	*who*
qué	*what*	**cuánto/a**	*how much*
cuándo	*when*	**cuántos/as**	*how many*

All question words have a written accent over the stressed syllable: **có**mo, **dón**de.

- If a subject is used in a question, it normally follows the verb.

  ¿Dónde trabaja Elsa?   *Where does Elsa work?*

- Use **por qué** to ask *why*. The equivalent of *because* is **porque**.

  ¿Por qué está Pepe en la biblioteca? *Why is Pepe at the library?*
  Porque necesita estudiar. *Because he needs to study.*

- Use **qué + ser** when you want to ask for a definition or an explanation.

  ¿Qué es la sardana?   *What is the sardana?*
  Es un baile típico de Cataluña. *It's a typical dance of Catalonia.*

- Use **cuál(es) + ser** when you want to ask which one(s).

  ¿Cuál es tu mochila?   *Which (one) is your backpack?*
  ¿Cuáles son tus papeles?   *Which (ones) are your papers?*

- Questions that may be answered with **sí** or **no** do not use a question word.

  ¿Trabajan ustedes los sábados? *Do you work on Saturdays?*
  No, no trabajamos.   *No, we don't.*

- Another way to ask a question is to place an interrogative tag after a declarative statement.

  Tú hablas inglés, **¿verdad?** *You speak English, don't you?*
  David es norteamericano, **¿no?** *David is an American, isn't he?*

To request repetition or clarification use **¿Cómo?** or **Perdón.** The use of **¿Qué?**, the equivalent of English *what?*, is generally considered rude by some native speakers.

¿Qué dice usted?

1-26 Entrevista. Look at the cues in the right column before completing the questions using **quién, cuándo, cuántos/as, cuál, por qué,** as needed. Then, working with a classmate, take turns to interview each other.

1. ¿_____ clases tomas?	Tomo…
2. ¿_____ son tus clases?	Por la…
3. ¿_____ es tu clase favorita?	La clase de…
4. ¿_____ es tu profesor favorito?	El/La profesor/a…
5. ¿_____ estudias español?	Porque…
6. ¿_____ estudiantes hay en tu clase de español?	Hay…

1-27 Firmas. What are your classmates like? What do they do? Walk around the room and ask the questions below. Have classmates who answer these questions affirmatively sign their names.

1. ¿Eres una persona optimista? _____   3. ¿Eres muy activo/a? _____
2. ¿Estudias y trabajas? _____   4. ¿Trabajas por las tardes? _____

1-28 Entrevista. Ask a classmate the following questions; then tell the rest of the class about him/her.

1. ¿Cuántas clases tomas este semestre?   5. ¿Cuándo estudias?
2. ¿Cuál es tu clase favorita? ¿Por qué?   6. ¿Dónde trabajas?
3. ¿Cuántos alumnos hay en la clase?   7. ¿Quién es tu mejor (*best*) amigo/a?
4. ¿Quién es el profesor?   8. ¿Cómo es él/ella?

1-29 Encuesta. You are conducting a survey for a Spanish TV station. Ask your partner the appropriate questions to find out the information requested below.

1. Dirección y teléfono _____
2. Número de personas en la casa/el apartamento _____
3. Número de televisores en la casa/el apartamento _____
4. Programas favoritos _____
5. Número de horas que miran televisión durante la semana _____
6. Número de horas que miran televisión los fines de semana _____

SITUACIONES

1. You have just run across a Spanish-speaking friend that you have not seen for a long time. Tell him/her about a) your university (location and size), b) your courses, and c) your activities. Ask him/her questions to get the same information.

2. **Role A.** It is the beginning of the term, and you missed yesterday's class. As usual, you expect some minor changes in the course schedule and syllabus. Ask your partner a) if there is homework, b) at what time the class is tomorrow, c) if there is an exam soon, and d) when the exam is.

   Role B. Answer your classmate's questions being as specific as possible. You may add that the exam will take place in a different classroom and give him/her the classroom location.

Some regular *-er* and *-ir* verbs

The verb form found in dictionaries and in most vocabulary lists is the infinitive: **hablar, estudiar**, etc. Its equivalent in English is the verb preceded by *to: to speak, to study*. In Spanish, most infinitives end in -**ar**; other infinitives end in -**er** and -**ir**.

So far you have practiced the present tense of regular -**ar** verbs. Now you will practice the **yo, tú**, and **usted/él/ella** forms of some -**er** and -**ir** verbs: **leer**–*to read*, **comer**–*to eat*, **aprender**–*to learn*, **escribir**–*to write*, **vivir**–*to live*.

■ As you did with -**ar** verbs, use the ending -**o** when talking about your daily activities.

Leo y **escribo** en la clase todos los días.   *I read and I write in class everyday.*

■ For the **tú** form, use the ending -**es**.

¿**Comes** en la cafetería o en tu casa?   *Do you eat in the cafeteria or at home?*

■ For the **usted/él/ella** form, delete the final -**s** of the **tú** form.

Ella **vive** en la calle Salud.   *She lives on Salud Street.*

¿Qué dice usted?

👥 **1-30 ¿Conoce usted a su profesor/a?** With a classmate, discuss whether the following information about your instructor is true (**cierta**) or false (**falsa**). Then ask your instructor to verify the information.

1. _____ Escribe poemas.
2. _____ Come en restaurantes los fines de semana.
3. _____ Enseña cuatro clases todos los días.
4. _____ Vive en un condominio.
5. _____ Toma mucho café.
6. _____ Consulta la Internet para sus clases.

1-31 ¿Con qué frecuencia? With a classmate, decide who is going to be **Estudiante 1** and who will be **Estudiante 2**. After filling out the chart corresponding to your number, ask your classmate when he/she does each activity listed under his/her number.

MODELO: Comer pizza
E1: Yo como pizza los domingos. Y tú, ¿cuándo comes pizza?
E2: Yo nunca como pizza.

ACTIVIDAD	TODOS LOS DÍAS	A VECES	LOS DOMINGOS	NUNCA
ESTUDIANTE 1				
comer hamburguesas				
mirar televisión por la noche				
leer novelas de detectives				
escribir composiciones				
ESTUDIANTE 2				
comer pasta				
escuchar música rock				
leer novelas de misterio				
aprender palabras en español				

mosaicos

 A ESCUCHAR

A. ¿Cierto o falso? You will hear two students talking about their classes. Before listening to the recording, think about the kinds of things they may say and make a list of what you might expect to hear. Your experience and previous knowledge will help you anticipate some of the things they may say. Then listen to the conversation between Ana and Mario and indicate whether each statement is **Cierto** or **Falso**. Read the statements before listening to the tape.

	CIERTO	FALSO
1. Ana y Mario están muy bien.	_____	_____
2. Mario toma clases de ciencias y de humanidades.	_____	_____
3. Ana toma sólo *(only)* clases de ciencias.	_____	_____
4. Los estudiantes trabajan mucho en la clase de literatura.	_____	_____
5. La clase favorita de Mario es historia.	_____	_____

B. ¿Qué clases toman? First, as you listen to the description, circle the words you hear. Then read the passage and complete the chart on page 48, based on the information you obtained.

Cristina y Ester estudian (**biología / lenguas**) y no estudian (**psicología / economía**). Ester tiene clases de (**inglés / portugués**) y de (**historia / geografía**) los lunes, miércoles y viernes. Los martes y jueves ella toma (**informática / física**) y (**filosofía / psicología**). Geografía es su clase favorita. Cristina estudia (**contabilidad / matemáticas**) y (**química / biología**) los lunes, miércoles y viernes. Los martes y jueves ella toma (**química / biología**) y (**portugués / inglés**). Ella no toma (**psicología / filosofía**) este año, pero sí estudia física. Las clases de (**física / química, contabilidad / cálculo**) y economía de Jorge son los lunes, miércoles y viernes. Los martes y jueves son sus clases de psicología y biología.

NOMBRE	LUNES, MIÉRCOLES Y VIERNES	MARTES Y JUEVES
	economía	biología
	química	psicología
	contabilidad	
	matemáticas	biología
	química	física
		portugués
	portugués	psicología
	geografía	informática

 A CONVERSAR

1-32 Buscando una librería. You and a friend are visiting Málaga, Spain. Your friend finds the following ad in the local newspaper. Ask him/her the following questions about the ad.

a. the name of the bookstore
b. the address of the bookstore
c. the bookstore's phone number

LIBRERÍA CERVANTES

Papelería • Impresos • Artículos para escritorio

Libros de textos • Revistas

Casa especializada en estilógrafos y bolígrafos

Plaza Constitución, 3
29005   Málaga
Teléfono 221 19 99

1-33 Encuesta: las clases. Primera fase. In small groups, ask all members of your group what courses they're taking and what their classes are like. Complete the chart on the next page with the results of your poll.

MODELO: E1: ¿Estudias biología?
          E2: Sí, estudio biología
          E1: ¿Es una clase difícil?
          E2: No, es (una clase) fácil.

MATERIAS	COMPAÑEROS/AS	DIFÍCIL	FÁCIL
biología			
inglés			
economía			
física			
español			
literatura inglesa			
matemáticas			
historia			

Segunda fase. Now, summarize the results of your poll and share them with the class.

1. ¿Cuántos/as compañeros/as estudian biología, economía, etc.?
2. Según la opinión del grupo, ¿qué clases son fáciles?
3. ¿Qué clases son difíciles?

 A LEER

An important skill that must be developed to become proficient in another language is accurate, fluent reading. Of course this comes with exposure to the language over time, but it is vital to develop this skill from the earliest stages of learning a new language.

Reading proficiently means more than just knowing words. It represents an active process in which linguistic and non-linguistic variables intervene while you are trying to make sense of a written text. Before proceeding with the following activities, look at some of the reading tips you learned on p. 20 of **Bienvenidos**. What is the format of the following texts? Can you recognize some cognates? Underline them.

1-34 Preparación. In your opinion, which of the following classes are more interesting for a North American student planning to study in Spain? Write a check mark in front of the numbers. Then compare your responses with those of a classmate

1. ____ Diseño gráfico
2. ____ Guitarra clásica
3. ____ Historia precolombina
4. ____ Cocina de Andalucía
5. ____ Ritmos árabes
6. ____ Matemática avanzada
7. ____ Folclor catalán
8. ____ Historia norteamericana contemporánea

1-35 Primera mirada. Read the following text from a brochure by **Universidad de Salamanca**, Spain, and underline the correct response in each statement.

a. Según este texto, la Universidad de Salamanca ofrece como cursos complementarios clases de ciencia / arte / historia.
b. Los alumnos que desean aprender guitarra tienen la posibilidad de tomar una clase / dos clases.
c. En la clase de danza, los profesores enseñan baile clásico / bailes de varias regiones de España.
d. Las clases de danza y las clases de guitarra cuestan igual / tienen precios diferentes.
e. Las clases que ofrecen son a las 12:00 / tienen una duración de 12 horas.
f. Las clases son principalmente para estudiantes españoles / extranjeros.

 CURSOS CULTURALES COMPLEMENTARIOS

Usted puede completar su formación con alguno de los siguientes cursos de nuestro programa. Nuestro objetivo fundamental es que su inmersión en lo español se enriquezca por el contacto con actividades muy relacionadas con lo hispánico.

No hay preinscripción para estos cursos. Si usted está interesado, puede matricularse en Madrid.

· Curso de guitarra

Se ofrece en dos niveles:

1. Primeros pasos en el manejo de la guitarra.

2. Las raíces de lo folclórico y su proyección en Hispanoamérica. Práctica de los ritmos básicos.

Duración: 12 horas
Precio: 50 euros

· Curso de danza española

Usted conocerá y practicará los bailes de Andalucía, Castilla y León, Aragón, Galicia, etc.

Duración: 12 horas
Precio: 45 euros

20 ....**Cursos Internacionales**

1-36 Ampliación. Find the answer to the following questions in the brochure and underline them.

1. ¿Cuál es el objetivo principal de estos cursos de la universidad?
2. ¿Es necesario inscribirse en los cursos antes (*before*) del primer día de clases?
3. ¿Qué hace el/la estudiante que toma la clase de Danza española?
4. ¿Qué nivel toma un/a estudiante que no sabe (*knows*) tocar la guitarra?

 ## A ESCRIBIR

Writing is an act of communication in every language. In order for your writing to be effective, you need to consider the following questions before you begin:

1. **Purpose:** Why am I writing? To communicate with a friend? To request something in a business situation? To complain? To inform?
2. **Means of communication:** What channel am I using to communicate? Is it a letter, a postcard, an essay? Am I filling out a form, writing a report?
3. **Reader:** Who will be the recipient of my message? Someone I know or someone unknown to me? If it is someone I know, is it an acquaintance, a friend, a relative? Is the reader my age, younger or older? Is this person someone who holds authority over me?
4. **Topic:** What is the content of my writing? Am I writing about my personal experience or about a broader, more general topic? Am I reporting a scientific experiment I made or read about, or am I recounting a funny story?
5. **Language:** What vocabulary and structures will I potentially need to develop my topic? When writing in a language other than your own, you'll find it helpful to list these before you begin. For example, if you are interviewing a classmate about his or her background, you'll find it useful to make a list of the questions for requesting personal information: **¿Dónde vives? ¿Qué estudias?**, etc.

1-37 Preparación. Before doing Activity 1-38, specify the following:

1. Purpose:
2. Means of communication:
3. Reader:
4. Topic:
5. Language:

1-38 Manos a la obra. This is the first time you are away from home and would like to send a postcard to your parents, telling them about your life at the university. Cover the following points in your postcard:

- How things are going for you.

- Your university or college, the number and names of your classes, when you are taking them, how interesting (or not) your classes and professors are.

- What your daily routine is like, what you do after (*después de*) class, on weekends, etc

1-39 Revisión. After writing your postcard, discuss it with a classmate. Then, make any necessary changes.

- Make sure you've covered all the information requested in Activity 1–38.

- Revise any possible inaccuracies you may find regarding language use, spelling, punctuation, accentuation, etc.

- Finally, make any necessary changes that will make your text clear and comprehensible to your reader.

Vocabulario*

En la clase

el casete	*cassette*
el diccionario	*dictionary*
el mapa	*map*
la nota	*note, grade*
la tarea	*homework*

Materias

la antropología	*anthropology*
la biología	*biology*
la economía	*economics*
el español	*Spanish*
la geografía	*geography*
la historia	*history*
la informática	*computer science*
la literatura	*literature*
las matemáticas	*mathematics*
la (p)sicología	*psychology*
la sociología	*sociology*

Lugares

la biblioteca	*library*
el café	*coffee house*
la cafetería	*cafeteria*
la casa	*house, home*
la discoteca	*dance club*
el gimnasio	*gymnasium*
el laboratorio	*laboratory*
el laboratorio de lenguas	*language lab*
la librería	*bookstore*
la oficina	*office*
la playa	*beach*
la plaza	*plaza*
la universidad	*university*

Facultades

arquitectura	*architecture*
ciencias	*sciences*
humanidades	*humanities*
medicina	*medicine*

Personas

el/la alumno/a	*student*
el/la compañero/a	*partner, classmate*
el/la dependiente/a	*salesperson*
ellos/ellas	*they*
nosotros/nosotras	*we*
ustedes	*you* (plural)

Descripciones

aburrido/a	*boring*
bueno/a	*good*
difícil	*difficult*
estudioso/a	*studious*
excelente	*excellent*
fácil	*easy*
favorito/a	*favorite*
grande	*big*
malo/a	*bad*
norteamericano/a	*American/North American*
pequeño/a	*small*
prohibido/a	*forbidden, not allowed*
responsable	*responsible*

Verbos

bailar	*to dance*
buscar	*to look for*
caminar	*to walk*
comprar	*to buy*
conversar	*to talk, to converse*
escuchar	*to listen (to)*
estar	*to be*
estudiar	*to study*
hablar	*to speak*
llegar	*to arrive*
mirar	*to look (at)*
montar	*to ride*
montar en bicicleta	*to ride a bicycle*
necesitar	*to need*
practicar	*to practice*
revisar	*to revise, to go over*
sacar	*to get, to take (out)*
tomar	*to take, to drink*
tomar apuntes	*to take notes*
trabajar	*to work*

Expresiones de tiempo y frecuencia

a veces	*sometimes*
el fin de semana	*weekend*
muchas veces	*often, many times*
nunca	*never*
por la tarde	*in the afternoon*
siempre	*always*
todos los días	*everyday*

Palabras y expresiones útiles

algo	*something*
buena suerte	*good luck*
¿Cómo te va?	*How is it going?*
¿Cuánto cuesta?	*How much is it?*
el dólar	*dollar*
este/a	*this*
Hasta la vista.	*See you later.*
para	*for, to*
pero	*but*
porque	*because*
¿Qué haces?	*What do you do?*
	What are you doing?
¡Qué lástima!	*What a pity!*
también	*also*
¿Verdad?	*Right?*

*See page 43 for question words.

Las universidades hispanas

Para pensar

¿Cómo se llama su universidad? ¿Es grande o pequeña? ¿nueva o antigua? ¿privada o pública? ¿Es difícil ingresar (*be admitted*) a la universidad en los Estados Unidos? ¿Qué examen tienen que tomar los estudiantes de secundaria para ingresar a la universidad?

En los países hispanos hay muchas universidades muy buenas, pero ingresar a la universidad no es fácil. En muchos países, los estudiantes tienen que tomar un examen de admisión y solamente los mejores son admitidos. En algunos países, la nota que un estudiante saca en este examen determina qué carrera puede estudiar o no estudiar. Es por eso que las personas que quieren ingresar a la universidad se preparan con muchos meses de anticipación.

Algunas universidades son muy grandes, como por ejemplo la Universidad Complutense de Madrid (vaya a la página de Mosaicos en la Internet *www.prenhall.com/mosaicos*), en la que estudian más de 120.000 estudiantes; otras son más pequeñas y tienen sólo unos cuantos cientos de estudiantes. Algunas universidades son privadas y el costo es alto. Otras son públicas y no cuestan tanto, y por eso tienen muchos estudiantes. Una desventaja de estas universidades es que las clases son muy grandes y muchas veces los estudiantes no tienen lugar en el salón para sentarse. Algunas universidades son modernas, pero también hay otras que son muy antiguas. Entre las universidades más antiguas está la Universidad de Salamanca (vaya a *www.prenhall.com/mosaicos*) en España fundada en el siglo XIII. Esta universidad es famosa no sólo por la belleza de su arquitectura, sino también por las personas importantes que han enseñado ahí.

La educación universitaria dura un promedio de cinco años. Muchos estudiantes permanecen más tiempo en la universidad porque trabajan y en general, hay clases por las mañanas, tardes y noches. En la mayor parte de las universidades hispanas no hay residencias estudiantiles y los estudiantes viven con sus familias o en casas de huéspedes.

En las universidades hispanas, igual que en las norteamericanas, se practican deportes y hay competencias entre ellas. Sin embargo, estas competencias no son tan populares entre los estudiantes como en las universidades norteamericanas. Hay otras cosas que son más interesantes para los estudiantes universitarios en los países hispanos. Por ejemplo, ellos participan activamente en la vida política del país y frecuentemente organizan marchas y protestas en reacción a algún acontecimiento político nacional o internacional.

Muchas universidades del mundo hispano tienen programas de español para estudiantes extranjeros. Así por ejemplo, hay programas

La universidad de Salamanca

especiales en la Universidad de Salamanca y en la Universidad de Valencia (vaya a *www.prenhall. com/mosaicos*) en España. ¡Estudiar en una universidad hispana es una experiencia inolvidable!

Para contestar

A. Las universidades. Trabajando con su compañero/a responda a las siguientes preguntas:

1. ¿Cómo son las universidades en el mundo hispano? Describa por lo menos tres características según la información anterior.

2. ¿Hay muchas universidades antiguas en los países hispanos? Dé un ejemplo.

3. Si un estudiante quiere ir a la universidad en un país hispano, ¿qué tiene que hacer?

B. Riqueza cultural. En grupos de tres, mencionen dos cosas que los estudiantes de los Estados Unidos y de los países hispanos tienen que hacer para ingresar a la universidad.

 ## Para investigar en la WWW

1. Busque información acerca de la Universidad de Salamanca, la Universidad Complutense de Madrid o cualquier otra universidad española. Averigüe (*find out*): ¿Cómo es su arquitectura? ¿Qué especialidades se pueden estudiar en esta universidad? ¿Cuándo son los exámenes de admisión? Luego, comparta con la clase la información que encontró y lo que le pareció interesante.

2. Busque información acerca de programas de español para estudiantes extranjeros en la Universidad de Salamanca o en otras universidades del mundo hispano. Averigüe qué cursos ofrecen, el costo, etc. Seleccione una universidad adonde Ud. quiera ir y explique a la clase por qué seleccionó esta universidad.

3. Busque información acerca de la vida del estudiante universitario hispano (eventos deportivos, bibliotecas, cafés, exposiciones de arte, charlas/conferencias, etc.). ¿Qué actividades son interesantes? ¿Desea usted participar en este tipo de actividades o prefiere las actividades de su universidad?

España

Ciudades importantes y lugares de interés: Madrid, la capital, es una ciudad de gran vitalidad y energía, como pocas ciudades en el mundo (vaya a *www.prenhall.com/mosaicos*). Vivir en Madrid significa poder disfrutar de una intensa vida intelectual y social. Durante el día, los madrileños se reúnen en los cafés y terrazas, y por la noche, hasta la madrugada, en los bares y discotecas. Madrid es una ciudad en constante movimiento. Madrid tiene además importantes museos (El Prado), palacios (Palacio Real), iglesias (Iglesia de San Francisco el Grande), impresionantes plazas (Plaza Mayor), bellísimas fuentes (La Cibeles), hermosos parques (Parque El Retiro), avenidas amplias (La Gran Vía) y universidades importantes.

Otra ciudad de interés es Salamanca, situada en la parte occidental de España. Allí se encuentra una de las universidades más antiguas de Europa. Además, Salamanca cuenta con plazas, monumentos y edificios importantes como sus dos catedrales y la Plaza Mayor, donde se reúnen estudiantes y turistas para conversar en los cafés o pasear alrededor de la Plaza. También es común que las tunas (*group of student minstrels*) lleguen a la plaza y ofrezcan serenatas.

En el sur de España se encuentra Sevilla, ciudad de encanto y alegría sin par. Sevilla es famosa no sólo por su catedral, la Torre de Oro y el Alcázar, palacio real construido por los moros en el siglo XII, sino también por sus famosas celebraciones de Semana Santa y la Feria de Abril. En la Feria, las corridas de toros y el baile flamenco llenan de alegría la ciudad.

Además del español o castellano que es el idioma oficial, en algunas regiones de España se hablan otras lenguas y/o dialectos. En Galicia, al noroeste, se habla el gallego. En Cataluña, al noreste, se habla el catalán. La capital de Cataluña es Barcelona, que es además la segunda ciudad más importante del país, después de Madrid. En el norte está el País Vasco y allí se habla vascuence o euskera; en las islas Baleares se habla el mallorquín, y finalmente, en la región valenciana, en la costa este de la península, se habla el valenciano.

¡Visitar España es visitar un mundo de alegría y de estímulo intelectual!

Unos estudiantes comen unas tapas en un café de Málaga.

Expresiones españolas:

Ir de copas:	¡Vamos de copas!	*Let's go have a drink!*
Catear:	¡Me han cateado!	*They've flunked me!*
Majo/a:	Ella es muy maja.	*She's a very nice person.*
Vale:	Te llamo luego, ¿vale?	*I'll call you later, ok?*
Chaval:	¿Dónde está ese chaval?	*Where is that kid?*

ENFOQUE INTERACTIVO

  A MIRAR EL VIDEO 5:00

Watch the *Fortunas* video segment for *Lección 1* in class or on your CD-ROM. Learn about this year's *Fortunas* treasure hunt and find out who are the four contestants who have been chosen to compete in the current edition of this exciting contest.

Now complete the accompanying video activities on the CD-ROM. This is your chance to interact with the video characters! **25:00**

Katie

Comienza el concurso

The *Fortunas* contest requires participants to use *pistas* (clues) to solve seven *misterios* and find three *fortunas*. All the *misterios* and *fortunas* are located within Mexico City and are related to the history of Mexico and the New World. Players earn points by solving *misterios*, locating *fortunas*, and winning viewer polls.

PARA GANAR

Puntos
- ▶ 7 misterios = 300 puntos cada uno
- ▶ 3 fortunas = 1000 puntos cada una
- ▶ 13 encuestas = 150 puntos cada una
- ▶ Encuesta final = 500 puntos

Premios
- Ganador: ❶ Viaje a las Islas Canarias
- Segundo: ❷ Viaje a Nueva York
- Tercero: ❸ Viaje a Puerto Rico
- Cuarto: ❹ Viaje a Acapulco

 ¡COMENCEMOS LA BÚSQUEDA! 5:00

The *Fortunas* contest is interactive. It allows you to match your skills with those of the contestants and to vote in viewer polls. Go to the *Mosaicos Website* (*www.prenhall.com/mosaicos*) and click on the *Fortunas* module to learn more about the contest. See if you can solve the first *misterio* before the contestants do.

¿QUÉ OPINA USTED? 5:00

Fortunas contestants can earn valuable points by winning viewer polls on the Internet. After each episode you can vote in the *Fortunas* viewer poll and help determine the winner of the contest. Please go to the *Fortunas* module on the *Mosaicos Website* and click on *¿Qué opina usted?* to cast your vote. Before voting in this episode's viewer poll, read the biographies of the four contestants on the website to learn more about them.

 PARA NAVEGAR 10:00

UNA ESTUDIANTE ESPAÑOLA

Sabrina Medina es una estudiante de España. Estudia derecho en la Universidad de Salamanca. Las universidades del mundo hispáno son similares a las de los Estados Unidos, pero hay ciertas diferencias también. ¿Sabe usted dónde está Salamanca?

Universidad de Salamanca

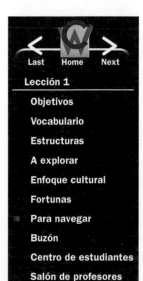

Go to the *Mosaicos Website* and click on the *Para navegar* module to explore links to Spain and Spanish universities. Look at course schedules and descriptions and complete the related activities. Read about the country's rich artistic tradition and history, and explore some of its exciting dimensions.

Lección 2

Los amigos hispanos

COMUNICACIÓN

- Asking about and describing persons, animals, places, and things
- Expressing nationality and place of origin
- Expressing where and when events take place
- Expressing possession
- Expressing likes and dislikes

ESTRUCTURAS

- Adjectives
- Present tense and some uses of the verb **ser**
- **Ser** and **estar** with adjectives
- Possessive adjectives
- ALGO MÁS: Expressions with **gustar**

MOSAICOS

A ESCUCHAR

A CONVERSAR

A LEER

- Scanning a text
- Inferring meaning

A ESCRIBIR

- Responding to an ad
- Addressing an unknown reader formally

ENFOQUE CULTURAL

- La diversidad étnica
- Argentina

ENFOQUE INTERACTIVO

 WWW   VIDEO   CD ROM

Mis amigos y yo

Me llamo Luis López. Soy de Argentina y tengo veintidós años. Me gusta escuchar música y mirar televisión. Estudio en la Universidad de Buenos Aires y deseo ser profesor de historia. Los chicos en estas fotografías también estudian en la universidad y somos muy buenos amigos.

Practice Activities for each vocabulary section are provided on the CD-ROM and website (www.prenhall.com/ mosaicos)

Esta chica es Amanda Martone. Es alta, delgada, tiene los ojos de color café y el pelo castaño y muy largo. Amanda es una chica muy agradable. Estudia en la universidad conmigo y desea ser economista.

Este chico se llama Ernesto Fernández. Ernesto es moreno, bajo, fuerte, muy hablador y simpático. Le gusta usar la computadora para conversar con sus amigos.

Mi amiga se llama Ana Villegas. No es alta ni baja, es mediana y usa lentes de contacto. Es pelirroja y tiene ojos negros. Ana es callada, trabajadora y muy inteligente.

Esta chica es Marta Chávez Conde. Es española y tiene veintiún años. Es rubia, tiene pelo corto y ojos azules. Marta es soltera y muy divertida. Este año está en Buenos Aires con su familia.

¿Qué dice usted?

2-1 Asociaciones. To whom do the descriptions on the left refer?

1. _____ Tiene el pelo largo.
2. _____ Tiene veintidós años.
3. _____ Es de España.
4. _____ Es bajo y fuerte.
5. _____ Es callada y muy inteligente.
6. _____ Habla mucho.
7. _____ Tiene los ojos de color café.
8. _____ Es rubia.
9. _____ Es soltera y divertida.
10. _____ Desea ser profesor de historia.

a. Luis López
b. Amanda Martone
c. Ernesto Fernández
d. Ana Villegas
e. Marta Chávez

👥👥 **2-2 Adivine quién es. Primera fase.** With a classmate, read again the texts on pages 62 and 63. Then make a list of expressions that you may use to describe people in regards to: a) their physical appearance and b) their personality traits. Use at least 6 expressions per column.

👥👥 **Segunda fase.** Now, working in a group, think of a classmate and describe him/her in at least three sentences, using the vocabulary from **Primera fase** or any other that you may need. The rest of the group will have to guess who is being described.

MODELO: E1: Es alto y delgado. Tiene pelo negro. Es fuerte y callado.
           E2: Es...

👥👥 **2-3 ¿Qué me gusta y qué no me gusta?** Indicate whether you like or dislike each of the following activities. Then, ask a classmate and compare your answers.

MODELO: estar en casa por las noches
           E1: ¿Te gusta estar en casa por las noches?
           E2: Sí, me gusta. o No, no me gusta.

ACTIVIDADES	USTED		COMPAÑERO/A	
	SÍ	NO	SÍ	NO
1. mirar televisión por la tarde	✕			
2. estudiar español	✕			
3. practicar tenis/fútbol/béisbol		✕		
4. escribir en la computadora	✕			
5. trabajar los sábados y los domingos	✕			
6. tomar café por la noche		✕		
7. bailar los fines de semana	✕			
8. hablar con los amigos en los cafés	✕			

¿De qué color son estos autos?

Es rojo.   Es amarillo.

Otros colores

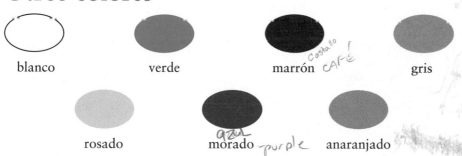

blanco   verde   marrón *Castaño CAFÉ*   gris

rosado   morado *azul purple*   anaranjado

LENGUA

There are several Spanish words, depending on the country, to express the color brown: **café**, **marrón**, **carmelita**, **castaño**, and **pardo/a**. The words **naranja** and **rosa** are also used instead of **anaranjado** and **rosado**.

¿Cómo son estas personas?

fuerte   débil   joven   vieja/mayor

lista   tonto   trabajador   perezoso   simpático   antipático

alegre   triste   pobre   rica   casado   soltero

¿Y cómo son estos animales?

el hipopótamo

Es feo.

la gata

Es muy bonita/guapa.

la serpiente

Es delgada.

el oso

Es gordo.

¿Qué dice usted?

2-4 Opuestos. Complete the following statements.

MODELO: Leonardo Di Caprio no es viejo, es joven.

1. Julia Roberts no es gorda, es…
2. El presidente no es perezoso, es…
3. Jennifer López no es antipática, es…
4. Madonna no es tonta, es…
5. Bill Gates no es pobre, es…
6. Ricky Martin no es feo, es…

 2-5 Los ojos y los lentes de contacto. Primera fase. In groups of four, gather the following information.

1. ¿Cuántos estudiantes tienen ojos verdes? ¿azules? ¿café? ¿negros?
2. ¿Cuál es el color de ojos más común?
3. ¿Cuántas personas usan lentes (*eyeglasses*)? ¿lentes de contacto? ¿lentes de contacto de color? ¿no usan lentes?
4. ¿Hay más estudiantes con o sin lentes de contacto?

Segunda fase. Now, read the ad for **Multicolor** contact lenses and ask your partner questions based on it.

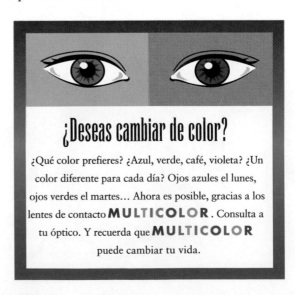

¿Deseas cambiar de color?

¿Qué color prefieres? ¿Azul, verde, café, violeta? ¿Un color diferente para cada día? Ojos azules el lunes, ojos verdes el martes… Ahora es posible, gracias a los lentes de contacto **MULTICOLOR**. Consulta a tu óptico. Y recuerda que **MULTICOLOR** puede cambiar tu vida.

2-6 Autodescripción. You're appearing on the TV program **Cita a ciegas** (*Blind Date*). Describe yourself to make a good first impression.

1. Me llamo...
2. Soy... No soy...
3. Tengo...
4. Estudio...
5. Trabajo...
6. Me gusta...

2-7 ¿Quién soy? In a small piece of paper, write a brief description of yourself (physical and personality wise); DO NOT include your name. Fold the piece of paper and give it to your instructor. He/She will ask each one of you to draw a description, read it, and match the description with the name of the classmate who wrote it.

MODELO: Soy alta y morena; uso lentes, tengo el pelo corto; soy (muy) trabajadora.

¿De dónde son?

Bill Gates
norteamericano

Celia Cruz
cubana

Ricky Martin
puertorriqueño

Octavio Paz
mexicano

REPÚBLICA DOMINICANA

CUBA

ESTADOS UNIDOS

Rigoberta Menchú
guatemalteca

GUATEMALA   BELICE

HONDURAS

HAITÍ   PUERTO RICO

Carolina Herrera
venezolana

EL SALVADOR   NICARAGUA

Violeta Chamorro
nicaragüense

COSTA RICA

PANAMÁ

VENEZUELA

GUYANA
SURINAM
GUAYANA FRANCESA

COLOMBIA

Rubén Blades
panameño

ECUADOR

Gabriel García Márquez
colombiano

PERÚ

BRASIL

Mario Vargas Llosa
peruano

BOLIVIA

PARAGUAY

CHILE

Isabel Allende
chilena

ARGENTINA

URUGUAY

Julio Bocca
argentino

LENGUA

In Argentina, as well as in other countries in South and Central America, close friends address each other using the pronoun **vos**. Most verb forms used with **vos** are slightly different from those used with **tú**.

Vos estás muy bien.
Vos comés mucho.
¿Vos vivís en la calle Libertador?

¿Qué dice usted?

2-8 ¿Quiénes son? Identify the following people.

1. cantante (*singer*), actor y político panameño
2. diseñadora (*designer*) famosa
3. escritor de Perú, *La ciudad y los perros*
4. poeta de México, Premio Nobel, 1990
5. Premio Nobel de la Paz, 1992
6. bailarín de ballet argentino
7. cofundador de Microsoft
8. ex-presidenta de Nicaragua

a. Bill Gates
b. Mario Vargas Llosa
c. Rigoberta Menchú
d. Rubén Blades
e. Carolina Herrera
f. Julio Bocca
g. Octavio Paz
h. Violeta Chamorro

2-9 Adivinanzas. Think of a well-known person. A classmate will try to guess his or her identity by asking you questions.

MODELO: E1: ¿De dónde es?
E2: Es cubanoamericana.
E1: ¿En qué trabaja?
E2: Es cantante y trabaja con su esposo en Miami.
E1: ¿Es Gloria Estefan?
E2: ¡Sí!

 A ESCUCHAR

¿Cómo son estas personas? You will hear a student talk about himself. Before listening to the recording, think about the things he may say and go over the information below. Then listen carefully to determine if this information is mentioned or not. Mark the appropriate column.

	SÍ	NO
1. name	——	——
2. age	——	——
3. address	——	——
4. physical description	——	——
5. preferences	——	——
6. place of work	——	——

Now you will hear a young woman describe herself. Mark the appropriate column on the chart according to the information that you hear.

NACIONALIDAD:	—— salvadoreña	—— norteamericana	—— argentina
EDAD:	—— 15 años	—— 21 años	—— 30 años
DESCRIPCIÓN:	—— alta y rubia	—— baja y morena	—— fea y lista
ESTUDIOS:	—— lenguas	—— ciencias	—— psicología

Explicación y expansión

1. Adjectives

- Adjectives are words that describe people, places, and things. Like articles (**el, la, un, una**) and nouns (**chico, chica**), they generally have more than one form. In Spanish an adjective must agree in gender (masculine or feminine) and number (singular or plural) with the noun or pronoun it describes. Adjectives that describe characteristics of a noun usually follow the noun.

- Many adjectives end in **-o** when used with masculine words and in **-a** when used with feminine words. To form the plural these adjectives add **-s**.

	MASCULINE	FEMININE
SINGULAR	chico alto	chica alta
PLURAL	chicos altos	chicas altas

Practice activities for each numbered grammar point are provided on the CD-ROM and website (www.prenhall.com/ mosaicos)

- Adjectives that end in **-e** and some adjectives that end in a consonant have only two forms, singular and plural. To form the plural, adjectives that end in **-e** add **-s**; adjectives that end in a consonant add **-es**.

	MASCULINE	FEMININE
SINGULAR	amigo interesante	amiga interesante
	chico popular	chica popular
PLURAL	amigos interesantes	amigas interesantes
	chicos populares	chicas populares

- Other adjectives that end in a consonant have four forms. This group includes some adjectives of nationality.

	MASCULINE	FEMININE
SINGULAR	alumno español	alumna española
	alumno trabajador	alumna trabajadora
PLURAL	alumnos españoles	alumnas españolas
	alumnos trabajadores	alumnas trabajadoras

- Adjectives that end in **-ista** have only two forms, singular and plural.

Pedro es muy opti**mista**,   *Pedro is very optimistic,*
    pero Alicia es pesi**mista**.   *but Alicia is pessimistic.*
Ellos no son materia**listas**.   *They are not materialistic.*

¿Qué dice usted?

 **2-10 Descripciones.** You're the head of a growing company and need to hire more staff. Tell your classmate (the personnel manager) what qualities you're looking for in the job candidates. Answer the questions the personnel manager may have.

1. Necesito un/a director/a de relaciones públicas...

activo	competente	agradable
bilingüe	callado	antipático
extrovertido	pasivo	...

2. Necesito un/a subdirector/a...

inteligente	perezoso	débil
imparcial	trabajador	guapo
simpático	tonto	...

3. Necesito unos/as empleados/as...

arrogante	perfeccionista	divertido
atractivo	hablador	eficiente
agradable	responsable	...

2-11 Personas importantes. Primera fase. With a classmate, describe the people below, using at least three of the following adjectives or expressions for each one. Compare your description with those of other classmates.

serio	trabajador	cómico
inteligente	simpático	atlético
guapo	extrovertido	liberal
tiene ojos...	tiene pelo...	...

1. Gloria Estefan
2. Whoopi Goldberg
3. Peter Jennings
4. Christina Aguilera
5. Antonio Banderas
6. Plácido Domingo

Segunda fase. Now, take turns describing someone important in your life. Your partner will ask questions to get more information about him/her and to find out why he/she is important to you.

SITUACIONES

1. **Role A.** You are the personnel manager who is interviewing one of the job applicants in 2-10. Verify his/her name and ask him/her a) where he/she is from, b) what his/her personality traits are, c) if he/she currently works; if so, where, and d) what he/she likes to do in his/her free time (**tiempo libre**).

   Role B. You are one of the job applicants in activity 2-10. Answer the personnel manager's questions in detail and ask any questions you may have.

2. **Role A.** You finally got your first job, but you don't like the office that you have been assigned (it is small, has an old computer, etc.). Describe it in detail to your partner. Then, describe to him/her your ideal office.

   Role B. Sketch each item of your classmate's description. Interrupt him/her as necessary to get the information you need. At the end, show him/her your drawing to see if it matches the description. You may need some additional vocabulary: **archivo** (*filing cabinet*), **impresora** (*printer*).

2. Present tense and some uses of the verb *ser*

SER (*to be*)			
yo	soy	nosotros/as	somos
tú	eres	vosotros/as	sois
Ud., él, ella	es	Uds., ellos/as	son

You have practiced some forms of the verb **ser** and have used them for identification (**Ese señor es el dependiente**) and to tell time (**Son las cuatro**). Below you will learn other uses of the verb **ser**.

- **Ser** is used with adjectives to describe what a person, a place, or a thing is like.

¿Cómo **es** ella?	*What is she like?*
Es inteligente y simpática.	*She's intelligent and nice.*
¿Cómo **es** la casa?	*What is the house like?*
La casa **es** grande y muy bonita.	*The house is big and very beautiful.*

- **Ser** is used to express the nationality of a person; **ser + de** is used to express the origin of a person.

  NATIONALITY

Luis **es** chileno.	*Luis is Chilean.*
Rosa **es** argentina.	*Ana is Argentinean.*

  ORIGIN

Luis **es de** Chile.	*Luis is from Chile.*
Ana **es de** Argentina.	*Ana is from Argentina.*

- **Ser + de** is also used to express possession. The equivalent of the English word *whose* is **¿de quién?**

¿De quién es la casa?	*Whose house is it?*
La casa **es de** Marta.	*The house is Marta's.*

- **De + el** contracts to **del. De + la(s)** or **los** does not contract.

El diccionario **es del** profesor, no **es de la** estudiante.	*The dictionary is the professor's, not the student's.*

- **Ser** is used to express the location or time of an event.

El baile **es** en la universidad.	*The dance is (takes place) at the university.*
El examen **es** a las tres.	*The test is (takes place) at three.*

3. *Ser* and *estar* with adjectives

- **Ser** and **estar** are often used with the same adjectives. However, the choice of verb determines the meaning of the sentence.

- As you already know, **ser** + *adjective* states the norm, what someone or something is like.

Manolo **es** delgado.	*Manolo is thin. (He is a thin boy.)*
Sara **es** muy nerviosa.	*Sara is very nervous. (She is a nervous person.)*
El libro **es** nuevo.	*The book is new. (It's a new book.)*

- **Estar** + *adjective* comments on something. It expresses a change from the norm, a condition, and/or how one feels about the person or object being discussed.

Manolo **está** delgado.	*Manolo is thin. (He lost weight recently.)*
Sara **está** muy nerviosa.	*Sara is very nervous. (She has been nervous lately.)*
El libro **está** nuevo.	*The book is new. (It seems like a brand new book.)*

- The adjectives **contento/a**, **cansado/a**, **enojado/a** are always used with **estar**.

Ella **está contenta** ahora.	*She is happy now.*
El niño **está cansado**.	*The boy is tired.*
Carlos **está enojado**.	*Carlos is angry.*

- Some adjectives have one meaning with **ser** and another with **estar**.

Ese señor **es** malo.	*That man is bad/evil.*
Ese señor **está** malo.	*That man is ill.*
El chico **es** listo.	*The boy is clever.*
El chico **está** listo.	*The boy is ready.*
La manzana **es** verde.	*The apple is green.*
La manzana **está** verde.	*The apple is not ripe.*
Ella **es** aburrida.	*She is boring.*
Ella **está** aburrida.	*She is bored.*

¿Qué dice usted?

👤👤 **2-12 ¿Cómo somos?** Read the following descriptions and write an X under the appropriate heading. Then, compare your answers with those of a classmate. You may ask each other questions to expand the conversation.

	SÍ	NO
1. Soy muy responsable y trabajador/a.	X	
2. A veces soy un poco rebelde.		
3. Mi familia es muy religiosa y tradicional.		
4. Mi mejor amigo es muy creativo y dinámico.		
5. Él y yo somos agradables.		
6. Las clases de este semestre son interesantes.		

👥 **2-13 Descripciones.** Ask a classmate what the following people and places are like.

MODELO: tu profesor/a de inglés
             E1: ¿Cómo es tu profesor de inglés?
             E2: Es alto, moreno y muy simpático.

1. la oficina del Departamento de Lenguas
2. tu cuarto (*bedroom*)
3. tu compañero/a de cuarto
4. tu auto/bicicleta
5. los chicos/las chicas de la clase
6. el laboratorio de computadoras

👥 **2-14 ¿De quién es/son...?** You walk into your room and find several objects that don't belong to you. Ask your classmate whose they are. He/she will ask you at least two questions to help you identify the owner.

MODELO: computadora portátil
             E1: ¿De quién es la computadora?
             E2: No sé. ¿De qué color es?
             E1: Es negra.
             E2: ¿Es grande o pequeña?
             E1: Es pequeña.
             E2: Entonces es la computadora de Luis.

1.

2.

3.

4.

5.

6.

👥 **2-15 Una persona diferente.** A classmate will use the adjectives in the following list to describe several people you both know. However, you know those people have changed. Tell him/her what they're like now.

MODELO: Arturo/gordo
             E1: Arturo es gordo.
             E2: Pero ahora está muy delgado.

1. Ramón/optimista
2. Ana y Gustavo/habladores
3. Catalina/tranquila

4. Julián/fuerte
5. Berta y Luisa/activas
6. Carmen/alegre

2-16 ¿Quiénes son estas personas? You're at a gathering where there are several foreign students. Ask a friend about the following people, as in the model.

MODELO: Olga Mendoza / Bolivia
                E1: ¿Quién es esa chica?
                E2: ¿Qué chica?
                E1: La chica alta y rubia.
                E2: ¡Ah! Es Olga Mendoza.
                E1: ¿De dónde es?
                E2: Es boliviana, es de La Paz.

1. Elda Capetillo / México
2. Fernando y Eduardo Arenas / Argentina
3. María Juana Herrera / Nicaragua

4. Ernesto Gutiérrez / Colombia
5. Alberto Díaz / Puerto Rico
6. Carmen Cisneros / Venezuela

2-17 Termómetro emocional. Primera fase. Write an X under the words that indicate how you feel in these places and situations. Then, write two more words, one under **yo** and the other under **compañero/a**, to show how you feel and how you guess your classmate feels.

LUGARES	ABURRIDO/A	CONTENTO/A	TRANQUILO/A	NERVIOSO/A	YO	COMPAÑERO/A
en la cafetería con mis amigos						
en los exámenes finales						
en el trabajo						
en una entrevista de trabajo						
en una fiesta formal						
en mi casa por la noche						

Segunda fase. Now compare your responses with those of a classmate and expand the conversation as necessary. You may find below, some helpful expressions for your conversation.

MODELO: en la clase de español
          E1: Yo estoy contento/a en la clase de español y tú estás contento también.
          E2: Sí, yo estoy contento/a. *o* Sí, nosotros/as estamos contentos/as. *o* No, yo estoy aburrido/a.

USEFUL EXPRESSIONS		
TO DISAGREE	TO AGREE	TO EXPRESS SURPRISE
Estás equivocado/a.	Tienes razón.	¡Qué increíble!
No, no es verdad.	Es verdad.	¡Qué buen/a observador/a (eres)!

2-18 Eventos y lugares. You're working at the university's information booth and your classmate (a visitor) stops by. Answer his/her questions. Then reverse roles.

MODELO: VISITANTE: ¿Dónde es la exposición del club de fotografía?
            EMPLEADO/A: Es en la biblioteca.
                VISITANTE: ¿Y dónde está la biblioteca?
            EMPLEADO/A: Está al lado de la cafetería.

1. el concierto
2. la conferencia
3. el banquete
4. la reunión de profesores
5. la función del club de español
6. la graduación

SITUACIONES

1. **Role A.** A new student from Argentina has joined your class. Introduce yourself and find out the following information from him/her: a) name; b) country and city of origin; c) size and location of city/town; d) characteristics of people from his country (what they are like, what they do, etc.).

   Role B. You are a foreign student from Buenos Aires, Argentina, who has recently joined this class. Answer your classmate's questions with as much detail as possible. Then ask him/her questions in order to get the same information he/she obtained from you.

2. **Role A.** You are trying to set up your classmate on a blind date with a friend. Answer your classmate's questions trying to tailor your answers to what you think he/she would like in a person since you want them to meet.

   Role B. Your classmate is trying to set you up on a blind date. Ask as many questions as possible to get the information you would like to know before deciding what to do.

4. Possessive adjectives

mi(s)	*my*
tu(s)	*your* (familiar)
su(s)	*your* (formal), *his, her, its, their*
nuestro(s), **nuestra**(s)	*our*
vuestro(s), **vuestra**(s)	*your* (familiar plural)

■ These possessive adjectives always precede the noun they modify.

   mi casa   **tu** bicicleta

■ Possessive adjectives change number (and gender for **nosotros** and **vosotros**) to agree with the thing possessed, not with the possessor.

   mi casa, **mis** casas
   nuestro profesor, **nuestros** amigos; **nuestra** profesora, **nuestras** amigas

■ **Su** and **sus** have multiple meanings. To ensure clarity, you may use **de** + the name of the possessor or the appropriate pronoun.

   de ella (la compañera de Elena)
   de él (la compañera de Jorge)
su compañera = la compañera **de usted**
   de ustedes
   de ellos (la compañera de Elena y Jorge)
   de ellas (la compañera de Elena y Olga)

¿Qué dice usted?

👥 **2-19 Mi mundo.** With a classmate, take turns describing the following things and people in your life. How different/similar are they for both of you?

MODELO: bicicleta
   E1: Mi bicicleta es negra y fea. ¿Cómo es tu bicicleta?
   E2: Es azul y bastante vieja.

1. familia
2. novio/a *(boy friend/girlfriend)*
3. casa/apartamento

4. restaurante favorito
5. clases   *Qual es*
6. auto

👥 **2-20 Mi familia.** First, mark your answers in the appropriate column. Then interview a classmate and compare your answers.

	YO		MI COMPAÑERO/A	
	SÍ	NO	SÍ	NO
1. Vivo en una ciudad grande.	——	——	——	——
2. Otros miembros de la familia viven con nosotros.	——	——	——	——
3. Siempre pasamos las vacaciones juntos *(together)*.	——	——	——	——
4. Siempre conversamos sobre temas políticos.	——	——	——	——
5. A veces no estamos de acuerdo y discutimos.	——	——	——	——
6. Nuestros amigos visitan la casa frecuentemente.	——	——	——	——

2-21 Nuestra universidad. Prepare a short oral presentation about your university, using the correct forms of **nuestro**. Some of the topics you may address are your professors, your classes, the students, the football/basketball teams (**equipo de fútbol/basquetbol**).

SITUACIONES

1. You are looking for an apartment to move into with another student. Two of your classmates need roommates and are each trying to talk you into picking their apartment. Before making a decision, ask them questions to get information about their apartments regarding a) size, b) location, and c) cost. You may find the following vocabulary useful: **cocina** (*kitchen*), **baño** (*bath*), **oscuro** (*dark*), **claro** (*light*).

2. **Role A.** You are planning to give your best friend a surprise birthday party (**una fiesta sorpresa**) and would like to invite one of your classmates. Tell your classmate a) that your friend's birthday is on Sunday, and b) where the party will take place.

   Role B. Your classmate invites you to a party. Find out a) the exact address, b) the time, and c) who else is going (**va**) to the party. At the end, thank your classmate for the invitation (**por la invitación**).

Expressions with *gustar*

■ To express what you like to do, use **me gusta** + *infinitive*. To express what you don't like to do, say **No me gusta** + *infinitive*.

Me gusta bailar.	*I like to dance.*
No me gusta mirar la televisión.	*I don't like to watch television.*

■ To express that you like something, use **me gusta** + *singular noun* or **me gustan** + *plural noun*.

Me gusta la música clásica.	*I like classical music.*
Me gustan las fiestas.	*I like parties.*

■ To ask a classmate what he/she likes, use **¿Te gusta/n...?** To ask your instructor, use **¿Le gusta/n...?**

¿Te gusta/Le gusta tomar mate?	*Do you like to drink mate?*
¿Te gustan/Le gustan los chocolates?	*Do you like chocolates?*

A INVESTIGAR

What is **mate?** In what countries do people drink **mate?**

¿Qué dice usted?

👥 **2-22 Mis preferencias.** Fill in the following chart based on your preferences. Compare your answers with those of a classmate.

ACTIVIDAD	ME GUSTA MUCHO	ME GUSTA	NO ME GUSTA
escribir en español			
hablar por teléfono			
bailar tango			
leer libros de ciencia-ficción			
...			

👥 **2-23 ¿Te gusta...?** Ask a classmate if he/she likes the following things.

1. la biblioteca de la universidad
2. las discotecas
3. la informática
4. los autos de este año

👥 **2-24 ¿Qué te gusta hacer?** Interview two classmates and ask each of them what he/she likes to do a) on a weekday morning/afternoon/evening, b) on Saturday afternoons, and c) on Sunday mornings. Compare their responses and be prepared to share your conclusions with the rest of the class or another group.

mosaicos

 ## A ESCUCHAR

A. ¿Quiénes son? First, as you listen to the description of these students, circle the words that you hear. Then read the sentences and complete the chart, based on the information you have obtained.

1. (Amanda y César/Amanda y Rafael) estudian en la Facultad de Arquitectura de la Universidad de Belgrano.
2. (César y Rafael/Laura y Rafael) estudian en la Universidad de Buenos Aires.
3. Laura tiene (21/23) años y es una chica muy (trabajadora/tranquila).
4. La pasión de Laura es la (arquitectura/medicina).
5. Amanda y César tienen (22/24) años, pero Rafael es más joven, sólo tiene 20 años.
6. César es muy (hablador/perezoso), pero su compañera es callada.
7. Rafael es muy inteligente y desea ser profesor de (literatura/matemáticas).

NOMBRE	EDAD	DESCRIPCIÓN	FACULTAD	UNIVERSIDAD
	20		Humanidades	
		callada		de Belgrano
		hablador	Arquitectura	
	23			de Buenos Aires

B. Dos personas diferentes. You will hear Amanda describe herself and her classmate Mónica. Mark the appropriate column(s) to indicate whether the following statements describe Amanda, Mónica, or both. Read the statements before listening to the passage.

	AMANDA	MÓNICA
1. Estudia arquitectura.	———	———
2. Le gusta la arquitectura colonial.	———	———
3. Le gusta la arquitectura moderna.	———	———
4. Es alta y morena.	———	———
5. Tiene el pelo corto y los ojos azules.	———	———
6. Le gusta la salsa.	———	———
7. Es tranquila y callada.	———	———
8. Le gusta bailar el tango.	———	———

A CONVERSAR

2-25 Mis compañeros/as. Working in a group, describe and give additional information about a student from another group. The class will guess who the student is.

2-26 ¿Cómo son? Look at the Mafalda comic strip and ask a classmate what the various characters are like. He/she will answer according to the chart.

MODELO: E1: ¿Cómo es Mafalda?
          E2: Mafalda es agradable, divertida, inteligente, habladora y
              simpática.

©Joaquín S. Lavado, QUINO, Toda Mafalda, Ediciones de la Flor, 1997.

Mafalda   Miguelito   Felipe   Manolito   Susanita

	AGRADABLE	BAJO/A	DIVERTIDO/A	FEO/A	INTELIGENTE	HABLADOR/A	PEREZOSO/A	SIMPÁTICO/A
Mafalda	X		X		X	X		X
Felipe	X		X	X	X	X	X	X
Miguelito	X	X	X		X			X
Manolito			X	X		X		
Susanita			X	X	X		X	

2-27 La persona famosa que más admiro. With a classmate, take turns asking each other questions about the person each of you most admire. Gather the following information; **nombre, nacionalidad, descripción, motivo de admiración.**

2-28 Entrevista: mi mejor amigo/a. Take turns with a classmate to gather information about his/her best friend.

1. Nombre
2. Lugar de origen
3. Características físicas
4. Personalidad
5. Estudios
6. Lenguas que habla
7. Lugar donde trabaja
8. ...

 A LEER

2-29 Preparación. Interview a classmate about the qualities that his/her ideal mate should have. Mark his/her choices with an X.

MODELO: E1: Tu pareja ideal, ¿es morena?
          E2: Sí, es morena. *o* No, es rubia.

1. —— moreno/a
2. —— rubio/a
3. —— simpático/a
4. —— conservador/a
5. —— liberal
6. —— rico/a
7. —— alegre
8. —— extranjero/a
9. —— trabajador/a
10. —— ....

2-30 Primera mirada. Read the first ad and find two people compatible with Susana Hardman. Fill in the form below the ad. In some cases, it may not be possible to provide all the information requested.

HACER AMIGOS

✳ Soy soltera, sin hijos y sin compromiso. Tengo 30 años de edad. Busco al hombre de mis sueños. Puede ser extranjero, argentino, soltero, separado o divorciado, joven o mayor. Soy amable, cariñosa y super trabajadora. Por mi trabajo, viajo mucho sola, pero prefiero la compañía de otras personas. ¡Ah! Si les interesa, también hablo varias lenguas. Escriban a Susana Hardman, Avenida José Martí 312, Mar del Plata, República Argentina.

✳ Soy Ricardo Biaggini. Tengo 38 años y en este momento no tengo pareja. Deseo conocer a una dama no mayor de 40 años. Prefiero una mujer inteligente e independiente económicamente. También es importante que le guste bailar y explorar lugares nuevos. Escríbanme a Avenida Florida 134, Buenos Aires, República Argentina.

Continúa en la próxima página

Continúa en la próxima página

 **LENGUA**

Y *(and)* changes to **e** when it precedes a word beginning with **i** or **hi**.

inteligente y agradable, but **agradable e inteligente**
inglés y español, but **español e inglés**

✳ El verano es una excelente época para hacer amigos. Por esta razón, quiero conocer a jóvenes de ambos sexos para intercambiar ideas sobre política internacional y deportes. Los interesados pueden escribir a Claudio R. Nuñez, calle Baquedano S/N, San Juan, República Argentina.

✳ Me llamo Paulo Sabatini, tengo 35 años y soy de Santa Fe. Soy amigable y romántico. Mis amigos dicen que soy guapo e inteligente. Una de mis pasiones es la música, por eso me gustaría mantener correspondencia con personas del extranjero para intercambiar discos compactos de música clásica y popular. Dirijan su correspondencia a: Avenida 5 de Mayo 5439, Depto. 101, Salta, República Argentina.

✳ Mi nombre es Ángel Ferdman. Soy joven de espíritu, aunque tengo 45 años. El optimismo, un poco de ambición y la responsabilidad son características intrínsecas de mi personalidad. También me gusta hacer todo muy bien. Por mi trabajo, en este momento vivo en Mendoza, lejos de mi familia. Por eso, quiero conocer a una mujer argentina o extranjera que hable español o hebreo para comenzar mi nueva vida en esta ciudad. Favor de escribirme a Circunvalación Oriente 98, Depto. 1A, Mendoza, República Argentina.

✳ Quiero mantener correspondencia con damas y caballeros del país o del extranjero. Siento una gran fascinación por la historia, el arte y también por la cocina internacional. Aparte del castellano, hablo francés, italiano y un poco de hebreo. Soy habladora, pero interesante. Prometo responder a toda la correspondencia con prontitud. Dirijan sus cartas a Paseo del Gaucho 482, Bariloche, República Argentina.

✳ Mi nombre es Victor Stravinsky y no soy muy viejo. Soy cocinero especialista en platos rusos. Mi familia es muy importante para mí. Soy agradable, pero tengo pocos amigos porque paso muchas horas en mi trabajo. Quiero un cambio en mi vida. Deseo tener nuevos amigos que vivan en la ciudad de Buenos Aires. Mi dirección es Calle Gardel 78, La Boca, Buenos Aires, República Argentina.

	SOLICITANTE	CANDIDATO	CANDIDATO
Nombre:			
Edad:			
Dirección:			
Estado civil:			
Preferencias:			

2-31 Ampliación. ¿What qualities do you associate with Paulo (**P**), Ángel (**A**), and Susana (**S**)? Why? With a classmate, write the initial(s) next to each quality, and discuss your opinions with another group.

1. —— sociable
2. —— simpático/a
3. —— modesto/a
4. —— perfeccionista
5. —— viejo/a
6. —— flexible
7. —— ambicioso/a

2-32 Preparación. What information does a passport contain?

	SÍ	NO
1. apellido materno y paterno	——	——
2. fecha y lugar de nacimiento	——	——
3. nacionalidad	——	——
4. edad	——	——
5. profesión	——	——
6. estado civil	——	——
7. fotografía en colores	——	——
8. fotografía de la pareja	——	——
9. número de hijos	——	——
10. dirección de trabajo	——	——

2-33 Primera mirada. With a classmate, look at the passport on page 84 and answer the following questions.

1. ¿Cuál es el nombre de la persona en este pasaporte?
2. ¿De dónde es?
3. ¿Cuál es la fecha de su nacimiento (*birth*)?
4. ¿Cuántos años tiene?
5. ¿Es casada?
6. ¿Cuál es su profesión?
7. ¿Dónde vive?
8. ¿Qué lengua habla?
9. ¿Son iguales o diferentes el número del pasaporte y el de la cédula nacional de identidad (documento nacional de identificación)?

MERCOSUR
REPÚBLICA ARGENTINA
MINISTERIO DEL INTERIOR
POLICÍA FEDERAL

PASAPORTE
ARGENTINO

Este documento carece de validez si tiene raspaduras,
enmiendas o agregados entre líneas

0647329

MERCOSUR
REPÚBLICA ARGENTINA
MINISTERIO DEL INTERIOR
POLICÍA FEDERAL

OSORIO

MARÍA ALICIA

06477329N

La foto del titular se corresponde con la del reverso.
The bearer's photograph corresponds with the one on the reverse.

MERCOSUR
REPÚBLICA ARGENTINA
MINISTERIO DEL INTERIOR
POLICÍA FEDERAL

NO. 06477329
DATOS PERSONALES
NOMBRE DEL TITULAR: María Alicia Osorio
CÉDULA NACIONAL DE IDENTIDAD: 06.477.329-N
NACIONALIDAD: argentina
FECHA DE NACIMIENTO: 29-4-67
ESTADO CIVIL: soltera
PROFESIÓN: empleada
DOMICILIO: Av. España PB-5, 5500 Mendoza, Mza., Argentina

A ESCRIBIR

As you gain more experience with the language, you will be discussing ways to approach the writing task more effectively with your peers and your instructor. The following expressions will be very useful in discussing your writing:

- To state the purpose (**propósito**) of your writing: **narrar, contestar, reclamar** (*complain*)**, explicar, completar, solicitar** (*request*)

- To describe the means of communication (**medio de comunicación**): **carta, tarjeta postal, formulario, informe** (*report*)**, correo electrónico**

- To describe the reader (**lector/a**): **amigo/a, conocido/a** (*acquaintance*)**, familiar, presidente/a de una compañía**

- To describe the tone (**tono**) of your writing: **formal, informal, cómico, satírico**

👥 2-34 Lluvia de ideas. Mark with an X the information that a company looking for a bilingual secretary would normally request of a candidate in a want ad. Then, compare your answers with those of a classmate.

1. _____ edad
2. _____ apariencia física
3. _____ lenguas que la persona habla
4. _____ estado civil
5. _____ país de origen
6. _____ raza
7. _____ experiencia
8. _____ fecha de nacimiento

2-35 Preparación. Before doing activity 2-36, specify the following:

1. Propósito:
2. Medio de comunicación:
3. Lector:
4. Tema:
5. Uso de la lengua:

2-36 Manos a la obra. The Argentinean Consulate in Miami is looking to hire a person of United States citizenship. Read the following want ad, then complete the letter of application with the necessary information.

Consulado de la República Argentina

Oficina de Relaciones Públicas busca profesional con experiencia en diplomacia.
Requisitos:
norteamericano/a
buen español (oral y escrito)
buena presencia
entre 25-45 años
con estudios de diplomacia
disponible para trabajar inmediatamente
mínimo 1 año de experiencia en trabajo diplomático

Enviar carta autobiográfica a:

Jefe de Personal
Consulado de la República Argentina
1200 SE Flagler St.
Miami, FL 33143
Candidatos seleccionados tendrán una entrevista con el Cónsul.

_____ de _____ de 200_

Estimad__ _____:

Acabo de leer en *El Nuevo Herald* sobre el puesto en la oficina de Relaciones Públicas del Consulado Argentino. Deseo informarle que estoy muy interesad__ en participar como candidat___.

Tengo_____ años y soy de _____, Estados Unidos. Tengo cinco años de experiencia en consulados hispanos en Chicago y Los Ángeles. En este momento _____ como secretari____ del Cónsul de Guatemala en la ciudad de Washington D.C.

Entre otras calificaciones, soy bilingüe; es decir, _____ y _____inglés y español muy bien.
También_____
_____.

A la espera de su respuesta, queda de usted
Muy atentamente,
(Firma)

_____
(Nombre)

2-37 Revisión. After completing your letter of application, discuss it with a classmate. First concentrate on the effectiveness of the letter, and then edit any errors you may have (grammar, spelling, accent marks, etc.)

Vocabulario*

Descripciones

agradable	*nice*
alegre	*happy, glad*
alto/a	*tall*
antipático/a	*unpleasant*
bajo/a	*short* (in stature)
bonito/a	*pretty*
callado/a	*quiet*
cansado/a	*tired*
casado/a	*married*
contento/a	*happy, glad*
corto/a	*short* (in length)
débil	*weak*
delgado/a	*thin*
divertido/a	*funny, amusing*
enojado/a	*angry*
feliz	*happy*
feo/a	*ugly*
fuerte	*strong*
gordo/a	*fat*
guapo/a	*good-looking, handsome*
hablador/a	*talkative*
joven	*young*
largo/a	*long*
listo/a	*smart, ready*
mayor	*old*
mediano/a	*average, medium*
moreno/a	*brunet, brunette*
nervioso/a	*nervous*
nuevo/a	*new*
pelirrojo/a	*redhead*
perezoso/a	*lazy*
pobre	*poor*
rico/a	*rich, wealthy*
rubio/a	*blond*
simpático/a	*nice, charming*
soltero/a	*single*
tonto/a	*silly, foolish*
trabajador/a	*hard working*
tranquilo/a	*calm, tranquil*
triste	*sad*
viejo/a	*old*

Verbos

desear	*to wish, to want*
ser	*to be*
usar	*to use*

El cuerpo

los ojos	*eyes*
ojos azules	*blue eyes*
ojos verdes	*green eyes*
ojos (de color) café	*brown eyes*
el pelo	*hair*
pelo castaño	*brown hair*
pelo negro	*black hair*

Nacionalidades**

argentino/a	*Argentinean*
chileno/a	*Chilean*
colombiano/a	*Colombian*
cubano/a	*Cuban*
español/a	*Spanish*
guatemalteco/a	*Guatemalan*
mexicano/a	*Mexican*
nicaragüense	*Nicaraguan*
panameño/a	*Panamanian*
peruano/a	*Peruvian*
puertorriqueño/a	*Puerto Rican*
venezolano/a	*Venezuelan*

Palabras y expresiones útiles

ahora	*now*
de	*of, from*
del	*of the* (contraction of *de + el*)
le gusta(n)	*you* (formal) *like*
los lentes	*glasses*
me gusta(n)	*I like*
mucho/a	*much, a lot*
no (ni)... ni	*neither... nor*
pero	*but*
que	*that*
te gusta(n)	*you* (familiar) *like*
Tengo... años.	*I am... years old*
tiene	*he/she has, you* (formal) *have*

*See pages 64-66 for animals and additional colors.
**Other adjectives of nationality can be found in the English-Spanish and Spanish-English glossaries at the end of the book.
***See page 76 for possessive adjectives.

La diversidad étnica

Para pensar

¿A qué grupo étnico pertenece Ud.? ¿Es de origen europeo, indígena, asiático, africano? ¿Y sus compañeros/as de clase? ¿Pertenecen todos al mismo grupo étnico o hay una diversidad étnica?

En los países hispanoamericanos, al igual que en los Estados Unidos, hay una gran diversidad étnica: hay personas de origen indígena, así como también personas de origen europeo, africano y asiático. La diversidad étnica, sin embargo, es diferente de un país a otro, y en muchos países los diferentes grupos étnicos se han unido y forman una población mestiza (personas que tienen sangre europea e indígena, asiática o africana). Por ejemplo, en la zona del Caribe, gran parte de la población tiene sangre europea y africana, mientras que en México y otros países centroamericanos y suramericanos, el mestizaje que predomina es el de sangre europea e indígena. Además, en muchos países, especialmente en Perú, existe una importante inmigración asiática, lo que contribuye también a la diversidad étnica de Hispanoamérica. Esta diversidad étnica se refleja en la variedad de características físicas de su población. En España también hay diversidad. Aunque (*although*) es un país relativamente pequeño, los habitantes de cada región tienen sus propias características, con orígenes, en parte, en las culturas celta, romana, árabe y hebrea.

En la Argentina, la ascendencia europea es evidente. El 85% de la población es de origen europeo, principalmente italiano, pero también alemán, yugoslavo, inglés, francés y judío de Europa Oriental (vaya a la página de *Mosaicos* en la Internet *www.prenhall. com/mosaicos*); el otro 15% es de origen indígena o de otros grupos étnicos. Como consecuencia, hay más personas con apellidos de origen italiano que español. Un ejemplo es el apellido de Gabriela Sabatini, la famosa tenista argentina, que es de origen italiano.

Estudiantes de la Universidad de Buenos Aires

Para contestar

Los grupos étnicos. Trabajando con su compañero/a responda a las siguientes preguntas:

1. ¿Es la población hispanoamericana étnicamente homogénea? Explique.
2. ¿Qué es un mestizo? ¿Hay muchos mestizos en Argentina? ¿Y en otros países?
3. ¿Qué grupo étnico predomina en Argentina? ¿De qué países son estas personas?

Riqueza cultural. En grupos de tres, indiquen dos ventajas (*advantages*) de vivir en un país con gran diversidad étnica. ¿Hay mucha diversidad étnica en su país? ¿Hay más o menos diversidad en su país que en Argentina?

 ## Para investigar en la WWW

1. Averigüe cuál es el origen étnico y las ocupaciones de tres o cuatro de las siguientes personalidades argentinas. Luego, informe a la clase lo que Ud. encontró.
   Fernando de la Rúa, Alfonsina Storni, Carlos Gardel, Eva Perón, Jorge Luis Borges, José Luis Chilavert, Julio Cortázar, Luisa Futoransky, José de San Martín, Angélica Gorodischer, Cristina Civale.
2. Averigüe qué son "los desaparecidos" (vaya a *www.prenhall.com/mosaicos*). Luego, informe a sus compañeros sobre lo que encontró. ¿Qué le impresionó más?
3. Consiga información acerca del tango (vaya a *www.prenhall.com/mosaicos*). Luego, informe a sus compañeros/as sobre algunos aspectos que son interesantes para usted (historia, bailarines famosos, escuelas, canciones, etc.).

Argentina

Ciudades importantes y lugares de interés: Buenos Aires, la capital, con 11.500.000 habitantes, es una ciudad de intensa vida comercial e intelectual. Tiene un aire muy europeo con amplios parques, bulevares, avenidas y altos rascacielos. La amistad y las relaciones familiares tienen gran importancia en la vida de los porteños (*Buenos Aires' residents*); por eso los numerosos cafés de la ciudad están siempre llenos de personas que se reúnen a conversar mientras toman un delicioso cortado (*coffee with cream*) acompañado de una medialuna (*type of croissant*). Los fines de semana, muchos porteños van a los parques de la ciudad a pasear y conversar con sus amigos, a admirar las obras de los artesanos (*craftsmen/craftswomen*) que exhiben sus productos, o a ver las presentaciones de algunos artistas. Entre los lugares más visitados están el Parque Palermo y el Centro Cultural Recoleta.

Bariloche, Argentina

Hay muchos otros sitios de interés en Argentina: Mar del Plata, en la costa atlántica, es un balneario (*resort area*) famoso en toda Latinoamérica; Córdoba, una ciudad en el centro del país, es conocida por su bella arquitectura colonial. Para esquiar, un lugar ideal es Bariloche, a orillas del lago Nahuel Huapi. Las cataratas de Iguazú, en la frontera con Paraguay y Brasil, son consideradas una de las maravillas naturales del mundo, igual que el Glaciar Perito Moreno, cerca de la frontera con Chile.

Una de las características geográficas más distintivas de Argentina es la pampa. Estas enormes extensiones de tierra (*land*) llana y fértil constituyen una de las bases de la economía argentina.

Expresiones argentinas:

Ché:	Ché, Martita, ¿dónde está mi camisa?	*Hey, Martita, where is my shirt?*
Mandarse la parte:	¡No te mandes la parte!	*Don't exaggerate!*
Laburo:	Siempre salgo temprano para el laburo.	*I always leave early to go to my job.*
Bárbaro:	¡Bárbaro! Ganamos el partido.	*Great! We won the game.*
Morocho/a:	Isabel es morocha.	*Isabel is a brunette.*

ENFOQUE INTERACTIVO

  A MIRAR EL VIDEO 5:00

Watch the *Fortunas* video segment for *Lección 2* in class or on your CD-ROM. Where will Efraín and Sabrina begin their search to solve the first *misterio*? Will they form an alliance for the contest?

Now complete the accompanying video activities on the CD-ROM. This is your chance to interact with the video characters! **25:00**

Efraín y Sabrina

El concurso

In this episode of *Fortunas* we learn the first *misterio* in this year's treasure hunt. We also gain insight into the personalities of two of the players. Which of the two seems more likely to succeed in the contest? Remember, the contestants' goal is to locate three *fortunas*, each hidden in a different place within Mexico City. The *pistas* and *misterios* that reveal the location of these *fortunas* relate to the history of Mexico and the New World.

Ciudad de México

 LA BÚSQUEDA 5:00

Sabrina seems eager to get started but Efraín looks unsure. Although all the contestants know the theme for the first *misterio*, each of them has only one *pista*. You, on the other hand, have all four *pistas*. What do the clues have in common? Go to the *Mosaicos Website* (*www.prenhall.com/mosaicos*) and click on the *Fortunas* module to explore the first *misterio* and the various places where the contestants might begin their searches. Where would you go to solve the *misterio*?

Misterio N° 1: Cinco es suficiente

Pistas
1. *Destrucción de los gigantes por el viento (monos)*
2. *Destrucción por la lluvia (pájaros)*
3. *Destrucción por el diluvio (peces)*
4. *Destrucción por el jaguar*

¿QUÉ OPINA USTED? 5:00

In each episode, study the contestants carefully before voting in the *Fortunas* viewer poll. What you see on the surface does not always represent everything that's happening behind the scenes, so you should also read the contestants' diaries. Now go to the *Fortunas* module on the *Mosaicos Website* and click on *¿Qué opina usted?* to vote in this episode's viewer poll. Remember, your vote counts.

 ## PARA NAVEGAR 10:00

LA MÚSICA ARGENTINA

En la Argentina, como en los Estados Unidos, hay muchos tipos de música popular. Hay grupos de rock, jazz, tango y de música folclórica. Desde Carlos Gardel y Astor Piazzola (tango), a Charly García (rock) y el Cuarteto Zupay (música folclórica), la música argentina tiene una tradición rica y variada.

Los fabulosos cadillacs

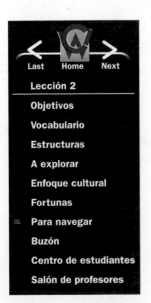

Go to the *Mosaicos Website* and click on the *Para navegar* module to explore links to Argentine music. Listen to Argentine artists perform and then complete the related activities.

Lección 3

Las actividades y los planes

COMUNICACIÓN

- ✖ Asking about and discussing leisure activities
- ✖ Communicating by phone
- ✖ Ordering food in a restaurant
- ✖ Making suggestions and future plans
- ✖ Using numbers above 100

ESTRUCTURAS

- ✖ Present tense of regular **-er** and **-ir** verbs
- ✖ Present tense of **ir**
- ✖ **Ir** + **a** + infinitive to express future action
- ✖ The present tense to express future action
- ✖ Numbers 100 to 2,000,000
- ✖ ALGO MÁS: Some uses of **por** and **para**

MOSAICOS

A ESCUCHAR

A CONVERSAR

A LEER

- ✖ Locating specific information in a text
- ✖ Identifying synonyms

A ESCRIBIR

- ✖ Writing questions to elicit information and opinions
- ✖ Using appropriate form of address
- ✖ Reporting information

ENFOQUE CULTURAL

- ✖ El cine, el teatro, las peñas
- ✖ El Perú

ENFOQUE INTERACTIVO

 WWW   VIDEO   CD ROM

Diversiones populares

En las fiestas y reuniones los muchachos jóvenes bailan, escuchan música o conversan. A veces tocan la guitarra y cantan canciones populares.

Practice activities for each vocabulary section are provided on the CD-ROM and website (www.prenhall.com/mosaicos)

Estas chicas van a la playa en su tiempo libre y también durante las vacaciones. Allí, caminan y conversan mientras otras personas toman el sol, nadan en el mar y descansan.

El señor López del Río lee el periódico al aire libre. Y usted, ¿lee el periódico? ¿Qué periódicos o revistas lee?

Muchos jóvenes van al cine, especialmente los fines de semana. También es común alquilar películas en videocasetes para ver en casa.

Una conversación por teléfono

TERESA: ¿Aló?

JAVIER: Hola, Teresa, ¿qué te parece si vamos al cine esta tarde y después vamos a cenar fuera para celebrar tu cumpleaños?

TERESA: ¡Ay, Javier, qué bien! ¿Y qué vamos a ver?

JAVIER: Tú decides, mi amor, es tu cumpleaños.

TERESA: Pues, la película nueva de Pedro Almodóvar.

JAVIER: Fabuloso. Voy para la casa ahora. Hasta pronto.

TERESA: Chao.

¿Qué dice usted?

3-1 Asociaciones. What activities do you associate with the following places?

1. __C__ la playa
2. __E__ la fiesta
3. __A__ el cine
4. __B__ la biblioteca
5. __D__ la casa

a. ver una película
b. leer el periódico
c. tomar el sol
d. mirar televisión
e. bailar y conversar

👥 **3-2 Mis actividades.** What do you do in the following places? Working with a classmate, take turns asking each other questions.

MODELO: … las fiestas
           E1: ¿Qué haces en las fiestas?
           E2: En las fiestas yo bailo mucho. ¿Y tú?
           E1: Yo bailo y hablo con mis amigos.
           E2: Y tú, ¿qué haces en…?

1. … la universidad por las mañanas
2. … la biblioteca pública de tu ciudad
3. … casa el fin de semana
4. … un parque de tu ciudad
5. … la playa durante las vacaciones
6. … la discoteca con tus amigos

👥 **3-3 ¿Adónde vamos? Primera fase.** Look at the cultural section of the Peruvian newspaper below and underline three activities that you would like to do on the weekend. Then fill in the information in the following chart, including the day and the time you are planning to do them.

El Diario

Exposiciones

"El vestido de la mujer en la historia del Perú" En el Museo de Sitio, Parque Reducto cuadra 9 de la avenida Benavides, Miraflores. 6:30 pm.

"Hechos de barro" Primera Trienal de Cerámica. En el C.C. Peruano Británico. Galería John Harriman, Jr., Bellavista 531, Miraflores.

"Muestra internacional de escultura en pequeño formato" En la galería de Arte Praxis, Av. San Martín 689, Barranco. De 9:30 a 1:30 pm y de 5 a 9 pm.

"Primer simposium internacional de escultura moderna" Se exhiben 23 esculturas en pequeño formato. En el restaurante Rosa Náutica.

Música

"Orquesta juvenil de música nueva" con la participación de la solista Gabriela Ezeta, bajo la dirección de Gabriel Alegría y Simon Porter. En el ICPNA de Miraflores, Av. Angamos 160. 7:30 pm.

"Jam Sessions" en el C.C. La Noche, Av. Bolognesi 307, Barranco. 10:30 pm

"Jazz" en el C.C. La Noche, Av. Bolognesi 307, Barranco. 11 pm.

Cine

"El acorazado Potemkin" (URSS, 1925) de S.M. Eisentein. En la Filmoteca de Lima, Museo de Arte 125: Lima. 4 y 8 pm.

"Belleza americana" de Sam Mendes. En el C.C. de PUCP, Camino Real 1975, San Isidro. 3:30, 5:45, 8:00 y 10:15 pm.

Teatro

"Por siempre jamás" bajo la dirección de Nicolás Fantinato. En el auditorio de la Alianza Francesa, Av. Arequipa 2595, Miraflores. 8:45 pm.

¿ADÓNDE VAMOS?	¿QUÉ VAMOS A VER / HACER / ESCUCHAR?	¿CUÁNDO?

Segunda fase. Phone a classmate and invite him/her to one of the events you chose in **Primera fase.** He/She will give you an excuse as in the model.

MODELO: E1: ¿Aló?
E2: Hola, Pedro. Soy María, ¿Vamos el viernes a ver la exposición "El vestido" en el museo?
E1: Lo siento, el viernes Carlos y yo vamos al cine. Vamos a ver "El acorazado Potemkin" en la filmoteca (a las cuatro).

EXPRESIONES ÚTILES

Para invitar a un/a amigo/a:

Te llamo para ver si quieres…
Tengo una idea. ¿Por qué no…. ?

La comida

En el restaurante. Ahora Javier y Teresa están en el restaurante para celebrar el cumpleaños de Teresa.

CAMARERO: Buenas noches. ¿Qué desean los señores?

JAVIER: Teresa, ¿qué vas a comer?

TERESA: Para mí, una ensalada primero y después pollo con verduras.

JAVIER: Yo, para empezar, ceviche de camarones. Y luego un bistec con papas.

CAMARERO: ¿Y para beber?

JAVIER: Vamos a beber vino. Y también agua con gas, por favor.

ESPECIALIDADES DE LA CASA

ENTRADAS
Ceviche de pescado	S/.15
Papa a la huancaína	S/.10
Causa a la limeña	S/.12

PLATO PRINCIPAL
Chupe de camarones	S/.25
Ají de gallina	S/.18
Lomo saltado	S/.17

POSTRES
Suspiro de limeña	S/.8
Alfajor	S/.8
Mazamorra morada	S/.6

BEBIDAS
Chicha morada	S/.4
Jugo de maracuyá	S/.4
Inca-Kola	S/.3

Cultura

Peruvian cooking uses mainly regional ingredients, and preparation follows the traditional ways inherited from various indigenous cultures. A very typical dish of Peru and other countries in Latin America is **ceviche**. It is generally made with seafood, which is not cooked, but cured in lemon and spices. For more information about this dish and its variations see: **www.prenhall.com/ mosaicos**

A INVESTIGAR

S/. or NS/ is the abbreviation for the monetary unit in Perú. What is the name of the monetary unit? What is the current rate of exchange?

La comida rápida

La comida rápida es muy popular entre los jóvenes y las "hamburgueserías" de tipo americano existen en muchas ciudades del mundo hispano. Estos restaurantes de comida rápida frecuentemente combinan comida de los Estados Unidos con comidas típicas de cada país. Por ejemplo, usted puede comer una hamburguesa con papas fritas o con arroz y frijoles negros. En muchos países, usted puede tomar vino o cerveza en estos restaurantes.

Más comidas y bebidas

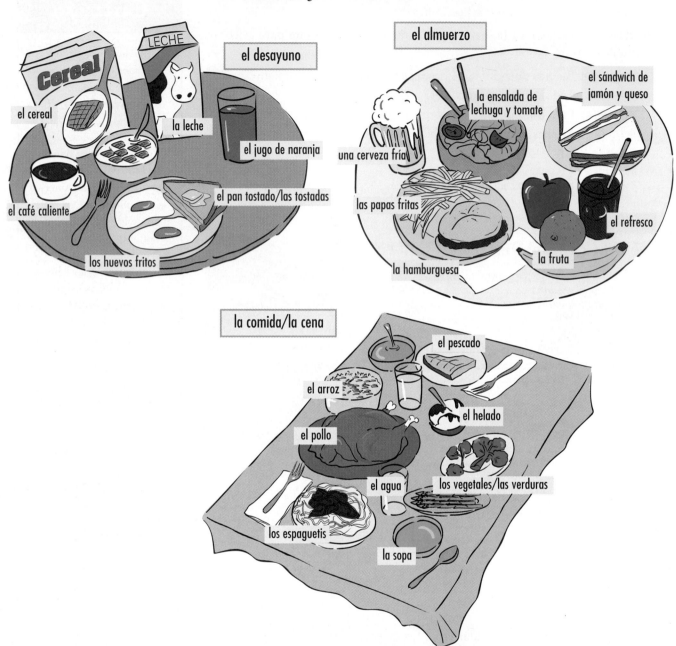

el desayuno

el cereal
la leche
el jugo de naranja
el café caliente
el pan tostado/las tostadas
los huevos fritos

el almuerzo

la ensalada de lechuga y tomate
el sándwich de jamón y queso
una cerveza fría
las papas fritas
el refresco
la fruta
la hamburguesa

la comida/la cena

el pescado
el arroz
el helado
el pollo
el agua
los vegetales/las verduras
los espaguetis
la sopa

¿Qué dice usted?

3-4 La dieta. Which of the following contains more calories?

1. la sopa de tomate, las hamburguesas, la sopa de pollo
2. el pollo frito, el pescado, la ensalada
3. los vegetales, la fruta, las papas fritas
4. la cerveza, la leche, el café
5. el helado de chocolate, el cereal, el arroz

👥 **3-5 Las comidas.** Tell a classmate what you have for breakfast, lunch and dinner, then find out what he/she has.

MODELO: En el desayuno, yo como tostadas y bebo café. ¿Y tú?

👥 **3-6 Dietas especiales.** With a classmate, look at the menu below and provide a solution for each of the following problems.

1. Su padre y usted son un poco delgados y desean subir de peso (*gain weight*) ¿Qué van a comer de este menú?
2. Su mamá tiene alergia a los productos del mar. ¿Cuál de las ensaladas va a comer?
3. Su mejor amigo/a está un poco gordo/a y quiere bajar (*lose*) de peso. ¿Cuál de los platos principales no debe tomar?
4. El/La profesor/a de español está enfermo/a (*sick*) del estómago hoy. ¿Qué debe comer?

SOPAS

Sopa de pollo	S/. 12
Sopa de tomate	S/. 10
Sopa de vegetales	S/. 10
Sopa de pescado	S/. 14

ENSALADAS

Ensalada de lechuga y tomate	S/. 8
Ensalada de pollo	S/. 14
Ensalada de atún	S/. 12

PLATOS PRINCIPALES

Bistec con papas y vegetales	S/. 20
Hamburguesa con papas fritas	S/. 16
Pescado con papas fritas	S/. 18
Arroz con vegetales	S/. 15

👥 **3-7 ¿Qué te gusta más?** Using the words below, ask a classmate what he/she prefers to drink: **por las mañanas, al mediodía, por las noches.** Alternate asking questions and taking notes. Then in small groups decide which are the most popular drinks.

MODELO: E1: ¿Qué te gusta más por las mañanas, el té o el café?
            E2: Me gusta más el café.

el té	un vaso (*a glass*) de leche	una cerveza	un chocolate caliente
el café	el agua mineral con gas	un refresco	un batido (*shake*) de fruta
el jugo de naranja	el agua mineral sin gas	un vaso de vino	un té de hierbas

👥 **3-8 En el café.** It's 8:00 a.m. on a Saturday morning, and you are in your favorite café with a classmate. Ask him/her what he or she would like to order. Then say what you would like to order.

MODELO: E1: El desayuno es muy bueno aquí. ¿Qué deseas comer?
E2: _____ ¿Y tú?
E1: _____ ¿Y qué vas a tomar?
E2: _____

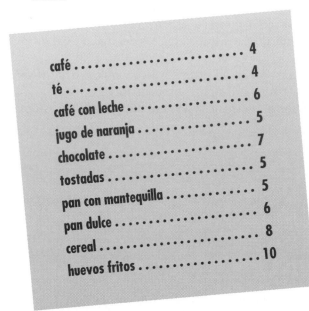

café	4
té	4
café con leche	6
jugo de naranja	5
chocolate	7
tostadas	5
pan con mantequilla	5
pan dulce	6
cereal	8
huevos fritos	10

👥 **3-9 Nuestro menú.** Your roommate (a classmate) and you want to have guests for dinner tonight. First, decide whom each of you is going to invite; then ask each other the guests' phone numbers so one of you can make the calls later. Decide what you're going to serve. Finally, compare your menu with that of another pair of classmates.

Invitados

Menú

3-10 Una excursión. In small groups, plan a trip to one of the restaurants along the coast of Lima, Peru.

a. Find out when everyone is free (*está libre*).
b. Decide what meal you will have there.
c. Discuss what you will eat and drink.
d. Decide how you will go there.

 A ESCUCHAR

Una semana en la vida de Rafael. You will hear a young man talk about himself and his activities. Complete the statements by marking the appropriate answer according to the information you hear.

1. Rafael es...
   ___ profesor
   ___ camarero
   ___ estudiante

2. Rafael es de...
   ___ Perú
   ___ México
   ___ San Diego

3. Este fin de semana Rafael y su amigo van a ir...
   ___ al cine
   ___ a la playa
   ___ a una fiesta

4. Este fin de semana Rafael va a...
   ___ estudiar
   ___ trabajar
   ___ descansar

5. La especialidad del restaurante que Rafael describe es...
   ___ el pollo
   ___ la comida peruana
   ___ el pescado

Explicación y expansión

1. Present tense of regular -er and -ir verbs

COMER (to eat)		
yo como	nosotros/as	comemos
tú comes	vosotros/as	coméis
Ud., él, ella come	Uds., ellos/as	comen

VIVIR (to live)		
yo vivo	nosotros/as	vivimos
tú vives	vosotros/as	vivís
Ud., él, ella vive	Uds., ellos/as	viven

Practice activities for each numbered grammar point are provided on the CD-ROM and website (www.prenhall.com/ mosaicos)

- The endings for **-er** and **-ir** verbs are the same, except for the **nosotros** and **vosotros** forms.

- The verb **ver** has an irregular **yo** form.

  ver: veo, ves, ve, vemos, veis, ven

- Use **deber** + *infinitive* to express what you *should* or *ought* to do.

  Debes beber mucha agua.   *You should (must) drink lots of water.*

¿Qué dice usted?

3-11 Mi profesor/a modelo. Primera fase. Indicate which of the following activities are or are not part of an ideal instructor's routine.

	SÍ	NO
1. Lee el periódico en la clase.		X
2. Nunca está en su oficina.		X
3. Siempre prepara sus clases.	X	
4. Saca libros de la biblioteca y lee mucho.		X
5. Comprende los problemas de los estudiantes.	X	
6. Bebe café en la clase todo el tiempo.		X

Segunda fase. Compare your answers with those of a classmate. Do both of you agree? Finally, write two more activities/features of an ideal instructor's academic life and ask your instructor if they are part of his/her real routine.

👥 **3-12 Intercambio. Primera fase.** Working with a classmate, find out the following information about the Mencía family and Julia Arango:

1. What they do to have fun (*pasarlo bien*).
2. When they do it.

NOMBRE	LOS SÁBADOS	LOS DOMINGOS
Julia Arango	estudia en la biblioteca	trabaja en la casa
	va al cine con unos amigos	come fuera con unos amigos
Los Sres. Mencía	caminan por la playa	leen el periódico
	ven programas de televisión	alquilan películas en español
Dora Sánchez	descansa en la casa	va a un café con su amigo
	ve películas viejas en la televisión	canta y toca la guitarra con unos compañeros

Segunda fase. Now your classmate will ask you about Dora Sánchez:

1. What she does with friends over the weekend.
2. How different is her weekend from Julia's.

👥 **3-13 Lugares y actividades.** Ask a classmate what he/she does in the following places. He/She will respond with one of the activities listed. Then ask your classmate what he/she doesn't do in each place.

MODELO: en la clase/ver videos
        E1: ¿Qué haces en la clase?
        E2: Veo videos en español.
        E1: ¿Y qué no haces en la clase?
        E2: No bailo salsa (ni leo el periódico).

LUGARES

en la playa
en un café
en una discoteca
en una fiesta
en el cine
en la casa
en un restaurante
en la biblioteca

ACTIVIDADES

beber cerveza
tomar el sol y descansar
bailar salsa
mirar televisión
leer el periódico
comer un sándwich y tomar algo
ver películas españolas y argentinas
escuchar música clásica

3-14 Las diversiones estudiantiles. Primera fase. Working in a small group, appoint a secretary to tally responses. Then, find out which of you do the following things. When you finish, get together with another group, compare your findings, and tally responses once again.

MODELO: nadar en la playa
            E1: ¿Nadas en la playa los fines de semana?
            E2: Sí, nado (en la playa) los fines de semana.

	SÍ	NO
1. beber café y conversar con amigos	_____	_____
2. tocar la guitarra	_____	_____
3. comer en restaurantes peruanos	_____	_____
4. ver programas cómicos en la televisión	_____	_____
5. tomar cerveza con amigos	_____	_____
6. leer libros de ciencia-ficción	_____	_____

Segunda fase. Finally, as a class, discuss the following:

a. Which item on the list got the most affirmative responses?
b. Which got the most negative responses?
c. How can you, as a class, explain the most affirmative and negative responses?

3-15 Sugerencias. What should or shouldn't the following people do?

MODELO: Luis está muy enfermo.
            E1: ¿Qué debe hacer Luis?
            E2: Debe descansar. o No debe comer mucho.

1. Juan tiene un examen el lunes.
2. Francisco está débil y muy delgado.
3. Marta ve televisión todos los días y saca malas notas.
4. Luis y Emilia desean aprender español.

3-16 Un/a compañero/a nuevo/a. Get together with a classmate you don't know very well and ask him/her questions to find out more about him/her.

1. Lugar donde vive
2. Si ese lugar le gusta o no le gusta
3. Lugar donde come fuera de casa
4. Si le gusta la comida de ese lugar
5. Comida favorita
6. Bebida favorita
7. ...
8. ...

SITUACIONES

1. Find out a) if your partner likes to read, b) when he/she reads, c) what newspapers and magazines he/she reads, and d) what books or magazines in Spanish he/she likes to read.

2. You are a waiter/waitress at a café. Two of your classmates will play the part of the customers. Greet your customers and ask them what they would like to eat and drink. Be prepared to answer any questions they may have.

2. Present tense of *ir*

IR (to go)			
yo	**voy**	nosotros/as	**vamos**
tú	**vas**	vosotros/as	**vais**
Ud., él, ella	**va**	Uds., ellos/as	**van**

■ Use **a** to introduce a noun after the verb **ir**. When **a** is followed by the article **el**, they contract to form **al**.

    Voy **a la** fiesta de María.   *I'm going to María's party.*
    Vamos **al** gimnasio.   *We're going to the gymnasium.*

■ Use **adónde** when asking *where to* with the verb **ir**.

    ¿Adónde vas ahora?   *Where are you going now?*

3. *Ir* + *a* + infinitive to express future action

■ To express future action, use the present tense of **ir** + **a** + the *infinitive* form of the verb.

    Ellos **van a nadar** después.   *They're going to swim later.*
    ¿Vas a ir a la fiesta?   *Are you going to go to the party?*

4. The present tense to express future action

■ You may also express future action with the present tense of the verb. The context shows whether you are referring to the present or the future.

    Ellos **nadan** después.   *They'll swim later.*
    ¿Vas a la fiesta esta noche?   *Are you going to the party tonight?*

■ The following expressions denote future time:

después	*afterwards, later*
más tarde	*later*
esta noche	*tonight*
mañana	*tomorrow*
pasado mañana	*the day after tomorrow*
la próxima semana	*next week*
el próximo mes/año	*next month/year*

¿Qué dice usted?

3-17 Lugares y actividades. With a classmate talk about where the following people are going. Say what they are going to do there.

MODELO: María / cine
María va al cine. Va a ver una película española.

1. Victoria / hamburguesería
2. Elena y Alberto / biblioteca
3. Rodrigo / playa
4. yo / casa
5. nosotros / café
6. Alina / librería hispana

3-18 La agenda de Laura. Ask a classmate questions about Laura's activities this week based on her schedule below.

MODELO: E1: ¿Cuándo va a ir Laura al laboratorio?
E2: El viernes a las once de la mañana.
E1: ¿Qué va a hacer el lunes por la tarde?
E2: Va a caminar.

LAURA GARCÍA PRADO						
LUNES	**MARTES**	**MIÉRCOLES**	**JUEVES**	**VIERNES**	**SÁBADO**	**DOMINGO**
6	7	8	9	10	11	12
biblioteca 8:30 a.m.	llamar a María 9:00 a.m.	terminar proyecto 10:00 a.m.	estudiar en casa de Teté 9:30 a.m.	laboratorio 11:00 a.m.	playa 11:00 a.m.	ir a la iglesia 12:00 a.m.
caminar 5:30 p.m.	trabajar librería 4:00 p.m.					restaurante 1:00 p.m.
casa de Ana 8:00 p.m.		programa T.V. 7:00 p.m.	película televisión 10:00 p.m.	fiesta de Pablo 9:00 p.m.	café 9:00 p.m.	cine 7:00 p.m.

3-19 Vamos a comer fuera. A friend and you are planning to eat out tonight. Your friend is a very finicky eater, so you will have to talk him/her into going to your favorite restaurant, by mentioning some of the dishes they prepare, the good prices (**precios**), etc. Decide on the time and where you will go. Finally, tell other classmates about your plans.

👥 3-20 Los planes de Maribel para el viernes. With a classmate, take turns to tell what Maribel is going to do. Ask questions to get additional information from your partner regarding Maribel.

👥 3-21 Este fin de semana. With a classmate, discuss what each of you is going to do this weekend. Expand the conversation by asking questions of each other to get more details, if necessary. Take notes about each other's plans. Then share your findings about your partner with another classmate.

👥 3-22 ¡Vivan los feriados! Working with another classmate, share information about your plans for the next holiday, for example **Navidad, Januká, Ramadán, el Año Nuevo, el Día de la Independencia,** etc. Get as much information as possible about each other's plans.

SITUACIONES

1. Your friend is planning to go to a concert (**un concierto**). Find out a) where and when the concert is, b) who is going to sing, c) who is going to play an instrument, and d) how much the ticket is (**el boleto/billete, la entrada**).

2. Tell your partner about your plans for tonight. Tell him/her a) what you are planning to do, b) with whom, and) how much money (**cuánto dinero**) you are going to need. Inquire about his/her plans too.

5. Numbers 100 to 2.000.000

100	cien/ciento	1.000	mil
200	doscientos/as	1.100	mil cien
300	trescientos/as	2.000	dos mil
400	cuatrocientos/as	10.000	diez mil
500	quinientos/as	100.000	cien mil
600	seiscientos/as	150.000	ciento cincuenta mil
700	setecientos/as	500.000	quinientos mil
800	ochocientos/as	1.000.000	un millón (de)
900	novecientos/as	2.000.000	dos millones (de)

- Use **cien** to say 100 used alone or followed by a noun, and **ciento** for numbers from 101 to 199.

100	cien
100 chicos	cien chicos
120 profesoras	ciento veinte profesoras

- Multiples of 100 agree in gender with the noun they modify.

200 periódicos	**doscientos** periódicos
1.400 revistas	**mil cuatrocientas** revistas

- Use **mil** for *one thousand*.

1.000	**mil alumnos, mil alumnas**

- Use **un millón** to say *one million*. Use **un millón de** when a noun follows.

1.000.000	**un millón, un millón de personas**

- Spanish normally uses a period to separate thousands, and a comma to separate decimals.

$1.000	$19,50

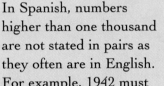

LENGUA

In Spanish, numbers higher than one thousand are not stated in pairs as they often are in English. For example, 1942 must be expressed as **mil novecientos cuarenta y dos**, whereas in English it is often given as nineteen forty-two.

¿Qué dice usted?

3-23 Para identificar. Your instructor will say a number from each of the following series. Identify each one.

a. 114	360	850	524
b. 213	330	490	919
c. 818	625	723	513
d. 667	777	984	534
e. 1.310	1.420	3.640	6.860
f. 10.467	50.312	100.000	2.000.000

3-24 ¿Cuándo va a ocurrir? Exchange opinions with a classmate about when each of the following events will occur.

MODELO: Todos los libros van a ser electrónicos.
         E1: En el año 2010.
         E2: Estoy de acuerdo. *o* No estoy de acuerdo.
             Va a ser en el año 2020.

1. Las personas sólo van a trabajar 20 horas a la semana.
2. Los estudiantes no van a ir a clase. Van a estudiar en universidades virtuales.
3. Todos vamos a tener autos eléctricos muy rápidos.
4. Los turistas van a ir de un país a otro sin pasaporte.
5. La comida va a estar contaminada, por eso muchas personas van a consumir comida en pastillas (*pills*).
6. Los robots, no los camareros, van a servir la comida en los restaurantes.
7. Las personas van a comunicarse por telepatía.

3-25 Unas vacaciones. Primera fase. Your classmate has chosen one of the destinations in the ad below for his/her next vacation. To find out where he/she is going and why, ask him/her the following questions.

1. ¿Adónde vas?
2. ¿Con quién vas?
3. ¿Qué lugares vas a ver?
4. ¿Cuándo vas?
5. ¿Cuántos días vas a estar allí?
6. ¿Por qué vas a ir a ese lugar?
7. ¿Cuánto cuesta la excursión?
8. …

AGENCIA MUNDIAL

A SU SERVICIO SIEMPRE
20 años de experiencia, responsabilidad y profesionalismo

TODOS LOS PRECIOS INCLUYEN PASAJES AÉREOS Y SERVICIOS TERRESTRES POR PERSONA

PERÚ Y BOLIVIA

LIMA, AREQUIPA, CUZCO, MACHU PICCHU, PUNO, LA PAZ, 15 días. La Ruta del Inca. Hoteles de 3 y 4 estrellas. Desayuno incluido.
$1.960

PERÚ

LIMA, CUZCO, MACHU PICCHU, NAZCA, 12 días. Visite fortalezas incas. Vea las misteriosas líneas de Nazca desde el aire. Hoteles de primera. Desayuno y cena incluidos.
$2.250

LIMA, NAZCA, AREQUIPA, LAGO TITICACA, 10 días. Admire la arquitectura colonial de Lima y Arequipa. Vea las líneas de Nazca desde el aire. Navegue en el lago más alto del mundo. Hoteles de primera.
$1.650

ARGENTINA

BUENOS AIRES, BARILOCHE, MENDOZA, 12 días. Disfrute de una gran metrópoli. Esquíe en uno de los lugares más bellos del mundo. Hoteles de 4 y 5 estrellas. Desayuno y cena.
$2.990

CHILE Y ARGENTINA

SANTIAGO, PUERTO MONTT, BARILOCHE, BUENOS AIRES, 12 días. Excursión a Viña del Mar y Valparaíso. Cruce de los Andes en minibús y barco. Hoteles de 3 y 4 estrellas.
$3.190

CARIBE

JAMAICA, 7 días, Happy Inn, todo incluido. Exclusivo para parejas.
$1.750

PUERTO RICO

SAN JUAN, 5 días. Hotel de 5 estrellas. Excursión a Ponce. Visita con guía al Viejo San Juan. Desayuno incluido.
$1.250

MÉXICO

MÉXICO, TAXCO, ACAPULCO, 7 días. Hoteles de 3 y 4 estrellas. Excursión a Teotihuacán. Desayuno buffet incluido.
$1.450

CANCÚN, 5 días. Hotel de 4 estrellas. Excursión a Cozumel. Visita a ruinas mayas. Las mejores playas.
$1.150

Solicite los programas detallados con variantes de hoteles e itinerarios a su agente de viajes.

Tel. 312-785-4455   Fax: 312-785-4456

Segunda fase. Based on your classmate's answers for the **Primera fase**, fill in the information requested below and share it with another classmate.

1. Su compañero/a necesita…
   a. _____ sacar un pasaporte
   b. _____ obtener una visa
   c. _____ hacer reservaciones

2. Lugar que va a visitar _____
3. Tiempo que va a estar allí _____
4. Costo de la excursión _____
5. Dinero extra que usted cree que su compañero/a va a necesitar _____
6. ¿Algo inusual?

SITUACIONES

1. **Role A:** You have received a very generous check from your rich aunt. Answer your classmate's questions in detail. If necessary, ask for advice as to what to do with the money, what to buy, where to go shopping (**ir de compras**), etc.

   Role B: Your classmate has received a great sum of money from his/her wealthy aunt. Find out how much money he/she has now. Ask him/her how he/she is planning to spend the money; ask for specific amounts each time he/she talks about expenditure. Give him/her reasonable advice on prices of things and on what he/she should do with the money.

2. **Role A:** A friend and you are making plans for Saturday. Your friend is going to tell you what he/she plans to do. Tell your friend that you need to rest and want to spend (**pasar**) the day at the beach. He/She will try to convince you to change your mind. Inquire about specifics of his/her plan such as: where, with whom, how much, when, etc. Politely, be firm about your original plans.

   Role B: Your friend and you are making plans for Saturday. Tell him/her that you want to go to a fancy restaurant and to a discotheque afterwards. Try to convince your friend to change plans. Answer his/her questions. Finally tell him/her that you're going to go along with his/her plans, but that next weekend he/she must go along with your plans.

3. **Role A:** You would like to order some CDs (**discos compactos**) of your favorite singer (**cantante**) over the phone. Tell the salesperson the names of the CDs you want and ask him/her when they'll arrive. Answer the salesperson's questions and provide him/her with the information requested.

   Role B: A customer calls you to order some CDs (**discos compactos**) of his/her favorite singer. Answer the customer's questions and ask for the following information: a) name, b) address, c) zip code (**código postal**), and d) the credit card (**tarjeta de crédito**) number and expiration date (**fecha de vencimiento**).

Some uses of *por* and *para*

In previous activities, you used **para** as an equivalent of *for*, with the meaning *intended* or *to be used for*: **Necesito un diccionario para la clase.** *I need a dictionary for the class.* You used **por** in expressions such as **por favor, por teléfono,** and **por la mañana/tarde/noche.** Other fixed expressions with **por** that you will find useful when communicating in Spanish follow:

por ejemplo	*for example*	**por lo menos**	*at least*
por eso	*that's why*	**por supuesto**	*of course*
por fin	*finally, at last*	**por ciento**	*per cent*

Por and **para** can also be used to express movement in space and time.

■ Use **para** to indicate movement toward a destination.

Caminan **para** la playa.	*They walk toward the beach.*
Vamos **para** el túnel.	*We are going toward the tunnel.*

■ Use **por** to indicate movement through or by a place.

Caminan **por** la playa.	*They walk along the beach.*
Vamos **por** el túnel.	*We are going through the tunnel.*

■ You may also use **por** to indicate length of time or duration of an action/event. Many Spanish speakers omit **por** in this case, or use **durante.**

Necesito el auto (**por**) tres días.   *I need the car for three days.*

¿Qué dice usted?

👥 3-26 **¿Para dónde van?** Read the following and guess where these persons are going. Compare your guesses with those of your classmate. Are they similar? Then, find out where your classmate is going after class, and why.

MODELO: Jorge busca su uniforme de fútbol.
Va para el estadio.

1. Es la una de la tarde y Pedro desea comer.
2. Sebastián lleva una mochila con sus libros de química y una calculadora.
3. Magdalena y Roberto van a consultar unos libros porque tienen un examen.
4. Gregorio está muy enfermo y necesita ver al doctor.
5. Ana María va a ver una película de su actor favorito.
6. Amanda y Clara están muy elegantes y contentas. En este momento llegan Arturo y Felipe.

👥 3-27 **Caminante.** Your classmate likes to walk. Ask him/her where, when, with whom, and why he/she enjoys walking. Reverse roles.

mosaicos

 A ESCUCHAR

A. Las grabaciones telefónicas. You are calling several museums to find their hours of operation and where they are located. Write the information you hear on the chart below.

	HORAS	DIRECCIÓN	
Museo de Arte	_____	Ave. Ponce de León	_____
Museo de Historia	_____	San Martín	_____
Museo de Antropología	_____	Calle Mercaderes	_____
Museo de Ciencias Naturales	_____	Ave. Bolívar	_____

B. ¿Quiénes van? ¿Adónde van? ¿Cuánto pagan? First, as you listen to the following statements, circle the words you hear. Then complete the chart, based on the information you obtain (point of reference: U.S.).

1. Agustina va a estar en (**Perú / México**). Ella va a pagar (**2.255 / 1.155**) dólares.
2. Tomás paga (**657 / 756**) euros y él (**no va / va**) a Latinoamérica.
3. El vuelo 332 (**no va / va**) a España.
4. El vuelo 900 (**no es / es**) internacional.
5. Adriana (**no va / va**) a un país de Norteamérica en el vuelo 201.
6. El vuelo a Lima (**es / no es**) el 606.
7. La persona que va a México paga 2.240 pesos y (**no toma / toma**) el vuelo 201.
8. Pablo (**va / no va**) a viajar por Estados Unidos y paga 564 dólares.

NOMBRE	DESTINO	VUELO	PRECIO
	Miami		
	Madrid		
	México		
	Lima		

A CONVERSAR

3-28 Una encuesta. Working in small groups, tell each other what time you eat breakfast, lunch, and dinner. Then, with other groups, calculate the average times of meals for the class and compare them to the average times in Perú.

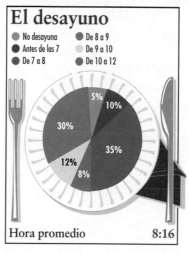

El desayuno

- No desayuna
- Antes de las 7
- De 7 a 8
- De 8 a 9
- De 9 a 10
- De 10 a 12

5%
10%
30%
35%
12%
8%

Hora promedio   8:16

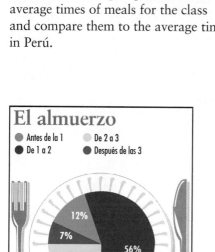

El almuerzo

- Antes de la 1
- De 1 a 2
- De 2 a 3
- Después de las 3

12%
7%
25%
56%

Hora promedio   1:56

La comida

- Antes de las 7
- De 7 a 8
- De 8 a 9
- De 9 a 10

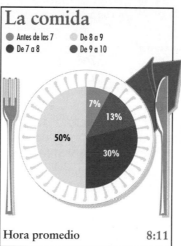

7%
13%
50%
30%

Hora promedio   8:11

3-29 ¿Qué comen sus compañeros? In small groups, first find out what all of you eat and drink at different meals on campus. Then, take a vote on who, in your group, eats the most healthy of all. Be prepared to share your results with the rest of the class.

MODELO: E1: Susana, ¿comes cereal en el desayuno?
               E2: Sí, como cereal en el desayuno.

	DESAYUNO	ALMUERZO	CENA
cereal con leche			
café			
jugo de naranja			
hamburguesa			
ensalada de frutas			
vino			
papas asadas (*baked*)			

3-30 Preparación. Look at the picture and answer the questions.

1. ¿Qué ciudad de Perú piensa usted que muestra esta fotografía?
2. En su opinión, ¿qué lugares de diversión hay en esta ciudad?
3. ¿Qué hora es probablemente?
4. En su opinión, ¿cuál es la mejor hora para divertirse (*to have fun*)?
5. ¿Adónde va usted para divertirse?
6. Manejar un auto por la noche, ¿es una diversión para usted?

3-31 Primera mirada. Read the ads from a Peruvian newspaper, and offer a solution for each of the problems on the following page.

NIÑOS

CORPORACIÓN CULTURAL DE LIMA.
Santa María y Gálvez. 2209451. A las 12 y 16 horas. Bagdhadas. S/. 12

TEATRO INFANTIL A DOMICILIO.
2390176. El Patito Feo. Adaptación del cuento de Andersen. Compañía Arcoiris.

CENTRO LIMA. Av. Grau y Velásquez. A las 12, show especial de Navidad.

FANTASÍA DISNEY. Desde las 15. Niños S/. 8, adultos S/. 14. Parque de entretenimientos.

EL MUNDO FANTÁSTICO DE MAFALDA.
Desde las 10. Entrada general a todos los juegos. Niños S/. 12. Calle Domingo Sarmiento 358

PLANETARIO DEL MORRO SOLAR. A las 12, 17 y 19. Gratis para niños. Adultos S/. 15 Circunvalación Nuevo Perú. Tel. 5620841

PARQUE DE LAS LEYENDAS (ZOO). De 9 a 19 hrs. Niños y 3ra edad S/. 5; S/. 10 otro público. Cerro Tongoy, 3701725

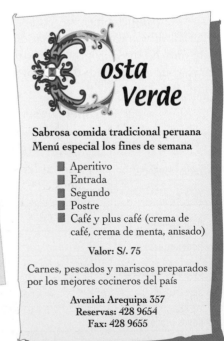

osta Verde

**Sabrosa comida tradicional peruana
Menú especial los fines de semana**

- Aperitivo
- Entrada
- Segundo
- Postre
- Café y plus café (crema de café, crema de menta, anisado)

Valor: S/. 75

Carnes, pescados y mariscos preparados por los mejores cocineros del país

**Avenida Arequipa 357
Reservas: 428 9654
Fax: 428 9655**

PROBLEMAS

1. El señor y la señora Molina tienen cuatro hijos entre tres y ocho años de edad. A los niños les fascinan los animales, en particular las especies no existentes en Perú, por ejemplo los leones africanos, los elefantes, los tigres, los osos panda, etc. También les gustan mucho todos los entretenimientos de Disney. Toda la familia desea salir este fin de semana, pero tiene poco dinero. ¿Adónde van a ir ellos probablemente? ¿Por qué?

2. El señor Liskin, un turista norteamericano, visita Lima por primera vez. Él piensa que es una buena idea ver todo lo típico de Perú. Este fin de semana no va a trabajar y va a tener suficiente tiempo para otras actividades. Al señor Liskin le gusta mucho escuchar música clásica, ver obras de teatro y comer bien. ¿Qué debe hacer durante el fin de semana?

3. Hoy es el cumpleaños de Carlitos, el hijo de Paloma. ¡Ya tiene cinco años! A diferencia de otros años en esta fecha, hoy el niño está en casa. El doctor dice que no debe caminar porque se fracturó una pierna. Carlitos está muy triste porque no va a celebrar su fiesta de cumpleaños con sus amigos, pero su mamá tiene una sorpresa para él. ¿Qué va a hacer Paloma?

4. Cuatro médicos alemanes visitan el Centro de Investigaciones del Cáncer del Hospital Central. El Dr. Moreira, director del Centro, desea invitar a sus colegas a un buen lugar esta noche para comer productos del mar peruanos. Él desea un restaurante cómodo, con buena comida y excelente

atención. Hoy va a ser muy difícil porque es el 23 de diciembre, cuando mucha gente cena fuera de casa, la temperatura está a 35° (98° Farenheit). ¿A qué restaurante va a invitarlos? ¿Qué va a hacer antes de ir? ¿Por qué?

3-32 Segunda mirada. Go back and read the ads again to answer the following questions.

1. En el anuncio del Teatro Municipal, ¿qué palabra indica que no es necesario ir al teatro para comprar las entradas?
2. ¿Qué expresión en el anuncio del restaurante El Chifa Lungfung es un sinónimo de "reservación"?
3. En la sección de niños, Parque de las Leyendas, ¿qué significa 3ra edad? ¿Cuántos años tiene como mínimo una persona de la 3ra edad?
4. Busque dos cognados en cada anuncio y escríbalos en su cuaderno.

A ESCRIBIR

The writing process—the series of steps you follow to produce a clear and effective piece of writing—is the same in any language. First you organize your thoughts, perhaps by writing an outline. Then you write a first draft. As you write, or once you finish, you may revise to find better ways of expressing your ideas. For example you may change the organization, rewrite sentences or choose better words. Finally, you correct any inaccuracies such as errors in spelling, punctuation, accent marks, etc.

Questions, asked orally or in writing, play an important role in our daily life. We read and/or write questions at school or at home, in letters, memos, and notes. Questions may reflect our inquisitive nature, our quest for needed information, or simply our need to fill a communication gap. The manner in which we ask questions is determined by the person whom we ask, and affects the way that person responds. Thus, we need to take special care with our word choice and register. (Shall we address the person as **usted** or **tú**?)

3-33 Manos a la obra: Fase preliminar. As a journalist working for the **Universidad de San Marcos** newspaper, you're looking to identify the "Student of the Year." With a classmate, develop two questionnaires: one for a potential candidate, and another for the student's parents. What information will you need? Probably ...

- información personal básica del candidato
- los rasgos (características) excepcionales de su personalidad
- su rutina diaria, especialmente aquellas actividades que diferencian a esta persona del estudiante promedio
- sus planes académicos y personales
- otra información...

After preparing the questionnaires, interview two classmates: one will act as the candidate, and the other one as the candidate's mother/father. You should verify the information from both parties and take notes, or record your conversation for the next phase of the activity.

3-34 Manos a la obra. Now write a report (*un informe*) to the editor of the newspaper about the candidate you identified. Use the following guidelines.

- datos generales del/de la candidato/a. nombre completo, edad, rasgos de personalidad, etc.
- actividades diarias y planes del/de la candidato/a que indican que es un/a estudiante modelo
- opinión que el padre/la madre tiene de su hijo/a
- su opinión personal del/de la candidato/a

_____de_____de ___

Estimad__ Sr./Sra./Srta._____:

Acabo de entrevistar al/a la alumn___ _____

y a su madre/padre, el/la señor/a _____. Nuestra

conversación fue muy _____ [describa el tono de

la conversación].

Según (*according to*) la opinión de su_____

_____

_____

_____ [describa por qué

el/la candidato/a es un/a estudiante modelo, según el padre/la

madre.]

En mi opinión, el/la

candidat_____

_____

_____ [exprese su opinión

sobre el candidato].

Sin otro particular, me despido de usted

Atte.,

_____ (Firma)

_____ (Nombre)

3-35 Revisión. After completing your report, discuss the content and style of your writing with your peer editor/reader. Then make any necessary changes.

EXPRESIONES ÚTILES

The following expressions may come in handy:

- To discuss content:

  No comprendo la/esta palabra/expresión.
  Necesito más información.
  No hay suficiente información sobre...
  ¿Qué significa...? (*What does ... mean?*)
  ¿Por qué dices...? (*Why do you say...?*)

- To discuss grammar and mechanics:

  Necesitas conjugar el verbo...   necesitas un punto (.)
  La palabra 'también' necesita acento   una coma (,)
  el verbo... es mejor en este contexto   punto y coma (;)

Vocabulario*

Comunicación

el periódico	*newspaper*
la revista	*magazine*
el teléfono	*telephone*

Diversiones

la canción	*song*
el cumpleaños	*birthday*
la fiesta	*party*
la guitarra	*guitar*
la música	*music*
la película	*film*
la reunión	*meeting, gathering*
la sorpresa	*surprise*
las vacaciones	*vacation*

Personas

la camarera	*waitress*
el camarero	*waiter*
el/la joven	*young man/woman*
el muchacho	*boy, young man*
la muchacha	*girl, young woman*

En un café o restaurante

el agua	*water*
agua con gas	*carbonated water*
el almuerzo	*lunch*
el arroz	*rice*
la bebida	*drink*
el bistec	*steak*
el café	*coffee*
el camarón	*shrimp*
la cena	*dinner, supper*
el cereal	*cereal*
la cerveza	*beer*
el ceviche	*raw fish dish*
la comida	*dinner, supper*
el desayuno	*breakfast*
la ensalada	*salad*
los espaguetis	*spaghetti*
la fruta	*fruit*
la hamburguesa	*hamburger*
el helado	*ice cream*
el huevo	*egg*
el jamón	*ham*

el jugo	*juice*
la leche	*milk*
la lechuga	*lettuce*
la naranja	*orange*
el pan	*bread*
la papa	*potato*
las papas fritas	*French fries*
el pescado	*fish*
el plato principal	*main course*
el pollo	*chicken*
el queso	*cheese*
el refresco	*soda*
el sándwich	*sandwich*
la sopa	*soup*
el té	*tea*
el tomate	*tomato*
la tostada	*toast*
el vegetal/ la verdura	*vegetable*
el vino	*wine*

Lugares

el cine	*movies*
la ciudad	*city*
el mar	*sea*
el país	*country, nation*

Descripciones

caliente	*hot*
fabuloso/a	*fabulous, great*
frío/a	*cold*
frito/a	*fried*
rápido/a	*fast*
típico/a	*typical*

Verbos

alquilar	*to rent*
beber	*to drink*
cantar	*to sing*
celebrar	*to celebrate*
cenar	*to have dinner*
comer	*to eat*
deber	*ought to, should*
decidir	*to decide*
descansar	*to rest*
escribir	*to write*

ir	*to go*
leer	*to read*
nadar	*to swim*
terminar	*to finish*
tocar (un instrumento)	*to play* (an instrument), *to touch*
tomar el sol	*to sunbathe*
ver	*to see*
vivir	*to live*

Tiempo

después	*after, afterwards*
durante	*during*
esta noche	*tonight*
más tarde	*later*
mientras	*meanwhile*
pasado mañana	*the day after*
el próximo año	*next year*
el próximo mes	*next month*
la próxima semana	*next week*

Palabras y expresiones útiles

¿Aló?	*Hello*
¿Adónde?	*Where (to)?*
al	*to the* (contraction of **a + el**)
al aire libre	*outdoors*
estar a dieta	*to be on a diet*
estar de acuerdo	*to agree*
fuera	*out, outside*
mi amor	*dear, my love*
otro/a	*other, another*
para mí	*for me*
pues	*well*
¡Qué bien!	*That's great!*
si	*if*
sólo	*only*
tiempo libre	*free time*

* For expressions with *por* see page 111

El cine, el teatro, las peñas

Para pensar

¿Qué hace Ud. cuando quiere pasar un rato agradable? ¿Adónde va? ¿A la playa, al cine, al teatro, a la discoteca, al parque? ¿Con quién va a estos lugares?

En los países hispanos hay muchos lugares adonde se puede ir y muchas actividades que se pueden hacer cuando se quiere pasar un rato agradable. Como el clima es cálido en muchos países, se puede ir a la playa durante todo el año a bañarse, tomar el sol, navegar en velero, etc. Sin embargo, también hay muchas otras cosas que se pueden hacer además de ir a la playa. A muchas personas les gustan las corridas de toros (*bullfights*) o las carreras de caballos (*horse races*) y por eso van a la Plaza de toros o al Hipódromo. Otras personas prefieren ir a un cine y disfrutar de una película americana, francesa, italiana, sueca, o alemana. Hay muchos cines y las películas extranjeras están dobladas (*dubbed*) o tienen subtítulos en español. Para los que prefieren el ballet, la ópera o la zarzuela (*Spanish operetta*) hay numerosos teatros que presentan gran variedad de obras. Por otra parte, hay personas que prefieren sentarse tranquilamente con sus amigos y conversar con ellos. Estas personas disfrutan en los muchos cafés que hay en todas las ciudades y pueblos. Si quieren conversar pero también disfrutar de una obra de teatro, pueden ir a los café-teatros donde se presentan comedias cortas, y donde además se puede comer y tomar un café o una copa (*cocktail*).

Bailando La Marinera en Trujillo, Perú.

En algunos países, como en el Perú por ejemplo, además de las playas, cines, teatros, plaza de toros, hipódromo, discotecas, café-teatros, etc., hay muchas peñas. Las peñas son lugares donde se presentan cantantes de música criolla y conjuntos de bailes folclóricos. Mucha gente va a las peñas no solamente a disfrutar del espectáculo que ofrecen, sino también a bailar, a cantar, a comer comida criolla, y sobre todo a pasar un rato muy, pero muy agradable. En resumen, ¡en el mundo hispano hay muchas cosas que hacer para divertirse!

Si quiere conseguir más información sobre la cultura peruana, puede visitar (*www.prenhall.com/mosaicos*)

Para contestar

Las diversiones. Con su compañero/a responda a las siguientes preguntas:
1. Si ustedes son personas muy activas y visitan un país hispano, ¿a qué lugares pueden ir? ¿Qué pueden hacer allí?
2. Si prefieren actividades más relajantes, ¿qué pueden hacer en un país hispano?
3. Si quieren aprender algo más de la cultura de un país hispano, ¿adónde pueden ir? ¿Qué pueden aprender allí?

Riqueza cultural. En grupos de tres discutan qué actividades pueden hacer en los países hispanos que no pueden hacer en los Estados Unidos.

Para investigar en la WWW

1. Busque el nombre de algunas playas y balnearios *(resorts)* famosos en el Perú. Diga dónde quedan, qué actividades se pueden hacer allí, cuánto cuesta ir desde su ciudad por avión, etc.
2. Con su compañero/a, planifiquen un viaje al Perú. Decidan adónde van a ir, qué van a hacer, cuánto van a gastar, etc.
3. Busque información acerca de los bailes folclóricos de Bolivia, Perú y México. ¿Cómo son? ¿Cómo es la música? ¿Qué instrumentos usan? ¿Cómo son los trajes *(costumes)* que usan los bailarines? Comparta la información con el resto de la clase. Traiga fotos y si es posible, una grabación de la música que escuchó para compartirla con sus compañeros/as. Ellos/as le darán sus comentarios.
4. En un periódico peruano busque un anuncio que presente información sobre los espectáculos que hay en una peña esta semana. Averigüe el nombre de la peña, dónde está, a qué hora abre, qué artistas se presentan, cuánto cuesta el espectáculo, etc. Traiga la información que consiga a la clase y compártala con sus compañeros/as. Dígales por qué prefiere Ud. ir a un lugar y no al otro.

Perú

Ciudades importantes y lugares de interés: Lima, la capital, tiene cerca de siete millones de habitantes. Es una ciudad que tiene zonas antiguas de gran belleza y valor histórico y también zonas modernas. Hay muchos museos de importancia como el Museo de Oro y el Museo de la Nación. El Museo de Oro tiene una excelente colección de joyería *(jewelry)* y objetos precolombinos; el Museo de la Nación exhibe joyería, artesanía y gran variedad de objetos de las civilizaciones que se desarrollaron en el Perú. Si está interesado en saber más de Lima, llamada también la Ciudad de los Reyes, puede visitar *www.prenhall.com/mosaicos*.

Palacio del Arzobispado, Lima.

Otro lugar de gran interés en la costa del Perú es Nazca, más o menos a 300 kilómetros al sur de Lima. Nazca es muy conocida por sus famosas líneas en el desierto. Visite *www.prenhall.com/mosaicos* y aprenda más sobre estas intrigantes líneas. Al norte de Lima está Trujillo, ciudad de gran encanto colonial. Cerca de Trujillo se encuentran las ruinas de las antiguas civilizaciones Mochica y Chimú. Si visita www.prenhall/mosaicos podrá conocer Chan-Chan, centro de la cultura Chimú y considerada la ciudad de barro más grande del mundo. Otra ciudad importante es Cuzco, la antigua capital del imperio de los Incas. Cerca de Cuzco se encuentran las ruinas de la ciudad inca de Machu Picchu y la fortaleza de Sacsayhuaman (vaya a *www.prenhall.com/mosaicos*).

Como Ud. puede ver, el Perú es un país muy rico y variado en su cultura y geografía.

Expresiones peruanas:

Chamba	Me conseguí una chamba.	*I got myself a job.*
Maldita	¡La película estuvo maldita!	*The movie was great!*
Bacán	¡Ella es bacán!	*She is great/a lot of fun!*
Chancón	¡Él es un chancón!	*He studies all the time.*

Chan Chan, Peru

ENFOQUE INTERACTIVO

  A MIRAR EL VIDEO 5:00

Watch the *Fortunas* video segment for *Lección 3* in class or on your CD-ROM. Will Carlos and Katie work together? Who will solve the first *misterio* of the contest?

 Now complete the accompanying video activities on the CD-ROM. This is your chance to interact with the video characters! **25:00**

Carlos y Katie

El concurso

In this episode of *Fortunas*, Katie and Carlos consider forming an alliance. Carlos is convinced that he and Katie need to collaborate but she is not so sure. How does this encounter differ from the one in the last episode between Sabrina and Efraín? What strategy would you use to form alliances? Or would you rather solve the *misterios* alone?

PUNTOS

Las alianzas

Contestants are allowed to form open and secret alliances throughout the course of the contest in order to solve the different *misterios* and locate the *fortunas*. If a *misterio* is solved or a *fortuna* is located through an alliance, all points awarded are to be shared equally among the allied contestants.

🌐 LA BÚSQUEDA! 5:00

Katie and Carlos have only *pistas* 1 and 4. These are enough, however, to trigger a possible solution for Carlos. If they solve the first *misterio* by working together, they will share equally the points awarded for the discovery. Are you forming an idea of what the first *misterio* means? Go to the *Fortunas* module to gather more information about the first *misterio*. Can you can solve the *misterio* before the contestants do?

Misterio Nº 1: Cinco es suficiente

Pistas

1. *Destrucción de los gigantes por el viento (monos)*
2. *Destrucción por la lluvia (pájaros)*
3. *Destrucción por el diluvio (peces)*
4. *Destrucción por el jaguar*

¿QUÉ OPINA USTED? 5:00

This week we see a different side of Efraín. Instead of the aloof musician, we find a young man with all-too-familiar family problems. Do you identify with Efraín? Remember, each week you have the opportunity to vote in the *Fortunas* viewer poll. Go to the *Fortunas* module now and click on *¿Qué opina usted?* to participate in this episode's poll.

 ## PARA NAVEGAR 10:00

EL CINE HISPANO

El cine es un fenómeno cultural en todo el mundo. Pero no todas las producciones cinematográficas se originan en Hollywood. También hay cine importante en otras partes del mundo, específicamente en España y en algunos países de Latinoamérica.

Como agua para chocolate

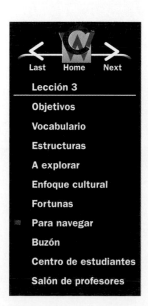

Go to the *Mosaicos Website* and click on the *Para navegar* module to explore links to Hispanic cinema. Read movie reviews and learn about well-known actors from Spain and Latin America.

Mujeres al borde de un ataque de nervios

Lección 4

La familia

COMUNICACIÓN

- ✖ Identifying and describing family members
- ✖ Describing routine activities
- ✖ Expressing preferences, desires, and feelings
- ✖ Asking and giving permission
- ✖ Expressing when, where, or how an action is done
- ✖ Expressing how long events and states have been going on

ESTRUCTURAS

- ✖ Present tense of stem-changing verbs: **e → ie, o → ue, e → i**
- ✖ Adverbs
- ✖ Present tense of **hacer, poner, salir, traer,** and **oír**
- ✖ **Hace** with expressions of time
- ✖ ALGO MÁS: Some reflexive verbs and pronouns

MOSAICOS

A ESCUCHAR

A CONVERSAR

A LEER

- ✖ Anticipating and inferring topic
- ✖ Guessing meaning of new words through context clues and identifying suffixes

A ESCRIBIR

- ✖ Communicating personal feelings and giving suggestions

ENFOQUE CULTURAL

- ✖ La familia hispana
- ✖ Colombia

ENFOQUE INTERACTIVO

 WWW   VIDEO   CD ROM

Las familias

Una foto familiar de tres generaciones: abuelos, hijos y nietos.

Practice activities for each vocabulary section are provided on the CD-ROM and website (www.prenhall.com/ mosaicos)

Una familia colombiana celebra el bautizo de su hija. Las relaciones entre los padrinos, los ahijados y sus padres son muy importantes en la cultura hispana.

La familia de Pablo

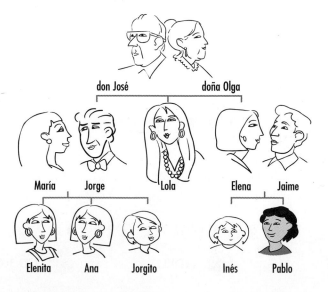

don José — doña Olga

María — Jorge — Lola — Elena — Jaime

Elenita — Ana — Jorgito — Inés — Pablo

Pablo habla de su familia

Me llamo Pablo Méndez Sánchez y vivo con mis padres, mi hermana y mis abuelos en un apartamento en Bogotá, la capital de Colombia.
Mi madre tiene un hermano, mi tío Jorge. Su esposa es mi tía María. Tienen tres hijos y viven también en Bogotá. Mi primo Jorgito es el menor. Mis primas Elenita y Ana son gemelas. Mis primos son muy simpáticos y pasamos mucho tiempo juntos.

Mis tíos sólo tienen dos sobrinos en Bogotá, mi hermana Inés y yo. Su otra sobrina, la hija de mi tía Lola, vive en Cartagena, al norte del país.

La nieta favorita de mis abuelos es mi hermanita Inés. Sólo tiene tres años y es la menor de todos sus nietos.

¿Qué dice usted?

4-1 Asociación. Asocie la descripción a la izquierda con la expresión correcta.

1. _____ La esposa de mi papá   a. mi primo
2. _____ El hermano de mi prima   b. mi nieto
3. _____ Los padres de mi papá   c. mi madre
4. _____ El hijo de mi hijo   d. mis abuelos
5. _____ El hermano de mi mamá   e. mi tío

4-2 La familia de Pablo. Complete las siguientes oraciones de acuerdo con el árbol genealógico *(family tree)* de Pablo.

1. La hermana de Pablo se llama _____.
2. Don José y doña Olga son los _____ de Pablo. Ellos tienen _____ hijas y _____ hijo.
3. Pablo es el _____ de Jaime.
4. Jaime es el _____ de Pablo, y Elena es su _____.
5. Inés y Ana son _____. Elenita y Ana son _____.
6. Don José y doña Olga tienen _____ nietos y _____ nietas en Bogotá.
7. Elena es la _____ de Jorgito, Elenita y Ana.
8. Lola es la _____ de Jorge y Elena.

4-3 ¿Quién es y cómo es? Escoja *(Choose)* a un miembro de la familia de Pablo. Su compañero/a debe decir cuál es su relación familiar con Pablo y usar la imaginación para dar información adicional.

MODELO: E1: ¿Quién es Elenita?
            E2: Es la prima de Pablo. Tiene dieciocho años y estudia psicología. Es muy simpática y tiene muchos amigos.

Otros miembros de la familia de Pablo

Paula Sergio Lola Osvaldo

Roberto

Petra

La única hermana de mi mamá es mi tía Lola. Lola y Sergio están divorciados pero tienen una hija, mi prima Petra. Ahora tía Lola está casada con Osvaldo, el padrastro de Petra. Sergio está casado con Paula y tienen un hijo, Roberto. Paula es la madrastra de Petra, y Roberto es su medio hermano.

¿Qué dice usted?

4-4 ¿Cierto o falso? Marque la columna adecuada de acuerdo con la información sobre la familia de Lola.

	CIERTO	FALSO
1. La tía Lola está casada con Sergio.	_____	_____
2. Osvaldo es el papá de Roberto.	_____	_____
3. Paula es la madrastra de Roberto.	_____	_____
4. Lola es la madre de Petra.	_____	_____
5. Petra tiene un medio hermano.	_____	_____

 **4-5 Mi familia.** Prepare su árbol genealógico. Luego, intercambie su árbol con el de un/a compañero/a. Hágale preguntas a su compañero/a para obtener la siguiente información.

- Nombre del/de los abuelo(s) vivo(s) (*alive*): _____
- Nombre de los padres (padrastro/madrastra): _____
- Número y nombre(s) de (medio/a) hermano/a(s): _____
- Número y nombre(s) de primo/a(s): _____
- Descripción de dos familiares: _____

 **4-6 Encuesta. Primera fase.** En parejas intercambien preguntas para obtener los siguientes datos.

1. tener cuatro abuelos vivos
2. ser hijo/a único/a
3. tener dos hermanos/as
4. vivir con los padres
5. vivir con los abuelos
6. número de primos/as
7. tener madrastra/padrastro
8. número de medio/a hermanos/as

A INVESTIGAR

- ¿Sabe Ud. que el apellido Fernández viene del nombre Fernando?
- Asocie cada apellido con el nombre correspondiente.

  —Hernández   1. Ramiro
  —Álvarez   2. Martín
  —Martínez   3. Hernán
  —González   4. Álvaro
  —Ramírez   5. Gonzalo

- ¿Hay apellidos en inglés que tienen origen en un nombre? ¿Cuáles?
- ¿Dónde va el apellido de la madre en español?

Segunda fase. En pequeños grupos, van a clasificar la familia de cada miembro del grupo en estas categorías:

a. familia típica/tradicional norteamericana
b. familia norteamericana atípica
c. ...

Escojan a un/a secretario/a para tomar notas. Lean las expresiones más abajo para dar *(give)* y defender su opinión.

Expresiones útiles para defender una opinión:

■ En mi/nuestra opinión, ... porque...

En nuestra opinión, la familia norteamericana típica es pequeña.

■ Yo pienso/Nosotros pensamos que... porque...

Yo pienso que no existe una familia norteamericana típica.

¿Qué hacen los parientes?

Mis abuelos viven en una casa junto al parque. Normalmente, ellos pasean por las mañanas y almuerzan muy temprano. Después duermen la siesta y por la tarde visitan a sus parientes.

Jorgito es mi primo favorito. Es un poco menor que yo, pero corremos y jugamos mucho juntos. También nos gusta ver el fútbol en la televisión y montar en bicicleta los domingos.

Mi prima Ana hace dos años que tiene novio y frecuentemente dice que quiere casarse muy pronto. Elenita, su hermana gemela, piensa que Ana no debe casarse porque es muy joven.

Mi tío Jorge es un hombre muy ocupado. Todos los días sale de casa muy temprano y vuelve tarde. Mi tía María, su esposa, dice que él prefiere el trabajo a su familia. Pienso que en todas las familias hay problemas. En la mía también, pero me gusta mi familia.

¿Qué dice usted?

4-7 ¿Cierto o falso? Conteste de acuerdo con la información adicional sobre la familia de Pablo.

	CIERTO	FALSO
1. Normalmente los abuelos están muy ocupados.	_____	_____
2. El tío Jorge cree que Elenita tiene problemas.	_____	_____
3. Elenita piensa que su hermana es muy joven para casarse.	_____	_____
4. Jorgito y Pablo montan en bicicleta frecuentemente.	_____	_____
5. El tío Jorge trabaja mucho.	_____	_____
6. A Pablo no le gusta su familia.	_____	_____

4-8 Entrevista. Hágale preguntas a su compañero/a para obtener más información sobre su familia, basándose en los siguientes puntos:

1. Número de personas en la casa, edad y relación
2. Ocupación y descripción (física y de personalidad)
3. Actividades de estas personas por la noche
4. Nombre del pariente favorito, relación familiar y razón de la preferencia

 A ESCUCHAR

Las familias. You will hear descriptions of four families. For each description mark the appropriate column to indicate whether the family is big or small.

GRANDE	PEQUEÑA		GRANDE	PEQUEÑA
1. _____	_____	3. _____	_____
2. _____	_____	4. _____	_____

Explicación y expansión

1. Present tense of stem-changing verbs (e → ie, o → ue, e → i)

PENSAR (E → IE) (*to think*)			
yo	pienso	nosotros/as	pensamos
tú	piensas	vosotros/as	pensáis
Ud., él, ella	piensa	Uds., ellos/as	piensan

VOLVER (O → UE) (*to return*)			
yo	vuelvo	nosotros/as	volvemos
tú	vuelves	vosotros/as	volvéis
Ud., él, ella	vuelve	Uds., ellos/as	vuelven

PEDIR (E → I) (*to ask for, to order*)			
yo	pido	nosotros/as	pedimos
tú	pides	vosotros/as	pedís
Ud., él, ella	pide	Uds., ellos/as	piden

Practice activities for each numbered grammar point are provided on the CD-ROM and website (www.prenhall.com/ mosaicos)

■ These verbs change the stem vowel **e** to **ie**, **o** to **ue**, and **e** to **i** except in the **nosotros** and **vosotros** forms.[1]

■ Other common verbs and their vowel changes are:

e → ie	o → ue	e → i
cerrar (*to close*)	almorzar (*to have lunch*)	servir (*to serve*)
empezar (*to begin*)	costar (*to cost*)	repetir (*to repeat*)
entender (*to understand*)	dormir (*to sleep*)	
pensar (*to think*)	poder (*to be able to, can*)	
preferir (*to prefer*)		
querer (*to want, to love*)		

■ Use **pensar** + *infinitive* to express what you or someone else is planning to do.

Pienso estudiar esta noche.	*I plan to study tonight.*
Pensamos comer a las ocho.	*We're planning to eat at 8:00.*

[1]Stem-changing verbs are identified in vocabulary lists as follows: **pensar** (ie); **volver** (ue); **pedir** (i).

- The Spanish equivalent for *to think of /about* someone or something is **pensar en**.

¿**Piensas en** tu familia cuando estás fuera de casa? *Do you think of your family when you are away from home?*

Sí, **pienso** mucho **en** ellos. Y también **pienso en** mi casa *Yes, I think about them a lot. And I also think of my home.*

- **Pensar de** is used to inquire for an opinion about someone or something. **Pensar que** is normally used to answer these questions.

¿Qué **piensas de** los planes de ayuda familiar? *What do you think of the plans to help families?*

Pienso que son excelentes. *I think they are excellent.*

■ Note the irregular **yo** form in the following **e → ie** and **e → i** stem-changing verbs.

tener (*to have*)	**tengo**, tienes, tiene, tenemos, tenéis, tienen
venir (*to come*)	**vengo**, vienes, viene, venimos, venís, vienen
decir (*to say, tell*)	**digo**, dices, dice, decimos, decís, dicen
seguir (*to follow*)	**sigo**, sigues, sigue, seguimos, seguís, siguen

■ The verb **jugar** (*to play* a game or a sport) changes **u** to **ue**.

Mario j**ue**ga muy bien, pero nosotros j**u**gamos regular.

¿Qué dice usted?

4-9 Preferencias de la familia. Dígale a su compañero/a qué prefieren tomar o comer usted y otro miembro de su familia en las situaciones indicadas. Después pregúntele a su compañero/a cuáles son sus preferencias.

MODELO: Por la mañana: jugo, café o té
E1: Yo prefiero tomar té, pero mi hermano prefiere tomar café. ¿Y tú?
E2: Pues yo prefiero té.

1. En el almuerzo: leche, chocolate o café
2. Después de correr: jugo, refresco o agua mineral
3. Para celebrar un cumpleaños: vino, cerveza o champaña
4. Los domingos: comida mexicana, comida italiana o comida española

4-10 ¿Qué piensan hacer estas personas? Túrnese con su compañero/a para decir qué piensa hacer cada persona en las situaciones siguientes. Cada uno debe dar una respuesta diferente.

MODELO: Mi hermano desea estar delgado.
E1: Él piensa correr mucho.
E2: Él piensa empezar una dieta.

1. Mi hermana tiene un examen de matemáticas mañana.
2. Ella no entiende muchos de los problemas.
3. Mi tía está muy enferma.
4. Mis abuelos están de vacaciones en Colombia.
5. Yo voy a ir a Cartagena para visitar a mis abuelos.

4-11 Comidas y bebidas. Pregúntele a su compañero/a qué pide para comer y beber en estos lugares. Él/Ella debe hacerle las mismas preguntas.

MODELO: en un partido de béisbol
E1: ¿Qué pides en un partido de béisbol?
E2: Pido un perro caliente y un refresco.

1. en un restaurante español muy elegante
2. en un McDonald's si quieres estar delgado/a
3. durante un partido de fútbol americano
4. en un restaurante de una playa de Colombia
5. en una pizzería

👥 **4-12 Entrevista.** Entreviste a su compañero/a. Después su compañero/a debe entrevistarlo/la a usted.

1. ¿A qué hora almuerzas? ¿Dónde? ¿Con quién?
2. ¿Qué prefieres almorzar?
3. ¿Qué bebes a la hora del almuerzo?
4. ¿Duermes la siesta después del almuerzo?
5. ¿Vuelves a la universidad después del almuerzo?
6. ¿Qué haces en tu casa por la tarde?

👥 **4-13 ¿Cuándo y con quién?** Usted debe hacerle preguntas a su compañero/a para obtener la siguiente información:

Durante la semana: a. hora del almuerzo y con quién(es) b. hora de la cena y con quién(es) c. actividades favoritas

Un fin de semana: a. hora del almuerzo y con quién(es) b. hora de la cena y con quién(es) c. actividades favoritas

👥 **4-14 Una reunión.** En grupos pequeños, imagínense que todos son miembros de una misma familia y determinen cuál es la relación entre ustedes (hermanos, primos, tíos, etc.). Van a organizar una reunión familiar. Deben decidir:

1. lugar y hora de la reunión
2. número de niños y adultos que participan (especifiquen la relación familiar)
3. obligaciones de los adultos antes de la reunión
4. comida y bebida que van a servir
5. actividades y diversiones para los niños y para los adultos

SITUACIONES

1. You and a/some member(s) of your family are planning to take a trip abroad. Your partner should find out a) when you are planning to go, b) with whom you are going, c) what country and cities you prefer to visit, d) why, and e) if the other family member(s) prefer(s) to go to other places.

2. **Role A:** You have just turned 18 and your grandfather has invited you for the first time to one of the most expensive restaurants in town. First a) ask your grandfather what the specialties **(especialidades)** of the house are, b) tell him what you want to eat (just salad, no main course, and no dessert) and drink (mineral water), c) listen to your grandfather's recommendations and politely explain that you want to keep fit **(estar en forma)**, and d) finally, accept to eat vanilla ice cream **(helado de vainilla)** for dessert.

   Role B: Your grandson/granddaughter has just turned 18 and you have decided to invite him/her out for dinner at one of the most expensive restaurants in town. First, a) answer his/her questions regarding the specialties of the house (fish, all kinds of meats, etc.) and b) ask him/her what he/she is planning to order. You notice that he/she orders extremely healthy food, so c) recommend fancier and more expensive food, and d) insist that he/she order at least dessert.

2. Adverbs

- Adverbs are used to describe when, where or how an action/event is done/takes place. You have used Spanish adverbs when expressing time (**mañana, siempre, después**) and place (**detrás, debajo**). You have also used adverbs when expressing how you feel (**bien, muy mal, regular**). These same adverbs can be used when expressing how things are done.

    Rafael nada **muy bien**.   *Rafael swims very well.*

- Spanish also uses adverbs ending in **-mente**, which corresponds to the English *-ly*, to qualify how things are done. To form these adverbs, add **-mente** to the feminine form of the adjective. With adjectives that do not have a special feminine form, simply add **-mente**.

    Cantan **alegremente**.   *They sing happily.*
    María lee **lentamente**.   *María reads slowly.*

- Some commonly used adverbs ending in **-mente** are:

ACENTOS

Adjectives with a written accent retain it when forming adverbs ending in **-mente**: **difícil → difícilmente**.

generalmente	normalmente	frecuentemente
realmente	básicamente	simplemente
tranquilamente	regularmente	perfectamente
relativamente	tradicionalmente	lógicamente

¿Qué dice usted?

4-15 ¿Lenta o rápidamente? ¿Qué hace usted rápidamente y qué hace usted lentamente? Prepare una lista y compárela con la de un/a compañero/a. Puede usar los verbos que aparecen más abajo o usar otros verbos.

MODELO: Nado lentamente pero corro rápidamente.

almorzar	beber	estudiar
bailar	caminar	nadar
hablar español	tomar apuntes	leer el periódico
escribir composiciones		

4-16 ¿Está de acuerdo o no? Indique si está de acuerdo (**Sí**) o no (**No**) con las siguientes afirmaciones. Después usted y su compañero/a deben comparar sus respuestas y decir por qué están o no están de acuerdo.

1. ＿＿＿ Los padres deben hablar frecuentemente con sus hijos adolescentes.
2. ＿＿＿ Los nietos deben visitar regularmente a sus abuelos.
3. ＿＿＿ Normalmente los hijos solteros viven con sus padres.
4. ＿＿＿ Los padres siempre hablan lentamente cuando están enojados con sus hijos.
5. ＿＿＿ Generalmente las familias grandes son más felices que las familias pequeñas.
6. ＿＿＿ Los padres deben tener reuniones con los profesores de sus hijos regularmente.

4-17 Entrevista. Hágale estas preguntas a su compañero/a. Después él/ella le debe hacer las mismas preguntas a usted.

1. ¿Qué haces normalmente por la tarde?
2. ¿A qué lugares vas regularmente y con quién?
3. Generalmente, ¿adónde vas por la noche?
4. ¿Adónde vas para conversar tranquilamente con tus amigos?
5. ¿A quiénes llamas por teléfono más frecuentemente, a tus amigos o a tu familia?

SITUACIONES

1. Your class is conducting a survey regarding students' movie habits. Ask a classmate a) how many times a month he/she goes to the movies; b) with whom he/she generally goes; c) the type of movies he/she normally prefers (romantic, dramas, science fiction, etc.); d) if he/she eats or drinks at the movies, and what; e) the name of his/her favorite movie theater.

3. Present tense of *hacer, poner, salir, traer,* and *oír*

El padre pone la mesa.

La madre oye música y las noticias.

La hija trae las tostadas a la mesa.

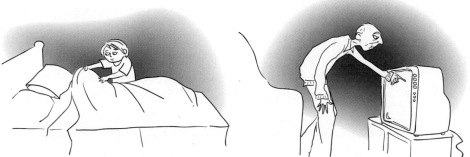

El hijo hace la cama.

El abuelo pone la televisión.

La familia desayuna y sale.

HACER (*to make, to do*)			
yo	**hago**	nosotros/as	**hacemos**
tú	**haces**	vosotros/as	**hacéis**
Ud., él, ella	**hace**	Uds., ellos/as	**hacen**

PONER (*to put*)			
yo	**pongo**	nosotros/as	**ponemos**
tú	**pones**	vosotros/as	**ponéis**
Ud., él, ella	**pone**	Uds., ellos/as	**ponen**

■ **Poner** normally means *to put*. However, with some electrical appliances, **poner** means *to turn on*.

> Yo **pongo** los platos y los vasos en la mesa y mi abuelo **pone** la televisión.
>
> *I put the plates and the glasses on the table and my grandfather turns on the T.V.*

SALIR (*to leave*)			
yo	**salgo**	nosotros/as	**salimos**
tú	**sales**	vosotros/as	**salís**
Ud., él, ella	**sale**	Uds., ellos/as	**salen**

■ **Salir** can be used with several different prepositions: to express that you are leaving a place, use **salir de**; to express the place of your destination, use **salir para**; to express with whom you go out or the person you date, use **salir con**; to express what you are going to do, use **salir a**.

> Yo **salgo de** mi cuarto ahora.   *I'm leaving my room now.*
> Mi hermana **sale con** Mauricio.   *My sister goes out with Mauricio.*
> Ellos **salen** a bailar los sábados.   *They go out to dance on Saturdays.*

TRAER (*to bring*)			
yo	**traigo**	nosotros/as	**traemos**
tú	**traes**	vosotros/as	**traéis**
Ud., él, ella	**trae**	Uds., ellos/as	**traen**

OÍR (*to hear*)			
yo	**oigo**	nosotros/as	**oímos**
tú	**oyes**	vosotros/as	**oís**
Ud., él, ella	**oye**	Uds., ellos/as	**oyen**

¿Qué dice usted?

4-18 ¿Quién hace estas cosas en su casa? Primera fase. Marquen sus respuestas en la tabla y después, en pequeños grupos, comparen sus respuestas. Determinen cuál de las familias es la más tradicional y cuál es la menos tradicional. ¿Por qué?

MODELO: E1: ¿Quién compra la comida en tu casa?
         E2: Yo compro la comida en mi casa.

ACTIVIDADES	MAMÁ	PAPÁ	YO	?
comprar la comida				
poner la mesa				
hacer el desayuno				
hacer las camas				
oír las noticias por la tarde				

4-19 Intercambio. Hoy la familia de su compañero/a está muy ocupada. Hágale preguntas a su compañero/a para saber a qué hora salen y para dónde van las personas que aparecen en la tabla.

MODELO: E1: ¿A qué hora sale Juan?   E1: ¿Para dónde va Juan?
         E2: (Sale) a las 8 de la mañana.   E2: Va para el gimnasio.

NOMBRE	HORA	LUGAR
Juan	8:00 a.m.	gimnasio
Alicia	9:30 a.m.	estación de autobuses
tu sobrino	2:00 p.m.	aeropuerto
tú	. . .	. . .

4 -20 Las clases de español de mi hermano. Hable con su compañero/a sobre las actividades escolares de su hermano. Después, pregúntele sobre sus actividades.

MODELO: tener la clase de español por la mañana
         E1: Mi hermano tiene la clase de español por la mañana. ¿Y tú?
         E2: Yo tengo la clase por la tarde. o Yo también tengo la clase por la mañana.

1. hacer la tarea por la noche
2. salir para la universidad a las nueve frecuentemente
3. poner la tarea sobre el escritorio del profesor generalmente
4. traer los libros a la casa
5. salir de la clase a las diez normalmente

 **4-21 Entrevista.** Usted quiere saber qué hace su compañero/a en su tiempo libre y él/ella quiere saber qué hace usted. Háganse preguntas para averiguar lo siguiente:

1. hora de salida de la universidad
2. lugares para donde va
3. actividades en esos lugares
4. actividades en su casa por las noches
5. programas de televisión favoritos

4-22 ¿De dónde salen, con quién y para dónde? Mire el dibujo y complete el siguiente párrafo con la forma correcta de **salir + de, salir + para** o **salir + con**.

1. Javier y Marcelo son amigos. Ellos _____ la casa de Javier. _____ el cine. Javier siempre _____ Marcelo los domingos por la tarde.

Ahora complete el siguiente párrafo de acuerdo con sus propias actividades y su propio horario. Compare sus respuestas con las de su compañero/a.

2. Yo _____ casa a las _____ de la mañana. _____ la universidad. Llego a la universidad a las _____. Las clases terminan a las _____. A esa hora _____ casa. Por las noches _____ mi novio/a.

SITUACIONES

1. Find out the following information about your partner's family: a) who sets the table, b) who prepares breakfast, c) who makes the beds, and d) what time each family member leaves the house.

2. **Role A:** You are Cinderella (**Cenicienta**) and decide to see a family counselor. Answer in detail all the counselor's questions regarding your family and your relationship with the different family members. Tell him/her: a) that you have two step sisters and describe their different personalities, b) that your step mother is not nice to you and explain why, and c) that your father is dead (**está muerto**). Then, d) inform him/her of all the work you do at home and e) about your plans for the future.

   Role B: You are a family counselor. Cinderella has come to ask for advice. To help, you must gather the following information from her: a) the number of family members, b) what they are like, d) the things she does at home, and d) her plans for the future.

4. *Hace* with expressions of time

- To say that an action/state began in the past and continues into the present, use **hace** + *length of time* + **que** + present tense.

  Hace dos horas que juegan.   *They've been playing for two hours.*

- If you begin the sentence with the present tense of the verb, do not use **que**.

  Trabajan hace dos horas.   *They've been working for two hours.*

- To find out how long an action/state has been taking place, use **cuánto tiempo** + **hace que** + *present tense.*

  ¿Cuánto tiempo hace que juegan? *How long have they been playing?*

¿Qué dice usted?

4-23 Para conocernos mejor. Complete las siguientes oraciones según sus experiencias personales. Después compare sus respuestas con las de su compañero/a.

1. Estudio español hace. . .
2. Mi programa favorito de televisión es. . .
   Veo ese programa hace. . .
3. Hace. . . que tengo un gato/perro
4. Tengo un auto/bicicleta/motocicleta hace. . .
   Mi auto/bicicleta/motocicleta es. . .

4-24 Entrevista. Hágale las siguientes preguntas a su compañero/a. Comparta la información con la clase.

1. ¿Dónde vives? ¿Cuánto tiempo hace que vives allí?
2. ¿Dónde trabaja tu padre/madre? ¿Cuánto tiempo hace que trabaja allí?
3. ¿Cuánto tiempo hace que estudias en esta universidad?
   ¿Y por qué estudias español?
4. ¿Practicas algún deporte *(sport)*? ¿Cuánto tiempo hace que juegas al. . . ?
   ¿Juegas bien?

SITUACIONES

You are a new student at the university and your parents are coming to visit you. Since you are not familiar with the area, ask your friend about the good Colombian restaurant where he/she usually goes. Ask a) how long he/she has been going to this restaurant, b) what Columbian dishes they serve **(ajiaco de pollo, papas chorreadas, arroz con coco)** and how much they cost, and c) thank him/her for the information. Your friend will answer giving as much information as possible.

Some reflexive verbs and pronouns

REFLEXIVES		
yo	**me lavo**	*I wash myself*
tú	**te lavas**	*you wash yourself*
Ud.	**se lava**	*you wash yourself*
él/ella	**se lava**	*he/she washes himself/herself*

■ Reflexive verbs are those that express what people do to or for themselves.

REFLEXIVE
Mi hermana **se lava**.   *My sister washes herself.*
                                            (She is the doer and the receiver.)

NON-REFLEXIVE
Mi hermana **lava** el auto.   *My sister washes the car.*
                                            (She is the doer and the car is the
                                            receiver.)

■ A reflexive pronoun refers back to the subject of the sentence. In English this may be expressed by pronouns ending in *-self* or *-selves*; in many cases, Spanish uses reflexives where English does not.

Yo **me levanto, me baño, me**   *I get up, take a shower, dry myself,*
  seco y me visto rápidamente.   *and get dressed quickly*

■ Place reflexive pronouns after the word **no** in negative constructions.

Tú **no te peinas** por la mañana.   *You don't comb your hair in the*
                                     morning.

■ The pronoun **se** attached to the end of an infinitive shows that the verb is reflexive:

lavar   *to wash*
lavarse   *to wash oneself*

¿Qué dice usted?

4-25 La rutina diaria de mi compañero/a. Indique con un número (1, 2, 3, . . .) el orden en que usted cree que su compañero/a hace las siguientes acciones. Después verifique el orden con él/ella.

_____ desayuna   _____ sale

_____ se peina   _____ se baña

_____ se seca   _____ se viste

_____ se levanta

4-26 ¿Qué hace? Cada uno escoja un miembro de su familia de quién le gustaría (_would like_) hablar. Luego, intercambien preguntas sobre las actividades de este pariente y llenen la tabla.

Miembro de la familia _____

SE LEVANTA	7:00 A.M.	8:00 A.M.	?
DESAYUNA	HORA	COMIDA	BEBIDA
SE BAÑA	MAÑANA	TARDE	NOCHE
ACTIVIDADES	LAVAR EL COCHE	HACER LA CAMA	PONER LA MESA
SALE PARA	TRABAJO	UNIVERSIDAD	?

mosaicos

A ESCUCHAR

A. Un bautizo. Look at the following christening announcement. Answer the questions that you hear based on the announcement.

1. _____
2. _____
3. _____
4. _____
5. _____
6. _____

Raquel María

Nació en Santafé de Bogotá el día 11 de octubre de 1999.

Padres:

*Mónica Caicedo Torres
Rafael Mejía Jaramillo*

Padrinos:

*Ana María Ordóñez Montoya
Álvaro Morales Restrepo*

Bautizada por el

*Rev. Padre Miguel Urrutia
en la Capilla del Liceo de Cervantes
el día 6 de noviembre de 1999*

B. Un mensaje telefónico.
Listen to the message Pedro left on Julio's answering machine. First, read the questions. You may wish to take notes of key information as you listen.
Do not worry if you don't understand every word.

1. La fiesta va a ser en casa de
   a. Ana María.
   b. Pedro.
   c. un amigo de Pedro.
2. La fiesta va a empezar
   a. a las siete y media.
   b. a las nueve, más o menos.
   c. después de las diez.
3. Según el mensaje, Julio debe llevar *(take)* a la fiesta
   a. unos discos.
   b. algo para la comida.
   c. los refrescos.

4. Pedro dice en su mensaje que Julio
   a. no debe llegar temprano a la fiesta.
   b. debe comprar los refrescos.
   c. no debe hablar con Ana María sobre la fiesta.
5. La fiesta va a ser en la calle
   a. 157.
   b. 12.
   c. Real.

A CONVERSAR

4-27 Entrevista. Pregúntele a su compañero/a a qué miembro de su familia asocia con los siguientes comentarios.

MODELO: Bebe cerveza frecuentemente después del trabajo.
E1: ¿Quién en tu familia bebe cerveza frecuentemente después del trabajo?
E2: Mi tío Ramón.

1. Es fanático/a del trabajo.
2. Es muy tranquilo/a.
3. Prefiere salir con amigos y no estar en casa.
4. Juega mucho con los niños.
5. Hace ejercicio (*exercises*) tres o cuatro veces a la semana.
6. Oye música a todas horas.

4-28 ¿Familias semejantes o familias diferentes? Primera fase. Háganse preguntas para averiguar lo siguiente:

- actividades típicas de sus padres durante los fines de semana
- actividades usuales de sus hermanos/as durante los fines de semana
- planes de la familia para las próximas vacaciones o día feriado (*holiday*)

Segunda fase. Escoja un/a compañero/a diferente y comparta la información obtenida en la **Primera fase**.

- Semejanzas y diferencias entre sus familias con respecto a las actividades del fin de semana.
- Semejanzas y diferencias entre sus familias sobre cómo pasan las vacaciones o celebran los días feriados.
- Clasificación de sus familias con respecto a la forma en que usan su tiempo libre: (muy/un poco) tranquila, tradicional, divertida, etc. ¿Son semejantes o diferentes?

4-29 Adivina, adivinador. Piense en una familia famosa de una serie de televisión. Descríbale a su compañero/a los miembros de la familia y qué hacen en un episodio típico del programa. Su compañero/a debe adivinar qué familia es.

👥 **4-30 Preparación.** Mire esta fotografía y responda a las preguntas con un/a compañero/a.

1. ¿Es buena o mala la relación entre este niño y su padre? ¿Por qué?
2. ¿Dónde están el niño y su padre?
3. Probablemente, ¿de qué conversan?
4. ¿Cuántos años tienen los padres del niño probablemente?
5. ¿Describa al niño y a su padre?

4-31 Asociación. Indique con cuáles de las siguientes palabras asocia usted el arte en general (A), la música en particular (M), o ambos (AM).

1. ___ la inspiración
2. ___ la partitura (*score*)
3. ___ los colores
4. ___ la imaginación
5. ___ la perseverancia
6. ___ la armonía
7. ___ el prodigio

4-32 Preparación. Observe la fotografía y conteste a las siguientes preguntas.

1. ¿Cuántos años tiene esta niña probablemente?
2. ¿Qué instrumento toca?
3. ¿Qué parte de su cuerpo (*body*) necesita ella para tocar este instrumento?
4. ¿Qué lee la niña para tocar el piano?
5. En su opinión, ¿es fácil o difícil tocar el piano?

4-33 Anticipación. Lea el título del siguiente texto y responda a estas preguntas.

1. ¿Qué tema se presenta en el siguiente texto probablemente?
2. ¿Qué palabra(s) del título indica(n) el tema?
3. ¿Cuál es la diferencia entre las palabras "sí" y "si"?

Métodos de enseñanza importados de Japón convierten la música en un juego para los más pequeños.

EL «SÍ» DE LOS NIÑOS

por R.M.E.

No son niños prodigios, ni superdotados, pero a los tres años ya comienzan a tocar un instrumento, a formar parte de una orquesta y a sentir el ritmo. Con la ayuda de sus padres que son sus profesores más cercanos, utilizando el mismo sistema del lenguaje materno, estos pequeños aprenden con toda espontaneidad a leer las partituras. De este modo, cada clase se convierte en un juego apasionante y el mundo entero se transforma en una maravillosa lección de armonía.

4-34 Primera etapa. Indique. . .

1. **dos características** que *no* tienen los niños que toman estas clases.
2. **dos maneras** (*ways*) en que la vida de estos niños cambia (*changes*) cuando tocan un instrumento.
3. **dos palabras** que demuestran la fascinación de los niños por sus clases de música.

Los bebés de ocho meses observan con maravillosa sorpresa la evolución de los sonidos que bailan en una melodía de cascabeles[1]. Viven inmersos en un mundo dominado por la armonía y en la alegría de este inmenso juego adquieren un lenguaje musical preciso, mientras se configura su sensibilidad y capacidad de concentración.

Todos estos niños van a desarrollar el oído[2] al cien por cien y los resultados obtenidos a lo largo de estos años se pueden calificar de revolucionarios. A los tres años ya empiezan a tocar distintos instrumentos y aprenden a leer las partituras con total espontaneidad.

1. rattle   2. ear

4-35 Segunda etapa. Subraye (*underline*) la respuesta correcta, de acuerdo con el contenido de la lectura.

1. Los niños empiezan el contacto con la música: cuando son bebés/ cuando tienen tres años.
2. Dos aspectos de la vida de estos niños que se desarrollan con la música son: las matemáticas y el baile/ la sensibilidad y la concentración.
3. Dos actividades que estos niños pueden realizar a los tres años son: tocar instrumentos y leer música/ bailar y escribir partituras.

Disciplina y constancia

"Este método también se llama 'de la lengua materna'", explica Keka Cano, Presidenta de la Asociación del Método Suzuki de la Comunidad de Madrid. Nació en Japón y su creador fue el doctor Suzuki un violinista japonés que estudió en Alemania.

Está probado que este método de enseñanza les proporciona una serie de capacidades que les ayudará a lo largo de la vida. "Sin duda, podemos hacer referencia a la concentración, la memoria o el oído musical", manifiesta esta joven profesora con diez años de experiencia. "Además, en la práctica de un instrumento, es fundamental la disciplina, la constancia y esto les servirá siempre."

4-36 Tercera etapa. Complete la información según la lectura.

1. El creador del método es de origen _____.
2. El método Suzuki ayuda al desarrollo de las siguientes capacidades: _____, _____ o _____.
3. Dos características muy importantes para aprender a tocar un instrumento son _____ y _____.

Padres en crisis

Al principio, las clases se destinan principalmente al padre y, según empieza a estar preparado, el niño adquiere un rol mayor. Pero cuando los pequeños crecen y pueden asistir a clases solos, muchos padres pasan por una crisis. "¡Es que lo hemos hecho todo juntos!"

Los niños y los instrumentos crecen al mismo tiempo y dan lugar a una divertida compraventa[3] de violines en un improvisado mercadillo[4] musical. El primer violín, poco más grande que la palma de la mano, se conserva como un pequeño tesoro de la infancia.

Valorar la creatividad

"Los padres asisten también a clase y se plantea la enseñanza de la música de un modo divertido. Los niños se lo pasan tan bien[5] que cuando están enfermos tienen verdaderas peleas[6] porque no quieren estar ausentes. Asisten un día por semana y la clase es un grupo, porque los padres y niños se hacen amigos entre ellos, y el ambiente es muy agradable".

3. *sales*   4. *small (open-air) market*   5. *have such a great time*   6. *arguments*

4-37 Cuarta etapa. Indique si lo siguiente es cierto (**C**) o falso (**F**). Si es falso, indique cuál es la información correcta.

1. _____ Los padres pasan por una crisis al comienzo porque sus hijos se hacen (*become*) más independientes con el tiempo.
2. _____ Los niños usan otros instrumentos cuando son más grandes.
3. _____ Los niños venden su primer instrumento musical porque necesitan dinero.
4. _____ Sólo los niños pueden ir a clases de música.
5. _____ Las clases son aburridas y por eso los niños prefieren no ir.
6. _____ El ambiente de la clase de música es muy bueno.

4-38 Identificación. Encuentre en el texto los sustantivos *(nouns)* asociados con los siguientes verbos. Luego subraye la terminación.

VERBO	SUSTANTIVO	VERBO	SUSTANTIVO
1. enseñar	_____	5. oír	_____
2. jugar	_____	6. crear	_____
3. evolucionar	_____	7. practicar	_____
4. concentrar(se)	_____	8. pelear	_____

A ESCRIBIR

4-39 Preparación. Primera fase. Lea la siguiente carta que le escribe Julián, un alumno universitario colombiano, a su madre.

> *Querida mamá:*
> *¿Qué tal están tú y papá? ¿Cómo está Mario? Espero que bien.*
> *Bueno, te escribo estas líneas para comunicarte algunos de mis planes. Como tú sabes, estamos casi a fin de semestre, con toneladas de exámenes y trabajos de investigación. Como estoy nervioso, como mucho y estoy un poco gordo. También me siento super cansado, por eso necesito tomar unas vacaciones antes de los exámenes finales.*
> *Bueno, todo no puede ser negativo en la vida, ¿no crees? Tengo una nueva amiga, Alicia. Paso mucho tiempo con ella cada día; vamos al cine juntos, paseamos por el parque de la universidad, salimos a los bares por las noches, etc. Me gusta mucho Alicia, por eso pienso ir a Cartagena con ella por unos días, pero no tengo dinero. Tú sabes que los hoteles son caros allí. ¿Puedes enviarme un cheque por 100.000 pesos para cubrir nuestra comida y el hotel?*
> *Otro favor: en la playa hace mucho calor en este momento, por eso necesito ropa para la playa. Por favor, cómprame ropa informal pero elegante. ¡Quiero impresionar a Alicia! Es una chica fascinante y quiero ser su novio en el futuro. ¡Por favor no olvides mi perfume favorito!*
> *Te prometo que voy a estudiar en Cartagena. Si hay problemas en alguno de mis exámenes, puedo estudiar durante el verano y tomar los exámenes nuevamente el próximo semestre, ¿no crees?*
> *Un beso para ti, papá y Mario. Pienso llamarte por teléfono desde Cartagena, si puedo.*
>
> *Abrazos,*
> *Julián*

Segunda fase. Piense que usted es la madre de Julián. Después de leer la carta de su hijo, usted está muy enojada con él. Identifique por lo menos cuatro problemas que tiene Julián. Escriba dos recomendaciones para cada problema.

MODELO: Mi hijo es irresponsable. Debe pensar en sus estudios primero.
            Debe dedicar más tiempo a sus clases y menos tiempo a Alicia.

4-40 Manos a la obra. Responda a la carta de Julián. Incorpore las notas de la **Segunda fase.**

Vocabulario útil para comenzar una carta a un familiar:

- Querido/a (nombre):
- Querido hijo/a:
- Mi amor:

Vocabulario útil para despedirse cariñosamente *(affectionately)* de un familiar:

- Con mucho cariño,
- Abrazos y besos,
- Te recuerdo (*I remember you* [familiar]) con cariño,

4-41 Revisión. Antes de darle su carta a su compañero/a editor/a, revise:

- primero, la coherencia de sus ideas y la cantidad de información que el lector necesita de usted.
- luego, la precisión gramatical (el vocabulario apropiado al contexto, la estructura de las oraciones, la concordancia).
- finalmente, la ortografía y la acentuación.

Vocabulario*

La familia

la abuela	grandmother
el abuelo	grandfather
el/la ahijado/a	godchild
la esposa	wife
el esposo	husband
la hermana	sister
el hermano	brother
la hija	daughter
el hijo	son
hijo/a único/a	only child
la madrastra	stepmother
la madre	mother
la madrina	godmother
la mamá	mom
la media hermana	half sister
el medio hermano	half brother
la nieta	granddaughter
el nieto	grandson
la novia	fiancée, girlfriend
el novio	fiancé, boyfriend
el padrastro	stepfather
el padre	father
los padres	parents
el padrino	godfather
el papá	dad
los parientes	relatives
el/la primo/a	cousin
la sobrina	niece
el sobrino	nephew
la tía	aunt
el tío	uncle

Verbos

almorzar (ue)	to have lunch
bañar(se)	to take a bath, to bathe
casarse	to get married
cerrar (ie)	to close
correr	to run
costar (ue)	to cost
decir (g, i)	to say, tell
desayunar	to have breakfast
dormir (ue)	to sleep
dormir la siesta	to take a nap
empezar (ie)	to begin, start
entender (ie)	to understand
hacer (g)	to do, to make
hacer la cama	to make the bed
jugar (ue)	to play (game, sport)
lavar(se)	to wash (oneself)
levantarse	to get up
oír (g)	to hear
pasar	to spend (time)
pasear	to take a walk, to stroll
pedir (i)	to ask for
peinar(se)	to comb
pensar (ie)	to think
pensar + inf.	to plan to + verb
poder (ue)	to be able to, can
poner (g)	to put, to turn on
poner la mesa	to set the table
preferir (ie)	to prefer
querer (ie)	to want
repetir (i)	to repeat
salir (g)	to leave
secar(se)	to dry (oneself)
seguir (i)	to follow, to go on
servir (i)	to serve
tener (g, ie)	to have
traer (g)	to bring
venir (g, ie)	to come
vestir(se) (i)	to dress, to get dressed
visitar	to visit
volver (ue)	to return

Descripciones

divorciado/a	*divorced*
gemelo/a	*twin*
ocupado/a	*busy*

Palabras y expresiones útiles

el bautizo	*baptism, christening*
la foto (grafía)	*photo*
junto a	*next to*
juntos/as	*together*
el/la mayor	*the oldest*
el/la menor	*the youngest*
la noticia	*news*
tarde	*late*
temprano	*early*
un poco	*a little*

* A list of adverbs can be found on page 136.

The following words appear in the directions of the various activities in this lesson. They are listed here for recognition only. You should become familiar with them since they will appear in activity directions from now on.

Palabras generales

cada	*each*
la cosa	*thing*
derecha	*right*
el dibujo	*drawing*
izquierda	*left*
mismo/a	*same*
la oración	*sentence*
el párrafo	*paragraph*
la pregunta	*question*
propio/a	*own*
la respuesta	*answer*
siguiente	*following*
la tabla	*chart*

Verbos

asociar	*to associate*
averiguar	*to find out*
completar	*to complete*
compartir	*to share*
contestar	*to answer*
entrevistar	*to interview*
escoger	*to choose*
explicar	*to explain*
intercambiar	*to exchange*
preguntar	*to ask a question*
responder	*to answer*
saber	*to know*
subrayar	*to underline*
turnarse	*to take turns*

La familia hispana

Para pensar

¿Tiene Ud. una familia grande o pequeña? ¿Quiénes forman parte de su familia? ¿Dónde viven? ¿Con qué frecuencia se ven? ¿Quiénes trabajan fuera de la casa? ¿Quiénes se ocupan de los quehaceres domésticos?

La familia es una de las instituciones sociales más importantes en el mundo hispano. La mayor parte de las actividades sociales, almuerzos, paseos, fiestas, etc., se realizan siempre con la familia. Antes, la familia nuclear era grande y estaba formada por los padres y tres o cuatro hijos. Además, la familia también incluía los abuelos, tíos y sobrinos y muchas veces todos vivían en la misma casa. Ahora, la familia hispana es más pequeña y aunque todavía muchas familias viven con los abuelos, tíos y sobrinos, esto ya no es tan común como antes. Hoy en día, debido a la mayor frecuencia de los divorcios o a la separación de los padres, también hay muchas familias donde existe la figura del padrastro o madrastra.

En la familia tradicional del pasado sólo los hombres trabajaban fuera de la casa y las mujeres tenían la responsabilidad de los quehaceres domésticos y de la crianza (*upbringing*) de los niños. En la actualidad, en muchas familias las mujeres también trabajan fuera de la casa, y además deben hacer las labores domésticas; sin embargo, entre las parejas jóvenes es cada vez más frecuente compartir las tareas. En las familias hispanoamericanas de clase media y clase media alta, es común tener un/a empleado/a, o más, que ayuda con la cocina, la limpieza de la casa y el cuidado de los niños.

Además de los abuelos, tíos y primos hay otras personas que forman parte de la familia hispana. Éstas son los padrinos, los amigos íntimos de los padres, a quienes se les llama cariñosamente "tíos", y los hijos de éstos, a quienes se les llama "primos" en algunos lugares. La vida social en los países hispanos es generalmente una vida en familia, con abuelos, nietos, padrinos, tíos y primos, todos en las mismas reuniones y las mismas fiestas. La familia hispana tiene una larga tradición de ser numerosa y unida.

Para contestar

Las familias. Con su compañero/a haga las siguientes actividades.

1. Compare la familia hispana tradicional y la moderna en cuanto a tamaño, miembros de la familia, división del trabajo, etc.

2. Compare la familia hispana moderna y la familia norteamericana en cuanto a tamaño, miembros, división del trabajo, etc.

3. Aparte del núcleo familiar, ¿qué otras personas forman parte de la 'familia' hispana?

Una reunión familiar

Riqueza cultural. En grupos pequeños mencionen tres ventajas y tres desventajas de vivir con los abuelos, tíos y primos en una misma casa.

 ## Para investigar en la WWW

1. Vaya a la página de Mosaicos en la Internet *www.prenhall.com/mosaicos.* Busque anuncios de bautizos, matrimonios o avisos fúnebres. Haga una lista de los miembros de la familia que se mencionan. Imprima los anuncios más interesantes para compartir con sus compañeros de clase.

2. Compare esos anuncios con los que aparecen en el periódico de su comunidad. Puede basarse en lo siguiente:

   - familiares que se mencionan
   - orden de presentación de los familiares
   - tono de los anuncios (¿formal/informal?) Subraye las palabras que denotan el tono.

El barrio de la Candelaria en Bogotá, Colombia

Colombia

Ciudades importantes y lugares de interés:

Bogotá, la capital, con seis millones de habitantes, es una hermosa ciudad de muchos contrastes: tiene zonas de gran riqueza y otras de gran pobreza, zonas muy modernas y zonas antiguas. Un barrio muy interesante es el barrio de La Candelaria, donde se pueden ver muchas casas e iglesias coloniales. Entre los museos, el más famoso es el Museo del Oro, que tiene la colección más grande del mundo de objetos de oro de la época precolombina. Cerca de Bogotá están las minas de sal de Zipaquirá, y allí se encuentra, dentro de una montaña, una de las catedrales más grandes del mundo, con la peculiaridad de que sus columnas, paredes y estatuas son de sal. Medellín, en la parte occidental de Colombia, es un importante centro industrial y comercial. Cartagena, en la costa del Caribe, es una ciudad de gran belleza colonial y también un lugar donde jóvenes y adultos pueden disfrutar de hermosas playas y diversiones.

Un componente muy importante en todas las fiestas y celebraciones colombianas es su maravillosa música donde se aprecia la mezcla de tres culturas: la indígena, la africana y la española. La cumbia, por ejemplo, es uno de los géneros musicales más importantes que se asocian con Colombia. Tradicionalmente la mujer sostiene una vela en la mano derecha y lleva una falda larga que mueve al compás de la música, mientras el hombre baila alrededor de ella. Otro género musical colombiano es el vallenato que, como la cumbia, surgió en la costa del Atlántico y es también muy popular en el mundo hispano. Si quiere saber más sobre música colombiana y festivales musicales en los Estados Unidos y en América Latina, visite *www.prenhall.com/mosaicos*.

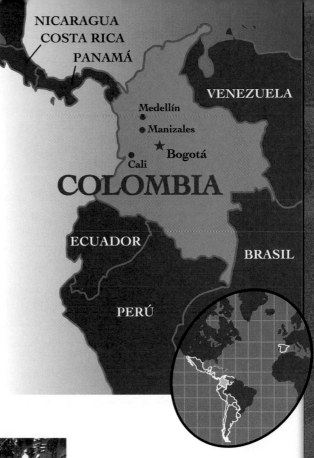

El Museo del Oro, Bogotá, Colombia

Expresiones colombianas:

No puedo ir al cine. Tengo mucho camello.	*I can't go to the movies. I have a lot of work.*
Te voy a poner un pereque.	*I'm going to ask you a favor.*
Él no tiene afán (no está de afán).	*He is in no hurry.*
Sacar una A en español es difícil. Eso no es soplar y hacer botellas.	*To get an A in Spanish is hard. It is not as easy as it looks.*

ENFOQUE INTERACTIVO

  A MIRAR EL VIDEO 5:00

Watch the *Fortunas* video segment for *Lección 4* in class or on your CD-ROM. Why are Sabrina and Efraín looking at Tito's video camera? Do they have an alliance of their own?

Now complete the accompanying video activities on the CD-ROM. This is your chance to interact with the video characters! **25:00**

El concurso

The first *misterio* has been solved, and now the contestants are searching for the second. Don't worry if your favorite character is behind. There are still six *misterios* and three *fortunas* to be found. The contestants' goal is to win and your goal is to have fun along with them, using the clues to solve each *misterio*. Remember, all of the *misterios* and *fortunas* relate to the culture and history of Mexico and the New World, and are located in Mexico City.

Sabrina y Efraín

PISTAS

Distribución

For the initial *misterio* each contestant will receive one *pista*. The contestant who solves the first *misterio* will receive an additional *pista* for the next *misterio*. If an alliance is formed between two or three contestants to solve a *misterio,* they will receive a total of three *pistas* for the next *misterio*. Contestants who fail to solve a *misterio* will only receive one *pista*.

 LA BÚSQUEDA 5:00

Because they solved the first *misterio*, Katie and Carlos now have three *pistas* (1, 3, and 4) for the second *misterio*. They also have momentum and, perhaps, a bit of chemistry on their side. How did you do in the first *misterio*? Had you already figured out that each clue alluded to one of the four acts of creation in the Aztec creation myth, and that "*Cinco es suficiente*" referred to the fifth and final act? Go to the *Fortunas* module and see if you can solve the second *misterio* before the contestants do.

Misterio Nº 2: La cuna de las culturas

Pistas
1. Peregrinaje
2. Éxodo
3. Comenzar de nuevo
4. Águila y serpiente

¿QUÉ OPINA USTED? 5:00

The points have been awarded for the first *misterio* and the first three viewer polls. Remember, your vote each week helps determine the outcome of the contest. Please go to the *Fortunas* module and click on *¿Qué opina usted?* to answer this episode's viewer poll and to help your favorite contestant move up in the standings.

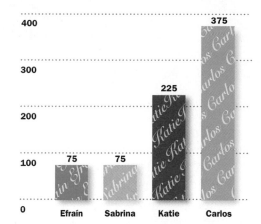

 PARA NAVEGAR 10:00

COLOMBIA

Colombia es un país de ricas tradiciones artísticas. En particular, en el país hay una larga y profunda tradición literaria y musical. El colombiano Gabriel García Márquez, autor de *Cien años de soledad,* ganó el Premio Nobel de Literatura en 1982.

Gabriel García Márquez

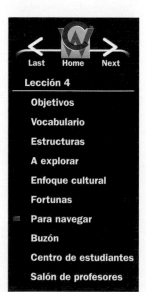

Go to the *Mosaicos Website* and click on the *Para navegar* module to explore links to Colombia. Read about the country's rich artistic tradition and history, and explore some of its exciting dimensions.

Lección 5

La casa y los muebles

COMUNICACIÓN

- Asking about and describing housing and household items
- Discussing daily activities in the home
- Asking about and discussing daily schedules
- Expressing ongoing actions
- Describing physical and emotional states
- Expressing obligation

ESTRUCTURAS

- Present progressive
- Expressions with **tener**
- Direct object nouns and pronouns
- Demonstrative adjectives and pronouns
- **Saber** and **conocer**
- ALGO MÁS: More on adjectives

MOSAICOS

A ESCUCHAR

A CONVERSAR

A LEER

- Recognizing nouns derived from verbs
- Associating visuals and written descriptions
- Determining meaning of new words by identifying their parts

A ESCRIBIR

- Reporting factual data to a friend

ENFOQUE CULTURAL

- Las casas y la arquitectura
- Nicaragua, El Salvador y Honduras

ENFOQUE INTERACTIVO

 WWW   VIDEO   CD ROM

A primera vista

En casa

Una casa de estilo colonial en Guatemala. Algunas personas prefieren vivir cerca del centro, generalmente en edificios de apartamentos. Creen que los barrios de las afueras están muy lejos del trabajo y de los centros de diversión.

Practice activities for each vocabulary section are provided on the CD-ROM and website (www.prenhall.com/ mosaicos)

Alquilo

Apartamento Edificio Venecia, Lomas de Miraflores Sur, sala-comedor, cocina con mueble, dos dormitorios, dos baños, dormitorio y baño para empleada, portón eléctrico, estacionamiento, TV cable, L. 6,500.00. Tel. 239-3367

Bienes Raíces Su Casa

En Altos de Castaños, moderna residencia con piscina, vista, jardín y terraza con bar, sala, comedor, estudio, baño visitas, 3 habitaciones, 3 baños, cocina completa, garaje para 2 autos, 400 mts. de construcción, $300.000.00 o su equivalente en lempiras.

☎ TEL. 232-3277, 232-5551 • FAX 232-5154

Cultura

Notice that the first floor is normally called **la planta baja** in most Hispanic countries. The second floor is called **el primer piso**.

Décimo: Rodríguez

Noveno: Peralta

Octavo: Elizondo

Séptimo: Díaz

Sexto: Gómez

Quinto: Lizaur

Cuarto: Sánchez

Tercero: Carreras

Segundo: Iglesias

Primero: Olmos

Planta Baja

RICARDO: ¿Aló?

XIOMARA: Hola, Ricardo, ¿qué estás haciendo?

RICARDO: ¡Ay, Xiomara! Estoy trabajando en la casa, limpiando todo, el baño, la cocina, mi cuarto.

XIOMARA: Pero, ¿no tienes que estudiar para el examen de matemáticas?

RICARDO: ¡Claro que tengo que estudiar! Pero mañana mis padres regresan de sus vacaciones y tengo que tener la casa limpia y ordenada. Todo está sucio y tú sabes que mi madre es maniática con la limpieza.

XIOMARA: Sí, ya lo sé, pero es muy tarde. ¿No tienes sueño?

RICARDO: Sí, pero todavía tengo que ordenar la cocina, pasear al perro, regar las plantas. ¡Uf, para qué hablar!

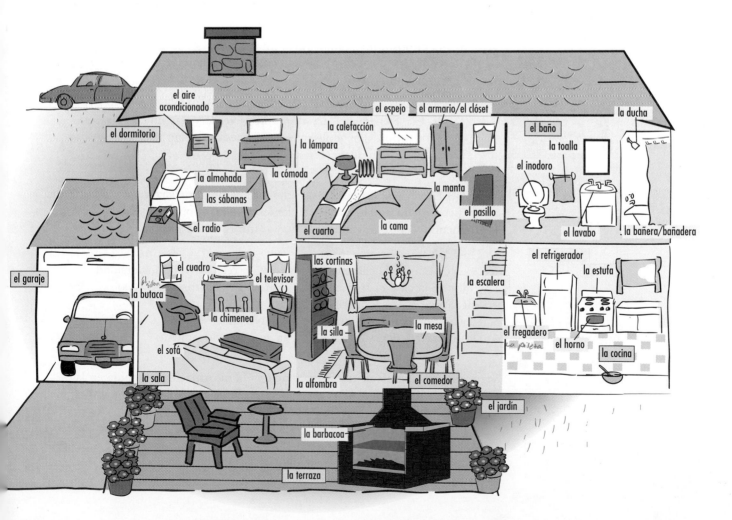

el aire acondicionado

el espejo

el armario/el clóset

la ducha

el dormitorio

la calefacción

el baño

la lámpara

la toalla

la almohada

la cómoda

el inodoro

las sábanas

la manta

el radio

el cuarto

la cama

el pasillo

el lavabo

la bañera/bañadera

el cuadro

las cortinas

el refrigerador

el televisor

la estufa

la butaca

la escalera

la chimenea

el fregadero

la mesa

el horno

la cocina

la silla

el sofá

la alfombra

el comedor

el jardín

la sala

la barbacoa

el garaje

la terraza

¿Qué dice usted?

👥 **5-1 ¿En qué parte de la casa están?** Marque con una X el lugar correcto. Después, con un/a compañero/a describa qué actividades ocurren normalmente allí.

	TERRAZA	COCINA	BAÑO	SALA	DORMITORIO	COMEDOR	JARDÍN
estufa y lavaplatos							
barbacoa							
sofá y butacas							
mesa de comer							
toallas y jabón (soap)							
cama y cómoda							
televisor							
almohadas y sábanas							

👥 **5-2 El curioso.** Intercambie preguntas con un/a compañero/a para averiguar cómo son los cuartos de su casa/apartamento. Traten de obtener la mayor información posible.

MODELO: E1: ¿Cómo es la sala de tu casa?
E2: Es pequeña. La alfombra es verde y hay un sofá grande, dos sillas modernas y una mesa con una lámpara. ¿Y tu dormitorio?

👥 **5-3 Entrevista. Primera fase.** Intercambie preguntas con su compañero/a para averiguar los siguientes detalles sobre su casa o apartamento. Traten de obtener la mayor información posible.

1. Tipo de casa/apartamento
2. Localización de la casa/el apartamento en relación a la universidad
3. Color de la casa/el apartamento; número de cuartos y color(es)
4. Localización de los diferentes cuartos
5. Cuarto favorito de su compañero/a y por qué
6. Dos características adicionales de la casa/el apartamento

Segunda fase Cambie de pareja y comparta la información obtenida en la Primera fase. Indique las semejanzas y diferencias entre el apartamento o casa de su compañero/a y el/la suyo/a (*your own*).

5-4 Encuesta. Primera fase. En pequeños grupos intercambien las siguientes preguntas. Todos los que contestan afirmativamente, deben firmar su nombre en la columna de la derecha.

MODELO: tener un sofá en la sala
E1: ¿Tienes un sofá en la sala?
E2: Sí.
E1: Firma aquí, por favor.

1. vivir en un condominio/apartamento   _____
2. ser grande la casa/el apartamento   _____
3. tener aire acondicionado/calefacción central   _____
4. tener terraza   _____
5. tener jardín/barbacoa   _____

Segunda fase. Informen al resto de la clase de los resultados obtenidos y, entre todos, discutan lo siguiente: A. Número de personas o porcentaje de la clase que vive en un condominio. B. Tres ventajas/desventajas (*advantages/disadvantages*) de vivir en un condominio.

Las tareas domésticas

Gustavo lava los platos.

Beatriz seca los platos.

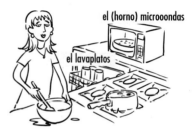

el (horno) microoondas

el lavaplatos

Beatriz cocina. Ella usa mucho los electrodomésticos.

Gustavo limpia el baño y pasa la aspiradora.

Gustavo saca la basura.

Gustavo barre la terraza.

Beatriz tiende la ropa.

la lavadora   la secadora

Después la dobla cuando está seca.

Beatriz plancha la ropa.

¿Qué dice usted?

5-5 Por la mañana. ¿En qué orden hace usted estas cosas? Indíquelo con un número. Luego, compare sus respuestas con las de su compañero/a.

____ lavar los platos   ____ desayunar
____ preparar el café   ____ secar los platos
____ salir para la universidad   ____ hacer la cama

5-6 Actividades en la casa. Pregúntele a su compañero/a dónde hace estas cosas normalmente.

MODELO: E1: ¿Dónde ves televisión?
                E2: Veo televisión en mi cuarto. ¿Y tú?   *o*
                    No veo televisión.

1. dormir la siesta
2. escuchar música
3. planchar
4. estudiar para un examen
5. almorzar durante la semana
6. desayunar el fin de semana
7. vestirse
8. hablar por teléfono con su amigo/a

5-7 Preparativos. Primera fase. Usted se va a casar pronto y tiene que comprar muchos muebles y accesorios para su nueva casa. Con un/a compañero/a, haga una lista de lo que necesita. Su compañero/a le va a recordar (*to remind you*) otras cosas que tiene que comprar.

MODELO: E1: Tengo que comprar una cama nueva para el dormitorio.
                E2: ¿Y no tienes que comprar sábanas y mantas?

Segunda fase. Escoja a otro/a compañero/a. Ahora usted va a ser el/la comprador/a; su compañero/a va a ser un/una dependiente/a de la mueblería. Pregúntele a su compañero/a dónde están los objetos y muebles que necesita comprar. Él/Ella le va a contestar de acuerdo con el directorio de la mueblería La Mejor en la página siguiente.

MODELO: E1: Perdón, ¿en qué piso están las lámparas?
                E2: Están en el primer piso.

BIENVENIDOS A LA MEJOR

4º

3º
- Muebles para: salitas, dormitorios juveniles de estilo clásico y moderno, muebles convertibles, sofás-cama.

2º
- Salones, comedores, dormitorios de matrimonio, muebles auxiliares de estilo moderno. Alta calidad.

- Mobiliario estilo chino, muebles auxiliares de estilo clásico y provenzal.

1º
- Electrodomésticos, T.V. y equipos musicales, lámparas, muebles de cocina, galería de cuadros. Muebles para entradas de estilo clásico y moderno. Artículos de regalo. Accesorios de baño.

Planta Baja
- Salones, comedores y dormitorios de estilo clásico y moderno. Muebles para oficina y despacho.

SÓTANO
- Terraza y jardín. Muebles rústicos y coloniales, sofás-cama, muebles de caña y mimbre. Comedores ECONÓMICOS.

A ESCUCHAR

¿Dónde vivir? You will hear a conversation between a couple and a real estate agent in San Salvador. Before listening to the dialog, you may read the questions below to familiarize yourself with them. Circle the letter next to the correct information.

1. La Sra. Mena dice que la primera casa
   a. es demasiado pequeña
   b. no está en una zona buena

2. El Sr. Mena desea comprar
   a. un apartamento
   b. una casa

3. La propiedad que van a ver los Sres. Mena está cerca
   a. del trabajo
   b. de un parque

4. Esta propiedad tiene
   a. dos cuartos
   b. tres cuartos

5. El agente dice que la propiedad tiene
   a. dos baños
   b. tres baños

6. Según el agente, la propiedad cuesta
   a. 1.200.000 colones
   b. 1.300.000 colones

Explicación y expansión

1. Present progressive

	ESTAR (*to be*)	PRESENT PARTICIPLE (*-ando/-iendo*)
yo	estoy	
tú	estás	hablando
Ud., él, ella	está	comiendo
nosotros/as	estamos	escribiendo
vosotros/as	estáis	
Uds., ellos/as	están	

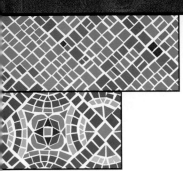

Practice Activities for each numbered grammar point are provided on the CD-ROM and website (www.prenhall.com/ mosaicos)

- Use the present progressive to emphasize an action in progress at the moment of speaking, as opposed to a habitual action.

    Marcela **está limpiando** la casa.   *Marcela is cleaning the house.*
    (at this moment)
    Marcela **limpia** la casa.   *Marcela cleans the house.* (normally)

- Spanish does not use the present progressive to express future time, as English does; Spanish uses the present tense instead.

    Salgo mañana.   *I'm leaving tomorrow.*

- Form the present progressive with the present of **estar** + *the present participle*. To form the present participle, add **-ando** to the stem of **-ar** verbs and **-iendo** to the stem of **-er** and **-ir** verbs.

hablar	→	hablando
comer	→	comiendo
escribir	→	escribiendo

- When the verb stem of an **-er** or an **-ir** verb ends in a vowel, add **-yendo**.

leer	→	leyendo
oír	→	oyendo

- Stem-changing **-ir** verbs (**ou → e, e → ie, e → i**) change **o → u** and **e → i** in the present participle.

dormir	(duermo)	→	durmiendo
sentir	(siento)	→	sintiendo
pedir	(pido)	→	pidiendo

¿Qué dice usted?

👥 **5-8 La vida activa.** Túrnese con un/a compañero/a para decir qué están haciendo las personas en los dibujos y lo que ustedes creen que van a hacer después.

MODELO: E1: Ellos están cantando en una fiesta.
 E2: Después van a bailar y a conversar con
  sus amigos.

👥 **5-9 Lugares y actividades.** Piense en un lugar hispano y describa cuatro cosas que están ocurriendo allí. Su compañero/a debe adivinar qué lugar es.

1. It's s the beginning of the semester and you are renting an apartment with a classmate. Your partner, playing the role of your mother/father, is on the phone with you. He/She wants to know a) how is everything at the apartment, b) who does the cooking, c) if you are eating well, d) if you are studying a lot, e) what you are doing right now, and f) other questions related to school and your social life.

2. You cannot attend a big reunion that your family is having and you feel homesick. You call home; your partner is the family member who answers the phone. a) Greet him/her, b) excuse yourself for not being there, c) find out who is at the reunion and how everyone is, and d) ask what each family member is doing right now.

2. Expressions with *tener*

■ You have already seen the expression **tener. . . años**. Spanish uses **tener +** *noun* in many cases where English uses *to be + adjective*. These expressions always refer to people or animals but never to things.

	hambre		*hungry*
	sed		*thirsty*
	sueño		*sleepy*
	miedo		*afraid*
tener	calor	*to be*	*hot*
	frío		*cold*
	suerte		*lucky*
	cuidado		*careful*
	prisa		*in a hurry/rush*
	razón		*right, correct*

■ With these expressions use **mucho(a)** to indicate *very*.

Tengo **mucho** calor.　　　　　*I am very hot.*
　(frío, miedo, sueño, cuidado)　*(cold, afraid, sleepy, careful)*
Tienen **mucha** hambre.　　　　*They are very hungry.*
　(sed, suerte)　　　　　　　　*(thirsty, lucky)*

■ Use **tener + que +** *infinitive* to express obligation.

Tengo que terminar hoy.　　*I have to finish today.*

■ Use **hay que +** *infinitive* to express obligation without emphasizing the subject.

Hay que terminar hoy.　　　*It's necessary to finish today.*

¿Qué dice usted?

5-10 Asociaciones. Asocie las oraciones de la izquierda con las expresiones de la derecha.

1. ___ Mi hermano va a comer mucho.
2. ___ Mi hermana duerme 10 horas.
3. ___ Mis primos están en el Polo Norte.
4. ___ Mis abuelos toman mucha agua.
5. ___ Mi mamá siempre gana cuando juega a la lotería.
6. ___ Son las 8:00 y necesito estar en casa a las 8:10.

　　a. Tienen sed.
　　b. Tengo prisa.
　　c. Tiene mucha suerte.
　　d. Tiene sueño.
　　e. Tienen mucho frío.
　　f. Tiene hambre.

5-11 ¿Cómo están estas personas?

MODELO: Pablo tiene frío.

Pablo

Lázaro

Sixto y Daniel

Josefina

Julio

Aida

👤👤 **5-12 Agenda.** Haga una lista de todas las cosas que tiene que hacer cada día de la semana próxima. Después intercambie información con un/a compañero/a.

MODELO: E1: ¿Qué tienes que hacer el lunes?
E2: Tengo que estudiar para el examen de matemáticas. ¿Y tú?

1. **Role A:** You share an apartment with a messy friend who is not tidy. Tell your friend that you don't like the fact that a) his/her books, backpack, etc. are always all over the living room, b) he/she leaves **(dejar)** dirty dishes in the sink, clothes in the washer, etc., and c) you have to do that extra work.

   Role B: a) Apologize by saying that you will be more careful in the future and explain how, b) suggest to your friend making a list of house chores, and c) say for which chores you will be responsible.

SITUACIONES

3. Direct object nouns and pronouns

¿Qué hacen estas personas?

¿Quién lava **el auto**?
Juan **lo** lava.

¿Quién saca **la basura**?
Alicia **la** saca.

Miguel corta el césped y su hija
recoge las hojas.
¿Quién ayuda **a Miguel**?
Su hija **lo** ayuda.

- Direct object nouns and pronouns answer the question **what?** or **whom?** in relation to the verb.

¿Qué lava Pedro?	*What does Pedro wash?*
(Pedro lava) **los platos**.	*(Pedro washes) the dishes.*

- When direct object nouns refer to a specific person, a group of persons, or to a pet, the word **a** precedes the direct object. This **a** is called the personal **a** and has no equivalent in English. The personal **a** + **el** contracts to **al**.

Amanda seca **los platos**.	*Amanda dries the dishes.*
Amanda seca **a la niña**.	*Amanda dries off the girl.*
¿Ves la piscina?	*Do you see the swimming pool?*
¿Ves **al** niño en la piscina?	*Do you see the child in the swimming pool?*

- Direct object pronouns replace direct object nouns. These pronouns refer to people, animals, or things already mentioned, and are used to avoid repeating the noun.

DIRECT OBJECT PRONOUNS	
me	*me*
te	*you* (familiar, singular)
lo	*you* (formal, singular), *him, it* (masculine)
la	*you (formal, singular), her, it* (feminine)
nos	*us*
os	*you* (familiar plural, Spain)
los	*you* (formal and familiar, plural), *them* (masculine)
las	*you* (formal and familiar, plural), *them* (feminine)

■ Place the direct object pronoun before the conjugated verb form.

¿Limpia Mirta **el baño**?	*Does Mirta clean the bathroom?*
No, no **lo** limpia.	*No, she doesn't clean it.*
¿Quieres mucho **a tu perro**?	*Do you love your dog a lot?*
Sí, **lo** quiero mucho.	*Yes, I love him a lot.*

■ With compound verb forms, composed of a conjugated verb and an infinitive or present participle, a direct object pronoun may be placed before the conjugated verb, or be attached to the accompanying infinitive or present participle. When a direct object pronoun is attached to a present participle, a written accent is needed over the stressed vowel (the vowel before -**ndo**) of the participle.

¿Vas a ver **a Rafael**?	*Are you going to see Rafael?*
Sí, **lo** voy a ver./Sí, voy a ver**lo**.	*Yes, I'm going to see him.*
¿Están limpiando **la casa**?	*Are they cleaning the house?*
Sí, **la** están limpiando.	*Yes, they're cleaning it.*
Sí, están limpiándo**la**.	

■ Since the question word **quién(es)** refers to people, use the personal **a** when **quién(es)** is used as a direct object.

¿**A quién(es)** vas a ver?	*Whom are you going to see?*
Voy a ver **a Pedro**.	*I'm going to see Pedro.*

ACENTOS

You have learned that words that stress the next-to the last syllable do not have a written accent if they end in a vowel: lav**and**o. If we attach a direct object pronoun, the stress falls on the third syllable from the end and a written accent is needed: lav**á**ndo<u>lo</u>.

¿Qué dice usted?

👥 **5-13 Mis responsabilidades en casa.** Averigüe si su compañero/a es responsable de las siguientes tareas domésticas en su casa. Comparen después sus respuestas.

MODELO: sacar la basura
E1: ¿Sacas la basura?
E2: Sí, la saco./No, no la saco. ¿Y tú?

1. limpiar la cocina
2. lavar los platos
3. secar los platos
4. tender las camas
5. lavar la ropa
6. pasar la aspiradora

👥 **5-14 El apartamento de mi compañero/a.** Usted va a cuidar el apartamento de su compañero/a por una semana y quiere saber cuáles son sus responsabilidades y lo que puede o no puede hacer allí.

MODELO: E1: ¿Debo sacar la basura?
E2: Sí, la debes sacar/debes sacarla todos los días.
E1: ¿Puedo usar tu estéreo?
E2: Claro que lo puedes usar.

¿DEBO O NO DEBO?	SÍ	NO	¿PUEDO O NO PUEDO?	SÍ	NO
regar las plantas	___	___	nadar en la piscina	___	___
pasear al perro	___	___	usar los electrodomésticos	___	___
limpiar el apartamento	___	___	invitar a un/a amigo/a	___	___
poner la alarma	___	___	hacer la tarea en la computadora	___	___
. . .	___	___	. . .		

👥 **5-15 Los preparativos para la visita.** La familia Granados está muy ocupada porque espera la visita de unos parientes. Conteste las preguntas de su compañero/a sobre lo que está haciendo cada miembro de la familia.

MODELO: E1: ¿Quién está preparando la comida?
E2: La abuela la está preparando/está preparándola.

👥 **5-16 Una mano amiga. Primera fase.** Conteste las preguntas de su compañero/a sobre sus relaciones con otras personas y lo que hacen por usted.

MODELO: ayudar económicamente   mis padres
E1: ¿Quién te ayuda económicamente?
E2: Mis padres me ayudan económicamente.

1. querer mucho
2. escuchar en todo momento
3. llamar por teléfono con frecuencia
4. ayudar con los problemas
5. aconsejar (*advise*) cuando estás indeciso/a
6. entender siempre

a. mi padre
b. mi madre
c. mi mejor amigo/a
d. mi novio/a
e. . . .

Segunda fase. Usted y su compañero/a deben decir ahora qué hacen por las siguientes personas. Indiquen en qué circunstancias.

MODELO: su esposo/a
        E1: Lo/La ayudo cuando está cansado/a.
        E2: Y yo lo/la escucho cuando tiene problemas en el trabajo.

1. su papá
2. su mamá
3. su mejor amigo/a
4. su novio/a
5. sus vecinos *(neighbors)*

SITUACIONES

Role A. You are at a furniture store buying a sofa. Tell the salesperson which sofa you want and ask him/her when they can deliver (**entregar**) it. Tell the salesperson you are not going to be home at that time, but that you can be home in the afternoon. Agree to the time and thank the salesperson.

Role B. You are a salesperson at a furniture store. Tell the customer that the sofa he/she wants is a very good one and that you can deliver it next Monday morning. Since the convenient time for the customer is the afternoon, tell him/her that you can deliver it between three and five.

4. Demonstrative adjectives and pronouns

Demonstrative adjectives

Esta silla tiene que estar aquí
y esa mesa allí.

Los otros muebles están
allá, en aquel edificio.

- Demonstrative adjectives agree in gender and number with the noun they modify. English has two sets of demonstratives (*this, these* and *that, those*), but Spanish has three sets.

this	**este** cuadro **esta** butaca	*these*	**estos** cuadros **estas** butacas
that	**ese** horno **esa** casa	*those*	**esos** hornos **esas** casas
that (over there)	**aquel** edificio **aquella** casa	*those* (over there)	**aquellos** edificios **aquellas** casas

■ Use **este, esta, estos,** and **estas** when referring to people or things that are close to you in space or time.

Este escritorio es nuevo.	*This desk is new.*
Traen el sofá **esta** semana.	*They'll bring the sofa this week.*

■ Use **ese, esa, esos,** and **esas** when referring to people or things that are not relatively close to you. Sometimes they are close to the person you are addressing.

Esa lámpara es muy bonita.	*That lamp is very pretty.*

■ Use **aquel, aquella, aquellos,** and **aquellas** when referring to people or things that are more distant.

Aquel edificio es muy alto.	*That building (over there) is very tall.*

Demonstrative pronouns

■ Demonstratives can be used as pronouns. A written accent mark may be placed on the stressed vowel to distinguish demonstrative pronouns from demonstrative adjectives.

Compran este espejo y **ése.**	*They are buying this mirror and that one.*

■ To refer to a general idea or concept, or to ask for the identification of an object, use **esto, eso,** or **aquello.**

Trabajan mucho y **eso** es muy bueno.	*They work a lot and that is very good.*
¿Qué es **esto?**	*What is this?*
Es un espejo.	*It's a mirror.*

¿Qué dice usted?

 **5-17 En una mueblería en Managua.** Usted y su compañero/a van a hacer los papeles de cliente/a y dependiente/a. El/La cliente pregunta los precios de algunos muebles y accesorios (usando los demostrativos correctos). El/La dependiente/a le hace preguntas para saber a qué se refiere.

MODELO: CLIENTE/A: ¿Cuánto cuesta esa mesa?
DEPENDIENTE/A: ¿Cuál? ¿La mesa que está al lado de la silla?
CLIENTE/A: No, la mesa que está entre la butaca y la silla pequeña. *o* Sí, ésa.
DEPENDIENTE/A: Cuesta 750 córdobas. *o* Cuesta 2.150 córdobas.

5-18 ¿De quién es? En su tiempo libre, usted y un/a compañero/a están trabajando de asistentes en una escuela primaria. Al final del día ustedes revisan el salón de clase y notan que los niños dejaron *(left)* varios objetos en diferentes lugares. Con su compañero/a, pregúntense *(ask each other)* de quién es cada objeto.

MODELO: E1: ¿De quién es este/ese/aquel bolígrafo?
             E2: Éste/ése/aquél es de David. *o* Es de Miguel.

un cuaderno	unos lentes	una mochila azul	una grabadora
un libro	unos apuntes	una calculadora	unos lápices

5-19 Descripciones. Piense en un objeto o mueble y diga en qué parte de la casa está. Su compañero/a va a hacerle preguntas para adivinar qué es. Cada uno/a debe pensar en tres objetos.

MODELO: E1: Este mueble está generalmente en el comedor.
             E2: ¿Es grande?
             E1: Puede ser grande o pequeño.
             E2: ¿Lo usamos para comer?
             E1: Sí.
             E2: Es la mesa.

SITUACIONES

Role A. You are planning to buy a larger place. A real estate agent has already shown you pictures of a house and is now showing you pictures of a second one. Discuss with him/her a) the price, b) the number of rooms, and c) facilities such as laundry room (**lavandería**), garage, and pool, of both houses. Tell him/her which of the two houses you want to see and say why.

Role B. You are a real estate agent. You already showed your client pictures of one house and now are showing him/her pictures of a second house. Answer his/her questions by saying a) that the first house is $145,000 dollars and the second one is $150,000, b) that both houses have three bedrooms, and c) that the first house has a one-car garage while this one has a two-car garage. Also tell him/her the advantages of each of the two houses.

5. *Saber* and *conocer (to know)*

Both **saber** and **conocer** mean *to know*, but they are not used interchangeably.

	SABER	CONOCER
yo	sé	conozco
tú	sabes	conoces
Ud., él, ella	sabe	conoce
nosotros/as	sabemos	conocemos
vosotros/as	sabéis	conocéis
Uds., ellos/as	saben	conocen

ACENTOS

Sé, the **yo** form of the verb **saber,** has a written accent to distinguish it from the pronoun **se**.
Yo **sé** que su hermano **se** llama José.

■ Use **saber** to express knowledge of facts or pieces of information.

    Él **sabe** dónde está el edificio.   *He knows where the building is.*

■ Use **saber** + *infinitive* to express that you know how to do something.

    Yo **sé** jugar al tenis.   *I know how to play tennis.*

■ Use **conocer** to express acquaintance with someone or something. **Conocer** also means *to meet*. Remember to use the personal **a** when referring to people.

    Conozco a mis vecinos.   *I know my neighbors.*
    Conozco bien ese libro.   *I am very familiar with that book.*
    Ella quiere **conocer a** Luis.   *She wants to meet Luis.*

¿Qué dice usted?

5-20 ¿Sabes quién es...? Pregúntele a su compañero/a si sabe quién es la persona mencionada y si la conoce.

MODELO: el actor principal de *Misión Imposible 2*
                    E1: ¿Sabes quién es el actor principal de *Misión Imposible 2*?
                    E2: Sí, sé quién es. Es Tom Cruise.
                    E1: ¿Lo conoces?
                    E2: No, no lo conozco. *o* Sí, lo conozco.

1. tu representante en el congreso
2. el rector de la universidad
3. el/la jefe/a (*boss*) de tu papá o de tu mamá
4. el rey de España
5. el/la presidente/a de Nicaragua
6. ...

5-21 Adivina, adivinador. En grupos pequeños, túrnense para leer las siguientes descripciones y adivinar quién es.

MODELO: E1: Es una chica muy pobre que va a un baile. Allí conoce a un
                         príncipe, pero a las 12:00 de la noche ella debe volver a su casa.
             E2: Sí, sé quién es. Es Cenicienta *(Cinderella)*.

1. Es un gorila gigante con sentimientos (*feelings*) humanos. En una película aparece en el edificio *Empire State* de Nueva York.
2. Es una cantante cubanoamericana que vive en Miami. Es joven, bonita y canta ritmos hispanos. Su marido trabaja con ella. Cantó en las Olimpiadas de 1996 en Atlanta. Actuó en una película con Meryl Streep.
3. Es una diseñadora de ropa y joyas, hija de un famoso pintor español. Su perfume más famoso lleva su nombre.
4. Es un hombre de otro planeta con doble personalidad. Trabaja en un periódico, pero cuando se pone una ropa azul especial, puede volar (*to fly*).
5. Es un hombre joven y fuerte, educado por los gorilas en la jungla. Nada muy bien y su compañera se llama Jane.
6. Es española y juega muy bien al tenis. En su familia hay otros tenistas famosos. Participa en muchos campeonatos internacionales.

5-22 ¿Qué sabes hacer? Pregúntele a su compañero/a si sabe hacer las siguientes cosas.

MODELO: bailar música rock
             E1: ¿Sabes bailar música rock?
             E2: Sí, sé bailar música rock. *o* No, no sé bailar música rock.
                ¿Y tú?

1. tocar la guitarra
2. jugar al tenis
3. nadar
4. hacer tacos

5. cocinar platos exóticos
6. trabajar con computadoras
7. usar el microondas
8. ...

 **5-23 Bingo.** Para ganar el Bingo, usted debe llenar vertical, horizontal o diagonalmente tres casilleros (*boxes*) con los nombres de los/las compañeros/as que contestan afirmativamente a las preguntas y dan la respuesta correcta.

¿Sabes dónde está la ciudad de Tegucigalpa?	¿Sabes cuál es la capital de El Salvador?	¿Sabes dónde está la ciudad de Managua?
¿Conoces a un estudiante de Centroamérica?	¿Sabes cuál es la unidad monetaria de Nicaragua?	¿Sabes el nombre de un lago importante en Nicaragua?
¿Sabes preparar un plato centroamericano?	¿Conoces algún país hispano?	¿Sabes dónde están las ruinas mayas de Copán?

5-24 Saber y conocer. Con su compañero/a, complete el siguiente diálogo con las formas correctas de **saber** y **conocer**.

E1: ¿_____ a esa chica?

E2: Sí, yo _____ a todas las chicas aquí.

E1: Entonces, ¿_____ dónde vive?

E2: No, no lo _____.

E1: Pero _____ su número de teléfono, ¿verdad?

E2: No, tampoco lo _____.

E1: Y. . . ¿_____ cómo se llama?

E2: Pues, la verdad es que no lo _____.

E1: ¿Cómo dices que la _____? Tú no _____ dónde vive, tú no _____ su nombre.

E2: Es que yo tengo muy mala memoria.

SITUACIONES

Your partner wants to set a blind date for you with a friend from Honduras but you want to have some information about his/her friend before agreeing on a date. Using **saber** or **conocer**, ask your partner if he/she knows a) his/her friend's family, b) how old his/her friend is, and c) how long has he/she known this friend, d) from what part of Honduras he/she comes, and e) if he/she speaks English. Also, find out if your date knows how to play tennis, and if he/she likes to dance.

More on adjectives

- Ordinal numbers are adjectives and agree in gender and number with the noun they modify (e.g., **la segunda casa, el cuarto edificio**). **Primero** and **tercero** drop the final **o** when used before a masculine singular noun.

    el **primer** cuarto   el **tercer** piso

- When **bueno** and **malo** precede masculine singular nouns, they are shortened to **buen** and **mal**.

    Es un **buen** edificio.   *It's a good building.*
    Es un **mal** momento para comprar. *It's a bad time to buy.*

- **Grande** shortens to **gran** when it precedes any singular noun. Note the meaning associated with each position.

    Es una casa **grande**.   *It's a big house.*
    Es una **gran** casa.   *It's a great house.*

¿Qué dice usted?

5-25 ¿En qué piso viven? Pregúntele a su compañero/a dónde viven las diferentes personas. Su compañero/a debe contestarle de acuerdo con el dibujo.

MODELO: E1: ¿Dónde viven los Girondo?
           E2: Viven en el cuarto piso, en el
               apartamento 4-A.

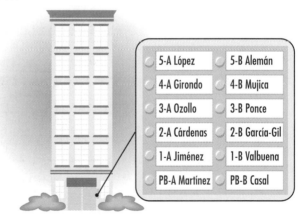

5-A López	5-B Alemán
4-A Girondo	4-B Mujica
3-A Ozollo	3-B Ponce
2-A Cárdenas	2-B García-Gil
1-A Jiménez	1-B Valbuena
PB-A Martínez	PB-B Casal

5-26 Opiniones. Usted y su compañero/a deben turnarse para explicar qué son o quiénes son las siguientes personas y lugares. Después deben dar su opinión sobre ellos. Usen algunas de las palabras siguientes.

    buen   bueno/a   gran   grande   mal   malo/a   primer   primero/a

MODELO: el Parque El Imposible
           Es una gran reserva natural donde hay muchos animales en
           peligro de extinción. El Parque El Imposible está en El Salvador.
           Es muy grande y es una reserva natural muy importante de
           América Central.

1. el Parque Central   4. Violeta Chamorro
2. Antonio Banderas   5. el lago Nicaragua
3. la Casa Blanca

mosaicos

 A ESCUCHAR

A. ¿Lógico o ilógico? Listen to the following statements and indicate whether each is **Lógico** or **Ilógico**.

	LÓGICO	ILÓGICO		LÓGICO	ILÓGICO
1.	_____	_____	5.	_____	_____
2.	_____	_____	6.	_____	_____
3.	_____	_____	7.	_____	_____
4.	_____	_____	8.	_____	_____

B. La casa de los Pérez Esquivel. Based on the drawing below, determine whether each of the following statements is **Cierto** or **Falso**.

	CIERTO	FALSO		CIERTO	FALSO
1.	_____	_____	5.	_____	_____
2.	_____	_____	6.	_____	_____
3.	_____	_____	7.	_____	_____
4.	_____	_____	8.	_____	_____

A CONVERSAR

👥 **5-27 El apartamento de mis vecinos.** Usted tiene curiosidad por saber cómo es el apartamento de sus vecinos. Cubra (*Cover*) el plano y hágale preguntas a su compañero/a para obtener la siguiente información. Su compañero/a le va a contestar de acuerdo con el plano.

1. número y localización de los baños
2. localización de la cocina
3. número, tamaño y localización de los closets
4. si tiene terraza o balcón
5. . . .

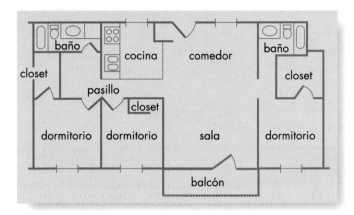

👥 **5-28 Estoy buscando apartamento.** Usted necesita alquilar un apartamento. Un/a compañero/a lee los siguientes anuncios en un periódico. Hágale preguntas a su compañero/a para obtener la siguiente información:

1. alquiler
2. localización
3. piso
4. número de habitaciones
5. número de baños
6. con muebles o sin muebles
7. aire acondicionado
8. otras características
9. número de teléfono o dirección de contacto

ALQUILERES

Se alquila apartamento en zona céntrica, cuarto piso: amueblado, 2 habitaciones, 2 baños, 5.000 colones mensuales. Tfno. 2 33 14 78

Se arrienda apartamento espacioso para familia: quinto piso, ascensor, excelente ubicación, cerca de centros comerciales, sin muebles, 3 dormitorios, dos baños, aire acondicionado, jardín, garaje para dos autos. 6.500 colones. Tfno. 2 54 22 83

5-29 La casa o apartamento ideal. Describan cada uno/a de ustedes su casa o apartamento ideal. Incluyan los siguientes datos en su descripción:

- la ciudad o pueblo (*town*) donde va a tener este apartamento o casa
- los cuartos y/o comodidades (*comforts*) que va a tener
- los muebles y accesorios
- la(s) persona(s) que va(n) a vivir con usted

¿Tienen usted y su compañero/a gustos similares o diferentes? Expliquen.

 **A LEER**

5-30 Preparación. Entreviste a un/a compañero/a y averigüe lo siguiente:

1. si le gusta la cocina de su casa y las características de su cocina
2. si le gusta cocinar y qué plato(s) prepara bien
3. cuál(es) de los siguientes utensilios necesita para prepararlo:

_____ un cuchillo (*knife*)
_____ una cuchara (*spoon*)
_____ un tenedor (*fork*)

5-31 Etiqueta de mesa. Indique con qué cubiertos *(silverware)* se comen los siguientes platos en una situación formal: con un cuchillo, con una cuchara, con un tenedor, con un tenedor y un cuchillo, con un tenedor y una cuchara. Compare sus respuestas con las de su compañero/a.

1. el pollo: _____
2. la ensalada de tomate: _____
3. la sopa: _____
4. las enchiladas: _____
5. el arroz: _____
6. el mango: _____
7. las quesadillas: _____
8. los espaguetis: _____

5-32 Primera mirada. Observe la fotografía y luego escriba el número del utensilio al lado de su descripción.

_____ **Embudo.** Es muy útil para pasar líquidos de un recipiente a otro.

_____ **Rallador.** De metal es mejor. Sirve para rallar el queso que ponemos sobre los espaguetis. También sirve para rallar pan, cebolla, etc.

_____ **Sacacorchos.** Un poquito de vino da más sabor a sus platos. Antes de servir vino es necesario sacar el corcho de la botella con este utensilio.

_____ **Cuencos.** Es conveniente tener pequeños, medianos y grandes, especialmente para preparar y servir ensaladas.

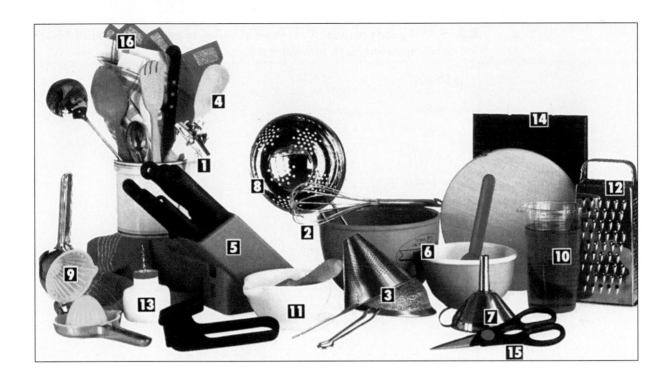

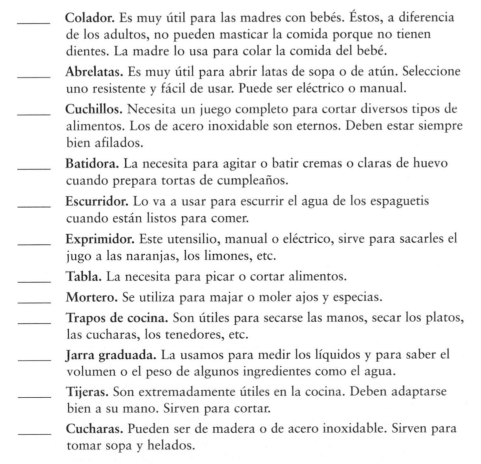

_____ **Colador.** Es muy útil para las madres con bebés. Éstos, a diferencia de los adultos, no pueden masticar la comida porque no tienen dientes. La madre lo usa para colar la comida del bebé.

_____ **Abrelatas.** Es muy útil para abrir latas de sopa o de atún. Seleccione uno resistente y fácil de usar. Puede ser eléctrico o manual.

_____ **Cuchillos.** Necesita un juego completo para cortar diversos tipos de alimentos. Los de acero inoxidable son eternos. Deben estar siempre bien afilados.

_____ **Batidora.** La necesita para agitar o batir cremas o claras de huevo cuando prepara tortas de cumpleaños.

_____ **Escurridor.** Lo va a usar para escurrir el agua de los espaguetis cuando están listos para comer.

_____ **Exprimidor.** Este utensilio, manual o eléctrico, sirve para sacarles el jugo a las naranjas, los limones, etc.

_____ **Tabla.** La necesita para picar o cortar alimentos.

_____ **Mortero.** Se utiliza para majar o moler ajos y especias.

_____ **Trapos de cocina.** Son útiles para secarse las manos, secar los platos, las cucharas, los tenedores, etc.

_____ **Jarra graduada.** La usamos para medir los líquidos y para saber el volumen o el peso de algunos ingredientes como el agua.

_____ **Tijeras.** Son extremadamente útiles en la cocina. Deben adaptarse bien a su mano. Sirven para cortar.

_____ **Cucharas.** Pueden ser de madera o de acero inoxidable. Sirven para tomar sopa y helados.

👥 **5-33 Segunda mirada.** ¿Con qué verbos asocia usted estos utensilios? Con un/a compañero/a, escriba los verbos.

1. abrelatas   _____

2. batidora   _____

3. colador   _____

4. escurridor   _____

5. exprimidor   _____

6. rallador   _____

7. sacacorchos   _____

👥 **5-34 Ampliación.** En la Actividad 5-32 usted descubrió que la palabra compuesta **sacacorchos** significa: utensilio que se usa para sacar corchos de las botellas. Con un/a compañero/a, determine el significado de los siguientes objetos y diga dónde es posible encontrarlos en la casa.

lavaplatos	limpiavidrios
guardarropa	quitasol
portadocumentos	cortavientos
tocadiscos	paraguas

A ESCRIBIR

5-35 Preparación. Antes de hacer la Actividad 5-36, lea la siguiente carta que Elba, una socióloga hondureña, le escribe a su amiga Rosa, una socióloga nicaragüense.

Querida Rosa:

¿Qué tal están tú y tu familia? Mi familia y yo estamos muy bien. En este momento mi marido y yo estamos disfrutando de nuestras vacaciones. Por eso estamos pensando ir a la playa unos días con los niños. Allí podremos relajarnos juntos y olvidarnos del trabajo y de la casa por un tiempo. ¡Qué maravilloso!

Bueno, te escribo estas líneas para compartir contigo un artículo super interesante, "El trabajo peor pagado", que leí en un periódico de mi país. Habla del inmenso trabajo que nosotras, las amas de casa, hacemos. Me imagino que va a interesarte para tus investigaciones.

El autor afirma que la mayoría de las mujeres hondureñas se dedica a trabajos del hogar como limpiar la casa, lavar y planchar la ropa, coser, cuidar a los hijos, atender al marido, etc., pero también dice que la realidad de la mujer está cambiando. En años recientes, según el autor, se ve un aumento de mujeres en las diferentes áreas del mundo laboral—en la industria, el comercio, incluso en la política—, y como es natural reciben un salario por su trabajo.

Sin embargo, el gran problema para las mujeres que todavía trabajan en casa persiste: no reciben salario ni recompensa por las interminables horas de dedicación al hogar. De acuerdo con el autor del artículo, esto es totalmente injusto y dice que la mujer debe recibir compensación monetaria por su trabajo. Además, cree que antes del matrimonio, los futuros esposos deben llegar a un acuerdo sobre cuál debe ser la cantidad que va a recibir la mujer.

También dice que lo peor es la actitud de los hombres que piensan que la mujer debe quedarse en casa y cumplir con su rol de esposa y madre, que el hombre tiene la obligación de sustentar el hogar económicamente, y por lo tanto, él sí debe trabajar fuera de casa y recibir un sueldo suficiente para cubrir las necesidades del hogar. Según ellos, los quehaceres de la casa son la absoluta responsabilidad de la mujer; él hombre sólo cumple con sus horas de trabajo fuera de la casa, y en el hogar, espera atenciones de la esposa y los hijos y no quiere responsabilidades domésticas. ¡Qué horror!

Como tú sabes, yo me siento muy afortunada porque tengo un esposo excepcional. Raúl y yo tenemos un compromiso que nos hace muy felices: él, nuestros hijos y yo somos responsables de las tareas de casa. De hecho, él cocina más que yo porque sale de su trabajo más temprano; generalmente prepara la cena por lo menos tres veces a la semana. Los niños y yo ayudamos poniendo la mesa, lavando y secando los platos, etc. Así la vida es más fácil porque todos colaboramos. Eso me parece justo. Seguramente va a pasar algún tiempo antes de que la mujer reciba el reconocimiento de la sociedad por el trabajo que hace en casa. Tenemos que luchar más, ¿no crees?

Bueno Rosa, espero que mi próxima carta sea aún más positiva con respecto a la vida de nuestras mujeres. Por favor, mándame tus artículos para informarme más sobre este tema.

Te deseo un muy buen año junto a tu familia. Espero verte en la Conferencia de la Mujer que va a realizarse en Antigua, Guatemala. Allí vamos a hablar más.

Cariños a tu esposo y a Javier y Rita.

Besos de tu amiga,
Elba

👥👤 **5-36 Manos a la obra: fase preliminar.** En grupos pequeños, respondan a la siguiente encuesta. La columna **lo hace más** va a presentar los resultados del grupo:

¿QUIÉN?	USTED	MAMÁ	PAPÁ	HERMANO/A	NADIE	OTRA PERSONA	FRECUENCIA POR SEMANA	LO HACE MÁS
1. cocina								
2. compra la comida								
3. limpia la casa								
4. lava la ropa								
5. cose (*sews, mends*)								
6. plancha la ropa								
7. cuida el jardín								
8. cuida a los niños								

5-37 Manos a la obra. Rosa le escribe a usted para saber si la realidad de la vida de la mujer norteamericana de la clase media (*middle class*) es similar o diferente a la de la mujer hondureña, según el artículo "El trabajo peor pagado" que menciona Elba en su carta. Utilice la información obtenida en su clase en la Actividad 5-36 e incluya ejemplos de su propia familia, si desea, para escribirle una carta a Rosa con la siguiente información.

▪ división de responsabilidades del trabajo de casa
▪ labores típicas de la mujer y del hombre en la casa norteamericana y en su familia
▪ cantidad de tiempo y frecuencia con que los miembros de la familia realizan estas tareas domésticas

5-38 Revisión. Su compañero/a editor/a va a ayudarle a expresar sus ideas bien para que Rosa comprenda su carta.

En una casa

el aire acondicionado	air conditioning
el armario	closet, armoire
el baño	bathroom
la barbacoa	barbecue
la basura	garbage, trash
la calefacción	heating
el césped	lawn
la chimenea	fireplace
la cocina	kitchen
el comedor	dining room
el cuarto/dormitorio	bedroom
el garaje	garage
el jardín	backyard, garden
la piscina	swimming pool
el piso	floor
la planta baja	first floor
la sala	living room
la terraza	terrace

Muebles y accesorios

la alfombra	carpet, rug
la butaca	armchair
la cama	bed
la cómoda	dresser
la cortina	curtain
el cuadro	picture
el espejo	mirror
la lámpara	lamp
la mesa de noche	night stand
el sofá	sofa

Electrodomésticos

la aspiradora	vacuum cleaner
la lavadora	washer
el lavaplatos	dishwasher
el (horno) microondas	microwave oven
el/la radio	radio
el refrigerador	refrigerator
la secadora	drier

Para la cama

la almohada	pillow
la manta	blanket
la sábana	sheet

En el baño

la bañadera	tub
la ducha	shower
el inodoro	toilet
el lavabo	washbowl, bathroom sink
la toalla	towel

En la cocina

la estufa	stove
el fregadero	kitchen sink
el plato	dish, plate

Lugares

las afueras	outskirts
allá	over there
allí	there
el apartamento	apartment
aquí	here
el barrio	neighborhood
el centro	downtown, center
cerca (de)	near (close to)
el edificio	building
lejos (de)	far (from)

Descripciones

limpio/a	clean
ordenado/a	tidy
seco/a	dry
sucio/a	dirty

Verbos

ayudar	*to help*
barrer	*to sweep*
cocinar	*to cook*
conocer (zc)	*to know, to meet*
cortar	*to cut*
creer	*to believe*
doblar	*to fold*
limpiar	*to clean*
ordenar	*to tidy up*
pasar la aspiradora	*to vacuum*
planchar	*to iron*
preparar	*to prepare*
recoger	*to pick up*
regar	*to water*
regresar	*to come back*
saber	*to know*
secar	*to dry*
sentir (ie, i)	*to feel*
tender (ie)	*to hang (clothes); to make (a bed)*

Palabras útiles

¡Claro!	*of course*
la diversión	*entertainment, fun*
el perro	*dog*
todavía	*still*
ya	*already*

* For expressions with *tener* see page 168
  For direct object pronouns see page 170
  For demonstrative adjectives and pronouns see page 173
  For ordinal numbers see page 179

Las casas y la arquitectura

Para pensar

¿Vive Ud. en un apartamento o en una casa? ¿Cómo es, grande o pequeño/a? ¿moderno/a o antiguo/a? ¿Hay apartamentos/casas parecidos/as al/a la suyo/a en su vecindario? ¿Dónde está situado/a, cerca del centro de la ciudad o en las afueras?

Hay mucha variedad en las viviendas en los países hispanos. En realidad, una de las cosas que más llama la atención del visitante extranjero es la variedad que existe entre las casas. Cada casa tiene su sello, su estilo personal que la diferencia de todas las otras a su alrededor.

Las casas/apartamentos pueden estar cerca del centro de la ciudad o en las afueras. Algunas personas prefieren vivir cerca del centro de la ciudad para poder disfrutar de todos sus beneficios, teatros, centros comerciales, bancos, medios de transporte, etc. Otras prefieren vivir lejos del centro para tener más tranquilidad y seguridad. Generalmente, en el centro o cerca del centro de la ciudad hay más edificios de apartamentos, y en las afueras hay más casas.

El tipo de casas y apartamentos varía de acuerdo con la ciudad o pueblo donde están situados. En algunos lugares la influencia de las culturas precolombinas (maya, azteca o inca), es evidente. Si quiere aprender algo más sobre estas culturas precolombinas, puede visitar *www.prenhall.com/mosaicos*. En otros lugares se puede apreciar la influencia de la época colonial y se pueden admirar casas con hermosos balcones de madera, grandes patios interiores, azulejos (*tiles*) en los pisos o paredes y bellas rejas exteriores.

El tipo de construcción también depende del clima de la ciudad o país. Donde el clima es generalmente templado, la mayor parte de las casas no tiene aire acondicionado ni calefacción. En San Salvador y otras ciudades centroamericanas, por ejemplo, es común ver casas o apartamentos de amplios ventanales y balcones adornados con variedad de plantas y flores. En zonas más frías, sin embargo, esto no siempre es posible y muchas veces las puertas y ventanas permanecen cerradas.

Generalmente en las casas hispanas no hay la gran variedad de electrodomésticos que hay en una casa en los Estados Unidos, debido principalmente a su alto costo y también a la posibilidad de tener empleados que ayudan en los quehaceres domésticos.

En resumen, ¡las casas hispanas tienen mucha personalidad!

Para contestar

A. Las casas. Con su compañero/a responda a las siguientes preguntas:

1. Ustedes van a mudarse a un país hispano. ¿Dónde prefieren vivir? ¿En el centro o en las afueras? ¿Por qué?
2. ¿Cómo son las casas coloniales? ¿En qué ciudades creen ustedes que se pueden ver casas de este estilo? ¿Por qué? ¿Hay casas de estilo colonial en su vecindario?
3. ¿Qué electrodomésticos hay en su casa? ¿Cuáles cree que se encuentran o que no se encuentran en la mayoría de las casas hispanas? ¿Por qué?

B. Riqueza cultural. En grupos de tres, usando la información de más arriba, describan cómo es su casa ideal.

ENFOQUE CULTURAL

Para investigar en la WWW

Vaya a la página de Mosaicos en la Internet *www.prenhall.com/mosaicos*.

1. Busque anuncios de agencias de bienes raíces (*real estate*) en Managua, Tegucigalpa y San Salvador. Traiga esta información a clase y, si es posible, una ilustración de diferentes tipos de vivienda. Luego, en grupos pequeños comparta esta información con sus compañeros/as: diga qué tipo de viviendas anuncian, en qué zona de la ciudad están, cómo son, qué precio tienen, etc. Decidan cuál es la casa favorita del grupo y por qué.

2. Busque información acerca de viviendas de estilo colonial en diferentes ciudades hispanoamericanas (descripción, situación, estado en el que se encuentran — bien conservada/ necesita mejoras, etc.) Traiga algunas ilustraciones, si es posible, y compártalas con sus compañeros/as. Describan entre todos las diferentes viviendas y escojan su favorita.

Casa de estilo colonial

Nicaragua

Datos y lugares de interés:

Nicaragua, llamada la tierra de los lagos y volcanes, es un hermoso país con una larga historia de problemas económicos y sociales. Sin embargo, en 1990 Violeta Chamorro ganó unas elecciones democráticas y el país empezó un período de recuperación.

Hay muchos lugares de interés en Nicaragua. La capital, Managua, es una ciudad de un millón de habitantes. Está situada en la costa sur del Lago Managua y es el principal centro administrativo y comercial del país.

Cerca de Managua está Granada, la ciudad más antigua de Nicaragua, muy conocida por su arquitectura colonial. Otro lugar de interés es el Lago Nicaragua, el lago más grande de América Central.

Expresiones nicaragüenses:

ñeque	Él es ñeque.	*He is strong/vigorous.*
jalar	Ella está jalando con Luis.	*She is Luis' girlfriend.*
chavalo/a	Ese chavalo es terrible.	*That kid is terrible.*

El Salvador

Datos y lugares de interés:

El Salvador, cuya capital es San Salvador, es un pequeño país de Centro América en la costa del Pacífico. Como Nicaragua, El Salvador tiene una larga historia de problemas políticos y económicos, pero en 1992 un tratado de paz terminó con más de diez años de guerra civil. Durante esos años, muchos salvadoreños vinieron a los Estados Unidos, especialmente al área de Washington, D.C., donde hoy en día hay una importante comunidad salvadoreña.

Hay muchas cosas que usted puede hacer en El Salvador: visitar hermosas playas, lagos, interesantes ruinas mayas y bosques tropicales como el Parque El Imposible, donde existen unas 400 especies diferentes de árboles y una gran variedad de animales en peligro de extinción.

Expresiones salvadoreñas:

chinear	María chinea a su hijo continuamente.	*María holds her child in her arms continuously.*
cipote	Sólo es un cipote.	*He is only a child.*
primero Dios	—Vas a la playa mañana? —Primero Dios.	*—Are you going to the beach tomorrow?* *—God willing.*

Honduras

Datos y lugares de interés:

Honduras es un país con hermosas playas tanto en la costa del Océano Pacífico como en el Mar Caribe. Como el resto de Centroamérica, tiene una población en su mayoría mestiza, sin embargo, una gran parte del pueblo hondureño es de origen africano, y la influencia africana se nota en la música, los bailes y el folclor del país.

La capital de Honduras es Tegucigalpa. En su catedral, construida en el siglo XVI, se pueden admirar numerosas obras de arte, y en el Museo Nacional se encuentran piezas precolombinas de gran valor. Si le interesan las culturas precolombinas, debe visitar las ruinas de Copán, una de las ciudades más importantes de la civilización maya.

Expresiones hondureñas:

agarrar a uno de ojo de gallo	Parece que José me agarró de ojo de gallo.	*It looks like Jose has ill will towards me.*
güirro	¿Qué está haciendo ese güirro?	*What is that child doing?*

Lago Ilopango, El Salvador

ENFOQUE INTERACTIVO

  A MIRAR EL VIDEO 5:00

Watch the *Fortunas* video segment for *Lección 5* in class or on your CD-ROM. Is there a romance developing between Katie and Carlos? Were you surprised by the winners of the second *misterio*?

Now complete the accompanying video activities on the CD-ROM. This is your chance to interact with the video characters! **25:00**

El concurso

The second *misterio* has been solved at *La Plaza de las Tres Culturas* in Mexico City. Now the contestants are searching for the third *misterio,* where they will find the first *fortuna*. What were your feelings for the losers of the second *misterio*? When contestants lose, they receive fewer *pistas* for the next *misterio*. What would your strategy be to level the playing field if you had fewer clues than your opponents had?

 LA BÚSQUEDA 5:00

Because they solved the second *misterio*, Sabrina and Efraín have received three *pistas* (*1, 2,* and *3*) for the third *misterio*. They seem to have an advantage, but everything may not be exactly as it appears. Think about how the contestants are working together. What's going on beneath the surface? Where do you think the clues for the third *misterio* are pointing to? Go to the *Fortunas* module to investigate the possibilities. Be sure to review the first and second misterios as well—they may help you find the first *fortuna*.

¿El romance?

Misterio N° 3: *Tiempo viejo*

Pistas
1. Mira el sol
2. Piedra grande
3. Muy viejo
4. ¿Qué hora es?

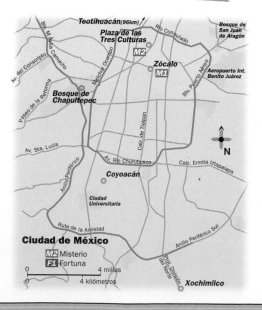

¿QUÉ OPINA USTED? 5:00

The points are in for the second *misterio* and the latest viewer polls. Katie and Carlos are still in front but, evidently, viewers have been impressed by Sabrina and Efraín as well. This week we're voting on possible and best alliances. Your vote counts in determining the winner of the contest, so go to the *Fortunas* module and click on *¿Qué opina usted?* to vote in this episode's poll. Be sure to read the contestants' diaries before you vote!

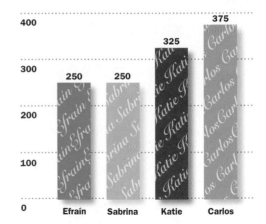

 PARA NAVEGAR 10:00

LA DESTRUCCIÓN CAUSADA POR EL MAR

Normalmente, cuando pensamos en la arquitectura de Centroamérica, pensamos en casas de brillantes colores, iglesias bonitas e influencia indígena. En 1998, sin embargo, estas imágenes cambiaron por la destrucción masiva causada por el huracán Mitch. En Honduras murieron más de 6.000 personas. Esta destrucción afectó a todos los países centroamericanos, en particular a Honduras y Nicaragua.

La destrucción causada por el mar

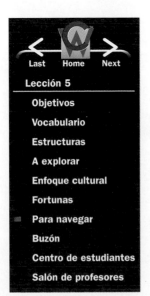

Go to the *Mosaicos Website* and click on the *Para navegar* module to explore links to Honduras, Nicaragua, and El Salvador. Read about these countries' history and rich artistic traditions, and explore some of their exciting dimensions.

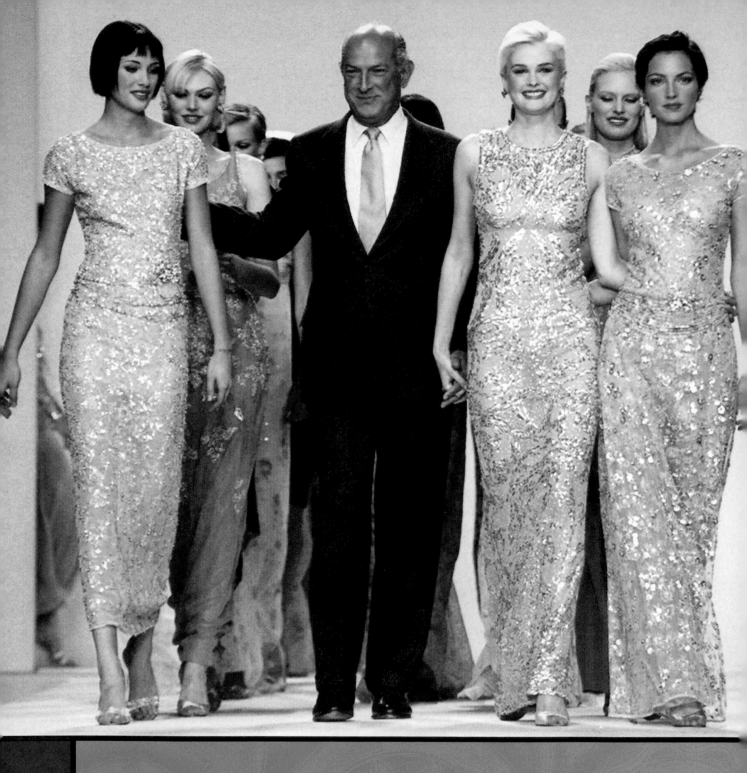

Lección 6

La ropa y las tiendas

COMUNICACIÓN

- Talking about clothing and shopping
- Asking for and telling prices
- Expressing measurements
- Talking about past events
- Expressing likes and dislikes
- Expressing satisfaction and dissatisfaction
- Expressing opinions

ESTRUCTURAS

- Preterit tense of regular verbs
- Preterit of **ir** and **ser**
- Indirect object nouns and pronouns
- The verb **dar**
- **Gustar** and similar verbs
- ALGO MÁS: Some more uses of **por** and **para**

MOSAICOS

A ESCUCHAR

A CONVERSAR

A LEER

- Problem solving
- Identifying word endings that indicate places and people

A ESCRIBIR
- Narrating chronologically

ENFOQUE CULTURAL

- De compras en el mundo hispano
- Venezuela

ENFOQUE INTERACTIVO

 WWW   VIDEO   CD ROM

195

La ropa

...de mujer

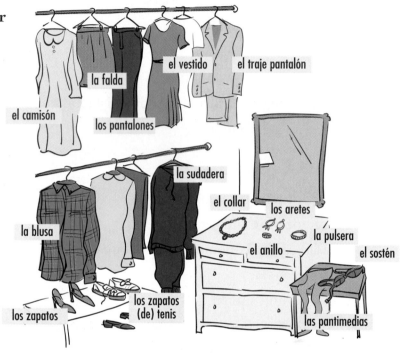

el camisón
la falda
los pantalones
el vestido
el traje pantalón
la sudadera
el collar
los aretes
la pulsera
el anillo
el sostén
la blusa
los zapatos
los zapatos (de) tenis
las pantimedias

Practice activities for
each vocabulary section
are provided on the
CD-ROM and website
(www.prenhall.com/
mosaicos)

...de hombre

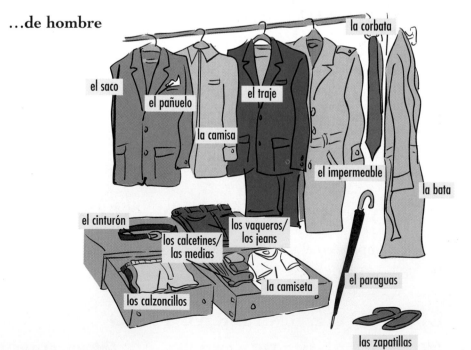

la corbata
el saco
el pañuelo
el traje
la camisa
el impermeable
la bata
el cinturón
los vaqueros/
los jeans
los calcetines/
las medias
la camiseta
el paraguas
los calzoncillos
las zapatillas

Las estaciones y la ropa

En el invierno hace frío. ¿Qué ropa llevamos?

el suéter

los guantes

la chaqueta

las botas

el abrigo

la bufanda

Y cuando hace calor en el verano, ¿qué nos ponemos para ir a la playa?

las gafas de sol

la gorra

el sombrero

las sandalias

el traje de baño

los pantalones cortos

En la primavera y en el otoño llueve, y por eso necesitamos un paraguas, un impermeable o una chaqueta.

¿Qué dice usted?

6-1 ¿Cuándo se usa? Asocie cada artículo de ropa de la columna de la izquierda con una situación o un lugar de la columna de la derecha.

1. ____ los guantes
2. ____ el piyama
3. ____ la bata
4. ____ el impermeable
5. ____ el traje de baño

   a. después de bañarse y antes de vestirse
   b. para ir a dormir
   c. en la piscina o en la playa
   d. en los lugares fríos durante el invierno
   e. cuando llueve

6-2. ¿Qué deben llevar estas personas? Usted y su compañero/a van a decir qué deben llevar estas personas de acuerdo con la situación.

MODELO: Raúl y Rosa van a ir a una fiesta en casa del rector de la universidad.
           E1: Raúl debe llevar pantalones, una camisa y una corbata.
           E2: Rosa debe llevar un vestido o un traje pantalón y una blusa.

1. Dos estudiantes van a ir a un picnic.
2. Una chica y un chico tienen una entrevista para un trabajo en una oficina.
3. Dos mujeres van a un desfile de modas de la diseñadora Carolina Herrera.
4. Pedro va a jugar tenis con unos amigos y Carmen va a visitar a sus parientes.

6-3 Vacaciones en Venezuela. Usted y su amigo/a van a pasar sus vacaciones en Venezuela. Primero, deben escoger el plan que más les interesa. Después, deben hacer una lista de la ropa que van a necesitar. Por último, deben informar al resto de la clase sobre sus decisiones.

1. Quince días en la isla Margarita. Por el día: ir a la playa. Por la noche: ir a las discotecas.
2. Tomar un curso de verano en la Universidad de Caracas. Por el día: ir a clases de español. Por la noche: ir a los cafés y discotecas.
3. Ir a la región de Canaima. Por el día: caminar mucho. Por las noches: estar en un campamento.

De compras

Un almacén moderno donde venden de todo. Hay ropa para la familia, muebles, accesorios y electrodomésticos para la casa, juguetes para los niños y, en algunos almacenes, a veces también hay hasta un supermercado.

MARTA: En esta tienda las rebajas son magníficas. Mira esa chaqueta. Está rebajada de 120.000 bolívares a 90.000. ¿Por qué no entramos para ver si tienen tu talla?

ANA: Sí, y así me pruebo la chaqueta. Está muy barata y es preciosa. Uso la talla 38 y a veces es difícil encontrarla.

MARTA: O te pruebas la chaqueta en casa y si te queda mal, la cambias. (Entran en la tienda.)

ANA: Buenos días, quisiera probarme esa chaqueta en la talla 38.

DEPENDIENTA: Lo siento, pero sólo tenemos la 42 y la 44.

ANA: ¡Qué lástima! Gracias.

DEPENDIENTA: ¿En qué puedo servirle?

CLIENTE: Quisiera comprar un regalo para una muchacha joven. Una bolsa o una billetera, por ejemplo.

DEPENDIENTA: Hay unas bolsas de cuero preciosas y no son muy caras. Enseguida le muestro las que tenemos. (La dependienta trae unas bolsas.)

CLIENTE: Me gustaría comprar ésta, pero no puedo gastar mucho. ¿Cuánto cuesta?

DEPENDIENTA: Sólo vale 45.000 bolívares. El precio es muy bueno.

CLIENTE: Sí, no es mucho dinero.

DEPENDIENTA: Y están muy de moda. Las chicas jóvenes las llevan mucho.

CLIENTE: Bueno, la voy a comprar.

DEPENDIENTA: Muy bien, señor. ¿Va a pagar con tarjeta de crédito o en efectivo?

CLIENTE: En efectivo.

> ## LENGUA
>
> To soften requests, Spanish uses the forms **me gustaría** (instead of **me gusta**) and **quisiera** (instead of **quiero**). English does this by adding *would*.
>
> **Me gustaría/Quisiera** ir a esa tienda.
> *I would like to go to that store.*

Muchas personas prefieren ir de compras a los mercados al aire libre para comprar artículos más baratos. Otras prefieren ir a las tiendas, a los centros comerciales o a las megatiendas. Estas mujeres buscan ropa en un mercado de Sabana Grande en Caracas.

Telas y diseño

Blusas y camisas en todas las telas

lana

algodón

seda

de rayas

de cuadros

de lunares

de color entero

Le queda estrecha.

Le queda ancha.

¿Qué dice usted?

6-4 El cumpleaños de Nuria. Usted y su compañero/a van a una tienda para comprarle un regalo a Nuria, pero cada artículo que ven presenta un problema. Analicen cada problema y piensen en la solución.

ARTÍCULO	PROBLEMA	SOLUCIÓN
collar	es muy caro	Debemos buscar uno rebajado/más barato.
impermeable	le queda ancho	
vaqueros	son de poliéster	
sudadera	es pequeña	
blusa	las rayas son muy anchas	
bolsa	no es de cuero	
falda	le queda estrecha	

6-5 ¿Cuánto cuesta/n...? Su compañero/a le va a preguntar el precio de algunos de los artículos en el siguiente dibujo. Contéstele que usted tiene el mismo artículo y dígale cuánto pagó. Dé una breve descripción y diga cuándo lo usa. Después cambien de papel.

MODELO: E1: ¿Cuánto cuesta/vale la bufanda?
E2: Cuesta/Vale 6.000 bolívares. Yo tengo una igual y pagué 5.000. Es de seda y la uso mucho en el invierno.

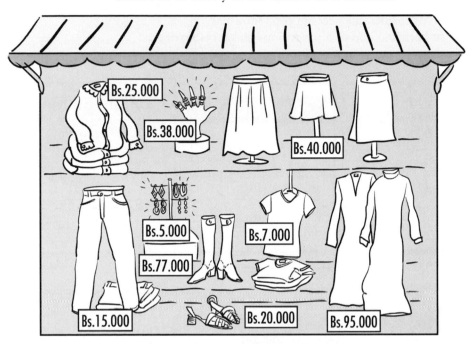

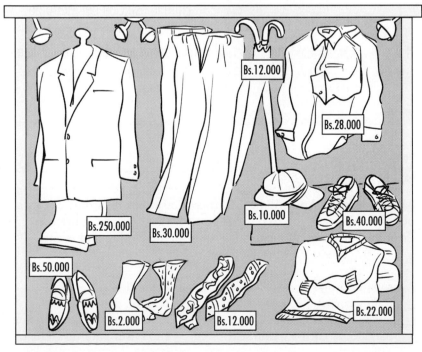

6-6 Unos regalos. Explíquele a su compañero/a para quiénes son los regalos que usted debe hacer. Su compañero/a le va a sugerir algunos regalos y el lugar donde los puede comprar, basándose en los anuncios que aparecen más abajo. Después cambien de papel.

Regalos para:

1. un sobrino que tiene cinco años
2. su mamá para el Día de la Madre
3. un/a amigo/a que necesita ropa informal
4. su hermano que va a pasar unos días en el Caribe
5. su padre para su cumpleaños

LA ELEGANTE
Todo lo que está de moda este verano

Ave. Andrés Bello con 3ª Transversal, Local B, 576 38 21

BARCELÓ
Las mejores camisas y guayaberas a los mejores precios

Segunda Avenida, Nº 40
271.88.20

LOS REYES MAGOS
Grandes rebajas

Ropa infantil de calidad

Plaza de las Américas
Local Q-15
985 13 31

ALMACENES CARRASCO
Llévate tus jeans ahora a los mejores precios del año

30% menos

Ave. Teresa de la Parra
Edificio Codazzi
al lado del Banco Federal
661.45.81

EL CENTRO DE LAS TELAS
Entre la estación del Metro de Sabana Grande y Chacaito
Horario corrido de 9:00a.m. a 7:30p.m.
Abrimos los domingos

985 50 43

 A ESCUCHAR

La ropa y los eventos. You will hear four conversations regarding events and the clothes people are going to buy or wear for those events. Write the number of the conversation next to the appropriate clothes and events.

ROPA

_____ ropa informal
_____ traje y corbata
_____ falda, chaqueta y blusa
_____ pantalones cortos y camiseta

EVENTOS

_____ fiesta elegante
_____ reunión de jóvenes
_____ excursión de fin de semana
_____ entrevista para un trabajo

Explicación y expansión

1. Preterit tense of regular verbs

Spanish has two simple tenses to express the past: the preterit and the imperfect (**el pretérito y el imperfecto**). Use the preterit to talk about past events, actions, and conditions that are viewed as completed or ended.

		HABLAR	COMER	VIVIR
	yo	hablé	comí	viví
	tú	hablaste	comiste	viviste
Ud., él, ella		habló	comió	vivió
nosotros/as		hablamos	comimos	vivimos
vosotros/as		hablasteis	comisteis	vivisteis
Uds., ellos/as		hablaron	comieron	vivieron

Practice activities for each numbered grammar point are provided on the CD-ROM and website (www.prenhall.com/ mosaicos)

■ Note that the **nosotros** form of the preterit of **-ar** and **-ir** verbs is the same as the present **nosotros** form. Context will help you determine if it is present or past.

> **Llegamos** a la tienda a las tres. *We arrive at the store at three.*
> *We arrived at the store at three.*

■ Stem-changing **-ar** and **-er** verbs in the present do not change in the preterit.

> **pensar:** pensé, pensaste, pensó, pensamos, pensasteis, pensaron
> **volver:** volví, volviste, volvió, volvimos, volvisteis, volvieron

■ Verbs ending in **-car** and **-gar** have a spelling change in the **yo** form to show how the word is pronounced. The spelling change of verbs ending in **-zar** (**empecé**) shows that Spanish rarely uses a **z** before **e** or **i**.

> **sacar:** saqué, sacaste, sacó. . .
> **llegar:** llegué, llegaste, llegó. . .
> **empezar:** empecé, empezaste, empezó. . .

■ Some expressions that you can use with the preterit to denote past time are:

anoche	*last night*
anteayer	*day before yesterday*
ante(a)noche	*night before last*
ayer	*yesterday*
el año/mes pasado	*last year/month*
la semana pasada	*last week*

ACENTOS

The **yo** and the **Ud., el/ella** preterit verb forms are stressed on the last syllable and end in a vowel, therefore, they carry a written accent: **hablé, comí, viví; habló, comió, vivió.**

2. Preterit of *ir* and *ser*

IR AND SER	
yo	**fui**
tú	**fuiste**
Ud., él, ella	**fue**
nosotros/as	**fuimos**
vosotros/as	**fuisteis**
Uds., ellos/as	**fueron**

Ir and **ser** have identical forms in the preterit. Context will determine the meaning.

Ernesto **fue** a la tienda. *Ernesto went to the store.*
Él **fue** vendedor en esa tienda. *He was a salesman at that store (for some time).*

¿Qué dice usted?

👥 **6-7 Ayer yo. . .** Marque cuáles fueron sus actividades ayer y añada una actividad en cada grupo. Después compare sus respuestas con las de su compañero/a.

1. Por la mañana:
   desayuné
   escribí una composición
   tomé el sol en la playa
   estudié español
   . . .

2. Por la tarde:
   almorcé en la cafetería
   saqué libros de la biblioteca
   lavé unas camisas
   fui al cine
   . . .

3. Por la noche:
   preparé la cena
   miré televisión
   planché unos pantalones
   salí con mis amigos
   . . .

👥 **6-8 Ayer fue diferente.** Intercambien roles para explicarse entre ustedes qué hacen siempre los vendedores y qué hace Marta normalmente cuando hay rebajas. Después, digan qué hicieron ayer. Sigan el modelo.

MODELO: llegar a la tienda a las ocho de la mañana
   E1: Los vendedores siempre llegan a la tienda a las ocho de la mañana.
   E2: Sí, pero ayer no llegaron a las ocho. Llegaron a las ocho y media.

LOS VENDEDORES
1. ordenar la ropa rebajada
2. trabajar hasta la una
3. ir a la cafetería a la una
4. almorzar entre la una y las dos
5. salir de la tienda a las seis

MARTA
1. levantarse temprano
2. caminar durante media hora
3. bañarse y desayunar enseguida
4. llegar a la tienda a las diez
5. probarse y comprar muchos vestidos

6-9 El sábado pasado. ¿Qué hicieron Yolanda y Pedro?

1.

2.

3. *ducharse, baño*

4. *miro la tele*

5. *escucho musica y estudió*

6. *Fue a la playa*

7. *Nadó en el mar*

8. *Ellos comieron*

👥 **6-10 Un día de compras. Primera fase.** Usted y su compañero/a fueron de compras el sábado. Para recordar sus actividades ese día, deben hacer lo siguiente:

■ Escribir una lista de todas las cosas que hicieron durante su día de compras
■ Anotar qué compraron, dónde, cuánto gastaron, etc.

👥 **Segunda fase.** Formen grupos de cuatro estudiantes para intercambiar información.

■ Comparen sus actividades y contesten las preguntas de sus compañeros sobre sus compras y actividades
■ Explíquenle a la clase si hicieron cosas similares o diferentes y qué pareja gastó más.

1. You went to a party last Saturday. Your friend would like to know a) where the party was, b) what time the party started, c) with whom you went, d) what clothes you wore, d) what time the party ended, and f) where you went after the party. Answer his/her questions in as much detail as possible.

2. **Role A.** You are at the store trying to get your best friend the same kind of sweat suit you wear for your exercise class, but you don't see it among the sports clothes. Explain to the salesperson a) when you bought it, b) what it looks like, and c) the brand name (**marca**) and size of the product.

   Role B. After listening to the customer, explain that a) you don't have that brand any more, b) that you received a similar one that costs less, c) that you have all sizes and colors, and d) ask if he/she would like to try it on.

3. Indirect object nouns and pronouns

Ana María le da un regalo
a su amigo.
¿Qué le dice su amigo?
¿Qué le contesta Ana María?

INDIRECT OBJECT PRONOUNS	
me *to/for me*	**nos** *to/for us*
te *to/for you* (familiar)	**os** *to/for you* (familiar)
le *to/for you* (formal), *him, her, it*	**les** *to/for you* (formal), *them*

■ Indirect object nouns and pronouns tell *to whom* or *for whom* an action is done.

El profesor **me** explica la lección. *The professor explains the lesson to me.*
Yo **te** presto el dinero ahora. *I'll lend you the money now.*

■ Indirect object pronouns have the same form as direct object pronouns except in the third person: **le** and **les**.

¿El niño? Yo **lo** veo por la mañana. *I see him in the morning.*
  (direct object)
¿El niño? Yo **le** leo cuentos por *I read him stories in the morning.*
  la mañana.(indirect object)

- Place the indirect object pronoun before the conjugated verb form. It may be attached to an infinitive or to a present participle. Note the written accent mark when attaching an indirect object pronoun to the present participle.

Te voy a comprar un regalo. Voy a comprar**te** un regalo.	*I'm going to buy you a present.*
Juan **nos** está preparando la cena. Juan está preparándo**nos** la cena.	*Juan is preparing dinner for us.*

- Use indirect object pronouns even when the indirect object noun is stated explicitly.

Yo **le** compré un regalo a **Victoria**.	*I bought Victoria a present.*

- To eliminate ambiguity, **le** and **les** are often clarified with the preposition **a** + *pronoun.*

Le hablo **a usted**.	*I'm talking to you.* (not to him)
Siempre **les** compro algo **a ellos**.	*I always buy them something.* (not you)

- For emphasis, use **a mí, a ti, a nosotros/as,** and **a vosotros/as** with indirect object pronouns.

Pedro **te** habla a **ti**.	*Pedro is talking to you.* (not to someone else)

4. The verb *dar*

DAR *(to give)*		
	PRESENT	PRETERIT
yo	**doy**	**di**
tú	**das**	**diste**
Ud., él, ella	**da**	**dio**
nosotros/as	**damos**	**dimos**
vosotros/as	**dais**	**disteis**
Uds., ellos, ellas	**dan**	**dieron**

- **Dar** is almost always used with indirect object pronouns. Notice the difference in meaning between **dar** (*to give*) and **regalar** (*to give as a gift*).

Ella le **da** la camisa a Pedro.	*She gives (hands) Pedro the shirt.*
Ella le **regala** la camisa a Pedro.	*She gives Pedro the shirt (as a gift).*

- In the preterit, **dar** uses the endings of **-er** and **-ir** verbs.

¿Qué dice usted?

👥 **6-11 Nuestro/a profesor/a. Primera fase.** De la lista que aparece más abajo, escoja con su compañero/a las cosas que hace su profesor/a por ustedes. Después deben añadir una actividad más y compartir sus ideas con otros/as compañeros/as.

MODELO: hacer preguntas sobre los precios de algunos productos
          Nos hace preguntas sobre los precios de algunos productos.

1. dar nombres de tiendas famosas en los países hispanos
2. hablar sobre las cosas que venden en los mercados al aire libre
3. comprar ropa
4. dar dinero para comprar videos
5. explicar la historia de los países de América del Sur
6. mostrar fotos de almacenes y tiendas en varios países hispanos
7. regalar libros
8. …

👥 **Segunda fase.** Ahora, en grupos prequeños, indiquen qué es lo que ustedes hacen por su profesor/a.

1. ordenar su oficina
2. preguntar cómo está
3. lavar su auto
4. dar tarea

5. comprar regalos por su cumpleaños
6. contestar en español cuando pregunta
7. tomar fotografías
8. mandar correos electrónicos

👥 **6-12 Para estar a la última moda. Primera fase.** Use su imaginación o las recomendaciones que están más abajo para contestar las preguntas de su compañero/a. Después cambien de papel.

MODELO: E1: Quiero estar a la última moda. ¿Qué me recomiendas?
          E2: Te recomiendo comprar ropa de colores claros.
          E1: ¿Qué más me recomiendas?
          E2: Te recomiendo leer la revista *Elegancia*.

1. ir a un buen almacén/a boutiques elegantes/a París
2. usar zapatos italianos/franceses/de cuero blanco
3. comprar unos pantalones cortos/estrechos/largos
4. buscar blusas/camisas muy grandes/de seda/de algodón
5. llevar gafas de sol pequeñas/grandes/muy oscuras
6. …

Segunda fase. Hable con otro/a compañero/a e infórmele sobre tres buenas recomendaciones que le hizo su compañero/a en la **Primera fase**.

👥 **6-13 Estudiantes afortunados. Primera fase.** Usted y su compañero/a acaban (*have just*) de ganar la lotería y quieren compartir su fortuna con su familia y sus compañeros de clase.

■ Hagan una lista de los miembros de su familia a quienes ustedes desean regalarles algo.
■ Indiquen el regalo que piensan hacerle a cada uno.

MODELO: E1: A nuestros padres les vamos a regalar/vamos a regalarles un crucero por el Caribe.
E2: A Sara le vamos a comprar/vamos a comprarle una mochila.

Segunda fase. Ahora, hagan una lista de cuatro compañeros/as a quienes ustedes les quieren dar algo. Indiquen en la siguiente lista el regalo que piensan hacerle a cada uno. Compartan la información con otra pareja.

unas vacaciones en la isla Margarita
una suscripción al periódico *El Universal*
una entrada para ver el concurso Señorita Venezuela
150.000 bolívares para gastar en el Centro Sambil en Caracas
un perfume de Carolina Herrera

👥 **6-14 Entrevista.** Pregúntele a su compañero/a sobre sus hábitos de compras y los regalos que hace y le hacen, basándose en la siguiente lista. Después cambien de papel y comparen sus respuestas.

1. Ir de compras: ¿dónde? ¿cuándo?
2. Tienda(s) favorita(s): ¿cuál(es)?
3. Comprar regalos caros: ¿a quién(es)?
4. Le compran regalos a usted: ¿quién(es)?

SITUACIONES

1. **Role A.** You are a client at a department store. Tell the salesperson that a) you are looking for a present for a young man/lady, b) that you are not sure what you should buy, and c) the amount that you can spend.

   Role B. You are the salesperson, a) inquire about the young man's/lady's age, taste, size, favorite color, or any other pertinent information; b) make reasonable suggestions to your client; and c) give him/her information about the quality of the products, prices, sales, etc.

2. **Role A.** You are starting a new job and you go to the store to get some new clothes. Tell the salesperson a) that you saw a suit/dress at the shop window (**escaparate**) and b) inquire if he/she has your size. Answer all the salesperson's questions and decide which suits/dresses you would like to try on.

   Role B. You are a salesperson. First, a) ask the client for more details to identify the suit/dress the customer is referring to, b) tell him/her that you have it in brown, blue, gray, and black, and c) that you also have some new suits/dresses that you can show him/her (describe the styles), and d) ask him/her if she would like to see them.

5. *Gustar* and similar verbs

¿Le gusta esta camisa?
No, no me gusta.

Me gustan éstas. ¿Y a usted?
Me gustan mucho.

■ In previous lessons you have used the verb **gustar** to express likes and dislikes. As you have noticed, **gustar** is not used the same way as the English verb *to like*. **Gustar** is similar to the expression *to be pleasing* (to someone).

Me gusta ese vestido.	*I like that dress.* (That dress is pleasing to me.)

■ In this construction, the subject is the person or thing that is liked. The indirect object pronoun shows to whom something is pleasing.

Me			*I*	
Te			*You* (familiar)	
Le	}	gusta el traje.	*You* (formal), *He/She*	} like/s the suit.
Nos			*We*	
Os			*You* (familiar)	
Les			*They, You* (formal and familiar)	

■ Generally, only two forms of **gustar** are used for the present (**gusta, gustan**) and two forms for the preterit (**gustó, gustaron**). If one person or thing is liked, use **gusta/gustó**. If two or more persons or things are liked, use **gustan/gustaron**. To express what people like or do not like to do, use **gusta** followed by infinitives.

Me **gusta** ese **collar**.	*I like that necklace.*
No me **gustaron** los anillos.	*I didn't like the rings.*
Nos **gusta caminar** por la mañana.	*We like to walk in the morning.*
¿No te **gusta correr** y **nadar**?	*Don't you like to run and swim?*

■ Some other Spanish verbs that follow the pattern of **gustar** are **encantar** (*to delight, to love*), **interesar** (*to interest, to matter*), **parecer** (*to seem*), and **quedar** (*to fit, to have something left*).

- To express that you like or dislike a person, you may also use **caer bien** or **caer mal**, which follow the pattern of **gustar**.

> **Les cae bien** Miriam.   *They like Miriam.*
> La dependienta **me cae mal**.   *I don't like the salesclerk.*

- To emphasize or clarify to whom something is pleasing, use **a + mí**, **a + ti**, **a + él/ella**, etc. or **a** + *noun*.

> **A mí** me gustaron mucho los   *I liked the shoes a lot, but Pedro*
> zapatos, pero **a Pedro** no   *didn't like them.*
> le gustaron.

¿Qué dice usted?

👤👤 **6-15 Mis preferencias en la ropa.** Complete la siguiente tabla según sus preferencias. Después compare sus preferencias con las de su compañero/a, y finalmente, explíquenles a otros/as compañeros/as en qué coinciden sus gustos.

MODELO: E1: A nosotros nos gustan los colores fuertes.
                E2: Y también nos encanta la ropa deportiva.

ROPA	ME ENCANTA/N	ME GUSTA/N	NO ME GUSTA/N
la ropa deportiva			
los colores fuertes			
las chaquetas de cuero			
los suéteres de lana			
las blusas/camisas de seda			
los vaqueros			
los pantalones cortos			

👤👤 **6-16 Problemas.** En parejas, lean estos problemas y busquen la solución.

MODELO: Pilar tiene $50.000 bolívares. Paga 25.000 bolívares por una blusa y $10.000 por unos aretes. ¿Cuánto dinero le queda? 15.000 bolívares.

1. Ernesto tiene 75.000 bolívares. Le da 15.000 a su hermano. ¿Cuánto dinero le queda?
2. Érica tiene 25.000 bolívares. Va al cine y a cenar con una amiga. El cine cuesta 5.000 bolívares y la cena 12.000. ¿Cuántos bolívares le quedan?
3. Gilberto tiene $40.000 bolívares. Compra un suéter por 39.000 bolívares. ¿Cuánto dinero le queda?
4. Mis amigos tienen 30.000 bolívares. Van a la playa y almuerzan en un restaurante por $25.000 bolívares. ¿Cuántos bolívares les quedan?

 6-17 ¿Qué opinan ustedes? Primero, con un/a compañero/a, pregúntense y den su opinión sobre los siguientes temas. Luego, intercambien sus opiniones en grupos pequeños.

MODELO: el uso de uniformes en las escuelas
E1: ¿Qué piensas del uso de uniformes en las escuelas?
E2: Me parece que es una idea excelente. Y tú, ¿qué opinas?
E1: Pues yo creo que cada estudiante es un individuo y debe llevar la ropa que le gusta.

1. los almacenes de descuento
2. la ropa que llevan los artistas a la ceremonia de los Óscares
3. los precios de la ropa de los diseñadores famosos
4. los desfiles de moda en la televisión

EXPRESIONES ÚTILES

Para saber la opinión de otro/a	Para expresar una opinión
¿Qué opinión tiene(s) sobre…?	Opino que…
¿Qué opina(s) sobre/de…?	
¿Qué te/le parece(n)…?	Me parece que…
¿Qué piensa(s)/cree(s) de …?	Creo/Pienso que…

6-18 ¿Qué planes tienes? Usted y su compañero/a van a ir a una recepción muy elegante el sábado próximo. Averigüe qué ropa piensa llevar o comprar su compañero/a y qué le gustaría hacer después de la recepción. Después él/ella debe preguntarle a usted.

SITUACIONES

1. One of you is shopping at a clothing store, the other is the clerk. Tell the clerk a) what you need (e.g., pants, shoes, and so on), b) ask the price of each item, c) say whether you like each one or not, and d) decide if you will buy it/them. He/She will ask you pertinent questions.

2. **Role A:** You are at the store where you bought a pair of jeans last week. Tell the clerk that a) you tried them on at home and they didn't fit, and b) that you would like to exchange them. Listen to the clerk and respond accordingly.

   Role B: You are the clerk at a store. A customer comes to you to exchange a piece of clothing. Listen to his/her case and tell the customer that you don't have any other sizes in that style. Try to interest the customer in another style.

Some more uses of *por* and *para*

- Use **por** to indicate the reason or motivation for an action.

No le compra el collar **por** el precio. *He is not buying her the necklace because it is too expensive* (because of the price).

- If you use a verb to express the reason or motivation, then you must use **porque**.

No le compra el collar **porque es** muy caro. *He is not buying her the necklace because is very expensive.*

- Use **para** to indicate for whom something is intended or done.

Compró otro collar **para** su novia. *He bought another necklace for his girlfriend.*

¿Qué dice usted?

👥 **6-19 ¿Cuál es el motivo?** Con su compañero/a, use **por** o **porque** para terminar las oraciones de la columna de la izquierda con un motivo lógico de la columna de la derecha.

MODELO: Pedro compró un traje   el examen del lunes
          Pasamos el fin de semana preocupados   lo invitaron a una fiesta

          Pedro compró un traje porque lo invitaron a una fiesta.
          Pasamos el fin de semana preocupados por el examen del lunes.

1. Pepito quiere una bicicleta   a. le queda grande
2. Isabel prefiere comprar en un mercado b. sus buenas notas
3. Rebeca va a cambiar el vestido   c. el tráfico
4. Ellos llegaron tarde   d. la ropa es más barata
5. Voy a ir de compras hoy   e. son muy cortos
6. No va a comprar los pantalones   f. las rebajas

6-20 Unos regalos. Usted fue a Caracas la semana pasada y su compañero/a quiere saber para quién son los regalos que compró.

MODELO: una pulsera
          E1: ¿Para quién es la pulsera?
          E2: Es para mi hermana.

1. los libros de español   4. el collar
2. la billetera   5. los discos compactos del Puma
3. las camisetas   6. ...

mosaicos

A ESCUCHAR

A. Crucigrama. Complete the crossword with the correct word. Then put the number next to each item.

Across:
- 5. media
- 2. sapato
- 6. bota
- 3. corbata

Down:
- 1. pantalón
- 4. vestido
- 7. camisa

1 ____
4 ____
3 ____
2 ____
5 ____
6 ____
7 ____

B. ¡Qué problema! Andrea, Carolina, Roberto, and Darío left their shopping bags at the counter and now they are all mixed up. Listen and decide to whom each shopping bag belongs.

_____ A

_____ B

_____ D

_____ C

C. ¿Lógico o ilógico? Indicate whether each of the following statements is **Lógico** or **Ilógico**.

	LÓGICO	ILÓGICO
1.	_____	_____
2.	_____	_____
3.	_____	_____
4.	_____	_____
5.	_____	_____
6.	_____	_____

Cultura

Haggling (**regatear**) is a common practice in the Hispanic world, although it varies from country to country. In general, people haggle in open-air markets and, at times, in small stores, especially if you are a good customer. One does not haggle in department stores, pharmacies, and government offices.

 A CONVERSAR

6-21 En un mercado. Uno/a de ustedes tiene que comprar algo en un mercado (una blusa, un sombrero, una alfombra, etc.). El/La otro/a va a ser el/la vendedor/a. El/La cliente/a debe preguntar el precio y regatear para obtener el mejor precio posible. Usen las expresiones más apropiadas.

Expresiones útiles para regatear:

CLIENTE/A	VENDEDOR/A
No tengo tanto dinero. Sólo puedo pagar…	No puedo darle un precio más bajo.
¡Es/Son muy caro(s)/a(s)!	¡Imposible! Me cuesta(n) más… / Los costos de producción de… son altos.
¿Qué le parece(n)… bolívares/dólares/etc.?)	El material de… es importado/ de primera calidad.
Le doy… (pesos/colones/etc.)	Lo siento, pero no puedo darle… por ese precio.

6-22 ¡De rebajas! Primera fase. En grupos de cuatro, sigan estas instrucciones.

- Preparen un anuncio con las rebajas de una tienda de ropa. Incluyan el nombre de la tienda y las fechas de las rebajas.
- Anuncien la ropa que tiene descuento; hagan una descripción de cada artículo con el precio normal y el rebajado.

Segunda fase.

- Dos de ustedes visitan a otro grupo y hacen el papel de compradores; los otros dos deben quedarse y hacer el papel de vendedores.
- Después, los "compradores" regresan a su grupo original y todos intercambian la siguiente información sobre sus experiencias.
  a. qué compraron/vendieron   b. precio original/precio final
  c. cuánto ahorraron *(saved)*/cuánto ganaron *(made)*

 A LEER

6-23 Preparación. Marque con una X los productos o servicios que se pueden obtener en una megatienda de su país.

1. _____ ropa de mujer/hombre
2. _____ electrodomésticos
3. _____ camisetas para niños
4. _____ máquinas fotográficas
5. _____ seguros de auto

6. _____ frutas
7. _____ ropa interior
8. _____ verduras
9. _____ juguetes para niños
10. _____ pollos asados

6-24 Primera mirada. Lea el siguiente anuncio de una megatienda popular en algunos países hispanos. Luego, siga las instrucciones.

MINIMAXY'S

Este novedoso y único concepto de hipermercado en el país se inauguró a finales de 1996 en las ciudades de Caracas, Maracaibo y Mérida. En estos nuevos hipermercados la familia puede conseguir distintos tipos de mercancías en un mismo lugar:

- **Textiles** (ropa para niños, damas, caballeros y lencería)
- **Variedades** (artículos para el hogar, limpieza, decoración, ferretería, juguetería, deportes, papelería, cosméticos, fotografía, etc.)
- **Supermercado** (víveres, frutas, verduras, lácteos, carnes, charcutería, pescados, pan) y alimentos procesados (Restaurant, Pizzería, Pollos a la Brasa y Panadería)

Otros servicios a su disposición incluyen: pago de servicios públicos, cajeros automáticos, sistema POS con escáner y una guardería infantil atendida por personal especializado.

MINIMAXY'S es un innovador sistema de comercialización para el mercado venezolano, dirigido a las familias que buscan calidad y comodidad al adquirir todos los productos que necesitan en un solo lugar. Al mismo tiempo pueden disfrutar de un ambiente agradable y acogedor en amplios locales de aproximadamente 10.000 metros cuadrados, con un surtido de mercancía extraordinario.

Estos modernos hipermercados están atendidos por gente amable y cordial que se esfuerza por satisfacer cada necesidad.

Complete las ideas con la información adecuada según el anuncio.

1. MINIMAXY'S es _____.
2. MINIMAXY'S empezó a funcionar en el año _____ en estas tres ciudades venezolanas: _____, _____ y _____.
3. Este hipercentro les ofrece a los clientes productos en estas áreas:
   a) _____, b)_____ y c) _____.
4. Si una persona desea comprar pantalones para sus hijos pequeños debe ir a la sección de _____.
5. Dos palabras que podemos usar en vez de "mujeres" y "hombres" son _____ y _____.
6. La ropa interior se puede encontrar en la sección de _____.
7. Las raquetas de tenis y las máquinas fotográficas, por ejemplo, se clasifican como _____.
8. Para comprar comida, uno tiene que ir al _____.

6-25 Segunda mirada. Indique los servicios que, según el anuncio, MINIMAXY's les ofrece a sus clientes en las siguientes circunstancias:

1. Personas que necesitan dinero en efectivo, pero que no tienen tiempo para ir a un banco.

   _____

2. Padres que tienen que ir de compras, pero que quieren hacerlas sin la compañía de sus hijos.

   _____

3. Clientes que desean pagar sus cuentas de luz, gas o teléfono en un solo lugar.

   _____

6-26 Ampliación. ¿Puede usted adivinar el tipo de tienda donde se venden estos productos? ¿Cómo se llama el vendedor en cada una de las tiendas? Complete la tabla.

PRODUCTOS	TIENDA	VENDEDOR/A	¿HAY EN UN HIPERMERCADO?	
pan			sí	no
frutas			sí	no
carnes			sí	no
libros			sí	no
pescados			sí	no

A ESCRIBIR

6-27 Preparación. La Asociación de Centros Comerciales preparó un concurso para los consumidores de su ciudad. Éstos deben narrar la peor experiencia/fantasía imaginable en un centro comercial. El premio consiste en una excursión de compras con diez mil dólares en efectivo. Usted y un/a compañero/a van a participar en el concurso, relatando una experiencia/ fantasía horrible que les ocurrió en un centro comercial el año pasado. Las siguientes preguntas les pueden ayudar a obtener el primer premio:

1. ¿A quiénes les ocurrió esta experiencia? ¿Cuándo?
2. ¿En qué centro comercial les ocurrió?
3. ¿Qué les pasó primero? ¿Luego? ¿Más tarde? ¿Finalmente?
4. ¿Qué hicieron ustedes para resolver el problema/la situación?
5. ¿Cómo terminó la experiencia?

👥 **6-28 Manos a la obra.** Escriban la narración juntos.

Expresiones útiles

primero
luego/después
más tarde
finalmente

👥 **6-29 Revisión.** Verifique con su compañero/a...

◼ el contenido de la narración: ¿incluyó toda la información necesaria? ¿Piensa usted que el comité que va a leer su narración tendrá preguntas después de leerla?

◼ la forma: revise si en su texto hay errores de vocabulario, estructura, acentuación, puntuación, etc.

Vocabulario*

Los accesorios

el anillo	ring
el arete	earring
la billetera	wallet
la bolsa	purse
la bufanda	scarf
el cinturón	belt
el collar	necklace
las gafas de sol	sunglasses
la gorra	cap
el guante	glove
el pañuelo	handckerchief
el paraguas	umbrella
la pulsera	bracelet
el sombrero	hat

Las compras

el almacén	department store
el centro comercial	shopping center
el mercado al aire libre	open-air market
el precio	price
la rebaja	sale
el regalo	present
la talla	size
la tarjeta de crédito	credit card
la tienda	store

Telas y diseño

el algodón	cotton
de color entero	solid color
de cuadros	plaid
de cuero	leather
la lana	wool
de lunares	polka-dotted
el poliéster	polyester
de rayas	striped
la seda	silk

La ropa

el abrigo	coat
la bata	robe
la blusa	blouse
la bota	boot
el calcetín	sock
el calzoncillo	boxer shorts
la camisa	shirt
la camiseta	T-shirt
el camisón	nightgown
la chaqueta	jacket
la corbata	tie
la falda	skirt
el impermeable	raincoat
las medias	stockings, socks
los pantalones	pants
los pantalones cortos	shorts
las pantimedias	pantyhose
el saco	blazer
la sandalia	sandal
el sostén	bra
la sudadera	jogging suit, sweatshirt
el suéter	sweater
el traje	suit
el traje de baño	bathing suit
el traje pantalón	pantsuit
los vaqueros/jeans	jeans
el vestido	dress
la zapatilla	slipper
el zapato	shoe

Las estaciones

el invierno	winter
el otoño	autumn
la primavera	spring
el verano	summer

Verbos

cambiar	to change, to exchange
contestar	to answer
dar	to give, to hand
encantar	to delight, to love
encontrar (ue)	to find
entrar	to go in, to enter
gastar	to spend
gustar	to be pleasing to, to like
interesar	to interest
llevar	to wear, to take
mostrar (ue)	to show
pagar	to pay
parecer (zc)	to seem
ponerse	to put on
probarse (ue)	to try on
quedar	to fit, to be left over
regalar	to give (a present)
valer	to be worth
vender	to sell

Descripciones

ancho/a	wide
barato/a	inexpensive, cheap
caro/a	expensive
estrecho/a	narrow, tight
magnífico/a	great
precioso/a	beautiful
rebajado/a	marked down

Palabras y expresiones útiles

así	this way
el dinero	money
en efectivo	cash
¿En qué puedo servirle(s)?	How may I help you?
enseguida	immediately
estar de moda	to be fashionable
ir de compras	to go shopping
Me gustaría...	I would like...
Quisiera...	I would like...

* A list of expressions denoting past time can be found on page 203.

De compras en el mundo hispano

Para pensar

¿Cuáles son los sitios más populares para ir de compras en los Estados Unidos? ¿Qué puede Ud. comprar allí? ¿Cómo paga Ud. sus compras? ¿Pide rebajas?

Hay una variedad de lugares donde uno puede ir de compras en los países hispanos: los centros comerciales, las tiendas pequeñas, las boutiques y los mercados al aire libre. Además, las compras por medio de la Internet están aumentando. Todo depende de sus gustos y de su presupuesto.

En las metrópolis como Caracas, Buenos Aires, la ciudad de México y Madrid hay grandes y lujosos centros comerciales con variedad de tiendas y servicios. En estos centros comerciales se puede comprar un sinfín de productos ya sean nacionales o importados. Generalmente, los artículos son de buena calidad, los precios son altos y fijos y no se puede pedir rebaja. La forma de pago es normalmente en efectivo aunque también se usan las tarjetas de crédito y con menos frecuencia, los cheques.

En todas las ciudades, generalmente a lo largo de las avenidas del centro, existen innumerables tiendas pequeñas que se especializan en determinados productos. Por ejemplo, uno puede caminar por el Bulevar de Sabana Grande en Caracas y parar en diferentes tiendas.

Por último, están los mercados al aire libre que consisten en pequeños puestos alineados en las calles o avenidas del centro, o en una zona determinada por el gobierno local. Allí se ofrece una gran variedad de productos: ropa, juguetes, perfumes, artículos de ferretería *(hardware)*, artesanías, etc. Los precios son mucho más bajos y es posible regatear, pero la única forma de pago es en efectivo. Sin embargo, es muy difícil cambiar o devolver el producto si lo que usted compró no le conviene o no le queda bien. En Caracas, el Mercado de Chacao y el Mercado de Guacaipuro son muy populares.

El centro comercial de Sabana Grande en Caracas

Para contestar

A. Las tiendas. Haga lo siguiente con su compañero/a.

1. Comparen los centros comerciales, las tiendas pequeñas y los mercados al aire libre de los países hispanos con respecto a:

   - productos que se pueden comprar
   - costo de los productos
   - localización de las tiendas
   - forma de pago

   Mencionen cuáles son las ventajas y desventajas de cada lugar.

2. ¿En qué tiendas se puede pedir rebaja en los países hispanos? Y en los Estados Unidos, ¿se puede pedir rebaja? ¿Dónde?

B. Riqueza cultural. En grupos de tres, comparen los lugares donde uno puede ir de compras en los Estados Unidos y en los países hispanos. Hablen de lo que se puede comprar en esos lugares y la forma de pago.

The *Enfoque cultural* is available in an interactive online format at *www.prenhall.com/mosaicos*

Para investigar en la WWW

Vaya a la página de *Mosaicos* en la Internet
www.prenhall.com/mosaicos.

1. Busque ofertas de productos para el hogar en
   los periódicos de Caracas. ¿Qué productos se
   ofrecen? Haga una copia de los anuncios para
   presentarlos en clase y comentar los precios.
   Describa el anuncio y diga en qué se parece o
   se diferencia de los anuncios que se publican
   en los periódicos en los Estados Unidos.

2. Busque información sobre centros
   comerciales en Venezuela y haga una copia
   de los anuncios que encuentre para
   presentarlos en clase. Explique cómo son los
   centros comerciales, qué tipos de tiendas y
   productos tienen, quiénes cree usted que son
   los compradores que van allí, etc.

3. Busque información sobre productos
   nacionales e importados que se pueden
   comprar en Venezuela. Comparta esta
   información con sus compañeros/as de clase y diga qué
   productos venezolanos quisiera usted comprar y por qué.

Venezuela

Ciudades importantes y lugares de interés: Venezuela es un país de
increíble belleza natural donde se puede disfrutar de hermosas playas
caribeñas, tranquilos pueblos andinos, selvas amazónicas y ciudades
cosmopolitas. Venezuela es además un país de enormes recursos
económicos: petróleo, oro, piedras preciosas, minerales, etc. Su capital,
Caracas, es una ciudad de casi cuatro millones de habitantes que se
vanagloria de su impresionante arquitectura moderna. Caracas es el
centro financiero, comercial, cultural, artístico y gubernamental del país.

Maracaibo, la segunda ciudad del país en importancia, situada a
orillas del Lago Maracaibo, es el centro de la industria petrolera.
Mérida, ciudad andina llamada también la Ciudad de los Caballeros,
es un lugar de gran interés con su Catedral Metropolitana y su Museo
de Arte Colonial. En la parte oriental del país se encuentra el Parque
Nacional Canaima, donde están las cataratas del Salto del Ángel, las
más altas del mundo, con una caída de 807 metros (16 veces más
altas que las cataratas del Niágara).

Las cataratas del Salto del Ángel

Expresiones venezolanas:

cónchale	¡Cónchale!	*Darn!*
la cara amarrada	Amaneció con la cara amarrada.	*He woke up in a bad mood.*
corotos	¿Dónde están mis corotos?	*Where are my things?*

ENFOQUE INTERACTIVO

  A MIRAR EL VIDEO 5:00

Watch the *Fortunas* video segment for *Lección 6* in class or on your CD-ROM. What is Katie up to? What has Efraín finally figured out?

Now complete the accompanying video activities on the CD-ROM. This is your chance to interact with the video characters! **25:00**

¿Qué hora es?

El concurso

In this episode of *Fortunas* we see Sabrina and Efraín working to gain a big advantage in the contest. She is certain of the first *fortuna's* location, but he has other ideas. Do you feel that his uncertainty is justified? Are you at all suspicious of his "sudden" inspiration?

 LA BÚSQUEDA 5:00

Efraín and Sabrina have three of the clues and seem to be on their way to solving the third *misterio* and finding the first *fortuna*. Do you agree with Sabrina's conclusion? An old stone related to the sun seems to point to the pyramids...but what is Efrain talking about? Go to the *Fortunas* module to gather information about the third *misterio* and see if you can find the first *fortuna* before the contestants do.

Misterio Nº 3: Tiempo viejo

Pistas
1. Mira el sol
2. Piedra grande
3. Muy viejo
4. ¿Qué hora es?

¿QUÉ OPINA USTED? 5:00

Up to now, how would you rate the players on their ability to deceive the others? Who, in your opinion, is wearing the most convincing mask? Why? Your vote counts in determining the contest's winner, so please go to the *Fortunas* module and click on *¿Qué opina usted?* to answer questions about the contestants and the contest. Read the contestants' diary entries about solving the *misterios*.

 ## PARA NAVEGAR 10:00

VENEZUELA HOY

Al llegar a este país, los conquistadores españoles observaron casas sobre el lago Sinamaica, cerca de la ciudad de Maracaibo. La escena les recordaba a Venecia, así que decidieron llamar a la zona Venezuela, o "pequeña Venecia". Hoy en día Venezuela es un país con un gran potencial económico y una cultura muy interesante. Además su naturaleza es una de las mas espectaculares de América del Sur.

Venezuela hoy

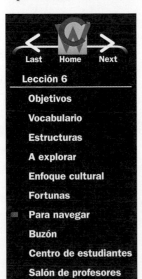

Go to the *Mosaicos Website* and click on the *Para navegar* module to explore links to Venezuelan life and geography, and to learn about the rich history and traditions of this area.

Lección 7

El tiempo y los deportes

COMUNICACIÓN

- ✖ Expressing and describing physical activities
- ✖ Asking and answering questions about weather conditions
- ✖ Expressing more measurements
- ✖ Talking about past events
- ✖ Expressing how long ago events and states occurred

ESTRUCTURAS

- ✖ Preterit tense of **-er** and **-ir** verbs whose stem ends in a vowel
- ✖ Preterit tense of stem-changing -ir verbs (e → i) (o → u)
- ✖ Reflexive verbs and pronouns
- ✖ Pronouns after prepositions
- ✖ Some irregular preterits
- ✖ ALGO MÁS: **Hace** meaning *ago*

MOSAICOS

A ESCUCHAR

A CONVERSAR

A LEER

- ✖ Differentiating factual information from opinion

A ESCRIBIR

- ✖ Reporting factual data and stating personal opinion

ENFOQUE CULTURAL

- ✖ El fútbol y los deportes
- ✖ Uruguay

ENFOQUE INTERACTIVO

 WWW   **VIDEO**   **CD ROM**

A primera vista

Los deportes

El fútbol es el deporte número uno en los países hispanos, excepto en el área del Caribe. Hay excelentes equipos en España, Argentina, Uruguay, Colombia, México y otros países latinoamericanos. Los mejores jugadores de los equipos locales forman un equipo nacional. Esta selección representa al país en campeonatos internacionales y participa, cada cuatro años, en la Copa Mundial.

El esquí es un deporte que practican muchas personas en Argentina, Chile y España. Aquí vemos a unos jóvenes que van a esquiar en las pistas de Bariloche, Argentina, uno de los centros de esquí más importantes de la América del Sur.

El ciclismo, el tenis y el golf son otros deportes populares. Miguel Induráin es un ciclista español que ganó el Tour de Francia cinco veces (1991–1995). En esta carrera, que dura más de 20 días, los ciclistas recorren a veces unos 200 kilómetros.

Los tenistas Marcelo Ríos, chileno, y Arantxa Sánchez Vicario, española, compiten con éxito en los torneos mundiales. Sergio García, conocido como "El niño", es la más joven promesa del golf español.

En la zona del Caribe, el béisbol es el deporte más popular y muchos de sus jugadores, como Sammy Sosa, forman parte de los mejores equipos de los Estados Unidos.

Deportes y equipos necesarios

el bate

el béisbol

el guante

el golf

los palos de golf

la raqueta

los jugadores

el cesto/ la cesta

la cancha

el básquetbol / el básquetbol

el tenis

la pelota

la red

el voleibol

¿Qué dice usted?

👤👤 **7-1 Deportes: ¿quiénes?¿dónde? Primera fase.** Con su compañero/a, llene los espacios de la tabla con los nombres de jugadores o deportistas famosos que usted conoce e indique su país de origen. Después, escojan dos de estos jugadores o deportistas.

DEPORTES	JUGADORES/DEPORTISTAS	PAÍSES
fútbol		
tenis		
béisbol		
golf		
baloncesto		
ciclismo		

👥 **Segunda fase.** Intercambien su información con la de sus compañeros/as. Después, informen al resto de la clase sobre los resultados.

👤👤 **7-2 ¿Qué deporte es?** Identifique cada deporte con su compañero/a.

1. Hay nueve jugadores en cada equipo y usan un bate y una pelota.
2. Es un juego para dos o cuatro personas; necesitamos raquetas y una pelota.
3. En este deporte los jugadores no pueden usar las manos.
4. Para practicar este deporte necesitamos tener una bicicleta.
5. Cinco jugadores lanzan (*throw*) la pelota a un cesto.
6. Para este deporte que es popular en la playa necesitamos una red y una pelota.

👤👤 **7-3 Tu deporte favorito.** Hágale las siguientes preguntas a su compañero/a. Después él/ella debe hacerle las mismas preguntas a usted.

1. ¿Cuál es tu deporte favorito?
2. ¿Dónde lo practicas? ¿Con quién? ¿Cuándo?
3. ¿Cuáles son algunas personas famosas que practican este deporte?
4. ¿Practicas otros deportes? ¿Cuáles?

👥 **7-4 Encuesta.** Intercambien preguntas para completar la siguiente encuesta. Después comparen los resultados con otros grupos.

1. deporte favorito: _____
2. saber jugarlo bien: sí ___   no ___
3. jugador/a favorito/a: _____
4. equipo favorito: _____
5. asistencia a los partidos: a. todos ___ b. pocos ___ c. ninguno (*none*) ___
6. ver los partidos por televisión: a. todos ___ b. pocos ___ c. ninguno ___

LENGUA

While the majority of the Spanish speakers say **jugar** + **al** + *sport*, some omit **al**, saying **jugar tenis, golf**, etc.

El tiempo y las estaciones

verano

¿Qué tiempo hace? Hace buen tiempo y hace calor. Es un día perfecto para jugar al voleibol en la playa. El cielo está despejado y hace mucho sol.

otoño

Hace fresco y mucho viento. No es fácil jugar al golf cuando hace viento. Pero el otoño es muy bonito porque muchos árboles cambian de color y pierden sus hojas.

invierno

Hace mal tiempo. Anoche nevó y hoy hace frío. Hay mucha nieve y hielo en las calles. Los lagos también se congelaron y algunas personas aprovechan para patinar en el hielo.

primavera

Hoy está nublado y está lloviendo, por eso estos chicos no pueden jugar al fútbol y están jugando a los bolos. Pero la lluvia es muy buena para las plantas y las flores, además limpia la atmósfera contaminada.

A INVESTIGAR

¿En qué estación son los campeonatos de béisbol en el Caribe? ¿Por qué cree usted que se realizan en esa estación?

¿Qué dice usted?

👥 **7-5 ¿Qué tiempo hace?** Pregúntele a su compañero/a qué tiempo hace en cada una de las ilustraciones y averigüe cuáles son sus planes. Después su compañero/a debe hacerle preguntas a usted.

MODELO: E1: ¿Qué tiempo hace?

               E2: _____

               E1: ¿Y qué piensas hacer esta tarde/noche?

               E2: _____

1.   2.   3.

4.   5.   6.   7.

👥 **7-6 Las estaciones y los deportes en mi ciudad.** Hágale preguntas a su compañero/a sobre las estaciones del año en su ciudad de origen y los deportes que practica allí en cada estación. Después, su compañero/a debe hacerle las mismas preguntas a usted.

MODELO: E1: ¿De dónde eres?

               E2: _____.

               E1: ¿Y qué tiempo hace allí en _____?

               E2: _____.

               E1: ¿Qué deportes practicas?

               E2: _____.

👥👥 **7-7 Las temperaturas máximas y mínimas.** Escoja una ciudad del mapa de Uruguay y complete el siguiente diálogo con su compañero/a. En los países hispanos se usa el sistema Celsius (centígrado). Para hacer la conversión al sistema Farenheit, hay que multiplicar la temperatura por 1,8 y sumarle 32 (e.g., 10° C x 1,8 = 18; 18 + 32 = 50° F).

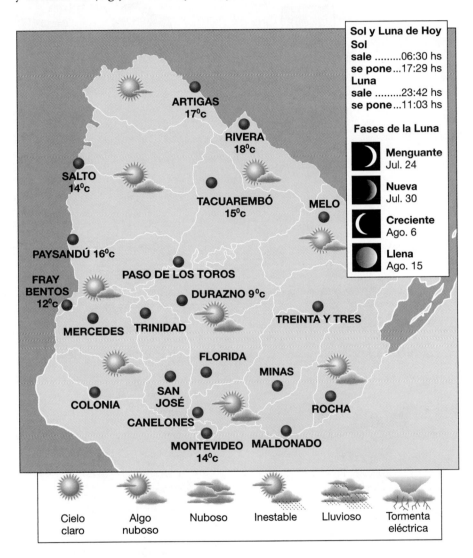

E1: ¿Qué temperatura hace en _____ ?

E2: _____ grados, más o menos.

E1: ¿Por el día o por la noche?

E2: Por _____.

E1: ¿Cuánto es eso en Farenheit?

E2: _____.

E1: ¿Y qué tiempo hace allí?

E2: _____.

Un partido importante

Hoy es el partido decisivo del campeonato de fútbol.

Rigoberto se despierta temprano.

Se levanta.

Se lava los dientes.

Se mira en el espejo y se afeita.

Se viste.

Se sienta a desayunar. Después se va para el campo de fútbol.

Es el fin del partido y el equipo de Rigoberto gana. Los aficionados aplauden porque están muy emocionados. Un jugador del equipo contrario está discutiendo con el árbitro porque no está de acuerdo con su decisión.

Rigoberto se quita el uniforme.

Se baña.

Se seca.

Se peina.

Se pone la ropa.

Va a una fiesta para celebrar el triunfo.

Vuelve a casa muy tarde.
Está muy cansado y se acuesta.

¿Qué dice usted?

7-8 ¿Qué significa? Con su compañero/a, busque el significado de cada palabra.

1. _____ ganar
2. _____ equipo
3. _____ decisión
4. _____ partido
5. _____ árbitro
6. _____ campeón/campeona

a. jugador/a número 1 en un deporte
b. persona que mantiene el orden en un partido
c. tener más puntos al terminar un partido
d. juego entre dos equipos o individuos
e. la palabra final del árbitro
f. un grupo de jugadores

7-9 Las actividades de Rigoberto. Con su compañero/a, conteste las preguntas sobre las actividades de Rigoberto el día del partido.

1. ¿Qué es lo primero que hace Rigoberto?
2. Después de levantarse, ¿se lava los dientes o se viste?
3. ¿Se afeita por la mañana o por la noche?
4. ¿Qué usa para secarse?
5. ¿Adónde va después de bañarse y vestirse?
6. ¿Cuándo se acuesta?

7-10 La rutina diaria de mi compañero/a. Primera fase. Indique con un número el orden en que usted cree que su compañero/a realiza estas acciones. Después verifique el orden con él/ella.

_____ se sienta a desayunar
_____ se seca
_____ se despierta
_____ se viste

_____ se peina
_____ se baña
_____ se levanta
_____ se lava los dientes

Segunda fase. Ahora, en grupo comenten qué actividad(es) de Rigoberto muestran que es una persona...

1. limpia: _____
2. puntual: _____
3. responsable: _____
4. que cuida su salud (*health*): _____

Escriban sus respuestas y compártanlas con la clase.

A ESCUCHAR

A. Los deportes. You will hear some young people talking about sports. Can you guess what sports they are?

1. _____ esquí   _____ fútbol   _____ tenis   _____ ciclismo
2. _____ buceo   _____ baloncesto   _____ fútbol   _____ voleibol
3. _____ ciclismo   _____ béisbol   _____ esquí   _____ boxeo
4. _____ tenis   _____ golf   _____ ciclismo   _____ baloncesto

B. El tiempo. You will now hear some weather forecasts. Place a check mark to indicate whether each forecast predicts good or bad weather.

BUEN TIEMPO   MAL TIEMPO

1. _____   _____
2. _____   _____
3. _____   _____
4. _____   _____

Explicación y expansión

1. Preterit tense of *-er* and *-ir* verbs whose stem ends in a vowel

LEER			
yo	leí	nosotros/as	leímos
tú	leíste	vosotros/as	leísteis
Ud., él, ella	leyó	Uds., ellos/as	leyeron

OÍR			
yo	oí	nosotros/as	oímos
tú	oíste	vosotros/as	oísteis
Ud., él, ella	oyó	Uds., ellos/as	oyeron

The preterit endings of verbs whose stem ends in a vowel are the same as those of regular -er and -ir verbs, except for the **usted, él, ella** form and the **ustedes, ellos, ellas** form, which end in **-yó** and **-yeron**.

2. Preterit tense of stem-changing *-ir* verbs (e → i) (o → u)

PREFERIR			
yo	preferí	nosotros/as	preferimos
tú	preferiste	vosotros/as	preferisteis
Ud., él, ella	prefirió	Uds., ellos/as	prefirieron

DORMIR			
yo	dormí	nosotros/as	dormimos
tú	dormiste	vosotros/as	dormisteis
Ud., él, ella	durmió	Uds., ellos/as	durmieron

- The preterit endings of stem-changing -ir verbs are the same as those for regular -ir verbs.

- Stem-changing -ir verbs (e → ie, e → i, o → ue) change e → i and o → u in the **usted, él, ella** and **ustedes, ellos, ellas** preterit forms.

Marta prefirió salir temprano.	*Marta preferred to leave early.*
José durmió tranquilamente.	*José slept calmly.*

¿Qué dice usted?

👥 **7-11 Los horarios.** ¿Qué hicieron estas personas ayer?

MODELO:　E1: ¿Quién sirvió espaguetis?/¿Qué sirvió el entrenador por la noche?
　　　　　E2: El entrenador sirvió espaguetis.

	CARLOS	EL ENTRENADOR	SUSANA Y MARTA
por la mañana	leer la sección de deportes jugar al tenis	ver el video del partido llamar a los jugadores	dormir hasta las ocho tomar el sol en Playa Brava
por la tarde	oír un partido de béisbol por radio	practicar con los jugadores	leer un libro
por la noche	vestirse salir con su novia	invitar a unos amigos servir espaguetis	ir a un restaurante pedir pescado

👥 **7-12 Encuesta. Primera fase.** En pequeños grupos, hagan la siguiente encuesta. Anoten los datos.

¿QUIÉNES EN EL GRUPO...　　　　　　TOTAL DEL GRUPO

1. ...leyeron el periódico ayer?　　　　_____
2. ...oyeron las noticias?　　　　　　_____
3. ...fueron a un partido de tenis o béisbol?　_____
4. ...practicaron un deporte?　　　　　_____
5. ...durmieron siete horas o más?　　　_____
6. ...durmieron menos de seis horas?　_____

Segunda fase. Ahora, calculen y comenten lo siguiente. Luego deben compartir sus datos con el resto de la clase:

1. ¿Qué porcentaje de ustedes practicó un deporte o fue a un partido ayer? _____%
2. ¿Qué porcentaje se informó sobre lo que ocurre en su país o en otros países? _____%
3. ¿Qué porcentaje se relajó durmiendo? _____%
4. Según ustedes, ¿usaron bien el tiempo ayer? ¿Por qué?

👥 **7-13 El domingo pasado.** En pequeños grupos hagan una lista de sus actividades del domingo pasado. Después comparen su lista con la de otro grupo. ¿En qué actividades coinciden?

SITUACIONES

1. **Role A.** You had to work late last night and missed a very important basketball game at your college/university. Call a friend and after greeting him/her a) explain why you did not go, b) say that you know he/she went to the game, c) ask as many questions as possible about the game, d) answer your friend's questions, and e) accept his/her invitation.

   Role B. A friend calls you to find out about last night basketball game. Answer his/her questions giving as many details as possible. Then a) tell him/her that there is another game on Saturday, b) find out if he/she is free that evening, and d) if free, invite him/her to go with you.

2. One of you read in today's newspaper that a famous football player is going to be interviewed on TV tonight. The other should find out a) in which newspaper you read about the interview, b) the time of the interview, c) the channel (**el canal**), and d) who will do the interview.

3. Reflexive verbs and pronouns

REFLEXIVES		
yo	**me lavo**	*I wash myself*
tú	**te lavas**	*you wash yourself*
Ud.	**se lava**	*you wash yourself*
él/ella	**se lava**	*he/she washes himself/herself*
nosotros/as	**nos lavamos**	*we wash ourselves*
vosotros/as	**os laváis**	*you wash yourselves*
Uds.	**se lavan**	*you wash yourselves*
ellos/ellas	**se lavan**	*they wash themselves*

■ In **Lección 4** you learned that reflexive verbs express what people do *to* or *for* themselves. You also practiced the **yo, tú,** and **usted, él, ella** forms of some reflexive verbs, placing the reflexive pronouns before the conjugated verb. Now you will learn more about reflexives and practice other verb forms.

   Alicia **se levanta** a las siete y media.   *Alicia gets up at seven thirty.*
   Nosotros **nos vestimos** rápidamente.   *We get dress quickly.*

■ With verbs followed by an infinitive, place reflexive pronouns before the conjugated verb or attach them to the infinitive.

   Yo **me** voy a acostar a las diez.   *I'm going to go to bed at ten.*
   Yo voy a acostar**me** a las diez.

■ With the present progressive (**estar + -ndo**), place reflexive pronouns before the conjugated form of **estar** or attach them to the present participle. When attaching a pronoun, add a written accent mark to the stressed vowel (the vowel preceding -**ndo**) of the present participle.

   Amelia **se** está maquillando ahora.   *Amelia is putting on make up now.*
   Amelia está maquillándo**se** ahora.

ACENTOS

The verb form **maquillándose** has an accent mark. Do you know why?

■ When referring to parts of the body and articles of clothing, use definite articles rather than possessives with reflexive verbs.

Me lavo **los** dientes.   *I brush my teeth.*
Me pongo **la** sudadera.   *I put on my sweatshirt.*

■ Some verbs change meaning when used reflexively.

acostar	*to put to bed*	acostarse	*to go to bed, to lie down*
dormir	*to sleep*	dormirse	*to fall asleep*
ir	*to go*	irse	*to go away, to leave (for)*
levantar	*to raise, to lift*	levantarse	*to get up*
llamar	*to call*	llamarse	*to be called*
quitar	*to take away*	quitarse	*to take off*

¿Qué dice usted?

👥 **7-14 ¿Qué hacemos? Primera fase.** Su compañero/a va a hablar sobre el horario de sus actividades. Conteste diciendo cuándo las hace usted. ¿Son similares o diferentes sus horarios?

MODELO: E1: Yo me despierto a las siete.
            E2: Y yo (me despierto) a las ocho.

1. Yo me levanto _____.
2. Después me lavo _____.
3. Me visto _____.
4. Me siento a desayunar _____.

5. Me voy a la universidad _____.
6. Yo me baño _____.
7. Me acuesto _____.
8. Me duermo _____.

Segunda fase. Cambien de pareja. Después, hable con su nuevo/a compañero/a sobre su propio horario y el de su compañero anterior. Comenten cuáles son sus horarios los fines de semana y compárenlos.

MODELO: E1: Juan y yo nos levantamos a las ocho. También nos
                 bañamos por la tarde. ¿Y tú?
            E2: Yo me levanto a las siete.

👥 **7-15 Mis actividades ayer.** Haga una lista de sus actividades ayer, desde que se levantó hasta que se acostó. Después compárela con la de su compañero/a.

👥 **7-16 Los horarios.** Túrnese con su compañero/a para hablar del horario de estos atletas. Háganse preguntas para compararlo con el horario de ustedes.

MODELO: acostarse / 11:00 / 10:30
         E1: Arturo se acuesta a las once.
         E2: Y Alicia y Berta se acuestan a las diez y media. ¿Y tú?
         E1: Yo me acuesto a _____.

	ARTURO	ALICIA Y BERTA	YO
despertarse	8:00	7:00	
levantarse	8:15	7:05	
bañarse	8:20	7:10	
vestirse	8:30	7:20	

👥 **7-17 ¿Qué hacen estas personas?** Con un/a compañero/a, lea las siguientes situaciones y túrnense para hablar de lo que hacen y lo que van a hacer estas personas. Usen los verbos de la lista. Después, comparen sus opiniones con las de otros/as compañeros/as.

acostarse	afeitarse	bañarse	dormirse	irse	lavarse
levantarse	maquillarse	ponerse	quitarse	secarse	vestirse

MODELO: Bernardo está durmiendo y suena el despertador.
         E1: Bernardo se despierta cuando oye el despertador.
         E2: Él va a levantarse enseguida y después va a bañarse.

1. Teresa está enfrente del espejo y se prepara para ir a una fiesta muy elegante.
2. Juan y Tomás entran en el vestuario (*dressing room*) del gimnasio porque van a jugar al baloncesto con unos amigos.
3. Marisa y Sarita están en una playa de Punta del Este en Uruguay.
4. Rogelio sale de la ducha y toma una toalla.
5. Son las once de la noche, Marta está en su cuarto y tiene mucho sueño.

👥 **7-18 Nuestros planes para el campeonato.** Usted y su compañero/a van a representar a su universidad en un campeonato de tenis en Montevideo, Uruguay. Digan dos cosas que van a hacer...

▪ para prepararse físicamente
▪ para prepararse mentalmente
▪ para cumplir (*to fulfill*) con las responsabilidades académicas

1. **Role A.** You are a well-known sportsperson, highly admired by youngsters in your country. (You may choose to play the role of your favorite sportsperson). The reporter of a TV network is going to interview you to prepare a special on your life. Answer the reporter's questions as completely as possible. Remember that you are considered a role model by young people.

   Role B. You are a reporter for a major TV network. Today you are interviewing a well-respected and admired sports figure. After introducing yourself and greeting him/her, find out a) when he/she started to play, b) what his/her daily routine is, and c) how he/she copes with the rigor of daily practice.

2. **Role A.** You would like your younger brother to attend a summer camp. Ask the camp director questions to find out a) what time the children get up, b) what sports they play, c) what they do in the evenings, d) what time they go to bed, and e) how many children there are per counselor (**monitor/a**).

   Role B. You are the director of the summer camp. Answer your prospective client's questions and add more information regarding the variety of activities and the quality of the food.

4. Pronouns after prepositions

Voy a la reunión del equipo ahora. ¿Quieres ir conmigo?

Sí, voy contigo.

- In **Lección 6**, you used **a + mí, ti,** etc. to clarify or emphasize the indirect object pronoun: **Le di el suéter a él.** These same pronouns are used after other prepositions, such as **de, para,** and **sin.**

Siempre habla **de ti.**	*He's always talking about you.*
El boleto es **para mí.**	*The ticket is for me.*
No quieren ir **sin nosotros.**	*They don't want to go without us.*

- In some cases, Spanish does not use **mí** and **ti.** After **con,** use **conmigo** and **contigo.** After **entre,** use **yo** and **tú.**

¿Vas al partido **conmigo?**	*Are you going to the game with me?*
Sí, voy **contigo.**	*Yes, I'm going with you.*
Pedro va a sentarse **entre tú** y **yo.**	*Pedro is going to sit between you and me.*

¿Qué dice usted?

7-19 Las prácticas de tenis. En grupos de tres, identifíquense con un número y hagan preguntas para saber quién va a practicar tenis con quién. Contesten según la tabla.

MODELO: E1: ¿Con quién practica Jorge el sábado?
　　　　　E3: Practica conmigo. (o E2: Practica con él/ella.)

LUNES	MARTES	MIÉRCOLES	JUEVES	VIERNES	SÁBADO
Pedro	Alicia	Carmen	Jorge	Carmen	Jorge
E1	E2	E3	E1	E2	E3

7-20 Antes de ir a un partido de fútbol en Montevideo. Complete el siguiente diálogo con su compañero/a usando pronombres.

E1: Yo salgo ahora. ¿Vienes conmigo?

E2: No, no puedo ir _____. Tengo que trabajar media hora más en la tienda.

E1: ¡Cuánto lo siento! Entonces, ¿vas a ir con Roberto?

E2: Sí, voy a ir con _____.

E1: Seguro que él no quiere ir sin _____. Tú eres su mejor amigo/a.

E2: Sí, somos muy buenos amigos. ¿Y tú sabes dónde te vas a sentar?

E1: Sí, voy a sentarme entre _____ y _____.

SITUACIONES

Role A. Your friend, the coach, gave you two tickets for today's football game, but you have no transportation. Call a friend and after greeting him/her, a) explain how you got the tickets for the game, b) invite him/her to go with you, and c) explain that you have no transportation.

Role B. A friend calls you to invite you to a football game. After exchanging greetings, a) thank him/her for the invitation, b) say that you would be delighted to go with him/her, c) that you can pick him/her up in your car, and d) agree on a time and place.

5. Some irregular preterits

■ Some irregular verbs do not stress the last syllable in the **yo**, and **usted, él, ella** preterit forms.

■ The verbs **hacer**, **querer**, and **venir** have an **i** in the preterit stem.

INFINITIVE	NEW STEM	PRETERIT FORMS
hacer	**hic**	hice, hiciste, hizo, hicimos, hicisteis, hicieron
querer	**quis**	quise, quisiste, quiso, quisimos, quisisteis, quisieron
venir	**vin**	vine, viniste, vino, vinimos, vinisteis, vinieron

- The verbs **decir, traer,** and all verbs ending in **-ducir** (e.g., **traducir**-*to translate*) have a **j** in the stem and use the ending **-eron** instead of **-ieron**. **Decir** also has an **i** in the stem.

INFINITIVE	NEW STEM	PRETERIT FORMS
decir	**dij**	dije, dijiste, dijo, dijimos, dijisteis, dijeron
traer	**traj**	traje, trajiste, trajo, trajimos, trajisteis, trajeron
traducir	**traduj**	traduje, tradujiste, tradujo, tradujimos, tradujisteis, tradujeron

- The verbs **estar, tener, poder, poner,** and **saber** have a **u** in the preterit stem.[1]

INFINITIVE	NEW STEM	PRETERIT FORMS
estar	**estuv**	estuve, estuviste, estuvo, estuvimos, estuvisteis, estuvieron
tener	**tuv**	tuve, tuviste, tuvo, tuvimos, tuvisteis, tuvieron
poder	**pud**	pude, pudiste, pudo, pudimos, pudisteis, pudieron
poner	**pus**	puse, pusiste, puso, pusimos, pusisteis, pusieron
saber	**sup**	supe, supiste, supo, supimos, supisteis, supieron

¿Qué dice usted?

7-21 ¿Qué hizo el sábado pasado? Usted fue de compras a un centro comercial y después tuvo que reunirse con los jugadores de su equipo, así que sólo pudo hacer dos o tres cosas de la lista que aparece más abajo. Marque las cosas que hizo y las que no pudo hacer, y después conteste las preguntas de su compañero/a.

MODELO: comprar el trofeo para el campeonato
E1: ¿Compraste el trofeo para el campeonato?
E2: Quise comprarlo, pero no pude./ Sí, pude comprarlo.

	SÍ	NO
1. cambiar la chaqueta	_____	_____
2. comprar los zapatos tenis	_____	_____
3. probarse el uniforme nuevo	_____	_____
4. conocer al nuevo entrenador	_____	_____
5. ver el video del último partido	_____	_____
6. discutir las estrategias del próximo partido	_____	_____

---

[1]The verb **querer** in the preterit followed by an infinitive normally means *to try (but fail) to do something.*

      Quise hacerlo ayer.   *I tried to do it yesterday.*

[2]**Poder** used in the preterit usually means *to manage to do something.*

      Pude hacerlo esta mañana.   *I managed to do it this morning.*

[3]**Saber** in the preterit normally means *to learn or to find out.*

      Supe que llegaron anoche.   *I learned that you arrived last night.*

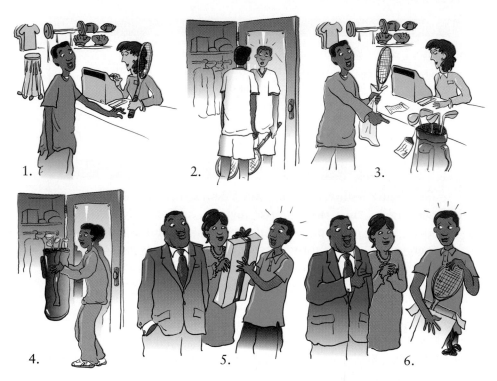

👥 **7-22 ¿Qué ocurrió?** En parejas, expliquen qué le ocurrió a Javier el día de su cumpleaños. Deben dar la mayor información posible.

1. 2. 3.

4. 5. 6.

👥 **7-23 Unos días de descanso.** Su compañero/a estuvo unos días en Uruguay. Hágale las siguientes preguntas para saber dónde estuvo y qué hizo.

1. ¿Adónde fuiste?
2. ¿Cuánto tiempo estuviste allí?
3. ¿Qué cosas interesantes hiciste?
4. ¿Pudiste hablar español con otras personas?
5. ¿Qué te gustó más del viaje?

SITUACIONES

1. **Role A.** You won a contest (**concurso**) to attend the soccer World Cup (**la Copa Mundial**). Tell your friend that a) you won the contest and b) went to the World Cup. Answer all his/her questions, giving as many details as possible.

   Role B. A friend tells you about the prize he/she won. Ask your friend a) how he/she found about the contest, b) how long he/she was away, c) how many games he/she attended, d) with whom he/she went, and e) details about the last game.

2. **Role A.** You were in a tennis clinic last summer. Tell your friend a) where you went, b) the number of days you were there, and c) if you liked it or not. Answer his/her questions.

   Role B. You would like to know more about the tennis clinic your friend attended last summer. Ask him/her a) how many instructors he/she had, b) how much he/she paid for the clinic, c) if he/she improved his/her game, and d) why he/she liked or didn't like it.

Hace meaning *ago*

- To indicate the time that has passed since an action was completed, use **hace** + *length of time* + **que** + *preterit tense*. If you begin the sentence with the preterit tense of the verb, do not use **que**.

  Hace dos horas que llegaron.
  Llegaron **hace** dos horas.   *They arrived two hours ago.*

¿Qué dice usted?

👥 **7-24 ¿Cuánto tiempo hace... ?** Su compañero/a quiere saber cuánto tiempo hace que usted hizo estas cosas. Complete su respuesta con detalles adicionales.

MODELO: ganar el campeonato
    E1: ¿Cuánto tiempo hace que ganaste el campeonato?
    E2: Hace dos años. Fue un día extraordinario. Todos mis amigos me felicitaron y después fuimos a un café a celebrar.

1. conocer a tu novio/a (esposo/a)
2. jugar tenis, golf, etc. por primera vez
3. leer una buena revista de deportes
4. ir a la playa con tus amigos
5. visitar una gran ciudad
6. ver un partido de la Copa Mundial

👥 **7-25 Figuras del mundo de los deportes.** Uno/a de ustedes va a hacer de reportero/a de una revista deportiva y otro/a va a escoger a uno/a de los deportistas más abajo. El/La reportero/a debe hacer por lo menos tres preguntas usando **hace**. El/La deportista debe contestar con los datos del/de la deportista que escogió. Depués, deben cambiar de papel.

SANDRA ORDÓÑEZ

NACIONALIDAD: chilena
FECHA DE NACIMIENTO: 22 de febrero de 1980
RÉCORD DEPORTIVO:
1. Copa Nacional de Tenis, 1996 (perdedora)
2. Copa Davis, 1997 (ganadora de la copa)
3. Torneo femenino de tenis en Chile, 1998 (perdedora)
4. Copa Davis, 1999 (perdedora, segundo lugar)

JORGE PEDRERO

NACIONALIDAD: uruguayo
FECHA DE NACIMIENTO: 18 de abril de 1978
RÉCORD DEPORTIVO:
1. Capitán del equipo en el Torneo Nacional de Voleibol de 1990 a 1995
2. Marcó 14 puntos en el partido entre la selección de voleibol uruguaya y la argentina, 1991
3. Premio al deportista del año en Uruguay, 1992
4. Entrenador del equipo juvenil de voleibol de Montevideo, 1993-1996

MÓNICA BERNINI

NACIONALIDAD: argentina
FECHA DE NACIMIENTO: 20 de diciembre de 1976
RÉCORD DEPORTIVO:
1. Primer lugar en las competencias de esquí de Bariloche, 1992
2. Segundo lugar en la Competencia de Esquí Chile-Argentina, 1995
3. Finalista del equipo argentino de las Olimpiadas de Invierno, 1996
4. Ganadora de la Competencia Nacional de Esquí, 2001

FELIPE JIMÉNEZ

NACIONALIDAD: boliviano
FECHA DE NACIMIENTO: 18 de junio de 1972
RÉCORD DEPORTIVO:
1. Jugador del Año, 1994
2. Representante de la Comisión Deportiva de Bolivia, 1996
3. Segundo lugar en el Campeonato Interamericano de Golf, 1998
4. Primer lugar en el Campeonato Nacional de Golf, 2001

mosaicos

 A ESCUCHAR

A. ¿Qué deportes practican? Write the number of the description below the corresponding illustration.

_____   _____   _____

_____   _____

_____   _____

B. ¿Lógico o ilógico? Indicate whether each of the following statements is **Lógico** or **Ilógico**.

	LÓGICO	ILÓGICO		LÓGICO	ILÓGICO
1.	_____	_____	6.	_____	_____
2.	_____	_____	7.	_____	_____
3.	_____	_____	8.	_____	_____
4.	_____	_____	9.	_____	_____
5.	_____	_____	10.	_____	_____

A CONVERSAR

7-26 ¿Y usted? Primera fase. En grupos pequeños, escojan a un/a secretario/a y, luego, averigüen la siguiente información.

- deporte(s) que ustedes practican; ¿los practican en grupo(s) o individualmente?
- lugar donde lo(s) practican y frecuencia
- persona(s) con quien(es) lo(s) practican
- los dos deportes más populares del grupo

Segunda fase. Ahora comenten lo siguiente y prepárense para intercambiar ideas con el resto de la clase.

¿Qué tiempo debe hacer para practicar los dos deportes más populares del grupo? ¿Por qué?

7-27 *Radio Continental* y el estado del tiempo en el mundo (*weather report*). Preparen un informe del tiempo en cuatro ciudades. Deben basarse en la información que aparece en el mapa y añadir el pronóstico del tiempo para mañana.

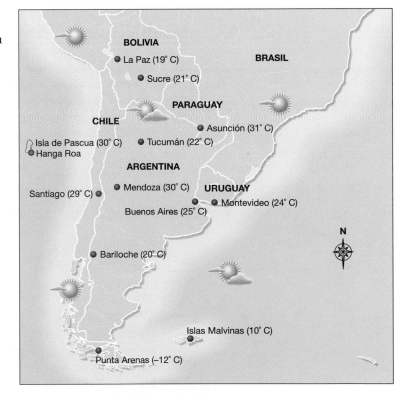

Primero, escojan cuatro ciudades hispanas con las siguientes características. Pueden consultar el mapa si es necesario.

a. en la costa del Atlántico:

_____

b. rodeada de montañas:

_____

c. en una región con clima muy frío:

_____

d. en una isla donde se habla español:

_____

Luego preparen un informe del tiempo para cada una de las ciudades y el pronóstico del tiempo para mañana. Preséntenlo a la clase y contesten las preguntas de sus compañeros/as.

MODELO:　Aquí *Radio Continental* con el informe del tiempo en el mundo. En la ciudad de La Paz, Bolivia, el cielo está despejado con una temperatura de 19 grados. Mañana va a estar nublado durante el día.

A LEER

👥 **7-28 Preparación.** Con un/a compañero/a, clasifique cada palabra en la columna correspondiente. Luego, respondan a las preguntas.

futbolista	pelota	guantes	esquiador/a
esquiar	cuadrilátero	correr	jugar
botas	pista	arena	bicicleta
boxeador/a	cancha	ciclista	boxear

DEPORTISTA	MATERIAL DEPORTIVO	LUGAR DE PRÁCTICA	VERBO

1. ¿Le gustan a usted los deportes individuales o prefiere los de equipo? ¿Por qué?
2. ¿Sabe usted esquiar en la nieve o en el agua? ¿Esquía bien?
3. ¿Dónde se puede encontrar información sobre el surf acuático y el surf en la arena: en revistas, en periódicos, en la Internet?
4. ¿Hay buenos lugares donde se puede practicar surf acuático o en la arena en su país? ¿Dónde?

7-29 Primera mirada. Después de leer el siguiente artículo, diga si las siguientes citas textuales (*quotations*) representan información factual (F) o una opinión (O) del/de la autor/a.

1. _____ Líneas [7–9], "Desde la niñez, muchos uruguayos acompañan fielmente a sus equipos predilectos".
2. _____ Líneas [18–20], "Pero la inquieta y versátil personalidad del pueblo uruguayo no se limita al interés por un solo deporte".
3. _____ Líneas [30–35], "En 1993 en Uruguay se formó la Unión de Surf del Uruguay (USU)".
4. _____ Líneas [56–59], "Punta del Este es una hermosa península de enormes playas, con arenas finas y gruesas, rocas y un entorno de bosques y médanos".
5. _____ Líneas [67–71], "La agradable temperatura de las playas uruguayas y la escasez de olas que a veces impiden practicar el surf sobre el agua han aumentado considerablemente el número de adeptos al surf en la arena".
6. _____ Líneas [83–86], "No hay duda de que la prohibición del surf en la arena no va a detener el espíritu activo de los uruguayos ".

LOS DEPORTES: UNA PASIÓN URUGUAYA

El Uruguay, un país con una pequeña extensión territorial, es un rincón del mundo hispano donde los deportes forman una parte integral de la vida de la mayor parte de sus habitantes.

Entre las grandes pasiones nacionales, desde luego, está el fútbol. Desde la niñez, muchos uruguayos acompañan fielmente a sus equipos predilectos. La conquista de títulos internacionales en esa actividad deportiva, la realización de dos campeonatos mundiales en el país, y el reconocimiento—por parte de la FIFA (Federación Internacional de Fútbol Asociado)—del estadio Centenario como un monumento del fútbol mundial, dieron un fuerte impulso a este deporte.

Pero la inquieta y versátil personalidad del pueblo uruguayo no se limita al interés por un solo deporte. El basquetbol, el ciclismo, el fútbol de salón, el rugby, el boxeo y la pelota de mano son otros de los deportes que tienen muchos aficionados. También es tradicional en Uruguay la realización anual de los espectáculos hípicos en todos los Departamentos del país, que normalmente concentran a un gran número de espectadores.

En las hermosas y privilegiadas playas del Uruguay se practica mucho el surf, que, según los expertos, hoy cuenta con un gran número de aficionados. En 1993 en Uruguay se formó la Unión de Surf del Uruguay (USU). Ese mismo año, el país envió a sus representantes a competir internacionalmente en el Primer Campeonato Panamericano de Surf disputado en Isla Margarita, Venezuela. Hoy en día la USU tiene entre sus prioridades promover el surf, arbitrar las competencias clasificatorias a nivel nacional, apoyar a los competidores nacionales, representar a Uruguay en competencias internacionales con los mejores atletas, y —su objetivo primordial— competir en los Juegos Olímpicos con la Selección Uruguaya de Surf.

Sin duda, uno de los lugares predilectos de los uruguayos y turistas extranjeros para practicar el surf es Punta del Este. Localizada al sureste de la República del Uruguay, a 140 kilómetros de Montevideo, en el Departamento de Maldonado, Punta del Este es una hermosa península de enormes playas, con arenas finas y gruesas, rocas y un entorno de bosques y médanos[1].

Precisamente en estos médanos se ha desarrollado recientemente una variante del surf que está despertando grandes polémicas en el país. Se trata del surf en la arena o *sandsurf*. Este deporte fue inventado por los brasileños en los años ochenta para no aburrirse cuando no había olas. La agradable temperatura de las playas uruguayas y la escasez de olas que a veces impide practicar el surf sobre el agua han aumentado considerablemente el número de adeptos al surf en la arena. La formación arenosa de algunas de las playas uruguayas favorece, además, la práctica de este deporte. Por ejemplo, los médanos de Valizas son los más grandes de Sudamérica y los terceros más grandes del mundo, algunos con 30 metros de altura y una longitud de bajada[2] de aproximadamente 125 metros. Sin embargo, las autoridades uruguayas están controlando e incluso prohibiendo la práctica de este deporte, por temor al deterioro ecológico que ocasiona. No hay duda de que la prohibición del surf en la arena no va a detener el espíritu activo de los uruguayos. Su creatividad los incentivará a buscar o inventar otras opciones para canalizar su energía.

[1] *dunes*   [2] *slope*

7-30 Opiniones. Subraye en el artículo las expresiones de opinión usadas por el/la autor/a.

7-31 Segunda mirada. Lea el artículo otra vez y, basándose en la información que aparece en él, haga lo siguiente:

1. Indique tres razones para explicar por qué el fútbol es uno de los deportes más populares en Uruguay.
2. Indique de qué manera se puede explicar el carácter inquieto de los uruguayos, de acuerdo con el artículo.
3. Nombre tres deportes mencionados en el artículo que se juegan en equipo, dos que son principalmente deportes individuales, y uno que no requiere una pelota.
4. Dé dos razones para explicar por qué Punta del Este le ofrece al/a la surfista acuático/a un lugar ideal para practicar su deporte.
5. Explique dos causas del nacimiento del surf en la arena.
6. ¿Está usted de acuerdo con la prohibición del surf en la arena? ¿Por qué?

7-32 Ampliación. Conteste las siguientes preguntas con un/a compañero/a, según la información del artículo.

1. ¿Cuál(es) de estas palabras asocia(n) ustedes con el deportista (D) y cuál(es) con el aficionado (A)?

   a) _____ apoyar   b) _____ practicar   c) _____ representar

   d) _____ dar impulso   e) _____ competir   f) _____ acompañar

2. ¿A qué se refiere "… . concentran a un gran número de espectadores"? (líneas 28–29)

A ESCRIBIR

7-33 Manos a la obra: fase preliminar. En grupo, respondan a estas preguntas:

1. ¿Cómo se llama y dónde está el lugar donde se practica surf acuático o en la arena más cerca de donde usted vive? ¿Hay un centro de esquí? ¿Cuál?
2. ¿Qué atracciones o servicios le ofrece ese lugar a un turista extranjero?
3. ¿Qué información sobre ese lugar puede obtener un usuario en la página de la red?
4. ¿Alguna vez tuvieron un torneo nacional/internacional importante en ese centro de esquí/esa playa? ¿Cuándo? ¿Quién o qué país recibió una medalla (*medal*)?
   Ahora, llenen la tabla de la página 253 con la información indicada.

NOMBRE DEL CENTRO DE ESQUÍ/LA PLAYA
Lugar más cercano:
N° de pistas/características:
Torneos:
Atracciones y servicios:

7-34 Manos a la obra. Usted es un/a periodista deportivo/a para la revista *Deportes del milenio*. Esta revista va a tener una página en la red, y usted va a ser la persona responsable de informar a los usuarios de habla española sobre competencias de esquí, esquí acuático o surf en la arena en un lugar que usted conoce. En su primer informe, dé información factual y, también, su opinión sobre el lugar y los servicios que ofrece a los esquiadores/surfistas.

EXPRESIONES ÚTILES

PARA DAR INFORMACIÓN FACTUAL

Los datos de/en... indican que...
En realidad...
Es posible/Se puede obtener...
En... se puede...
Hay/Existc(n)...

PARA EXPRESAR OPINIÓN

Pienso/Creo que...
Me parece que...
En mi opinión...
Según el/la señor/señora...
Sin duda,...
No hay duda que...
Por supuesto...

Deportes

el baloncesto/basquetbol	*basketball*
el béisbol	*baseball*
los bolos	*bowling*
el ciclismo	*cycling*
el esquí	*skiing, ski*
el fútbol	*soccer*
el tenis	*tennis*
el voleibol	*volleyball*

Equipo deportivo

el bate	*bat*
el/la cesto/a	*basket, hoop*
el palo	*golf club*
la pelota	*ball*
la raqueta	*racket*
la red	*net*

Eventos

el campeonato	*championship*
la carrera	*race*
el juego/partido	*game*
el torneo	*tournament*

Lugares

la cancha	*court, golf course*
el campo	*field*
la pista	*slope, court, track*

Personas

el/la aficionado/a	*fan*
el árbitro	*umpire, referee*
el campeón	
la campeona	*champion*
el/la ciclista	*cyclist*
el/la entrenador/a	*coach*
el equipo	*team*
el/la jugador/a	*player*
el/la tenista	*tennis player*

Naturaleza

el árbol	*tree*
la atmósfera	*atmosphere*
la flor	*flower*
el lago	*lake*

Tiempo

congelar(se)	*to freeze*
despejado/a	*clear*
fresco/a	*cool*
el hielo	*ice*
llover (ue)	*to rain*
la lluvia	*rain*
nevar (ie)	*to snow*
la nieve	*snow*
nublado/a	*cloudy*
el sol	*sun*
el viento	*wind*

Descripciones

contaminado/a	*polluted, contaminated*
contrario/a	*opposite, contrary*
emocionado/a	*excited*
mejor	*best*
mundial	*worldwide*

Verbos

acostar (ue)	*to put to bed*
acostar(se)	*to go to bed, to lie down*
afeitar(se)	*to shave*
aplaudir	*to applaud*
aprovechar	*to take advantage*
competir (i)	*to compete*
despertar(se) (ie)	*to wake up*
discutir	*to argue*
dormirse (ue)	*to fall asleep*
durar	*to last*
esquiar	*to ski*
ganar	*to win*

ir(se)	*to go away, to leave*
jugar a los bolos	*to bowl*
lavar(se) los dientes	*to brush one's teeth*
levantar	*to raise*
maquillar(se)	*to put on makeup*
participar	*to participate*
patinar	*to skate*
perder (ie)	*to lose*
quitar	*to take away, to remove*
quitar(se)	*to take off*
representar	*to represent*
sentar(se) (ie)	*to sit down*
traducir (zc)	*to translate*

Palabras y expresiones útiles

cada	*each*
conmigo	*with me*
contigo	*with you* (familiar)
estar de acuerdo	*to agree*
excepto	*except*
el fin	*end*
Hacc calor.	*It's hot.*
¿Qué tiempo hace?	*What's the weather like?*
sin	*without*

El fútbol y los deportes

Para pensar

¿Cuáles son algunos de los deportes favoritos en los Estados Unidos? ¿Qué deportes practica Ud.? ¿Y sus amigos? Piense en dos o tres deportes que se practican en su universidad.

Igual que en los Estados Unidos, en los países hispanos se practican muchos deportes: el béisbol, el voleibol, el basquetbol, el golf, el tenis, la natación, el buceo, el ciclismo, el esquí, el polo, etc., pero el deporte más popular de todos es el fútbol. Los niños practican este deporte desde temprana edad en los patios de sus casas, en los parques, en las calles, en las escuelas, en todos los sitios que pueden. En realidad, no es nada raro ver a niños bajar del autobús del colegio y patear una piedra, un papel, una pelota cualquiera mientras caminan a sus casas.

Además de los equipos locales, cada ciudad, departamento o estado tiene su equipo y sus aficionados que van a verlos jugar. Los mejores jugadores de los diferentes equipos del país son seleccionados para formar parte del equipo nacional. Este equipo representa a su país en competencias regionales, en el Sudamericano de Fútbol por ejemplo, y cada cuatro años en la Copa Mundial. Uruguay es uno de los países que ha ganado muchos campeonatos a nivel internacional.

El béisbol es otro de los deportes favoritos de los latinoamericanos. Fue introducido a fines del siglo XIX, no sólo por viajeros norteamericanos que iban a Latinoamérica, sino también por latinoamericanos que viajaban a los Estados Unidos y regresaban a sus países. Su popularidad e importancia en algunos países como Cuba, la República Dominicana, Puerto Rico, Panamá, Venezuela y México es extraordinaria. Tanto es así que muchos jugadores norteamericanos viajan a países latinoamericanos en la época de invierno para jugar en los equipos locales. Igualmente, desde hace años, hay muchos jugadores hispanos en los equipos norteamericanos, especialmente en las Grandes Ligas.

Los hispanos también disfrutan mucho del ciclismo y hay, además de competencias importantes, muchas excursiones a lugares de interés turístico y ecológico organizadas para los aficionados de este deporte. Si quiere leer algo sobre los deportes en América Latina en general puede visitar *www.prenhall.com/mosaicos*.

Playa Brava en Punta del Este, Uruguay

Para contestar

A. Los deportes. Con su compañero/a responda a las siguientes preguntas:

1. ¿Qué deportes se practican en los países hispanos?
   ¿Qué deportes piensa Ud. que no se practican? ¿Por qué?

2. ¿Cuál es el deporte favorito de los hispanos? ¿Quiénes lo practican? ¿Dónde? ¿Cuándo?

B. Riqueza cultural. En grupos de tres, mencionen a dos famosos/as jugadores/as hispanos/as de fútbol, tenis y béisbol. Digan de qué país son y, si es posible, en qué equipo(s) juegan.

Para investigar en la WWW

Vaya a la página de Mosaicos en la Internet *www.prenhall.com/mosaicos*.

1. Busque el nombre de un equipo de fútbol de cada uno de los siguientes países: Uruguay, Argentina, Perú y Chile. Traiga esta información a clase y hable con sus compañeros/as sobre el último partido que jugaron, dónde fue, contra qué equipo jugaron, quién ganó, y por cuánto ganó.

2. Busque el nombre de dos jugadoras de tenis hispanas. Traiga esta información a clase y comente sobre el último partido que jugaron (dónde fue, contra quién, quién ganó, etc.).

3. Busque información sobre cinco jugadores de béisbol de origen hispano que juegan en los Estados Unidos: en qué equipo juega cada uno, en qué posición, cuál es su récord, etc. Comparta la información con sus compañeros.

Uruguay

Ciudades importantes y lugares de interés:
Uruguay es un pequeño pero hermoso país en la costa oriental de América del Sur que tiene una intensa vida cultural. Montevideo, su capital, es una ciudad de un millón y medio de habitantes, y se considera una de las ciudades más cosmopolitas de toda Hispanoamérica. Como en Buenos Aires, la diversidad étnica y cultural dan a Montevideo un aire muy europeo. En Montevideo se puede disfrutar de tiendas, museos, cafés, mercados y ferias. Entre sus museos se destacan el Museo Blanes, el Museo Nacional de Artes Visuales, y los Museos del Gaucho y la Moneda donde se puede apreciar todo lo relacionado con los gauchos, los vaqueros *(cowboys)* típicos de Uruguay y Argentina.

Gauchos en Uruguay

La ciudad de Punta del Este, a sólo dos horas de Montevideo, es muy popular por sus hermosas playas y famosos festivales y conferencias internacionales.

Expresiones uruguayas:

¡Fenómeno!	*Great!*
¡Bárbaro!	*Great!*
¡Se fue embalado!	*He/she left in a hurry!*
Mario salvó el examen de matemáticas, pero Josefina lo perdió.	*Mario passed his Math exam, but Josephine flunked it.*

257

ENFOQUE INTERACTIVO

  A MIRAR EL VIDEO 5:00

Watch the *Fortunas* video segment for *Lección 7* in class or on your CD-ROM. Why does Carlos feel dejected and angry? What kind of secret alliance has Katie forged?

Now complete the accompanying video activities on the CD-ROM. This is your chance to interact with the video characters! **25:00**

La mentira

El concurso

In this episode of *Fortunas* we see Katie and Carlos attempt to claim a prize. We also witness the first big deception of the contest. The first three *misterios* and the first *fortuna* were all related to Aztec culture and civilization. In the next stage of the contest, *Misterios Nº 4* and *5* will center on the period between the Conquest and the Mexican Revolution. Keep this in mind as you try to outwit the contestants and solve the *misterios* yourself.

 LA BÚSQUEDA 5:00

The solution to the third *misterio* and first *fortuna* centered on the *Piedra del Sol*, the Aztec Calendar, which is located at the *Museo Nacional de Antropología*. Had you already discovered the answer? Go to the *Fortunas* module to review *Misterio Nº 3* and learn more about the solution. You should also review the first two *misterios* and their solutions. How do they all relate to Aztec civilization?

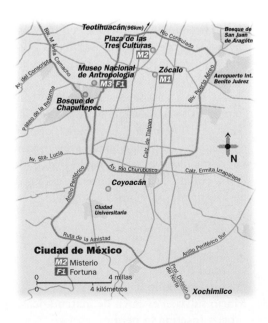

¿QUÉ OPINA USTED? 5:00

The key to the contest, as you've probably learned, is knowing what's happening behind the scenes. If you were surprised by Katie's deception, read her diary a bit more carefully. Go to the *Mosaicos Website* and click on *¿Qué opina usted?* to vote in this episode's poll. Find out more about the contestants and what they're really up to. Read their biographies and their diaries. Don't let the next alliance catch you by surprise.

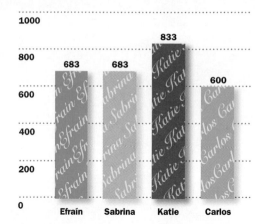

 ## PARA NAVEGAR 10:00

EL FÚTBOL URUGUAYO

Tal vez usted no asocia Uruguay con el fútbol. Uruguay es un país pequeño pero tiene una tradición fuerte en ese deporte. Ganó la primera Copa Mundial en 1930 y otra más en 1950. ¿Qué otros países ganaron la Copa Mundial dos o más veces?

El fútbol uruguayo

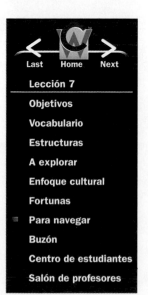

Go to the *Mosaicos Website* and click on the *Para navegar* module to explore links to information on Uruguay and *fútbol*. Explore the links and then complete the related activities.

Lección 8

Fiestas y tradiciones

COMUNICACIÓN

- Talking about holiday activities
- Expressing ongoing actions in the past
- Extending, accepting, and declining invitations
- Expressing intent
- Making comparisons

ESTRUCTURAS

- The imperfect
- Imperfect of regular and irregular verbs
- The preterit and the imperfect
- Comparisons of inequality
- Comparisons of equality
- The superlative

MOSAICOS

A ESCUCHAR

A CONVERSAR

A LEER

- Looking for specific information
- Making inferences

A ESCRIBIR

- Reporting data taken from a poll
- Comparing/contrasting information

ENFOQUE CULTURAL

- La religión
- México
- Guatemala

ENFOQUE INTERACTIVO

 WWW   VIDEO   CD ROM

Fiestas y tradiciones

Estas carretas adornadas "hicieron el camino" para llegar a El Rocío, un pequeño pueblo de la provincia de Huelva en España, donde está la Ermita de la Virgen de El Rocío. En el pueblo se reúnen cada año cerca de un millón de personas para celebrar la fiesta de la Virgen del Rocío, cincuenta días después del Domingo de Resurrección.

Practice activities for each vocabulary section are provided on the CD-ROM and website (www.prenhall.com/ mosaicos)

El Día de los Muertos, también conocido como el Día de los Difuntos, se conmemora el 2 de noviembre y muchas familias van al cementerio ese día o el día anterior para recordar y llevarles flores a sus familiares o amigos difuntos. Especialmente en México, los preparativos para el Día de los Muertos comienzan con mucha anterioridad y hay familias que pasan la noche del primero al 2 de noviembre acompañando a sus muertos en el cementerio, como se ve en esta foto tomada en Pátzcuaro.

Las fiestas y los bailes que se celebran ayudan a mantener las costumbres de los antepasados. La Diablada es uno de los festivales folclóricos con más colorido en Hispanoamérica. Se celebra durante el Carnaval de Oruro en Bolivia y también en el norte de Chile y otros países, entre ellos, Perú.

La música, el baile y la alegría reinan en los carnavales. Hay carrozas y comparsas que bailan en las calles, muchas personas se disfrazan y todo el mundo se divierte. El último día de Carnaval es el martes antes del comienzo de la Cuaresma.

Ésta es una de las procesiones de Semana Santa en la Antigua Guatemala. Esta ciudad fue la antigua capital de Guatemala y es famosa por su arquitectura colonial y las maravillosas alfombras que hacen con flores, semillas y aserrín para el paso de las procesiones.

El día de San Fermín, el 7 de julio, se inicia la celebración de los sanfermines en Pamplona. Esta celebración, que dura del 7 al 14 de julio, es famosa mundialmente por los **encierros**. Los jóvenes corren por las calles de Pamplona seguidos de los toros hasta llegar a la plaza donde encierran a los toros y más tarde tienen lugar las corridas.

Cultura

Los hispanos y los norteamericanos tienen muchas fiestas y celebraciones diferentes. Por ejemplo, el Día de Acción de Gracias (*Thanksgiving*) no se celebra en los países hispanos y tampoco es tradicional el Día de las Brujas (*Halloween*), aunque recientemente se celebra en algunas ciudades hispanas. Por otro lado, debido a la importancia e influencia de la religión católica en los países hispanos, algunas fiestas religiosas se consideran también fiestas oficiales. Pero lo más importante es la gran diversidad de fiestas locales y su variedad. Muchas personas trabajan todo el año para garantizar el éxito de estas celebraciones en las que la gente baila y se divierte durante días enteros.

Más días y fechas importantes

la Nochebuena

la Navidad

la Nochevieja

el Año Nuevo

el Día de la Independencia

la Pascua

el Día de la(s) Madre(s)

el Día del (de los) Padre(s)

el Día de Acción de Gracias

el Día de las Brujas

el Día de los Enamorados/
del Amor y la Amistad

¿Qué dice usted?

👥 **8-1 Asociaciones. Primera fase.** Con su compañero/a, asocie las fechas de la izquierda con los días festivos de la derecha.

1. ___ el 25 de diciembre   a. el Día de la Independencia de los Estados Unidos
2. ___ el 2 de noviembre   b. el Día de las Brujas
3. ___ el 6 de enero   c. la Nochebuena
4. ___ el 4 de julio   d. la Nochevieja
5. ___ el 24 de diciembre   e. el Día de los Enamorados
6. ___ el 31 de diciembre   f. el Día de los Reyes Magos
7. ___ el 14 de febrero   g. el Día de los Muertos
8. ___ el 31 de octubre   h. la Navidad

👥 **Segunda fase.** En grupos pequeños, comenten:

■ cuál(es) de estas fiestas celebra cada uno de ustedes.
■ cuál es la fiesta preferida por la mayoría de las personas del grupo y por qué.

👥 **8-2 Festivales o desfiles.** Piense en algunos festivales o desfiles (*parades*) importantes y llene la tabla. Su compañero/a va a hacerle preguntas sobre ellos.

MODELO: E1: ¿Cuál es la primera fiesta o desfile de tu tabla?
          E2: El Cinco de Mayo.
          E1: ¿Dónde lo celebran?
          E2: En México y en algunas ciudades de los Estados Unidos como Austin, Texas.

FESTIVAL	FECHA	LUGAR	DESCRIPCIÓN	OPINIÓN

👥 **8-3 Unos días festivos.** Hable con su compañero/a sobre cómo celebran ustedes estas fechas.

MODELO: E1: ¿Cómo celebras tu cumpleaños?
          E2: Lo celebro con mi familia y mis amigos. Recibo regalos y mi madre prepara mi comida favorita con pastel de chocolate de postre. Después escuchamos música, conversamos y a veces bailamos.

1. la Nochevieja   4. el Día de la Independencia
2. la Navidad/Januká/Ramadan   5. el Año Nuevo
3. el Día de Acción de Gracias 6. el Día de la Madre

8-4 Una celebración importante. Primera fase. Individualmente, busque la siguiente información en la Internet sobre una celebración importante del mundo hispano (Carnaval, Semana Santa, Año Nuevo, La Diablada, Días de la Independencia, etc.).

- lugar de la celebración
- época del año
- forma en que se celebra

Segunda fase. Imagine que usted y su compañero/a estuvieron presentes en la celebración que investigaron en la **Primera fase**. Explíquenles a otros/as dos compañeros/as dónde estuvieron, qué fiesta celebraron y qué hicieron. Sus compañeros les van a hacer preguntas para obtener más información o aclarar lo que no comprendieron.

Otras celebraciones

Una invitación a cenar

SRA. MENA: Pedro, tenemos que invitar a los Sosa a cenar.

SR. MENA: Es verdad. Ellos nos invitaron el mes pasado. ¿Por qué no los llamas ahora? Podemos reunirnos este fin de semana o el próximo. (Unos minutos más tarde, las dos señoras hablan por teléfono.)

SRA. MENA: ¿Pueden cenar con nosotros el sábado?

SRA. SOSA: ¡Ay, María! Lo siento muchísimo, pero este sábado tenemos entradas para el teatro.

SRA. MENA: Ah, ¡qué lástima! ¿Y el sábado 15?

SRA. SOSA: Encantados. Tenemos muchos deseos de verlos.

SRA. MENA: Y nosotros también.

8-5 Una invitación. Primera fase. Con su compañero/a, llene la siguiente tabla según la conversación de la señora Mena y la señora Sosa.

FECHAS DE LAS INVITACIONES	EXPRESIONES QUE USA LA SRA. SOSA
primera invitación:	para disculparse por no aceptar:
segunda invitación:	para aceptar la invitación:

Segunda fase. Ahora invite a su compañero/a a cenar, a ir al teatro o a un partido importante.

Después, su compañero/a debe invitarlo/la a usted. Además de las expresiones del diálogo, pueden usar alguna de las siguientes:

PARA ACEPTAR	PARA DISCULPARSE
Gracias. Me encanta la idea.	Me gustaría ir, pero…
Con mucho gusto.	¡Qué pena! Ese día tengo que…
Será un placer.	No puedo, es que tengo un compromiso.

Celebraciones personales

Una foto familiar de una boda. En los países hispanos, el padrino de la boda es la persona que acompaña a la novia al altar y generalmente es su padre. La madrina está en el altar con el novio y normalmente es su madre.

👥 **8-6 Una invitación de boda.** Lean la invitación de boda y la de la recepción y contesten las preguntas. Luego preparen una lista con las diferencias que encuentran ustedes entre estas invitaciones y las de este país.

1. ¿Cómo se llaman los padres de la novia? ¿Y los del novio?
2. ¿Cómo se llaman los novios?
3. ¿Qué día es la boda?
4. ¿A qué hora es?
5. ¿En qué país se celebra esta boda?
6. ¿Adónde van a ir los invitados después de la ceremonia?

Agradecemos su presencia después de la ceremonia religiosa en el Club de Golf Chapultepec Av. Conscripto Nº 425, Lomas Hipódromo

R.S.V.P.
529-99-43
520-16-85

Personal

Pedro Martín Salda
Juana Montoya de Martín

Eduardo Calderón Solís
Elisa Noriega de Calderón

participan el matrimonio de sus hijos

Estelita
y
Alberto

y tienen el honor de invitarle a la ceremonia religiosa que se celebrará el viernes 9 de febrero, a las diecinueve treinta horas en el Convento de San Joaquín, Santa Cruz Cocalco Nº 15, Legaria, dignándose impartir la bendición nupcial el R.P. José Ortuno S.J.
Ciudad de México, 2001

8-7 Un día especial. Lea la invitación con su compañero/a y contesten las preguntas.

Nuestro querido hijo

David

será llamado a la lectura de la Tora
con motivo de su Bar Mitzvah
el jueves 15 de noviembre de 2001
a las ocho de la mañana en la Sinagoga
Centro Hebreo, Avenida 13-15 Zona 9.

Nos sentiremos muy honrados en compartir
con ustedes tan memorable ocasión
y será un placer recibirles en el desayuno
que seguidamente ofreceremos en el
salón de fiestas de la sinagoga.

David y Ruth Bauman
Fax: (502) 238-2042
Ciudad de Guatemala, Guatemala

1. ¿Cuál es el motivo de la celebración?
2. ¿Qué día es la celebración? ¿A qué hora?
3. ¿Hay algo además de la celebración religiosa?
4. ¿Quiénes son David y Ruth Bauman?
5. ¿En qué país tiene lugar esta celebración?

8-8 Una fiesta especial. Piense en una celebración o fiesta en la que participó recientemente. Luego explíquele a su compañero/a cómo fue esta fiesta. Dé detalles sobre el número de invitados, el lugar, el menú, la música, cuánto costó todo, etc.

A ESCUCHAR

Fechas importantes. Listen to the following conversations. Identify the holiday each conversation refers to by writing the appropriate conversation number next to it.

_____ el Día del Amor y la Amistad   _____ el Día de los Reyes Magos
_____ la Navidad   _____ el Día de las Brujas
_____ el Carnaval   _____ el Día de los Muertos

Explicación y expansión

1. The imperfect

Antes la música era más suave y romántica. Tenía más melodía y las orquestas eran magníficas.

Hoy en día no hay música, hay sólo ruido y la gente se mueve mucho para bailar.

Antes las familias hablaban y había más seguridad en las calles.

Y seguro que tu abuela decía lo mismo de los niños.

Ahora es horrible. Hay mucha violencia, mucha droga, mucho sexo, y los niños no respetan a las personas mayores.

■ So far you have seen two ways of talking about the past in Spanish: the preterit and the imperfect. In the preceding monolog, the grandmother used the imperfect because she was focusing on what used to happen when she was young. If she had been focusing on the fact that an action was completed, like something she did yesterday, she would have used the preterit. Generally, the imperfect is used to:

1. express habitual or repeated actions in the past

Nosotros **íbamos** a la playa todos los días.	*We used to go to the beach every day.*

2. express an action or state that was in progress in the past

Agustín **estaba** muy contento y **hablaba** de sus planes con su hermana.

Agustín was very happy and he was talking about his plans with his sister.

3. describe characteristics and conditions in the past

La casa **era** blanca y **tenía** dos dormitorios.

The house was white and it had two bedrooms.

4. tell time in the past

Era la una de la tarde, no **eran** las dos.

It was one in the afternoon, it wasn't two.

5. tell age in the past

Ella **tenía** quince años entonces.

She was fifteen years old then.

■ Some time expressions that often accompany the imperfect to express ongoing or repeated actions/states in the past are: **mientras, a veces, siempre, generalmente,** and **frecuentemente.**

2. Imperfect of regular and irregular verbs

		REGULAR IMPERFECT	
	HABLAR	COMER	VIVIR
yo	habl**aba**	com**ía**	viv**ía**
tú	habl**abas**	com**ías**	viv**ías**
Ud., él, ella	habl**aba**	com**ía**	viv**ía**
nosotros/as	habl**ábamos**	com**íamos**	viv**íamos**
vosotros/as	habl**abais**	com**íais**	viv**íais**
Uds., ellos/as	habl**aban**	com**ían**	viv**ían**

■ Note that the endings for **-er** and **-ir** verbs are the same. All these forms have a written accent over the **í** of the ending: comía, vivías.

■ The Spanish imperfect has several English equivalents.

Mis amigos bailaban mucho.
{
My friends danced a lot.
My friends were dancing a lot.
My friends used to dance a lot.
My friends would dance a lot.
(implying a repeated action)
}

■ There are no stem changes in the imperfect.

Ella no d**ue**rme bien ahora, pero antes d**o**rmía muy bien.
She doesn't sleep well now, but she used to sleep very well before.

■ Only three verbs are irregular in the imperfect.

> **ir:** iba, ibas, iba, íbamos, ibais, iban
> **ser:** era, eras, era, éramos, erais, eran
> **ver:** veía, veías, veía, veíamos, veíais, veían

■ The imperfect form of **hay** is **había** (*there was, there were, there used to be*). Both forms remain invariable.

> **Había** una invitación en el correo.   *There was an invitation in the mail.*
>
> **Había** muchas personas en la fiesta.   *There were many people at the party.*

¿Qué dice usted?

👥 **8-9 Cuando tenía cinco años.** Marque cuáles eran sus actividades cuando usted tenía cinco años. Después compare sus respuestas con las de su compañero/a.

1. _____ Jugaba en el parque con mi perro.
2. _____ Ayudaba a mi mamá en la casa.
3. _____ Salía con mis padres los fines de semana.
4. _____ Iba a la playa en el verano.
5. _____ Miraba televisión hasta muy tarde.
6. _____ Celebraba el Año Nuevo con mis amigos.
7. _____ Asistía a las fiestas de la familia.
8. _____ ...

👥 **8-10 En la escuela secundaria. Primera fase.** Marque en la tabla la frecuencia con que usted y sus amigos/as hacían estas cosas. Después compare sus respuestas con las de su compañero/a.

MODELO: leer muchos libros
               Siempre (frecuentemente / a veces / nunca) leíamos muchos libros.

ACTIVIDADES	SIEMPRE	FRECUENTEMENTE	A VECES	NUNCA
practicar deportes				
bailar mucho en las fiestas				
ir a los partidos de fútbol				
asistir a conciertos				
reunirse con amigos en el cine				

Segunda fase. Formen pequeños grupos con otros/as compañeros/as para hablar de lo siguiente. Después, compartan sus datos e intercambien ideas con el resto de la clase.

a. ¿Cuál era la actividad que realizaban con menos frecuencia o nunca? ¿Por qué?

b. ¿Cuáles eran las dos actividades que realizaban con más frecuencia? ¿Por qué?

8-11 Entrevista. Hágale las siguientes preguntas a su compañero/a para saber cómo era su vida cuando era pequeño/a. Después, su compañero/a le debe hacer las mismas preguntas a usted.

1. ¿Dónde vivías y con quién?
2. ¿A qué escuela ibas?
3. ¿Quién era tu mejor amigo/a? ¿Cómo era?
4. ¿Qué deportes practicabas?
5. ¿Qué programas de televisión veías?
6. ¿Qué te gustaba hacer en tu tiempo libre?

8-12 Mi casa. Descríbale a su compañero/a cómo era la casa o apartamento donde usted vivía cuando era niño/a. Después, su compañero/a debe hacer lo mismo.

8-13 Las fiestas infantiles. Explíquele a su compañero/a cómo eran las fiestas de cumpleaños y el Día de las Brujas cuando usted era pequeño/a. Después, su compañero/a debe hacer lo mismo. Deben incluir los siguientes puntos en su explicación:

- lugar de la celebración
- horas (comienzo y final)
- actividades

- personas que participaban
- comida y bebida que servían
- ropa que llevaban

8-14 Antes y ahora. En pequeños grupos, expliquen cómo era la vida antes y cómo es ahora con respecto a los siguientes temas:

1. la familia (tamaño, grado de movilidad, porcentaje de divorcios)
2. la mujer en la sociedad (participación en el mundo del trabajo/de la política, su independencia económica)
3. las ciudades (tamaño, los problemas ambientales (*environmental*) como la contaminación, la delincuencia, el crimen)

1. **Role A.** You are going to interview a very famous anthropologist about his/her experience in a different civilization. You are especially interested in knowing how the people used to live there. Focus your questions on a) what their celebrations were like, b) on what occasions they took place, c) the type of activities people engaged in, the music they played or sang, the food and/or beverages they had, etc.

   Role B. You have spent considerable time on a remote island, a different country, or a civilized planet studying the customs and traditions of its people. Answer the questions of your interviewer giving as many details as you can on their festivities and celebrations.

2. **Role A.** You are an exchange student and would like to find out about your host's weekend and holiday activities when he/she was in high school. Ask a) what he/she did on Saturday evenings, b) with whom, c) the time, and d) if the activities were the same during the summertime.

   Role B. You are the host of an exchange student. Answer his/her questions about your activities when you were in high school. Then explain that during a summer you went to a friend's house in Guadalajara, Mexico, and that while you were there you used to a) speak Spanish every day, b) go to the outdoor markets, c) listen to the mariachis, and d) eat excellent Mexican food everywhere (**en todas partes**).

3. The preterit and the imperfect

- The preterit and the imperfect are not interchangeable.

- Use the preterit:

    1. to talk about the beginning or end of an event, action, or condition.

Pepito **leyó** a los cinco años.	*Pepito read at age five.* (began reading)
El niño **se enfermó** el sábado.	*The child got sick on Saturday.* (began feeling sick)
Pepito **leyó** el cuento.	*Pepito read the story.* (finished it)
El niño **estuvo** enfermo ayer.	*The child was sick yesterday.* (he is no longer sick)

    2. to talk about an event, action, or condition that occurred over a period of time with a definite beginning and end.

       Vivieron en México por diez años.   *They lived in Mexico for ten years.*

    3. to narrate a sequence of completed actions in the past (note that there is a forward movement of narrative time).

       Oyeron un ruido, se **levantaron**,   *They heard a noise, got up, and*
       y **bajaron** las escaleras.   *went downstairs.*

- Use the imperfect:

  1. to talk about customary or habitual actions, events, or conditions in the past.

Todos los días **llovía** y por eso **leíamos** mucho.	*It used to rain every day and that's why we read a lot.*

  2. to talk about an ongoing part of an event, action, or condition.

En ese momento **llovía** mucho y los niños **estaban** muy tristes.	*At that moment it was raining a lot and the children were very sad.*

- In a story, the imperfect provides the background information, whereas the preterit tells what happened. Note that an ongoing action expressed with the imperfect is often interrupted by a completed action expressed with the preterit.

Era Navidad. Todos **dormíamos** cuando los niños **oyeron** un ruido en el techo.	*It was Christmas. All of us were sleeping when the children heard a noise on the roof.*

¿Qué dice usted?

8-15 ¡Qué día! Ayer iba a ser un día especial para Pedro, pero todos sus planes terminaron mal. ¿Puede imaginar usted las cosas que le ocurrieron mientras trataba de completar sus planes?

MODELO: bañarse temprano
         Mientras se bañaba temprano por la mañana, se cortó el agua.

1. desayunar tranquilamente
2. ir a la tienda para comprarle un anillo a su novia
3. llamar por teléfono a un restaurante para reservar una mesa
4. proponerle matrimonio a su novia
5. preparar una cena deliciosa para celebrar el cumpleaños de su novia

8-16 La última vez. Con un/a compañero/a túrnense para preguntarse cuándo fue la última vez que hicieron estas cosas y cómo se sentían mientras las hacían.

MODELO: correr en los sanfermines
         E1: ¿Cuándo fue la última vez que corriste en los sanfermines?
         E2: Corrí el año pasado.
         E1: ¿Cómo te sentías mientras corrías?
         E2: Tenía mucho miedo.

1. participar en un campeonato
2. ganar un premio
3. estar en un desfile

4. disfrazarse
5. bailar en un carnaval
6. …

👥 **8-17 ¿Préterito o imperfecto?** Con su compañero/a, complete esta narración usando el pretérito o el imperfecto.

En el mes de abril del año pasado mi familia y yo (1) _____ (ir) a Guatemala de vacaciones. Primero nosotros (2) _____ (estar) en la ciudad de Guatemala, la capital. Allí (3) _____ (ver) a unos parientes y (4) _____ (visitar) lugares muy interesantes, como el Museo Nacional de Arqueología, donde (5) _____ (poder) admirar una excelente colección de objetos mayas, y el Mercado Central, donde mi mamá (6) _____ (comprar) unas blusas.

En la mañana del tercer día, nosotros (7) _____ (ir) a Antigua, que está bastante cerca de la capital. Esa tarde, mi padre (8) _____ (decir) que (9) _____ (querer) caminar por la ciudad. Como (10) _____ (ser) primavera, muchos árboles y plantas (11) _____ (tener) flores y todo (12) _____ (estar) muy verde. Nosotros (13) _____ (salir) del hotel a las cinco de la tarde y poco después (14) _____ (llegar) a una plaza donde había mucha gente, pero nosotros no (15) _____ (saber) por qué esa gente (16) _____ (estar) allí. De repente, (17) _____ (oír) una música triste y solemne y (18) _____ (ver) a unas personas que (19) _____ (llevar) túnicas muy largas y (20) _____ (caminar) lentamente por la calle. Por fin, un señor nos (21) _____ (explicar) que (22) _____ (ser) las procesiones de Semana Santa.

👥 **8-18 Un evento inolvidable.** Cuéntele a su compañero/a con lujo de (muchos) detalles algo inesperado (sorpresivo) que le ocurrió durante una celebración, día festivo o evento especial el año pasado. Indique qué pasó, dónde, cuándo, etc. Describa la escena y los personajes. Su compañero/a debe hacerle preguntas para obtener más detalles.

SITUACIONES

1. **Role A.** You are a newspaper reporter interviewing the person who was chosen king/queen (**rey/reina**) of an important festival. Ask the king/queen a) what he/she did when he/she found out the good news, b) what he/she was thinking during the ceremony, c) what relatives and friends he/she invited to the ceremony, and d) what the prize (**premio**) he/she received was.

   Role B. You were chosen king/queen of an important festival. Answer the reporter's questions and explain a) that the prize was a trip to Cancún in Mexico, b) that you are planning to go there next month, and c) that you will also visit some Mayan cities that are near Cancún.

2. **Role A.** Your friend went to **El Rocío** festival in Spain. Ask him/her a) with whom he/she went, b) how many days he/she spent there, and c) what he/she used to do during the day and in the evenings. After he/she answers your questions, ask for a description of the place where he/she stayed (**quedarse**).

   Role B. You went to **El Rocío** festival in Spain. Answer your friend's questions by saying a) that some Spanish friends invited you, b) that you were there for four days, and c) that every day you would wake up late, have lunch with your friends, visit other friends, ride a horse (**montar a caballo**), sing, dance, and go to bed around three in the morning. Describe the house where you stayed by saying that it was small, had three bedrooms, two bathrooms and a large patio with lots of plants and flowers.

4. Comparisons of inequality

En esta fiesta hay **más** personas **que** en la otra.

Es **más** divertida **que** la otra. Las personas bailan **más**.

En esta fiesta hay **menos** personas **que** en la otra.

Esta fiesta es **menos** alegre **que** la otra.

Las personas se divierten **menos**.

■ Use **más... que** or **menos... que** to express comparisons of inequality with nouns, adjectives, and adverbs.

COMPARISONS OF INEQUALITY			
Cuando Alina era joven tenía { **más** / **menos** } amigos que Pepe.		When Alina was young she had { more / fewer } friends than Pepe.	
Ella era { **más** / **menos** } activa que él.		She was { more / less } active than he.	
Salía { **más** / **menos** } frecuentemente que él.		She went out { more / less } frequently than he.	

- Use **de** instead of **que** before numbers.

Hay **más de** diez carrozas en el desfile.	*There are more than ten floats in the parade.*
El año pasado vimos **menos de** diez.	*Last year we saw fewer than ten.*

- The following adjectives have regular and irregular comparative forms.

bueno	**más bueno/mejor**	*better*
malo	**más malo/peor**[1]	*worse*
pequeño	**más pequeño/menor**	*smaller*
joven	**más joven/menor**	*younger*
grande	**más grande/mayor**	*bigger*
viejo	**más viejo/mayor**[2]	*older*

Esta banda es $\begin{Bmatrix} \text{mejor} \\ \text{peor} \end{Bmatrix}$ que aquélla.   *This band is* $\begin{Bmatrix} \text{better} \\ \text{worse} \end{Bmatrix}$ *than that one.*

- When **bien** and **mal** function as adverbs, they have the same irregular comparative forms as **bueno** and **malo**.

bien → mejor	Yo canto **mejor** que Héctor.	*I sing better than Héctor.*
mal → peor	Héctor canta **peor** que yo.	*Héctor sings worse than I.*

[1]**Más bueno** and **más malo** are not used interchangeably with **mejor** and **peor**. **Más bueno** and **más malo** refer to a person's moral qualities.
[2]Use **mayor** to refer to a person's age. **Más viejo** is generally used with nouns other than people.

¿Qué dice usted?

👥 **8-19 Comparación de dos desfiles.** La banda de su universidad sólo puede participar en uno de estos dos desfiles en México. Su compañero/a y usted deben comparar los desfiles, decidir en cuál va a participar la banda y explicar por qué.

	DESFILE DE VERACRUZ	DESFILE DE MÉRIDA
habitantes	320.000	750.000
asistencia	8.000 personas	12.000 personas
número de bandas	4	5
transporte	10.000 pesos	10.400 pesos
hotel	0 pesos	600 pesos
comidas	2.000 pesos	3.000 pesos

A INVESTIGAR

Busque la siguiente información antes de hacer la actividad 8-19:

¿Quién fundó la ciudad de Veracruz?

¿Por qué es importante esta ciudad?

¿Qué ciudades mayas están cerca de Mérida?

8-20 Personas famosas. Compare a las siguientes personas con respecto a su aspecto físico, edad, calidad de trabajo, dinero o popularidad.

1. Harrison Ford y Antonio Banderas
2. Madonna y Cher
3. Tiger Woods y Sammy Sosa
4. el presidente y el vicepresidente

SITUACIONES

One of you was in a Spanish-speaking country during a festival. The other should find out a) what event you attended, b) when, c) what you saw, and d) ask you to compare it with a similar festival in this country.

5. Comparisons of equality

COMPARISONS OF EQUALITY	
tan... como	as... as
tanto/a... como	as much... as
tantos/as... como	as many... as
tanto como	as much as

- Use **tan... como** to express comparisons of equality with adjectives and adverbs.

| La boda fue **tan** elegante **como** la fiesta. | *The wedding was as elegant as the party.* |
| El padre bailó **tan** bien **como** su hija. | *The father danced as well as his daughter.* |

- Use **tanto(s)/tanta(s)... como** to express comparisons of equality with nouns.

Había **tanto** ruido **como** en el Carnaval.	*There was as much noise as at Mardi Gras.*
Había **tanta** alegría **como** en el Carnaval.	*There was as much joy as at Mardi Gras.*
Había **tantos** desfiles **como** en el Carnaval.	*There were as many parades as at Mardi Gras.*
Había **tantas** orquestas **como** en el Carnaval.	*There were as many orchestras as at Mardi Gras.*

- Use **tanto como** to express comparisons of equality with verbs.

| Ellos bailaron **tanto como** nosotros. | *They danced as much as we did.* |

¿Qué dice usted?

8-21 Cuatro estudiantes guatemaltecos. Con un/a compañero/a haga comparaciones entre estos cuatro estudiantes.

MODELO: E1: Vilma tiene tantos hermanos como Marta.
            E2: Sí, pero tiene más hermanos que Ricardo.

	PEDRO	VILMA	MARTA	RICARDO
hermanos	2	3	3	2
clases	5	5	4	6
dinero	50 quetzales	80 quetzales	50 quetzales	80 quetzales
discos	200	180	180	215
videos	40	32	40	32

8-22 Opiniones. Expresen su opinión para comparar a las siguientes personas, desfiles, etc. Pueden usar las palabras que aparecen entre paréntesis o usar otras.

MODELO: Julia Roberts y Melanie Griffith   (bonita)
            E1: Julia Roberts es tan bonita como Melanie Griffith.
            E2: Sí, estoy de acuerdo/tienes razón. o
                No, Melanie Griffith es más bonita que Julia Roberts.

1. Rita Hayworth y Marilyn Monroe
   (atractiva, alta, famosa, …)
2. el Desfile de las Rosas de Pasadena y el del Carnaval de Nueva Orleans
   (número de personas, carrozas, divertido, …)
3. dos películas nominadas para el Óscar
   (actores, fotografía, acción, …)
4. dos programas cómicos de la televisión
   (actores, chistes *(jokes)*, hora, …)

8-23 Las diversiones. Primera fase. En pequeños grupos, comparen las películas o los programas de televisión de antes con los de hoy en día basándose en lo siguiente: los temas, el uso de la tecnología, la violencia y el sexo.

Segunda fase. Ahora contesten las siguientes preguntas e intercambien opiniones con otros grupos.

1. ¿Creen ustedes que hoy en día hay demasiado sexo y violencia en las películas y los programas de televisión?
2. ¿Piensan ustedes que lo que se muestra en las películas y los programas de televisión afecta a los niños? Si su respuesta es afirmativa, expliquen cómo los afecta.
3. ¿Creen que debe existir censura *(censorhip)* sobre las películas y los programas de televisión? ¿Por qué?

6. The superlative

■ Use superlatives to express *most* and *least* as degrees of comparison. To form the superlative, use *definite article* + *noun* + **más/menos** + *adjective*. To express *in* or *at* with the superlative, use **de**.

Es **el** disfraz **más/menos** caro (de la fiesta).	*It is the most/least expensive costume (at the party).*

■ Do not use **más** or **menos** with **mejor, peor, mayor,** and **menor.**

Son **los mejores** vinos del país.	*They are the best wines in the country.*

■ You may delete the noun when it is clear to whom or to what you refer.

Son **los mejores** del país.	*They're the best (ones) in the country.*

Superlative with *-ísimo*

■ To express the idea of *extremely*, add the ending **-ísimo** (**-a, -os, -as**) to the adjective. If the adjective ends in a consonant, add **-ísimo** directly to the singular form of the adjective. If it ends in a vowel, drop the vowel before adding **-ísimo**.

fácil	El baile es **facilísimo.**	*The dance is extremely easy.*
grande	La carroza es **grandísima.**	*The float is extremely big.*
bueno	Las bandas son **buenísimas.**	*The bands are extremely good.*

¿Qué dice usted?

8-24 Encuesta. Después de contestar estas preguntas sobre su universidad y su pueblo/ciudad, debe comparar sus respuestas con las de su compañero/a.

PUEBLO/CIUDAD

1. ¿Dónde sirven... ?
   la mejor pizza
   la mejor hamburguesa
   la peor comida
   el peor café
   los mejores helados

UNIVERSIDAD

2. ¿Cuál es... ?
   la clase más fácil
   el/la profesor/a más interesante
   el deporte más popular
   el mejor equipo
   la fiesta más importante para
   los alumnos

8-25 Mis compañeros/as. En pequeños grupos decidan cuáles son los compañeros/as que tienen estas características. Después, contesten las preguntas de otros grupos.

MODELO: simpático/a
          E1: ¿Quién es el/la más simpático/a de la clase?
          E2: …es el/la más simpático/a (de la clase).

1. popular
2. serio/a
3. trabajador/a

4. elegante
5. optimista
6. hablador/a

8-26 Preguntas personales. Hágale las siguientes preguntas a su compañero/a. Después, su compañero/a le va hacer las mismas preguntas a usted.

1. ¿Quién es tu mejor amigo? ¿Y tu mejor amiga?
2. ¿Hablas con tu mejor amigo/a cuando tienes un problema?
3. ¿Cuál es el peor día de la semana para ti? ¿Por qué?
4. ¿Y cuál es el mejor día? ¿Por qué?
5 ¿Hay alguna fecha muy importante para ti? ¿Por qué?

8-27 Premios al talento. En pequeños grupos, deben decidir qué compañeros/as son los ganadores de estos premios. Dos de ustedes van a anunciar los premios principales y después deben mencionar algunos de los logros (*accomplishments*) de los ganadores. Piensen en otras categorías posibles y anuncien a los ganadores.

MODELO: mejor diseñador/a
          La mejor diseñadora es (la Srta.) Asunción Benítez. El año pasado ganó el Premio de la Moda por sus diseños y vestidos clásicos. La ropa de Asunción Benítez es siempre elegantísima.

1. mejor cantante
2. mejor actor/actriz
3. mejor bailarín/bailarina

4. mejor pianista/violinista
5. mejor escritor/a
6. la persona más creativa

SITUACIONES

Role A. You are talking to a well-known film critic. Since you have to write an article on the best American movies of the year, ask him/her a) which is the best American film, b) why, c) who is the best actor/actress, d) which is the worst film of the year, and e) what he/she thinks of Hispanic films.

Role B. You are a well-known film critic. Answer your friend's questions according to your own opinions regarding the best/worst American films and actors, and explain a) that there are some excellent Mexican, Argentinian, and Spanish films, and b) that two of them won Oscars in the last 10 years.

mosaicos

 A ESCUCHAR

A. Costumbres diferentes. Sandra and Daniel are talking about the holidays. Read the statements that follow, then listen to their conversation to determine whether each statement is **Cierto** or **Falso**.

	CIERTO	FALSO
1. Daniel va a pasar las Navidades en México.	_____	_____
2. Daniel celebra las Posadas con su familia.	_____	_____
3. Las Posadas se celebran entre Nochebuena y el Día de los Reyes Magos.	_____	_____
4. En las Posadas, las personas que están fuera de la casa cantan y piden que les permitan pasar.	_____	_____
5. En las Posadas sólo participan adultos.	_____	_____
6. En la casa donde se celebran las Posadas hay una piñata con regalos y dulces.	_____	_____
7. Hoy en día algunas compañías también celebran las Posadas.	_____	_____
8. La familia de Daniel intercambia regalos el Día de los Reyes Magos.	_____	_____

B. ¿Lógico o ilógico? You will hear several statements. As you listen, indicate whether each statement is **lógico** or **ilógico**.

LÓGICO	ILÓGICO		LÓGICO	ILÓGICO
1. _____	_____	5. _____	_____
2. _____	_____	6. _____	_____
3. _____	_____	7. _____	_____
4. _____	_____	8. _____	_____

C. Fiestas tradicionales. You will hear descriptions of various celebrations. Match each date with one of the celebrations described.

1. _____ el 6 de enero
2. _____ el 24 de diciembre
3. _____ el 31 de diciembre
4. _____ el 5 de mayo
5. _____ el 2 de noviembre
6. _____ el 12 de octubre

A CONVERSAR

8-28 Recuerdos de la niñez. Hágales preguntas a dos de sus compañeros/as para obtener la siguiente información. Luego prepare un informe oral para la clase.

1. Tres actividades que le gustaba hacer cuando era pequeño/a.

_____

2. Fechas en que él/ella recibía regalos.

_____

3. Fiestas más importantes para su familia.

_____

4. Manera en que celebraban esas fiestas.

_____

5. Participación en actividades como desfiles y procesiones. ¿Cuál/es?

_____

8-29 Entrevista. Hágale una entrevista a un/a compañero/a sobre su último cumpleaños. Pregúntele…

1. cómo lo quería celebrar
2. cómo lo celebró
3. quiénes lo/la llamaron/visitaron

4. qué quería recibir de regalo
5. qué recibió
6. …

A LEER

8-30 Preparación. Primera Fase. Con un/a compañero/a, escriban las siguientes palabras al lado de la festividad o evento con que se asocian. Algunas palabras pueden estar en más de un grupo.

flores	incienso	procesión	pescado
pino	frutas	chocolate	imagen de un santo

1. La Navidad: _____
2. La Semana Santa: _____
3. El Día de los Enamorados: _____
4. El Día de los Muertos: _____
5. La Cuaresma: _____

Segunda fase: Agrupen las palabras de la **Primera fase** según lo que simbolizan para ustedes. Es posible que una palabra simbolice más de una cosa.

1. el amor: _____
2. el sacrificio: _____
3. el agradecimiento: _____
4. la purificación: _____
5. el triunfo: _____
6. la devoción: _____

LA SEMANA SANTA SE VISTE DE COLORIDAS ALFOMBRAS EN GUATEMALA

No hay duda que una de las festividades religiosas importantes de Guatemala es la Semana Santa. El país la celebra con solemnidad, respeto y gran talento artístico. Para estas fechas, Guatemala se viste de hermosas alfombras de colores que adornan las calles para el paso de las procesiones.

Hechas de aserrín, flores o frutas, estas bellas alfombras reflejan el espíritu artístico y el trabajo comunal del guatemalteco. Son un vivo ejemplo de la preservación de antiguas costumbres populares en las cuales hay una perfecta fusión de lo religioso y lo cultural.

La tradición de confeccionar alfombras tiene un origen dual. Por un lado, las crónicas de los conquistadores españoles del siglo XVI y algunos testimonios indígenas prehispánicos nos indican que los señores y sacerdotes de la teocracia las usaban. Se hacían de diversos materiales como flores, pino y plumas de aves[1] como el quetzal, la guacamaya y el colibrí. Su confección era arte popular en el sur de México, en especial entre los indígenas tlaxcaltecas, que durante la conquista española, en el siglo XVI, ayudaron como personal militar a los conquistadores. Cuando se fundó la ciudad de Santiago de Guatemala en 1527, les dieron tierras a los tlaxcaltecas donde hoy se encuentra el pueblo de Ciudad Vieja y San Miguel el Escobar, y allí llevaron sus costumbres y su arte centenario.

Además, algunos testimonios escritos hacia el siglo VII de la era cristiana indican que esta forma de arte religioso también existía con características similares en las Islas Canarias, en Tenerife e Isla de la Gomera. Allí se elaboraban — y se continúa haciendo — alfombras con tierras de colores, arenas y flores.

1. *bird feathers*

8-31 Primera mirada. Lea el artículo y siga las instrucciones.

Primera exploración.

1. Indique los tres elementos con que se construyen las alfombras para celebrar la Semana Santa en Guatemala:

   _____

   _____

   _____

2. Diga los lugares de origen de esta costumbre y quiénes la practicaban en América:

   _____

   _____

3. Señale dos diferencias entre las alfombras contemporáneas y las de la época prehispánica:

   alfombras contemporáneas

   _____

   _____

   alfombras prehispánicas

   _____

   _____

El contacto con los conquistadores españoles y el desarrollo histórico propio de los guatemaltecos de la época colonial en los siglos XVII y XVIII transforman el arte de confeccionar alfombras en una expresión de arte guatemalteco, con características propias de la cultura local.

Al elaborar una alfombra, los creyentes dan gracias por un favor recibido o un milagro. Representa un rito obligatorio y personal del individuo con la imagen que venera: los Cristos yacentes, los Nazarenos y las distintas advocaciones de la Virgen de la Soledad y de todos los Dolores.

El proceso de confección de las alfombras tiene un carácter colectivo. Familias enteras participan por cuadras[2] en la confección de los moldes, el teñido[3] del aserrín y la elaboración de la alfombra. El propósito fundamental de este trabajo grupal es preparar el camino por donde pasa el anda[4] de la imagen del Nazareno o del Sepultado en las grandes procesiones de Cuaresma y Semana Santa de Guatemala.

Los expertos afirman que en este país, Antigua Guatemala es el lugar de origen de las alfombras y que en esta ciudad, que fue la antigua capital de Guatemala, se crean las más espectaculares y artísticas. Desde allí salieron a la Nueva Guatemala de la Asunción (Ciudad de Guatemala) y al resto del país en 1773.

Sin duda, el espíritu religioso y creativo del guatemalteco se refleja en la creación de estas hermosas alfombras de flores y frutos, de aserrín y símbolos cristianos.

2. blocks   3. dyeing   4. portable platform to place an image

Segunda exploración. ¿Cierto o falso? Indique si la afirmación es cierta o falsa. Si es falsa, dé la información apropiada. Localice en la lectura las frases que sustentan (support) sus respuestas.

CIERTO   FALSO

1. Las alfombras guatemaltecas contemporáneas son una copia exacta de las de los siglos XVII y XVIII. _____ _____
2. Hacer una alfombra es una obligación del creyente con la iglesia católica. _____ _____
3. Cada alfombra es fabricada por una sola persona. _____ _____
4. Según el artículo, las alfombras son muy cortas. _____ _____
5. Estas alfombras se confeccionan para pasear a la imagen venerada durante las celebraciones de Navidad. _____ _____
6. Estas alfombras tuvieron su origen en la antigua capital de Guatemala. _____ _____
7. Al autor del artículo no le gustan las alfombras. _____ _____

👥 **8-32 Ampliación.** Con un/a compañero/a, indiquen de qué manera las alfombras representan la unión de elementos prehispánicos e hispánicos.

A ESCRIBIR

8-33 Manos a la obra: fase preliminar. Usted trabaja para una agencia de investigación social del gobierno norteamericano. Esta organización publica una revista en varias lenguas y usted es el/la encargado/a de la edición en castellano. En el próximo número —para distribuirse en México y Guatemala—, la revista va a publicar los resultados de una encuesta que indica las preferencias de los jóvenes norteamericanos con respecto a las fiestas o tradiciones religiosas. Hágales la encuesta a diez de sus compañeros/as.

OFICINA DE INVESTIGACIÓN SOCIAL
DEPARTAMENTO DE ESTADO

Favor de poner su respuesta en un círculo o completar con la información personal adecuada.

---

1. La celebración más importante en mi familia es...
   a. la Navidad
   b. el Ros Hashaná
   c. el Ramadán
   d. otra: _____

2. Esta celebración dura...
   a. un día
   b. dos o tres días
   c. más de una semana

3. Cuando éramos pequeños, pensábamos que esta celebración era...
   a. muy divertida
   b. divertida
   c. ni divertida ni aburrida
   d. aburrida

4. Cuando éramos pequeños, para esta celebración llevábamos...
   a. ropa nueva
   b. disfraces
   c. la ropa de todos los días

5. Cuando celebrábamos este día, los menores del grupo familiar...
   a. jugábamos
   b. mirábamos la tele
   c. dormíamos la siesta
   d. otra: _____

6. A diferencia de mi infancia, hoy en día celebro... haciendo lo siguiente (indique lo que hace usualmente): _____
   _____

8-34 Manos a la obra. Ahora escriba el informe para su revista. Las siguientes expresiones pueden resultarle muy útiles.

EXPRESIONES ÚTILES

Para dar el punto de vista o la fuente de información	según/en la opinión de... /... opina que... de acuerdo con los datos de... ... indica/n que...
Para dar datos estadísticos	la mayoría/la minoría/ la mitad (de)... el... por ciento (de)...
Para indicar contrastes	a diferencia de... por el contrario...
Para indicar semejanzas (*similarities*)	al igual que (*same as/like*)... como... así/tal como...
Para dar ejemplos	por ejemplo,...

8-35 Revisión. Su compañero/a editor/a va a ayudarle a expresar mejor sus ideas antes de publicar su informe.

Vocabulario*

Las fiestas

la alegría	joy
la boda	wedding
el carnaval	carnival, Mardi Gras
la carreta	cart, wagon
la carroza	float
la celebración	celebration
la comparsa	costumed group
la corrida (de toros)	bullfight
la costumbre	custom
el desfile	parade
la entrada	ticket for admission
la invitación	invitation
el preparativo	preparation
la procesión	procession
la tradición	tradition

Las personas

el antepasado	ancestor
la gente	people
el rey/la reina	king/queen

En el mundo moderno

la droga	drug
el ruido	noise
la seguridad	safety, security
el sexo	sex
la violencia	violence

La música

la melodía	melody
la orquesta	orchestra

Lugares

el camino	road, way
el cementerio	cemetery
la iglesia	church
la plaza (de toros)	bullring
el pueblo	town
el teatro	theater

Tiempo

antes	before
el comienzo	beginning
entonces	then
hoy en día	nowadays

Descripciones

antiguo/a	former, old
difunto/a, muerto/a	dead
maravilloso/a	marvelous
peor	worse, worst
suave	soft
último/a	last

Verbos

acompañar	to accompany
comenzar (ie)	to begin
disfrazarse	to wear a costume
divertirse (ie, i)	to have a good time
encerrar (ie)	to lock up
invitar	to invite
mantener (g, ie)	maintain
mover (ue)	to move
recordar (ue)	to remember
respetar	to respect
reunirse	to get together

Palabras y expresiones útiles

había	there was, there were
más... que	more... than, ...er than (e.g., shorter than)
menos... que	less than, fewer than
¡Qué pena!	What a pity!
tan... como	as... as
tanto/a como	as much... as
tantos/as como	as many as
tener deseos de + infinitive	to feel like + present participle, to want

*See pages 264–265 for holidays.

La religión

Para pensar

¿Hay una religión oficial en los Estados Unidos? ¿Cuáles son algunas de las religiones que hay en este país? ¿Qué fiestas religiosas se celebran aquí? ¿Cómo se celebran? ¿Qué hace Ud. en estas fiestas?

La religión oficial en muchos países hispanos es la religión católica y por eso hay muchos días feriados de carácter religioso. Algunos ejemplos son: la Pascua de Reyes (el 6 de enero), el Viernes Santo, el Día de San Juan (el 24 de junio), el Día de los Difuntos (el 2 de noviembre), el Día de la Inmaculada Concepción (el 8 de diciembre), la Navidad (el 25 de diciembre) y muchos otros más. Muchos de los feriados religiosos se festejan sólo en algunos países. Por ejemplo, el 12 de diciembre se celebra el Día de la Virgen de Guadalupe en México, el 30 de agosto se conmemora el día de Santa Rosa en Lima, Perú, y el 7 de julio se celebra el Día de San Fermín, en Pamplona, España.

Los feriados religiosos se celebran de diversas formas. Por ejemplo, en México, el Día de la Virgen de Guadalupe hay muchas procesiones por todo el país y miles de personas van a la Basílica de Guadalupe a agradecer favores recibidos o a rezar por alguna necesidad. Muchas de ellas van rezando de rodillas los últimos metros de su peregrinaje. Otro feriado religioso muy celebrado en México es el Día de los Difuntos, que no tiene un tono trágico. Las familias visitan a sus familiares fallecidos (muertos) en los cementerios llevándoles flores y velas.

En esta época del año muchos vendedores ambulantes venden caramelos y dulces en forma de esqueletos o cráneos humanos que los niños comen sin temor alguno. En la época de Navidad, en los pueblos pequeños o dentro del vecindario, la gente va de posada, es decir van de casa en casa cantando villancicos de Navidad. Luego, los dueños de casa invitan a los posaderos a pasar y celebrar las fiestas navideñas.

En Guatemala también hay muchas celebraciones religiosas. Empezando a fines del mes de noviembre, y durante una semana, los hombres se visten de diablos y persiguen a los niños por las calles hasta el día 7 de diciembre cuando se lleva a cabo La Quema del Diablo. También se celebran Las Posadas nueve días antes de la Navidad. En Guatemala, igual que en México, Las Posadas dramatizan la búsqueda que hicieron José y María para conseguir albergue para el nacimiento de Jesús.

Los feriados religiosos del mundo hispano son muy variados y pintorescos.

Para contestar

Las fiestas religiosas. Con su compañero/a, hagan lo siguiente:

1. Mencionen tres feriados religiosos que se celebran en el mundo hispano. ¿En qué países se celebran? ¿Cómo y cuándo se celebran?
2. Comenten cuándo y cómo se celebra el Día de la Virgen de Guadalupe.
3. Mencionen dos fiestas religiosas que sólo se celebran en algunos países hispanos.

Riqueza cultural. En grupos de tres, comparen cómo se celebran dos fiestas religiosas en los Estados Unidos y en el mundo hispano.

Para investigar en la WWW

Busque información sobre la celebración de dos de las siguientes fiestas religiosas y presente un informe al resto de la clase diciendo cómo se celebran, quiénes participan, qué ropa usa la gente que participa, qué comidas especiales se preparan, etc. Traiga fotografías si le es posible.

- La Semana Santa en Sevilla, España, y en Guatemala
- La fiesta del Señor de los Milagros en el Perú
- El día de la Virgen del Carmen y el día de Corpus Christi en México
- El día de San Agustín en Puebla, México

Después, busque información de otra celebración religiosa en el mundo hispano que no se haya mencionado aquí.

Algunos de los sitios que puede visitar se encuentran en: *www.prenhall.com/mosaicos.*

México

Ciudades importantes y lugares de interés: La Ciudad de México (llamada también D.F. por Distrito Federal) es la capital. Es una de las ciudades más pobladas de todo el mundo, con cerca de 24 millones de habitantes, y es el centro político, económico y cultural del país. Tiene hermosos parques, museos, galerías, iglesias maravillosas, excelentes restaurantes y una intensa vida nocturna. También cerca de la Ciudad de México se pueden visitar algunas zonas arqueológicas como Malinalco, Teotihuacán, Teotenango, y Calixtlahuaca. Guadalajara, la segunda ciudad más grande del país, es conocida como la ciudad de los festivales. Tiene un encanto colonial indiscutible y es el lugar de origen de los mariachis y el tequila. En octubre, todos los años, Guadalajara celebra el Festival de los Mariachis con desfiles, misas cantadas por mariachis, bailes folclóricos, etc. En la península de Yucatán, se pueden apreciar ruinas precolombinas extraordinarias, como las ciudades mayas de Chichén Itza y Uxmal, y también disfrutar de hermosas playas. Hay una gran cantidad de festivales en Yucatán. Uno de ellos es el Carnaval. Durante cinco días la comunidad disfruta de las comparsas, los bailes, las carrozas y los disfraces, y la alegría es general.

Basílica de Guadalupe, México, D.F.

¡México es un país de extraordinaria riqueza arqueológica y cultural!

Expresiones mexicanas:

cuate	¿Cómo está, mi cuate?	*How are you, my friend?*
se me hace	Se me hace que él es malo.	*It seems to me that he is bad.*
qué tanto	¿Qué tanto te gusta él?	*How much do you like him?*
chaparra, güera	Ella es chaparra y güera.	*She is short and blond.*

Guatemala

Ciudades importantes y lugares de interés:
Guatemala, llamada también la tierra de la eterna
primavera, es un país de atractivos diversos ya que
ofrece no solamente la posibilidad de explorar selvas
tropicales, subir a la cima de volcanes y disfrutar de
hermosas playas, sino también la de visitar innumerables
restos arqueológicos y así aprender más de la cultura
maya. La Ciudad de Guatemala, la capital, con tres
millones de habitantes, goza de una activa vida social y
cultural. Tiene interesantes museos que exhiben muestras de
arte prehispánico, colonial y moderno, numerosos restaurantes y
discotecas y, en general, una intensa vida nocturna. Algunos
lugares de interés en la Ciudad de Guatemala son el Palacio
Nacional, la Catedral Metropolitana y el Centro Cultural Miguel
Angel Asturias. Si quiere saber más sobre la ciudad de Guatemala,
puede visitar *www.prenhall.com/mosaicos.*

Templo del Gran Jaguar, Tikal, Guatemala

Hay muchos otros
lugares interesantes en
Guatemala. Por ejemplo,
Santiago de Atitlán es famoso
por sus maravillosos tejidos (*weavings*) y su
hermosa iglesia construida en el siglo XVI.
Otro lugar fascinante es Chichicastenango,
un auténtico pueblo indígena, donde todos
los jueves y domingos tiene lugar el mercado
más famoso de artesanía en América Latina.
Para los amantes de la cultura maya, Tikal
es el lugar indicado. Hasta estos momentos,
Tikal es la ciudad maya más grande que se
conoce, y en 1979 fue declarada Patrimonio
de la Humanidad por la UNESCO.

Expresiones guatemaltecas:

baboso/a	**No seas baboso/a.** *Don't be silly, a fool.*
patojo	**Los patojos están jugando.** *The children are playing.*
pisto	**No tengo pisto** *I'm broke*

ENFOQUE INTERACTIVO

  A MIRAR EL VIDEO 5:00

Watch the *Fortunas* video segment for *Lección 8* in class or on your CD-ROM. Do you agree with Carlos' actions regarding Katie? Who do you think stands the best chance to win the contest now?

Now complete the accompanying video activities on the CD-ROM. This is your chance to interact with the video characters! **25:00**

El misterio de la amistad

El concurso

In this episode of *Fortunas* we see Carlos accusing Katie of treason. Separating the contest from real life seems to be easy for Katie; Carlos, however, has different standards. Are his expectations too high? Is it even possible to start a relationship under such circumstances? Keep watching as things heat up and our four contestants attempt to solve the remaining four *misterios* and find the two hidden *fortunas*.

 LA BÚSQUEDA 5:00

How are you doing so far in solving the *misterios* compared to the contestants'? Have you gone back to the previous *misterios* to look for a pattern for the first *fortuna*? Remember, the contestants diaries may reveal important information. Go to the *Fortunas* module now to read the contestants' diaries and to get started on the next stage of the contest.

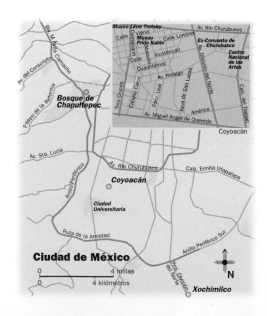

¿QUÉ OPINA USTED? 5:00

The *Fortunas* viewer poll for this episode is about romance. Which of the candidates, in your opinion, is the most likely to be lucky in love? Your vote counts, so please go to the *Fortunas* module now and click on *¿Qué opina usted?* to vote.

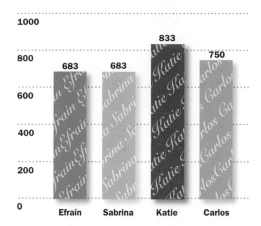

 ## PARA NAVEGAR 10:00

LAS FIESTAS RELIGIOSAS

En el mundo hispano hay muchas fiestas y celebraciones públicas que se asocian con la religión. Es una cultura con una larga tradición religiosa, y el pueblo participa activamente en las ceremonias y procesiones que se realizan en ciertas fechas importantes.

Diá de los muertos

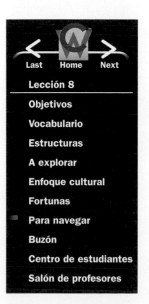

Go to the *Mosaicos Website* and click on the *Para navegar* module to explore links to information on México and the Day of the Dead. Follow the links and then complete the related activities.

Lección 9

El trabajo

COMUNICACIÓN

- ✖ Talking about the workplace and professions
- ✖ Discussing job skills and abilities
- ✖ Giving formal orders and instructions
- ✖ Expressing intention
- ✖ Avoiding repetition

ESTRUCTURAS

- ✖ Se + *verb* constructions
- ✖ More on the preterit and the imperfect
- ✖ Direct and indirect object pronouns
- ✖ Formal commands

MOSAICOS

A ESCUCHAR

A CONVERSAR

A LEER
- ✖ Identifying categories
- ✖ Making inferences

A ESCRIBIR
- ✖ Answering questions in writing

ENFOQUE CULTURAL

- ✖ La economía
- ✖ Chile

ENFOQUE INTERACTIVO

 WWW   VIDEO   CD ROM

Las profesiones

Una chef de Puerto Rico muestra
algunas de sus especialidades.

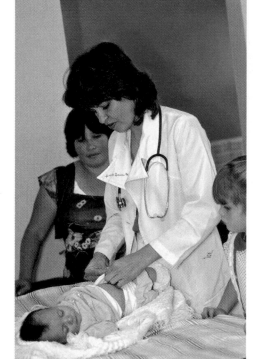

Una médica examina a un bebé en su
consultorio en Santiago de Chile.

Dra. Alicia Gonica de Pérez
CARDIÓLOGA

Consultorio
La Concepción 81
Metro Pedro de Valdivia, Santiago
Teléfonos 264-2992 / 363-0690

Unos bomberos apagan
un incendio en la Ciudad
de México.

Una ejecutiva atiende la llamada telefónica de un cliente.

Dos locutores de radio esperan la señal para comenzar un programa de noticias en una estación de radio.

Un técnico revisa los controles de una compañía petrolera.

Una peluquera le corta el pelo y peina a una de sus clientas.

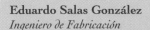

Eduardo Salas González
Ingeniero de Fabricación

Orrego Luco 161
Providencia
Santiago, Chile

Tel. (56-2) 3346622
Fax (56-2) 3344919

Otras profesiones, oficios y ocupaciones

el/la juez

el/la abogado/a

el actor/la actriz

el ama/o de casa

el policía/la (mujer) policía

el/la bibliotecario/a

el/la cajero/a

el/la chofer

el/la científico/a

el/la contador/a

el/la electricista

el/la enfermero/a

el hombre/la mujer de negocios

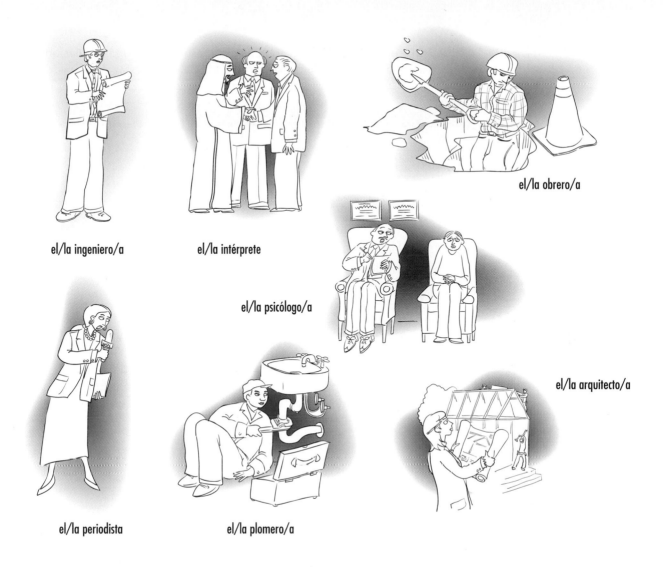

el/la ingeniero/a

el/la intérprete

el/la obrero/a

el/la psicólogo/a

el/la arquitecto/a

el/la periodista

el/la plomero/a

¿Qué dice usted?

9-1 Las profesiones y las características personales. Con su compañero/a, diga cómo deben ser estas personas.

MODELO: un piloto
           inteligente / serio / perezoso(a) / …
           Debe ser inteligente, serio y responsable. No debe ser perezoso.

1. un/a psiquiatra
   valiente / romántico(a) / irónico(a) / antipático(a) / inteligente / …
2. un actor/una actriz
   guapo(a) / atractivo(a) / simpático(a) / delgado(a) / alto(a)/ …
3. un hombre/una mujer de negocios
   autoritario(a) / serio(a) / perezoso(a) / viejo(a) / responsable / …
4. un/a recepcionista…
5. un/a astronauta…
6. un ama/o de casa…

👥 **9-2 Asociaciones.** Con su compañero/a, asocie una o más profesiones con los siguientes lugares de trabajo y diga lo que hacen estas personas.

LUGAR	PROFESIÓN	¿QUÉ HACE?
el hospital		
el restaurante		
la clase		
la estación de radio		
la tienda de ropa		
el consultorio médico		
la peluquería		
el banco		

👥 **9-3 ¿Cuál es la profesión?** En grupos de tres, un/a estudiante debe decir cuál es la ocupación o profesión, basándose en la descripción. El/La segundo/a estudiante debe decir cuáles son las ventajas de esta ocupación y el/la tercero/a, cuáles son las desventajas.

MODELO: Trabaja en la casa, limpia y lava los platos.
E1: Es un ama de casa.
E2: Una ventaja es que puede estar con los niños.
E3: Una desventaja es que no gana dinero.

1. Escribe artículos para el periódico.
2. Presenta programas de televisión y a veces habla con el público.
3. Atiende a las personas cuando están enfermas.
4. Traduce simultáneamente del inglés al español.
5. Mantiene el orden público.
6. Apaga incendios.
7. Hace investigación en un centro espacial y viaja en una nave espacial.
8. Defiende o acusa a personas delante de un/a juez.

👥 **9-4 Mi ocupación ideal para el futuro. Primera fase.** Piense en su ocupación/profesión ideal. Su compañero/a le va a hacer preguntas sobre lo que hacen las personas de esta ocupación/profesión para tratar de adivinar cuál es.

Segunda fase. Haga una lista de cuatro requisitos de su trabajo ideal y compruebe si usted tiene esos requisitos. Intercambie esta información con su compañero/a.

La entrevista

SRA. ARCE: Buenos días, Sr. Solano. Soy Marcela Arce, presidenta de la compañía.

SR. SOLANO: Mucho gusto, señora.

SRA. ARCE: Siéntese, por favor. Usted solicitó el puesto de gerente de ventas, ¿verdad?

SR. SOLANO: Sí, señora. Leí en *El Mercurio* que había una vacante. Después pedí y llené una solicitud.

SRA. ARCE: Sí, aquí la tengo, y también su currículum. Por cierto, es excelente.

SR. SOLANO: Muchas gracias.

SRA. ARCE: Actualmente usted trabaja en la empresa Badosa. ¿Por qué quiere dejar su puesto?

SR. SOLANO: Bueno, en realidad yo estoy muy contento allí, pero a mí me gustaría trabajar en una compañía internacional y poder usar otras lenguas. Como usted ve en mi currículum, yo hablo español, inglés y francés.

SRA. ARCE: En su solicitud, usted indica que desea un sueldo de un millón de pesos al mes. Sin embargo, en el puesto que tenemos, el sueldo que se ofrece es de 900.000 pesos.

SR. SOLANO: Sí, lo sé, pero la diferencia no es tan importante. Lo importante es que aquí puedo tener la oportunidad de comunicarme con los clientes en su propia lengua. Yo creo que esto puede mejorar las ventas de Computel notablemente.

SRA. ARCE: Pues si le parece bien el sueldo, ¿por qué no pasamos a la oficina del director general para seguir hablando?

SR. SOLANO: ¡Cómo no!

¿Qué dice usted?

 **9-5 Buscando información.** Con su compañero/a, busque la siguiente información en el diálogo anterior.

1. nombre de la presidenta de la compañía
2. puesto que solicita el Sr. Solano
3. nombre de la compañía donde trabaja el Sr. Solano
4. nombre de la compañía donde desea trabajar
5. lenguas que habla
6. sueldo que desea el Sr. Solano
7. sueldo que se ofrece en el nuevo puesto
8. motivo para cambiar de puesto

LENGUA

In Spanish, **actualmente** can only refer to the present time.

Actualmente yo trabajo en Valparaíso.
At the present time I work in Valparaíso.

When speaking about the past, **realmente** or **en realidad** is used.

Realmente/En realidad yo solo trabajé en Arica un mes.
Actually I only worked in Arica for a month.

9-6 Buscando trabajo. Piense que usted está buscando trabajo. Diga en qué orden usted haría (*would do*) estas cosas.

_____ Me llaman de la Compañía Rosell para una entrevista.
_____ Les contesto que no, que se cerró el almacén.
_____ Leo los anuncios del periódico.
_____ Envío la solicitud al apartado postal de la Compañía Rosell.
_____ Voy a la compañía para la entrevista.
_____ Me preguntan si me despidieron (*fired*) del trabajo anterior.
_____ Preparo mi currículum y lleno la solicitud para la Compañía Rosell.
_____ Me ofrecen el puesto de vendedor/a.

9-7 ¿Comportamiento apropiado o inapropiado? Su amigo/a va a ir a una entrevista para el puesto de recepcionista. Con su compañero/a, prepare una lista de cuatro cosas que se deben o no se deben hacer antes de la entrevista y cuatro que se deben o no se deben hacer durante la entrevista. Después comparen su lista con la de otros/as compañeros/as.

9-8 Entrevista para un trabajo. Usted está buscando trabajo y lee los siguientes anuncios en el periódico *La Nación*. Escoja uno de los anuncios. Su compañero/a va a hacer el papel de jefe de personal de la empresa y lo/la va a entrevistar para obtener la siguiente información. Luego cambien de papel.

1. nombre de la persona que solicita el puesto
2. estudios que tiene
3. lenguas que habla
4. lugar donde trabaja y responsabilidades
5. experiencia anterior
6. razones para querer trabajar en esta compañía

INSTITUTO DE CIRUGÍA PLÁSTICA: CLÍNICA CÁRDENAS
Necesita Enfermera

Prótesis;
implantes faciales (Gorotex, silicona)
liposucción papada,
abdomen,
muslos

Informes:
Clinicasa, Apoquindo 4.100
Tel: 2062223/ 2129212

Llamar a secretaria: Marta

EMPRESA MINERA
requiere
3 Ingenieros de Sistemas

REQUISITOS:
1. Mayor de 25 años
2. Experiencia en minas de cobre
3. Flexibilidad horaria
(incluidos fines de semana)

OFRECEMOS:
1. Ingreso superior a 2.000.000
2. Capacitación profesional
3. Bonos de participación

*Interesados enviar currículum a:
Minería El Teniente*

**Oficina de Personal
Agustinas 1892, Santiago**

Hotel Galería Imperio
Necesita

RECEPCIONISTA
• Buena presencia
• Bilingüe español-inglés

CAMARERA
• Mín. 2 años experiencia
• Disponible trabajar por las mañanas y tardes

DIRIGIRSE AL HOTEL IMPERIO
Jefe de Personal
Alameda 237   Tel.: 2376419

EMPRESA EXPORTADORA DE FRUTAS
requiere
CONTADOR

Requisitos:
• Experiencia mínima de 5 años
• Graduado del Colegio de Contadores Públicos
• Para cita llamar a Curicó al 71-367801

A ESCUCHAR

Mi profesión. You will hear a woman talking about her profession. Mark the appropriate ending to each statement based on what you hear.

1. Julieta Odriozola es...
   _____ artista
   _____ mujer de negocios
   _____ periodista

2. El horario de Julieta es...
   _____ de 9 a 5
   _____ variable
   _____ de lunes a sábado

3. Julieta hace casi todo su trabajo en...
   _____ su auto
   _____ su casa
   _____ diferentes lugares

4. Julieta trabaja básicamente con...
   _____ niños que necesitan ayuda
   _____ personas importantes
   _____ empleados de la comunidad

Explicación y expansión

1. *Se* + verb constructions

Se necesita

JEFE DE PERSONAL

para compañía multinacional

• Experiencia mínima 10 años

• Excelentes condiciones

Enviar currículum con foto a Compañía Marsel, S.A. Providencia 1275, Santiago

Se necesitan

VENDEDORES

Empresa de teléfonos celulares en La Serena
Indispensable experiencia en ventas

Solicitar entrevista
Teléfono 6352029

■ Spanish uses the **se** + *verb* construction to emphasize the occurrence of an action rather than the person(s) responsible for that action. The noun (what is needed, sold, offered, etc.) usually follows the verb. The person(s) who sell(s), offer(s), etc. is not mentioned. This is normally done in English with the passive voice *(is/are + past participle)*.

Se habla español aquí.	*Spanish is spoken here.*

■ Use a singular verb with singular nouns and a plural verb with plural nouns.

Se necesita un auto para ese trabajo.	*A car is needed for that job.*
Se venden flores allí.	*Flowers are sold there.*

■ When the **se** + *verb* construction is not followed by a noun, but rather by an adverb, an infinitive, or a clause, use a singular verb. This is done in English with indefinite subjects such as *they, you, one, people.*

Se trabaja mucho en esa oficina.	*They work a lot in that office.*
Se podía hablar con el jefe a cualquier hora.	*You could talk to the boss any time.*
Se dice que recibió un aumento.	*They say he/she/you got a raise.*

¿Qué dice usted?

👥 **9-9 Asociaciones.** Con su compañero/a, asocie las actividades con los lugares donde ocurren.

ACTIVIDADES

1. _____ Se cambian cheques en…
2. _____ Se vende ropa en…
3. _____ Se toma el sol y se nada en…
4. _____ Se sirven comidas en…
5. _____ Se dan noticias en…
6. _____ Se presentan comedias en…

LUGARES

a. un almacén.
b. un restaurante.
c. un periódico.
d. una playa.
e. un teatro.
f. un banco.

👥 **9-10 Organizando la oficina.** Usted está cambiando de lugar los muebles y otras cosas de su oficina. Su compañero/a le va a preguntar dónde se ponen para ayudarlo/la. Usted debe contestarle de acuerdo con el dibujo.

MODELO: el sofá
E1: ¿Dónde se pone el sofá?
E2: Se pone entre las dos mesas pequeñas.

1. la mesa más larga
2. las revistas
3. la lámpara
4. las dos sillas
5. la computadora
6. la butaca grande
7. las plantas
8. el cesto

 **9-11 La oficina de antes y la de ahora.** Decida qué cosas y/o servicios se necesitaban en una oficina hace treinta años y qué se necesita ahora. Compare sus respuestas con las de su compañero/a.

EQUIPO DE OFICINA	ANTES	AHORA
escritorio		
fotocopiadora		
computadora		
correo electrónico		
máquina de escribir		
teléfono		
calculadora		
fax		

9-12 Anuncios locos. Lea estos anuncios "locos". Luego, intercambie opiniones con su compañero/a sobre cuáles le parecen más simpáticos. Finalmente, prepare con él/ella un anuncio "loco" para compartir con la clase.

1. Se necesitan ingenieros para diseñar y construir un puente desde Chile hasta China. Los interesados deben enviar su currículum en chino.
2. Se necesita urgentemente un robot bilingüe para hacer todas las tareas de español.
3. Se busca un/a secretario/a para un ejecutivo muy desorganizado. Debe saber hablar y escribir en 40 lenguas.
4. Se compra un monstruo para aterrorizar a los clientes de la compañía que nos hace la competencia. También se acepta un Drácula o un Frankenstein.

SITUACIONES

1. **Role A.** You are an advertising manager (**gerente de publicidad**) who is presenting a new campaign (**campaña**) to the president of a company. After showing two ads to the president, a) ask him/her if he/she likes them, b) mention the magazines where the ads will appear, and c) the reasons why you chose those magazines. Then answer his/her questions.

   Role B. You are the president of an important company who has to decide about a new advertising campaign. After telling the ad manager that you like the ads and listening to his/her explanations, inquire a) about the cost of the campaign, and b) when it will begin.

2. One of you is conducting interviews for your company; the other is a prospective employee. The interviewer asks the candidate a) where he/she read the ad for the job, b) where he/she worked before, c) what he/she used to do there, d) where he/she is working now, and e) why he/she wants to change jobs and work for your company.

2. More on the preterit and the imperfect

■ In *Lección 7* you practiced the preterit of **saber** with the meaning of finding out about something. You also practiced the preterit of **querer** with the meaning of wanting or trying to do something, but failing to accomplish it.

Supe que llegaron anoche.	*I found out that they arrived last night.*
Quise ir al aeropuerto, pero fue imposible.	*I wanted (and tried) to go to the airport, but it was impossible.*

In the negative, the preterit of **querer** conveys the meaning of refusing to do something.

No quise ir.	*I refused to go.*

■ Other verbs that convey a different meaning in English when the Spanish preterit is used follow:

IMPERFECT		PRETERIT	
Yo **conocía** a Ana.	*I knew Ana.*	**Conocí** a Ana.	*I met Ana.*
Podía hacerlo.	*I could do it. (was able)*	**Pude** hacerlo.	*I accomplished it. (managed to)*
No podía hacerlo.	*I couldn't do it. (wasn't able)*	**No pude** hacerlo.	*I couldn't do it. (tried and failed)*

■ To express intentions in the past, use the imperfect of **ir + a** + *infinitive*.

Iba a salir, pero era muy tarde.	*I was going to go out, but it was very late.*

■ You have used the imperfect to express an action or event that was in progress in the past. You may also use the imperfect progressive, especially when you want to emphasize the ongoing nature of the activity. Form the imperfect progressive with the imperfect of **estar** and the present participle (**-ndo**).

Pepe **estaba hablando** con el cajero cuando llegó el policía.	*Pepe was talking to the cashier when the policeman arrived.*

¿Qué dice usted?

👤👥 **9-13 ¿Tiene usted buena memoria?** Piense en el momento en que usted entró en la clase hoy. Dígale a su compañero/a qué estaban haciendo tres de las personas de la clase. Después, su compañero/a debe decirle qué estaban haciendo otras tres personas cuando él/ella entró.

👤👤 **9-14 Una oficina muy ocupada.** Con su compañero/a túrnense para hacer preguntas sobre qué estaban haciendo estas personas cuando ustedes llegaron a la oficina. Deben contestar basándose en el dibujo.

👤👤 **9-15 A usar la imaginación.** Estas descripciones indican lo que estaban haciendo varias personas ayer. Trabajando en parejas, decidan cuál era el oficio o profesión de estas personas y qué iban a hacer después.

MODELO: Un señor miraba los planos de un edificio y dijo que ciertas cosas no estaban bien.
   E1: Era el arquitecto del edificio.
   E2: Iba a hacer unos cambios en los planos.

1. Un señor tenía un secador en la mano y le tocaba el pelo a una señora que estaba sentada enfrente de él.
2. Unos señores iban en un camión (*truck*) rojo con una sirena. El camión iba muy rápido y los autos y autobuses paraban al lado derecho de la calle.
3. Una joven que llevaba un vestido similar a los que se llevaban en la época de Cleopatra hablaba frente a una cámara. Estaba muy maquillada y tenía una línea negra alrededor de los ojos.
4. Esta persona llevaba un traje espacial, guantes, botas muy grandes y un plástico transparente frente a los ojos para poder ver.

9-16 Una explicación lógica. Ayer tuvieron una reunión muy importante en su compañía para mostrarles unos productos nuevos a unas empresas extranjeras, pero varias cosas salieron mal. Usted y su compañero/a deben buscar una explicación lógica para lo que sucedió.

MODELO: La secretaria no contestaba el teléfono.
E1: Estaba buscando un intérprete para la reunión.
E2: No, estaba buscando un salón más grande.

1. Varios empleados llegaron tarde.
2. El técnico no pudo arreglar una computadora que se necesitaba para la presentación.
3. Los periodistas no podían comprender lo que decía un director extranjero.
4. No les sirvieron café ni refrescos a los invitados.
5. Uno de los vendedores no quiso mostrar los productos nuevos.
6. No se pusieron anuncios en los periódicos.

Role A. One of your employees did not come to an important meeting at the office, so you call him/her to your office. Greet him/her and ask him/her why he was not at the meeting. After listening to his/her explanation, tell him/her a) that this is the second time this happens, and b) that you will not accept any more excuses in the future.

Role B. You are an employee who was supposed to attend an important meeting at the office, but could not make it. After greeting your boss, apologize and explain a) that your spouse got sick (**enfermarse**) and you had to take him/her to the hospital, and b) that you wanted to take a taxi to go to work, but all the taxis were occupied. Then, say that this will not happen again (**otra vez**).

3. Direct and indirect object pronouns

■ When direct and indirect object pronouns are used in the same sentence, the indirect object pronoun precedes the direct object pronoun. Place double object pronouns before conjugated verbs.

Ella me dio la solicitud.	*She gave me the application.*
Ella **me la** dio.	*She gave it to me.*

■ In compound verb constructions, you may place double object pronouns before the conjugated verb or attach them to the accompanying infinitive or present participle.

Él quiere darme el contrato.	*He wants to give me the contract.*
Él quiere dár**melo**. Él **me lo** quiere dar.	*He wants to give it to me.*
Te está diciendo la verdad.	*She's telling you the truth.*
Te la está diciendo. Está diciéndo**tela**.	*She's telling it to you.*

- Le and **les** cannot be used with **lo, los, la,** or **las.** Change **le** or **les** to **se.**

Le dio el puesto a Berta.	*He gave the job to Berta.*
Se lo dio.	*He gave it to her.*
Les va a mostrar el anuncio.	*She's going to show them the ad.*
Se lo va a mostrar.	*She's going to show it to them.*

- When a direct object pronoun and a reflexive pronoun are used together, the reflexive pronoun precedes the direct object pronoun.

Siempre me envío correos electrónicos para recordar lo que debo hacer.	*I always send myself e-mails to remember what I have to do.*
Siempre **me los** envío.	*I always send them to myself.*

¿Qué dice usted?

👥 **9-17 El nuevo empleado.** Su jefe/a estuvo fuera de la oficina ayer y usted tuvo que ayudar al nuevo empleado. Su jefe/a le va a hacer preguntas para saber qué hizo o no hizo usted con el nuevo empleado.

MODELO: dar los documentos al nuevo empleado
E1: ¿Le dio los documentos al nuevo empleado?
E2: Sí, se los di./No, no se los di.

1. mostrarle la oficina
2. explicarle los documentos
3. contestarle sus preguntas
4. darle el horario de verano
5. recordarle la hora de llegada
6. presentarle a sus compañeros

👥 **9-18 Usted estuvo de jefe/a.** El encargado de la publicidad tenía que tratar con usted durante la ausencia de su jefe/a. Ahora su jefe/a quiere saber qué hizo esta persona.

MODELO: darle el contrato (a usted)
E1: ¿Le dio el contrato?
E2: Sí, me lo dio.

1. explicar la campaña de publicidad
2. mostrar los anuncios
3. traer las revistas
4. pedir el cheque
5. dejar las fotos
6. describir a las modelos que se necesitan

9-19 El servicio en un restaurante elegante. Primera fase. Formen grupos de tres. Dos de ustedes son clientes que cenaron en el restaurante de un hotel muy elegante y el tercero es el encargado del servicio del hotel. Éste les va a hacer preguntas y tomar notas para saber la opinión de ustedes sobre el servicio que recibieron.

1. ¿Cuándo les sirvieron el agua?
2. ¿Les mostraron la carta (*list*) de vinos enseguida?
3. ¿Les trajeron pan caliente a la mesa?
4. ¿Les dijo el camarero cuáles eran los platos especiales del día?
5. ¿Se los explicó?
6. Después de que ustedes empezaron a comer, ¿les preguntó el camarero si la comida estaba buena?
7. ¿Les ofrecieron postres y café?
8. ¿Cómo fue el servicio en general?

Segunda fase. En parejas o en grupos de tres, los encargados del servicio del restaurante deben comparar sus notas para decidir qué áreas necesitan mejorar. Los clientes deben reunirse para comentar sus experiencias y compartir sus opiniones sobre el servicio del restaurante.

1. **Role A.** You are a reporter for *La Tercera*, a Santiago newspaper, and you have traveled to Valparaíso to cover a story. Since you left Santiago in a rush, you forgot your taperecorder and camera (**cámara**) in the taxi. Call a fellow reporter and a) tell him/her what happened, b) ask if he/she can lend you his/her car, taperecorder and camera, and c) explain that you need everything right away.

   Role B. You are a reporter for **Canal 5 de Playa Ancha** in Valparaíso. A colleague calls you to tell you about his/her ordeal. Ask him/her a) where it happened, and b) if he/she called the taxi company. Then say that he/she can come to your house to pick up what he/she needs.

2. One of you is an employee who has just returned from delivering a letter, the other is the boss. The boss will ask the employee questions to find out a) if he/she delivered the letter, b) to whom he/she gave the letter, c) when, and d) if the person signed a receipt (**recibo**).

4. Formal commands

Por favor, llene la solicitud y mándela por correo.

- Commands (**los mandatos**) are the verb forms used to tell others to do something. Use formal commands with people you address as **usted** or **ustedes**. To form these commands, drop the final **-o** of the **yo** form of the present tense and add **-e(n)** for **-ar** verbs and **-a(n)** for **-er** and **-ir** verbs.

		USTED	USTEDES	
hablar	→ hable	hable	hablen	*speak*
comer	→ come	coma	coman	*eat*
escribir	→ escribe	escriba	escriban	*write*

- Verbs that are irregular in the **yo** form of the present tense maintain the same irregularity in the command.

		USTED	USTEDES	
pensar	→ pienso	piense	piensen	*think*
dormir	→ duermo	duerma	duerman	*sleep*
repetir	→ repito	repita	repitan	*repeat*
poner	→ pongo	ponga	pongan	*put*

- The use of **usted** and **ustedes** with command forms is optional. When used, they normally follow the command.

Pase/Pase **usted**.　　　　　　　*Come in.*

- To make a formal command negative, place **no** before the affirmative command.

> **No salga** ahora.　　　　　*Don't leave now.*

- Object and reflexive pronouns are attached to the end of affirmative commands (note the written accent over the stressed vowel). Object and reflexive pronouns precede negative commands, and are not attached.

Cómpre**la**.	*Buy it.*
No **la** compre.	*Don't buy it.*
Háble**nle**.	*Talk to him/her.*
No **le** hablen.	*Don't talk to him/her.*
Siénte**se**.	*Sit down.*
No **se** siente.	*Don't sit down.*

- The verbs **ir**, **ser**, and **saber** have irregular command forms.

> ir: **vaya, vayan**　　　ser: **sea, sean**　　　saber: **sepa, sepan**

- Verbs ending in **-car**, **-gar**, **-zar**, **-ger**, and **-guir** have spelling changes in command forms.

sacar	sac~~o~~	→	sa**que**, sa**quen**
jugar	jueg~~o~~	→	jue**gue**, jue**guen**
almorzar	almuerz~~o~~	→	almuer**ce**, almuer**cen**
recoger	recoj~~o~~	→	reco**ja**, reco**jan**
seguir	sig~~o~~	→	si**ga**, si**gan**

¿Qué dice usted?

9-20 ¿Dónde se dicen estas cosas? Con un/a compañero/a, decidan cuáles de estos mandatos se pueden escuchar o leer en a) la sala de emergencia de un hospital, b) un almacén o c) un estudio de televisión.

1. Mande su solicitud para recibir la tarjeta de crédito por correo.
2. No interrumpa a los médicos cuando hablan con los pacientes.
3. Compren sus regalos de cumpleaños aquí.
4. Pague en la caja.
5. No haga visitas después de las 9 de la noche.
6. Mueva el micrófono a la derecha.

9-21 Preguntas de un/a estudiante. Usted estuvo ausente durante la semana dedicada a Chile y quiere saber qué tiene que hacer para ponerse al día. Su compañero/a, en el papel de profesor/a, contesta afirmativamente a sus preguntas.

MODELO:　　estudiar la lección 9
　　　　　　　E1: ¿Estudio la lección 9?
　　　　　　　E2: Sí, estúdiela.

1　contestar las preguntas sobre el desierto de Atacama
2. escuchar los discos de música chilena
3. escribir unas expresiones chilenas
4. leer el Enfoque cultural sobre Chile
5. hacer la tarea sobre las culturas indígenas de Chile

A INVESTIGAR

¿Cuáles son los principales productos de exportación de Chile? ¿Cuáles son los países que compran más productos chilenos?

👥 **9-22 En el hospital.** Un/a enfermero/a entra en la habitación y le hace las siguientes preguntas al/a la paciente. Túrnese con su compañero/a para hacer los papeles de enfermero/a y paciente.

MODELO: E1: ¿Le abro las cortinas?

           E2: Sí, ábramelas, por favor. Quisiera leer.
                No, no me las abra. Voy a dormir.

1. ¿Le pongo la televisión?
2. ¿Le traigo un jugo?
3. ¿Le pongo otra almohada?
4. ¿Me llevo estas flores?
5. ¿Le tomo la temperatura?
6. …

👥 **9-23 Mandatos del entrenador de un equipo.** Con su compañero/a, hagan una lista de las órdenes afirmativas y negativas que normalmente les da el/la entrenador/a a los miembros de su equipo. Comparen su lista con la de otros estudiantes.

MODELO: practicar todos los días   acostarse tarde
             Practiquen todos los días.   No se acuesten tarde.

👥 **9-24 ¿Qué deben hacer estas personas?** Su compañero/a y usted deben buscarle una solución a los siguientes problemas y decirle a cada persona lo que debe hacer.

MODELO: El Sr. Álvarez no está contento en su trabajo.

           E1: Busque otro trabajo inmediatamente.

           E2: Hable con su jefe y explíquele la situación.

1. La Sra. Jiménez necesita más vendedores en su compañía.
2. El Sr. Jiménez es contador y tiene que terminar un informe, pero su computadora no funciona.
3. Unos hombres de negocios van a ir a Chile y no saben hablar español.
4. La Sra. Peña tuvo un accidente serio con su auto y el otro chofer le dijo que iba a llamar a la policía.
5. La Sra. Hurtado entra en su apartamento y ve que hay agua en el piso de la cocina.
6. La cantante Mirta del Valle va a cantar en el Festival Internacional de la Canción en Viña del Mar, pero se siente bastante mal.

1. **Role A.** You are going to be away for a series of job interviews. Tell your neighbor a) how long you will be away and b) ask him/her if he/she could do a few things for you while you are away. After he/she agrees, tell him/her to a) feed the cat every day, b) water the plants every (**cada**) three days, and c) pick up the mail (**correspondencia**). Thank him/her for his/her help.

   Role B. Your neighbor tells you that he/she is going to be away and you agree to help him/her out. After he/she tells you what you will have to do, ask him/her a) whom should you call in case of an emergency (**emergencia**), and b) the telephone number of the veterinary.

2. **Role 1.** You have moved to Concepción, Chile, and have opened a checking account (**cuenta corriente**) at **Banco del Estado**. Since you are not familiar with their system, ask an employee to help you. After he/she gives you all the details, a) thank him/her, and b) say that you are very happy with the service the bank provides the customers.

   Role 2. You are an employee at the **Banco del Estado**. Using the check (**cheque**) below, explain to the customer where a) to put the date, b) to write the payee's name, c) to write the amount (**cantidad**) in numbers, d) to write the amount in words, and e) to sign the check.

Serie AD	6703690		$ _____
			012-0587
PARRAL			446
Balmaceda 429			

_____ - _____ DE _____ AÑO _ _ _ _ _

PÁGUESE A
LA ORDEN DE _____

O AL PORTADOR

LA CANTIDAD DE _____

_____ PESOS M/L

BANCO DEL ESTADO DE CHILE _____

⑆06703690⑆ ⑆0190587446004⑈2102⑈ 01

mosaicos

 A ESCUCHAR

A. Las profesiones. Before listening to the recording, look at the illustrations below. How would you describe what these people do in their respective jobs? Listen to the description and write the number below the corresponding illustration.

_____

_____

_____

_____

_____

_____

B. ¿Lógico o ilógico? You will hear several statements. As you listen, indicate whether each statement is **Lógico** or **Ilógico**.

1. _____ _____   5. _____ _____
2. _____ _____   6. _____ _____
3. _____ _____   7. _____ _____
4. _____ _____   8. _____ _____

A CONVERSAR

9-25 Se ofrece y se busca trabajo. Primera fase. Lean los siguientes anuncios con ofertas de trabajo. Después, divídanse en dos grupos, A y B, y hagan lo que se indica más abajo.

Grupo A: Usted es el jefe de personal de una de las compañías representadas en los anuncios. Entreviste a las personas del Grupo B que están interesadas. Pregúnteles sobre: a) su experiencia, b) sus estudios, c) sus preferencias de sueldo, etc. y decida cuál es el/la más indicado/a para el puesto.

Grupo B: Usted está buscando trabajo. Escoja el anuncio con el trabajo que usted necesita. Responda a las preguntas de una persona del Grupo A de la manera más completa posible y haga preguntas si es necesario.

Segunda fase. Los entrevistadores del Grupo A deben informar a la clase sobre lo siguiente:

¿A qué candidato/a(s) va usted a contratar? ¿Por qué?

Las personas del grupo B deben informar a la clase sobre lo siguiente:

¿Cree usted que va a recibir la oferta de trabajo? ¿Por qué?

9-26 Adivina, adivinador. Descríbale a su compañero/a lo que hace una persona en un oficio o profesión. Su compañero/a debe tratar de adivinar cuál es el oficio o profesión. Después cambien de papel.

MODELO: E1: Es la persona que viene a arreglar el baño de mi casa
                    cuando tenemos un problema.
                E2: Es muy fácil. Es el plomero.

9-27 Don Mandón/Doña Mandona. Primera fase. Escoja uno de los siguientes puestos y dele tres órdenes a su compañero/a, quien debe seguir las órdenes que recibe, haciendo la mímica o realizando la acción cuando sea posible.

1. Jefe en una oficina de ventas
2. Gerente de un hotel de cinco estrellas
3. Director/a de un hospital
4. Gerente de una tienda de ropa

Segunda fase. Con otro/a compañero/a, conversen sobre lo siguiente.

1. ¿Qué órdenes debió seguir cada uno de ustedes?
2. ¿Cuál de las órdenes que cada uno/a recibió fue más difícil y por qué?

 A LEER

9-28 Preparación. Agrupe las siguientes palabras según el campo *(field)* con que se asocian. ¡Ojo! Hay algunas palabras que se pueden relacionar con más de un campo:

cineasta	estrella	obra	pieza lírica
estreno	compositor	vinificación	director
animador	cinta	creación	guía práctica
aparición	jurado	tecnicismos	concurso

1. Producción literaria: _____

2. Actuación: _____

3. Química: _____

4. Televisión o cine: _____

5. Producción musical: _____

9-29 Primera mirada. Lea los siguiente pasajes tomado de la sección "Gente" de la revista chilena *¿Qué pasa?* y siga las instrucciones.

Entusiasmado por su trabajo, Raúl Ruiz se reunió con el cineasta Juan Vicente Araya, director de la cinta[1] *No tan lejos de Andrómeda*, para hablar de sus próximos pasos. Ruiz quedó de contactarlo con el portugués Paulo Branco, uno de los productores europeos más importantes de hoy, para que éste conozca sus ideas. En todo caso, un eventual proyecto conjunto no tendrá lugar próximamente.

Impase burocrático

Sorprendidas quedaron las autoridades de Sernatur (Servicio Nacional de Turismo) con las declaraciones que hizo Cristián de la Fuente en el programa De pé a pá[2]. El actor aseguró que no obtuvo respuesta cuando llamó al organismo para realizar en Chile el concurso Miss Universo del año 2002. De la Fuente y el director de Sernatur, Oscar Santelices, se reunieron el 22 de mayo, dieron por superado el impase y seguirán con la iniciativa.

1. *movie*; 2. *beginning to end*

Arte Generoso

No son pocos los famosos, como Cecilia Bolocco o Antonio Vodanovic, que se dedican en sus ratos libres a la pintura. Pero hasta ahora sus creaciones se mantenían en el ámbito privado. Motivados por un fin altruista, los dos animadores rematarán[3] algunos de sus trabajos durante una cena de gala, a celebrarse el 20 de junio, en el hotel Marriot. Los fondos se van a destinar a Aldeas Infantiles SOS, institución de beneficencia internacional, que ayuda a niños en situación de riesgo. Viviana Núñez animará la velada, en la que también se ofrecerán cuadros de Bororo, Benmayor, Matta y otros artistas consagrados.

3. *will auction*

Secretos blancos y tintos

Después de acumular años de experiencia en el tema del vino, Pascual Ibáñez se lanza a la aventura de escribir. El *sommelier*[4] prepara su primera guía práctica, junto al químico experto en degustación Mario Ávila. "La idea es que el lector conozca los secretos imprescindibles para disfrutar un vino", explica Ibáñez. Va a ser una obra sin tecnicismos y con un amplio apoyo visual. Algo similar a los cursos que la pareja de catadores[5] actualmente dicta en el Centro Cultural del Vino Torres sobre cepas[6] tradicionales y no tradicionales, vinificación y gastronomía, entre otras materias.

4. *wine steward*; 5. *wine tasters*; 6. *rootstalk*

Primera exploración. ¿Cierto o Falso? Indique con una C si la afirmación es cierta y con una F si es falsa. Si es falsa, diga por qué.

1. ____ Según el texto, tanto Juan Vicente Araya como Cristián de la Fuente trabajan en el mundo del cine.

2. ____ Es posible que Juan Vicente Araya y Cristián de la Fuente hagan un trabajo juntos.

3. ____ 'lo' en "Ruiz quedó de contactarlo" se refiere a Paulo Branco.

4. ____ '... éste' en "para que éste conozca sus ideas" se relaciona con Paulo Branco.

Segunda exploración. Subraye la información que mejor complete la idea, de acuerdo con el contenido del texto.

1. Hay varios personajes de renombre que se interesan en: su tiempo libre, las bellas artes, la animación.
2. Lo que motiva a algunos famosos a donar sus trabajos es: el deseo de ser aún más famosos, el interés por ganar más dinero, su espíritu de generosidad.
3. Según el texto, Viviana Núñez se dedica a: la pintura, la animación, cuidar niños.
4. Bororo, Benmayor y Matta son: compositores, pintores, animadores.

Tercera exploración. Subraye la idea que **no** representa el contenido del texto.

1. En el título "Blancos y tintos" se hace alusión: al color de los químicos, al tipo de vino.
2. Se puede afirmar que Pascual Ibáñez es principalmente: escritor, conocedor de vinos.
3. Una "guía práctica" se trata de: una mujer que guía, un manual.
4. La guía de la que se habla en el texto va a tener: un lenguaje sencillo y fotografías, unas explicaciones técnicas.

Ópera a la chilena

El dramaturgo Juan Radrigán disfruta de un prolífico momento creativo. Luego de ser elegido jurado del Fondart hace algunos días y esperando el estreno, el 9 de junio, de su obra *Medea Mapuche*, acaba de terminar una ópera criolla titulada *Amores de cantina*. Se trata de la segunda pieza lírica de su autoría y narra las desventuras pasionales de varios personajes en el interior de un bar. La música, de tintes populares, estará a cargo del compositor Patricio Solovera. En tanto, la próxima semana se van a realizar en España presentaciones de su obra *Hechos consumados* y lecturas dramatizadas de *Las brutas*.

Cuarta exploración. Asocie la columna A con la B. Indique la letra que corresponde en el espacio adecuado.

A

1. _____ dramaturgo
2. _____ estreno
3. _____ *Amores de cantina*
4. _____ *Medea mapuche*
5. _____ Patricio Solovera
6. _____ Juan Radrigán

B

a. escritor chileno de renombre internacional
b. escritor de obras de teatro
c. pieza lírica de Juan Radrigán
d. ópera chilena sobre las adversidades de unos personajes en un lugar donde se bebe
e. se va a encargar de la música de una ópera criolla
f. inauguración de una obra de teatro, una película o una obra musical

👥 **9-30 Segunda mirada.** Su compañero/a que es coleccionista de pinturas de su ciudad leyó el artículo anterior y desea comprar algunas obras de los pintores chilenos Bororo, Benmayor y Matta. Use tres mandatos para indicarle lo que debe hacer para obtener las obras.

👥 **9-31 Ampliación.** Con otro/a compañero/a determine tres aspectos positivos y tres negativos de dos de las siguientes profesiones: catador/a, dramaturgo/a, animador/a.

Lo positivo de… es que…   Lo negativo de… es que…

A ESCRIBIR

9-32 Manos a la obra: fase preliminar. Usted es el cineasta chileno Raúl Ruiz. Hace un par de meses se divorció de su esposa y ahora tiene la responsabilidad de cuidar a un hijo de dos años y a una hija de cuatro. El exceso de trabajo no le permite cuidar de ellos como usted quiere, por eso usted escribió un anuncio en la red (*Internet*) local para solicitar los servicios de una niñera. Lea el siguiente mensaje electrónico que usted recibió.

De: sofia.morales@entel.chile
Para: rruiz@ct.chile
Ref.:   Cuidado de sus hijos

Estimado señor Ruiz:

Mi nombre es Sofía Morales, soy secretaria de profesión, pero por el momento estoy desempleada. Necesito urgentemente trabajar. Aunque no tengo mucha experiencia como niñera, pienso que puedo hacer un buen trabajo porque me fascinan los niños. Si me permite, quiero hacerle algunas preguntas preliminares.

Primero, con respecto al temperamento y gustos de los niños: ¿Cómo son sus hijos? ¿Son sociables? ¿Se adaptan fácilmente a personas desconocidas? ¿Lloran mucho cuando usted no está cerca? ¿Hay algo que debo hacer para mantenerlos felices? ¿Les gusta escuchar cuentos?

Segundo, en relación con sus hábitos: ¿Se despiertan y se levantan temprano? ¿Duermen la siesta? ¿Debo bañarlos después de la siesta? ¿Cómo se divierten? ¿Les gusta jugar o prefieren mirar televisión?

Tercero, con respecto a la comida: ¿Qué desayunan? ¿Debo preparar el desayuno? ¿Hay algo que prefieren comer o beber? ¿Hay algo que no deben comer o beber? ¿A qué hora almuerzan?

Finalmente, ¿a qué hora vuelve usted a casa? Yo debo estar en mi casa antes de las 6:00 de la tarde.

Tengo muchos deseos de conocer a sus hijos. Estoy segura de que si usted me da el trabajo, los niños y yo vamos a llevarnos muy bien.

Atentamente,
Sofía Morales

9-33 Manos a la obra. Contéstele —con la mayor cantidad de detalles posible— el mensaje electrónico a su futura niñera.

EXPRESIONES ÚTILES

BEBIDAS PARA NIÑOS

leche
agua de yerbas con azúcar
jugo de naranja
jugo de manzana
jugo de otras frutas

COMIDA PARA NIÑOS

gelatina de frutas
sopa de pollo/verduras
puré de papas
cereal con leche

9-34 Revisión. Verifique si respondió clara y completamente a todas las preguntas de Sofía.

Vocabulario*

Profesiones, oficios y ocupaciones

el/la abogado/a	lawyer
el actor/la actriz	actor/actress
el ama de casa	housewife, homemaker
el/la arquitecto/a	architect
el/la bibliotecario/a	librarian
el/la bombero/a	firefighter
el/la cajero/a	cashier
el/la chofer	driver
el/la científico/a	scientist
el/la contador/a	accountant
el/la ejecutivo/a	executive
el/la electricista	electrician
el/la empleado/a	employee
el/la enfermero/a	nurse
el/la gerente	manager
(___ de ventas)	(sales ___)
el hombre/la mujer de negocios	businessman/woman
el/la ingeniero/a	engineer
el/la intérprete	interpreter
el/la jefe/jefa	boss
el/la juez	judge
el/la locutor/a	radio announcer
el/la médico/a	medical doctor
el/la obrero/a	worker
el/la peluquero/a	hairdresser
el/la periodista	journalist
el/la plomero/a	plumber
el policía/ la (mujer) policía	policeman, policewoman
el/la (p)sicólogo/a	psychologist
el/la técnico/a	technician
el/la vendedor/a	salesman, saleswoman

Lugares

el banco	bank
la compañía/empresa	company
el consultorio	doctor's office
la peluquería	beauty salon, barbershop

Trabajo

el anuncio	ad (advertisement)
el currículum	résumé
la entrevista	interview
la experiencia	experience
el incendio	fire
la llamada	call
el puesto	position
la oportunidad	opportunity
la solicitud	application
el sueldo	salary
la vacante	opening
las ventas	sales

Verbos

apagar	to extinguish, to turn off
atender (ie)	to answer, to attend
comenzar (ie)	to begin
comunicar(se)	to communicate
cortar	to cut
dejar	to leave
enviar	to send
esperar	to wait for
indicar	to indicate
llenar	to fill (out)
mandar	to send
mejorar	to improve
ofrecer (zc)	to offer
solicitar	to apply (for)

Palabras y expresiones útiles

actualmente	at the present time
el/la cliente/a	client
¡Cómo no!	Of course!
lo importante	the important thing
por cierto	by the way
por correo	by mail
propio/a	own
en realidad/realmente	in fact, really
la señal	signal
sin embargo	nevertheless

La economía

Para pensar

¿A qué edad comienzan a trabajar los jóvenes en Estados Unidos? ¿Qué tipo de trabajo generalmente buscan y consiguen? ¿Es fácil conseguir trabajo después de graduarse de la universidad? ¿Hay mucha inflación en los Estados Unidos? ¿Hay mucho desempleo?

En los Estados Unidos es muy común que los jóvenes empiecen a trabajar a los dieciséis años ya sea en un restaurante, una tienda, o haciendo trabajos para los vecinos como cortar el césped o lavar el carro. Esta práctica no es común en los países hispanos. Generalmente, los jóvenes de clase media y alta no trabajan antes de terminar la escuela secundaria. Los jóvenes de las clases pobres, sin embargo, sí trabajan desde muy temprana edad vendiendo periódicos o dulces en la calle, limpiando zapatos, y aun como empleados domésticos.

Conseguir trabajo después de graduarse de la universidad no es muy fácil tampoco. Por supuesto, que esto depende de la situación económica del país. En algunos países, como Chile, por ejemplo, la economía ha dado un tremendo paso adelante en los últimos quince años. En otros países, como Perú, Ecuador y Venezuela, la situación es diferente. Hay mucha inflación y un alto índice de desempleo.

En los países con problemas económicos hay pocas posibilidades de empleo, tanto en el sector privado como en el público. Además, los sueldos no son muy altos y esto trae una serie de consecuencias de tipo social (los jóvenes tienen que permanecer en la casa de sus padres, deben conseguir dos y hasta tres trabajos, etc.). Debido a esto, muchos jóvenes salen de su país en busca de un mejor porvenir.

En los países con una economía más fuerte, la situación es diferente. El índice de desempleo es bajo y el descontento político y social es menor. Chile, por ejemplo, es una de las naciones de mayor desarrollo industrial en América Latina. La producción agrícola, mineral e industrial ha mejorado significativamente y varias compañías nacionalizadas bajo gobiernos anteriores ahora están en manos del sector privado. Si quiere aprender algo sobre la economía de América Latina, puede visitar: *www.prenhall.com/mosaicos*.

Para contestar

El trabajo. Con su compañero/a responda a las siguientes preguntas:

1. Compare la participación de los jóvenes en la economía de un país hispano y en la de los Estados Unidos. ¿Cuáles son dos ventajas y dos desventajas de cada situación?
2. ¿Cuáles son algunas de las consecuencias de una economía con problemas?

Riqueza cultural. En grupos de tres, hablen sobre las zonas de los Estados Unidos que tienen un mayor desarrollo económico. Luego, hagan lo mismo con dos países hispanos e informen al resto de la clase.

Contenedores en el puerto de Valparaíso, Chile.

The *Enfoque cultural* is available in an interactive online format at *www.prenhall.com/mosaicos*

 Para investigar en la WWW

1. Busque información acerca de la economía de Chile, específicamente acerca del índice de desempleo, la inflación, los recursos naturales y las principales industrias. Luego, comparta esta información con sus compañeros/as.

2. Busque en la página de un periódico chileno los trabajos que se ofrecen, cuáles son los requisitos necesarios para obtenerlos, qué sueldos se ofrecen, etc. Compare estos anuncios con los de los Estados Unidos. Busque información en: *www.prenhall.com/mosaicos*.

Chile

Ciudades importantes y lugares de interés: Santiago, la capital, es una ciudad moderna con unos seis millones de habitantes que conserva algunos edificios coloniales que han sido declarados patrimonio cultural. Es, además, una de las pocas ciudades del mundo en la cual sus habitantes y visitantes tienen fácil acceso tanto a las montañas para ir a esquiar como a las playas en un mismo día. Algunos lugares favoritos para ir a esquiar, especialmente de junio a octubre, son Portillo, Farellones-El Colorado, La Parva y Valle Nevado.

En Santiago se puede visitar el Museo Precolombino que tiene artefactos de las culturas indígenas de América Central y América del Sur, el Parque de Artesanos y los mercados de artesanías donde se pueden apreciar no sólo artistas y músicos sino también objetos de artesanía de cobre, de lana y antigüedades. Cerca de Santiago, en el valle del Maipo, también se encuentran famosos viñedos (*vineyards*) tales como Concha y Toro, Santa Rita y Macul.

Isla de Pascua, Chile

Viña del Mar, conocida también como la Ciudad Jardín, es uno de los principales balnearios (*seaside resorts*) del país. Aquí hay una gran variedad de restaurantes, casinos, cafés y discotecas que contribuyen a una animada vida nocturna. En esta ciudad se lleva a cabo el famoso Festival Internacional de la Canción. Valparaíso es el principal puerto de Chile, y en una de sus bellas colinas se encuentra La Sebastiana, la casa museo del poeta Pablo Neruda, ganador del Premio Nobel de Literatura en 1971.

Chile es también un lugar ideal para practicar el montañismo o andinismo, tanto en los Andes del norte y en los Andes centrales, como en la Patagonia.

Chile ofrece innumerables posibilidades a los visitantes de todas las edades.

Expresiones chilenas:

planchado/sin chaucha	Está planchado/sin chaucha.	*He is broke.*
tinca	Me tinca que ha hecho algo malo.	*I have the feeling that he/she has done something wrong.*
el descueve	Es el descueve.	*It's far out.*

ENFOQUE INTERACTIVO

  A MIRAR EL VIDEO 5:00

Watch the *Fortunas* video segment for *Lección 9* in class or on your CD-ROM. Would you form an alliance with Katie after the events surrounding the first *fortuna*? How do you think Carlos really feels?

Now complete the accompanying video activities on the CD-ROM. This is your chance to interact with the video characters! **25:00**

¿Una nueva alianza?

El concurso

In this episode of *Fortunas* we see Efraín contemplating an alliance with Katie. Sabrina seems to think Efraín is wrong in trusting Katie. Is he naive or does he have a different plan? Is Katie really that devious… and what is Sabrina not telling us? These are some questions to keep in mind as things heat up and our four contestants attempt to solve the remaining *misterios* and *fortunas*.

 LA BÚSQUEDA 5:00

Remember, the *pistas* for the next two *misterios* relate to the history of Mexico between the Conquest and the Revolution. The current *pistas* focus on water, flowers, and love. Where in Mexico City do you think these clues are leading? The good news is that your judgment isn't being clouded by relationships and mistrust. Go to the *Fortunas* module to begin your search. If you hurry, you can solve the fourth *misterio* before the others do.

> Misterio Nº 4: Un lugar estratégico

> Pistas
> 1. La fuente de la civilización
> 2. La flor de la civilización
> 3. El manantial del romance
> 4. El barco de la vida

¿QUÉ OPINA USTED? 5:00

In this episode, we learn more about the
contestants' personalities and how they play the
game. What do you think about the contestants?
Your vote counts, so please go to the *Fortunas*
module and click on *¿Qué opina usted?* to vote in
this episode's poll.

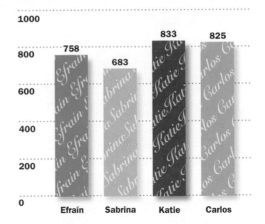

 PARA NAVEGAR 10:00

LA ECONOMÍA CHILENA

En los años 90, el gobierno chileno comenzó una serie de iniciativas económicas que
revitalizaron la economía del país. Estas iniciativas incluyeron la liberalización del
mercado y la estabilización de la moneda nacional. Gracias a estos cambios, Chile es
un modelo para los otros países de Latinoamérica y su futuro es prometedor.

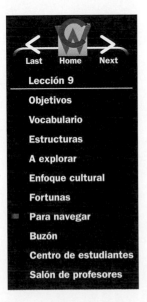

Go to the *Mosaicos Website* and click on the *Para
navegar* module to explore links to information on
Chile and the Chilean economy. Explore the links
and complete the related activities.

Lección 10

La comida y la nutrición

COMUNICACIÓN

- ✖ Discussing food, shopping, and planning menus
- ✖ Expressing wishes and hope
- ✖ Making requests and expressing opinions
- ✖ Granting and denying permission
- ✖ Expressing doubt
- ✖ Giving advice

ESTRUCTURAS

- ✖ The present subjunctive
- ✖ The subjunctive used to express wishes and hope
- ✖ The subjunctive with verbs and expressions of doubt
- ✖ Indirect commands

MOSAICOS

A ESCUCHAR

A CONVERSAR

A LEER

- ✖ Identifying associated words

A ESCRIBIR

- ✖ Giving advice

ENFOQUE CULTURAL

- ✖ Los mercados al aire libre y los artesanales
- ✖ Ecuador
- ✖ Bolivia
- ✖ Paraguay

ENFOQUE INTERACTIVO

 WWW   **VIDEO**   **CD ROM**

En el supermercado

Frutas y verduras

el ajo | los pimientos verdes | las zanahorias

los pepinos | las espinacas | el maíz / los elotes

las cebollas | los plátanos/ las bananas | las peras

las manzanas | las toronjas/ los pomelos | las uvas

los aguacates | las cerezas | las fresas

Productos lácteos

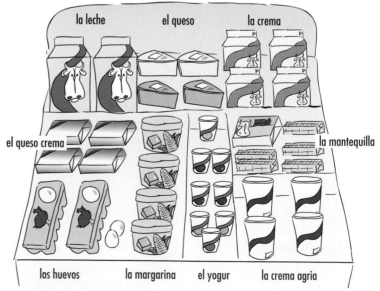

la leche | el queso | la crema

el queso crema | la mantequilla

los huevos | la margarina | el yogur | la crema agria

Carne y pescado

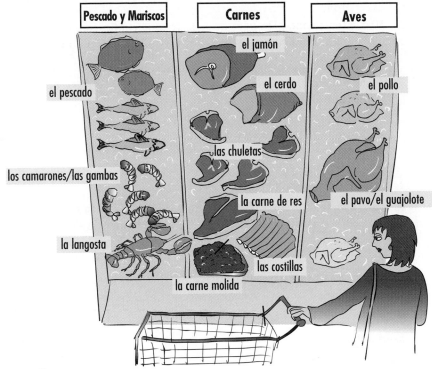

| Pescado y Mariscos | Carnes | Aves |

el pescado

el jamón

el cerdo

el pollo

las chuletas

los camarones/las gambas

la carne de res

el pavo/el guajolote

la langosta

las costillas

la carne molida

Los condimentos

la sal

la pimienta

la mostaza

la vainilla

la harina

el pan

el/la azúcar

el aderezo

las galletas

los churros

el vinagre

el aceite

el pan dulce

la manteca

la salsa de tomate

la mayonesa

los refrescos

el vino tinto

el vino blanco

¿Qué dice usted?

👥 **10-1 Asociaciones.** Después de asociar cada explicación con la palabra adecuada, hable con su compañero/a para ver si le gustan o no estos alimentos.

1. _____ Se toma mucho en el verano, cuando hace calor.   a. el jamón
2. _____ Se pone en la ensalada.   b. las uvas
3. _____ Se usan para hacer vino.   c. la mayonesa
4. _____ Se come en el desayuno con huevos fritos.   d. el helado
5. _____ Se prepara para el Día de Acción de Gracias.   e. el aderezo
6. _____ Se usa para preparar la ensalada de atún o de pollo. f. el pavo

👥 **10-2 Dietas diferentes.** Con su compañero/a, llene la tabla con comidas adecuadas para estas dietas. Al terminar, digan por qué se debe o no se debe comer cada cosa.

DIETA	SE DEBE COMER	NO SE DEBE COMER
vegetariana		
para diabéticos		
para engordar		
para bajar de peso		

👥 **10-3 ¿Qué necesitamos?** Usted y su compañero/a son estudiantes de intercambio en Ecuador. Le quieren preparar una cena a la familia con la que viven, pero no tienen todos los ingredientes necesarios. ¿Qué necesitan ustedes y cuánto cuestan estos ingredientes?

MODELO: E1: Vamos a preparar hamburguesas. Necesitamos un kilo de carne molida.
            E2: Eso cuesta tres dólares el kilo.

👥 **10-4 Los estudiantes y la comida. Primera fase.** En pequeños grupos, hablen de las comidas típicas de los estudiantes de su universidad. ¿Qué comen? ¿Cuándo comen?

Segunda fase. Hagan una lista de recomendaciones para una dieta estudiantil más saludable (*healthy*) y compártanla con el resto de la clase.

La mesa

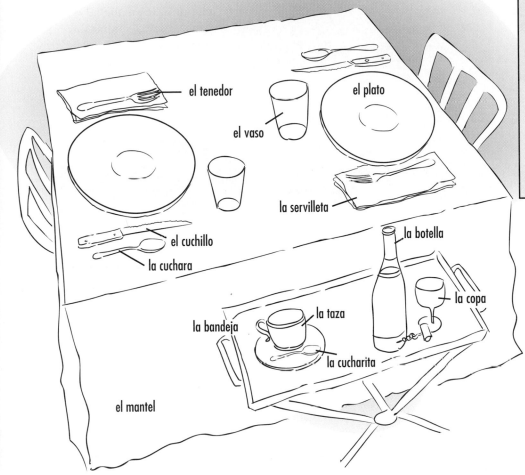

el tenedor

el plato

el vaso

la servilleta

el cuchillo

la cuchara

la botella

la copa

la bandeja

la taza

la cucharita

el mantel

¿Qué dice usted?

10-5 Entrenamiento de un/a camarero/a. Usted y su compañero/a son camareros/as en un restaurante y uno/a de ustedes es nuevo/a en el puesto. Dígale a su nuevo/a compañero/a dónde debe poner cada cosa de acuerdo con el dibujo. Después cambien de papel.

MODELO: E1: Ponga el cuchillo a la derecha del plato.
             E2: Muy bien. ¿Y dónde pongo la copa?
             E1: _____.

¿Dónde se compra?

Las frutas tropicales como los plátanos, los mangos, las piñas y las papayas son muy populares en el área del Caribe. En Estados Unidos, durante el invierno, se importan muchas frutas de Chile y otros países del hemisferio sur.

En todos los países hispanos hay buenas pastelerías donde se venden los dulces típicos de cada región.

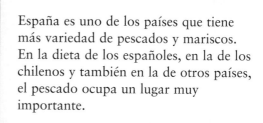

España es uno de los países que tiene más variedad de pescados y mariscos. En la dieta de los españoles, en la de los chilenos y también en la de otros países, el pescado ocupa un lugar muy importante.

Los mercados al aire libre son lugares donde se puede comprar toda clase de comidas y artesanías, además de ser importantes centros de reunión.

¿Qué dice usted?

10-6 La compra y los preparativos. En parejas, preparen un menú y una lista de lo que tienen que comprar para una cena. Después, cada pareja debe hacerle preguntas a otra pareja para obtener la siguiente información:

1. menú
2. ingredientes
3. número de invitados
4. costo de la cena
5. división del trabajo
6. limpieza

10-7 Una cena. Usted estuvo muy ocupado/a ayer porque tuvo invitados a cenar. Dígale a su compañero/a todas las cosas que hizo. Su compañero/a le va a preguntar dónde hizo la compra, a quién invitó y qué sirvió. Después cambien de papel.

LENGUA

Al dar una receta en español, normalmente se usan mandatos (**cocine el arroz, añada la sal**), la construcción de **se** + verbo (**se cocina el arroz, se añade la sal**), o el infinitivo (**cocinar el arroz, añadir la sal**).

EMPANADAS
salteñas-bolivianas

MASA:

6 tazas de harina
2 yemas de huevo
1 cucharada de azúcar
1 cucharadita de sal

6 cucharadas de manteca
1/2 taza de leche
1-1/2 tazas de agua tibia

Prepare la masa el día anterior. Mezcle todos los ingredientes para la masa. Amase bastante y envuelva la masa en una servilleta húmeda. Déjela en el refrigerador toda la noche.

RELLENO:

3 cucharadas de manteca
1 taza de cebolla verde picada
1/2 taza de ají colorado
comino y orégano al gusto
1 taza de arvejas cocinadas
1/2 taza de pasas
6 aceitunas negras, cortadas y sin pepa

1 taza de cebolla blanca picada
1 1/2 cucharada de gelatina sin sabor disuelta en 1/2 taza de agua
sal y azúcar al gusto
1 libra de carne de res picada
1 taza de papas a medio cocinar en cubitos
2 huevos duros, cortados

Prepare el relleno también el día anterior. Fría la cebolla en la manteca y agregue el ají, la sal, el azúcar, el comino y el orégano. Añada la carne y cocínela ligeramente. Retire el relleno del fuego y deje que se enfríe un poco. Añada la gelatina, las arvejas y la papa. Deje el relleno en el refrigerador toda la noche.

Para hacer las empanadas, haga unos círculos con la masa de 7 a 10 cms. de diámetro y 1/4 cm. de grosor. Ponga encima de cada círculo un poco del relleno y añádale las pasas, el huevo duro y las aceitunas. Doble y haga pequeños pliegues en el borde de la masa para que no se salga el relleno. Pase un poco de leche o de huevo batido por el borde. Ponga las empanadas sobre moldes de horno enharinados. Póngales un poco de leche o huevo por encima a cada una.

Hornear a 400 grados por 20–30 minutos.

Cultura

Muchos hispanohablantes que viven en los Estados Unidos mantienen las tradiciones y costumbres de su país natal con respecto a las comidas. Estas tradiciones y costumbres, que varían de un país a otro, se reflejan en las recetas, maneras de cocinar y horas diferentes de comer. Por ejemplo, en Miami y otras áreas donde hay una gran población cubana, los frijoles negros, el arroz y los plátanos fritos son muy populares.

10-8 Mi receta favorita. Entre su compañero/a y usted, escojan una receta simple. Escriban los ingredientes y después explíquenle a otra pareja cómo se prepara el plato. Las siguientes palabras pueden facilitarles la explicación: **batir** (*to beat*), **hervir** (**ie**) (*to boil*), **freír** (**i**) (*to fry*), **cortar** (*to cut*).

 A ESCUCHAR

Un cocinero. You will hear two short descriptions of Mr. Benítez and his cooking, followed by some related statements. Mark the appropriate column to indicate whether each statement is **Cierto** or **Falso**. Do not worry if there are words you do not understand.

DESCRIPCIÓN 1		DESCRIPCIÓN 2	
CIERTO	FALSO	CIERTO	FALSO
1. _____	_____	1. _____	_____
2. _____	_____	2. _____	_____
3. _____	_____	3. _____	_____
4. _____	_____	4. _____	_____

Antes de seguir...

The indicative and the subjunctive

In previous lessons, you used the indicative mood to state facts (what is happening, what regularly happens, or what has happened) and to talk about what you are certain will occur. Thus, in the sentence **Yo sé que Pepe siempre come en ese restaurante,** the speaker is stating the facts as he or she knows them to be true: Pepe always eats at that restaurant. The indicative is used to talk about actions, events, or states the speaker sees as real.

In this chapter, you will learn about the subjunctive, a verbal mood used for anticipated or hypothetical actions, events, or states. You already know and have used two forms of the subjunctive when you practiced the formal commands in *Lección 9*. With a command, you are trying to impose your will on someone else since you are expressing what you want that person to do: **Venga temprano** is equivalent to saying **Quiero que venga temprano.** Note that the arrival has not happened yet, in fact, it may not happen at all; therefore, it is an unrealized action and the subjunctive is needed.

In this chapter, you will learn about the use of the subjunctive to talk about what you want, hope, or doubt will happen.

Explicación y expansión

1. The present subjunctive

SR. MENA: ¿Qué traigo del supermercado?

SRA. MENA: Necesito que traigas un kilo de camarones frescos y también lechuga y tomate para la ensalada.

SR. MENA: ¿Eso es todo?

SRA. MENA: Sí, y espero que vuelvas rápido y que me puedas ayudar. Tengo mil cosas que hacer.

- To form the present subjunctive, use the **yo** form of the present indicative, drop the final **-o,** and add the subjunctive endings. Notice that as with **usted/ustedes** commands, **-ar** verbs change the **-a** to **-e,** while **-er** and **-ir** verbs change the **e** and the **i** to **a.**

	HABLAR	COMER	VIVIR
yo	hable	coma	viva
tú	hables	comas	vivas
Ud., él, ella	hable	coma	viva
nosotros/as	hablemos	comamos	vivamos
vosotros/as	habléis	comáis	viváis
Uds., ellos/as	hablen	coman	vivan

- The present subjunctive of the following verbs with irregular indicative **yo** forms is as follows:

conocer:	conozca, conozcas...	salir:	salga, salgas...
decir:	diga, digas...	tener:	tenga, tengas...
hacer:	haga, hagas...	traer:	traiga, traigas...
oír:	oiga, oigas...	venir:	venga, vengas...
poner:	ponga, pongas...	ver:	vea, veas...

- The present subjunctive of **hay** is **haya**. The following verbs also have irregular subjunctive forms:

ir:	**vaya, vayas...**	saber:	**sepa, sepas...**
ser:	**sea, seas...**		

- Stem-changing -**ar** and -**er** verbs follow the same pattern as the present indicative.

pensar:	piense, pienses, piense, pensemos, penséis, piensen
volver:	vuelva, vuelvas, vuelva, volvamos, volváis, vuelvan

- Stem-changing -**ir** verbs follow the same pattern as the present indicative, but have an additional change in the **nosotros** and **vosotros** forms.

preferir:	prefiera, prefieras, prefiera, prefiramos, prefiráis, prefieran
dormir:	duerma, duermas, duerma, durmamos, durmáis, duerman

- Verbs ending in -**car**, -**gar**, -**ger**, -**zar**, and -**guir** have spelling changes.

sacar:	saque, saques, saque, saquemos, saquéis, saquen
jugar:	juegue, juegues, juegue, juguemos, juguéis, jueguen
recoger:	recoja, recojas, recoja, recojamos, recojáis, recojan
almorzar:	almuerce, almuerces, almuerce, almorcemos, almorcéis, almuercen
seguir:	siga, sigas, siga, sigamos, sigáis, sigan

¿Qué dice usted?

10-9 En la cocina. Use los siguientes verbos en el subjuntivo para describir lo que le dice un chef a su nuevo asistente.

volver	venir	hablar
almorzar	comprar	ayudar

1. Es importante que _____ vegetales frescos.
2. Espero que _____ rápido del mercado.
3. Necesito que me _____ con las ensaladas.
4. Es necesario que _____ temprano al trabajo mañana.
5. Quiero que _____ conmigo y con la dueña (*owner*).
6. Es bueno que nosotros _____ sobre el nuevo menú.

👥 **10-10 La excursión del sábado.** David está organizando una excursión y le dejó una nota a usted y otra a su compañero/a. Cada uno/a de ustedes le debe decir al/la otro/a lo que David quiere que ustedes hagan.

MODELO: preparar unos sándwiches
            David quiere que preparemos unos sándwiches.

Llamar a Federico
Desayunar antes de salir
Salir temprano

Buscar a Magdalena
Comprar refrescos
Poner al perro en el garaje

2. The subjunctive used to express wishes and hope

■ Notice in the examples below that there are two clauses, each with a different subject. When the verb of the main clause expresses a wish or hope, use a subjunctive verb form in the dependent clause.

MAIN CLAUSE	DEPENDENT CLAUSE
La mamá **quiere**	que Alfredo **ponga** la mesa.
The mother wants	*Alfredo to set the table.*
Yo **espero**	que él **termine** temprano.
I hope	*he will finish early.*

■ When there is only one subject, use an infinitive instead of the subjunctive.

Los niños **necesitan almorzar** temprano para ir al gimnasio.	*The children need to have lunch early to go to the gym.*
El mayor **quiere prepararse** un sándwich.	*The older one wants to make himself a sandwich.*
El menor **desea tomar** leche con galletas.	*The younger one wants to have milk and cookies.*

■ With the verb **decir,** use the subjunctive in the dependent clause when expressing a wish or an order. Use the indicative when reporting information.

Dice que los niños **duermen.** (reporting information)	*She says (that) the children are sleeping.*
Dice que los niños **duerman.** (expressing an order)	*She says (that) the children should sleep.*

- Some common verbs that express want and hope are **desear, esperar, necesitar, preferir,** and **querer.**

    Quieren/Desean que **compres** mariscos.   *They want you to buy seafood.*

- Verbs which express an intention to influence the actions of others (**aconsejar, pedir, permitir, prohibir, recomendar**) also require the subjunctive. With these verbs, Spanish speakers often use an indirect object.

    Les permite que **salgan** esta noche.   *She allows them to go out tonight.*

- The expression **ojalá (que)** (*I/we hope*), which comes from Arabic, originally meaning *May Allah grant that …*, is always followed by the subjunctive.

    Ojalá (que) ellos **vengan** temprano.   *I hope they'll come early.*
    Ojalá (que) **puedas** ir al supermercado.   *I hope you can go to the supermarket.*

- You may also try to impose your will or express your influence, wishes, and hope through some impersonal expressions such as **es necesario, es importante, es bueno,** and **es mejor.**

    Es necesario que ellos **vengan** temprano.   *It's necessary that they come early.*
    Es mejor que **comas** pescado.   *It's better that you eat fish.*

- If you are not addressing or speaking about someone in particular, use the infinitive.

    Es mejor **comer** pescado.   *It's better to eat fish.*

¿Qué dice usted?

👤👤 **10-11 Una fiesta del club de español.** Con su compañero/a túrnense para responder a los comentarios usando **ojalá que...**

MODELO: servir comida ecuatoriana
            E1: Dicen que van a servir comida ecuatoriana
            E2: Ojalá que sirvan comida ecuatoriana.

1. empezar a las nueve
2. tocar música paraguaya
3. invitar a los estudiantes extranjeros
4. servir vino y cerveza de América del Sur
5. traer empanadas bolivianas
6. terminar temprano

10-12 El día de la fiesta. Los organizadores de la fiesta del club de español están muy ocupados preparando la fiesta. ¿Qué quieren/esperan/necesitan los organizadores que hagan estas personas?

Pedro, Carlos y Mirta   Ana   César

Lola   Jorge y Roberto   Hilda y Ramiro

👤👤 **10-13 Invitados a cenar.** Usted tiene invitados a cenar en su casa este fin de semana. Prepare una lista de las cosas que usted necesita hacer y otra lista con lo que espera que hagan sus invitados. Después, compare sus listas con las de un/a compañero/a.

MODELO: E1: Necesito limpiar la sala el viernes.
          E2: Yo también necesito limpiarla. / Yo no, la sala está limpia.
               Yo necesito comprar leche y jugo.
          E1: Espero que mis invitados lleguen temprano.
          E2: Y yo espero que a mis invitados les gusten los platos que
               voy a servir.

You learned that a stressed **i** or **u** requires a written accent when preceded or followed by another vowel (**oír, frío, reúno**) since no diphthong results and they are pronounced as two separate syllables. The same rule applies when there is an **h** between the two vowels (**pro<u>hí</u>bo, pro<u>hí</u>be**), since the **h** has no sound. When **i** or **u** is not stressed, the vowel combination is pronounced as one syllable and no accent is required (**pro<u>hi</u>bir**).

10-14 Un trabajo complicado. Usted trabaja en un supermercado y su compañero/a quiere saber cuáles son sus obligaciones y sus condiciones de trabajo. Él/Ella le va a hacer preguntas usando los verbos **aconsejar, pedir, prohibir, permitir, decir, recomendar.** Contéstele usando las siguientes opciones o sus propias experiencias. Después cambien de papel.

MODELO:　E1: ¿Qué te prohíbe tu jefe en el trabajo?
　　　　　E2: Me prohíbe que hable con mis amigos.
　　　　　E1: ¿Qué te recomiendan tus compañeros de trabajo?
　　　　　E2: Me recomiendan que sea amable con los clientes.

1. llevar un uniforme limpio
2. cambiar las verduras que no están frescas
3. usar el celular mientras trabajo
4. llegar temprano al trabajo
5. revisar las fechas de la leche y los quesos
6. atender a los clientes en la caja
7. saber dónde están los diferentes productos
8. …

 **10-15 Consejos y sugerencias.** Usted está organizando un nuevo restaurante y tiene algunos problemas en ciertas áreas. Explíqueles a dos de sus compañeros/as cuáles son los problemas. Ellos/as deben decirle qué debe hacer.

MODELO:　el precio de las bebidas
　　　　　E1: Los precios que me dieron para las bebidas son muy altos.
　　　　　E2: Es importante que preguntes los precios en otros lugares.
　　　　　E3: Y también es bueno que compres botellas grandes porque son más baratas.

pocos camareros	uno de los cocineros	la decoración del lugar
un salón muy pequeño	los muebles	los manteles y las servilletas

SITUACIONES

Role A. You are unable to go to the market this week because you are sick (**enfermo/a**). Call a friend to explain your predicament, and ask him/her to go for you. Answer his/her questions and a) say what you need him/her to buy for you (chicken, some vegetables, fruit, bread, etc.), b) give him/her advice about the shops where he/she can get those items, c) explain that you will pay him/her when he comes to your house, and c) thank him/her.

Role B. A friend of yours calls to ask a favor. Say a) that you will be happy to do his/her shopping, and b) ask what he/she needs. After writing down the list, say that it is important that he/she rest and that you will be at his/her house around 11:00 A.M.

3. The subjunctive with verbs and expressions of doubt

■ When the verb in the main clause expresses doubt or uncertainty, use a subjunctive verb form in the dependent clause.

Dudo que **vendan** pescado fresco.   *I doubt (that) they sell fresh fish.*

■ When the verbs **creer** and **pensar** are used in the negative and doubt is implied, the subjunctive is used. In questions with these verbs, the subjunctive may be used to express uncertainty or to anticipate a negative response. If the question simply seeks information, use the indicative.

SUBJUNCTIVE

Hace sol, no creo que **llueva** hoy.   *It's sunny out, I don't think it will rain.*

¿Crees que **haga** frío en La Paz?   *Do you think it will be cold in La Paz?*
(I don't/I'm not sure.)

INDICATIVE

¿Crees que **hace** frío en La Paz?   *Do you think it is/will be cold in La Paz?*
(Should I wear a coat?)

■ Use the subjunctive with impersonal expressions that denote doubt or uncertainty, such as: **es dudoso que, es difícil que, es probable que,** and **es posible que.**

Es dudoso que **encontremos** frutas tropicales allí.   *It's doubtful that we'll find tropical fruits there.*

Es posible que **vendan** uvas.   *It's possible that they sell grapes.*

■ Use the indicative with impersonal expressions that denote certainty: **es cierto/verdad que, es seguro que,** and **es obvio que.**

Es verdad/cierto que el vino **es** muy bueno.   *It's true that the wine is very good.*

■ Since the expressions **tal vez** and **quizá(s)** convey uncertainty, the subjunctive is normally used.

Tal vez
Quizá(s) } ella **pruebe** el postre.   *Perhaps she'll try the dessert.*

¿Qué dice usted?

👥 10-16 ¿Qué creen ustedes? Con su compañero/a, ofrezca opiniones sobre las afirmaciones que se hacen más abajo.

MODELO: El aceite de oliva es bueno para la salud.
         E1: Yo creo que el aceite de oliva es mejor que el (aceite) de maíz.
         E2: Tal vez/Quizá(s) sea mejor, pero debemos usar poco.

1. El yogur con frutas tiene muchas calorías.
2. Todos debemos beber mucha agua.
3. El agua que se bebe en las ciudades de este país es muy buena.
4. Los dulces engordan más que el queso.
5. El pescado es mejor que la carne para la salud.
6. La comida afecta nuestra personalidad.

👥 10-17 Opiniones. Dígale su opinión sobre los siguientes temas a su compañero/a y pregúntele qué opina. Después, comparen sus opiniones con las de otros/as compañeros/as y compartan el resultado con la clase. Pueden usar algunas de estas expresiones si lo desean.

    caloría   grasa   proteína   vitamina   sano/a   peligroso/a (*dangerous*)

MODELO: la carne de cerdo
         E1: Creo que una porción de carne de cerdo tiene menos grasa que un bistec.
         E2: Estoy de acuerdo, pero dudo que tenga menos grasa que el pescado.

1. las bebidas alcohólicas
2. el pescado y los camarones
3. las frutas y las verduras
4. la vida sedentaria

👥 10-18 Una cena con una persona muy famosa. Primera fase. Su compañero/a y usted ganaron un concurso, y el premio es una cena con la persona que ustedes admiran más. Escojan a la persona admirada y después hagan una lista de tres cosas que ustedes esperan que pasen y tres cosas que dudan que pasen en la cena. Expliquen por qué.

MODELO: Madonna
         E1: Esperamos que Madonna pague la cena porque ella tiene mucho dinero.
         E2: Dudo que Madonna cante durante la cena porque no va a tener público.

Segunda fase. Reúnanse con otra pareja y explíquenle a quién escogieron ustedes y por qué. Infórmenle sobre sus esperanzas (*hopes*) y dudas con respecto a la situación. Comenten si están de acuerdo o no con lo que dicen sus compañeros/as.

4. Indirect commands

You have used commands directly to tell others to do something: **Salga/Salgan ahora**. Now you are going to use indirect commands to say what someone else should do: **Que salga Berta**. Note that this indirect command is equivalent to saying **Quiero que Berta salga**, but without expressing the main verb **quiero**.

- The word **que** introduces the indirect command. The subject, if stated, normally follows the verb.

    Que cocine Roberto.   *Let Roberto cook.*
    Que descanse María.   *Let María rest.*

- Reflexive and object pronouns always precede the verb.

    Que **se siente** a la mesa.   *Let him sit at the table.*
    Que **le sirvan** la cena.   *Let them serve him dinner.*
    Que **se la sirvan** ahora.   *Let them serve it to him now.*

¿Qué dice usted?

👥 **10-19 Una clase de cocina.** Un chef muy conocido ha accedido a dar una clase de cocina con el fin de recaudar (*raise*) dinero para una obra social. Usted y su compañero/a forman parte del comité que organiza la clase. Su compañero/a tiene la lista de las personas que desean ayudar y usted tiene la lista de las tareas pendientes. Háganse preguntas y contéstense con la información que cada uno/a tiene.

MODELO: Eduardo, Alicia y Pedro
          preparar los anuncios,
          comprar los refrescos
          E1: ¿Quién va a preparar los
              anuncios?
          E2: Que los preparen Alicia y
              Pedro. ¿Y qué va a hacer
              Eduardo?
          E1: Que compre los refrescos.

Personas
Beatriz
Alberto y Rubén
Miguel
Elena y Amanda
Ana María
Emilio
un camarero

Tareas
traer los platos
tener los ingredientes listos
buscar las sillas
copiar las recetas
servir el vino
recibir a las personas
ayudar al chef

 **10-20 Un nuevo mercado. Primera fase.** En su ciudad van a abrir un nuevo mercado de productos de importación. Usted y su compañero/a, que saben español, están a cargo de la sección de productos hispanos. Hagan una lista de los productos que van a tener y divídanlos por secciones (carnes, mariscos, pescados, vinos y licores, verduras y frutas, artesanía, etc.)

Segunda fase. Decidan qué otras personas de la clase pueden encargarse de cada sección y por qué. Especifiquen dónde deben conseguir los productos esas personas.

MODELO: E1: Que se encargue Juan de la sección de las verduras porque le gustan mucho.
E2: Que compre frijoles en Ecuador.

SITUACIONES

Role A. You are a new manager for the Student Union who wants to improve the food and the service at the cafeteria. In a meeting with the cafeteria manager, say a) that it is important that students receive a better service, and b) that you hope the prices will not increase (**subir**) this semester. Listen to his/her comments and ask questions to get additional information.

Role B. You are the cafeteria manager. Agree with the Student Union manager and tell him/her a) that you have a good team, b) that you want everyone to do a good job, c) that you will be happy to meet with a student committee and have students suggest (**sugerir**) menus.

mosaicos

 A ESCUCHAR

A. ¿Logico o ilógico? You will hear several statements. As you listen, indicate whether each statement is **Lógico** or **Ilógico**.

	LÓGICO	ILÓGICO		LÓGICO	ILÓGICO
1.	_____	_____	4.	_____	_____
2.	_____	_____	5.	_____	_____
3.	_____	_____	6.	_____	_____

B. ¿De dónde son? Listen to a conversation regarding the origin of various products. As you listen to the conversation, mark all products that are originally from America.

_____ aguacate   _____ maíz

_____ arroz   _____ naranja

_____ café   _____ papa

_____ chocolate   _____ tomate

C. Otra vez un lío. Carolina, Roberto, Darío, and Andrea went grocery shopping and they have exactly the same bags. While waiting in one of the shops they put their bags on the floor and got them mixed up. Help them figure out which bag belongs to whom.

_____   _____   _____   _____

A CONVERSAR

👥 10-21 Encuesta. Primera fase. En parejas, averigüe si a su compañero/a le gustan o no le gustan las siguientes comidas.

MODELO: E1: ¿Te gustan los camarones?
　　　　　E2: Me encantan. ¿Y a ti?
　　　　　E1: A mí no me gustan.

ALIMENTO	ENCANTAR	GUSTAR MUCHO	GUSTAR	NO GUSTAR
los camarones				
las espinacas				
el queso				
el jamón				
la carne de res				
el helado de chocolate				
los dulces				

👥 Segunda fase. En pequeños grupos, decidan cuáles son los alimentos más populares de cada grupo y, luego, comparen los resultados de su grupo con los de otro.

👥 10-22 ¡Ojalá! En grupos de tres, cada estudiante debe decir qué desea para cada persona en las siguientes situaciones. Luego deben decir si creen que se van a cumplir los deseos de cada uno/a o no.

MODELO: E1: Mamá necesita bajar de peso.
　　　　　E2: ¡Ojalá que siga una dieta!
　　　　　E3: Yo creo que tu mamá va a perder peso. Ella puede hacerlo.
　　　　　E4: Yo dudo que baje de peso. Es muy difícil.

1. Mi abuela debe seguir una dieta estricta.
2. Mis hermanitos comen chocolate todo el tiempo. No es bueno para ellos.
3. El vendedor del almacén está demasiado delgado. Parece estar enfermo.
4. La cocinera tiene a toda la familia con la presión alta porque cocina con mucha sal.
5. Mi mejor amigo/a y yo somos adictos/as a la carne de res. La comemos todos los días.

La palabra **ojalá** viene del árabe. Otras palabras de origen árabe son: **aceite, azúcar, arroz, zanahoria, alfombra, almacén, alcalde, cero,** etc. ¿Cuándo estuvieron los árabes en España? ¿Fue éste un período importante en la historia de España? ¿En qué parte de España vivieron más tiempo?

👥 **10-23 Adivine, adivinador.** Usted participa en un programa de televisión donde el/la animador/a (su compañero/a) le da las instrucciones para hacer algo. Usted tiene que adivinar para qué son las instrucciones.

> MODELO: E1: Saque algo del refrigerador. Lávelo, séquelo, córtelo, y añádale aderezo.
> E2: Son las instrucciones para hacer un ensalada.

👥 **10-24 Mil decisiones.** Usted y su compañero/a van a dar una fiesta. Deben decidir: el número de invitados, las actividades, la comida, las bebidas, dónde poner la mesa, los muebles, la música, etc. Usted es muy práctico/a, pero su compañero/a no. Discuta lo que él/ella le propone y trate de influenciarlo/la.

MODELO: E1: Es mejor que compremos tenedores de plástico.
E2: No, es mejor usar/que usemos nuestros tenedores porque son más elegantes.

 A LEER

👥 **10-25 Preparación.** Según usted, ¿qué efectos tienen estos alimentos y actividades en el organismo de un individuo? Con un/a compañero/a, discutan y clasifíquenlos en la tabla a continuación.

ALIMENTOS	ENGORDA(N)	ADELGAZA(N)	DA(N) ENERGÍA	ENFERMA(N)	CURA(N)
Los huevos					
Los productos lácteos					
Los cereales					
El azúcar					
Los licores					
Las verduras					
Las legumbres					
Los productos enlatados					
ACTIVIDADES					
comer mucho					
reducir la cantidad de comida					
ducharse con agua caliente					
usar electrodomésticos					
beber licor diariamente					
tomar el sol					
hacer ejercicio					

MÁS QUE UNA DIETA...

La macrobiótica es una filosofía que nace a partir de la doctrina oriental Zen, con el objetivo de lograr una unión armoniosa entre el hombre y la naturaleza, a través de una dieta y conducta bastante rigurosas.

La palabra macrobiótica (del griego macros: larga; grande bio: vida) fue introducida por Hipócrates, el padre de la medicina occidental, pero su popularidad se debe a un japonés, George Oshawa, quien reintrodujo este concepto durante los años setenta.

Centrándose en el ritmo natural y en la pureza de los alimentos, la macrobiótica sugiere que cada uno de nosotros está continuamente influenciado por nuestro entorno: los alimentos que ingerimos, nuestro contacto diario con el resto de la sociedad, el lugar en que vivimos y el clima.

Nuestra salud, según los especialistas, es el resultado de lo que comemos y bebemos, así como de la forma en que vivimos. Si no existe armonía en nuestra vida, el cuerpo se enferma. Es así como la dieta macrobiótica adquiere suma importancia: nos puede ayudar a sanarlo mediante un régimen estricto que purifique el organismo. La macrobiótica, al igual que la doctrina Zen en la que se basa, afirma que la naturaleza consta de dos partes opuestas que se complementan, el yin y el yang. Una de estas fuerzas es positiva (yin), la otra negativa (yang) y el equilibrio entre ambas es necesario para la buena salud. Así, los cereales ricos en agua y en potasio, por ejemplo, representan el yin. El yang se asocia tanto con los productos que generan calor como con aquellos que son neutros en alcalinos y ricos en sodio.

10-26 Primera mirada. Lea la primera parte del artículo y después, complete las siguientes ideas.

Primera exploración. A. Complete las siguientes ideas según el contenido del artículo:

1. La macrobiótica es una filosofía de origen
   _____.

2. El propósito final de la macrobiótica es
   _____
   _____.

3. Según la macrobiótica, los siguientes elementos tienen un efecto directo en el individuo:
   _____, _____,
   _____ y _____.

4. Según los macrobióticos, las personas se enferman si _____.

5. La dieta macrobiótica _____ el organismo de un enfermo.

B. Marque con una **x** la(s) idea(s) que mejor completan la siguiente oración:

Algunas de las propuestas de la macrobiótica son que...

_____ la naturaleza tiene dos partes iguales.

_____ las fuerzas de la naturaleza se pueden entender como una dicotomía.

_____ la salud implica la armonía entre lo positivo y lo negativo.

_____ el yin y el yang se asocian solamente con alimentos.

Seguir la dieta macrobiótica implica un cambio radical para la mayoría de las personas acostumbradas a la dieta occidental, por lo tanto, es importante hacerlo de forma gradual para limitar su impacto en el organismo. El objetivo final de esta dieta es reducir la cantidad de alimentos consumidos a diario en la medida posible, para permitir que el cuerpo libere la energía que normalmente dedica a procesos físicos, tales como la digestión, y la concentre en el plano intelectual. Aunque existen muchas variantes según la región y las características personales de cada individuo, la dieta macrobiótica estándar propone la siguiente división en la alimentación diaria:

- Un 50% de los alimentos debe basarse en cereales integrales variados.

- Un 20–30% debe consistir en verduras variadas.

- Un 5–10% debe incluir sopas naturales.

- Un 5–10% debe consistir en legumbres y vegetales marinos.

Para obtener resultados óptimos se recomienda eliminar de nuestra dieta habitual comidas tales como las carnes de todo tipo, los huevos y productos lácteos, los azúcares y alimentos refinados y todo alimento con colorantes o conservantes, así como productos alimenticios congelados, enlatados, irradiados o que contengan cualquier componente artificial, además de todos los licores fuertes.

Segunda exploración. Indique…

1. por qué no es recomendable hacer un cambio abrupto de una dieta occidental a la macrobiótica.

2. cuál(es) de las siguientes conductas son apropiadas para una persona que sigue la dieta macrobiótica:

   _____ comer más

   _____ consumir menos comida

   _____ pasar más tiempo usando sus capacidades mentales

   _____ comer lo que quiera

3. cuál(es) de las siguientes comidas puede consumir una persona que sigue la dieta macrobiótica:

   _____ mariscos y pescados

   _____ sopa de pollo enlatada

   _____ lechugas, tomates, espárragos frijoles, algas marinas

Asimismo, para lograr un mayor equilibrio en nuestro sistema, hay ciertos cambios de estilo de vida que los seguidores de la macrobiótica deben hacer, como se sugiere a continuación:

- Coma sólo cuando tenga hambre, beba sólo cuando tenga sed, y mastique (chew) los alimentos un mínimo de 50 veces por bocado (bite). Es importante que mantenga una postura erguida (erect) mientras come y que exprese gratitud por todo alimento que ingiera.

- Evite los baños o duchas calientes prolongados, ya que durante éstos el cuerpo pierde minerales esenciales.

- Utilice ropa de fibras naturales como el algodón y evite toda sustancia química, incluidos los cosméticos, perfumes, productos para el cabello, etc.

- Haga ejercicio con regularidad y pase tiempo al sol diariamente.

- No use electrodomésticos de ningún tipo y evite el contacto con aparatos emisores de campos electromagnéticos, tales como el televisor o la computadora.

Aunque la dieta macrobiótica ha logrado resultados positivos en el tratamiento de algunas enfermedades, su propósito es preventivo, no curativo. Sin embargo, las personas que quieren adoptarla deben consultar con su médico antes de hacer cualquier cambio importante en su dieta, ya que la dieta macrobiótica más estricta se basa en un número de calorías muy reducido, que puede originar problemas físicos tales como anemia, deficiencia de calcio, pérdida excesiva de peso e incluso la muerte.

Tercera exploración. Indique…

1. cinco tipos de comidas/productos que se le prohíben a un seguidor de la dieta macrobiótica.

2. una restricción que se relaciona con la frecuencia de las comidas, una que limita lo que una persona se pone, una que se asocia con el tipo de actividad física del individuo, otra que se relacione con aparatos de uso doméstico.

10-27. Ampliación. Localice en el texto el sustantivo asociado con los siguientes verbos. Subraye la terminación de la palabra. ¿La palabra es femenina o masculina?

1. unir   _____

2. alimentar   _____

3. digerir   _____

4. dividir   _____

5. agradecer   _____

6. enfermar(se) _____

A ESCRIBIR

10-28 Preparación. Usted acaba de recibir esta carta de uno de sus buenos amigos. Léala.

Querido/a amigo/a,

Siento muchísimo no haberte escrito antes, pero, como verás, tengo más excusas de las que quisiera. Desde hace bastante tiempo me siento siempre fatigado. Aunque no lo creas, sólo estoy trabajando seis horas por día, pero a las 3:00 de la tarde ya quiero irme a casa a descansar. Como tampoco tengo ganas de comer, no cocino mucho. Generalmente me preparo sopas enlatadas o huevos fritos. De vez en cuando cocino una hamburguesa y, a veces, cuando me canso de la carne de res, cocino una chuleta de cerdo con bastante sal y pimienta. ¡Ah, claro que siempre me encontrarás en los cafés de la universidad bebiendo un expreso o un capuchino! Lo necesito para tener energía y hacer todo mi trabajo. El único problema es que la cafeína me llena de energía y entusiasmo de día, pero no puedo dormir de noche. Para relajarme y conciliar el sueño, bebo un poco de whisky por la noche. Las mañanas son una verdadera tortura.

Creo que voy a tener que esperar para ir al médico porque no tengo dinero ahora. ¿Qué te parece? Estoy pobre y enfermo.

Bueno, escríbeme para saber qué tal te va a ti. Te contestaré tan pronto pueda. Cuídate mucho.

Un abrazo,

Tomás

10-29 Manos a la obra. Ahora, haga dos columnas, escriba en una los problemas de su amigo y en la otra, tres recomendaciones para cada problema que tiene. Luego, responda a la carta de su amigo.

EXPRESIONES ÚTILES

PARA EXPRESAR PREOCUPACIÓN:	PARA HACERLE RECOMENDACIONES A UN/A AMIGO/A:
Me preocupa (muchísimo) que…	Te recomiendo que…
Siento que…	Te aconsejo que…
Lamento que…	Es importante/necesario/urgente/ imprescindible que…

10-30 Revisión. Su compañero/a editor/a va a ayudarle a revisar las recomendaciones que le hace a Tomás.

Vocabulario

Comida

el aceite	oil
el aderezo	salad dressing
el aguacate	avocado
el ajo	garlic
las aves	poultry, foul
el/la azúcar	sugar
el camarón	shrimp
la carne	meat
molida/picada	ground beef
de res	beef/steak
la cebolla	onion
el cerdo	pork
la cereza	cherry
la chuleta	chop
la costilla	rib
la crema	cream
el dulce	candy/sweets
las espinacas	spinach
la fresa	strawberry
la galleta	cookie
la gelatina	gelatin
la harina	flour
la langosta	lobster
el limón	lemon
el maíz/elote	corn
la manteca	lard
la mantequilla	butter
la manzana	apple
la margarina	margarine
los mariscos	shellfish
la masa	dough
la mayonesa	mayonnaise
la mostaza	mustard
la pastelería	pastry shop
el pavo/guajolote	turkey
el pepino	cucumber
la pera	pear
la pimienta	pepper
el pimiento verde	green pepper
la piña	pineapple
el plátano/la banana	banana
la receta	recipe
la sal	salt
la salsa de tomate	tomato sauce
la toronja/el pomelo	grapefruit
la uva	grape
la vainilla	vanilla
la verdura	vegetable
el vinagre	vinegar
el vino (tinto)	(red) wine
el yogur	yogurt
la zanahoria	carrot

En la mesa

la bandeja	tray
la botella	bottle
la copa	(stemmed) glass
la cuchara	spoon
la cucharita	teaspoon
el cuchillo	knife
el mantel	tablecloth
el plato	plate, dish
la servilleta	napkin
la taza	cup
el tenedor	fork
el vaso	glass

Verbos

aconsejar	to advise
añadir	to add
batir	to beat
dudar	to doubt
esperar	to hope, to expect
freír (i)	to fry
hervir (ie, i)	to boil
permitir	to permit, to allow
prohibir	to prohibit, to forbid
recomendar	to recommend

Descripciones

agrio/a	sour
lácteo/a	dairy (product), milky
sano/a	healthy

Palabras y expresiones útiles

la artesanía	handicraft
ojalá	I/we hope
quizá(s)/tal vez	maybe

*For impersonal expressions requiring the subjunctive and
the indicative see pages 340 and 343.

Los mercados al aire libre y los artesanales

Los mercados artesanales son muy comunes en muchos de los países hispanos, especialmente en aquellos con una población indígena grande, como Bolivia, Ecuador y Paraguay. En estos mercados se puede encontrar una gran variedad de productos: artículos de lana y alpaca como suéteres, ponchos, sombreros, guantes y alfombras; artículos de cuero como bolsos; artículos de oro y plata como aretes, pulseras y collares; muebles tallados a mano y adornos para el hogar. En estos mercados generalmente los mismos artesanos son los que venden sus productos y, por esta razón, los precios son más bajos que en las tiendas o centros comerciales. Uno de los mercados más conocidos es el mercado de Otavalo en Ecuador. Muchos de los artesanos otavaleños también viajan a las grandes ciudades del mundo y venden sus productos en ferias y en centros artesanales.

Además de los mercados artesanales existen mercados al aire libre donde se puede conseguir todo tipo de frutas frescas, verduras y hierbas medicinales. En el Ecuador, por ejemplo, hay muchos mercados al aire libre y algunos pueblos en los Andes centrales son famosos por sus mercados.

Ir de compras a los mercados artesanales o a los mercados al aire libre puede ser muy entretenido y práctico, no sólo por la variedad y calidad de los productos sino también por sus precios bajos y el contacto directo con los artesanos.

Para contestar

Los mercados al aire libre. Respondan a las siguientes preguntas:

1. ¿Qué son los mercados artesanales y qué se puede conseguir en ellos? Hagan una lista de los productos que les gustaría comprar.

2. ¿Qué se puede conseguir en los mercados al aire libre? ¿Son muy comunes en los países hispanos?

3. ¿Quiénes creen ustedes que van a los mercados artesanales o a los mercados al aire libre?

Mercado de Otavalo, Ecuador

Riqueza cultural. En grupos de tres, discutan las ventajas y desventajas de comprar en un mercado artesanal o en un mercado al aire libre en vez de comprar en tiendas o supermercados. Luego, presenten a la clase sus conclusiones.

 ## Para investigar en la WWW

Vaya a *www.prenhall.com/mosaicos*. Busque información acerca de los mercados artesanales en Bolivia, Ecuador o Paraguay. Diga dónde están, qué tipo de productos venden y, si es posible, traiga a clase una ilustración de los productos que ofrecen.

Ecuador

Ciudades importantes y lugares de interés: Quito, la capital, es una ciudad de más de un millón de habitantes situada en un fértil valle de los Andes a una altura de 2.850 metros sobre el nivel del mar. Al igual que en otras ciudades hispanoamericanas, en Quito se puede ver una mezcla de arquitectura colonial y moderna. Hay hermosas iglesias (la catedral, la Iglesia de San Francisco, la Iglesia de la Merced), interesantes museos (el Museo de Arte Colonial, el Museo Amazónico) y también variedad de salsatecas (discotecas donde se toca y se baila salsa) y peñas (lugares donde se puede escuchar música típica ecuatoriana).

Para comprar artículos artesanales no hay mejor lugar que el Mercado de Otavalo, abierto todos los días, aunque el día más importante es el sábado; también están los mercados de Saquisilí y Pujilí, al sur de Quito, que abren los jueves y domingos respectivamente.

Además de su belleza natural, su arquitectura colonial y sus mercados típicos, Ecuador ofrece, a unos mil kilómetros de sus costas, un verdadero paraíso ecológico en las Islas Galápagos. Allí se encuentra una gran variedad de especies animales, algunas de las cuales no existen en ningún otro lugar del mundo. Si desea saber algo más sobre Ecuador, puede visitar, *www.prenhall.com/mosaicos.*

Expresiones ecuatorianas:

un cuaje de risa	**Me dio un cuaje de risa.**	*I laughed a lot.*
buena nota	**Ella es buena nota.**	*She's a nice person.*
creer ocho veces	**Sí, sí, te creo ocho veces.**	*Yeah, sure, I believe you.*
		(said with disbelief)

Bolivia

Ciudades importantes y lugares de interés: La Paz, a más de cinco mil metros sobre el nivel del mar, es la capital más alta del mundo y tiene aproximadamente un millón y medio de habitantes. Uno de los sitios más populares es el mercado de las Brujas que se encuentra detrás de la Iglesia de San Francisco. En este mercado se vende una gran variedad de productos, desde dulces, amuletos y bebidas mágicas hasta fina joyería de plata. En La Paz también se pueden visitar interesantes museos como el Museo de Metales Preciosos Precolombinos que exhibe objetos de oro, plata y cobre de la época anterior a la llegada de los españoles. No muy lejos, a 70 kilómetros al oeste de la ciudad, se encuentra Tiahuanaco, el sitio arqueológico más importante de Bolivia.

Bolivia comparte con el Perú el Lago Titicaca, el lago navegable más alto del mundo, en el cual se encuentran las islas del Sol y de la Luna donde existen ruinas incas. Además están la Isla Suriqui, famosa por sus botes de totora (*totora reed boats*), y la Isla Kalahuta, famosa por sus tumbas de piedra.

Bolivia ofrece innumerables oportunidades para los amantes de las alturas, ya sea para caminar, escalar o esquiar. Los aficionados a las caminatas por las montañas pueden disfrutar de caminos muy conocidos como el Camino del Inca y el Camino de Oro. Para realizar estas

El lago Tricaca

caminatas y poder disfrutar de la sigular belleza andina, es necesario estar en excelentes condiciones físicas. Para los que prefieren escalar montañas también hay muchas oportunidades, como por ejemplo, el Pico Illimani de 6.088 metros de altura y el Huayna Potosí de 5.648 metros de altura. Por último, los que prefieren esquiar pueden hacerlo en las laderas de Chacaltaya, cerca de La Paz o en Condoriri y Mururata.

Expresiones bolivianas:

gallo tuerto	Es tan desconfiado/a como gallo tuerto. *He/she distrusts everybody.*
samba canuta	Te voy a dar una samba canuta. *I'm going to spank you.*

Paraguay

Ciudades importantes y lugares de interés: Asunción, la capital, es una ciudad de dos millones de habitantes donde se pueden encontrar construcciones de la época colonial así como también del siglo XIX. En Asunción se puede visitar el Panteón Nacional de los Héroes, mausoleo que rinde homenaje a los héroes que murieron en las guerras en las que intervino el país; el Palacio de Gobierno, la Catedral con su museo, y la Casa de la Independencia, el edificio más antiguo de Asunción (1772) y el lugar donde se proclamó la independencia.

Cerca de Asunción se encuentran Itaguá, la capital de los tejidos, y los balnearios Areguá y San Bernadino, a orillas del Lago Ypacaraí. Otro lugar de interés es el Parque Nacional Cerro Corá, un área de sabana y bosque tropical seco que tiene unas impresionantes cuevas de la época precolombina.

Paraguay fue el destino de muchos misioneros jesuitas durante la época colonial. A medida que fueron enseñándoles español a los indígenas, muchos misioneros aprendieron guaraní, una lengua que sigue viva en Paraguay como segunda lengua oficial.

Al igual que en Ecuador y Bolivia, hay muchos lugares de interés para los aficionados a los deportes. Para ir de caminata se puede ir a Ibicuy y al Parque Nacional Cerro Corá donde hay muchas rutas interesantes para recorrer a pie. Si se quiere pescar o acampar se puede ir a Villa Florida, y para nadar y practicar deportes acuáticos no hay mejor lugar que el Lago Ypacaraí. Ahora, los que quieren escalar pueden hacerlo en el Cerro León.

Expresiones paraguayas:

caigue	No seas caigue. *Don't be lazy.*

Este músico toca un arpa paraguaya.

ENFOQUE INTERACTIVO

  A MIRAR EL VIDEO 5:00

Watch the *Fortunas* video segment for *Lección 10* in class or on your CD-ROM. What do you think about the relationship between Efraín and Katie? If you were Sabrina, would you have allied yourself with them?

Now complete the accompanying video activities on the CD-ROM. This is your chance to interact with the video characters! **25:00**

¿Otro romance?

El concurso

In this episode of *Fortunas* we see another *misterio* solved and another potential relationship revealed. Did you foresee Efraín's sudden proposal to Katie? And what about the possible consequences if he, like Carlos, becomes a scorned lover? Can anyone succeed in the contest having two strong enemies? It looks like Sabrina is in a better position than she was earlier. There's one more *misterio* to solve in this phase of the contest. Remember, the information you need to solve it pertains to the early history of Mexico after the Conquest.

 LA BÚSQUEDA 5:00

Did you research Xochimilco to solve the *misterio*? Xochimilco has boats, flowers, spring water, and has always been instrumental in providing sustenance to the people that inhabit the area. From its initial discovery, it has served as a center of strategic importance in Mexico. Go to the *Fortunas* module on the *Mosaicos Website* to review the fourth *misterio* and to explore Xochimilco.

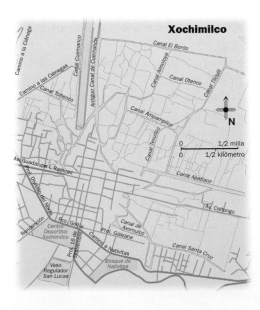

¿QUÉ OPINA USTED? 5:00

Now that you've seen how devious the contestants can be, which one would you like to spend more time with? This week the vote will focus on shopping. With which of the contestants would you like to go on a big shopping spree? Remember, your vote counts so please go to the *Fortunas* module and click on *¿Qué opina usted?* to vote. Don't forget to read the latest information about the treasure hunt and this year's contest participants.

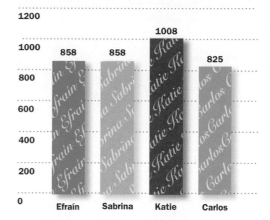

 PARA NAVEGAR 10:00

DE COMPRAS

Para muchos, el estereotipo del mercado en el mundo hispano es un mercado al aire libre en el que se vende un poco de todo. Pero la realidad es diferente porque hay muchos mercados modernos y variados. Especialmente, en países tradicionales y pequeños como Bolivia, Ecuador y Paraguay, la modernización significa grandes cambios. Los mercados al aire libre o los de artesanías son populares, pero en el mundo hispano, como en los demás países del mundo, la modernización y la tecnología cambian la manera de comprar y vender.

De compras

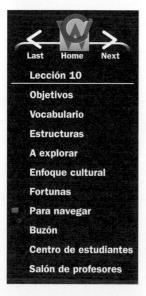

Go to the *Mosaicos Website* and click on the *Para navegar* module to explore links to information on shopping in Bolivia, Ecuador, and Paraguay. Explore the links and then complete the related activities.

Lección 11

La salud y los médicos

COMUNICACIÓN

- ✖ Talking about the body
- ✖ Describing health conditions and medical treatments
- ✖ Expressing emotions, opinions, and attitudes
- ✖ Expressing expectations and wishes
- ✖ Giving informal orders and instructions
- ✖ Expressing goals and purposes

ESTRUCTURAS

- ✖ The subjunctive with expressions of emotion
- ✖ The equivalents of English *let's*
- ✖ Informal commands
- ✖ **Por** and **para**
- ✖ Relative pronouns

MOSAICOS

A ESCUCHAR

A CONVERSAR

A LEER
- ✖ Discriminating relevant from irrelevant information
- ✖ Discovering the meaning of new words through derivation

A ESCRIBIR
- ✖ Summarizing information
- ✖ Addressing a group to give advice

ENFOQUE CULTURAL

- ✖ Las farmacias y la medicina no tradicional
- ✖ La República Dominicana
- ✖ Cuba

ENFOQUE INTERACTIVO

 WWW   VIDEO   CD ROM

Las partes del cuerpo

Practice activities for each vocabulary section are provided on the CD-ROM and website (www.prenhall. com/mosaicos)

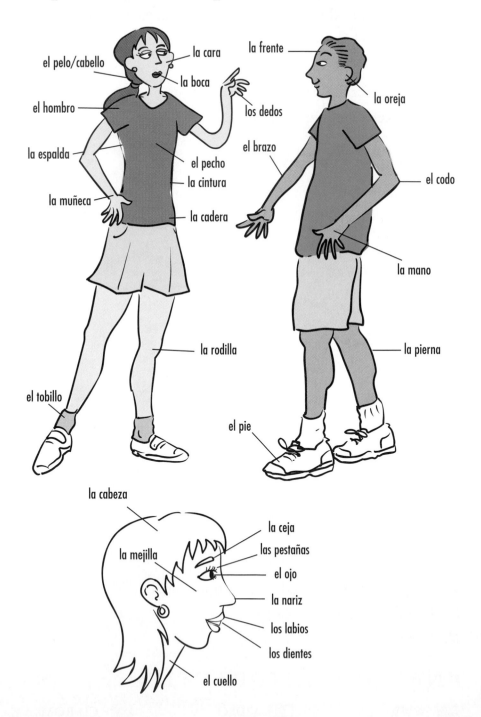

el pelo/cabello
la cara
la boca
el hombro
la espalda
la muñeca
la cadera
la cintura
el pecho
los dedos
la frente
la oreja
el brazo
el codo
la mano
la rodilla
la pierna
el tobillo
el pie

la cabeza
la mejilla
la ceja
las pestañas
el ojo
la nariz
los labios
los dientes
el cuello

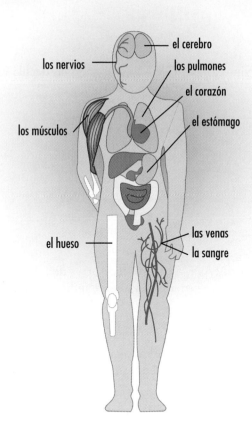

el cerebro

los nervios

los pulmones

el corazón

el estómago

los músculos

el hueso

las venas

la sangre

¿Qué les pasa a estas personas?

Tiene catarro. Estornuda
y tiene mucha tos.

Se torció el tobillo.

Se cayó y se fracturó el brazo.

¿Qué dice usted?

👥 **11-1 Asociación. Primera fase.** Con su compañero/a, decida en qué parte del cuerpo se ponen estos accesorios y esta ropa.

1. los calcetines _____   a. la muñeca
2. el anillo _____   b. el dedo
3. los guantes _____   c. la cintura
4. el cinturón _____   d. las orejas
5. el collar _____   e. el cuello
6. los aretes _____   f. la cabeza
7. el reloj _____   g. los pies
8. el sombrero _____   h. las manos

Segunda fase. Con su compañero/a, diga qué accesorios de la lista no tiene usted y mencione tres que le parecen absolutamente indispensables en su vida. ¿Por qué? Comparen sus respuestas.

👥 **11-2 ¿Para qué sirve/n?** Asocie la explicación de la derecha con la parte del cuerpo correspondiente. Después, usted y su compañero/a deben decir para qué sirven estas partes del cuerpo.

MODELO: los dedos   Hay cinco en cada mano.
          Sirven para tocar el piano.

1. las manos _____   a. Unen las manos con el cuerpo.
2. la sangre _____   b. Permiten que las personas vean.
3. los pulmones _____ c. Toman el oxígeno del aire y lo pasan a la sangre.
4. los brazos _____   d. Es un líquido rojo que circula por el cuerpo.
5. los ojos _____   e. Unen el cuerpo con los pies.
6. las piernas _____   f. Se deben lavar después de comer.
7. los dientes _____   g. Están al final de los brazos.
8. el cerebro _____   h. Le da órdenes al cuerpo.

Jorgito está enfermo

SRA. VILLA: Jorgito, tienes muy mala cara. ¿Estás enfermo?

JORGITO: Me siento muy mal y tengo dolor de garganta. Anoche tosí mucho.

SRA. VILLA: (Le pone el termómetro) Tienes una fiebre de 39 grados. Te voy a dar una aspirina y enseguida llamo Dr. Bosque.

DOCTOR: Vamos a ver, Jorgito.
Cuéntame cómo te sientes.

JORGITO: Ahora me duele la cabeza y
también me duelen los oídos.

DOCTOR: Vamos a examinarte los
oídos y la garganta. Abre
bien la boca y di "Ah".
Tienes una infección. No es
seria, pero es necesario que
te cuides.

JORGITO: Doctor, no quiero que me
ponga una inyección.

DOCTOR: ¡No, qué va! Te voy a
recetar unas pastillas.
Debes tomarlas cada
cuatro horas.

JORGITO: Está bien, doctor.

DOCTOR: Además, tienes gripe.
Debes descansar y
beber mucho líquido.
Aquí está la receta,
señora.

SRA. VILLA: Gracias, doctor.

¿Qué dice usted?

👥 **11-3 La enfermedad de Jorgito.** Con su compañero/a, llene la tabla con
la información correcta.

Temperatura	
Síntomas	
Recomendaciones	
Nombre del médico	

👤👤 **11-4 Usted es el/la doctor/a.** ¿Qué recomienda en estos casos? Escoja la mejor recomendación, compare sus repuestas con las de su compañero/a, y juntos piensen en otras dos sugerencias para el mismo problema.

1. Su paciente tiene una infección en los ojos.
   a. que nade en la piscina
   b. que tome antibióticos
   c. que lea mucho
   d. …

2. Su paciente tiene fiebre y le duele el cuerpo.
   a. que descanse y tome aspirinas
   b. que coma mucho y camine
   c. que vaya a su trabajo
   d. …

3. A su paciente le duelen mucho una rodilla y un pie.
   a. que corra todos los días
   b. que tome clases de baile
   c. que descanse y no camine
   d. …

4. A su paciente le duele la garganta y tiene tos.
   a. que hable poco y no salga
   b. que vaya a esquiar
   c. que cante en el concierto
   d. …

👤👤 **11-5 En el consultorio.** Usted tiene un catarro terrible y va a ver a su médico/a. Dígale cómo se siente y pregúntele qué debe hacer. El/La médico/a debe hacerle alguna recomendación y contestar sus preguntas.

MODELO: E1: Me siento… /Tengo…
          E2: Creo que…
          E1: ¿Es / No es bueno comer muchas frutas y verduras?
          E2: Es excelente comer frutas y verduras porque tienen muchas vitaminas.

RECOMENDACIONES

▨ tomar vitaminas, especialmente vitamina C
▨ comer carne frecuentemente
▨ beber ocho vasos de agua todos los días
▨ hacer ejercicio cada día
▨ …

👥 **11-6 ¿A quién debo llamar? Primera fase.** Explíquele a su compañero/a sus síntomas o lo que usted necesita. Su compañero/a le va a decir a quién debe llamar de acuerdo con los anuncios de abajo.

MODELO: necesitar un examen médico para un nuevo trabajo
               E1: Necesito un examen médico para un nuevo trabajo.
               E2: Debes llamar a la Dra. Corona López.

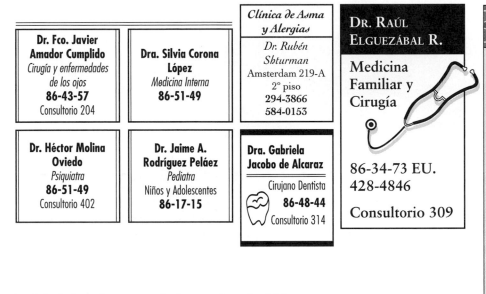

Dr. Fco. Javier Amador Cumplido
Cirugía y enfermedades de los ojos
86-43-57
Consultorio 204

Dra. Silvia Corona López
Medicina Interna
86-51-49

Dr. Héctor Molina Oviedo
Psiquiatra
86-51-49
Consultorio 402

Dr. Jaime A. Rodríguez Peláez
Pediatra
Niños y Adolescentes
86-17-15

Clínica de Asma y Alergias
Dr. Rubén Shturman
Amsterdam 219-A
2° piso
294-3866
584-0153

Dra. Gabriela Jacobo de Alcaraz
Cirujano Dentista
86-48-44
Consultorio 314

DR. RAÚL ELGUEZÁBAL R.
Medicina Familiar y Cirugía
86-34-73 EU.
428-4846
Consultorio 309

1. dolerle la cabeza cuando lee o mira televisión
2. sentirse triste y deprimido/a
3. estar enfermo/a y tener fiebre
4. buscar un médico para un sobrino de cinco años
5. no poder respirar bien y tener la piel (*skin*) irritada
6. dolerle los dientes cuando come
7. no poder dormir
8. …

Segunda fase. Con su compañero/a escojan dos de los problemas mencionados. Uno/a de ustedes es el/la enfermo/a y otro/a el/la médico/a elegido/a. El/La enfermo/a debe explicar los síntomas y detalles de su enfermedad. El/La médico/a debe hacer recomendaciones y sugerencias al/a la enfermo/a. Después cambien de papel.

LENGUA

Traditionally, while professions such as lawyers or doctors have been associated with men, only the masculine form was used in Spanish: **el médico, el abogado.** However, as more women started to get degrees in these professions, the feminine article was used before a masculine noun: **la médico, la abogado, la juez.** This is still common in some places. However, the feminine form of these nouns is becoming more and more popular: **la médica, la abogada, la jueza.**

Médicos, farmacias y hospitales

Cultura

Los indígenas del continente americano, nos han transmitido muchos conocimientos de medicina natural, algunos de los cuales están aún totalmente vigentes. Gracias al conocimiento que tenían de hierbas, animales y minerales, elaboraban remedios que utilizaban contra las fiebres o como antídotos para otros males. Conocían los efectos positivos de los baños e infusiones de hierbas y tenían fórmulas para cicatrizar las heridas y curar las úlceras. También trataban fracturas de huesos aplicando una pasta de semillas, polvo de ciertas plantas y resina; después ponían plumas de aves y unas tablillas para mantener los huesos en su lugar. Acompañaban muchas de estas prácticas con ceremonias en las que invocaban a sus dioses pidiéndoles protección y ayuda.

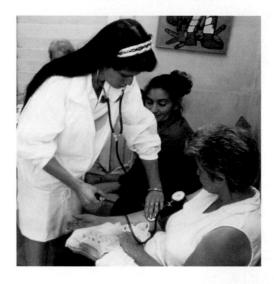

Una enfermera le toma la tensión arterial a una paciente en un hospital.

En muchos países hispanos, los médicos recién graduados tienen que trabajar en zonas rurales o muy pobres, como una forma de servicio social, antes de establecer su propio consultorio o trabajar en un hospital.

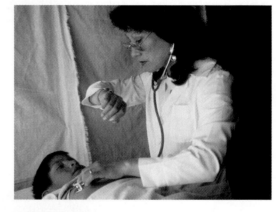

En varios países hispanos la venta de medicinas tiene restricciones similares a las de los Estados Unidos. Los antibióticos y somníferos, por ejemplo, ya no se venden sin receta. Sin embargo, en otros países, hay menos restricciones de venta y se pueden obtener muchas medicinas sin receta médica. Si los casos no son serios, los clientes siguen los consejos del farmacéutico, y se establece de esta forma una relación personal entre ellos. Los farmacéuticos también ponen inyecciones y toman la tensión arterial.

¿Qué dice usted?

👥 **11-7 Una emergencia. Primera fase.** Usted y su amigo/a están de viaje en la República Dominicana y su amigo/a tiene un problema de salud. En un cibercafé de Santo Domingo, han encontrado la siguiente información sobre médicos y farmacias de turno. Decidan cuál es el número más apropiado para llamar basándose en el problema médico de su amigo/a.

Segunda fase. Haga la llamada, describa la enfermedad, y pida la dirección de la consulta/la farmacia. Después el/la farmacéutico/a o el/la doctor/a le debe hacer preguntas y sugerir el remedio adecuado.

CYBER CENTRO AGUITA

CYBER CENTRO AGUITA

✚ *Servicios Médicos*

10-2-2001 | Santo Domingo

- ■ Badosa Farmacéutica. 563-4230 ·········➤ Medicina Natural
- ■ Centro de Cirugía Plástica Santo Domingo. 686-7863 ··➤ Cirugía
- ■ Clínica Dental. 685-3752 ···················➤ Odontología
- ■ Clínica Dental Dra. Carmen Gómez. 587-3576 ·····➤ Odontología
- ■ Consultores en Psicología y Sexualidad. 548-3690 ··➤ Psicología
- ■ Dr. Rubén Suárez, MD. 538-2943 ···········➤ Medicina General
- ■ Dr. Eliseo Alonso, DDS. 672-3928 ···········➤ Medicina General
- ■ Farmacia Estrella. 688-4799 ················➤ Farmacia
- ■ Óptica Central, CxA. 682-9505; 689-1308 ··········➤ Óptica
- ■ Productos Naturales. 686-1576 ····➤ Farmacéuticos - productos
- ■ Sándalo ························➤ Medicina Aromática

A INVESTIGAR

En Cuba, como en otros países hispanoamericanos, hay una Academia de las Ciencias que protege la investigación y organiza numerosas actividades relacionadas con la salud. En *www.prenhall.com/mosaicos* busque información sobre la Academia de las Ciencias de Cuba y compártala con sus compañeros/as.

 A ESCUCHAR

👥 **Descripción de síntomas.** How would you describe your symptoms if you had twisted your ankle? Work on a description with your partner. Then, listen to two patients describing their ailments. After each description, you will hear some advice. Mark the appropriate column to indicate whether it is good or bad advice.

BUENO MALO   BUENO MALO

1. a. ____ ____   2. a. ____ ____
   b. ____ ____   b. ____ ____
   c. ____ ____   c. ____ ____
   d. ____ ____   d. ____ ____

1. The subjunctive with expressions of emotion

Me molesta que fumen

■ When the verb of the main clause expresses emotion (e.g., fear, happiness, sorrow), use a subjunctive verb form in the dependent clause.

Sentimos mucho que el niño **tenga** fiebre.	*We're very sorry (that) the child has a fever.*
Me alegro de que **estés** con él.	*I'm glad (that) you're with him.*

■ Some common verbs that express emotion are **alegrarse** (**de**), **sentir**, **gustar**, **encantar**, **molestar**, and **temer** (*to fear*).

■ Impersonal expressions and other expressions that show emotion are also followed by the subjunctive.

Es triste que el niño **esté** enfermo.	*It's sad that the child is sick.*
¡Qué lástima que no **pueda** ir a la fiesta!	*What a shame that he cannot go to the party!*

¿Qué dice usted?

11-8 Un amigo enfermo. Con su compañero/a, asocie cada comentario sobre la enfermedad de su amigo con la expresión adecuada.

1. Pedro está muy enfermo.
2. Sus padres llegan hoy para estar con él.
3. Creo que el doctor Pérez lo va a operar.
4. Dicen que es una operación seria.
5. No va a poder participar en el campeonato.

a. Me alegro de que vengan.
b. Siento mucho que esté tan mal.
c. ¡Qué bueno que sea ése el médico!
d. Es una lástima que no pueda jugar.
e. Ojalá que no tenga complicaciones.

👥 **11-9 Una visita a un/a amigo/a.** Han operado a su amigo/a de la rodilla. Usted va a visitarlo/la a la clínica. A continuación está lo que su amigo/a le dice. Usted debe escoger entre las expresiones que se encuentran más abajo para responderle.

1. Me duele bastante la rodilla.
2. Tengo fiebre y dolor de cabeza.
3. Siento dolor de estómago porque las medicinas son muy fuertes.
4. Tengo náuseas por los efectos de la anestesia.
5. Detesto estar acostado tanto tiempo.
6. La comida del hospital es buenísima.
7. Las enfermeras vienen a verme cada media hora.
8. La cirujana que me operó es muy simpática.

EXPRESIONES ÚTILES

Siento que…	No me gusta que…	Temo que…
Me alegro de que…	¡Qué agradable que…	Espero que…

👥 **11-10 Reacciones.** María Luisa y Rafael trabajan en un hospital y fueron a una conferencia sobre lo que se debe hacer para evitar las enfermedades y mantener una buena salud. Su compañero/a le va a decir lo que María Luisa y Rafael piensan hacer la semana próxima. Reaccione usando algunas de las expresiones útiles anteriores. Después cambien de papel.

PERSONAS	LUNES	MIÉRCOLES	VIERNES	DOMINGO
María Luisa	empezar una dieta	ir al gimnasio	hacer ejercicio en su casa	caminar 2 km.
Rafael	trabajar en el hospital todo el día	salir del hospital temprano para ir al cine	quedarse en su casa	reunirse con sus amigos

👥 **11-11 ¿Qué me molesta? Primera fase.** Haga una lista de los hábitos de otras personas que le molestan. Compare su lista con la de su compañero/a.

MODELO: Me molesta que mis amigos lleguen tarde.

👥 **Segunda fase.** En pequeños grupos, comparen sus listas y escojan los seis hábitos que les molestan más. Digan por qué. Compartan sus resultados con el resto de la clase.

SITUACIONES

1. **Role 1.** Recently you decided to change your life style and to join an aerobics class (**clase de ejercicios aeróbicos**). You are also following a healthy diet and feel much better. You meet a friend that you have not seen for some time. Answer your friend's questions and say how happy you are that he/she is going to join you in your exercise class.

   Role 2. You meet a friend that you have not seen for some time. Tell him/her a) that he/she looks (**verse**) great, and b) ask what he/she is doing. After listening to his/her explanation, a) inquire how many times a week he/she goes to the gym, b) at what time, c) how much the classes are, and d) what he/she eats and drinks. Finally tell him/her that you are going to start this program.

2. One of you is a doctor and the other is a patient. The patient should describe all his/her symptoms and his/her lifestyle (**vida activa**, **vida sedentaria**). While the patient is talking, the doctor should ask pertinent questions and approve or disapprove of his/her lifestyle. As a final step, the doctor should give some advice or prescribe some medication for the patient.

2. The equivalents of English *let's*

- **Vamos + a +** *infinitive* is commonly used in Spanish to express English *let's + verb*.

Vamos a llamar al doctor.	*Let's call the doctor.*

- Use **vamos** by itself to mean *let's go*. The negative *let's not go* is **no vayamos**.

Vamos al hospital.	*Let's go to the hospital.*
No vayamos al hospital.	*Let's not go to the hospital.*

- Another equivalent for *let's + verb* is the **nosotros** form of the present subjunctive.

Hablemos con el médico.	*Let's talk to the doctor.*
No hablemos con la enfermera.	*Let's not talk to the nurse.*

- The final **-s** of reflexive affirmative commands is dropped when the pronoun **nos** is attached. Note the additional written accent.

Levantemos + nos	→	**Levantémonos.**
Sirvamos + nos	→	**Sirvámonos.**

- Placement of object and reflexive pronouns is the same as with **usted**(es) commands.

Comprémosla.	*Let's buy it.*
No la compremos.	*Let's not buy it.*

¿Qué dice usted?

11-12 ¿Qué debemos hacer? Usted está estudiando con un/a compañero/a y cuidando al mismo tiempo a su hermanito. El niño les dice que se siente mal. Cada uno/a de ustedes debe escoger tres de las siguientes opciones y decirle a su compañero/a lo que deben o no deben hacer.

MODELO: llevarlo a su cuarto   llamar a tus padres
           E1: Llevémoslo a su cuarto.   E2: Llamemos a tus padres.

1. darle agua
2. llevarlo al parque
3. comprarle juguetes
4. ponerle el termómetro
5. llamar al médico

6. preguntarle qué le duele
7. prepararle una hamburguesa
8. explicarle los síntomas al doctor
9. ponerle la televisión
10. acostarlo

11-13 Resoluciones. Usted y su compañero/a deciden llevar una vida más sana. Túrnense para decir lo que piensan hacer. Su compañero/a va a decirle si está de acuerdo o no con su sugerencia.

MODELO: comer más verduras
           E1: Vamos a comer más verduras.
           E2: Sí, comamos más verduras./No,(no comamos más verduras,) comamos más frutas.

1. tomar vitaminas y minerales
2. caminar tres kilómetros diariamente
3. beber ocho vasos de agua todos los días
4. acostarse más temprano
5. dormir ocho horas todas las noches
6. ...

11-14 Los preparativos para un beneficio. En pequeños grupos, decidan qué actividades van a hacer para recaudar (*collect*) fondos a beneficio de un hospital. Deben mencionar cinco actividades.

MODELO: Organicemos un partido del equipo de basquetbol.

You and your partner are planning to visit a classmate who is in the hospital. Decide a) when you will visit him/her, b) what you are going to take him/her, and c) what you can do for your classmate after he/she leaves the hospital. Then, exchange this information with another pair of students.

SITUACIONES

3. Informal commands

Consejos para una vida sana

Respira por la nariz, no respires
   por la boca.
Relájate para evitar el estrés.
Empieza un programa de ejercicios.
Cuídate y no te canses mucho
   los primeros días.
Come muchas frutas y verduras.
No comas mucha grasa.

- Use informal commands with those whom you address as **tú**. To form the affirmative **tú** command, use the present indicative **tú** form without the final -s.

	PRESENT INDICATIVE	AFFIRMATIVE *TÚ* COMMAND
llamar:	llamas	**llama**
leer:	lees	**lee**
escribir:	escribes	**escribe**

- For the negative **tú** command, use the **tú** subjunctive form.

   No llames.
   No leas.
   No escribas.

- Placement of object and reflexive pronouns with **tú** commands is the same as with **usted** commands.

AFFIRMATIVE COMMAND	NEGATIVE *TÚ* COMMAND
Bé**bela.**	No **la** bebas.
Háb**lale.**	No **le** hables.
Sién**tate.**	No **te** sientes.

- The plural of **tú** commands in Spanish-speaking America is the **ustedes** command.

   Escribe (tú).   **Escriban** (ustedes).

■ Some -er and -ir verbs have shortened affirmative tú commands, but their negative command takes the subjunctive form like other verbs.

	AFFIRMATIVE	NEGATIVE
poner:	pon	no pongas
salir:	sal	no salgas
tener:	ten	no tengas
venir:	ven	no vengas
hacer:	haz	no hagas
decir:	di	no digas
ir:	ve	no vayas
ser:	sé	no seas

¿Qué dice usted?

11-15 Consejos. Con su compañero/a, escoja los consejos más adecuados para cada situación.

1. Su compañero se torció el tobillo y le duele mucho.
   a. Mira más programas de televisión.
   b. Llama al médico.
   c. Ve al cine con tu novio/a.
   d. Camina una hora esta tarde.
   e. Practica en el laboratorio.
   f. Quédate en cama.

2. Su hermana está embarazada (*pregnant*).
   a. No comas hamburguesas.
   b. No hagas ejercicios fuertes.
   c. No bebas té.
   d. No fumes.
   e. No bebas vino ni cerveza.
   f. No consumas cafeína.

3. Su amiga tiene mucho catarro.
   a. Ve al cine por la noche.
   b. Bebe muchos líquidos.
   c. Escucha los casetes de español.
   d. No tomes aspirinas.
   e. Camina por el campo.
   f. Toma sopa de pollo.

4. A su mamá le duele el estómago.
   a. Evita (*avoid*) la grasa.
   b. Toma muchos helados.
   c. No comas mucho.
   d. Compra papas fritas.
   e. Acuéstate y descansa.
   f. Si no mejoras, llama al médico.

5. Su amigo quiere preparar unas empanadas salteñas.
   a. Corta las papas en cuadritos.
   b. Compra más tomates y lechuga.
   c. Hierve los huevos durante un minuto.
   d. Prepara la masa el día anterior.
   e. No le pongas carne al relleno.
   f. Ponle pasas y aceitunas.

6. Su primo quiere visitar Cuba este verano.
   a. Lleva un abrigo de invierno
   b. Prueba las frutas tropicales.
   c. Camina por la parte antigua de La Habana.
   d. Visita la playa de Varadero.
   e. Practica español antes de ir.
   f. Compra varios mapas.

👥👤 **11-16 Una cura de reposo.** Su amigo/a estuvo muy enfermo y su médico le recomendó pasar dos semanas de descanso total en la República Dominicana. Usted está de acuerdo con el médico y le dice a su amigo/a lo que debe hacer allí. Después cambien de papel.

MODELO: jugar al golf en Casa de Campo   no pensar en los negocios
            Juega al golf en Casa de Campo.
            No pienses en los negocios.

1. disfrutar de las playas dominicanas
2. respirar aire puro y descansar
3. no llamar a tu oficina
4. caminar por la parte histórica de Santo Domingo
5. probar la comida dominicana
6. salir por las noches y aprender a bailar merengue

A INVESTIGAR

¿Qué importancia histórica tiene la ciudad de Santo Domingo? ¿Sabe usted lo que es el Alcázar de Colón?

👤👥👤 **11-17 Una vida sana.** Ustedes están preocupados por el estilo de vida de uno/a de sus amigos/as. En grupos, lean lo que hace en un día típico e identifiquen los problemas que tiene. Después, hagan una lista de cinco actividades que él/ella debe hacer y cinco que no debe hacer para cambiar su estilo de vida. Comparen su lista con las de otros grupos.

Se levanta tarde todos los días. Tan pronto se levanta, se sienta a comer su desayuno favorito: tres huevos fritos, cinco tostadas y dos tazas de café cubano con bastante sacarina. Luego lee el periódico en su dormitorio, mira televisión unas cuatro horas y habla con amigos por teléfono. Como no le gusta cocinar, llama por teléfono al restaurante de la esquina y pide el almuerzo, por ejemplo, papas fritas con carne de res, arroz frito y dos cervezas. Por la tarde, duerme una siesta larga, se levanta y prepara su bebida favorita: un Cuba Libre. Por la noche, escribe cartas a sus amigos, ve las noticias, se sienta en el balcón de su casa a mirar a la gente que pasa por la calle y se acuesta a las 10:00 de la noche.

👤👥👤 **11-18 En la consulta de un/a fisioterapista.** En grupo, túrnense para representar a un/a fisioterapista y a sus pacientes. Cada integrante del grupo debe darle una orden a otro/a estudiante. Este estudiante debe hacer lo que le indicaron. Además de los verbos que conocen, los siguientes verbos pueden ser útiles para sus órdenes: **estirar** (*to stretch*), **doblar** (*to bend*), **cruzar** (c) (*to cross*).

MODELO: Levántate rápidamente, camina un poco y siéntate enseguida.

11-19 El correo sentimental. Usted y su compañero/a están a cargo del correo sentimental de un periódico y tienen que contestar las cartas que se reciben. ¿Qué consejos le van a dar a Un enamorado?

Querida Violeta:

Estoy desesperado y no sé con quién debo hablar ni qué debo hacer. Soy estudiante universitario y estoy en el último año de mi carrera. Hace poco conocí a una muchacha muy bonita y simpática en una de mis clases. Yo me enamoré de ella el primer día y empezamos a salir. Ella me decía que me quería mucho y que debíamos casarnos después de terminar los estudios. Yo también le decía que la quería mucho, pero un día le dije que era mejor esperar un poco antes de tomar una decisión tan seria como el matrimonio. Ella lo comprendió y me dijo que estaba de acuerdo conmigo.

Poco después empecé a notar que cada vez que venía a mi apartamento, faltaban cosas. Un día fue un cuchillo, otro día fue un tenedor, más adelante fue mi cámara, la semana pasada desaparecieron unos antibióticos del baño, etc. La otra noche fuimos a un restaurante a comer y vi que ponía dos cucharitas en su bolsa y que tomaba unas pastillas blancas.

¿Qué debo hacer? ¿Debo hablar con ella? Ella es una muchacha de una familia muy decente y no necesita estas cosas. Me siento culpable, pues no sé si esto es la consecuencia de nuestra conversación sobre el matrimonio o si es una enfermedad psicológica. Estoy totalmente confundido. Aconséjeme, por favor.

Un enamorado
Tomás

SITUACIONES

1. **Role A.** Your friend is not feeling well and you go to his/her apartment to offer help. Ask how he/she is feeling. Then tell him/her to a) have some chicken soup, b) go to bed, and c) call the doctor. Offer to go out to get some chicken soup and help with house chores.

   Role B. You are not feeling well and a friend has come to help you. Explain a) that you have a sore throat and some fever, and b) that you coughed a lot last night. After listening to your friend's advice and thanking him/her, say a) that you are not hungry now, b) that you already called your doctor and left a message (**mensaje**), and c) that you are going to rest while you wait for the doctor's call.

2. **Role A.** Call a friend and say a) that your mutual friend Roberto broke an ankle and he is at the hospital. Answer your friend's questions by saying a) that Roberto is doing fine, and b) that you are planning to visit him this afternoon. Then ask your friend if he/she would like to come along, and agree to pick him/her up at five.

   Role B. A friend calls to tell you about Roberto's accident. Ask him/her a) how Roberto is, and b) say that you would like to see him. Then ask your friend if he/she is planning to visit him at the hospital.

4. *Por* and *para* (review)

In previous lessons, you have used **por** in expressions such as **por favor, por ejemplo,** and **por ciento.** You have also used **por** and **para** to express the following meanings:

POR	PARA
MOVEMENT	
through or by a place	toward a destination
Caminaron **por** el hospital.	Caminaron **para** el hospital.
They walked through the hospital.	*They walked toward the hospital.*
TIME	
duration of an event	action deadline
Estuvo con el médico **por** una hora.	Necesita el antibiótico **para** el martes.
He was with the doctor for an hour.	*He needs the antibiotic by Tuesday.*
ACTION	
reason or motive of an action	for whom something is intended or done
Ana fue al consultorio **por** el dolor de garganta.	Compró el antibiótico **para** Ana.
Ana went to the doctor's office because of a sore throat.	*He bought the antibiotic for Ana.*

5. Additional uses of *por* and *para*

Use **por** to:

- indicate exchange or substitution

  Irma pagó $120 **por** la medicina. *Irma paid $120 for the medicine.*
  Cambió estas pastillas **por** ésas. *She changed these pills for those.*

- express unit or rate

  Yo camino 5 kilómetros **por** hora. *I walk 5 kilometers per hour.*
  El interés es (el) diez **por** ciento. *The interest is ten per cent.*

- express means of transportation

  Lo mandaron **por** avión. *They sent it by plane.*
  Prefieren ir **por** tren. *They'd rather go by train.*

- express the object of an errand

  Fue **por** las aspirinas. *He went for the aspirins.*
  Pasamos **por** ti a las 5:00. *We'll come by for you at 5:00.*

Use **para** to:

■ express judgment or point of view

Para nosotros, ésta es la mejor farmacia. — *For us, this is the best drugstore.*

Es un caso difícil **para** un médico joven. — *It's a difficult case for a young doctor.*

■ indicate intention or purpose followed by an infinitive

Fueron **para** comprar aspirinas. — *They went to buy aspirin.*

Salió **para** ayudar a los enfermos. — *He left to help the sick people.*

¿Qué dice usted?

👥 **11-20 ¿Por dónde y para dónde van?** Con su compañero/a, túrnense para hacer y contestar preguntas según los siguientes dibujos.

MODELO: E1: ¿Por dónde va el alumno?
E2: Va por el pasillo.
E1: ¿Para dónde va?
E2: Va para su clase de español.

1.

2.

3.

4.

👥 **11-21 En el laboratorio.** Con su compañero/a, túrnense para averiguar cuándo van a estar listos los resultados de los análisis de unos pacientes. Consulten la tabla para obtener la información correcta.

MODELO: Alfredo Benítez   1 análisis   2:00 p.m.
              E1: ¿Cuándo va a estar listo el análisis del Sr. Alfredo Benítez?
              E2: Va a estar listo para las dos (de la tarde).

PACIENTE	ANÁLISIS	RESULTADOS
Hilda Corvalán	1	11:00 a.m.
Alfonso González	2	esta tarde
Jorge Pérez Robles	3	3:15 p.m.
Aleida Miranda	1	mañana por la mañana
César Gómez Villegas	4	martes
Irene Santa Cruz	1	…

👥 **11-22 ¿Para qué fueron?** Túrnense y pregúntense para qué fueron las personas a estos lugares. Deben usar su imaginación para contestar y dar detalles adicionales.

MODELO: Pablo fue al supermercado.
              E1: ¿Para qué fue al supermercado?
              E2: Fue para comprar leche y huevos.
                  Quiere hacer un postre.

1. Jorge fue al hospital.
2. Ignacio fue a la farmacia.
3. Sara y Gloria fueron al gimnasio.
4. La Sra. Méndez fue al centro comercial.
5. Alejandro y Martín fueron a Cuba el 24 de diciembre.
6. Carlos fue a ver al psicólogo.

11-23 La graduación de un nuevo médico. Complete estos párrafos sobre la graduación de Fernando con **por** o **para** según el contexto.

El 14 de junio es la graduación de Fernando en la Facultad de Medicina de la Universidad Católica Madre y Maestra de Santiago de los Caballeros. Sus padres, los señores Rovira, viven en Puerto Plata, pero van a ir (1) _____ la graduación y quieren llevarle un regalo a Fernando. El lunes pasado fueron a una tienda y pagaron $100 (2) _____ un regalo muy bonito (3) _____ Fernando. Graciela, su hermana gemela, vive en Miami y no puede ir (4) _____ su trabajo. Ella también le compró un regalo y se lo envió (5) _____ avión porque quiere que llegue (6) _____ el día de la graduación.

El día 14 (7) _____ la mañana, los padres de Fernando salieron (8) _____ la universidad. Estaba lloviendo y (9) _____ eso salieron temprano. Normalmente, ellos pueden estar en la universidad en una hora más o menos, pero (10) _____ la lluvia, el viaje duró casi dos horas. (11) _____ ellos, que son mayores, el viaje fue un poco largo, pero al final pudieron pasar ese día con su hijo.

1. **Role A.** You are stressed out and need to rest. Following doctor's orders you are planning to rent a furnished apartment at the beach. You found one in the classified ads. Call the landlord and tell him/her a) when you will need the apartment, and b) for how long. Ask how much the rent is and inquire about the size of the rooms and other facilities. Answer his/her question(s) and then make an appointment to see it.

   Role B. You are a landlord who is renting an apartment at the beach. A prospective renter calls you. Answer his/her questions and ask him/her how many people will be staying at the apartment. Agree on a date and time to show the property.

6. Relative pronouns

■ The relative pronouns **que** and **quien(es)** combine two clauses into one sentence.

Los médicos trabajan en ese hospital.	*The doctors work at that hospital.*
Los médicos son excelentes.	*The doctors are excellent.*
Los médicos **que** trabajan en ese hospital son excelentes.	*The doctors who work at that hospital are excellent.*

■ **Que** is the most commonly used relative pronoun. It introduces a dependent clause and it may refer to persons or things.

Las vitaminas **que** yo tomo son muy caras.	*The vitamins that I take are very expensive.*
Ése es el doctor **que** me receta las vitaminas.	*That's the doctor who prescribes the vitamins.*

■ **Quien(es)** refers only to persons and may replace **que** in a clause set off by commas.

Los Márquez, **quienes/que** viven en la ciudad, prefieren el campo.	*The Márquezes, who live in the city, prefer the country.*

■ Use **quien(es)** after a preposition (**a, con, de, por, para,** etc.) when referring to people.

Allí está el enfermero **con quien** hablé esta mañana.	*There is the nurse with whom I spoke this morning.*
Ésos son los señores **a quienes** les debes dar la receta.	*Those are the gentlemen to whom you should give the prescription.*

¿Qué dice usted?

11-24 Una telenovela dominicana. Joaquín está enfermo hoy, y por eso empezó a mirar una telenovela en uno de los canales de la televisión. Le gustó tanto que le mandó un correo electrónico a un amigo contándole detalles de la telenovela. Complete el correo electrónico de Joaquín con **que** o **quien**.

Mi corazón es una telenovela dominicana (1) _____ tiene mucho público. El actor principal es Agustín Montalvo. Él es el actor de (2) _____ todos hablan. La crítica cree que este año va a ganar el premio Talía, (3) _____ es el equivalente del Óscar norteamericano. El 90% de las chicas dice que Agustín es el actor con (4) _____ les gustaría salir. En la telenovela, Agustín hace el papel del médico (5) _____ quiere salvar la vida de Silvina del Bosque, la actriz principal, (6) _____ tuvo un accidente terrible y está inconsciente. Agustín es el hombre (7) _____ ella quiere, pero Agustín está enamorado de Esmeralda del Valle, una mujer a (8) _____ sólo le interesa el dinero de Agustín. La telenovela es muy melodramática y siempre hay problemas (9) _____ mantienen el interés del público.

11-25 Un accidente. Con un/a compañero/a, complete esta conversación con el nombre de una persona y los pronombres **que** o **quien**.

E1: ¿Qué haces aquí en el hospital? ¿A quién viniste a ver?

E2: A _____, el/la chico/a con _____ estoy saliendo.

E1: ¿Y cómo está?

E2: Bastante bien, gracias a Dios. Tuvimos un accidente bastante serio con el carro _____ su padre le regaló.

E1: ¡Qué horror! ¿Y llamaste a alguien?

E2: No tuve tiempo. Enseguida llegó la policía. Bueno, te hablo después. Allí viene la doctora _____ nos atendió y quiero hacerle unas preguntas.

11-26 Mi médico/a o dentista. Descríbale su médico/a o dentista a su compañero/a. Mencione por lo menos tres características.

MODELO: Mi médico/a es... Es un/a médico/a / dentista que...

SITUACIONES

One of you is involved in the celebration of **El día de la salud** at your university. Tell your friend that the faculty of the School of Medicine will give advice on health and nutrition and will do free (**gratis**) blood pressure exams. Your friend should ask a) more about the celebration, b) who is going with you, and c) if he/she can go as well.

mosaicos

 A ESCUCHAR

A. ¿Cómo está Sebastián? Listen to the statements made by some of Sebastián's friends regarding his health. Do they express facts or emotions?

	HECHOS	EMOCIONES		HECHOS	EMOCIONES
1.	_____	_____	5.	_____	_____
2.	_____	_____	6.	_____	_____
3.	_____	_____	7.	_____	_____
4.	_____	_____	8.	_____	_____

B. ¿Quién es quién? Listen to the following descriptions to identify the people in the pictures.

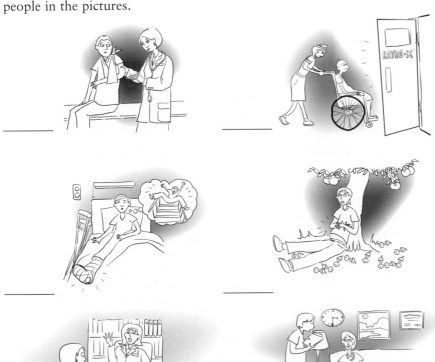

A CONVERSAR

11-27 ¿Te quieres o no te quieres? Primera fase. Complete las siguientes tablas según sus actividades y hábitos. Compare sus respuestas con las de un/a compañero/a.

ACTIVIDADES DURANTE LA SEMANA	6/7 DÍAS	4/5	2/3	1/0
1. hacer ejercicio/caminar				
2. comer grasas animales				
3. comer frutas/verduras				
4. practicar un deporte				
5. comer carne roja				
6. comer pollo o pescado				

HÁBITOS/EXÁMENES MÉDICOS	SÍ	NO
1. fumar		
2. usar mucha sal		
3. hacerse un examen médico anual		
4. medir la tensión arterial		
5. hacerse análisis de sangre		

Segunda fase. Lea el siguiente anuncio del Ministerio de Sanidad y Consumo y determine si usted está entre las personas que se quieren o entre las que no se quieren. Después, en parejas, cada uno/a debe decir qué hace para estar en ese grupo. Si lo considera necesario, dele consejos a su compañero/a para mejorar sus hábitos.

Te quieres si llevas una vida sana, **si no fumas** o moderas el consumo de tabaco, si tu dieta es rica **en fibra, frutas y verduras,** si vigilas tu peso, si haces **ejercicio** y te mides la tensión de vez en cuando. Así, reduces los riesgos de enfermedad cardiovascular y tendrás un **corazón sano** para toda la vida.

No te quieres si no cuidas tu corazón. No te quieres cuando **fumas,** cuando tomas **mucha sal** o exceso de **grasa animal** que aumenta peligrosamente el colesterol en tu sangre.

Tampoco te quieres si no te preocupas de medirte la tensión.

Quiérete un poquito más, y cuídate, de CORAZÓN.

MINISTERIO DE SANIDAD Y CONSUMO

A LEER

👥 11-28 Preparación. Primera fase. Con un/a compañero/a, escriban —con detalles— cuatro malos hábitos que, en su opinión, son contrarios a mantener un peso saludable y una buena salud. Luego, comparen su lista con otra pareja. ¿Están de acuerdo o en desacuerdo?

Segunda fase. Ahora lean el siguiente subtítulo y comenten dos posibles interpretaciones que se le pueden dar.

Las pequeñas pérdidas de peso son grandes para la salud.

11-30 Primera mirada.

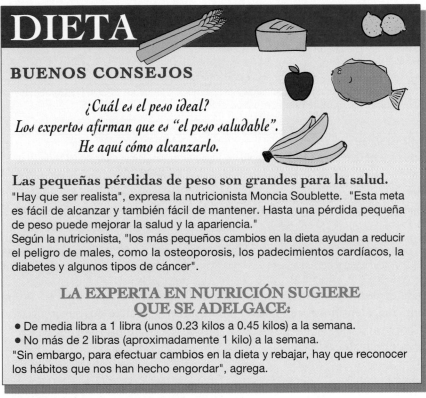

Source: Vanidades

Primera exploración. Resuma en dos líneas la idea principal de lo que usted acaba de leer.

Identifica tu problema

¿QUÉ NO TE PERMITE ADELGAZAR?

A continuación describimos algunos de los hábitos que te pueden hacer engordar y la forma en que puedes convertirlos en hábitos saludables:

- No te preocupas de comer productos bajos en grasa y calorías reducidas.
Los aderezos de ensaladas, la margarina y los quesos son las mayores fuentes de grasa en las dietas. Debes comenzar a elegir las variantes diéteticas para rebajar de peso.

- Trabajas en la calle y almuerzas opíparamente en los restaurantes.
Para evitarlo, debes pedir platos que no sean fritos o grasosos y salsas sin cremas (como los Fetuccini Alfredo, etc.) También, ten cuidado con los postres ¡Ah!, y en cuanto al vino, cada copa representa 95 calorías. Quien no quiera engordar, debe tomar sólo agua mineral o refrescos dietéticos.

- Comes muy bien, pero media hora después tienes que volver a comer un caramelo, una galletita...
¡Por favor! Detente en ese frenesí de carbohidratos. En realidad, no padeces de hambre, sino de nervios. Es la ansiedad que te hace comer. Sustituye las golosinas por alguna fruta o, simplemente, mastica chicles.

- No te fijas en lo que comes y piensas que eres incorregible y que jamás podrás disciplinar tus hábitos.
Desde hoy, comienza a fijarte, no sólo en lo que comes, sino cuándo, dónde, y a qué hora lo comes. Esto te dará una idea de tu rutina. Entonces, elige uno solo de estos hábitos y empieza a sustituirlo por otro mejor. Una vez enmendado ese mal hábito, elige otro y varíalo. Cuando vengas a abrir los ojos estarás adelgazando, sin notarlo, porque has prescindido de muchas calorías innecesarias en tu dieta. No es cuestión de disciplinarte sino de comenzar a seguir una estrategia sencilla.

Segunda exploración. Usted conoce a alguien que tiene malos hábitos alimenticios. Identifique tres de esos hábitos; luego redacte dos sugerencias útiles para cada uno de los problemas, basándose en la información de los párrafos que acaba de leer.

11-29 Segunda mirada. De acuerdo al artículo, indique…

1. dos productos lácteos que hacen engordar:
   _____

2. dos tipos de bebidas que no contribuyen al sobrepeso:
   _____

3. dos maneras de disminuir la ansiedad por comer:
   _____

11-30 Ampliación. Busque en el artículo la palabra que se asocia con los verbos de la lista. Luego clasifíquela en la columna apropiada. Subraye la terminación de la palabra. ¿Qué género tiene, femenino o masculino?

VERBO	SUSTANTIVO	GÉNERO
perder		
parecer		
nutrir		
cambiar		
padecer		
ansiar		

 A ESCRIBIR

11-31 Preparación. Haga tres listas. En la primera indique por lo menos cuatro síntomas que presenta una persona con una infección de la garganta/influenza/diabetes. La segunda debe contener las partes del cuerpo asociadas con esos síntomas. Finalmente, señale por lo menos cuatro indicaciones que una persona debe seguir para evitar la enfermedad.

11-32 Manos a la obra. Usted es el nuevo Jefe de Personal de una gran compañía de la República Dominicana. En su empresa usted se preocupa por la salud de sus empleados y ha notado que hay muchos casos de infección de la garganta/influenza/diabetes entre el personal. Escriba una página para un folleto informativo que les indique a los trabajadores cómo protegerse contra esta enfermedad.

EXPRESIONES ÚTILES

Para evitar... (*to avoid*)
Para su protección, (no)...

Asegúrese de que... (*Be sure that...*)
Es importante/necesario/vital/
    imprescindible que...

11-33 Revisión. Hable con su compañero/a editor/a sobre la claridad y organización de la información. Recuerde que su texto es de suma importancia en la prevención o protección contra una enfermedad.

Vocabulario

El cuerpo humano

la boca	mouth
el brazo	arm
el cabello	hair
la cabeza	head
la cadera	hip
la cara	face
la ceja	eyebrow
el cerebro	brain
la cintura	waist
el codo	elbow
el corazón	heart
el cuello	neck
el dedo	finger
el diente	tooth
la espalda	back
el estómago	stomach
la frente	forehead
la garganta	throat
el hombro	shoulder
el hueso	bone
el labio	lip
la mano	hand
la mejilla	cheek
la muñeca	wrist
el músculo	muscle
la nariz	nose
el nervio	nerve
el oído	(inner) ear
la oreja	(outer) ear
el pecho	chest
la pestaña	eyelash
el pie	foot
la pierna	leg
el pulmón	lung
la rodilla	knee
la sangre	blood
el tobillo	ankle
la vena	vein

Tratamiento médico

la aspirina	aspirin
la inyección	injection
la pastilla	pill
la receta	prescription
el termómetro	thermometer

La salud

el catarro	cold
la enfermedad	illness
el/la farmacéutico/a	pharmacist
la fiebre	fever
la gripe	flu
la infección	infection
el síntoma	symptom
la tensión (arterial)	(blood) pressure
la tos	cough

Verbos

alegrarse (de)	to be glad (about)
caer(se)	to fall
cuidar(se)	to take care of
doler (ue)	to hurt
enfermarse	to become sick
estornudar	to sneeze
examinar	to examine
fracturar(se)	to fracture, to break
fumar	to smoke
molestar	to bother, to be bothered by
recetar	to prescribe
respirar	to breathe
sentir (ie, i)	to be sorry
sentirse (ie, i)	to feel
temer	to fear
torcer(se) (ue)	to twist
toser	to cough

Descripciones

deprimido/a	depressed
enfermo/a	sick
serio/a	serious

Palabras y expresiones útiles

cada… horas	every… hours
¿Qué te/le(s) pasa?	What's wrong (with you)?
¡Qué va!	Nothing of the sort
tener dolor de…	to have a(n)…ache
tener mala cara	to look terrible

Las farmacias y la medicina no tradicional

Para pensar

Cuando Ud. necesita una operación o tiene un accidente, ¿adónde va? ¿Tiene que pagar o no? Cuando Ud. está enfermo/a y necesita medicinas, ¿adónde va a comprarlas? ¿Qué necesita para poder comprarlas?

En la mayor parte de los países hispanos existen servicios de salud financiados por el gobierno en todas las regiones del país. Cualquier persona que tiene una emergencia médica o problemas de salud, puede ir a un hospital o a un centro de salud pública sin tener que pagar absolutamente nada por los servicios o medicinas que recibe. En Cuba, por ejemplo, todos los servicios médicos son gratuitos. En algunos países, además de este servicio público existen los hospitales y clínicas privadas. Estos lugares, sin embargo, no son gratuitos y las personas tienen que pagar por la atención médica que reciben.

En el mundo hispano, las farmacias están en locales separados; no son parte de los mercados u otros almacenes como en los Estados Unidos. En las farmacias venden todo tipo de remedios y artículos de belleza. En muchos lugares no se necesita tener receta médica para comprar antibióticos. Muchas veces los farmacéuticos recomiendan el remedio o antibiótico que se debe comprar para una enfermedad.

Además de los médicos y las farmacias existen los curanderos, quienes, según la creencia popular, tienen poderes especiales para curar todo tipo de enfermedad. Especialmente en los países caribeños, algunas personas visitan tanto al médico como al curandero para curar sus males. Otras prefieren curarse con remedios caseros, hierbas medicinales o baños termales. Por ejemplo, para el dolor de estómago muchas personas recomiendan tomar un té de manzanilla (*camomille*), o un té de ruda (*rue*). Una de las hierbas medicinales más conocidas es la uña de gato (*cat's claw*), que se considera buena para el tratamiento del cáncer. Para el reumatismo, artritis o para problemas dermatológicos, muchas personas escogen ir a baños termales ricos en minerales.

En una palabra, el sistema de salud en los países hispanos es muy variado. Aunque no existen tantos recursos tecnológicos como en los Estados Unidos, los médicos hispanos están muy bien preparados. En Cuba, por ejemplo, el gobierno ha invertido mucho tiempo y esfuerzo en el desarrollo de medicamentos y tratamientos para enfermedades como el cáncer. Por eso, muchas personas van a Cuba para recibir tratamientos que no tienen en sus países. Sin embargo, estos tratamientos se tienen que pagar en dólares.

Para contestar

El sistema de salud. Con su compañero/a, conteste las siguientes preguntas:

1. ¿Qué saben ustedes del sistema de salud público y privado en algunos países hispanos?
2. ¿Cómo son las farmacias en los países hispanos? ¿Qué venden?
3. Además de las medicinas tradicionales, ¿qué otro tipo de medicinas toman algunas personas en los países hispanos? Nombre dos o tres de estas medicinas.
4. ¿En qué tiendas en los Estados Unidos venden medicinas no tradicionales?

The *Enfoque cultural* is available in an interactive online format at *www.prenhall.com/mosaicos*

Riqueza cultural. En grupos de tres, comparen el sistema de salud de los países hispanos y el de los Estados Unidos. Señalen las ventajas y desventajas de cada uno.

 Para investigar en la WWW

1. Vaya a *www.prenhall.com/mosaicos*. Busque información acerca de tratamientos no tradicionales en Cuba y en la República Dominicana para las siguientes enfermedades y problemas: úlceras, cáncer, dolor de espalda. Traiga esta información y compárela con los tratamientos tradicionales que usted conoce. Luego, pídales a sus compañeros/as que den su opinión acerca de lo que usted les presentó.
2. Busque información acerca de algunos adelantos científicos que se están llevando a cabo en Cuba en el campo de la medicina. Luego, presente la información obtenida al resto de la clase. Los demás estudiantes deben dar su opinión.

La República Dominicana

Ciudades importantes y lugares de interés: Santo Domingo, la capital, es la ciudad más antigua de las Américas y como muchas otras ciudades de América Latina tiene una zona colonial con hermosas construcciones que datan del siglo XVI. Algunas de estas construcciones son: la Catedral de Santa María la Menor, la más antigua del continente americano; el Hospital de San Nicolás de Bari, el primer hospital en las Américas; las ruinas del Monasterio de San Francisco y el Alcázar de Colón. Otros sitios de interés son el Faro de Colón, en el cual se dice que están los restos de Cristóbal Colón, y el Museo de las Casas Reales, donde se encuentran réplicas de los barcos de Colón y algunos tesoros encontrados en el mar.

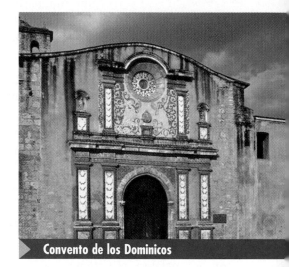
Convento de los Dominicos

El clima de la República Dominicana es tropical y por eso durante todo el año se puede disfrutar de sus hermosas playas caribeñas (Puerto Plata, Samaná, La Romana, entre muchas otras) y de actividades al aire libre como jugar al golf, montar en bicicleta por las montañas, montar a caballo, bucear, hacer windsurfing, etc. Por otra parte, la gran variedad de discotecas y clubes ofrecen la oportunidad de divertirse al son (*to the rythm*) de la música caribeña y especialmente del merengue, el típico ritmo dominicano que es tan popular en Hispanoamérica. Una de las mejores oportunidades para disfrutar de la música caribeña es durante el Carnaval, que se celebra a fines de febrero o principios de marzo. Es aquí donde todo el pueblo dominicano disfruta bailando tanto en las calles como en los clubes sociales.

Expresiones dominicanas:

varado	Me tiene varado/a.	*He/she keeps me from succeeding.*
aceitado/a	Está aceitado/a.	*He/she is ready to comply.*
se aflojó	Ya se aflojó.	*He/she chickened out.*
puro aguaje	¡Eso es puro aguaje!	*That's nothing but a lie!*

Cuba

Ciudades importantes y lugares de interés: La Habana, la capital, es la ciudad más grande del Caribe, y tiene una hermosa arquitectura colonial. Por ejemplo, se puede apreciar la Plaza de la Catedral y la Plaza de Armas, frente a la cual se encuentra el Museo de la Ciudad de La Habana. Además, existen edificios de gran belleza y valor histórico como el Castillo del Morro, la Fortaleza de la Cabaña, El Templete y el Palacio de los Condes de Santovenia. En otras ciudades de Cuba tales como Trinidad y Camagüey también se puede apreciar esta bella arquitectura colonial.

En La Habana muchas cosas permanecen como en los años 50. Así, por ejemplo, hay carros de los años cincuenta y sesenta recorriendo sus calles. La vida social y cultural es intensa ya que hay muchos cines, teatros como el Teatro Nacional de Cuba que presenta a compañías extranjeras, galerías de arte donde se exhiben obras de famosos artistas nacionales y extranjeros, salas de conciertos, etc. También hay gran cantidad de cabarets, bares y clubes nocturnos. Por ejemplo, La Bodeguita del Medio, es uno de los bares más populares de La Habana, y era visitado frecuentemente por el famoso novelista Hemingway. El club nocturno más famoso en La Habana es Tropicana donde todas las noches se presenta un espectáculo musical impresionante.

Un lugar ideal para los amantes de la naturaleza es el valle de Viñales, que ofrece al visitante una vista espectacular. En los alrededores de esta zona se cultiva tabaco y se puede aprender mucho sobre esta industria. Cerca de la ciudad de Cienfuegos, llamada también La Perla del Sur, se encuentra un importante Jardín Botánico. Además de estos lugares, Cuba tiene más de 300 playas que se pueden visitar todo el año debido al maravilloso clima de la isla. Entre las más famosas están Varadero y Santa María del Mar.

El Castillo del Morro

Expresiones cubanas:

la guagua	Ahí viene la guagua.	*The bus is coming.*
despeluzar	La quiere despeluzar.	*He wants to take all her money.*
fula	No tiene fulas.	*No tiene dólares.*

ENFOQUE INTERACTIVO

Fortunas

  A MIRAR EL VIDEO 5:00

Watch the *Fortunas* video segment for *Lección 11* in class or on your CD-ROM. Do you think the other contestants should work together to thwart Katie? Can Katie really believe what Carlos tells her about the future?

Now complete the accompanying video activities on the CD-ROM. This is your chance to interact with the video characters! **25:00**

El concurso

In this episode of *Fortunas* we see a possible reconciliation between Katie and Carlos, as well as the announcement of a different alliance. It appears as if Efraín is not as naive as it might have been believed. But what about Katie? Carlos fooled her deftly in this episode. One wonders what, exactly, might be the outcome of all this deception. One thing is certain—the race for first prize is picking up momentum.

¿Otra vez?

Misterio Nº 5: Un lugar sagrado

Pistas
1. Cerro sagrado
2. Enseñanza militar
3. Residencia presidencial
4. Manantial y acueducto

 LA BÚSQUEDA 5:00

Can you keep up with the contestants? This puzzle appears to be rather concrete. Where should you go to find a sacred hill, water, and a military school? Remember to keep your search within the correct time frame—from the Conquest of Mexico until the Mexican Revolution. Have you solved all the puzzles without any alliances? Go to the *Fortunas* module to explore where the contestants should begin searching for the fifth *misterio*.

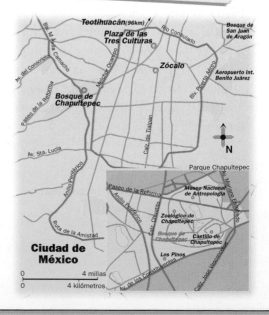

¿QUÉ OPINA USTED? 5:00

As we draw closer to the end of the contest, it should be apparent just how important the viewer polls are. The point totals are close and it is likely that the viewer poll may decide the winner. It's important that you stay informed in your voting. Read the diary entries and other updates in the *Fortunas* module. Go to the *Fortunas* module and click on *¿Qué opina usted?* to vote in this episode's poll.

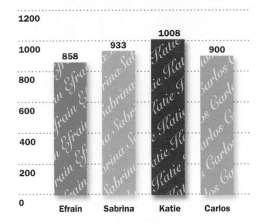

 PARA NAVEGAR 10:00

UNA CULTURA CASI PERDIDA

Muchos jóvenes en los Estados Unidos conocen Cuba y la República Dominicana por la fama de deportistas como Sammy Sosa. Pero pocos conocen las importantes culturas indígenas de estos países antes de la llegada de Cristóbal Colón en 1492. Una de ellas, la cultura taína, conocida también como los mayas del Caribe, desapareció casi por completo una generación después de su primer contacto con la civilización europea.

Una cultura casi perdida

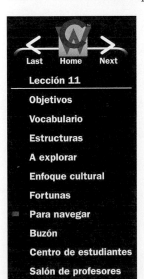

Go to the *Mosaicos Website* and click on the *Para navegar* module to explore links and complete activities on Cuba, the Dominican Republic, medicine, and the Taino Indians.

Lección 12

Las vacaciones y los viajes

COMUNICACIÓN

- ✖ Making travel arrangements
- ✖ Asking about and discussing itineraries
- ✖ Describing and getting hotel accommodations
- ✖ Asking and giving directions
- ✖ Expressing denial and uncertainty
- ✖ Expressing possession (emphatically)
- ✖ Talking about the future

ESTRUCTURAS

- ✖ Affirmative and negative expressions
- ✖ Indicative and subjunctive in adjective clauses
- ✖ Stressed possessive adjectives
- ✖ Possessive pronouns
- ✖ The future tense

MOSAICOS

A ESCUCHAR

A CONVERSAR

A LEER

- ✖ Summarizing a text

A ESCRIBIR

- ✖ Giving advice and stating facts about an issue

ENFOQUE CULTURAL

- ✖ La música y el baile
- ✖ Panamá
- ✖ Costa Rica

ENFOQUE INTERACTIVO

 WWW   VIDEO   CD ROM

A primera vista

Los medios de transporte

Mucha gente usa el transporte público. Los autobuses son populares en las ciudades y también para viajar largas distancias. Son la solución para las personas que no tienen carro, o a quienes simplemente no les gusta manejar en las carreteras y autopistas.

AVE, el tren español de alta velocidad entre Madrid y otras grandes ciudades españolas, viaja a unos 300 kilómetros por hora. La RENFE (Red Nacional de Ferrocarriles Españoles) es tan importante en España, un país relativamente pequeño, como las líneas aéreas en los Estados Unidos.

Un crucero es otra forma de viajar. En barcos modernos con una capacidad de 400 hasta más de 3.000 pasajeros se puede hacer de todo. En las escalas en los diferentes puertos hay excursiones organizadas y oportunidades para ir de compras. De noche, la diversión continúa en la discoteca, el casino y el teatro. Un crucero es un medio de transporte y un lugar para pasar las vacaciones.

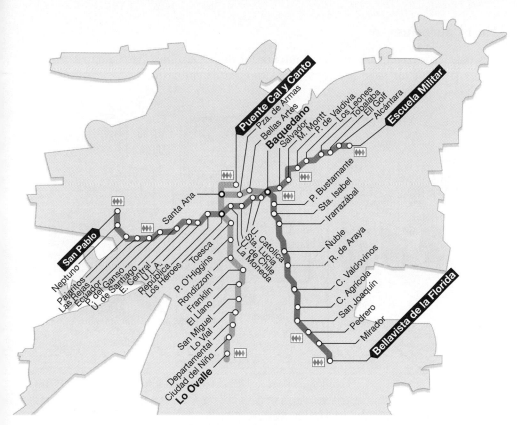

Plano del metro en Santiago, Chile

El metro es otra forma de transporte eficiente en los centros urbanos, como Madrid, Barcelona, Santiago, Buenos Aires, Caracas y la ciudad de México.

En un avión

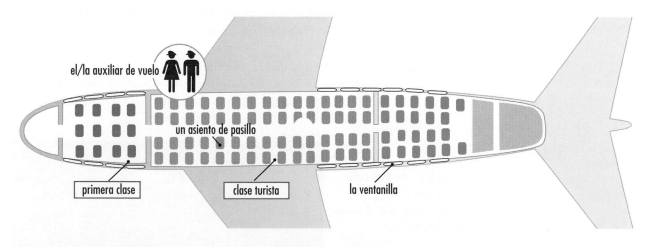

El avión es la solución, aunque más cara, para viajar rápidamente de un lugar a otro, especialmente en zonas donde es difícil construir carreteras por la geografía o el clima, como en las selvas y en las montañas.

En el aeropuerto

Los pasajeros hacen cola frente al mostrador de la aerolínea para facturar el equipaje, pedir un asiento y conseguir la tarjeta de embarque.

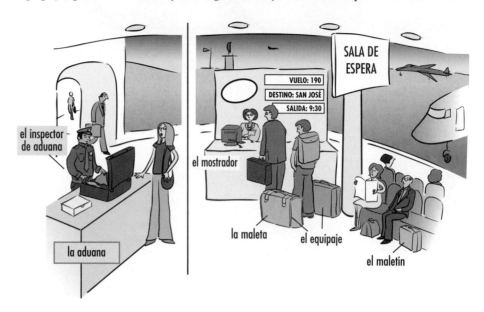

En el mostrador de la línea aérea

EMPLEADA: Buenos días. Su pasaporte y su boleto, por favor.

VIAJERO: Aquí están. Y si es posible, prefiero un asiento cerca de una salida de emergencia.

EMPLEADA: Muy bien. ¿Ventanilla o pasillo?

VIAJERO: Pasillo, por favor. Señorita, ¿usted sabe si se venden cheques de viajero aquí en el aeropuerto?

EMPLEADA: Sí, hay una oficina de American Express enfrente a la derecha.

VIAJERO: Gracias. ¿Me acreditó los kilómetros a mi programa de viajero frecuente?

EMPLEADA: Sí, y su pasaje es de ida y vuelta, así que va a tener bastantes kilómetros. Su asiento a San José es el 10F. Aquí tiene su tarjeta de embarque. La puerta de salida es la 80. ¡Que tenga un buen viaje!

El avión para San José sale a las tres y media por la puerta 1A. ¿A qué hora sale el vuelo para Managua?

SALIDA DEPARTURE DESTINATION	ABORDAR BOARDING	SALA LOUNGE	PUERTA GATE	DESTINO
3:30	3:00	8	1A	SAN JOSÉ
3:50	3:20	8	4	MANAGUA
4:10	3:40	8	6	GUATEMALA
4:25	3:55	8	10	PANAMÁ
4:45	4:15	8	8	LIMÓN
5:10	4:40	8	5	MÉXICO D.F.
6:00	5:30	0	5	KINGSTON

¿Qué dice usted?

👥 12-1 Asociaciones. Primera fase. Asocie cada palabra con su descripción. Compare sus repuestas con las de un/a compañero/a.

1. _____ tren de alta velocidad
2. _____ viaje en un barco grande
3. _____ persona que sirve la comida en un vuelo
4. _____ transporte subterráneo
5. _____ inspección al llegar a otro país
6. _____ documento de identificación necesario para viajar al extranjero
7. _____ pasaje para ir de Quito a San José y volver a Quito
8. _____ se viaja en un asiento cómodo y se come bien

a. el/la auxiliar de vuelo
b. pasaporte
c. primera clase
d. AVE
e. metro
f. aduana
g. boleto de ida y vuelta
h. crucero

Segunda fase. Con su compañero/a, hable de su último viaje. Especifique:

- medio de transporte
- tipo de boleto
- comodidad (primera clase, turista, etc.)
- necesidad de pasaporte, pasar por aduana, etc.

👥 12-2 Solicitud del cliente. Usted es un/a agente de viajes y su compañero/a es su cliente/a. Hágale preguntas a su cliente/a para llenar el siguiente formulario (*form*) y después hágale algunas recomendaciones para el viaje.

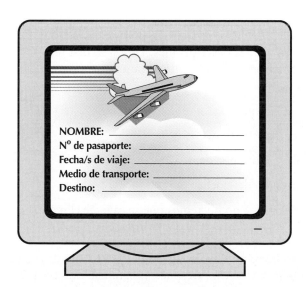

NOMBRE: _____
Nº de pasaporte: _____
Fecha/s de viaje: _____
Medio de transporte: _____
Destino: _____

👥 12-3 En una agencia de viajes. Uno/a de ustedes es agente de viajes y otro/a es el/la cliente/a. El/La cliente/a le debe decir adónde quiere ir y el/la agente debe planear un viaje con todos los detalles de itinerario, medio de transporte y precio. Después, cambien de papel.

Por lo general, los automóviles cuestan más en los países hispanos que en los Estados Unidos debido a los impuestos (*taxes*) que, en algunos casos, suben el precio del auto en un 100% o más. El precio de la gasolina varía en los diferentes países: en los países donde se produce gasolina, como Venezuela, resulta muy económica, pero en España cuesta el equivalente a unos cuatro dólares el galón. En general, hay muchos coches en las ciudades grandes y el tráfico y el estacionamiento son problemas muy serios. Las motos son populares, especialmente entre la gente joven.

Viajando en coche

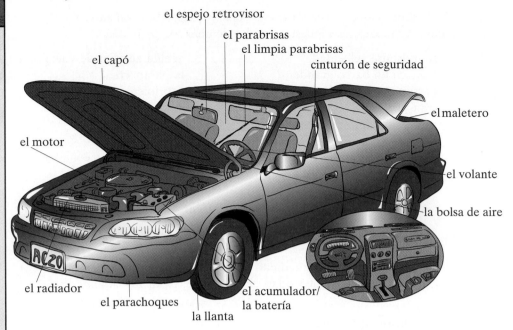

el espejo retrovisor
el parabrisas
el limpia parabrisas
cinturón de seguridad
el capó
el maletero
el motor
el volante
la bolsa de aire
el radiador
el parachoques
la llanta
el acumulador/la batería

¿Qué dice usted?

👥👥 **12-4 ¿Qué es?** Con su compañero/a, busque en el dibujo la palabra que corresponda a las siguientes descripciones. Después, den una descripción de las otras partes del coche indicadas en el dibujo a otra pareja para ver si ellos/ellas saben cuáles son.

1. Es para poner el equipaje. _____

2. Permite ver bien cuando llueve. _____

3. Son negras y llevan aire por dentro. _____

4. Controla la dirección del coche. _____

5. Hay que ponerle agua si no queremos que se caliente el motor. _____

👥👥 **12-5 Mi auto favorito.** Primero, averigüe qué medio de transporte usa su compañero/a con más frecuencia. Después, pregúntele cuál es su auto favorito y pídale que le dé cuatro razones para explicar por qué le gusta más.

Las reservaciones y el hotel

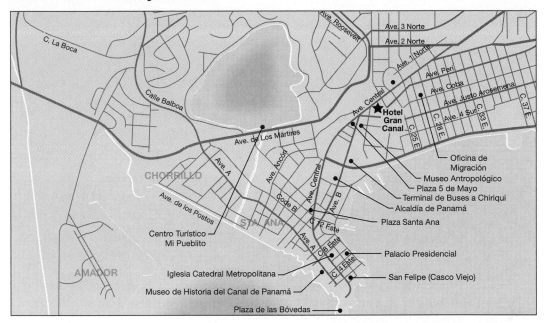

EMPLEADO: Buenas tardes, ¿en qué le puedo servir?

SRA. LOAIZA: Buenas tardes. Tenemos dos habitaciones reservadas a nuestro nombre, señores Loaiza.

EMPLEADO: Sí, señora. Tengo una doble y una sencilla.

SRA. LOAIZA: Muy bien, una es para nosotros y otra para nuestro hijo. Quisiera dejar algunos cheques de viajero en un lugar seguro. ¿Podría usted… ?

EMPLEADO: ¿Por qué no los deja aquí en la recepción? Tenemos una caja fuerte para guardar los artículos de valor de nuestros huéspedes.

SRA. LOAIZA: Gracias.

EMPLEADO: A sus órdenes. Aquí tiene las llaves. Enseguida el botones les subirá las maletas. Sus habitaciones están en el segundo piso.

(Más tarde)

SR. LOAIZA: Por favor, ¿nos puede indicar cómo llegar a la Plaza 5 de Mayo?

CONSERJE: Sí, cómo no. Mire, sigan derecho por esta calle hasta la próxima esquina. Allí, doblen a la izquierda y caminen una cuadra hasta la plaza que está a la derecha. No se pueden perder.

SR. LOAIZA: Muchísimas gracias.

¿Qué dice usted?

12-6 Estamos perdidos. Use el plano que aparece en la página 401 y pregúntele a su compañero/a cómo ir a ciertos lugares. Su compañero/a le debe explicar cómo llegar.

USTED ESTÁ EN:
la Plaza 5 de Mayo
la Avenida Ancón y la Avenida A
el Museo de Historia del Canal de Panamá

USTED DESEA IR:
al Palacio Presidencial
al Casco Viejo
al Centro Turístico Mi Pueblito

12-7 El hotel. Primera fase. Con su compañero/a, compare y comente la información que obtuvo en la Internet sobre el hotel Selva Bananito Lodge u otro hotel respecto a lo siguiente:

1. localización
2. instrucciones para llegar
3. servicios que ofrece el hotel
4. atracciones más populares

Segunda fase. Usted sabe que el hotel *Selva Bananito Lodge* acepta guías voluntarios para los turistas que hablan inglés. Su compañero/a va a hacer el papel de jefe/a de personal. Hable con él/ella para ofrecer sus servicios y obtener la siguiente información sobre el trabajo.

1. obligaciones y horarios
2. beneficios que reciben (comidas, alojamiento, etc.)
3. número de semanas o meses que dura el trabajo
4. fecha en que comienza el trabajo
5. forma más conveniente de llegar al hotel

Antes de hacer la actividad 12-7, busque en la Internet la información que se pide sobre un hotel de Costa Rica. Prepárese para comentar y compartir con un/a compañero/a la información obtenida.

El correo y la correspondencia

una carta

una tarjeta postal

un sello

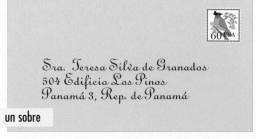

un sobre

Sra. Teresa Silva de Granados
504 Edificio Los Pinos
Panamá 3, Rep. de Panamá

el cartero
el paquete
el buzón

¿Qué dice usted?

 12-8 La correspondencia. Con su compañero/a, complete las oraciones con la palabra adecuada y escriba la letra correspondiente.

1. ___ El lugar donde se recoge la correspondencia y se compran sellos es el
2. ___ La persona que reparte cartas y tarjetas es el
3. ___ El depósito donde ponemos las cartas que queremos enviar es el
4. ___ Para mandar una carta la ponemos dentro de un
5. ___ Si queremos mandar un regalo de una ciudad a otra, tenemos que preparar un
6. ___ No se puede mandar una carta sin escribir la dirección y ponerle un

a. cartero
b. correo
c. sello
d. sobre
e. paquete
f. buzón

12-9 Un emilio nostálgico. Envíele un mensaje electrónico o una postal a su compañero/a favorito/a. Cuéntele algunos aspectos especiales de sus últimas vacaciones: lugar(es) que visitó, personas que conoció, experiencias que vivió, etc. Su compañero/a le responderá, reaccionará a sus comentarios, y le hará preguntas para obtener más detalles. Después, cambien de papel.

A ESCUCHAR

Antes de un viaje. You will hear a short conversation followed by five related statements. First, guess where the conversation takes place; then, mark the appropriate column to indicate whether each statement is true or false.

LUGAR: _____

	SÍ	NO
1.	_____	_____
2.	_____	_____
3.	_____	_____
4.	_____	_____
5.	_____	_____

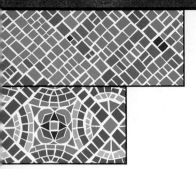

1. Affirmative and negative expressions

AGENTE: Lo siento, ese vuelo está
lleno. No hay ningún
asiento disponible.

RICARDO: ¿Y el de la tarde?

AGENTE: Hay algunos asientos
vacíos, pero el vuelo
hace escala en San José.

MARISELA: ¿Y no hay otro vuelo
directo?

AGENTE: No, es el único pero,
¿por qué no reservan
en el vuelo de la tarde
y los pongo en la lista
de espera para el otro?

RICARDO: Está bien. Siempre hay
alguien que cancela.

AFFIRMATIVE		NEGATIVE	
todo	*everything*	**nada**	*nothing*
algo	*something, anything*		
todos	*everybody, all*	**nadie**	*no one, nobody*
alguien	*someone, anyone*		
algún, alguno/a	*some, any,*	**ningún,**	*no, not any, none*
(-os, -as)	*several*	**ninguno/a**	
o... o	*either... or*	**ni... ni**	*neither... nor*
siempre	*always*	**nunca**	*never, (not) ever*
una vez	*once*		
alguna vez	*sometime, ever*	**jamás**	*never, (not) ever*
algunas veces	*sometimes*		
a veces	*at times*		
también	*also, too*	**tampoco**	*neither, not*

- Negative words may precede or follow the verb. If they follow the verb, use the word **no** before the verb.

> **Nadie** vive aquí.
> **No** vive **nadie** aquí.
> *No one/Nobody lives here.*

- **Alguno** and **ninguno** shorten to **algún** and **ningún** before masculine singular nouns.

> ¿Ves **algún** coche?   *Do you see any cars?*
> **No** veo **ningún** coche.   *I don't see any car.*

- Use the personal **a** when **alguno/a/os/as** and **ninguno/a** refer to persons and are the direct object of the verb. Use it also with **alguien** and **nadie** since they always refer to people. Notice that in the negative only the singular forms **ninguno** and **ninguna** are used.

> ¿Conoces **a alguno** de los chicos?   *Do you know any of the boys?*
> **No**, no conozco **a ninguno**.   *I don't know any.*

> ¿Conoces **alguno** de los libros?   *Do you know any of the books?*
> No, **no** conozco **ninguno**.   *No, I don't know any.*

LENGUA

In Spanish, **ningunos/as** is only used with plural nouns that do not have a singular form, for example, **víveres** (*food, provisions*): **No trajeron ningunos víveres**.

¿Qué dice usted?

12-10 Planeando un viaje. Primera fase. Usted y su compañero/a quieren hacer ecoturismo en otro país. Primero decidan adónde van a ir y después comenten qué van o no van a hacer antes de llegar a su destino.

MODELOS: comprar el pasaje dos semanas antes
        E1: Yo quiero comprar el pasaje dos semanas antes.
        E2: Yo también. / Pues yo no. Es más barato comprarlo un mes antes.
        no llevar cheques de viajero
        E1: Yo no voy a llevar cheques de viajero.
        E2: Yo tampoco. / Yo voy a llevar algunos y también mi tarjeta de crédito.

1. buscar información sobre Costa Rica
2. comprar zapatos cómodos para caminar
3. pedir un asiento de pasillo
4. no llevar mucha ropa
5. facturar el equipaje
6. no gastar mucho dinero
7. ...
8. ...

Segunda fase. Conversen sobre todo lo que van a hacer después de llegar a su destino. Después, reúnanse con otra pareja y explíquenle tres de sus planes. Sus compañeros/as deben hacerles preguntas para averiguar detalles adicionales.

👥 **12-11 ¿Con qué frecuencia?** Llene la siguiente tabla indicando la frecuencia con que usted participa en las siguientes actividades y por qué las hace. Después pregúntele a su compañero/a y anote la información obtenida.

MODELOS: correr
           E1: Yo corro tres veces a la semana porque quiero estar en forma. ¿Y tú?
           E2: Yo no corro nunca porque prefiero caminar. / Yo corro todos los días porque es bueno para la salud.

ACTIVIDAD	YO	RAZÓN	MI COMPAÑERO/A	RAZÓN
ver la televisión				
practicar deportes				
comer fuera				
dormir la siesta				
tomar vacaciones				
viajar en tren				
escribirles a los amigos				

👥 **12-12 Un restaurante malo.** Usted está de viaje con un/a compañero/a y quiere ir a un restaurante que está cerca del hotel. Su compañero/a, que ya conoce el restaurante, va a contestar sus preguntas negativamente.

MODELOS: servir platos típicos
           E1: ¿Sirven platos típicos?
           E2: No, no sirven ningún plato típico.

1. preparar platos de dieta
2. tener ensaladas buenas
3. servir pescado fresco

4. tener vinos españoles
5. aceptar tarjetas de crédito
6. ...

👥 **12-13 ¡La negatividad es contagiosa!** Después de pasar el día con un/a amigo/a negativo/a, usted se siente influenciado/a y contesta a todo negativamente. Túrnese con su compañero/a para preguntar y contestar.

MODELOS: llamar a alguien
           E1: ¿Vas a llamar a alguien?
           E2: No, no voy a llamar a nadie.

1. visitar a alguien
2. ver alguna película esta noche
3. leer o escuchar música
4. salir con algunos amigos
5. mandarle a alguien un correo electrónico
6. ...

1. **Rol A.** Usted es un/una auxiliar de vuelo que atiende a los pasajeros de la clase ejecutiva. Pregúntele a uno/a de los/las pasajeros/as si desea: a) beber algo, b) comer y c) ver la película. Después, a) conteste su pregunta sobre la hora de llegada, b) dígale que no tiene revistas y c) ofrézcale una manta y una almohada.

   Rol B. Usted es uno/a de los/las pasajeros/as de la clase ejecutiva. Conteste negativamente las preguntas del/de la auxiliar de vuelo. Después, a) pregúntele la hora de llegada a Panamá, b) pídale una revista y c) dele las gracias.

2. Uno/a de ustedes es el/la pasajero/a y el/la otro/a es el/la agente de aduanas. El/La agente le pregunta si trae a) alguna planta o semillas, b) frutas y c) más de $10.000. Conteste negativamente a sus preguntas. Después el/la agente le va a pedir que abra su equipaje para revisarlo.

2. Indicative and subjunctive in adjective clauses

■ An adjective clause is a dependent clause that is used as an adjective.

ADJECTIVE

Vamos a ir a un hotel muy **moderno.**

ADJECTIVE CLAUSE

Vamos a ir a un hotel **que es muy moderno.**

■ Use the indicative in an adjective clause that refers to a person, place, or thing (antecedent) that exists or is known.

Hay un hotel que **queda** cerca de la estación.
There is a hotel that is near the station.

Quiero viajar en el tren que **sale** por la mañana.
I want to travel on the train that leaves in the morning.
(you know there is such a train)

■ Use the subjunctive in an adjective clause that refers to a person, place, or thing that does not exist or whose existence is unknown or in question.

No hay ningún hotel que **quede** cerca de la estación.
There isn't any hotel that is near the station.

Quiero viajar en un tren que **salga** por la mañana.
I want to travel on a train that leaves in the morning.
(any train as long as it leaves in the morning)

- When the antecedent is a specific person and functions as a direct object, use the indicative and the personal **a.** If the antecedent is not a specific person, use the subjunctive and do not use the personal **a.**

> Busco **a** la/una auxiliar que **va** en ese vuelo.
> *I'm looking for the/a flight attendant that goes on that flight.*
> (a specific flight attendant I have knowledge is on that flight)

> Busco una auxiliar que **vaya** en ese vuelo.
> *I'm looking for a flight attendant that goes on that flight.*
> (any flight attendant as long as she goes on that flight)

- In questions, you may use the indicative or the subjunctive according to the degree of certainty you have about the matter.

> ¿Hay alguien aquí que **sale** en ese vuelo?
> *Is there anyone here leaving on that flight?*
> (I don't know, but assume there may be.)

> ¿Hay alguien aquí que **salga** en ese vuelo?
> *Is there anyone here leaving on that flight?*
> (I don't know, but I doubt it.)

¿Qué dice usted?

12-14 ¡Ni idea! Usted no tiene ni idea sobre algunos aspectos de la vida de sus compañeros/as de la clase de español. Túrnese con su compañero/a para hacerse preguntas. Si la respuesta es afirmativa, usted debe decir quién es esa persona y dar información adicional.

MODELOS: llevar vaqueros cuando viaja
E1: ¿Hay alguien que use vaqueros cuando viaja?
E2: Sí, hay alguien que siempre usa vaqueros cuando viaja.
E1: ¿Quién es?
E2: Es Marta. Sé que le gustan los vaqueros y siempre se los pone.
E1: ¿Hay alguien que sea costarricense?
E2: No, no hay nadie que sea costarricense.

1. tenerles fobia a los aviones
2. usar mucho su diccionario en los viajes
3. conocer una de las siete maravillas del mundo
4. saber pilotear un avión
5. ir a esquiar en sus vacaciones de invierno
6. viajar a Panamá este año

12-15 Emergencia. Dos empleados de la aerolínea costarricense *Travelair* se enfermaron y hay mucho trabajo inconcluso en el aeropuerto. Túrnese con un/a compañero/a para hacer los papeles de gerente y de ayudante de la aerolínea. El/La gerente necesita que se hagan ciertas cosas; su ayudante debe informarle si hay o no alguien que las haga. Si no hay nadie, el/la gerente debe ofrecer soluciones.

MODELOS: reprogramar la computadora
            E1: Necesito a alguien que reprograme la computadora para
                los itinerarios.
            E2: Hay un empleado/alguien en el aeropuerto que puede hacerlo. *o*
                No hay nadie en el aeropuerto que la reprograme.
            E1: Es indispensable buscar/que busquemos a alguien que lo haga.

1. hablar inglés, japonés y español en el vuelo a Tamarindo
2. recibir el vuelo que viene de Puerto Jiménez
3. darles esta información a los pasajeros del vuelo 562
4. llevar a los pasajeros a inmigración
5. poder trabajar este fin de semana
6. …

12-16 Un lugar para descansar. Primera fase. Túrnese con su compañero/a para hacerse preguntas sobre un lugar de descanso. Deben contestar según la información de la tabla.

MODELOS: hotel / tener piscina para niños
            E1: ¿Hay un hotel que tenga piscina para niños?
            E2: Sí, hay un hotel que tiene piscina para niños. *o*
                No, no hay ningún hotel que tenga piscina para niños.

HAY	NO HAY
tiendas / vender ropa para esquiar	autobús / llegar por la mañana
cines / dar películas españolas	cafetería / servir comida vegetariana
lugares / aceptar cheques de viajero	lugares / aceptar cheques personales

Segunda fase. Ahora su compañero/a y usted deben describir cómo desean que sea su lugar ideal de descanso, explicando su localización, ambiente, y atracciones. Después, intercambien ideas con otra pareja.

12-17 Agencia *Viaje ahora*. Uno/a de ustedes piensa viajar al extranjero, pero no conoce ninguna buena agencia de viajes. Dígale a su compañero/a adónde quiere ir y pídale información sobre una agencia. Su compañero/a le va a dar información basándose en el anuncio de la agencia *Viaje ahora*. Usted debe hacerle por lo menos tres preguntas adicionales.

SITUACIONES

Role A. Usted desea viajar a Panamá. Llame a su agente de viajes para averiguar: a) el precio del pasaje, b) el horario de los aviones y c) si necesita visa. Después de recibir la contestación, explíquele al/a la agente en qué clase de hotel le gustaría quedarse (localización, precio aproximado, etc.)

Role B. Usted es un/a agente de viajes. Conteste las preguntas de su cliente/a dándole a) los precios de los pasajes de primera clase y de clase turista, b) la hora de salida y c) pregúntele su nacionalidad para saber si necesita o no visa. Para su pregunta sobre los hoteles, dele información sobre dos con diferentes tarifas y explíquele qué ofrece cada uno. Además, debe sugerirle lo que debe visitar en Panamá (el Canal, la parte antigua de la ciudad, las islas San Blas, la zona del Darién, etc.).

3. Stressed possessive adjectives

SINGULAR		PLURAL		
MASCULINE	FEMININE	MASCULINE	FEMININE	
mío	mía	míos	mías	*my, (of) mine*
tuyo	tuya	tuyos	tuyas	*your* (familiar), *(of) yours*
suyo	suya	suyos	suyas	*your* (formal), *his, her, its, their, (of) yours, his, hers, theirs*
nuestro	nuestra	nuestros	nuestras	*our, (of) ours*
vuestro	vuestra	vuestros	vuestras	*your (fam.), (of) yours*

■ Stressed possessive adjectives follow the noun they modify and agree with it in gender and number. An article or demonstrative adjective usually precedes the noun. Use stressed possessives for emphasis.

El cuarto **mío** es grandísimo.	*My room is very big.*
La maleta **mía** está en la recepción.	*My suitcase is at the front desk.*
Esos primos **míos** llegan hoy.	*Those cousins of mine arrive today.*
Las llaves **mías** están en la puerta.	*My keys are in the door.*

4. Possessive pronouns

	SINGULAR			PLURAL		
	MASCULINE	FEMININE		MASCULINE	FEMININE	
el	mío / tuyo / suyo / nuestro / vuestro	la	mía / tuya / suya / nuestra / vuestra	los	míos / tuyos / suyos / nuestros / vuestros	las	mías / tuyas / suyas / nuestras / vuestras

■ Possessive pronouns have the same form as stressed possessive adjectives.

■ The definite article precedes the possessive pronoun, and they both agree in gender and number with the noun they refer to.

¿Tienes la mochila suya?	*Do you have his backpack?*
Sí, tengo **la suya.**	*Yes, I have his.*

■ After the verb **ser**, the article is usually omitted.

Esa maleta es **mía.**	*That suitcase is mine.*

■ To be clearer and more specific, the following structures may be used to replace any corresponding form of **el/la suyo/a**.

	la de usted	*yours* (sing.)
	la de él	*his*
	la de ella	*hers*
la mochila suya → **la suya** *or*		
	la de ustedes	*yours* (pl.)
	la de ellos	*theirs* (masc., pl.)
	la de ellas	*theirs* (fem., pl.)

¿Qué dice usted?

👤👤 **12-18 Las posesiones.** Es el fin del año escolar y usted y su compañero/a están poniendo sus cosas y las de otro/a compañero/a en dos coches. Háganse preguntas para averiguar de quién es cada cosa.

MODELOS: esta lámpara
　　　　　E1: ¿De quién es esta lámpara?
　　　　　E2: Es suya. Va en su coche. *o* Es mía. Va en mi coche.

1. esos casetes
2. esta maleta
3. este maletín
4. estos discos

5. las revistas
6. el radio
7. la bicicleta
8. esta mochila

👤👤 **12-19 Preparándose para un viaje.** Usted y su compañero/a van a hacer un viaje en auto y deben tomar varias decisiones antes de salir. Háganse preguntas para decidir lo que van a hacer y den una razón.

MODELOS: usar mi coche/tu coche
　　　　　E1: ¿Vamos a usar mi coche o el tuyo?
　　　　　E2: Prefiero usar el tuyo/mío porque es mejor/más nuevo.

1. hablar con mi agente/tu agente
2. llevar tus maletas/las de mi hermano
3. usar mis mapas/tus mapas

4. llevar tu cámara/mi cámara
5. llevar tu celular/el de mi madre
6. …

👤👤 **12-20 Unas vacaciones en un crucero.** Usted y un/a amigo/a tomaron un crucero durante las vacaciones. Su compañero/a tomó otro crucero. Intercambien sus experiencias en las áreas siguientes.

MODELOS: el barco
　　　　　E1: Nuestro barco era nuevo y grandísimo.
　　　　　E2: El nuestro era pequeño, pero muy cómodo. *o*
　　　　　　　El nuestro era muy grande también.

1. el camarote (*cabin*)
2. los compañeros de mesa
3. los camareros

4. el/la guía
5. las excursiones
6. …

1. **Rol A.** Ayer usted perdió su billetera (negra, nueva, con $20,00, unas fotos y una tarjeta de crédito) en un hotel de San José. Conteste todas las preguntas del/de la empleado/a del Departamento de Objetos Perdidos. Después muéstrele una identificación y dele las gracias.

   Rol B. Usted trabaja en el Departamento de Objetos Perdidos de un hotel en San José y está atendiendo a un/a cliente/a que perdió su billetera. Obtenga la siguiente información: a) nombre de la persona, b) descripción de la billetera, c) fecha en que la perdió y d) dinero y documentos que tenía. Después debe pedirle una identificación y devolverle (*return him/her*) la billetera.

2. Cada uno/a de ustedes tiene un condominio en un lugar de veraneo muy exclusivo y quiere impresionar al/a la otro/a. Hablen de su condominio dando la mayor información posible.

5. The future tense

You have been using the present tense and **ir + a** + *infinitive* to express future plans. Spanish also has a future tense. While you have these other ways to express the future action/event/state, you should be able to recognize the future tense in reading and in listening.

- The future tense is formed by adding the future endings **-é, -ás, -á, -emos, -éis,** and **-án** to the infinitive. These endings are the same for **-ar, -er,** and **-ir** verbs.

		FUTURE TENSE		
		HABLAR	COMER	VIVIR
	yo	hablar**é**	comer**é**	vivir**é**
	tú	hablar**ás**	comer**ás**	vivir**ás**
Ud., él, ella		hablar**á**	comer**á**	vivir**á**
nosotros/as		hablar**emos**	comer**emos**	vivir**emos**
vosotros/as		hablar**éis**	comer**éis**	vivir**éis**
Uds., ellos/as		hablar**án**	comer**án**	vivir**án**

- A few verbs have irregular stems in the future tense and can be grouped into three categories. The first group drops the **e** from the infinitive ending.

IRREGULAR FUTURE – GROUP 1		
INFINITIVE	NEW STEM	FUTURE FORMS
poder	**podr-**	podré, podrás, podrá, podremos, podréis, podrán
querer	**querr-**	querré, querrás, querrá, querremos, querréis, querrán
saber	**sabr-**	sabré, sabrás, sabrá, sabremos, sabréis, sabrán

- The second group replaces the **e** or **i** of the infinitive ending with a **d**.

IRREGULAR FUTURE – GROUP 2		
INFINITIVE	NEW STEM	FUTURE FORMS
poner	**pondr-**	pondré, pondrás, pondrá, pondremos, pondréis, pondrán
tener	**tendr-**	tendré, tendrás, tendrá, tendremos, tendréis, tendrán
salir	**saldr-**	saldré, saldrás, saldrá, saldremos, saldréis, saldrán
venir	**vendr-**	vendré, vendrás, vendrá, vendremos, vendréis, vendrán

- The third group consists of two verbs (**decir, hacer**) that have completely different stems in the future tense.

IRREGULAR FUTURE – GROUP 3		
INFINITIVE	NEW STEM	FUTURE FORMS
decir	**dir-**	diré, dirás, dirá, diremos, diréis, dirán
hacer	**har-**	haré, harás, hará, haremos, haréis, harán

- In addition to referring to future actions, the Spanish future tense can also be used to express probability in the present.

Todavía no están en el hotel. El vuelo **estará** atrasado, ¿no?	*They still are not at the hotel. The flight is probably / must be late, right?*
Dice que va a ver la telenovela, así que **serán** las nueve.	*He says he is going to watch the soap opera, so it must be nine.*

- The future of **hay** is **habrá**.

Habrá muchos pasajeros en el vuelo.	*There will be many passengers on the flight.*

¿Qué dice usted?

👤👤 **12-21 Intercambio: Un viaje a Panamá.** Ramiro va a la Ciudad de Panamá a visitar a su familia. Con su compañero/a háganse preguntas y contesten de acuerdo con la agenda que Ramiro preparó.

MODELOS: E1: ¿Qué hará Ramiro el miércoles por la noche?
E2: Cenará con unos amigos.
E1: ¿Cuándo irá al cine con los primos?
E2: Irá al cine con los primos el martes.

LUNES	MARTES	MIÉRCOLES	JUEVES	VIERNES
salir para Panamá	visitar el Casco Viejo	salir de compras	visitar las islas San Blas	preparar las maletas
comer con los tíos	conocer a otros familiares	ir a un museo	comprar artesanías	almorzar con su tío
acostarse temprano	ir al cine con los primos	cenar con unos amigos	ir a un concierto	ir a una discoteca

👤👤 **12-22 Un crucero inolvidable.** Los Almagro viven en Miami y van a tomar un crucero que atravesará el Canal de Panamá y llegará hasta Acapulco. De allí regresarán a Miami en avión. Con su compañero/a, diga qué harán los miembros de la familia usando los verbos entre paréntesis. Después, pongan las acciones en orden cronológico y comparen sus respuestas con las de otros/as compañeros/as.

_____ Los Almagro _____ (llegar) a Acapulco.

_____ El crucero _____ (hacer) escala en Cozumel y los pasajeros _____ (disfrutar) de un día en la playa.

_____ La señora de Almagro _____ (ir) a la agencia de viajes para comprar los pasajes.

_____ Por la mañana del primer día en Acapulco, la familia _____ (ir) al mercado para comprar artesanías.

_____ En el aeropuerto, los agentes de aduana _____ (revisar) el equipaje y la familia Almagro _____ (regresar) a su casa.

_____ Sus hijos _____ (pasar) la tarde en la playa porque saben que es el último día de sus vacaciones.

_____ Los señores Almagro y sus hijos Mauro y Gloria _____ (tomar) el barco en Miami.

_____ De allí, el crucero _____ (seguir) a Panamá y _____ (cruzar) el Canal.

12-23 ¿Por qué lo harán? Cada uno tiene diferentes motivos para hacer lo que hace. Con su compañero/a, piensen en dos motivos probables para cada una de las situaciones siguientes.

MODELOS: Los Rivas van a Europa todos los años.
              E1: Tendrán mucho dinero, ¿no?
              E2: Ganarán unos sueldos muy buenos.

1. Pedro siempre viaja con poco equipaje.
2. Los Pérez nunca están los fines de semana en la ciudad.
3. Rosa no contesta el teléfono hace dos días.
4. Pilar no llama a sus parientes cuando viene a la ciudad.
5. Los Gómez están en el aeropuerto.
6. El vuelo va a salir una hora más tarde.
7. Pedro siempre saca muy buenas notas en sus clases.
8. El equipo nuestro gana casi todos los partidos.

12-24 Planes de viaje. Usted y su compañero/a deben decidir qué lugar(es) visitarán y preparar un programa de actividades. Después, compartan esta información con otra pareja.

12-25 El horóscopo. Escriba su nombre en un papel. Ponga el papel en una caja o en otro lugar designado por su profesor/a. Mezclen bien los papeles. Luego, cada estudiante debe sacar un papel al azar (*at random*). Después, usando el futuro, prepare el horóscopo de esa persona para leerlo en la próxima clase. Los demás estudiantes tratarán de averiguar de quién es el horóscopo.

SITUACIONES

Uno/a de ustedes va a pasar unos días de vacaciones en su lugar favorito. El/La otro/a es una persona muy curiosa y debe hacer preguntas para averiguar: a) adónde, cómo, con quién y por cuánto tiempo va a ir, b) dónde se va a quedar.

mosaicos

A ESCUCHAR

A. ¿Lógico o ilógico? Indicate whether each of the following statements is **Lógico** or **Ilógico**.

	LÓGICO	ILÓGICO			LÓGICO	ILÓGICO
1.	_____	_____		5.	_____	_____
2.	_____	_____		6.	_____	_____
3.	_____	_____		7.	_____	_____
4.	_____	_____		8.	_____	_____

B. Un viaje. Listen to the following telephone conversation between a client and a travel agent. Then circle the letter corresponding to the best completion for each statement, according to what you hear.

1. La agencia de viajes se llama…
   a. Continente
   b. Viaje Contento
   c. Continental

2. La agente le ofrece a Marcelo…
   a. dos viajes interesantes
   b. un viaje a los Estados Unidos
   c. un viaje a Sudamérica

3. El viaje a Panamá es…
   a. tan largo como el viaje a México
   b. más largo que el viaje a México
   c. menos largo que el viaje a México

4. El viaje a México dura…
   a. una semana
   b. nueve días
   c. dos semanas

5. El viaje a México incluye…
   a. comidas y hotel
   b. dos excursiones
   c. una excursión en barco

6. El viaje a México cuesta…
   a. menos que el viaje a Panamá
   b. más que el viaje a Panamá
   c. igual que el viaje a Panamá

7. Marcelo prefiere…
   a. no viajar este año
   b. el viaje a México
   c. el viaje a Panamá

8. Marcelo quiere…
   a. un asiento de pasillo
   b. su pasaporte
   c. información sobre los hoteles

A CONVERSAR

👥 **12-26 Itinerario.** Usted y un/a compañero/a son choferes de una compañía bananera costarricense. Hoy deben recoger a estos ejecutivos de la compañía en los aeropuertos Juan Santamaría (JS, vuelos internacionales) y Pavas (vuelos nacionales). Con su colega, verifique el día, el número de vuelo y la hora a la que cada pasajero/a toma el vuelo y llega a San José. Alternen los papeles.

MODELOS: E1: El presidente de la compañía sale de Punta Arenas a las 7:19 horas/a las siete de la tarde.

E2: Sí, el señor Arana llega al aeropuerto Pavas a las doce de la noche en el vuelo 004 de Travelair.

NOMBRE DEL PASAJERO	AEROLÍNEA	ORIGEN Y Nº DE VUELO	HORA DE LLEGADA/AEROPUERTO
1. Sr. José Fonseca, Gerente de Mercadeo	LACSA	Nueva York, Nº 2053	13:45 (JS)
2. Sra. Josefina Iturriaga, Inspectora de Calidad	Travelair	Quepos, Nº 194	16:50 (Pavas)
3. Srta. María José Herrera, Jefa de Publicidad	American	Los Angeles, Nº 0835	20:22 (JS)
4. Sres. Francisco Jorquera y Pablo Mate, Relaciones Públicas	LAN Chile	Santiago, Chile Nº 903	23:55 (JS)

A INVESTIGAR

En *www.prenhall.com/ mosaicos*, busque información sobre las rutas nacionales que *Travelair* ofrece a los turistas: ¿A qué destinos va *Travelair*? Luego, averigüe lo siguiente: ¿Qué importancia tienen Tortuguero y Golfito? ¿A qué destino de *Travelair* le gustaría volar a usted?

👥 **12-27 ¡Buen viaje! Primera fase.** En pequeños grupos, escojan a una persona de la clase (un/a compañero/a, su profesor/a), quien, en su opinión, merece unas vacaciones inolvidables. Den tres razones para justificar su elección.

Segunda fase. Hagan un plan de las vacaciones de acuerdo con los siguientes puntos:

■ Medio de transporte en que ustedes quieren que la persona viaje.
■ Cantidad de dinero que ustedes le darán y algunas sugerencias de cómo gastarlo.
■ Un mínimo de cinco actividades básicas que ustedes desean que esta persona realice (qué comprar, adónde ir, qué comer/beber, qué ver, etc.)
■ Finalmente, informen detalladamente a la clase de sus planes y sus deseos. La clase votará por el mejor plan de vacaciones.

👥👤 **12-28 ¡Conserje olvidadizo!** En grupos de cuatro, representen la siguiente situación. Uno/a de ustedes es el/la conserje y los/las otros/otras tres son clientes del hotel. Hoy por la mañana, antes de salir, cada cliente le pidió un favor al/a la conserje. Al volver al hotel, pasan por la recepción para verificar si el/la conserje tiene sus pedidos. El/La conserje no recuerda qué pidió cada uno/a y hace preguntas para averiguarlo.

MODELOS: CONSERJE: ¿Son suyas las entradas para el teatro?
CLIENTE 1: No, no son mías. Las mías son entradas para la ópera.
CLIENTE 2: Sí, son mías.
CONSERJE: (*al Cliente 3*) ¿Las suyas son entradas para esta noche?
CLIENTE 3: No, las mías son para mañana por la noche.

Pedidos de clientes

Dos entradas para la ópera <u>Carmen</u> esta tarde, lunes 19/11, 18:30 hs.

Dos entradas para la ópera chilena <u>Amores de Cantina</u> de Juan Madrigán, jueves 22/11, 18:00 hs.

Dos entradas para <u>El hombre de la Mancha</u>, martes 20/11, 20:00 hs.

Dos entradas para <u>La vida es sueño</u>, sábado 25/11, 19:30 hs.

Dos entradas para el partido de fútbol norteamericano, miércoles 21/11, 11:00 hs.

Dos entradas para el partido de tenis entre Marcelo Ríos y Sampras, viernes 24/11, 10:00

 A LEER

12-29 Preparación. Marque con una X las oraciones que reflejan su opinión sobre los viajes. Luego compare sus respuestas con las de un/a compañero/a.

1. _____ Prefiero viajar por tierra porque los buses y los carros son más seguros.
2. _____ Me gusta hacer viajes por avión porque son más rápidos.
3. _____ Cuando tengo que viajar por avión, me siento nervioso/a porque pienso que el avión va a sufrir un accidente.
4. _____ Siempre al subir al avión, pienso que podemos chocar (*crash*) en el aire.
5. _____ Tan pronto como me siento en el avión quiero beber alcohol para relajarme.
6. _____ El estar encerrado en el avión me produce asfixia (*suffocation*).
7. _____ No como en el avión porque pienso que voy a atragantarme (*choke*).
8. _____ Creo que soy aviofóbico/a, es decir, tengo pánico a viajar por avión.

El cielo puede esperar

CÓMO PERDER EL MIEDO AL AVIÓN

Hay más probabilidades de que ganes la lotería dos semanas seguidas que de que se caiga un aeroplano. Según las estadísticas, en Estados Unidos, por cada víctima de accidente aéreo, mueren 210 conductores de autos, hay 110 asesinatos, 65 caídas fatales, 15 asfixiados por atragantarse y cuatro que mueren simplemente por caerles objetos encima cuando caminan por la calle.

Sin embargo, el avión es el medio de transporte que despierta mayor pánico entre los viajeros: uno de cada cuatro españoles experimenta esa alergia al vuelo; algunos superan sus problemas a base de coraje, tranquilizantes o alcohol, pero ésta no es una buena solución, como afirma Enrique Gil Nagel, psiquiatra y profesor del cursillo *Miedo a volar.*

Para los profesionales que deben viajar frecuentemente en avión, el asunto puede convertirse en algo muy serio: oportunidades de negocio perdidas, puestos de trabajo a los que no se puede aspirar sólo por el miedo a volar... Sacrificarse y viajar por aire a pesar de la fobia tampoco sirve de nada: el ejecutivo que llega a una reunión de trabajo con estrés, ansiedad y falta de concentración por culpa del calvario de un viaje por aire no responde satisfactoriamente y, en muchos casos, llega a la conclusión de que es mejor no hacerlo.

En España, desde hace cinco años, la empresa Grupo Especial Directivos de Iberia ofrece el seminario *Cómo perder el miedo al avión.* El cursillo propone que el miedo a volar puede superarse con información directa sobre la seguridad aérea, apoyo psicológico específico y experiencia real de vuelo en un ambiente adecuado.

Los aviofóbicos tienen dos miedos:
• Miedo técnico: piensan que el avión puede caerse, porque no son capaces de asimilar que vuele un artefacto como ése.
• Miedo psicológico: angustia ante la expectativa de estar encerrados en el aire.

Durante el seminario, Javier del Campo desmonta las teorías catastrofistas de los asistentes con argumentos técnicos, y explica exhaustivamente las severas pruebas de seguridad que pasan los aparatos y las frecuentes revisiones periódicas a que obliga la ley. "Todo está previsto en la aviación; por ejemplo, poca gente sabe que para probar la resistencia de los cristales se lanzan pollos con un cañón de artillería, de manera que chocan a unos 300 kilómetros por hora contra el avión, que es la velocidad a la que puede impactar un ave en vuelo real". Del Campo asegura que después de asistir al cursillo, los participantes no tienen la más mínima duda sobre la seguridad en los aviones: sólo les queda "la parte irracional del problema".

De esta materia se encarga el doctor Gil Nagel, quien trata cada caso individualmente, enseña técnicas de autocontrol, y vigila las reacciones emocionales de los asistentes para liberarlos del problema. Nagel utiliza también terapia de grupo y un método denominado *desensibilización sistemática,* que consiste en enfrentar al paciente con la causa de su miedo.

Tanto el comandante Del Campo como el doctor Nagel coinciden en que las personas con aviofobia generalmente son algo más inteligentes que la persona media, tratan siempre de tenerlo todo bajo control y son muy creativas.

Primera exploración. Según la lectura, ordene las siguientes causas de muerte de 1 a 5 (5 más significativo, 1 menos significativo), con relación al número de víctimas que ocasionan.

_____ accidentes automovilísticos
_____ asfixias
_____ accidentes de aviación
_____ caídas mortales
_____ asesinatos

■ Indique tres formas con las que los viajeros tratan de controlar la aviofobia antes de tomar el cursillo:

_____

■ Identifique tres efectos psicológicos que sufren los aviofóbicos:

_____

Segunda exploración. Explique las estrategias que se utilizan en el cursillo para ayudar a superar…

El miedo técnico:
El miedo psicológico:

12-31 Segunda mirada. ¿Qué palabras del texto están asociadas —en significado— con las siguientes?

1. aéreo: _____
2. muertos: _____
3. miedo: _____
4. chocar: _____

 A ESCRIBIR

12-32 Preparación. Su amigo, Sebastián, ganó un pasaje de ida y vuelta a San José, Costa Rica, en un concurso. Por ser aviofóbico, Sebastián le escribió a usted para pedirle consejos. Él quiere devolver el premio porque les tiene miedo a los aviones. Basándose en la información del artículo *El cielo puede esperar* —o en su conocimiento personal— escriba cinco datos factuales sobre la aviación que puedan ayudar a su amigo a cambiar de opinión.

12-33 Manos a la obra. Contéstele a Sebastián. Incluya los datos factuales de la actividad 12-32; además dele algunos consejos sobre lo que debe hacer para eliminar su fobia a volar.

EXPRESIONES ÚTILES

PARA DAR DATOS FACTUALES

Es evidente/un hecho que...
La evidencia demuestra que...
El... por ciento de...
Las estadísticas muestran que ...
No hay duda que...

PARA DAR CONSEJOS

Es importante/necesario/aconsejable que...
Te recomiendo/aconsejo que...
Debes...

12-34 Revisión. Su compañero/a editor/a le va a ayudar a expresar mejor sus ideas para que Sebastián supere (*overcome*) su fobia.

Vocabulario*

Medios de transporte

el auto(móvil)/coche/carro	car
el autobús/bus	bus
el avión	plane
el barco	ship/boat
el metro	subway
la moto(cicleta)	motorcycle
el tren	train

En el aeropuerto

la aduana	customs
la aerolínea	airline
el mostrador	counter
la puerta (de salida)	gate
la sala de espera	waiting room
el vuelo	flight

En un avión

el asiento	seat
de pasillo/ventanilla	aisle/window seat
la clase turista	tourist/economy class
la primera clase	first class
la ventanilla	window

El correo

el buzón	mailbox
la carta	letter
el paquete	package
el sello	stamp
el sobre	envelope
la tarjeta postal	post card

Personas

el/la agente de viajes	travel agent
el/la auxiliar de vuelo	flight attendant
el/la botones	bellhop
el/la cartero/a	letter carrier
el/la conserje	concierge
el/la empleado/a	employee
el/la huésped	guest
el/la inspector/a	customs inspector
de aduana	
el/la pasajero/a	passenger

Partes de un coche

la batería/el acumulador	battery
el capó	hood
el cinturón de seguridad	safety belt
el espejo retrovisor	rearview mirror
el limpiaparabrisas	windshield wiper
la llanta	tire
el maletero	trunk
el parabrisas	windshield
el parachoques	bumper
la placa	plates
el volante	steering wheel

Viajes

la agencia de viajes	travel agency
la autopista	freeway
el boleto/pasaje	ticket
la carretera	highway
el cheque de viajero	traveler's check
el crucero	cruise
el destino	destination
el equipaje	luggage
el ferrocarril	railroad
la hora de llegada/salida	arrival/departure time
la lista de espera	waiting list
la maleta	suitcase
el maletín	briefcase
el pasaporte	passport
la reservación	reservation
la tarjeta de embarque	boarding pass
la velocidad	speed

En el hotel

la caja fuerte	safe box
la habitación doble/	double/single room
sencilla	
la llave	key
la recepción	front desk

Lugares

la cuadra	city block
la esquina	corner

Descripciones

disponible	*available*
lleno/a	*full*
vacío/a	*empty*

Verbos

cancelar	*to cancel*
doblar	*to turn*
facturar	*to check (luggage)*
guardar	*to keep*
manejar	*to drive*
perderse (ie)	*to get lost*
reservar	*to make a reservation*
revisar	*to inspect*
viajar	*to travel*
volar (ue)	*to fly*

Palabras y expresiones útiles

a la izquierda/derecha	*to the left/right*
a sus órdenes	*at your service*
de ida y vuelta	*round trip*
hacer cola	*to stand in line*
hacer escala	*to make a stopover*
seguir (i) derecho	*to go straight ahead*
una vez	*once*

For a list of affirmative and negative expressions, see page 404. For a list of stressed possessive adjectives and pronouns, see page 411.

La música y el baile

Para pensar

¿Cuál es su música favorita? ¿Qué tipo de música puede Ud. escuchar en la radio? ¿Hay algún tipo de música que sea típicamente estadounidense? ¿Cuál es?

A los hispanos les gusta mucho la música y el baile. En la gran mayoría de las reuniones familiares y fiestas, la gente baila, canta, toca algún instrumento musical y, en general, se divierte mucho. La música hispana contemporánea es muy variada y refleja la diversidad étnica de los diferentes países. En algunos, especialmente aquellos con una población indígena significativa (México, Guatemala, Perú, Bolivia, Ecuador), se escucha la música indígena que generalmente se caracteriza por ser triste y melancólica, aunque también, a veces, puede ser rápida y alegre. Un ejemplo de esta música indígena es el huayno. En todos los países hispanos se escucha y se baila la música de origen africano que se caracteriza por ser rápida, alegre y vibrante. La cumbia, el merengue, la salsa, la rumba son ejemplos de esta música tan popular. También hay algunos tipos de música y bailes que aunque se conocen en todas partes, son típicos de ciertos países. Algunos ejemplos son la marinera del Perú, el tango de Argentina, la cueca de Chile, el joropo de Venezuela, las sevillanas y el flamenco de España, y el tamborito y el punto de Panamá. Finalmente, debido a la influencia de la música europea, se han desarrollado variaciones regionales del vals y la polca; asimismo, debido a la influencia de los Estados Unidos en los países hispanos también se escucha y se baila el rock y el jazz. Si quiere aprender algo sobre la música en los países hispanos, puede visitar: *www.prenhall.com/mosaicos*.

Hay muchísimos cantantes famosos en el mundo hispano: Celia Cruz (de Cuba), llamada la reina de la salsa, Talía (de Méjico), Carlos Vives (de Colombia), Enrique Iglesias (de España), José Luis Rodríguez (de Venezuela), Rubén Blades (de Panamá), Gloria Estefan de Cuba y los Estados Unidos son sólo algunos ejemplos.

Para contestar

A. La música hispana. Con su compañero/a, conteste las siguientes preguntas:

1. ¿Por qué se dice que la música hispana contemporánea es muy variada? Explique.
2. Cada país tiene su música típica. Mencione la música típica de Chile, Venezuela y Panamá.
3. ¿Cuáles son algunos cantantes hispanos famosos? Indique su país de origen.

B. Riqueza cultural. En grupos de tres, comparen los diferentes tipos de música que escuchan en su país con la música que escucha un hispano. ¿Escuchan ustedes música hispana? ¿En qué ocasiones?

The *Enfoque cultural* is available in an interactive online format at *www.prenhall.com/mosaicos*

Para investigar en la WWW

1. Busque información acerca de dos conjuntos panameños de música popular y dos conjuntos hispanos de música folclórica de otros países centroamericanos. Para cada conjunto, diga qué tipo de música toca, qué instrumentos usa, cómo se llama el conjunto, etc. Traiga esta información a clase para hacer una presentación de lo que averiguó y diga qué conjunto le gusta más y por qué. Si puede, traiga una grabación.

2. Busque información acerca de diferentes discotecas y lugares donde se puede ir a escuchar música o a bailar en Costa Rica. Diga a qué hora abren, cuál es el precio de la entrada, qué tipo de música tocan, etc. Escoja los dos lugares que le gusten más y justifique su elección. Si puede, traiga una copia de los anuncios.

Panamá

Ciudades importantes y lugares de interés: La Ciudad de Panamá, la capital, tiene una población de aproximadamente 800.000 habitantes y es el principal centro de comercio del país. Hay muchos sitios de interés en la zona conocida como el Casco Viejo, entre ellos el Museo de Arte Colonial Religioso, el Museo de la Nacionalidad y el Paseo Las Bóvedas. Siempre hay algo que hacer para divertirse en la ciudad de Panamá, ya sea ir al festival de

Bailes panameños con la típica pollera.

jazz, a los desfiles de automóviles clásicos, a las exposiciones de arte, a las competencias deportivas, etc. Además de los Carnavales de Panamá, que son muy divertidos, se celebra también el Carnavalito el primer fin de semana de la Cuaresma. Cerca de la Ciudad de Panamá se encuentra el famoso Canal de Panamá que conecta el Océano Pacífico con el Mar Caribe.

La pollera es el traje típico de la mujer panameña, y en Las Tablas, al sur de Panamá, todos los años se celebra la Fiesta de la Pollera, donde se pueden apreciar bailes regionales tradicionales como la Danza de los Toros, la Danza de los Diablos y la Danza de Guapos. El folclore panameño es muy rico e interesante.

Además de estos lugares, Panamá tiene hermosas islas como Isla Grande, Isla Taboga, y las Islas San Blas. Estas últimas forman un archipiélago de muchas islitas y cayos entre el Canal y Colombia. Allí viven los indios kunas, quienes mantienen sus artesanías tradicionales, como las molas, en las cuales combinan telas de diferentes colores que forman unos diseños muy bellos. En las islas panameñas se puede nadar, practicar surfing y disfrutar enormemente. Si desea saber más sobre Panamá, visite *www.prenhall.com/mosaicos.*

Expresiones panameñas:

desorejado/a	Es una desorejada.	*She is tone deaf.*
embolatar	Él la embolató y no se casó con ella.	*He lied and made false promises and did not marry her.*
pachocha	¡Apúrense! ¡Ustedes tienen una pachocha!	*Hurry up! You are so slow!*

Costa Rica

Ciudades importantes y lugares de interés: Costa Rica es un país ideal no sólo para hacer ecoturismo, sino también para practicar deportes como el windsurfing, el ciclismo, la tabla hawaiana, etc. Una interesante ciudad de Costa Rica es San José, la capital, que tiene más de 300.000 habitantes. En San José se puede ir a teatros como el Teatro Nacional, museos como el Museo de Jade y el Museo de Oro, parques como el Parque de España y el Parque Nacional de Diversiones, y también a muchísimas discotecas y lugares para bailar música popular, música americana y música típica de diferentes países hispanos. La música y el baile son muy importantes para los 'ticos'

(nombre con el que se conoce a los costarricenses) y reflejan la influencia africana y española. Todas las noches, y en especial los fines de semana, las discotecas se llenan de personas que bailan al ritmo de la cumbia, salsa, merengue, etc. La marimba y la guitarra son instrumentos importantes en la música costarricense. La guitarra se usa especialmente en las danzas típicas como el Punto Guanacasteco, el baile nacional. Además de las discotecas, Costa Rica tiene muchas peñas, donde se reúnen personas de diferentes países a tomar vino y cantar.

No muy lejos de San José están el volcán Irazú, cuya última erupción fue en 1965, y el pueblito de Sarchí, famoso por sus carteras de cuero y sus hermosas carretas pintadas de brillantes colores. Si desea saber más sobre Costa Rica, visite *www.prenhall.com/mosaicos*.

Un bosque tropical.

Expresiones costarricenses:

upe	¡Upe!	(type of greeting)
chunche	Pásame ese chunche.	*Give me that thing.*
maje	Él es un maje.	*He's a fool.*
paltó	No tengo paltó.	*I don't have a jacket.*
fajarse	Me fajé, pero terminé el trabajo.	*I put a lot of effort, but finished the job.*

427

ENFOQUE INTERACTIVO

  A MIRAR EL VIDEO 5:00

Watch the *Fortunas* video segment for *Lección 12* in class or on your CD-ROM. What do you think about the current relationship between Katie and Carlos? Are there any contestants left whom you can trust?

Now complete the accompanying video activities on the CD-ROM. This is your chance to interact with the video characters! **25:00**

¿Puedes creerlo?

El concurso

In this episode of *Fortunas* we see another *misterio* solved, a *fortuna* claimed, and the announcement of an unexpected alliance. There's something about Katie that makes people like and trust her. But how long will the others trust her? It has cost them a lot of points so far. Keep watching as events unfold and our four contestants attempt to solve the remaining two *misterios* and find the last hidden *fortuna*.

 LA BÚSQUEDA 5:00

Did you solve *Misterio N° 5* easily? For most people, the deciding *pistas* were "*residencia presidencial*" and "*enseñanza militar.*" Those two clues pointed most specifically to *El Castillo de Chapultepec* (Chapultepec Castle), built on a sacred Aztec mound. Have you solved all the puzzles without any alliances with your classmates? Go to the *Mosaicos Website* and click on the *Fortunas* module to investigate the solution to *Misterio N° 5*.

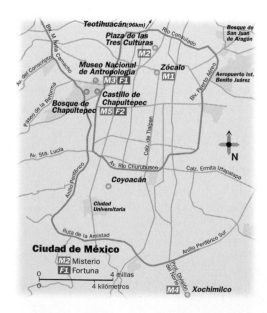

¿QUÉ OPINA USTED? 10:00

It's anyone's guess as to who will win this episode's viewer poll. Do you reward Katie for her cunning, or perhaps Sabrina for her honesty? Maybe a sympathy vote for poor Efraín. Your vote counts, so please go to the *Fortunas* module and click on *¿Qué opina usted?* to answer this episode's question.

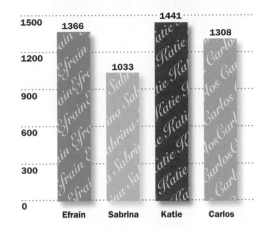

PARA NAVEGAR 10:00

EL BAILE

Cada cultura tiene su ritmo, y con ese ritmo van una música y una forma de bailar. Los ritmos predominantes en el Caribe y en Centroamérica son la salsa y el merengue. En países como Panamá y Costa Rica, los bailes que acompañan a estos ritmos musicales son enérgicos y llenos de expresión. Muchos de estos bailes tienen ciertos pasos básicos, pero permiten la libre interpretación y experimentación. Sobre todo, estos bailes son expresiones musicales para gente de todas las edades.

El baile

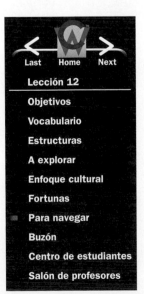

Go to the *Mosaicos Website* and click on the *Para navegar* module to explore links to information on Panamá and Costa Rica, and Latin music. Find out how these distinctive sounds and beats made their way to this part of the world. Explore the links and then complete the related cultural activities.

Lección 13

Los hispanos en los Estados Unidos

COMUNICACIÓN

- ✖ Stating facts in the present and in the past
- ✖ Giving opinions
- ✖ Describing states and conditions
- ✖ Talking about the past from a present-time perspective
- ✖ Hypothesizing about the future

ESTRUCTURAS

- ✖ The conditional
- ✖ The past participle and the present perfect
- ✖ Past participles used as adjectives
- ✖ Reciprocal verbs and pronouns

MOSAICOS

A ESCUCHAR

A CONVERSAR

A LEER

- ✖ Identifying the main topic of a text and writing a title

A ESCRIBIR

- ✖ Reporting biographical information
- ✖ Writing to spark interest

ENFOQUE CULTURAL

- ✖ La inmigración
- ✖ Puerto Rico

ENFOQUE INTERACTIVO

 WWW   VIDEO   CD ROM

Caras de hoy

**Practice activities for
each vocabulary section
are provided on the
CD-ROM and website
(www.prenhall.
com/mosaicos)**

María Echaveste, hija de
emigrantes mexicanos,
nació en Texas en 1954 y se
crió en California, donde
ayudaba a sus padres y
hermanos en los trabajos
del campo. Su decisión de
estudiar en la universidad
no fue aceptada fácilmente
por su familia. Entre otros
cargos, ha sido directora del
Departamento de Trabajo y
ayudante personal del
presidente Clinton.

Ricky Martin es de Puerto Rico.
A pesar de su juventud, es una
de las figuras más importantes
de la música latina en los
Estados Unidos. Tuvo mucho
éxito por su espectacular
actuación en la ceremonia de los
premios Grammy 1999, y desde
entonces ha vendido más de
ocho millones de discos de *Ricky
Martin*, su primer trabajo en
inglés. Ha salido en las portadas
de *Time* y de *Rolling Stones*, y
según la revista *People*, es
actualmente uno de los hombres
más atractivos del mundo del
espectáculo.

Orlando Hernández, el Duque, se ha convertido en poco tiempo en uno de los lanzadores más conocidos de las Grandes Ligas. Escapó de Cuba en diciembre de 1997 y, al poco tiempo, empezó a lanzar para los Yankees de Nueva York. Con este equipo participó en las Series Mundiales de los años 1999 y 2000.

Julia Álvarez, dominicana, una de las escritoras hispanas más conocidas en Estados Unidos, cuya obra ha sido traducida a nueve idiomas. En la novela que la lanzó a la fama, *How the Garcia girls lost their accent* (1991), cuenta el difícil proceso de adaptación de tres hermanas dominicanas que llegan a Nueva York en 1960. Otras de sus obras más famosas son *In the Time of the Butterflies* (1994) y *¡Yo!* (1997). En su última obra de ficción histórica, *In the name of Salomé* (2000), presenta las vidas de Salomé Ureña, una mujer de gran personalidad convertida en icono nacional de la República Dominicana a la edad de 17 años, y de su hija Camila.

Detrás de Starmedia.com, el portal de la Internet en español de más éxito, está Fernando Espuelas, su fundador y jefe ejecutivo. A este inquieto uruguayo se le ocurrió la idea de crear Starmedia cuando era uno de los más jóvenes directivos de AT&T. En sólo tres años ya ha abierto oficinas en 18 países.

¿Qué dice usted?

👥 **13-1 Una nueva generación. Primera fase.** Con su compañero/a, llene la tabla con la información que obtuvieron sobre ciertos hispanos prominentes.

NOMBRE	PROFESIÓN	LUGAR DE ORIGEN	DATOS INTERESANTES
		Puerto Rico	actuó en los Grammy
		República Dominicana	su obra ha sido traducida a nueve idiomas
Orlando Hernández			lo llaman El Duque
María Echaveste		Texas	
	ejecutivo		

👥 **Segunda fase.** Comparen su tabla con la de otra pareja y entre todos hagan una lista de otros hispanos famosos que viven en Estados Unidos. Pueden pensar en la política, la ciencia, el cine, la música, etc. Incluyan detalles sobre su carrera y su origen.

Centros hispanos

Miami, conocida como la capital del sol, es más que un centro turístico. Hoy en día, Miami es un importante centro de comercio internacional, con un gran movimiento de mercancías y servicios, especialmente hacia y desde Hispanoamérica. Más de la mitad de su población es de origen hispano y está representada por cubanos, nicaragüenses, venezolanos, colombianos y personas de otros países donde se habla español. Esta gran variedad cultural se observa en la vida diaria de la ciudad y en los festivales que se organizan, como el festival de la Calle Ocho, que tienen gran influencia del Caribe y del resto de la América hispana.

Se dice que Nueva York es la ciudad puertorriqueña más grande del mundo. Más de dos millones de puertorriqueños viven en Nueva York, una población mucho mayor que la de San Juan. Con sus propios negocios, periódicos, representantes políticos, estaciones de radio y su propio desfile anual, los "neoyoricans", como se les conoce, han alcanzado hoy en día una gran influencia en esta ciudad.

Los primeros pobladores de Los Ángeles fueron once familias, procedentes de México, que fundaron en 1781 El Pueblo de Nuestra Señora la Reina de los Ángeles de Porciúncula en lo que hoy es la Placita de la Calle Olvera. Con el tiempo, el nombre se acortó a El Pueblo y después a Los Ángeles. En la actualidad, con la excepción de la Ciudad de México, el área metropolitana de Los Ángeles tiene más mexicanos o descendientes de mexicanos que cualquier otra área metropolitana del mundo.

¿Qué dice usted?

CONCENTRACIÓN DE HISPANOHABLANTES EN LOS ESTADOS UNIDOS

■ Más de 1 millón de hispanos
■ Más de 250 mil hispanos
□ Más de 100 mil hispanos
□ Menos de 100 mil hispanos

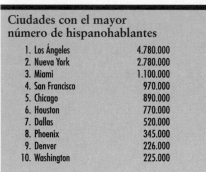

Ciudades con el mayor número de hispanohablantes

	Ciudad	Población
1.	Los Ángeles	4.780.000
2.	Nueva York	2.780.000
3.	Miami	1.100.000
4.	San Francisco	970.000
5.	Chicago	890.000
6.	Houston	770.000
7.	Dallas	520.000
8.	Phoenix	345.000
9.	Denver	226.000
10.	Washington	225.000

Origen de los inmigrantes

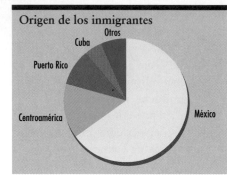

Otros, Cuba, Puerto Rico, Centroamérica, México

A INVESTIGAR

Escoja uno de los centros hispanos presentados (Nueva York, Miami o Los Ángeles). Busque información en la Internet sobre una de las ciudades según los puntos detallados en 13-3. Prepárese para hacer la actividad 13-3 en clase.

13-2 ¿Dónde viven? Uno/a de ustedes es un/a periodista que busca datos de la población hispana en los Estados Unidos. El/La otro/a trabaja en el Departamento del Censo y le puede dar los datos que usted necesita. Consulten la información que se presenta.

MODELO: E1: ¿Me puede decir cuáles son los estados con más de un millón de hispanos?

E2: Sí, son California, Texas, Florida, Illinois y Nueva York.

1. ciudades con mayor número de hispanos
2. país de origen de la mayoría de hispanos
3. origen de los inmigrantes hispanos
4. estados con más de 250.000 hispanos
5. …

13-3 Ciudades hispanas. Con un/a compañero/a usen la información que obtuvieron en la Internet para preparar un breve informe que cubra los siguientes puntos:

1. Características y composición demográfica de la ciudad escogida (Los Ángeles, Miami o Nueva York).
2. Indicadores de la influencia hispana en esa ciudad
3. Origen de la mayoría de la población hispana de la ciudad
4. Un lugar o una actividad popular de la ciudad

13-4 El español es una ventaja. Primera fase. Con un/a compañero/a hagan una lista de cinco carreras que impliquen una interacción con la población hispana. Luego comparen su lista con la de otra pareja.

Segunda fase. Comenten lo siguiente:

- en qué áreas geográficas de los Estados Unidos se pueden conseguir estos trabajos con más facilidad
- en qué contextos/situaciones será una ventaja saber leer, hablar y escribir en español

13-5 Publicaciones en español. Busque una revista o un periódico en español, escoja un artículo, y tráigalo a la clase para compartirlo y comentarlo con otros/as compañeros/as.

 ## A ESCUCHAR

Un hombre de negocios español. You will hear a Spaniard talking about himself, his family, and his work. Complete the following statements by marking the appropriate answers.

1. Además de español, Juan Sanz habla…

_____ catalán   _____ japonés   _____ francés   _____ inglés
_____ ruso   _____ italiano   _____ portugués   _____ alemán

2. Juan Sanz estudió en la Universidad de…

_____ Maryland
_____ Barcelona
_____ las Américas

3. Él cree que pudo obtener puestos importantes rápidamente porque…

_____ habla varias lenguas
_____ estudió mucho
_____ conoce muchos países

4. Los equipos que vende su compañía cuestan alrededor de…

_____ 100.000 dólares
_____ 500.000 dólares
_____ 1.500.000 dólares

5. Según Juan Sanz, una compañía puede dar mejor servicio cuando…

_____ llama a los clientes con frecuencia
_____ sus productos tienen buen precio
_____ habla la lengua del cliente

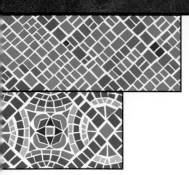

Explicación y expansión

1. The conditional

In **Lección 6,** you began to use the expression **me gustaría…** to express what you would like. **Gustaría** is a form of the conditional. The conditional is easy to recognize. It is formed by adding the endings **-ía, -ías, -ía, -íamos, -íais, -ían** to the infinitive.

CONDITIONAL			
	HABLAR	COMER	VIVIR
yo	hablaría	comería	viviría
tú	hablarías	comerías	vivirías
Ud., él, ella	hablaría	comería	viviría
nosotros/as	hablaríamos	comeríamos	viviríamos
vosotros/as	hablaríais	comeríais	viviríais
Uds., ellos/as	hablarían	comerían	vivirían

- Verbs that have an irregular stem in the future have that same stem in the conditional.

IRREGULAR CONDITIONAL VERBS		
INFINITIVE	NEW STEM	CONDITIONAL FORMS
haber	**habr-**	habría, habrías, habría…
poder	**podr-**	podría, podrías, podría…
querer	**querr-**	querría, querrías, querría…
saber	**sabr-**	sabría, sabrías, sabría…
poner	**pondr-**	pondría, pondrías, pondría…
tener	**tendr-**	tendría, tendrías, tendría…
salir	**saldr-**	saldría, saldrías, saldría…
venir	**vendr-**	vendría, vendrías, vendría…
decir	**dir-**	diría, dirías, diría…
hacer	**har-**	haría, harías, haría…

- The use of the conditional in Spanish is similar to the use of the construction *would + verb* in English when hypothesizing about a situation that does not form part of the speaker's reality.

Yo **saldría** temprano para el concierto.	*I would leave early for the concert.*

When English *would* implies *used to*, the imperfect is used.

Cuando era chica, **salía** temprano para la escuela.	*When I was young, I would (used to) leave early for school.*

- Spanish also uses the conditional to express probability in the past.

Estaba tomando café. **Serían** las diez de la mañana.	*I was having coffee. It was probably ten in the morning.*

¿Qué dice usted?

👥 **13-6 La lotería. Primera fase.** Su compañero/a y usted ganaron la lotería anoche. Digan lo que harían ustedes con todo ese dinero.

ESTUDIANTE 1	ESTUDIANTE 2
1. invitar a mis amigos a un viaje	1. visitar todos los países hispanos
2. ir a los mejores hoteles	2. viajar en primera clase
3. comprar un carro muy elegante	3. guardar parte del dinero en el banco
4. tener ropa muy cara	4. comprar una casa en el Viejo San Juan
5. …	5. …

Segunda fase. Como ustedes tienen tanto dinero, decidieron crear una fundación para promover la comprensión y unión entre los países hispanos y los Estados Unidos. Digan qué harían ustedes en las siguientes áreas y por qué. Después intercambien ideas con otra pareja.

educación   negocios   comercio

👥 **13-7 ¿Qué harían ustedes?** Su compañero/a y usted deben decir qué harían en las siguientes situaciones. Después deben comparar sus respuestas con las de otros estudiantes.

1. Usted va a entrar en un banco y ve que dentro hay un ladrón (*thief*).
2. Usted pudo conseguir las dos últimas entradas para un concierto de Mark Anthony e invitó a un cliente importante, y ahora no encuentra las entradas.
3. Usted estaba esperando un ascenso (*promotion*) en su trabajo, pero le dieron el puesto a una persona amiga del jefe.
4. Usted descubre sin querer que su mejor amigo/a toma drogas.

👥 **13-8 ¿Qué pasaría?** Con su compañero/a, trate de buscar una explicación posible para todo lo que le pasó ayer a Miguel.

MODELO: Miguel salió de su casa un poco tarde.
Tendría mucho que hacer en la casa. / Se despertaría tarde.

1. Miguel fue al aeropuerto a buscar a un amigo puertorriqueño, pero no lo encontró.

2. Cuando llegó adonde estaba su auto, no encontró un suéter nuevo que estaba sobre el asiento.

3. Un policía se acercó al auto y le puso una multa (*ticket*).

4. Cuando Miguel llegó a su casa, había un mensaje de su amigo puertorriqueño en el contestador automático.

5. Después que oyó el mensaje, encendió su computadora y no pudo ver nada en la pantalla (*screen*).

👥 **13-9 ¡Agenda presidencial!** Usted es uno/a de los/as candidatos/as a la presidencia de su país. Prepare una lista de lo que usted haría como presidente/a del país en las áreas de inmigración, empleo y salud. Justifique su agenda política. Luego, compare su lista y sus justificaciones con las de su compañero/a. ¿Son realistas o utópicas sus propuestas?

SITUACIONES

Rol A. Usted necesita un consejo y habla con su mejor amigo/a. Explíquele a) que usted conoció a un/a chico/a hispano/a, b) que tiene interés en conocerlo/la mejor, y c) que quiere saber más de su país, pero no quiere parecer demasiado interesado/a. Después, conteste las preguntas de su compañero/a y pregúntele qué haría él/ella en su lugar. Dele las gracias y dígale que lo/la mantendrá informado/a.

Rol B. Usted le quiere dar un buen consejo a su amigo/a, pero necesita más información sobre el caso. Pregúntele a) de dónde es el/la chico/a, b) qué hace en este país, y c) cuándo lo/la conoció. Dígale a su amigo/a lo que usted haría (tener una pequeña reunión en su casa e invitarlo/la; decirle que tiene que escribir un proyecto sobre su país y hacerle preguntas, etc.).

2. The past participle and the present perfect

■ Both Spanish and English have perfect tenses that are used to refer to past actions/events/conditions. Both languages use an auxiliary verb (**haber** in Spanish, *to have* in English) and a past participle. In English, past participles are often formed with the endings *-ed* and *-en*, for example *finished, eaten*. You will learn more about Spanish past participles below.

■ All past participles of **-ar** verbs end in **-ado** while past participles of **-er** and **-ir** verbs generally end in **-ido**. If the stem of an **-er** or **-ir** verb ends in a vowel, use a written accent on the **i** of **-ido** (leer → leído).

PRESENT TENSE HABER	+	PAST PARTICIPLE
yo he		
tú has		
Ud., él, ella ha		hablado
nosotros/as hemos		comido
vosotros/as habéis		vivido
Uds., ellos/as han		

■ Form the present perfect of the indicative by using the present tense of **haber** as an auxiliary verb with the past participle of the main verb. **Tener** is never used as the auxiliary verb to form the perfect tense.

Han trabajado mucho para comprar la casa.	*They have worked a lot to buy the house.*
Algunos músicos hispanos **han obtenido** muchos premios.	*Some Hispanic musicians have gotten many awards.*

■ Use the present perfect to refer to a past event, action, or condition that has some relation to the present.

Victoria, ¿ya **has comido**?	*Victoria, have you eaten yet?*
No, no **he comido** todavía.	*No, I haven't eaten yet.*

■ Place object and reflexive pronouns before the auxiliary **haber**. Do not place any word between **haber** and the past participle.

¿**Le** has dado el libro de Julia Álvarez?	*Have you given her Julia Alvarez' book?*
No, todavía no **se lo** he dado.	*No, I haven't given it to her yet.*

- Some **-er** and **-ir** verbs have irregular past participles. Here are some of the more common ones:

IRREGULAR PAST PARTICIPLES			
hacer	**hecho**	abrir	**abierto**
poner	**puesto**	escribir	**escrito**
romper	**roto**	cubrir	**cubierto**
ver	**visto**	decir	**dicho**
volver	**vuelto**	morir	**muerto**

- The present perfect of **hay** is **ha habido**.

> **Ha habido** más trabajo últimamente.   *There has been more work lately.*

- Use the present tense of **acabar + de** + *infinitive*, not the present perfect, to state that something has just happened.

> **Acabo de oír** las noticias.   *I have just heard the news.*

¿Qué dice usted?

👤👤 **13-10 Lo que no he hecho.** Usted y su compañero/a deben decir las cosas que no han hecho de cada lista. Después, comparen sus respuestas con las de otros estudiantes.

1. Yo nunca he estado en…
   a. Nueva York
   b. Los Ángeles
   c. Miami

2. Yo nunca he ido a…
   a. la Serie Mundial
   b. a un concierto de Ricky Martin
   c. un partido de béisbol

3. Yo nunca he corrido en…
   a. las Olimpiadas
   b. el estadio de la universidad
   c. una carrera

4. Yo nunca he escrito…
   a. una novela
   b. una carta de negocios
   c. un poema

5. Yo nunca he roto…
   a. un plato
   b. un vaso
   c. un disco

6. Yo nunca he dicho…
   a. una mala palabra
   b. una mentira (*lie*)
   c. palabras en chino

👥 **13-11 Confesiones.** Túrnese con su compañero/a para decir si ha hecho o no las siguientes cosas. Su compañero/a no le va a creer y le va a pedir detalles.

MODELO: conocer a Julia Álvarez
         E1: Yo he conocido a Julia Álvarez.
         E2: ¡Vamos! Tú no has conocido a Julia Álvarez.
         E1: Yo sí la he conocido.
         E2: …

1. ver el Desfile de las Rosas en Pasadena
2. escuchar a Ricky Martin en persona
3. hablar mal de mis amigos
4. visitar muchos países hispanos
5. caerse por las escaleras
6. …

LENGUA

Spanish speakers add **sí** when they wish to emphasize a verbal expression: **Yo sí conozco/conocí/he conocido a Julio Iglesias.**

👥 **13-12 Un/a hispano/a famoso/a.** Piensen en un/a hispano/a famoso/a y preparen una lista de cinco cosas que ustedes creen que ha hecho o no esta persona para tener éxito. Después comparen su lista con la de otra pareja y háganse preguntas.

MODELO: Sergio García es un excelente jugador de golf.
         Ha practicado por muchos años.

👥 **13-13 Preparaciones para un viaje a California.** Usted y su compañero/a van a hacer un viaje a California para observar de cerca la influencia hispana en ese estado. Háganse preguntas para ver qué preparativos ha hecho cada uno/a para el viaje.

MODELO: pedir información a la Cámara de Comercio
         E1: ¿Has pedido información a la Cámara de Comercio?
         E2: No, no la he pedido todavía. *o* Sí, ya la pedí.

1. llamar a la línea aérea
2. ir a la agencia de viajes
3. hacer las reservaciones
4. leer sobre las misiones
5. buscar hoteles en la Internet
6. obtener mapas para ir a Santa Bárbara

👥 **13-14 Justo ahora.** Con su compañero/a, digan qué acaban de hacer estas personas. Den la mayor información posible.

MODELO: Juan y Ramiro salen del estadio.
         Acaban de ver un partido de béisbol muy importante.
         Fueron a ver a Alex Rodríguez porque es su jugador favorito.

1. Maricarmen y sus amigos salen de un concierto.
2. Pedro y Alina salen del cajero automático de un banco.
3. Mercedes y Paula traen palomitas de maíz (*pop corn*) para todo el grupo.
4. Un hombre pasa corriendo por donde está el grupo de amigos.
5. Jorge y Rubén salen de una joyería (*jewelry store*).
6. Frente a todos sus amigos, Rubén le da una sorpresa a su novia.

 **13-15 Las contribuciones de los hispanos.** Con su compañero/a, escoja un área: negocios, arquitectura, música, arte, moda, ciencia, etc., y preparen juntos una breve presentación oral explicando cómo han contribuido los hispanos a la sociedad de este país. Den ejemplos concretos.

13-16 La diversidad. Primera fase. Con su compañero/a, prepare una lista de tres problemas que existen en una comunidad étnica de este país.

Segunda fase. Ahora, comenten qué se ha hecho ya para superar estos problemas. Luego preparen otra lista de cosas que no se han hecho, pero que, según ustedes, deben hacerse. Compartan su lista con la clase.

SITUACIONES

1. Uno/a de ustedes es un/a periodista y el otro/a es un/a famoso/a novelista hispano/a que vive en los Estados Unidos. El/La reportero/a desea saber: a) número de novelas que ha escrito, b) sus fechas de publicación, c) tiempo de residencia en los Estados Unidos, d) premios que ha recibido, e) cuál es su novela favorita, y f) por qué.

2. Escoja una de las personas que aparecen al comienzo de esta lección sin decirle el nombre a su compañero/a. Su compañero/a debe escoger otra. Haga preguntas para averiguar a quién ha escogido su compañero/a. Después, cada uno/a debe decir qué ha hecho esta persona para tener éxito.

---

3. Past participles used as adjectives

■ When a past participle is used as an adjective, it agrees with the noun it modifies.

un cantante **conocido**	*a well known singer*
una puerta **cerrada**	*a closed door*
los libros **abiertos**	*the open books*
unas películas **alquiladas**	*some rented films*

■ Spanish uses **estar** + *past participle* to express a state or condition resulting from a prior action.

ACTION	RESULT
Ella terminó el trabajo.	El trabajo **está terminado**.
Magdalena se sentó.	Magdalena **está sentada**.
Reservaron las habitaciones.	Las habitaciones **están reservadas**.

¿Qué dice usted?

13-17 ¿Un robo o un cuarto desordenado? Su compañero/a y usted entraron en su cuarto y vieron que estaba muy desordenado y que faltaban algunas cosas. Cada uno/a debe describirle a la policía del campus lo que vio.

MODELO: puerta del armario / abierto
            La puerta del armario (no) estaba abierta.

ESTUDIANTE 1
1. el espejo del armario / roto
2. la cama / tendido
3. los libros de las clases / abierto
4. la computadora/cubierto

ESTUDIANTE 2
la ropa / colgado
el televisor / encendido
las ventanas / cerrado
la lámpara/roto

13-18 Una noche muy especial. Con su compañero/a, lea el siguiente párrafo usando la forma correcta del participio pasado de los verbos entre paréntesis.

Rosalía del Corral entró en el teatro, caminó por el pasillo y se sentó. Su mejor amiga estaba (1) _____ (sentar) a su lado. Era una noche muy especial porque iban a anunciar qué actores hispanos eran los ganadores del premio de excelencia por su actuación y todos estaban muy (2) _____ (emocionar). El presentador habló unos minutos sobre la importancia del acto, la orquesta tocó algunas canciones (3) _____ (conocer) y otras personas hablaron hasta que llegó el momento (4) _____ (esperar). Una chica le entregó dos sobres (5) _____ (cerrar) al presentador. Éste abrió el primero y con el sobre (6) _____ (abrir) en la mano, dijo el nombre de la ganadora. Rosalía no podía creerlo. Sólo repetía en su mente : ¡He (7) _____ (ganar)! ¡He (8) _____ (recibir) el premio! Sin saber cómo, se levantó del asiento para ir al escenario. Se sentía muy (9) _____ (confundir), y en ese mismo momento se despertó y vio que estaba (10) _____ (acostar) en su cuarto. ¡Todo era un sueño!

Rol A. Usted vive en la Pequeña Habana, una zona de Miami donde un huracán causó graves daños (*damages*). En estos momentos usted está en un refugio de la Cruz Roja y un/a reportero/a lo/la va a entrevistar. Conteste sus preguntas y después averigüe a) cuándo van a tener electricidad y b) cuándo podrá volver a su casa.

Rol B. Usted es un/a reportero/a de *El Nuevo Herald*, un periódico de Miami, y va a entrevistar a una de las personas que se encuentran en un refugio debido al huracán que afectó la zona. Pregúntele sobre a) su llegada al refugio (hora, medio de transporte), b) por qué abandonó su casa, c) si hay otros familiares y vecinos en el refugio, y d) pídale que describa el estado en que estaba su vecindario. Después conteste sus preguntas de acuerdo con la información que tienen en el periódico.

4. Reciprocal verbs and pronouns

Están enamorados y se quieren mucho.

Se besan y se abrazan.

Se llevan muy mal.

No se comunican ni por teléfono.

Se odian y se pelean todo el tiempo.

■ Use the plural reflexive pronouns (**nos, os, se**) to express reciprocal actions. In English, reciprocal actions are usually expressed with *each other* or *one another*.

Muchos hispanos **se abrazan** cuando **se saludan**.	*Many Hispanics embrace when they greet each other.*
Nosotros **nos vemos** todas las semanas.	*We see each other every week.*
En mi familia **nos llevamos** muy bien.	*In our family we get along very well.*

¿Qué dice usted?

👥👤 **13-19 ¿Qué hacen los buenos amigos? Primera fase.** En pequeños grupos hagan una lista de las actitudes que ustedes consideran importantes para mantener una buena amistad. Escojan las cuatro más importantes. Si consideran que hay otras actitudes que no han sido escogidas, incorpórenlas en su lista. Comparen su lista con la de otros grupos.

👤👤 **Segunda fase.** Decida si los buenos amigos hacen o no hacen estas cosas, y bajo qué circunstancias. Después, comparta sus ideas con su compañero/a.

MODELO: mandarse mensajes electrónicos
      E1: (Yo creo que) los buenos amigos se mandan mensajes electrónicos si viven lejos.
      E2: Yo también, pero creo que no se mandan muchos mensajes si se ven frecuentemente.

1. llamarse todos los días
2. comprenderse
3. ayudarse cuando tienen problemas
4. insultarse y pelearse
5. regalarse cosas
6. darse consejos cuando los necesitan
7. quererse
8. criticarse continuamente

13-20 Consejos. Con su compañero/a, identifiquen el/los problema(s) de las siguientes personas. Luego, búsquenles una solución.

1. Rafael y Josefina son novios pero no se ven con mucha frecuencia. Él vive en Monterrey, México y ella vive en Los Ángeles.
2. Catalina y Raquel son compañeras de cuarto. A veces cuando Catalina quiere estudiar, llega al cuarto y encuentra que Raquel está escuchando música de Ricky Martin o Gloria Estefan con sus amigos.
3. Los estudiantes de historia tienen miedo de expresar sus opiniones en clasc porque el profesor no parece interesarse por lo que dicen. A veces, los estudiantes no prestan atención en clase.

13-21 Mis relaciones con... Piense en una persona (padre/madre, novio/a, pariente, un/a amigo/a hispano/a, etc.) y dígale a su compañero/a cómo son las relaciones que tiene con él/ella. Las preguntas de más abajo pueden serle útiles.

MODELO: Mis relaciones con mi hermano son muy buenas.
Nosotros nos queremos. A veces...

1. ¿Se respetan?
2. ¿Se quieren?
3. ¿Se detestan?

4. ¿Se comunican?
5. ¿Se pelean?
6. ...

SITUACIONES

Rol A. Usted tiene problemas con un/a compañero/a en el trabajo y va a ver a su jefe/a. Explíquele que su compañero/a no lo/la trata bien. Después, conteste las preguntas de su jefe/a y dígale que, además, su compañero/a a) lee los documentos que usted deja sobre su escritorio y b) habla mal de usted con otros empleados. Conteste las nuevas preguntas de su jefe/a y acceda a tener la reunión.

Rol B. Usted es el/la jefe/a de una compañía de exportación. Escuche las quejas (*complaints*) de uno/a de sus empleados/as. Hágale preguntas para saber a) si hay actitudes negativas por parte de los dos colegas, b) si las hay, pida una explicación, c) si recuerda alguna discusión en especial, y d) cuánto tiempo hace que nota esa actitud en su compañero/a. Después pregúntele a) qué documentos son y b) si tiene testigos (*witnesses*), y c) sugiérale tener una reunión entre los/las tres.

mosaicos

A ESCUCHAR

A. Hispanos y profesiones. You will hear the accomplishments of several Hispanics who live in the United States. As you listen to the following descriptions, write each person's name and profession, below the corresponding illustration.

_____

_____

_____

_____

_____

_____

_____

_____

_____

_____

B. ¿Lógico o ilógico? Indicate whether each of the following statements is **Lógico** or **Ilógico**.

	LÓGICO	ILÓGICO		LÓGICO	ILÓGICO
1.	_____	_____	5.	_____	_____
2.	_____	_____	6.	_____	_____
3.	_____	_____	7.	_____	_____
4.	_____	_____	8.	_____	_____

A CONVERSAR

13-22 ¿Quién es? Escoja a una de las personas de la lista. Puede investigar más acerca de ella o agregar información adicional. Háblele a su compañero/a sobre la persona escogida sin decir su nombre. Su compañero/a debe adivinar quién es.

PERSONA	FECHAS	NACIONALIDAD	OCUPACIÓN	ALGO IMPORTANTE
Frida Kahlo	1907–1954	mexicana	pintora	valorar las raíces indígenas de los mexicanos
Pablo Casals	1876–1973	español	violonchelista, director de orquesta	empezar el Festival Casals en Puerto Rico
Alfonsina Storni	1892–1938	argentina	poeta	defensora de los derechos de la mujer
José Martí	1853–1895	cubano	poeta, escritor, político	padre de la independencia de Cuba
Carlos Gardel	1887–1935	argentino	cantante, compositor	hacer famoso el tango
Violeta Parra	1918–1967	chilena	cantante, compositora	empezar la Nueva Canción en Chile
Roberto Clemente	1934–1972	puertorriqueño	jugador de béisbol	elegido al Salón de la Fama de Béisbol en 1972

13-23 Congresistas comprometidos/as. Primera fase. Usted y su compañero/a son congresistas que trabajan para mejorar la situación de los más pobres en el país. Preparen un informe oral para explicar cuáles son las condiciones que han existido hasta ahora y qué cambios proponen para mejorarlas.

ÁREAS	CONDICIONES QUE HAN EXISTIDO	CAMBIOS
Porcentaje de desempleados		
Acceso a la educación		
Salario mínimo		
Seguro de salud		
Acceso a subsidio de desempleo		
Acceso a vivienda temporal gratis		

Segunda fase. Reúnanse con otra pareja, comparen sus propuestas de cambios y evalúen si son o no factibles (*feasible*). ¿Por qué?

A LEER

13-24 Preparación. Haga un círculo alrededor de la información que se relaciona con la historia de algún familiar (cercano o lejano) suyo que haya inmigrado a los Estados Unidos. Si no hay inmigrantes en su familia, busque a un/a compañero/a de la clase que tenga antepasados inmigrantes y entrevístelo/la. Prepárese para compartir la información con el resto de la clase.

1. Alguien de mi familia emigró a los Estados Unidos…
   a. a comienzos del siglo XX.
   b. a mediados de este siglo.
   c. recientemente.
   d. …

2. Antes de venir aquí, él/ella vivía en…
   a. Europa.
   b. África.
   c. América Latina.
   d. …

3. El/La inmigrante de mi familia era de ascendencia…
   a. hispana.
   b. europea.
   c. africana.
   d. asiática.
   e. …

4. Este/a inmigrante de mi familia vino a este país porque…
   a. en su país de origen había habido una guerra o una revolución.
   b. vivía bajo opresión y quería libertad.
   c. lo/la perseguían y podía perder su vida.
   d. quería disfrutar de una vida mejor.
   e. …

5. Después de inmigrar, él/ella…
   a. se ha hecho ciudadano/a estadounidense.
   b. se ha convertido en residente permanente de los Estados Unidos.
   c. ha tenido varios tipos de visa para quedarse aquí.
   d. …

6. Después de vivir algún tiempo en este país, él/ella…
   a. se considera parte de una minoría.
   b. cree que se ha asimilado completamente a la cultura de este país.
   c. no se siente norteamericano/a.
   d. …

13-25 Primera mirada. Lea el siguiente texto y póngale un título. Éste debe reflejar el tema central del texto. Luego compare su título con el de un/a compañero/a. ¿Están de acuerdo?

Los resultados del último censo indican que una de cada nueve personas en los Estados Unidos es de origen hispano. Así, en el año 2000 la población de origen hispano en los Estados Unidos llegaba a unos 32.800.000, es decir, al 12% del total de la población del país. Según los datos de la Fundación de las Américas, los hispanos son uno de los grupos minoritarios más numerosos del país. Se piensa que para el año 2015, habrá alrededor de 62.7 millones de hispanos en los Estados Unidos, distribuidos geográficamente de la siguiente manera: 6.9 millones vivirán en Los Ángeles, 3.8 en Nueva York, 3.5 en Miami, 1.4 en San Francisco y 1.4 en Chicago.

———————————

El origen de la población hispana actual es muy variado: 66.1% es mexicano, 14.5%, centroamericano, 9.6% puertorriqueño, 4% cubano y 6.4% vienen de otros países latinoamericanos.

Primera exploración. Coloque en orden porcentual los grupos mencionados en el artículo. Comience con el grupo minoritario más grande.

Los puertorriqueños

Por ser Puerto Rico un Estado Libre Asociado de los Estados Unidos desde el año 1917, los puertorriqueños son ciudadanos norteamericanos. En la actualidad, la mayoría de esta población que vive en los Estados Unidos se concentra en Nueva York. Otras regiones con un gran número de puertorriqueños son Illinois y Nueva Jersey. Muchos puertorriqueños son bilingües en inglés y español, lo cual les da mejores oportunidades laborales y económicas en este país.

Los cubanoamericanos

Los primeros grupos de cubanos llegaron a fines del siglo XIX al estado de la Florida. Además, un gran número de ellos llegó a los Estados Unidos después de la revolución de Fidel Castro en el año 1959. Más de la mitad de la población cubanoamericana vive en Miami. La presencia de este grupo étnico es palpable en una zona llamada La Pequeña Habana donde abunda el comercio hispano y la lengua principal de comunicación es el español.

Los mexicoamericanos

Los mexicoamericanos constituyen el grupo hispano más numeroso de este país. Son ciudadanos norteamericanos porque nacieron en este país y la mayoría vive en Texas y California. Estos dos estados, junto con otros del suroeste de los Estados Unidos de hoy en día, eran parte de México hasta 1848. En este momento, el porcentaje de mexicoamericanos supera los 10.000.000 millones. Algunos de ellos se llaman a sí mismos chicanos. La influencia de este grupo en la cultura de los Estados Unidos es evidente en el campo político, económico e intelectual. Su literatura, llamada literatura chicana, se estudia en muchas universidades de los Estados Unidos.

Segunda exploración. Indique a cuál de los grupos mencionados se aplica la siguiente información: a los puertorriqueños (P), a los cubanoamericanos (C) o a los mexicoamericanos (M).

1. ___ Son ciudadanos norteamericanos porque nacieron en este país, pero tienen padres de origen mexicano.
2. ___ Son ciudadanos de los Estados Unidos, porque vienen de una isla considerada territorio norteamericano.
3. ___ Un gran número de ellos llegó a este país por razones políticas.
4. ___ También se llaman chicanos.
5. ___ Más del 50% de ellos vive en Florida.

13-26 Segunda mirada. Primera Fase. Complete la tabla con los pronósticos para la población hispana en el año 2015. Comience con el estado que crecerá más. En la columna de **Expectativas**, indique si, en su opinión, éstas son expectativas realistas (R) o no (NR).

ESTADO	EXPECTATIVAS

Segunda fase. Con un/a compañero/a, comparen sus respuestas y discutan si están de acuerdo o en desacuerdo con los pronósticos. ¿Por qué?

13-27 Ampliación. Averigüe entre sus compañeros de qué grupos étnicos vinieron sus antepasados. ¿Cuál es el grupo mayoritario, el minoritario y el intermedio con relación a la población de la clase?

A ESCRIBIR

13-28 Preparación. Entreviste a un/a inmigrante y obtenga la siguiente información:

1. nombre
2. lugar de origen
3. año en que llegó a los Estados Unidos
4. razones por las cuales inmigró
5. dos aspectos de la vida en los Estados Unidos que le resultaron difíciles al principio
6. aspectos de la vida en su país de origen que extraña
7. dos aspectos de la vida en este país que le gustan/no le gustan

13-29 Manos a la obra. Para la semana de celebraciones de la raza, el Alcalde (*mayor*) de su ciudad ha decidido hacer una campaña para promover el interés entre los ciudadanos por conocer y entender mejor a los diversos grupos étnicos del lugar. Según el alcalde, usted, como hijo/a de inmigrantes, es la persona indicada para escribir sobre las experiencias, los sentimientos, las dificultades, las contribuciones, etc. de un/a inmigrante.

Primera fase. Escoja primero a la(s) persona(s) sobre la(s) cual(es) usted quiere escribir. Indique tres o cuatro problemas que esta(s) persona(s) ha(n) enfrentado como inmigrante(s) y que, en su opinión, son representativos de su grupo étnico. Luego, identifique algunas maneras en que esta(s) persona(s) ha(n) contribuido a la sociedad norteamericana y a su comunidad étnica.

Segunda fase. Escriba el artículo para la página editorial del periódico local, usando la información recolectada en la actividad anterior. Al expresar su opinión sobre los inmigrantes, recuerde que el propósito de su escrito es promover el interés por conocer y entender mejor a los diversos grupos étnicos a través de experiencias reales.

EXPRESIONES ÚTILES

PARA EXPRESAR UNA OPINIÓN PERSONAL

Me parece (que)…
Mi experiencia personal me indica que…
En mi opinión…
Creo/Pienso que…

PARA MENCIONAR LA OPINIÓN DE OTROS

A(l)/(la)… le parece (que)…
Según el señor / la señora/señorita…
En la opinión de…
El señor… / La señora/señorita… dice/cree/piensa que…
Los expertos piensan/creen/afirman/sostienen que…

13-30 Revisión. Su compañero/a editor/a va a ayudarle a expresar mejor sus ideas para que el periódico publique su artículo. No se olvide de verificar:

- que el artículo editorial tenga toda la información que su lector/a necesita
- que el tono sea apropiado (formal, serio) y las ideas estén bien organizadas
- que haya conexión dentro de los párrafos y entre ellos (use conectores para hacer transiciones)
- que las expresiones relacionadas con el tema estén correctamente usadas y que su vocabulario sea variado e interesante
- que su ortografía, puntuación, acentuación, etc. sean apropiadas.

Vocabulario*

Personas

el/la ayudante	assistant
el/la ciudadano/a	citizen
el/la emigrante	emigrant
el/la escritor/a	writer
el/la inmigrante	immigrant
el/la lanzador/a	pitcher
el/la novelista	novelist
el/la poblador/a	settler

El país

el área	area
el campo	countryside
el comercio	commerce
el gobierno	government
el idioma	language
la juventud	youth
la mercancía	merchandise, goods
la obra	work
la población	population
la política	politics
la sociedad	society

Verbos

abrazar(se) (c)	to embrace
acabar	to finish
aceptar	to accept
actuar	to act
alcanzar (c)	to reach
besar	to kiss
contar (ue)	to tell/to count
convertirse (ie, i)	to become
criarse	to be brought up
cubrir	to cover
emigrar	to emigrate
escapar	to escape, to flee

establecerse (zc)	to settle
fundar	to found
haber	to have (auxiliary verb)
lanzar (c)	to throw, to pitch
llevarse bien	to get along well
morir (ue)	to die
nacer (zc)	to be born
ocupar	to occupy
odiar	to hate
pelear	to fight
romper	to break
saludar(se)	to greet

Palabras y expresiones útiles

a través de	through
acabar de + infinitive	to have just + past participle
la actuación	performance
el cargo	position
desde	since
la edad	age
en la actualidad	at the present time
estar enamorado/a	to be in love
la fama	fame
la mitad	half
la portada	cover (magazine)
el premio	award/prize
según	according to
tener éxito	to be successful
todavía	still, yet
ya	already

La inmigración

Para pensar

¿Conoce a algún inmigrante? ¿De dónde es?

¿Qué idioma(s) habla?

¿Sabe por qué, cómo y cuándo vino a este país?

¿Qué ocupación tiene?

En los Estados Unidos hay alrededor de 33 millones de personas de origen hispano. Muchos viven en la región suroeste del país, como en Texas, Arizona, California, Colorado; otros en la costa este, en Nueva York, Nueva Jersey, Florida, y también en la zona del medio oeste, mayormente en Illinois.

La emigración se debe a varias razones. A fines de los años cincuenta, cuando empezó la dictadura de Castro, miles de personas empezaron a salir de Cuba. Por lo general, estas personas pertenecían a la clase media o a la clase alta y tenían un alto nivel de educación. La mayor parte se estableció en el estado de la Florida, principalmente en Miami, pero algunos fueron a otros puntos del país. A través de los años, diferentes grupos de cubanos llegaron a los Estados Unidos, muchas veces arriesgando su vida.

Además de los cubanos, muchas personas de otros países han venido a los Estados Unidos. De América Central (principalmente de Nicaragua, El Salvador, Honduras, Guatemala) y de América del Sur (en especial de Argentina, Chile, Perú, Colombia) han venido huyendo de la guerra, de la guerrilla, de la dictadura, o del estancamiento económico de sus países. Otros han venido a buscar mejores oportunidades de trabajo o una educación más especializada de la que se ofrece en su lugar de origen.

Sin embargo, no todos los hispanos son inmigrantes. La historia de los chicanos (personas de ascendencia mexicana) ha estado siempre unida al suroeste de los Estados Unidos, ya que se cree que una parte de esta región era el lugar de origen de los aztecas. Más tarde, españoles y mexicanos conquistaron estas tierras, que formaron parte del territorio español hasta que en siglo XIX México obtuvo su independencia y pasaron a ser territorio mexicano. Como consecuencia de la guerra entre México y los Estados Unidos, toda esa región pasó a ser territorio estadounidense.

Catedral de San Francisco, Santa Fe, Nuevo Mexico

Como Puerto Rico es un Estado Libre Asociado de los Estados Unidos, los puertorriqueños son ciudadanos americanos desde 1917. Esto explica en parte el gran número que se ha establecido en el área metropolitana de Nueva York, donde viven más de un millón de puertorriqueños.

Los hispanos han traído consigo no sólo su rica y valiosa cultura, sino su voluntad de trabajo y deseos de superación, contribuyendo así al desarrollo cultural y económico de este país. Si desea saber más sobre la población hispana o latina en los Estados Unidos, visite: *www.prenhall.com/mosaicos*.

Para contestar

 A. La inmigración. Con su compañero/a responda a las siguientes preguntas:

1. ¿Cuáles son algunas razones que hacen que una persona emigre de su país?
2. ¿De qué países son los inmigrantes hispanos que han venido a los Estados Unidos? ¿Cuándo vinieron?
3. ¿Emigraría usted? ¿A qué país emigraría? Explique.
4. ¿Cómo se sentiría usted si tuviera que emigrar? ¿Qué extrañaría más de su país?

B. Riqueza cultural. En grupos de tres, mencionen las ventajas y las desventajas que tiene un país con muchos inmigrantes.

Para investigar en la WWW

Para obtener información, visite *www.prenhall.com/mosaicos*.

1. Averigüe cuántos hispanos viven en los Estados Unidos, de qué países vienen, cuándo vinieron, y en qué estados/ciudades viven. Luego, seleccione un grupo de hispanos e informe a sus compañeros/as sobre la influencia que han tenido en la zona donde viven ahora.
2. Busque el nombre de diez personas de origen hispano que tienen un alto puesto en el gobierno, en empresas privadas, en los deportes, en el arte o en la educación de los Estados Unidos. Seleccione a una de esas personas e informe a la clase sobre lo que esa persona ha hecho.
3. Averigüe cuántos estudiantes hispanos estudian en las universidades de los Estados Unidos. Informe a sus compañeros/as sobre las universidades que tienen más estudiantes hispanos, de qué países son esos estudiantes, qué carreras siguen, etc.

LOS ESTADOS UNIDOS:
Puerto Rico

Ciudades importantes y lugares de interés: San Juan, la capital, fue fundada en 1521 y tiene una hermosa parte antigua conocida como el Viejo San Juan. En esta zona hay muchas atracciones como tiendas de diferentes tipos, monumentos, hermosas plazas, cafés al aire libre, museos, galerías de arte e interesantes edificios que datan de los siglos XVI y XVII. Algunos de estos edificios son: el Fuerte San Felipe del Morro, la Iglesia de San José —construida en 1532 y una de las iglesias cristianas más antiguas del hemisferio occidental—, el Castillo de San Cristóbal y la Fortaleza. Al lado del Viejo San Juan está el San Juan moderno, una ciudad con una vida nocturna extraordinaria donde se puede disfrutar de la deliciosa

Calle Cristo, Old San Juan, Puerto Rico

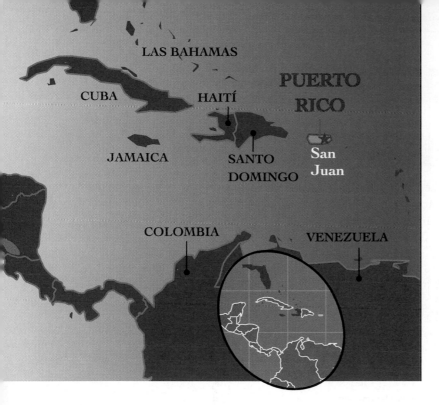

comida caribeña, discotecas y casinos, además de las hermosas playas donde se puede practicar todo tipo de deporte acuático.

Además de San Juan, hay muchísimos lugares de gran interés y belleza en Puerto Rico. Uno de ellos es el bosque tropical El Yunque donde se puede caminar por diferentes senderos, explorar hermosas caídas de agua, admirar una gran variedad de orquídeas, helechos y diferentes especies de aves. Otro lugar es Ponce, la segunda ciudad más grande de Puerto Rico, conocida también como la ciudad señorial.

Expresiones puertorriqueñas:

cabuya	No le des cabuya.	*Don't give him/her ammunition to bother you.*
macacoa	Yo no compro la lotería porque tengo una macacoa terrible.	*I don't buy the lottery because I have a horrible bad luck.*
revolú	Se formó el revolú.	*Things got messy.*
bendito	¡Ay, bendito!	*Oh, my!*

El festival de la Calle Ocho en La Pequeña Habana, Miami

457

ENFOQUE INTERACTIVO

  A MIRAR EL VIDEO 5:00

Watch the *Fortunas* video segment for *Lección 13* in class or on your CD-ROM. Do you agree with the group's idea for solving the sixth *misterio*? Is Sabrina right about Katie?

Now complete the accompanying video activities on the CD-ROM. This is your chance to interact with the video characters! **25:00**

La cooperación

El concurso

In this episode of *Fortunas* we see the sixth *misterio* solved and an unprecedented attempt at cooperation. One has to wonder, however, if Sabrina's aren't the most accurate feelings. Doesn't Katie benefit more than anyone else from cooperation at this point? Keep watching as the events of this year's *Fortunas* contest come to an exciting conclusion.

Misterio N° 6: El arte de la vida

Pistas
1. Sede del gobierno
2. Franciscanos
3. El revolucionario ruso
4. Artistas famosas

 LA BÚSQUEDA 5:00

Imagine you're sitting in a room with three people and each of you has one of the clues. At what moment in the sharing does the *misterio* become clear? With "*el revolucionario ruso*" or with "*artistas famosas*"? For those who know Mexico City, this place could only be Coyoacán. There is one *misterio* left to be solved and it focuses on the same time period and location in Mexico City. Go to the *Fortunas* module to investigate how *Misterio N° 6* was solved and to explore Coyoacán.

¿QUÉ OPINA USTED? 5:00

With only two opportunities left to vote in the viewer poll, the contest is tight. It has become difficult to know whom to trust. Efraín thought he knew. Sabrina thinks she knows. Whom do you trust? Go to the *Fortunas* module and click on *¿Qué opina usted?* to vote in this episode's viewer poll. Don't forget to review the contestants' diaries.

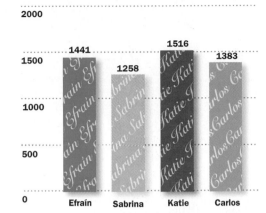

PARA NAVEGAR 10:00

¡PUERTO RICO!

Puerto Rico tiene un pie en el pasado y otro en el futuro. Tiene una rica tradición hispana, además de mantener una relación especial con la cultura y la política norteamericana. La influencia de los Estados Unidos es innegable en algunos aspectos de la vida diaria. ¿Qué sabe usted de Puerto Rico?

Puerto Rico

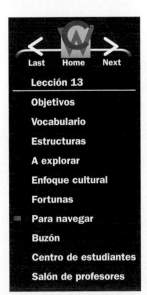

Go to the *Mosaicos Website* and click on the *Para navegar* module to explore links with information about Puerto Rico and immigration. How close is Puerto Rico to becoming an official state? What are the primary influences of Puerto Rico on the United States? How are immigrants from Puerto Rico different from other immigrants?

Lección 14

Cambios de la sociedad

COMUNICACIÓN

- Describing and discussing demographics
- Describing social conditions
- Projecting conditions, goals, and purposes
- Expressing conjecture
- Talking about the past from a past perspective

ESTRUCTURAS

- Adverbial conjunctions that always require the subjunctive
- Adverbial conjunctions: subjunctive or indicative
- The past perfect
- Infinitive as subject of a sentence and as object of a preposition

MOSAICOS

A ESCUCHAR

A CONVERSAR

A LEER

- Identifying the tone of a text

A ESCRIBIR

- Persuading people to do something

ENFOQUE CULTURAL

- La democracia en los países hispanos

ENFOQUE INTERACTIVO

 WWW   VIDEO   CD ROM

La familia de hoy

La española

Hay 17.385.890 de españolas mayores de 10 años

Mis Padres

Viven con sus padres
Sí 35%
No 64,8%

Se van de casa
Hasta los años 80 . . . . 25,5 años
Década de los 90 . . . . 27,7 años

Siguen en casa
El 55,1 por ciento de las que
tienen entre 23 y 32 años
El 86,3 por ciento de las solteras

Vuelven a casa
El 24 por ciento de las
separadas y divorciadas

Mis Estudios

Elementales 51,9%
Medios 11,3%
Superiores 7,5%*

Carecen de Estudios (%)
Mayores de 70 años 29,4
Entre 10 y 19 años 0,5

Analfabetismo (%)
Mayores de 70 años 20
Entre 10 y 19 años 0,3

Mi familia

Casadas 51,4%
Solteras 47,7%

Número de hijos 1,5

Diferencia de edad
Con el marido . . . . 1-2 años
Con el hijo mayor . . . 25-29 años

El español

Hay 16.541.720 de españoles mayores de 10 años

Mis Padres

Viven con sus padres
Sí 40,1%
No 59,8%

Se van de casa
Hasta los años 80 . . . . 26,5 años
Década de los 90 . . . . 28,5 años

Siguen en casa
El 69,2 por ciento de los que
tienen entre 23 y 32 años
El 90 por ciento de los solteros

Vuelven a casa
El 37,9 por ciento de los
separados y divorciados

Mis Estudios

Elementales 52,4%
Medios 6,1%
Superiores 8,8%

Carecen de Estudios (%)
Mayores de 70 años 20,4
Entre 10 y 19 años 0,5

Analfabetismo (%)
Mayores de 70 años 8,9
Entre 10 y 19 años 0,2

Mi familia

Casados 54,6%
Solteros 44,4%

Número de hijos 1,4

Diferencia de edad
Con la esposa . . . . 1-2 años
Con el hijo mayor 25-29

¿Cómo son el español y la española de hoy? ¿Dónde viven? ¿Cómo estudian? ¿Se casan o se divorcian? ¿Dejan el hogar o continúan, ya adultos, viviendo con los padres? Estos datos, sacados de 160.000 personas, proceden de la mayor encuesta que se ha hecho en España.

El Instituto Nacional de Estadística contrató a 4.000 personas para hacer entrevistas y sacar el perfil de 34 millones de españoles mayores de diez años de edad.

Según la encuesta, el español típico está casado y tiene un hijo o dos. La familia tradicional, de tres o más generaciones, es ya historia porque en la mayoría de los hogares el promedio de hijos es de 1,5. Tal es el caso en el 23 por ciento de los 11.836.320 hogares en España.

A diferencia de sus vecinos en el resto de Europa, los jóvenes españoles no viven solos o independientes. Los que sí viven solos tienen más de 65 años, son viudos y son en su mayoría mujeres.

Actualmente, la edad promedio del español es de 36,2 años. Sin embargo, contando solamente a los mayores de 10 años, la edad promedio salta a los 40,3 años.

👥👥 **14-1 ¿Cómo son las españolas y los españoles?** Con su compañero/a, decida si las oraciones son verdaderas o falsas. En caso de que sean falsas, den la información correcta.

1. _____ Entrevistaron a 160.000 personas para hacer la encuesta.
2. _____ La familia típica actual está constituida por los padres y dos hijos.
3. _____ Los jóvenes españoles se independizan a una edad muy temprana.
4. _____ La mayoría de las personas que viven solas son mujeres menores de 65 años.
5. _____ La edad promedio de los españoles es de más o menos 40 años.

👥👥 **14-2 La encuesta. Primera fase.** Con su compañero/a, busque en el artículo y en las tablas la información necesaria para contestar las siguientes preguntas. Después, comparen sus respuestas con las de otros/as compañeros/as.

1. De los 16.541.720 españoles mayores de 10 años, ¿qué porcentaje vive con los padres?
2. ¿Cuál es la edad promedio a la que se van de casa los hombres? ¿Y las mujeres?
3. ¿Qué porcentaje de los solteros sigue viviendo con sus padres?
4. Después de una separación o un divorcio, ¿qué porcentaje de mujeres vuelve a la casa de sus padres?
5. ¿Cuál es el índice (porcentaje) de analfabetismo entre las mujeres mayores de 70 años? ¿Entre los hombres? ¿Es grande la diferencia?
6. Entre hombres y mujeres, ¿quiénes realizan más estudios a nivel de educación media?
7. ¿Cuántos años de diferencia hay entre el hijo mayor y su padre?
8. ¿Quiénes constituyen la mayoría en España, los hombres o las mujeres?
9. ¿Cómo creen ustedes que estos datos pueden compararse con datos similares de Estados Unidos?

Cultura

El índice de natalidad en los países hispanos ha descendido de manera espectacular en los últimos treinta años. A pesar de las circunstancias particulares de cada país, ésta parece ser la tendencia general. En Perú y Bolivia, por ejemplo, los gobiernos han apoyado campañas para mostrar las ventajas de los planes familiares y el control de la natalidad. En Venezuela, sin embargo, el promedio de hijos ha bajado en treinta años de 6,7 a 2,7 sin campañas por parte del gobierno. Esto se debe a varios factores como la crisis económica, la escasez de vivienda y el mayor acceso de las mujeres al trabajo y a la educación. Pero tal vez el caso más extremo de esta tendencia es el de España, que ha pasado de ser el país de Europa con más hijos por pareja en los años 60, a ser, junto con Italia, el país con el índice de natalidad más bajo.

Segunda fase. Piense en diez familias que usted conoce y haga un cálculo basándose en los siguientes puntos. Despúes compare sus resultados con los de su compañero/a.

- porcentaje de jóvenes entre 10-18 años que vive con sus padres
- edad promedio en a la que se casan las personas
- edad promedio en a la que tienen hijos
- promedio de hijos por pareja

14-3 Nuestras cifras. Primera fase. Con su compañero/a, háganse preguntas para obtener los siguientes datos sobre sus respectivas familias.

1. número de personas que forman la familia nuclear
2. número de hombres y de mujeres
3. edad promedio de los miembros de las familias
4. número de personas que estudian
5. número de personas que trabajan

Segunda fase. Formen grupos y recopilen (*compile*) la información obtenida. Con esta información, preparen una tabla que indique el porcentaje de familias que hay:

1. con menos de tres miembros/más de tres miembros
2. con mayoría de mujeres/mayoría de hombres
3. con edad promedio de más de 40/de menos de 40 años
4. con menos de dos personas con estudios universitarios/más de dos personas
5. donde trabajan menos de dos miembros/más de dos miembros

El papel de la mujer

María Emma Mejía, Ministra de Relaciones Exteriores de Colombia

Sila María Calderón, Gobernadora de Puerto Rico

■ (FEMPRESS) En un reciente estudio realizado en 553 empresas colombianas, Luz Gabriela Arango encontró que sólo el 23,7% de las directivas están constituidas por mujeres. Con todo, el estudio muestra que en este terreno, así como en otros, ha habido enormes cambios. En los años cincuenta, por ejemplo, todas las sucursales bancarias tenían un varón como gerente. En los noventa, una alta proporción era dirigida por mujeres.

Es interesante ver, dice CIDER (Centro Interdisciplinario de Estudios Regionales), las áreas en las cuales se ha concentrado la presencia femenina. Éstas son, en sectores financieros y de servicios en el caso de la empresa privada, y en instituciones de servicio y manejo de relaciones públicas en el sector público, como son los ministerios de Salud, Educación, Trabajo y Relaciones Exteriores. La mayor concentración de fuerza laboral femenina en un alto nivel se ubica en las labores ejecutivas, mientras que sólo el 8,2% de los funcionarios hombres está en ese nivel no directivo.

La encuesta "clase empresarial", realizada a ejecutivos, señala que la confianza en el desempeño profesional de la mujer es mayor que en el del hombre. De hecho, el 96,8% de los entrevistados le dio la más alta calificación a su honestidad; el 80% a la calidad de su trabajo; el 81,6% en materia de confiabilidad; el 79,2% lo dio a su cumplimiento.

En cuanto al manejo de la autoridad, las ejecutivas entrevistadas por *Dinero* consideran que mientras se valora a un hombre por ser enérgico, cuando una mujer asume posiciones fuertes puede causar rechazo. En cuanto al poder, se sienten menos ambiciosas, le dan menor prioridad que los hombres.

Las gerencias administrativas y de recursos industriales en manos de mujeres están aumentando. En algunas entrevistas de *Dinero*, se destaca y se apoya la participación de las mujeres en la empresa pues las consideran más responsables, más comprometidas, más honestas, se ausentan menos del trabajo que los hombres, demuestran mayor eficiencia en el manejo del tiempo y son más transparentes en el trabajo.

¿Qué dice usted?

👥 **14-4 La mujer de hoy.** Prepare un informe sobre la situación de la mujer en el mundo hispanohablante, utilizando la información que leyó en las encuestas y las citas (*quotes*) de más arriba. Compare su informe con el de su compañero/a.

A INVESTIGAR

En la siguiente dirección electrónica podrá encontrar mucha información sobre distintos aspectos de las mujeres latinas: *www.fempress.com*.

14-5 Mujeres ejecutivas. Cada uno/a de ustedes debe hacer una lista de cinco mujeres que ocupan puestos importantes. Hablen entre ustedes sobre estas mujeres basándose en los siguientes puntos:

- puesto que ocupan y responsabilidades que tienen
- personalidad y rasgos (*traits*) de carácter de estas mujeres
- cómo mantienen el equilibrio entre su vida profesional y su vida privada

14-6 Hacia un nuevo siglo. Converse con dos compañeros/as sobre los logros de la mujer en el último siglo. Hagan una lista de los cambios que han afectado a la mujer en las siguientes áreas en los últimos 50 años:

- la familia
- la casa
- la educación
- el trabajo
- el gobierno/la política

Temas de hoy

El 21% de los universitarios españoles usa Internet como fuente de noticias

Casi la mitad de los estudiantes se conecta a la Red habitualmente

Emilio Benito, **Madrid**

El 42% de los universitarios españoles utiliza de forma habitual Internet, frente a una media del 11,3% de la población general que se considera internauta, según una encuesta presentada ayer en Madrid por Telépolis.com. El estudio, realizado mediante 564 entrevistas en los campus de Barcelona, Bilbao, Madrid, Santiago, Sevilla, Valencia y Zaragoza apunta que la mitad de ellos consulta noticias en la Red.

Las principales ventajas que los entrevistados vieron en consultar las fuentes digitales de noticias (periódicos, revistas y portales) son que pueden tener acceso a diversos medios (posibilidad preferida por el 39%) y que no hace falta desplazarse (el 34%). También valoran la posibilidad de ampliar las noticias mediante enlaces a otras páginas *web*, la selección y resúmenes que se ofrecen y su rapidez (el 18%). Este último aspecto contrasta con el 37% que ve como principal desventaja que las conexiones son lentas, según el informe. Un 12% se queja de su precio.

Que a los universitarios les gusta Internet se refleja en que el 33% no le ve ninguna desventaja (proporción que llega al 50% entre catalanes y valencianos), y que las tres cuartas partes consideran que las noticias de la Red son igual de fiables que las ofrecidas por otros medios de comunicación. Pese a ello, el 92% complementa la información digital con la obtenida a través de la prensa escrita, televisión y radio.

Lo que más consultan es la información nacional e internacional (ver gráfico). Los varones están más interesados en noticias locales, de economía y deportes, y las mujeres, en sociedad, cultura y espectáculos.

Universitarios e Información en Internet
Secciones visitadas con más frecuencia. En %

Sección	%
Información nacional	55
Información internacional	34
Deportes	34
Información cultural	31
Información local	23
Espectáculos/conferencias	18
Investigación	17
Sociedad	13
Información meteorológica	10
Información económica	4
Otras	9

Fuente: Telepolis.com
El País

👥 **14-7 Entrevista. Primera fase.** Con su compañero/a, vuelva a leer el artículo anterior. En los papeles de periodista y estudiante, hagan una entrevista como la que sirvió de base para la encuesta que se menciona en el artículo.

MODELO: PERIODISTA: ¿Usas la Internet para leer las noticias?
            ESTUDIANTE: Sí, leo las noticias regularmente en la Internet.
            PERIODISTA: ¿Cuáles son las ventajas de usar este medio para obtener información?
            ESTUDIANTE: ...

👥 **Segunda fase.** Hagan entre todos una encuesta similar para averiguar los siguientes datos de toda la clase:

1. Número de estudiantes que leen las noticias en la Internet.
2. Secciones más visitadas por los estudiantes.
3. Salas de charla de mayor interés para los estudiantes.

 A ESCUCHAR

La mujer en España. You will hear the response of a woman lawyer from Madrid, to a question about the status of women in Spain. Indicate whether each statement you hear is **Cierto** or **Falso**.

	CIERTO	FALSO		CIERTO	FALSO
1.	____	____	4.	____	____
2.	____	____	5.	____	____
3.	____	____	6.	____	____

A INVESTIGAR

👥 Escoja uno de los siguientes temas: las migraciones, el sida (*AIDS*), el narcotráfico, el terrorismo, la clonación, el agujero de ozono. Busque información en periódicos en español en la Internet. Haga una presentación breve basándose en los siguientes puntos.

1. Titular y resumen de la noticia.
2. Problema que se plantea.
3. Posibles soluciones.
4. Opinión personal sobre el tema.

En el Salón de profesores de *www.prenhall.com/ mosaicos* hay una lista de periódicos en español.

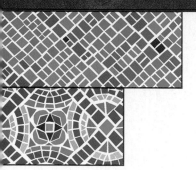

Explicación y expansión

1. Adverbial conjunctions that always require the subjunctive

a menos que	*unless*	**para que**	*so that*
antes (de) que	*before*	**sin que**	*without*
con tal (de) que	*provided that*		

■ These conjunctions always require the subjunctive when followed by a dependent clause.

Los empleados tienen una reunión **antes de que** su representante **hable** con el director.
The employees are having a meeting before their representative speaks with the director.

Ellos aceptan el mismo sueldo **con tal de que mejore** el plan de hospitalización.
They accept the same salary provided that the hospitalization plan improves.

El representante habla con el director **para que** los empleados **tengan** más beneficios.
The representative speaks with the director so that the employees may have more benefits.

2. Adverbial conjunctions: subjunctive or indicative

aunque	*although, even though, even if*	**en cuanto**	*as soon as*
		hasta que	*until*
como	*as, how, however*	**mientras**	*while*
cuando	*when*	**según**	*according to, as*
después (de) que	*after*	**tan pronto**	
donde	*where, wherever*	**(como)**	*as soon as*

■ These conjunctions require the subjunctive when the event in the adverbial clause has not yet occurred. Note that the main clause expresses future time.

Va a luchar **hasta que** la compañía **tenga** un programa de entrenamiento.
She is going to fight until the company starts a training program.

Nos reuniremos **después que comiencen** el programa.
We'll meet after they start the program.

Me llamará **tan pronto reciba** la aprobación del programa.
She'll call me as soon as she receives the approval of the program.

- These conjunctions require the indicative when the event in the adverbial clause has taken place, is taking place, or usually takes place.

> Siempre apoya a los empleados **hasta que comienza** el programa de entrenamiento.
> *She always provides support to the employees until the training program starts.*

> Nos reunimos **después que comenzaron** el programa.
> *We met after they started the program.*

> Me llamó **tan pronto recibió** la aprobación del programa.
> *She called me as soon as she received the approval for the program.*

- **Como, donde,** and **según** require the indicative when they refer to something definite or known, and the subjunctive when they refer to something indefinite or unknown.

> Van a organizar el programa **como sugiere** el consejero.
> *They're going to organize the program as the adviser suggests.*

> Van a organizar el programa **como sugiera** el consejero.
> *They're going to organize the program as the adviser may suggest.*

> Vamos a reunirnos **donde** ella **dice.**
> *We're going to meet where she says.*

> Vamos a reunirnos **donde** ella **diga.**
> *We're going to meet wherever she says.*

> Llena el formulario **según dice** el consejero.
> *Fill the form according to what the adviser says.*

> Llena el formulario **según diga** el consejero.
> *Fill the form according to whatever the adviser says.*

LENGUA

You learned that in Spanish, the subject is normally placed after the verb when asking a question: **¿La llamó el consejero?** *Did the adviser call her?* You may also postpone the subject in statements, especially when you wish to emphasize the subject. **La llamó el consejero.** *The adviser called her.*

- **Aunque** also requires the subjunctive when it introduces a condition not regarded as fact.

> Lo compro **aunque es** caro.   *I'll buy it although it is expensive.*

> Lo compro **aunque sea** caro.   *I'll buy it although it may be expensive.*

¿Qué dice usted?

14-8 ¿Acepto o no acepto? A usted le han ofrecido un puesto en otra ciudad y está considerando la posibilidad de aceptarlo. Complete la oración **(No) Acepto…** usando las expresiones adverbiales de la izquierda y las selecciones apropiadas de la derecha. Su compañero/a debe decirle lo que piensa, escogiendo otras expresiones o selecciones.

MODELO: a menos que suban el sueldo aquí / (no) paguen la mudanza
          E1: Lo acepto a menos que me suban el sueldo aquí.
          E2: No lo aceptes a menos que te paguen la mudanza. *o*
               Acéptalo a menos que no te paguen la mudanza.

a menos que	esta semana termine
para que	(no) venda la casa
con tal (de) que	los alquileres no sean altos
sin que	mi familia conozca el lugar
antes (de) que	haya oportunidades de ascenso
	mi esposo(a)/amigo(a) consiga un trabajo allí
	la compañía pague el seguro de hospitalización
	tengan un buen plan de retiro (*retirement*)
	mi familia pueda vivir mejor
	…

14-9 El trabajo a distancia. Usted y su compañero/a trabajan desde su casa en un proyecto para una compañía en otra ciudad. Todo lo hacen en la computadora y se comunican por correo electrónico, fax y teléfono. Digan lo que van a hacer usando las expresiones de la izquierda y una frase apropiada de la columna de la derecha.

MODELO: Yo voy a trabajar en la computadora… empezar las noticias / ser la hora de cenar
          E1: Voy a trabajar en la computadora hasta que empiecen las noticias.
          E2: Y yo voy a trabajar hasta que sea la hora de cenar.

1. Voy a enviarles un fax en cuanto…
2. Comeré después de que…
3. Voy a comprobar estos números tan pronto como…
4. No me acostaré hasta que…
5. Voy a trabajar esta noche aunque…
6. Te mandaré mi sección antes de que…

leer los mensajes electrónicos
tener tiempo
hablar con el jefe de ventas
terminar el proyecto
ser muy tarde
ser las 12:00
tener mucho sueño
recibir la información
…

👥 **14-10 Después de que termine el año escolar. Primera fase.** Usted quiere descansar y divertirse después de que terminen las clases, pero también quiere hacer algo por su comunidad. Complete tres de las opciones que le interesen en cada columna y añada una más para expresar sus propias ideas. Después comparta sus planes con su compañero/a.

DIVERSIÓN

1. Quiero dormir hasta que…
2. No voy a abrir los libros aunque…
3. Tomaré unas vacaciones tan pronto como…
4. Iré a la playa todos los días a menos que…
5. …

AYUDA COMUNITARIA

1. Trabajaré de voluntario donde…
2. Ayudaré en la biblioteca después de que…
3. Les serviré comidas a los desamparados (*homeless*) mientras…
4. Organizaré juegos infantiles en el parque para que…
5. …

👥 **Segunda fase.** En pequeños grupos, preparen un plan para ayudar a su comunidad. En su plan deben identificar lo siguiente:

▪ sector de la comunidad
▪ tipo de ayuda
▪ frecuencia
▪ medios que van a usar
▪ resultados que esperan obtener

👥 **14-11 El hombre y la mujer en la sociedad.** Indique su opinión con una X en la columna apropiada. Después compare sus respuestas con las de un/a compañero/a. Si la respuesta es negativa, defiendan su opinión y expliquen cuándo o bajo qué condiciones ocurrirán los cambios necesarios.

MODELO: …ocupan más o menos el mismo número de puestos importantes. No, los hombres ocupan la mayoría de los puestos importantes en las compañías y en el gobierno. Esto va a cambiar cuando las generaciones jóvenes puedan decidir más cosas en la sociedad.

LOS HOMBRES Y LAS MUJERES…	SÍ	NO
…reciben la misma educación.		
…son tratados de la misma forma en el trabajo.		
…ganan el mismo sueldo por el mismo trabajo.		
…tienen las mismas oportunidades.		
…hacen las mismas tareas domésticas.		
…tienen los mismos derechos en un divorcio.		

SITUACIONES

1. **Rol A.** Usted es el representante de los empleados de su compañía. Muchos de los empleados tienen niños pequeños y no pueden encontrar una guardería (*nursery*) adecuada. En uno de los edificios de la compañía hay un salón vacío que podría convertirse en guardería. Hable con el/la presidente/a de la compañía y explíquele: a) las necesidades de los empleados, b) la existencia del salón y c) las ventajas que una guardería tendría para la compañía y los empleados. Conteste sus preguntas de acuerdo con esta información: 25 niños, de 1 a 4 años de edad, 20.000 pesos, 3 empleados adicionales.

   Rol B. Usted es el/la presidente/a de una compañía y el representante de los empleados viene a verlo/la. Escuche su explicación y pregúntele: a) el número y edad de los niños, b) el costo de la adaptación del salón, y c) el número de empleados adicionales que se necesitarían. Después, dígale que va a hablar con la Junta Directiva y que le comunicará su decisión.

2. Ustedes acaban de ganar diez millones de dólares en la lotería y han decidido hacer donaciones a tres instituciones: su universidad, un hospital y un museo. Decidan a) cuánto dinero van a dar a cada institución, b) para qué quieren ustedes que se use y c) bajo qué condiciones.

3. The past perfect

- Form the past perfect with the imperfect tense of **haber** and the past participle of the main verb.

	IMPERFECT *haber*	PAST PARTICIPLE
yo	había	
tú	habías	
Ud., él, ella	había	hablado
nosotros/s	habíamos	comido
vosotros/as	habíais	vivido
Uds., ellos/as	habían	

- Use the past perfect to refer to a past event or action that occurred prior to another past event.

Los estudiantes **habían buscado** la información en la Internet antes de escribir el informe.	*The students had looked for the information in the Internet before writing the paper.*
Todos **habían terminado** a las dos.	*Everyone had finished at two.*

¿Qué dice usted?

👥 14-12 ¡Recuerdos! Primera fase. Marque con una X las opciones que representen su realidad y la de sus parientes o amigos en diferentes momentos de su vida. Luego compare sus respuestas con las de un/a compañero/a.

1. ___ Cuando yo tenía 10 años, ya había escuchado discusiones políticas en mi casa.
2. ___ Cuando cumplimos 17 años, mis amigos y yo ya nos habíamos inscrito en un partido político.
3. ___ Cuando terminé la escuela secundaria, mis padres ya me habían comprado un carro.
4. ___ Cuando empecé la universidad, yo ya había trabajado por lo menos en dos lugares y había ahorrado (*saved*) algún dinero.
5. ___ Cuando pasó el primer mes de clases en la universidad, yo ya me había acostumbrado a todo el trabajo que tenía que hacer.
6. ___ Cuando visité a mi familia después de algunos meses, ellos ya sospechaban que yo me había hecho más independiente.

Segunda fase. Ahora hable con su compañero/a de un miembro de su familia o de un/a amigo/a con respecto a lo siguiente:

- Una experiencia divertida, triste o increíble que había tenido antes de graduarse de la escuela secundaria.
- Dos logros   económicos, académicos, personales— que había conseguido antes de entrar a la universidad o antes de los 18 años.
- Algo positivo que le había ocurrido en su vida sentimental antes de cumplir los 25 años.

👥 14-13 ¡Qué familia tan colaboradora! La Sra. Jiménez, que ocupa un puesto importante en una multinacional, llegó tarde a su casa hoy. Todos los miembros de su familia habían ayudado con las tareas domésticas. Túrnese con su compañero/a para decir qué había hecho cada uno.

MODELO: Cuando iba a salir, le dijo a su esposo que probablemente llegaría un poco tarde.
            Su esposo había cocinado para toda la familia.

1. Después del desayuno dejó los platos sucios en la lavadora de platos.
2. Antes de irse a la oficina, vio que había muchas hojas secas en el jardín.
3. Cuando salía de casa notó que el garaje estaba sucio.
4. Los dormitorios de sus hijos estaban desordenados y había ropa en el piso.
5. Como tenía prisa, dejó en su casa unas cuentas importantes que quería mandar por correo.
6. No llevó una ropa que quería dejar en la tintorería (*dry cleaner*).

 **14-14 Un día terrible y un día maravilloso.** Usted y su compañero/a trabajan en empresas que dependen mucho de los adelantos de la nueva tecnología. Ayer fue un día terrible para usted en el trabajo y un día maravilloso para su compañero/a. Cada uno/a va a contar todas las cosas que habían pasado antes de terminar el día.

MODELO: E1: Ayer fue un día terrible. Cuando llegué a mi oficina, alguien había usado mi computadora y había perdido unos documentos importantes. Un compañero…

E2: Fue un día maravilloso para mí. Cuando llegué al trabajo, mi jefe me dijo que habían comprado computadoras nuevas para todos los empleados. Yo…

14-15 Una encuesta. Primera fase. Marque sus respuestas en la columna correspondiente y dígale a su compañero/a si usted u otros miembros de su familia habían hecho estas cosas antes del nuevo siglo (*century*).

MODELO: buscar trabajo en la Internet.
E1: Mi hermano y yo habíamos buscado trabajo en la Internet.
E2: Sólo yo había leído las noticias en la Internet.

	SÍ	NO	QUIÉNES
1. manejar un carro eléctrico			
2. hacer trabajo voluntario en la comunidad			
3. ir a una protesta estudiantil			
4. leer periódicos extranjeros en la Internet			
5. encontrar amigos por medio del correo electrónico			
6. comprar un televisor digital			

Segunda fase. En pequeños grupos averigüen cuáles son las tres actividades de la lista que marcaron más personas del grupo y qué miembros de la familia las hicieron. ¿Eran hombres o mujeres? Después comparen sus resultados con los de otros grupos.

SITUACIONES

Rol A. Usted es un/a importante hombre/mujer de negocios que fundó una compañía de encuestas. Conteste las preguntas que le va a hacer un/a reportero/a. Dele información detallada sobre cómo cree usted que se harán las encuestas en el futuro.

Rol B. Usted es un/a reportero que entrevista a un/a importante hombre/mujer de negocios que fundó una compañía de encuestas. Hágale preguntas para saber: a) la fecha de la fundación de la compañía, b) qué había hecho antes de fundar su compañía (estudios, puestos que ocupó, lugares de residencia, etc.) y c) su opinión sobre las encuestas en el futuro.

4. Infinitive as subject of a sentence and as object of a preposition

- The infinitive is the only verb form that may be used as the subject of a sentence. As the subject, it corresponds to the English *-ing* form.

    Caminar es un buen ejercicio. *Walking is a good exercise.*
    Fumar no es bueno para la salud. *Smoking is not good for your health.*

- Use an infinitive after a preposition.

    Llama **antes de ir**. *Call before going.*
    No llegues **sin avisarles**. *Don't arrive without letting them know.*

- **Al** + infinitive is the equivalent of **cuando** + *verb*.

    Al llegar, llamó al director. *Upon arriving, he called the director.*
    Cuando llegó, llamó al director. *When he arrived, he called the director.*

¿Qué dice usted?

👤👤 **14-16 Los letreros en nuestra sociedad. Primera fase.** Todos estamos acostumbrados a ver letreros o avisos (*signs*) en muchos lugares. Con su compañero/a, diga dónde se ven avisos como éstos.

MODELO: No correr.
         E1: En el pasillo de una escuela.
         E2: En el área/la zona de una piscina.

1. Usar el cinturón de seguridad.
2. No tirar basura.
3. Disminuir la velocidad.
4. No traer vasos de cristal.
5. Usar cascos en esta área.
6. No abrir esta puerta.
7. No fumar.
8. Hablar en voz baja.

Segunda fase. Con su compañero/a prepare un letrero para mostrárselo a otra pareja. Ellos/as tienen que decir dónde sería bueno ponerlo y por qué. Después pueden compartir sus letreros con la clase.

👥 **14-17 Opiniones.** Marque con una X el casillero correspondiente en la tabla de acuerdo con su opinión. Después, compare sus respuestas con las de su compañero/a y añadan comentarios adicionales.

MODELO: dormir ocho horas
            E1: Para mí, es necesario dormir ocho horas.
            E2: Pues, para mí, dormir ocho horas es difícil. Trabajo mucho
                y generalmente, duermo seis.

ACTIVIDAD	IMPORTANTE	NECESARIO	DIVERTIDO	ABURRIDO	TERRIBLE	DIFÍCIL
mejorar las escuelas						
mantener las tradiciones familiares						
saber lo que pasa en el mundo						
usar el correo electrónico						
entender la televisión hispana						
conocer otras culturas						
trabajar por la comunidad						
conocer a los hombres/las mujeres						
ser madre/padre en estos tiempos						

👥 **14-18 Reacciones diferentes.** Averigüe qué hace su compañero/a en estos casos. Después, comparta sus reacciones con las de otro/a estudiante.

MODELO: antes de viajar en avión
            E1: ¿Qué haces antes de viajar en avión?
            E2: Antes de viajar en avión, normalmente compro unas
                revistas o pongo un buen libro en mi mochila.

1. antes de hacer un viaje largo en auto
2. antes de preparar un informe
3. después de leer las noticias en la Internet
4. después de asistir a un partido de fútbol
5. antes de dormir
6. antes de ir a una entrevista para un trabajo

14-19 ¡Viva la independencia! Al convertirse en una pequeña empresaria muy exitosa, la señora Suárez ya tiene un buen capital, por lo tanto desea hacer otras cosas interesantes. ¿Qué resultados van a tener sus planes?

MODELO: E1: Piensa trabajar menos horas
              E2: Al trabajar menos tiempo, va a levantarse un poco más tarde.
              E1: Y al levantarse más tarde va a sentirse más relajada.

1. Le gustaría viajar por América Latina.
2. Quiere aprender a esquiar.
3. Desea tomar clases de pintura con un discípulo de Picasso.
4. Piensa pasar más tiempo con amigos.
5. Quiere contratar a dos empleados para que hagan su trabajo.
6. Como es divorciada, le gustaría conocer a alguien que sea compatible con ella.

14-20 Unos avisos. En pequeños grupos, preparen unos avisos, compártanlos con la clase, y digan dónde se deben poner.

SITUACIONES

La Asociación de Estudiantes quiere publicar un documento sobre los derechos y los deberes de los estudiantes y les ha pedido la cooperación a su compañero/a y a usted. Preparen una lista de cinco derechos y cinco deberes que ustedes consideran básicos en una universidad que represente la sociedad actual. Compartan su lista con la clase. Decidan entre todos cuáles son los cinco derechos y los cinco deberes más representados.

mosaicos

 A ESCUCHAR

A. ¿Lógico o ilógico? Indicate whether each of the following statements is **Lógico** or **Ilógico**.

	LÓGICO	ILÓGICO		LÓGICO	ILÓGICO
1.	_____	_____	5.	_____	_____
2.	_____	_____	6.	_____	_____
3.	_____	_____	7.	_____	_____
4.	_____	_____	8.	_____	_____

B. Los cambios en la familia. Read the statements below before listening to this informal talk. You may wish to take notes. Then, listen to the talk to determine whether each of the following statements is **Cierto** or **Falso**.

	CIERTO	FALSO
1. En esta charla sólo se habla de la familia moderna.	_____	_____
2. Se discuten las responsabilidades de las familias en las ciudades y en el campo.	_____	_____
3. Según la charla, las tareas domésticas se dividen por igual entre los matrimonios jóvenes.	_____	_____
4. En la familia moderna, las mujeres tienen más estrés que antes.	_____	_____
5. El complejo de culpa es el resultado de las presiones y conflictos de la vida diaria en la familia.	_____	_____
6. En la charla no se menciona el problema de los divorcios.	_____	_____

 A CONVERSAR

14-21 La sociedad del presente y futuro. Primera fase. Lea la siguiente noticia publicada en un periódico puertorriqueño.

VOTO POPULAR FAVORECE A UNA MUJER

- En un proceso electoral histórico, los puertorriqueños eligieron y depositaron el futuro de la isla en manos de Sila María Calderón, la primera gobernadora de Puerto Rico, una mujer con una vasta experiencia administrativa en el sector público (fue seis años secretaria de la Gobernación y secretaria de Estado durante tres años) y también en el privado.

- Su nutrida y ambiciosa agenda política incluye, entre otros proyectos, desarrollar los polos industriales, poner bajo tierra la cablería en el centro de la ciudad, municipalizar el muelle y el aeropuerto de Mayagüez.

- El pueblo puertorriqueño, por su parte, tiene sus propias expectativas: una reforma gubernamental profunda, la erradicación de la corrupción del gobierno, la urgente creación de empleos, la reconciliación entre todos los sectores del país, la paz, la justicia y la equidad en Vieques después de 60 años de negligencia por parte del gobierno puertorriqueño y estadounidense.

Segunda fase. En grupos pequeños, primero identifiquen por lo menos tres problemas experimentados por los puertorriqueños antes de elegir a la señora Sila María Calderón. Luego, indiquen de qué manera los solucionará la nueva gobernadora. Finalmente, comparen sus conclusiones con otro grupo o con la clase.

14-22 ¡Problemas en casa! Con un/a compañero/a conversen sobre los siguientes temas de actualidad. Háganse preguntas y utilicen en sus respuestas las expresiones indicadas. Tomen notas de la información obtenida.

MODELO:　la falta de seguridad en las escuelas
　　　　　E1: ¿Crees que podamos terminar con la falta de seguridad en las escuelas?
　　　　　E2: Sí, cuando haya más disciplina y eduquemos mejor a los niños.

TEMAS DE ACTUALIDAD	DESPUÉS DE QUE	TAN PRONTO COMO	EN CUANTO	CUANDO
la igualdad para las mujeres				
la eutanasia asistida				
la píldora abortiva				
el fin de las pandillas (*gangs*)				
la prohibición de las armas				
el descubrimiento de una cura para el sida (*AIDS*)				

14-23 La asistencia social. Con un/a compañero/a, identifique cuatro razones por las cuales algunas personas dependen de la asistencia social. Luego, comenten qué harían ustedes para solucionar cada uno de los problemas que la causan.

 A LEER

14-24 Preparación. Con un/a compañero/a, discutan qué palabras o símbolos asocian ustedes con la relación de una pareja.

1. ___ una paloma (*dove*)
2. ___ el corazón
3. ___ querer, amar
4. ___ odiar, detestar
5. ___ un canario

6. ___ atrapar
7. ___ una jaula donde viven pájaros
8. ___ comprensión
9. ___ liberar
10. ___ dar

14-25 Vivencias. Lea las frases siguientes. Luego comente con un/a compañero/a si ustedes mismos han dicho esas palabras alguna vez o las han escuchado decir. ¿En qué circunstancias dijeron estas frases o las escucharon?

1. Me siento como un/a prisionero/a.
2. Por favor, déjame escapar.
3. Te amo.
4. No me pidas que te comprenda.
5. El problema es que tú no me entiendes.

6. Quiero volar como un pájaro.
7. Vivo sin libertad como un pájaro en una jaula.
8. Suéltame. Déjame ir.

14-26 Primera mirada. Lea el siguiente poema y, luego, siga las instrucciones.

Hombre pequeñito

de Alfonsina Storni

Hombre pequeñito, hombre pequeñito,
Suelta a tu canario, que quiere volar...
Yo soy el canario, hombre pequeñito,
Déjame saltar.
Estuve en tu jaula, hombre pequeñito,
Hombre pequeñito que jaula me das,
Digo pequeñito porque no me entiendes,
Ni me entenderás.
Tampoco te entiendo, pero mientras tanto
Ábreme la jaula que quiero escapar;
Hombre pequeñito, te amé media hora.
No me pidas más.

Garganigo, et al. *Huellas de las literaturas hispanoamericanas.*
New Jersey: Prentice Hall, 1997.

Primera exploración. Indique si las siguientes afirmaciones son interpretaciones correctas (C) o incorrectas (I) del poema. Si son incorrectas explique por qué.

_____ 1. El poema tiene un tono alegre.

_____ 2. La persona que habla en este poema es un hombre.

_____ 3. La voz del poema siente que la persona con quien conversa es un/a opresor/a.

_____ 4. La persona con quien la voz dialoga lo/la trata bien y lo/la hace feliz.

_____ 5. La persona piensa que su pareja no la comprende ahora, pero lo hará en el futuro.

_____ 6. La expresión 'pequeñito' en este poema significa que la persona es 'de baja estatura'.

_____ 7. La voz del poema quiere continuar viviendo con su compañero/a.

_____ 8. El/La hablante del poema desea darle amor a su pareja.

14-27 Segunda exploración. Marque el tono de cada una de las siguientes citas según el contexto del poema: tono irónico (TI), tono de seguridad (TS), tono de ruego, súplica (TR), tono de desesperanza (TD).

_____ 1. Hombre pequeñito, hombre pequeñito,

_____ 2. Suelta a tu canario.

_____ 3. Digo pequeñito porque no me entiendes.

_____ 4. Ni me entenderás.

_____ 5. Tampoco te entiendo,...

_____ 6. Ábreme la jaula...

_____ 7. ...quiero escapar

_____ 8. No me pidas más.

 A ESCRIBIR

14-28 Preparación. Prepárese para escribir su propio poema, siguiendo como modelo el poema que acaba de leer.

■ Primero, decida si su poema será para alguien del sexo femenino o masculino.

■ Luego, piense en una o dos palabras que describan a esta persona a la que usted alude.

■ Ahora, identifique un objeto, un animal, u otro elemento que describa sus sentimientos sobre su relación con esa persona.

■ Después, escriba tres o cuatro cosas que usted le pide a la persona que haga por usted.

■ Luego, indique un lugar que usted asocia con esta relación.

■ Finalmente, mencione una o dos cosas que usted puede pedirle a la persona que no haga.

14-29 Manos a la obra. Ahora, escriba el poema. Puede darle un tono alegre o triste. No se olvide de darle un título.

Título: _____

Autor: _____

_____, _____,

_____ a tu _____, que quiere _____

Yo soy _____, _____,

_____.

_____, _____,

_____ que _____ me das.

Digo _____ porque no _____,

Ni _____.

Tampoco te _____, pero mientras tanto

_____ que quiero _____;

_____, te _____ media hora.

No me _____ más.

14-30 Revisión. Lea su poema una vez más. ¿Esta usted satisfecho/a con el mensaje que le da a la persona a quien se lo escribe? ¿Son comprensibles y coherentes las ideas? ¿Siente usted que el poema tendrá el efecto que usted quiere darle? Dele el poema a un/a compañero/a para que lo disfrute.

Vocabulario*

La sociedad

la calidad	*quality*
el censo	*census*
la confianza	*trust*
la creencia	*belief*
el deber	*duty*
la desventaja	*disadvantage*
el divorcio	*divorce*
la eficiencia	*efficiency*
el enlace	*link*
la felicidad	*happiness*
la fuerza laboral	*work force*
el hogar	*home*
la honestidad	*honesty*
la igualdad	*equality*
el ministerio	*ministry*
la necesidad	*need*
el poder	*power*
la separación	*separation*
la ventaja	*advantage*

Encuestas

los datos	*data*
la estadística	*statistic*
la fuente	*source*
la mayoría	*majority*
el promedio	*average*
el perfil	*profile*
el porcentaje	*percentage*

Personas

el varón	*male*
el/la vecino/a	*neighbor*
la viuda	*widow*
el viudo	*widower*

Descripción

actual	*present, current*
adulto/a	*adult*
enérgico/a	*energetic*
fiable	*trustworthy*
financiero	*financial*
notable	*notable, noteworthy*
solo/a	*alone*

Verbos

anunciar	*to announce, to tell*
carecer (zc)	*to lack*
casarse	*to get married*
consultar	*to consult*
continuar	*to continue*
divorciarse	*to divorce*
encontrar (ue)	*to find*
independizarse (c)	*to become independent/ liberated*
proceder (de)	*to come from*
quejarse	*to complain*
realizar (c)	*to carry out*
saltar	*to jump*

Palabras y expresiones útiles

los demás	*the rest, others*
el nivel	*level*
por otra parte	*on the other hand*
la sucursal	*branch (business)*

* For a list of adverbial conjunctions, see page 468.

La democracia en los países hispanos

Para pensar

¿Qué tipo de gobierno existe en los Estados Unidos? ¿Cuántos años hace que existe este tipo de gobierno? ¿Sabe Ud. qué tipo de gobierno tienen los diferentes países hispanos? ¿Hay algún país hispano que tenga una monarquía? ¿Cuál? ¿Hay algún país hispano que tenga una dictadura? ¿Cuál?

La mayor parte de los países hispanos, con excepción de Cuba, tiene un gobierno democrático, pero ésta no ha sido siempre la situación.

Después que los diferentes países de la América Latina declararon su independencia de España en el siglo XIX, hubo un período de gran inestabilidad política y económica durante el cual muchos caudillos o dictadores conservadores dominaron la región. Esta inestabilidad política continuó durante gran parte del siglo XX. Así, hubo dictaduras militares en Nicaragua, Guatemala, Panamá, la República Dominicana, Venezuela, Colombia, Ecuador, Bolivia, Perú, Chile, Uruguay, Paraguay, Argentina, pero además hubo revoluciones que afectaron la estructura socioeconómica de muchos países como México, Bolivia, Cuba, Nicaragua, Chile y Perú.

Los cambios políticos de los últimos 35 años han restablecido la democracia en muchos países de América Latina. Sin embargo, debido a las grandes desigualdades sociales y a la multitud de problemas económicos han surgido grupos guerrilleros o revolucionarios en algunos países, como por ejemplo en el Perú, Colombia y México.

En algunos países, además de la guerrilla, existe el problema del narcotráfico, que también amenaza la paz y la democracia.

En España, después de la muerte del dictador Franco en 1975 y la subida al trono del Rey Juan Carlos I, se inició el camino hacia la democracia, lo que no fue fácil. En 1977 se celebraron elecciones generales donde se votó por las Cortes que elaborarían una nueva constitución; ésta fue aprobada en 1978. El carácter pacífico de la transición política española, que contó con el apoyo del rey, ha servido de ejemplo a numerosas democracias jóvenes de todo el mundo. Sin embargo, España aún no ha resuelto uno de sus más graves problemas: el terrorismo. A pesar de que la diversidad cultural de España está protegida y garantizada por los estatutos (*laws*) de autonomía de las distintas regiones, el grupo terrorista ETA exige la independencia política para el País Vasco, al norte de la península y, por esta causa, ha causado la muerte de cientos de personas inocentes.

Para contestar

La democracia. Con su compañero/a responda a las siguientes preguntas:

1. ¿Qué tipo de problemas políticos han tenido los países hispanoamericanos desde su independencia de España?
2. ¿Cuáles, en su opinión, son los problemas que afectan la democracia en América Latina más seriamente?
3. ¿Qué sistema de gobierno existe en España? ¿Cuándo se inició?

Riqueza cultural. En grupos pequeños, busquen información en la Internet sobre uno de los siguientes temas y mencionen cuáles han sido las causas y las consecuencias de su surgimiento. Después, informen a la clase sobre sus conclusiones.

- La revolución cubana
- El narcotráfico en Colombia
- El movimiento guerrillero en México (Chiapas)
- El proceso democrático en el Perú y Venezuela
- Las dictaduras de los años setenta (Chile, Uruguay, Argentina)

 ## Para investigar en la WWW

1. Busque el nombre y la afiliación política de los presidentes de cinco países hispanos. Traiga esta información a clase y haga una presentación acerca de lo que averiguó. Sus compañeros/as, divididos/as en grupos, escogerán a uno de esos presidentes y darán su opinión sobre su labor, basándose únicamente en lo que usted presentó.

2. Con un/a compañero/a, busque información sobre un movimiento guerrillero en un país hispano. Diga cuáles son sus objetivos y cuáles han sido sus actividades en los últimos años. Después, presenten un resumen de las acciones del gobierno de ese país para combatir la guerrilla. Sus compañeros/as darán su opinión sobre los efectos que ese movimiento ha tenido en la sociedad y la economía del país y sobre las acciones del gobierno. Si necesita información, puede ir a: *www.prenhall.com/mosaicos*.

Depositando su voto en las elecciones mexicanos en Agua Prieta

3. Busque información acerca de un país hispano donde la democracia o el proceso democrático se vean amenazados. Presente esta información en clase y pídales a sus compañeros/as su opinión acerca de la situación, qué recomendaciones harían para solucionar esta situación, etc. Puede visitar *www.prenhall.com/mosaicos* para empezar su investigación.

ENFOQUE INTERACTIVO

  A MIRAR EL VIDEO 5:00

Watch the *Fortunas* video segment for *Lección 14* in class or on your CD-ROM. Were you expecting the final twist in the seventh *misterio*? What do you think about Sabrina and Katie?

Now complete the accompanying video activities on the CD-ROM. This is your chance to interact with the video characters! **25:00**

El concurso

In this episode of *Fortunas* we see the last *misterio* solved and the final *fortuna* claimed. The contest is not over yet but the end is certainly within sight. It seems that Katie was actually able to win the admiration of the other contestants. Everyone saw her as the key to winning. And, after one more vote, we'll see if they were right.

Triunfo final

Misterio Nº 7: Casa de belleza

Pistas
1. *Accidente famoso*
2. *La bella y la bestia*
3. *Matrimonio tumultuoso*
4. *Vestidos de Tehuana*

 LA BÚSQUEDA 5:00

For anyone who knows the story of Frida Kahlo, "*accidente famoso*" and "*vestidos de Tehuana*" are easy clues. "*La bella y la bestia*," of course, is a reference to her relationship with Diego Rivera. Did you figure out that the solution was the *Museo Frida Kahlo* located in Coyoacán? What is your unofficial score at this point? Go to the *Fortunas* module to review this year's *misterios* and their locations. How do the three *fortunas* follow the history and culture of Mexico and fall into three major time periods?

¿QUÉ OPINA USTED? 5:00

After each episode, you vote in the *Fortunas* viewer poll and award points to different contestants. The final poll is worth 500 points and will determine this year's winner. The race is down to two players: Sabrina and Katie. Spend some time thinking about both women, their strong points, and the way they have played the game. Decide who you think should win. Then, go to the *Fortunas* module and click on *¿Qué opina usted?* to cast your final vote.

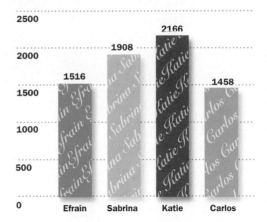

 PARA NAVEGAR 10:00

LA DEMOCRACIA

Hoy en día casi damos por sentada (*take for granted*) la democracia. El concurso *Fortunas* se basa en el derecho a votar y seleccionar democráticamente. Pero la democracia ha seguido un camino diferente en el mundo hispano. Desde la monarquía española a las guerras de la independencia y las dictaduras militares, la democracia ha sido un derecho ganado a través de la lucha constante y el sacrificio personal.

Vicente Fox, el presidente de México

Go to the *Mosaicos Website* and click on the *Para navegar* module to explore links to information on democracy and politics in the Hispanic world. Follow the links and then complete the related activities.

Lección 15

La ciencia y la tecnología

COMUNICACIÓN

- ✖ Talking about advances in science and technology
- ✖ Giving opinions and making suggestions
- ✖ Hypothesizing about the present and the future
- ✖ Softening requests and statements
- ✖ Expressing unexpected occurrences
- ✖ Expressing contrary-to-fact conditions in the present

ESTRUCTURAS

- ✖ The imperfect subjunctive
- ✖ *If*-clauses
- ✖ **Se** for unplanned occurrences

MOSAICOS

A ESCUCHAR

A CONVERSAR

A LEER

- ✖ Identifying the narrator of the story
- ✖ Recognizing prefixes and suffixes

A ESCRIBIR

- ✖ Expressing agreement and disagreement
- ✖ Speculating about the future

ENFOQUE CULTURAL

- ✖ La economía, la industria y la tecnología en los países hispanos

ENFOQUE INTERACTIVO

 WWW   **VIDEO**   **CD ROM**

La conservación del medio ambiente

¡AÚN ES TIEMPO!

La reserva de la biosfera es nuestra oportunidad

La reserva de la biosfera del alto Golfo de California y del delta del río Colorado puede ser la salvación de nuestra cultura pesquera. Juntos vamos a desarrollar un plan que nos permita manejar la reproducción y recuperación de los recursos naturales y de esta manera, asegurar nuestro bienestar y el de nuestros hijos.

¡El éxito depende de su participación!

La cuenca del río Amazonas cubre un área de más de 7 millones de kilómetros cuadrados, región comparable en extensión a dos terceras partes del territorio de los Estados Unidos. Debido a su densa vegetación selvática, esta área es conocida como el "pulmón" del planeta. Hoy en día, miles de campesinos llegan a la selva en busca de tierra para cultivar. La deforestación se considera una pérdida irreparable para el medio ambiente del planeta.

¿Qué dice usted?

👥 **15-1 Amigos de la tierra.** Usted y su compañero/a van a llenar la siguiente tabla de acuerdo con la información presentada. Después, hablen de la gravedad de cada situación y den ideas para mejorarla.

TEMA	PROBLEMA	ESTRATEGIA
La industria pesquera		
Los bosques tropicales		

👥 **15-2 El futuro.** Haga una lista de por lo menos cinco adelantos científicos o cambios sociales que espera que se realicen en el siglo XXI. Compare su lista con la de su compañero/a.

👥 **15-3 El problema más serio de hoy.** Preparen un informe oral sobre su preocupación principal en cuanto al futuro del mundo y del ser humano. Incluyan soluciones posibles. Presenten sus ideas a la clase.

A INVESTIGAR

Busque información en la Internet sobre organizaciones como Greenpeace o el Club Sierra, cuyo propósito es la protección del medio ambiente. Escoja una de esas organizaciones y prepare un breve informe oral con la siguiente información:

- ¿Qué objetivos tiene la organización?
- ¿Cómo se financia? ¿Quiénes trabajan en ella?
- ¿Cuál fue una de sus campañas recientes? ¿Qué objetivos tenía? ¿Cómo la realizaron?

¿Qué nos espera en el futuro?

La ciudad del futuro

1 LAS CIUDADES

■ Se construirán ciudades verticales con edificios climatizados usando energía solar. Algunas se construirán sobre el mar.

■ El 90% de la población vivirá en las ciudades.

■ Las basuras urbanas serán recicladas.

2 LA ATMÓSFERA

■ La atmósfera sufrirá un calentamiento que hará subir el nivel del mar por los deshielos, provocando inundaciones.

■ La contaminación de los mares provocará la extinción de los bancos de peces.

■ El agujero de la capa de ozono hará aumentar el número de enfermos de cáncer de piel.

■ Se cultivarán plantas que mejoren la calidad del aire.

3 LAS VIVIENDAS

- Todos los hogares estarán conectados a la Internet. Las compras de alimentos se harán virtualmente.
- Las puertas y los aparatos electrónicos serán activados por la voz.
- Habrá robots que se ocuparán de hacer la limpieza.

4 EL TRANSPORTE

- Los trenes de alta velocidad conectarán las grandes ciudades y circularán por rieles suspendidos a la altura de los edificios.
- Los coches combinarán la energía eléctrica y la energía solar. Serán pequeñas cápsulas voladoras que podrán despegar y aterrizar verticalmente.
- El tráfico aéreo será controlado por satélite.

5 LA CIENCIA Y LA TECNOLOGÍA

- Habrá clonaciones de animales extinguidos.
- Los embriones humanos se seleccionarán genéticamente.
- Todos los teléfonos móviles tendrán una computadora incorporada.
- Los pacientes serán tratados en sus casas mediante la telemedicina.

¿Qué dice usted?

👥 **15-4 Un futuro mejor. Primera fase.** Con un/a compañero/a comparen las ciudades de hoy con las del futuro basándose en las ilustraciones anteriores. Consideren por lo menos dos de las siguientes variables: uso de ciencia-tecnología, medio ambiente, transporte, calidad de vida para los ciudadanos, criminalidad, delincuencia, consumismo, salud.

Segunda fase. Ahora hable con su compañero/a sobre dos problemas específicos que existen en la ciudad del presente. Hagan una lista de dos aspectos de cada problema que les gustaría mejorar. Luego, compartan sus ideas con el resto de la clase.

MODELO: En la ciudad contemporánea hay poca seguridad física. Cualquier persona puede tener un arma y matar a quien quiera. Nos gustaría proponer una ley para limitar el uso de las armas de fuego.

👥👤 **15-5 Un mundo de tecnología.** Piense en el impacto de la tecnología en su vida. Anote tres actividades diarias en las cuales usted usa una forma de telecomunicación o una computadora. Compare sus notas con las de dos de sus compañeros/as. Según ustedes, ¿es optativo u obligatorio el uso de la tecnología hoy en día?

👥👤 **15-6 ¡El futuro es hoy!** Haga una lista de cinco cosas que existen hoy y que no existían cuando sus padres tenían su edad. Compare su lista con las de dos de sus compañeros/as y expliquen el impacto y las consecuencias de estas nuevas cosas en sus vidas.

©Joaquín S. Lavado, QUINO, Toda Mafalda, Ediciones de la Flor, 1997.

👥👤 **15-7 Los OVNIS (Objetos Voladores No Identificados).** En grupo, imagínense que han visto una nave espacial de otro planeta. Describan todo lo que vieron, comentando las semejanzas y las diferencias entre ustedes y los vecinos desconocidos.

Nuevas fronteras

Alcanzando las estrellas

Franklin Chang Díaz inventó un motor de cohete que se espera transporte a seres humanos al planeta Marte.

Cuando tenía 9 años, Chang Díaz construyó su propia nave espacial usando una silla de la cocina y una caja de cartón. A los 15 años, diseñó un cohete mecánico y lo disparó hacia el cielo con un pobre ratoncito en la cabina, ¡y el ratón regresó a la tierra sano y salvo gracias a un paracaídas!

Originalmente de Costa Rica, Chang Díaz es el astronauta hispanoamericano más destacado de la NASA y el primer director latino del Laboratorio de Propulsión Avanzada de la NASA en Houston. En 1986, Chang Díaz llegó a ser el primer hispanoamericano que viajó en el transbordador espacial.

Fuente: *People en español*, Otoño, 1996

Una astronauta hispana

Ellen Ochoa es la primera mujer hispana astronauta. En 1990 fue seleccionada por la NASA y poco después cumplió su primera misión espacial. A bordo del *Discovery* fue en 1999 a la estación espacial internacional para llevar equipo y repuestos.

¿Qué dice usted?

 15-8 ¿Vamos al planeta Marte? ¿Cree usted que, durante su vida, será posible viajar al planeta Marte? Con un/a compañero/a, planee el viaje y explique con quiénes irán, qué llevarán, cuánto tiempo tardarán en llegar, qué verán allí y cómo se sentirán física y emocionalmente en este nuevo ambiente. Compartan su plan con otros "astronautas" para formular el mejor plan posible.

A ESCUCHAR

El problema de la alimentación. You will hear a short talk about the problem of feeding the world population. You may read the statements below before listening to the talk and/or take notes. As a final step, determine whether each statement is **Cierto** or **Falso**.

	CIERTO	FALSO
1. Los científicos están trabajando para resolver el problema de la alimentación.	____	____
2. El Instituto Internacional para la Investigación del Arroz está en los Estados Unidos.	____	____
3. No hay centros de estudio para mejorar la alimentación en el Tercer Mundo.	____	____
4. La ingeniería genética ha producido mejoras en la producción de arroz.	____	____
5. Las viejas técnicas de cultivo tendrán que cambiar para aumentar la productividad.	____	____
6. Las nuevas técnicas de cultivo y la ingeniería genética han aumentado la producción de arroz en un 1 por ciento.	____	____

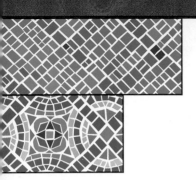

Explicación y Expansión

1. The imperfect subjunctive

In **Lecciones 10, 11, 12,** and **14,** you studied the forms and uses of the present subjunctive. Now you will study the past subjunctive, which is also called the imperfect subjunctive. All regular and irregular past subjunctive verb forms are based on the **ustedes, ellos/as** form of the preterit. Drop the **-on** preterit ending and substitute the past subjunctive endings. The following chart will help you see how the past subjunctive is formed. Note the written accent on **nosotros** forms.

PAST OR IMPERFECT SUBJUNCTIVE				
	HABLAR	COMER	VIVIR	ESTAR
	(hablar~~on~~)	(comier~~on~~)	(vivier~~on~~)	(estuvier~~on~~)
yo	hablara	comiera	viviera	estuviera
tú	hablaras	comieras	vivieras	estuvieras
Ud., él, ella	hablara	comiera	viviera	estuviera
nosotros/as	habláramos	comiéramos	viviéramos	estuviéramos
vosotros/as	hablarais	comierais	vivierais	estuvierais
Uds., ellos/as	hablaran	comieran	vivieran	estuvieran

■ The present subjunctive is oriented to the present or future while the past subjunctive focuses on the past. In general, the same rules that determine the use of the present subjunctive also apply to the past subjunctive.

HOY → PRESENT SUBJUNCTIVE

Los astronautas quieren que los trajes espaciales **sean** más ligeros.
The astronauts want that the space suits be lighter.

Van a cambiar los trajes espaciales para que **sean** más ligeros.
They are going to change the space suits so they' ll be lighter.

AYER → PAST SUBJUNCTIVE

Los astronautas querían que los trajes espaciales **fueran** más ligeros.
The astronauts wanted that the space suits be lighter.

Cambiaron los trajes espaciales para que **fueran** más ligeros.
They changed the space suits so they would be lighter.

■ Use the past subjunctive after the expression **como si** (*as if, as though*). The verb in the main clause may be in the present or in the past.

Gastan dinero en aparatos electrónicos **como si fueran** ricos.
They spend money in electronic gadgets as though they were rich.

Hablaba con el científico **como si entendiera** el problema.
He talked with the scientist as if he understood the problem.

¿Qué dice usted?

15-9 Cuando era niño/a. Con su compañero/a hable sobre lo que querían o no querían sus padres que ustedes hicieran cuando eran niños/as.

MODELO: mirar televisión por la noche
E1: ¿Querían que miraras televisión por la noche?
E2: Sí, (No, no) querían que mirara televisión por la noche.

1. comer vegetales
2. estudiar ciencias
3. ver programas violentos

4. cuidar el medio ambiente
5. tener juguetes electrónicos
6. …

15-10 En el laboratorio. Pedro es muy inteligente, pero muy distraído y un poco irresponsable. Hoy hizo unos experimentos con un científico en el laboratorio. ¿Qué le dijo el científico en estas situaciones? Túrnese con su compañero/a para dar respuestas lógicas.

MODELO: Pedro no se puso los guantes para hacer el experimento.
(El científico) le dijo que se pusiera los guantes.

1. Llegó tarde al laboratorio.
2. Él escuchaba música mientras hacía un experimento.
3. Dejó una botella de alcohol cerca de una estufa.
4. No esterilizó unos instrumentos.
5. Recibió una llamada en su celular.
6. La mesa donde Pedro trabajaba estaba muy desordenada.

15-11 Alguien que no nos cae bien. Ustedes conocen a una persona que cree que es mejor que nadie. En pequeños grupos, digan cómo se comporta esta persona en cada uno de los siguientes aspectos. Pueden usar los verbos que aparecen más abajo o usar otros.

MODELO: hablar
Habla como si fuera más inteligente que sus amigos.

manejar	vivir	usar	gastar
discutir	cambiar	vestirse	caminar

- su dinero/finanzas
- su estilo de vestir
- conversaciones con otras personas
- la manera en que maneja su automóvil

15-12 Un tren de alta velocidad. El mes pasado comenzó a prestar servicio un tren de alta velocidad que conecta diferentes ciudades en la zona donde usted vive. En grupos pequeños, hablen de la situación actual del tren y compárenla con la situación de antes. Compartan sus opiniones con las de otros grupos. ¿En qué está de acuerdo toda la clase?

SITUACIONES

Rol A. Usted es muy consciente de la contaminación y el deterioro del medio ambiente y se ha unido a un grupo ecológico que quiere mejorar la situación. Hable con su compañero/a y explíquele: a) quiénes forman parte del grupo, b) para qué lo formaron y c) qué han hecho hasta ahora. Conteste las preguntas de su compañero/a y dígale cómo se siente como miembro de este grupo.

Rol B. Su compañero/a le da información sobre un grupo ecológico al cual él/ella pertenece. Después de escucharlo/la, hágale preguntas para obtener más información (responsabilidades de los miembros, reuniones, etc.). Después dígale: a) que usted está interesado/a en participar y b) averigüe la fecha y la hora de la próxima reunión.

2. *If*-clauses

■ Use the present or future indicative in the main clause and present indicative in the *if*-clause to express what happens or will happen if certain conditions are met.

> **Puedes** obtener información sobre el Amazonas si la **buscas** en la Internet.
> *You can get information on the Amazon if you look for it in the Internet.*

> Los bosques van a desaparecer si **continuamos** cortando árboles.
> *Forests will disappear if we continue cutting trees down.*

> Si **cuidamos** nuestros recursos naturales, las generaciones futuras **tendrán** una vida mejor.
> *If we take care of our natural resources, future generations will have a better life.*

■ Use the imperfect subjunctive in the *if*-clause to express a condition that is unlikely or contrary-to-fact. Use the conditional in the main clause.

> Si le **dieran** más dinero al aeropuerto, el tráfico aéreo **podría** mejorar.
> *If the airport were to get more money, air traffic could improve.*

> Si **usáramos** la energía solar en las casas, **ahorraríamos** mucho petróleo.
> *If we used solar energy in our homes, we would save a lot of oil.*

¿Qué dice usted?

👥 **15-13 El mundo que todos queremos.** Con su compañero/a, complete las oraciones de la izquierda con una conclusión lógica. En algunos casos, puede haber varias posibilidades.

1. Si tuviéramos más disciplina en las escuelas,
2. Si hubiera menos violencia en la televisión,
3. Si cuidáramos más nuestro planeta,
4. Tendríamos un mundo mejor
5. Si hubiera trenes de alta velocidad
6. Gastaríamos menos gasolina

a. no contaminaríamos tanto el medio ambiente.
b. los alumnos aprenderían más.
c. si todos nos respetáramos más.
d. las personas manejarían menos en las carreteras.
e. habría menos problemas en la sociedad.
f. si usáramos el transporte público.

👥 **15-14 ¿Qué pasa si… ?** Túrnese con su compañero/a para decir qué resultados se pueden obtener si se hacen ciertas cosas.

MODELO: leer los periódicos
Si leen los periódicos regularmente, sabrán qué está pasando en el mundo.

1. aprender otra lengua
2. reciclar plásticos y papel
3. proteger los recursos naturales
4. decir que "no" a las drogas
5. tener correo electrónico
6. construir estaciones espaciales

👥 **15-15 ¿Cómo sería el mundo… ?** Con su compañero/a, den sus razones para explicar cómo sería el mundo si se dieran estas circunstancias. Después, compartan sus ideas con las de otros/as estudiantes.

1. si no hubiera televisión
2. si viviéramos 150 años
3. si no hubiera discriminación
4. si no hubiera fronteras entre los países
5. si pudiéramos viajar en autos supersónicos a todas partes
6. …

👥 **15-16 Cambios.** En pequeños grupos, comenten qué harían en las siguientes áreas, si pudieran hacer cambios para mejorar las condiciones de vida en el país.

1. la falta de seguridad en las calles
2. las leyes de inmigración
3. la contaminación
4. los guetos (*ghettos*)
5. …

Su universidad ha recibido una donación considerable de dinero para establecer un programa de reciclaje con la condición de que los alumnos participen y organicen parte del programa. Su compañero/a y usted desean participar en este proyecto. Expliquen detalladamente lo que harían (qué reciclar, dónde, personal necesario, gastos, etc.) si pudieran participar en el programa.

3. *Se* for unplanned occurrences

■ Use **se** + *indirect object* + *verb* to express unplanned or accidental events. This construction emphasizes the event in order to show that no one is directly responsible.

Se **les apagaron** las luces.	*Their lights went out.*
A él **se le acabó** el dinero.	*He ran out of money.*
Se **nos olvidó** el número.	*We forgot the number.*
A los Álvarez se **les descompuso** la computadora.	*The Alvarez's computer broke down.*
Se **te rompió** la chaqueta.	*Your jacket got torn.*

■ Use an indirect object pronoun (**me, te, le, nos, os, les**) to indicate whom the unplanned or accidental event affects. Place it between **se** and the verb. If what is lost, forgotten, and so on, is plural, the verb also must be plural.

Se **me quedó** el dinero en el hotel.	*I left the money in the hotel.*
Se **me quedaron** los boletos en casa.	*I left the tickets at home.*

¿Qué dice usted?

👤👤 **15-17 ¿Qué les pasó?** Con su compañero/a, túrnense para contestar las preguntas de la columna de la izquierda completando las oraciones de la columna de la derecha.

MODELO: E1: ¿Dónde está tu cámara? Se me perdió…
         E2: Se me perdió en la universidad.

1. ¿Qué les pasó anoche?	Se nos apagaron…
2. ¿Por qué llegaste tarde?	Se me descompuso…
3. ¿Por qué no almorzaron?	Se nos acabó…
4. ¿Qué le pasó al astronauta?	Se le cayó…
5. ¿Dónde está tu celular?	Se me quedó…
6. ¿Dónde están las computadoras portátiles?	Se nos olvidaron…

15-18 Muchos problemas. Ayer tuvieron muchos problemas en el laboratorio de ingeniería genética. Explique qué les pasó usando las sugerencias entre paréntesis.

MODELO: El doctor no pudo completar el experimento. (olvidarse la fórmula)
           Se le olvidó la fórmula.

1. Los técnicos estaban preocupados. (romperse el microscopio)
2. El director no fue. (enfermarse un hijo)
3. Los ayudantes llegaron tarde. (acabarse la gasolina)
4. La doctora Milán no pudo entrar en el laboratorio. (perderse las llaves)
5. El subdirector no recibió su correo electrónico. (descomponerse la computadora)
6. Un técnico estaba histérico. (perderse unos datos importantes)

👤👤 **15-19 ¿Qué pasó?** Túrnense para describir lo que ustedes ven en los dibujos y después digan qué les pasó a las personas.

MODELO: María no se sentía bien y decidió llamar al doctor. Buscó un teléfono público y quiso llamar, pero se le olvidó el número.

a.

b.

c.

 **15-20 Un día terrible.** Su compañero/a y usted tuvieron un día terrible ayer. Túrnense para decir qué les pasó usando **se** + un pronombre.

MODELO: No estudié porque…   No te llamé porque…
            E1: No estudié porque se me perdió el libro.
            E2: Y yo no te llamé porque se me descompuso el teléfono.

USTED	SU COMPAÑERO/A
Antes de salir de casa… No hice el experimento porque… Cuando iba a casa en el auto… …	Cuando desayunaba… No almorcé porque… Cuando caminaba para casa… …

SITUACIONES

Rol A: Usted está manejando por una zona escolar; un/a policía lo/la detiene y le hace varias preguntas porque sospecha que usted iba manejando a exceso de velocidad. Conteste las preguntas del/de la policía y explíquele que no tiene la licencia con usted. Trate de convencerlo/la de que usted es un/a buen/a chofer y que no iba a exceso de velocidad.

Rol B: Usted es policía. Es la hora de salida de los niños de la escuela, por eso usted controla que los conductores observen las reglas del tránsito en zona escolar. Usted acaba de detener a un/a chofer que maneja aparentemente a exceso de velocidad. Para confirmar sus sospechas, pregúntele: a) a qué velocidad se debe manejar en una zona escolar, b) a qué velocidad iba él/ella y c) pídale su licencia de manejar. Finalmente dígale que es ilegal manejar sin licencia y que usted le va a poner una multa (*fine*).

mosaicos

 ## A ESCUCHAR

A. ¿Qué les pasó? Pablo, Ignacio, Lidia, Gloria, and Agustina had a bad day. Listen to what happened to each person and write his or her name in the space provided.

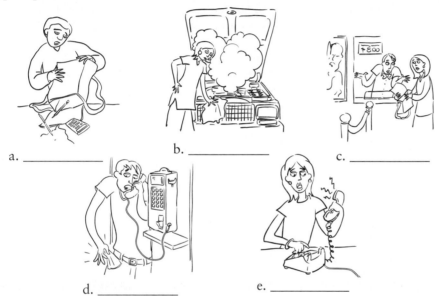

a. _____

b. _____

c. _____

d. _____

e. _____

B. Los implantes que salvan vidas. How has technology helped medicine in improving health care? With your partner, think of some advances and share this information with other students. Then, listen to a discussion about technology and medicine and what is expected to happen in the future. You may read the statements below before listening to the talk and/or take notes. As a final step, determine whether each statement is **Cierto** or **Falso**.

	CIERTO	FALSO
1. El marcapasos ha ayudado mucho a los diabéticos.	_____	_____
2. El marcapasos se usó por primera vez hace unos cincuenta años.	_____	_____
3. Las minibombas son unas pastillas para la diabetes.	_____	_____
4. El implante que se coloca en el oído es como una microcomputadora.	_____	_____
5. Hay un implante que les permite oír sonidos a los sordos.	_____	_____
6. Los científicos esperan que en el futuro los ciegos puedan ver.	_____	_____

15-21 Anécdotas. Primera fase. Lea las siguientes anécdotas anónimas que les ocurrieron a dos celebridades y luego, siga las instrucciones.

> "Hace unos años, cuando comenzaba mi carrera artística, invité a comer a una amiga un sábado por la noche. Recuerdo que fuimos a un restaurante francés muy elegante y caro en San Francisco. Después de que habíamos comido y bebido con el mejor champán, me trajeron la cuenta. Llevé mi mano a la cartera de mi chaqueta y me di cuenta que se me había olvidado la billetera en casa. Llamé al camarero y le expliqué la situación. Incluso le dije quién era. Con una mirada y tono irónicos el camarero me dijo: "Si usted es...., yo soy John Travolta. Por favor, no me cuente historias.""

> "Recuerdo como si fuera hoy. Mi esposo y yo decidimos salir de incógnito a Manhattan una tarde de invierno. Nos vestimos de vaqueros, nos pusimos el abrigo y salimos. Íbamos a pasar unas horas comprando en las tiendas chinas y, luego, íbamos a ver una película juntos. Después de manejar y conversar animadamente unos 20 minutos por las carreteras, se nos echó a perder el Ferrari. ¡Qué horrible! Tanto mi esposo como yo nos bajamos del carro para ver qué había pasado. Aparentemente no había ningún problema mecánico en el coche. Volvimos al carro y, de repente, mi esposo se dio cuenta de que se nos había descompuesto el marcador de gasolina y que se nos había olvidado llenar el tanque. Como estábamos bloqueando una ruta muy transitada, llegó la policía y nos preguntó qué nos había ocurrido. Le contamos la historia, pero no nos creyó y nos puso una multa."

Segunda fase. Con un/a compañero/a, compartan experiencias similares —positivas o negativas. Después compartan sus experiencias con la clase. Expliquen...

- Quién(es) estaba(n) presente(s) en la situación.
- Cuándo y dónde ocurrió. Describan el escenario.
- Qué ocurrió y cómo terminó la situación.

Ideas útiles:

perdérsele algo importante	quedársele algo indispensable
olvidársele algo importante	en un lugar inapropiado
descomponérsele algo	caérsele algo y rompérsele
rompérsele algo de mucho valor	

👥 **15-22 La tecnología: ¿una ayuda o una limitación?** Con un/a compañero/a comenten dos maneras en que la tecnología los/las ha afectado a ustedes en cada una de las siguientes áreas: estudios, casa, trabajo, transporte, salud y relaciones interpersonales. Luego, compartan sus conclusiones con otros compañeros.

👥 **15-23 Un nuevo mundo.** En grupos pequeños, imagínense que ustedes pueden crear una nueva sociedad, utópica o real. Escojan un nombre que represente la posición/visión futurista del grupo y expliquen por qué lo escogieron. (Por ejemplo, "Los pacifistas": el objetivo del grupo es la paz en el mundo.) Luego, comenten sus ideas basándose en los siguientes puntos. Tomen notas y prepárense para compartir sus opiniones con el resto de la clase.

- Valores positivos de este nuevo mundo: ¿igualdad? ¿cooperación? ¿justicia? ¿solidaridad? ¿amor? ¿… ?
- Problemas que desaparecerán: ¿discriminación? ¿segregación? ¿machismo? ¿individualismo? ¿contaminación ambiental? ¿desempleo? ¿guerras? ¿hambre? ¿… ?
- Necesidades de infraestructura: ¿escuelas? ¿hospitales? ¿carreteras? ¿… ?
- Sistema de gobierno: ¿democracia? ¿tecnocracia? ¿dictadura? ¿teocracia? ¿… ?

LENGUA

Hay numerosas expresiones con **se** que forman parte del lenguaje diario de las personas de habla hispana.
Lea las siguientes expresiones y piense en qué situaciones se podrían usar.

- se me pone la piel de gallina (*goosebumps*)
- sc me fue el alma a los pies (*heart sank*)
- se me va la lengua (*to give oneself away*)
- se me rompe el corazón (*my heart goes out to…*)

 A LEER

👥 **15-24 Preparación.** Con un/a compañero/a dé su opinión sobre qué harían los seres humanos si no existiera(n) ninguna de las cosas siguientes. Luego, compartan sus ideas con la clase.

1. el teléfono
2. el automóvil
3. el reloj
4. el servicio postal
5. la computadora
6. la imprenta
7. el avión
8. …

👥 **15-25 ¿Qué ve usted?** Con un/a compañero/a, hable del siguiente dibujo en cuanto a…

a. el lugar que representa.
b. los aparatos que se ven y los que, según ustedes, se necesitan en este ambiente de trabajo. ¿Por qué?
a. la calidad de vida del profesional que aparece en ella: su rutina diaria, sus intereses, sus pasatiempos, sus relaciones interpersonales, etc.

15-26 A leer. Lea el siguiente microcuento escrito por Marco Denevi, un conocido escritor argentino.

Apocalipsis I

La extinción de la raza de los hombres se sitúa aproximadamente a fines del siglo XXXI. La cosa sucedió así: las máquinas habían alcanzado tal perfección que los hombres no necesitaban comer, ni dormir, ni leer, ni escribir, ni siquiera pensar. Les bastaba apretar botones y las máquinas lo hacían todo por ellos.

Gradualmente fueron desapareciendo las mesas, los teléfonos, los Leonardo da Vinci, las rosas de té, las tiendas de antigüedades, los discos con las nueve sinfonías de Beethoven, el vino de Burdeos[1], las golondrinas, los cuadros de Salvador Dalí[2], los relojes, los sellos postales, los alfileres[3], el Museo del Prado, la sopa de cebolla, los transatlánticos, las pirámides de Egipto, las Obras Completas de don Benito Pérez Galdós[4]. Sólo había máquinas.

Después los hombres empezaron a notar que ellos mismos iban desapareciendo paulatinamente[5] y que en cambio las máquinas se multiplicaban. Bastó poco tiempo para que el número de los hombres quedase reducido a la mitad y el de las máquinas aumentase al doble y luego al décuplo[6]. Las máquinas terminaron por ocupar todo el espacio disponible. Nadie podía dar un paso, hacer un simple ademán[7] sin tropezarse[8] con una de ellas. Finalmente los hombres se extinguieron.

Como el último se olvidó de desconectar las máquinas, desde entonces seguimos funcionando.

Source: Denevi, Marco, *Falsificacions*, Buenos Aires, Corregidor, 1999.

---

[1] Región de Francia famosa por sus vinos.
[2] Famoso pintor y diseñador español conocido por su estilo surrealista y su excentricidad.
[3] *pins*
[4] Famoso novelista español y figura nacional.
[5] gradualmente
[6] *tenfold*
[7] *gesture*
[8] *stumble*

15-27 Primera mirada. Conteste las siguientes preguntas.

1. ¿Quién es el/la narrador/a de esta historia?
2. ¿En qué parte del texto descubrió usted quién era el/la narrador/a? Subráyela.
3. ¿Por qué los seres humanos confiaban tanto en las máquinas?
4. ¿Qué funciones vitales de los seres humanos realizaban las máquinas?
5. ¿De qué manera cambió la vida de los seres humanos cuando éstos hicieron uso generalizado de las máquinas?
6. ¿Qué les pasó a los seres humanos finalmente?

15-28 Ampliación. Escriba el antónimo de las siguientes palabras. Cuando sea posible, agregue uno de los siguientes prefijos para formar el antónimo: **in-, im-, des-.**

1. aumentar _____
2. empezar _____
3. conectar _____
4. perfección _____
5. aparecer _____
6. completas _____

 **A ESCRIBIR**

👥 **15-29 Preparación.** En parejas…

1. Identifiquen cuatro errores cometidos por el ser humano que tuvieron relación directa con su desaparición.
2. Propongan cuatro estrategias que ustedes utilizarían para evitar la extinción de la raza humana. ¿Por qué?

15-30 Manos a la obra. Usted es una de las computadoras que quedaron conectadas después de la desaparición de la raza humana. Puesto que su capacidad de pensar y razonar es superior a la del ser humano, usted quiere escribir un cibertexto para expresar su opinión —favorable o desfavorable— sobre la extinción del ser humano. Si usted está a favor de su desaparición, explique por qué piensa que es un hecho positivo. Si está en contra, diga qué haría usted para compensar esta pérdida de los humanos.

EXPRESIONES ÚTILES

PARA EXPRESAR UNA OPINIÓN A FAVOR

En mi opinión es más beneficioso/mejor que…
Según mi parecer es mejor que…
Me parece excelente/acertado que…
Sin duda es positivo/bueno/favorable/ventajoso que…
Las ventajas de… son significativas/obvias/están a la vista.

PARA EXPRESAR UNA OPINIÓN EN CONTRA

Me parece increíble/ridículo/inadmisible/desastroso que…
No encuentro nada bueno/positivo/ventajoso que…
Encuentro malo/desventajoso/dañino/desastroso que…
Las desventajas de… son significativas/obvias/están a la vista.

PARA ESPECULAR

- Condicional

EJEMPLO: Desde que los humanos desaparecieron, la vida es triste y
monótona. Para alegrar mi vida, yo **crearía** otros humanos y
los **haría** perfectos.

15-31 Revisión. Lea su cibertexto. Recuerde que éste va a ser leído por
otras máquinas de inteligencia superior a la humana que no toleran errores
o imprecisiones de ningún tipo.

- ¿Qué título le puso a su cibertexto?
- ¿Son sus ideas claras y concisas?
- ¿Son sus planteamientos lógicos para sus semejantes?

Vocabulario

El universo

la biosfera	*biosphere*
el cielo	*sky*
el planeta	*planet*

El mundo

el bosque tropical	*rain forest*
la conservación	*preservation*
la cosecha	*harvest*
la cuenca	*river basin*
el daño	*damage*
la deforestación	*deforestation*
el medio ambiente	*environment*
la pérdida	*loss*
los recursos	*resources*
la reserva	*reserve*
la selva	*jungle*
la tierra	*land, soil*
la vida	*life*

Comunicaciones electrónicas

el correo electrónico	*e-mail*
el ratón	*mouse*

Viajes espaciales

el cohete	*rocket*
la nave espacial	*space ship*
el paracaídas	*parachute*
el transbordador espacial	*space shuttle*

Personas

el/la astronauta	*astronaut*
el/la campesino/a	*peasant*
el ser humano	*human being*

Descripciones

destacado/a	*outstanding, distinguished*
dispuesto/a	*ready*
liberado/a	*released*
portátil	*portable*
selvático/a	*of the jungle*

Verbos

amenazar (c)	*to threaten, to menace*
apagar	*to turn off the lights*
causar	*to cause*
construir	*to build*
dañar	*to harm*
demostrar (ue)	*to show, to demonstrate*
desarrollar	*to develop*
descomponer	*to breakdown*
desperdiciar	*to waste*
diseñar	*to design*
encontrar (se) (ue)	*to meet, to find, to encounter*
manejar	*to manage, to handle*
olvidar	*to forget*
romper	*to tear*

Palabras y expresiones útiles

el asunto	*subject, matter, issue*
el bienestar	*well-being, welfare*
(de) cartón	*cardboard*
contra	*against*
correr el riesgo	*run the risk*
debido a	*due to*
en busca de	*in search of*
sano/a y salvo/a	*safe and sound*

La economía, la industria y la tecnología en los países hispanos

Para pensar

¿Cuáles son algunas de las industrias más importantes en los Estados Unidos? ¿Qué avances tecnológicos se han llevado a cabo en los últimos años? ¿Cómo han influido estos avances la vida diaria de los ciudadanos? ¿Qué industrias cree Ud. que se han desarrollado en los países hispanos?

El desarrollo económico y los avances tecnológicos varían de país a país, pero tienen un punto en común: todos los países hispanos están haciendo grandes avances industriales y tecnológicos. Además existe una serie de acuerdos entre los diferentes países hispanos para integrar sus economías y bajar las barreras de exportación. Así tenemos El Pacto Andino formado por Colombia, Bolivia, Chile y el Ecuador; el Grupo de Tres, formado por México, Venezuela y Colombia; la Asociación Americana de Libre Comercio formada por México, Canadá y los Estados Unidos; el Mercado Común del Cono Sur, integrado por Argentina, Brasil, Paraguay y Uruguay; la Asociación Latinoamericana de Integración; la Asociación de Estados Caribeños; el Mercado Común de Centro América integrado por Costa Rica, El Salvador, Guatemala, Honduras y Nicaragua; y la Comunidad Caribeña y Mercado Común integrada por trece naciones caribeñas. Si quiere obtener más información sobre los acuerdos entre los países latinoamericanos, puede visitar: *www.prenhall.com/mosaicos*.

En general, los países hispanos han basado su economía en la agricultura y la minería. Por ejemplo, España ha sido hasta hace poco un país agrícola cuyos principales productos han sido los granos, vegetales, frutas cítricas, carne (cerdo), pollo, pescado, aceitunas, uvas, entre otros. De las uvas se hacen los famosos y deliciosos vinos españoles, y de las aceitunas, el aceite de oliva. Sin embargo, desde la década de los cincuenta España ha desarrollado también su industria textil, siderúrgica (*metalworks*), química, naviera y automotriz. España exporta no sólo ropa, zapatos, vinos y aceite de oliva, sino también automóviles, maquinarias, productos químicos y textiles. Además, al igual que México y Argentina, España tiene una industria cinematográfica muy famosa.

México es un país que tiene una gran riqueza minera entre la que se cuenta petróleo, plata, oro y cobre. En las últimas décadas, la gran industrialización de México se ve reflejada en la creación de muchas fábricas que producen —entre otras cosas— comida y bebidas, ropa, productos de cuero y productos textiles, fertilizantes, productos químicos,

Clase de telecomunicaciones en una universidad mexican

automóviles, máquinas y equipo electrónico. Así, México exporta café, algodón, plata, petróleo, productos derivados del petróleo, máquinas y productos electrónicos. Al igual que en España, la industria turística en México está muy desarrollada.

La agricultura es la principal actividad económica de América Central aunque últimamente ha habido un movimiento hacia el desarrollo industrial y se han establecido fábricas que producen pintura, detergentes, fertilizantes e insecticidas. Sin embargo, los principales productos de exportación son agrícolas —caña de azúcar, café, algodón y plátanos— y se exportan no sólo a los Estados Unidos, sino también a Europa.

Venezuela es un país muy rico en petróleo y por eso su economía está fuertemente basada en el petróleo,

Industria minera en Puerto Ordaz, Venezuela

sus derivados, y otros productos mineros como el acero y el aluminio. Venezuela también produce y exporta productos químicos, artículos de ropa y artículos de madera.

La economía de Colombia se basa en la agricultura, la explotación de recursos minerales y la industria. Uno de los principales productos de exportación de Colombia es el café, pero también el país exporta bananas, flores, cacao, tabaco, algodón y caña de azúcar. La economía colombiana también se ha beneficiado de la producción del petróleo y productos mineros como la plata, las esmeraldas, el platino, el carbón, etc. Como Colombia es uno de los más grandes productores de coca y marihuana, se dice que la exportación de drogas ilegales ha traído más ingresos a su economía que cualquier otro producto.

La economía del Ecuador, al igual que la de otros países hispanos, se ha basado principalmente en la agricultura. Sin embargo, al igual que el Perú y Chile, su industria pesquera está muy desarrollada. Las fábricas de productos textiles, eléctricos y farmacéuticos también contribuyen a la diversificación de la industria ecuatoriana. Aún más, en los últimos años, el Ecuador ha estado modernizando su economía y para esto ha realizado una serie de modificaciones estructurales, administrativas y legales. El propósito es abrir su economía al mercado extranjero y atraer capital.

La economía del Perú está fuertemente basada en su agricultura, minería y pesquería. Los principales productos agrícolas son la papa, la caña de azúcar, el maíz, el café y el trigo (*wheat*). En cuanto a la minería, el Perú es uno de los más grandes productores mundiales de cobre, plata y cinc. La pesca es igualmente muy importante en la economía del país. El Perú es el primer productor mundial de harina de pescado. Desde la década de los cincuenta se está produciendo en el Perú un gran desarrollo de la industria textil, debido especialmente al algodón de gran calidad que se produce en el país. La industria artesanal también está experimentando un gran desarrollo al producir una variedad de productos de lana (alfombras, ponchos), de cuero, de madera tallada, de oro y de plata. El Perú también tiene industrias en el área de minerales y petróleo, en el procesamiento de alimentos, la construcción de barcos y el ensamble de automóviles.

Bolivia es el primer productor mundial de aluminio, pero también produce cinc, plomo, y plata, entre otros minerales. Últimamente las industrias del petróleo y del gas natural están contribuyendo al desarrollo económico de este país. Como en otros países hispanos, Bolivia también ha desarrollado la industria de procesamiento de alimentos, la industria del tabaco y la industria artesanal.

Argentina y Uruguay son mundialmente famosos por su industria agrícola y ganadera. Sin embargo, la industria manufacturera y minera de ambos países está experimentando gran crecimiento. En Uruguay, por ejemplo, se manufacturan productos de lana, algodón y rayón. Paraguay es un país principalmente agrícola y su industria manufacturera está íntimamente ligada a los productos agrícolas, como por ejemplo productos alimenticios, productos de madera y productos químicos.

Planta de harina de pescado en la costa del Perú

La economía de Chile es una de las más fuertes en América del Sur con una gran industria agrícola y minera además de su fuerte industria pesquera. Entre los principales productos agrícolas cabe mencionar las famosas frutas chilenas (uvas, manzanas, duraznos), y los vinos chilenos que gozan de gran fama en América Latina y en los Estados Unidos. En cuanto a la minería, Chile es uno de los más grandes productores mundiales de cobre y el mayor productor de acero en América del Sur.

Fábrica de salchichas

Aunque la economía electrónica no está tan adelantada en los países hispanos como lo está en los Estados Unidos, se están haciendo adelantos en ese sentido. Hoy en día, las facultades de ingeniería y agronomía y las grandes empresas descubren, adaptan y aplican los más recientes adelantos tecnológicos para mejorar la comunicación, la producción y el desarrollo en los países hispanos.

Para contestar

 Las industrias del mundo hispano.
Trabajando con su compañero/a responda a las
siguientes preguntas:

1. Mencione algunas asociaciones de comercio
   internacional que han formado los países
   hispanos. ¿Qué ventajas ofrece pertenecer a uno
   de estos organismos?

2. ¿Qué países hispanos tienen una importante
   industria agrícola? ¿Cuáles son algunos de sus
   productos?

3. ¿Qué países hispanos tienen una gran industria
   pesquera? ¿A qué cree Ud. que se debe esto?

4. ¿Qué países gozan de una respetable industria
   turística y cinematográfica?

Bodegas Cousino Macul, cerca de Santiago, Chile

Riqueza cultural. En grupos de tres, discutan
las ventajas y desventajas de tener una economía basada en la agricultura.
Luego, presenten sus conclusiones a la clase.

Para investigar en la WWW

1. En grupos de tres, busquen información de la Bolsa de Valores de tres
   países hispanos diferentes. Digan qué productos tienen los precios más
   altos y qué productos tienen los precios más bajos. Luego, presenten sus
   resultados a sus compañeros/as de clase y discutan las posibilidades de
   que esta situación se mantenga o cambie.

2. Busque información acerca de oportunidades comerciales en los países
   hispanos. Traiga la información a la clase y comente con sus
   compañeros/as las ventajas/desventajas de esas oportunidades. Defienda
   sus opiniones.

ENFOQUE INTERACTIVO

La ganadora es...

A MIRAR EL VIDEO 5:00

Watch the *Fortunas* video segment for *Lección 15* in class or on your CD-ROM. Is this how you thought the contest would end? Where do you think Katie and Carlos will go from here?

Now complete the accompanying video activities on the CD-ROM. This is your chance to interact with the video characters! **25:00**

Finaliza el concurso

In this episode of *Fortunas,* the final viewer poll results are given and the winner is named. Perhaps, after the last few episodes, you expected this ending. But who would have guessed these results back at the beginning? We hope you've enjoyed watching the events of the *Fortunas* contest as they came to their exciting conclusion.

Reflexiones

¡FINALICEMOS LA BÚSQUEDA! 5:00

Were you surprised by the final results? How did your final vote stack up against the majority of viewers? How would you have done in the contest compared to the other contestants? Do you think viewers would have voted for you if you had participated in the contest? Go to the *Fortunas* module to review this year's contest and get a sneak preview of next year's treasure hunt.

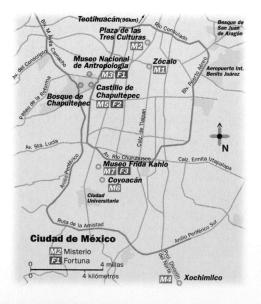

¿QUÉ OPINA USTED? 5:00

After each episode, you voted in the *Fortunas* viewer poll to award points to different contestants. The final poll was worth 500 points and determined this year's winner. If you still don't know the final results, go to the *Fortunas* module and click on *¿Qué opina usted?* to see the last poll and the viewers' choice for winner. Go back and review how you voted in the different polls. Did you generally pick the contestant who won that poll? What were you looking for in the contestants as you voted?

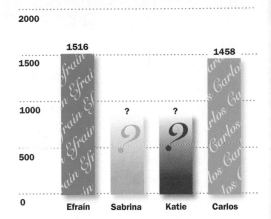

 PARA NAVEGAR 10:00

LA TECNOLOGÍA

Con el desarrollo tecnológico, los países hispanos están avanzando rápidamente en cuanto a su importancia en la economía mundial. Compañías como Telefónica de España son parte importante en el campo de la Internet y de la comunicación mundial. Asimismo, los proveedores de servicios de tecnología se han dado cuenta de que Latinoamérica es una de las regiones que tiene más potencial para su expansión.

La tecnología

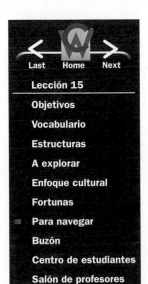

Go to the *Mosaicos Website* and click on the *Para navegar* module to explore links to information on Latin American technology and economic growth. Follow the links and then complete the related activities.

Expansión gramatical

This special grammatical supplement includes structures considered optional for the introductory level by instructors emphasizing proficiency, except for the *vosotros* command forms. These forms are included in this section for the instructors who use them to address their students. The functions and structures presented here are normally beyond the level of performance of first-year students, therefore most instructors would present them for recognition only.

The explanation and activities in this section use the same format as grammatical material throughout *Mosaicos* in order to facilitate their incorporation into the core lessons of the program or their addition as another chapter in the book.

Estructuras

✖ *Vosotros* commands

✖ The present perfect subjunctive

✖ The conditional perfect and the pluperfect subjunctive

✖ *If* clauses (using the perfect tenses)

✖ The passive voice

1. *Vosotros* commands

	AFFIRMATIVE	NEGATIVE
hablar:	hablad	no habléis
comer:	comed	no comáis
escribir:	escribid	no escribáis

■ To use the affirmative **vosotros** command, change the final **–r** of the infinitive to **–d**.

■ Use the **vosotros** form of the present subjunctive for the **vosotros** negative command.

■ For the affirmative **vosotros** command of reflexive verbs, drop the final **–d** and add the pronoun **os**: **levantad + os = levantaos**. The verb **irse** is an exception: **idos**.

¿Qué dice usted?

EG-1 Buenos consejos. Usted quiere que sus mejores amigos cambien sus hábitos y vivan una vida más sana. Dígales qué deben hacer.

MODELO: caminar dos kilómetros todos los días
                    Caminad dos kilómetros todos los días.

1. comer muchas frutas y vegetales
2. empezar un programa de ejercicios
3. no respirar por la boca
4. no cansarse mucho los primeros días
5. relajarse para evitar el estrés
6. dormir no menos de ocho horas

EG-2 Órdenes en grupo. Cada uno/a de ustedes va a hacer el papel de profesor/a de educación física y le va a dar una orden a los otros estudiantes del grupo. Los estudiantes deben hacer lo que el/la profesor/a les indica.

MODELO: Levantad los brazos y las piernas.

Usted y su compañero/a han alquilado una cabaña (*cabin*) en las montañas por un mes. Unos amigos van a usar la cabaña parte del mes y ustedes quieren darles algunas reglas (*rules*) para mantener todo en orden y en buen estado. Escriban las reglas y después compárenlas con las de otra pareja.

SITUACIONES

---

2. The present perfect subjunctive

The present perfect subjunctive is formed with the present subjunctive of the verb **haber** + *past participle*.

PRESENT SUBJUNCTIVE OF *HABER* + PAST PARTICIPLE		
yo	haya	
tú	hayas	
Ud., él/ella	haya	hablado
nosotros/as	hayamos	comido
vosotros/as	hayáis	vivido
Uds., ellos/as	hayan	

Use this tense to express a completed action, event, or condition in sentences that require the subjunctive. Note that the dependent clause using the present perfect subjunctive describes what has happened before the time expressed or implied in the main clause, which is the present. Its English equivalent is normally *has/have + past participle,* but it may vary according to the context.

Me alegro de que **hayan llegado**   *I'm glad they arrived early.*
temprano.

Es posible que **haya estado** enfermo.   *It's possible that he may have been sick.*

Ojalá que la conferencia **haya sido** un éxito.   *I hope that the lecture has been successful.*

¿Qué dice usted?

👤👤 **EG-3 ¿Qué espera usted?** Escoja la oración que complete lógicamente las siguientes situaciones. Compare sus respuestas con las de su compañero/a.

1. Su computadora no estaba funcionando bien y usted se la dio a un técnico para que la reparara. Usted espera que...
   a. la haya vendido.
   b. haya destruido sus programas.
   c. haya encontrado el problema.

2. Su amigo acaba de regresar de Puerto Rico, donde fue a pasar sus vacaciones. Usted le dice: "Espero que...
   a. hayas visitado el Viejo San Juan."
   b. te hayas aburrido mucho."
   c. hayas perdido todo tu dinero."

3. Uno de sus compañeros ha estado muy grave en el hospital, pero ya está en la casa. Usted le habla y le dice: "Siento mucho que...
   a. hayas vendido la casa."
   b. hayas estado tan mal."
   c. hayas salido del hospital."

4. Usted llama por teléfono a un amigo para invitarlo a cenar, pero nadie contesta el teléfono. Es probable que su amigo...
   a. haya cenado ya.
   b. haya salido de su casa.
   c. haya cambiado su teléfono.

5. Uno de sus parientes dijo una mentira *(lie)*. Como es natural, a usted le molesta mucho que...
   a. no haya dicho la verdad.
   b. no haya dicho nada.
   c. no haya hablado con sus parientes.

👤👤 **EG-4 Un viaje.** Uno de sus amigos pasó un semestre en Los Ángeles. Túrnese con su compañero/a para decirle lo que esperan que haya hecho en su visita.

MODELO: ir a Beverly Hills / visitar la Biblioteca Huntington
   E1: Espero que hayas ido a Beverly Hills.
   E2: Y yo espero que hayas visitado la Biblioteca Huntington.

1. ver las Torres de Watts
2. ir a los Estudios Universal
3. caminar por la calle Olvera
4. comer comida mexicana
5. manejar hasta el observatorio del Monte Wilson
6. asistir al Desfile de las Rosas

👥 **EG-5 Los adelantos científicos.** Usted y su compañero/a trabajan con otros científicos en un laboratorio de ingeniería genética. Háganse preguntas para saber qué han o no han logrado en sus investigaciones.

MODELO: aislar el nuevo virus / es posible que
                     E1: ¿Han aislado el nuevo virus?
                     E2: Es posible que lo hayamos / hayan aislado.

1. cambiar la estructura de la célula / dudar
2. no hacer implantes nuevos / es una lástima
3. duplicar órganos / no creer que
4. regular el ritmo del corazón / esperar
5. reactivar los músculos atrofiados / es probable que
6. modificar los genes / es importante que

SITUACIONES

Usted y su compañero/a están a cargo de un equipo de trabajo que organiza una exposición sobre tecnología en el campus de la universidad. Preparen tres listas: la primera, con las cosas que ustedes saben que han hecho los miembros del equipo; la segunda, con las que esperan que hayan hecho; y la tercera, con las que dudan que hayan hecho. Comparen sus listas con las de otros/as estudiantes.

3. The conditional perfect and the pluperfect subjunctive

In this section you will study two new verb tenses: the conditional perfect and the pluperfect subjunctive.

- Use the conditional of **haber** + *past participle* to form the conditional perfect.

CONDITIONAL PERFECT		
yo	habría	
tú	habrías	
Ud., él, ella	habría	hablado
nosotros/as	habríamos	comido
vosotros/as	habríais	vivido
Uds., ellos/as	habrían	

- The conditional perfect usually corresponds to English *would have + past participle*.

      Sé que le **habría gustado** esta casa.   *I know she would have liked this house.*

- Use the past subjunctive of **haber** + *past participle* to form the pluperfect subjunctive.

PLUPERFECT SUBJUNCTIVE		
yo	hubiera	
tú	hubieras	
Ud., él, ella	hubiera	hablado
nosotros/as	hubiéramos	comido
vosotros/as	hubierais	vivido
Uds., ellos/as	hubieran	

- The pluperfect subjunctive corresponds to English *might have, would have,* or *had + past participle.* It is used in constructions where the subjunctive is normally required.

Dudaba que **hubiera venido** temprano.	*I doubted that he had/would have come early.*
Esperaba que **hubieran comido** en casa.	*I was hoping that they would have eaten at home.*
Ojalá que **hubieran visto** ese letrero.	*I wish they had seen that sign.*

¿Qué dice usted?

👥 **EG-6 ¿Qué habría hecho en estas situaciones? Primera fase.** Usted y su compañero/a deben decir qué habría hecho cada uno/a de ustedes en las siguientes situaciones. Después escojan la respuesta que les parezca mejor para cada situación.

MODELO:　Usted recibió una invitación para una recepción en la Casa Blanca.
　　　　　E1: Se lo habría dicho a todos mis compañeros.
　　　　　E2: Habría leído la invitación varias veces porque habría pensado que era una broma.

1. En el aeropuerto le dijeron que podía viajar en primera clase todo el año sin pagar.
2. Le pidieron sugerencias para mejorar la situación de los vuelos y los aeropuertos.
3. La NASA lo/la llamó para ver si le interesaba vivir tres meses en una estación espacial.
4. Le dijeron que organizara la fiesta de fin de curso de su clase.
5. Le pidieron que revisara los programas en su universidad y sugiriera los cambios necesarios.

Segunda fase. Comparen las respuestas que escogieron con las de otra pareja y decidan cuál es la mejor. Después compartan sus respuestas con el resto de la clase.

EG-7 Nuestras esperanzas. Usted y su compañero/a esperaban que el nuevo gobierno hiciera muchas cosas en beneficio de la sociedad. Se lograron algunas cosas, pero otras no. Túrnese con su compañero/a para decir qué esperaban que el nuevo gobierno y su gabinete hubieran hecho y si lo han hecho o no.

MODELO: subir el sueldo mínimo / mejorar el sistema de educación
    E1: Esperaba que hubieran subido el sueldo mínimo y (no) lo han hecho.
    E2: Y yo esperaba que hubieran mejorado el sistema de educación y (no) lo han hecho.

1. bajar los impuestos *(taxes)*
2. mejorar el transporte público
3. terminar con la corrupción
4. construir viviendas *(housing)* para familias pobres
5. ofrecer mejores planes de salud
6. proteger el medio ambiente
7. ...
8. ...

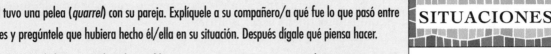

SITUACIONES

Rol A. Usted tuvo una pelea *(quarrel)* con su pareja. Explíquele a su compañero/a qué fue lo que pasó entre ustedes y pregúntele que hubiera hecho él/ella en su situación. Después dígale qué piensa hacer.

Rol B. Su compañero/a le va a explicar los problemas que tuvo con su pareja. Hágale preguntas para obtener más detalles. Después a) dígale qué hubiera hecho usted en la misma situación y b) pregúntele qué piensa hacer para resolver la situación.

4. *If* clauses (using the perfect tenses)

The conditional perfect and pluperfect subjunctive are used in contrary-to-fact if-statements which refer to actions, events, experiences related to the past.

Si **hubieras venido,** te **habría** **gustado** la conferencia.
    If you had come (which you did not), *you would have liked the lecture.*

¿Qué dice usted?

EG-8 La vida sería diferente. Con su compañero/a, diga cuáles habrían sido las consecuencias si...

MODELO: no se hubieran inventado los aviones
    E1: Habríamos viajado en barco, en tren o en autobús.
    E2: Habríamos contaminado menos la atmósfera.

1. no se hubiera inventado la bomba atómica
2. no se hubieran deforestado los bosques
3. los ingleses hubieran descubierto América
4. las mujeres hubieran tenido siempre las mismas oportunidades que los hombres
5. no se hubieran creado las vacunas *(vaccination)*
6. los jóvenes hubieran gobernado el mundo

**EG-9 Unas excusas.** ¿Qué excusas darían ustedes en las siguientes situaciones?

MODELO: Un amigo le pidió que participara en un experimento.
E1: Si mis padres me lo hubieran permitido, habría participado.
E2: Si hubiera tenido tiempo, habría participado.

1. Una organización quería que usted donara botellas y papeles para reciclar.
2. Le pidieron su coche para llevar unas ratas al laboratorio.
3. Lo/La necesitaban de voluntario/a para probar una vacuna contra el catarro.
4. Un/a compañero/a quería venderle su computadora portátil.
5. Una compañía necesitaba probar unos paracaídas y buscaba personas interesadas en las pruebas.
6. Alquilaban un robot para que hiciera las tareas domésticas.

EG-10 Volver a vivir. Piense en una experiencia negativa que usted ha ya tenido en su vida. Cuéntele a su compañero/a qué le pasó y dígale qué habría hecho si hubiera sabido en ese momento lo que sabe hoy. Después, su compañero/a debe hacer lo mismo.

5. The passive voice

- The passive voice in Spanish is formed with the verb **ser** + *past participle*; the passive voice is most commonly used in the preterit, though at times you may see it used in other tenses.

> La planta nuclear **fue construida** en 1980.　　*The nuclear plant was built in 1980.*

- Use the preposition **por** when indicating who or what performs the action.

> El bosque fue destruido.　　*The forest was destroyed.*
> (Who or what did it is not expressed.)

> El bosque fue destruido **por** el fuego.　　*The forest was destroyed by the fire.*
> (The fire did it.)

- The past participle functions as an adjective and therefore agrees in gender and number with the subject.

> Los árboles fueron **destruidos** por la lluvia ácida.　　*The trees were destroyed by the acid rain.*

> La cura fue **descubierta** el año pasado.　　*The cure was discovered last year.*

- You'll most often find the passive voice in written Spanish, especially in newspapers and formal writing. However, in conversation, Spanish speakers normally use two different constructions that you have already studied—a third person plural verb or a **se** construction.

Vendieron el laboratorio.	*They sold the laboratory.*
Se vendió el edificio.	*The building was sold.*

¿Qué dice usted?

👥 **EG-11 La comunicación oral.** Túrnese con su compañero/a para decir lo que pasó en una reunión del presidente y los ministros. ¿Cómo lo dirían los periódicos? ¿Cómo lo dirían ustedes en una conversación?

MODELO: ministros / recibir / el presidente
                E1: Los ministros fueron recibidos por el presidente.
                E2: El presidente recibió a los ministros.

1. la agenda / preparar / el secretario
2. la agenda / aprobar / todos
3. el proyecto para disminuir la contaminación / escribir / el Sr. Sosa
4. el proyecto / presentar / la Ministra de Salud
5. unos comentarios / leer / el presidente
6. las preguntas / contestar / el ministro

👥 **EG-12 Dos reporteros.** Túrnese con su compañero/a para decir cómo escribirían las siguientes noticias para un periódico.

MODELO: la lluvia ácida dañó las cosechas
                Las cosechas fueron dañadas por la lluvia ácida.

1. La zona del Amazonas se conoce como el "pulmón" del planeta.
2. Los campesinos deforestaron la selva.
3. Los campesinos cultivaron la tierra.
4. Estos grupos cortaron muchos árboles.
5. La invasión de los seres humanos exterminó muchas especies de animales.
6. El gobierno plantará mil árboles para mejorar la situación.

Usted y su compañero/a tienen que escribir una noticia muy breve sobre un gran descubrimiento. Digan: a) cuál es el descubrimiento, b) quién lo hizo, c) cuándo y d) cuáles serán las consecuencias de este importante descubrimiento.

SITUACIONES

Apéndice 1

Composition correction codes

As part of the process of developing good writing skills in Spanish, you will be exchang[ing] compositions with a classmate. The following correction codes can be very helpful as yo[u] critique each other's work.

Code	Interpretation
C	Conjugation of a verb, or an error in some derived verb form, for example **la puerta estaba *abrida.**
Cog	False cognate, for example **sopa** for **jabón,** or **ropa** for **soga.**
D	Dictionary error, for example **banco** for **orilla,** or even **morderse las uñas** for **comerse las uñas.**
F	Form (often a "regularized" adjective, such as **una niña muy *jóvena**).
G	Incorrect gender assignment to a noun, for example **la programa** for **el progra[ma]**
Mode	Mode confusion (if subjunctive, change to indicative and vice versa).
Nag	Noun agreements (gender, number) with adjectives and other noun-centered forms such as pronouns, demonstratives, possessives.
NE	**No existe.** Use this code to signal a made-up word or expression that does not exist in Spanish, for example ***en facto** for **en realidad.**
Prim	Preterite/imperfect confusion (if preterite, change to imperfect and vice versa).
R	Rewrite successfully completed.
Ref	Reflexive. Use this code to signal that a reflexive verb/construction is needed.
Sag	Subject-verb agreement error, for example ***Juan querías salir.**
S/E	**Ser/estar** confusion (if **ser,** change to **estar** and vice versa).
Sp	Spelling error. Use this code to signal errors in spelling. Note that written acce[nt] marks are considered part of a word's spelling in Spanish.
T	Tense. Use this code to signal any non-Prim (see above) tense error.
X	Any basic grammatical error not covered by some other symbol, but which th[e] student should reasonably know, such as **después de *yendo** for **después de ir.**
Wo	Word order error, for example, ***es no grande** for **no es grande.**
+	Use this code to signal any especially nice touch in the student's writing.
?	Use this code to signal that the reader could not make any sense of the word, clause, sentence, or paragraph.

Adapted from Higgs,

Word formation in Spanish

Recognizing certain patterns in Spanish word formation can be a big help in deciphering meaning. Use the following information about word formation to help you as you read.

- **Prefixes.** Spanish and English share a number of prefixes that shade the meaning of the word to which they are attached: **inter-** (between, among); **intro/a-** (within); **ex-** (former, toward the outside); **en-/em-** (the state of becoming); **in-/a-** (not, without), among others.

inter-	interdisciplinario, interacción
intro/a-	introvertido, introspección
ex-	ex-esposo, exponer *(expose)*
en-/em-	enrojecer *(to turn red)*, empobrecer *(to become poor)*
in-/a-	inmoral, incompleto, amoral, asexual

- **Suffixes.** Suffixes and, in general, word endings will help you identify various aspects of words such as part of speech, gender, meaning, degree, etc. Common Spanish suffixes are **-ría, -za, -miento, -dad/tad, -ura, -oso/a, -izo/a, -(c)ito/a,** and **-mente.**

-ría	place where something is made and/or bought: **panadería, zapatería** *(shoe store)*, **librería.**
-za	feminine, abstract noun: **pobreza** *(poverty)*, **riqueza** *(wealth, richness).*
-miento	masculine, abstract noun: **empobrecimiento** *(impoverishment)*, **entrenamiento** *(training).*
-dad/tad	feminine noun: **ciudad** *(city)*, **libertad** *(liberty, freedom)*
-ura	feminine noun: **verdura, locura** *(craziness).*
-oso/a	adjective meaning having the characteristics of the noun to which it's attached: **montañoso, lluvioso** *(rainy).*
-izo/a	adjective meaning having the characteristics of the noun to which it's attached: **rojizo** *(reddish)*, **enfermizo** *(sickly).*
-(c)ito/a	diminutive form of noun or adjective: **Juanito, mesita** *(little table)*, **Carmencita.**
-mente	attached to the feminine form of adjective to form an adverb: **rápidamente, felizmente** *(happily).*

- **Compounds.** Compounds are made up of two words (e. g. *mailman*), each of which has meaning in and of itself: **tocadiscos** *(record player)* from **tocar** and **disco**; **sacacorchos** *(cork screw)* from **sacar** and **corcho**. Your knowledge of the root words will help you recognize the compound; and likewise, learning compounds can help you to learn the root words. What do you think **sacar** means?

- **Spanish-English associations.** Learning to associate aspects of word formation in Spanish with aspects of word formation in English can be very helpful. Look at the associations below.

SPANISH	ENGLISH
es/ex. + consonant	*s* + consonant
esclerosis, extraño	*sclerosis, strange*
gu-	*w-*
guerra, Guillermo	*war, William*
-tad/dad	*-ty*
libertad, calidad	*liberty, quality*
-sión/-ción	*-sion/-tion*
tensión, emoción	*tension, emotion*

Stress and written accents in Spanish

In Spanish, normal word stress falls on the second-to-last syllable of words ending in a vowel, **-n,** or **-s,** and on the last syllable of words ending in other consonants.

hablo	clase	amiga	libros
escuchan	comer	universidad	venir

When a word does not follow this pattern, a written accent is used to signal where the word is stressed. Below are examples of words that do not follow the pattern.

1. Words accented on the third-to-last syllable:

física	sábado	simpático
catástrofe	gramática	matemáticas

2. Words that are accented on the last syllable despite ending in a vowel, **-n** or **-s.**

hablé	comí	están	estás
alemán	Belén	inglés	conversación

3. Words that are accented on the second-to-last syllable despite ending in a consonant other than **-n** or **-s.**

lápiz	útil	débil	mártir
Félix	cárcel	módem	fácil

Diphthongs

The combination of an unstressed **i** or **u** with another vowel forms a single syllable which is called a diphthong. When the diphthong is in the accented syllable of a word and a written accent is required, it is written over the other vowel, not over the **i** or **u**.

Dios	**adiós**	**bien**	**también**
seis	dieciséis	continuo	continuó

When a stressed **i** or **u** appears with another vowel, two syllables are formed, and a written accent mark is used over the **i** or **u**.

cafetería	país	Raúl	frío
continúa	río	leíste	economía

Interrogative and monosyllabic words

Some words in Spanish follow normal stress patterns but use written accents for other reasons. For example, interrogative and exclamatory words always use a written accent on the stressed vowel: **¿Dónde viven ellos?, ¿Cuántas clases tienes?, ¡Qué bueno!** Many one-syllable (monosyllabic) words carry a written accent to distinguish them from other words with the same spelling but different meanings.

dé	*give* (formal command)	**de**	*of*
él	*he*	**el**	*the*
más	*more*	**mas**	*but*
mí	*me*	**mi**	*my*
sé	*I know, be* (formal command)	**se**	*him/herself, (to)him/her/them*
sí	*yes*	**si**	*if*
té	*tea*	**te**	*(to) you*
tú	*you*	**tu**	*your*

Apéndice 2
Verb Charts

REGULAR VERBS: SIMPLE TENSES

Infinitive Present Participle Past Participle	Indicative						Subjunctive		Imperative
	Present	Imperfect	Preterite	Future	Conditional		Present	Imperfect	
hablar hablando hablado	hablo hablas habla hablamos habláis hablan	hablaba hablabas hablaba hablábamos hablabais hablaban	hablé hablaste habló hablamos hablasteis hablaron	hablaré hablarás hablará hablaremos hablaréis hablarán	hablaría hablarías hablaría hablaríamos hablaríais hablarían		hable hables hable hablemos habléis hablen	hablara hablaras hablara habláramos hablarais hablaran	habla tú, no hables hable usted hablemos hablen Uds.
comer comiendo comido	como comes come comemos coméis comen	comía comías comía comíamos comíais comían	comí comiste comió comimos comisteis comieron	comeré comerás comerá comeremos comeréis comerán	comería comerías comería comeríamos comeríais comerían		coma comas coma comamos comáis coman	comiera comieras comiera comiéramos comierais comieran	come tú, no comas coma usted comamos coman Uds.
vivir viviendo vivido	vivo vives vive vivimos vivís viven	vivía vivías vivía vivíamos vivíais vivían	viví viviste vivió vivimos vivisteis vivieron	viviré vivirás vivirá viviremos viviréis vivirán	viviría vivirías viviría viviríamos viviríais vivirían		viva vivas viva vivamos viváis vivan	viviera vivieras viviera viviéramos vivierais vivieran	vive tú, no vivas viva usted vivamos vivan Uds.

Vosotros commands

hablar	comer	vivir
hablad no habléis	comed no comáis	vivid no viváis

REGULAR VERBS: PERFECT TENSES

Indicative											Subjunctive			
Present Perfect		**Past Perfect**		**Preterite Perfect**		**Future Perfect**		**Conditional Perfect**			**Present Perfect**		**Past Perfect**	
he	hablado	había	hablado	hube	hablado	habré	hablado	habría	hablado		haya	hablado	hubiera	hablado
has	comido	habías	comido	hubiste	comido	habrás	comido	habrías	comido		hayas	comido	hubieras	comido
ha	vivido	había	vivido	hubo	vivido	habrá	vivido	habría	vivido		haya	vivido	hubiera	vivido
hemos		habíamos		hubimos		habremos		habríamos			hayamos		hubiéramos	
habéis		habíais		hubisteis		habréis		habríais			hayáis		hubierais	
han		habían		hubieron		habrán		habrían			hayan		hubieran	

IRREGULAR VERBS

Infinitive Present Participle Past Participle	Indicative					Subjunctive		Imperative
	Present	**Imperfect**	**Preterite**	**Future**	**Conditional**	**Present**	**Imperfect**	
andar andando andado	ando andas anda andamos andáis andan	andaba andabas andaba andábamos andabais andaban	anduve anduviste anduvo anduvimos anduvisteis anduvieron	andaré andarás andará andaremos andaréis andarán	andaría andarías andaría andaríamos andaríais andarían	ande andes ande andemos andéis anden	anduviera anduvieras anduviera anduviéramos anduvierais anduvieran	anda tú, no andes ande usted andemos anden Uds.
caer cayendo caído	caigo caes cae caemos caéis caen	caía caías caía caíamos caíais caían	caí caíste cayó caímos caísteis cayeron	caeré caerás caerá caeremos caeréis caerán	caería caerías caería caeríamos caeríais caerían	caiga caigas caiga caigamos caigáis caigan	cayera cayeras cayera cayéramos cayerais cayeran	cae tú, no caigas caiga usted caigamos caigan Uds.
dar dando dado	doy das da damos dais dan	daba dabas daba dábamos dabais daban	di diste dio dimos disteis dieron	daré darás dará daremos daréis darán	daría darías daría daríamos daríais darían	dé des dé demos deis den	diera dieras diera diéramos dierais dieran	da tú, no des dé usted demos den Uds.

IRREGULAR VERBS (CONTINUED)

Infinitive Present Participle Past Participle	Indicative					Subjunctive		Imperative
	Present	Imperfect	Preterite	Future	Conditional	Present	Imperfect	
decir diciendo dicho	digo dices dice decimos decís dicen	decía decías decía decíamos decíais decían	dije dijiste dijo dijimos dijisteis dijeron	diré dirás dirá diremos diréis dirán	diría dirías diría diríamos diríais dirían	diga digas diga digamos digáis digan	dijera dijeras dijera dijéramos dijerais dijeran	di tú, no digas diga usted digamos digan Uds.
estar estando estado	estoy estás está estamos estáis están	estaba estabas estaba estábamos estabais estaban	estuve estuviste estuvo estuvimos estuvisteis estuvieron	estaré estarás estará estaremos estaréis estarán	estaría estarías estaría estaríamos estaríais estarían	esté estés esté estemos estéis estén	estuviera estuvieras estuviera estuviéramos estuvierais estuvieran	está tú, no estés esté usted estemos estén Uds.
haber habiendo habido	he has ha hemos habéis han	había habías había habíamos habíais habían	hube hubiste hubo hubimos hubisteis hubieron	habré habrás habrá habremos habréis habrán	habría habrías habría habríamos habríais habrían	haya hayas haya hayamos hayáis hayan	hubiera hubieras hubiera hubiéramos hubierais hubieran	
hacer haciendo hecho	hago haces hace hacemos hacéis hacen	hacía hacías hacía hacíamos hacíais hacían	hice hiciste hizo hicimos hicisteis hicieron	haré harás hará haremos haréis harán	haría harías haría haríamos haríais harían	haga hagas haga hagamos hagáis hagan	hiciera hicieras hiciera hiciéramos hicierais hicieran	haz tú, no hagas haga usted hagamos hagan Uds.
ir yendo ido	voy vas va vamos vais van	iba ibas iba íbamos ibais iban	fui fuiste fue fuimos fuisteis fueron	iré irás irá iremos iréis irán	iría irías iría iríamos iríais irían	vaya vayas vaya vayamos vayáis vayan	fuera fueras fuera fuéramos fuerais fueran	ve tú, no vayas vaya usted vamos (no vayamos) vayan Uds.

IRREGULAR VERBS (CONTINUED)

Infinitive Present Participle Past Participle	Indicative					Subjunctive		Imperative
	Present	Imperfect	Preterite	Future	Conditional	Present	Imperfect	
oír oyendo oído	oigo oyes oye oímos oís oyen	oía oías oía oíamos oíais oían	oí oíste oyó oímos oísteis oyeron	oiré oirás oirá oiremos oiréis oirán	oiría oirías oiría oiríamos oiríais oirían	oiga oigas oiga oigamos oigáis oigan	oyera oyeras oyera oyéramos oyerais oyeran	oye tú, no oigas oiga usted oigamos oigan Uds.
poder pudiendo podido	puedo puedes puede podemos podéis pueden	podía podías podía podíamos podíais podían	pude pudiste pudo pudimos pudisteis pudieron	podré podrás podrá podremos podréis podrán	podría podrías podría podríamos podríais podrían	pueda puedas pueda podamos podáis puedan	pudiera pudieras pudiera pudiéramos pudierais pudieran	
poner poniendo puesto	pongo pones pone ponemos ponéis ponen	ponía ponías ponía poníamos poníais ponían	puse pusiste puso pusimos pusisteis pusieron	pondré pondrás pondrá pondremos pondréis pondrán	pondría pondrías pondría pondríamos pondríais pondrían	ponga pongas ponga pongamos pongáis pongan	pusiera pusieras pusiera pusiéramos pusierais pusieran	pon tú, no pongas ponga usted pongamos pongan Uds.
querer queriendo querido	quiero quieres quiere queremos queréis quieren	quería querías quería queríamos queríais querían	quise quisiste quiso quisimos quisisteis quisieron	querré querrás querrá querremos querréis querrán	querría querrías querría querríamos querríais querrían	quiera quieras quiera queramos queráis quieran	quisiera quisieras quisiera quisiéramos quisierais quisieran	quiere tú, no quieras quiera usted queramos quieran Uds.
saber sabiendo sabido	sé sabes sabe sabemos sabéis saben	sabía sabías sabía sabíamos sabíais sabían	supe supiste supo supimos supisteis supieron	sabré sabrás sabrá sabremos sabréis sabrán	sabría sabrías sabría sabríamos sabríais sabrían	sepa sepas sepa sepamos sepáis sepan	supiera supieras supiera supiéramos supierais supieran	sabe tú, no sepas sepa usted sepamos sepan Uds.
salir saliendo salido	salgo sales sale salimos salís salen	salía salías salía salíamos salíais salían	salí saliste salió salimos salisteis salieron	saldré saldrás saldrá saldremos saldréis saldrán	saldría saldrías saldría saldríamos saldríais saldrían	salga salgas salga salgamos salgáis salgan	saliera salieras saliera saliéramos salierais salieran	sal tú, no salgas salga usted salgamos salgan Uds.

IRREGULAR VERBS (CONTINUED)

Infinitive Present Participle Past Participle	Indicative					Subjunctive		Imperative
	Present	Imperfect	Preterite	Future	Conditional	Present	Imperfect	
ser siendo sido	soy eres es somos sois son	era eras era éramos erais eran	fui fuiste fue fuimos fuisteis fueron	seré serás será seremos seréis serán	sería serías sería seríamos seríais serían	sea seas sea seamos seáis sean	fuera fueras fuera fuéramos fuerais fueran	sé tú, no seas sea usted seamos sean Uds.
tener teniendo tenido	tengo tienes tiene tenemos tenéis tienen	tenía tenías tenía teníamos teníais tenían	tuve tuviste tuvo tuvimos tuvisteis tuvieron	tendré tendrás tendrá tendremos tendréis tendrán	tendría tendrías tendría tendríamos tendríais tendrían	tenga tengas tenga tengamos tengáis tengan	tuviera tuvieras tuviera tuviéramos tuvierais tuvieran	ten tú, no tengas tenga usted tengamos tengan Uds.
traer trayendo traído	traigo traes trae traemos traéis traen	traía traías traía traíamos traíais traían	traje trajiste trajo trajimos trajisteis trajeron	traeré traerás traerá traeremos traeréis traerán	traería traerías traería traeríamos traeríais traerían	traiga traigas traiga traigamos traigáis traigan	trajera trajeras trajera trajéramos trajerais trajeran	trae tú, no traigas traiga usted traigamos traigan Uds.
venir viniendo venido	vengo vienes viene venimos venís vienen	venía venías venía veníamos veníais venían	vine viniste vino vinimos vinisteis vinieron	vendré vendrás vendrá vendremos vendréis vendrán	vendría vendrías vendría vendríamos vendríais vendrían	venga vengas venga vengamos vengáis vengan	viniera vinieras viniera viniéramos vinierais vinieran	ven tú, no vengas venga usted vengamos vengan Uds.
ver viendo visto	veo ves ve vemos veis ven	veía veías veía veíamos veíais veían	vi viste vio vimos visteis vieron	veré verás verá veremos veréis verán	vería verías vería veríamos veríais verían	vea veas vea veamos veáis vean	viera vieras viera viéramos vierais vieran	ve tú, no veas vea usted veamos vean Uds.

STEM-CHANGING AND ORTHOGRAPHIC-CHANGING VERBS

Infinitive Present Participle Past Participle	Indicative					Subjunctive		Imperative
	Present	Imperfect	Preterite	Future	Conditional	Present	Imperfect	
incluir (y) incluyendo incluido	incluyo incluyes incluye incluimos incluís incluyen	incluía incluías incluía incluíamos incluíais incluían	incluí incluiste incluyó incluimos incluisteis incluyeron	incluiré incluirás incluirá incluiremos incluiréis incluirán	incluiría incluirías incluiría incluiríamos incluiríais incluirían	incluya incluyas incluya incluyamos incluyáis incluyan	incluyera incluyeras incluyera incluyéramos incluyerais incluyeran	incluye tú, no incluyas incluya usted incluyamos incluyan Uds.
dormir (ue, u) durmiendo dormido	duermo duermes duerme dormimos dormís duermen	dormía dormías dormía dormíamos dormíais dormían	dormí dormiste durmió dormimos dormisteis durmieron	dormiré dormirás dormirá dormiremos dormiréis dormirán	dormiría dormirías dormiría dormiríamos dormiríais dormirían	duerma duermas duerma durmamos durmáis duerman	durmiera durmieras durmiera durmiéramos durmierais durmieran	duerme tú, no duermas duerma usted durmamos duerman Uds.
pedir (i, i) pidiendo pedido	pido pides pide pedimos pedís piden	pedía pedías pedía pedíamos pedíais pedían	pedí pediste pidió pedimos pedisteis pidieron	pediré pedirás pedirá pediremos pediréis pedirán	pediría pedirías pediría pediríamos pediríais pedirían	pida pidas pida pidamos pidáis pidan	pidiera pidieras pidiera pidiéramos pidierais pidieran	pide tú, no pidas pida usted pidamos pidan Uds.
pensar (ie) pensando pensado	pienso piensas piensa pensamos pensáis piensan	pensaba pensabas pensaba pensábamos pensabais pensaban	pensé pensaste pensó pensamos pensasteis pensaron	pensaré pensarás pensará pensaremos pensaréis pensarán	pensaría pensarías pensaría pensaríamos pensaríais pensarían	piense pienses piense pensemos penséis piensen	pensara pensaras pensara pensáramos pensarais pensaran	piensa tú, no pienses piense usted pensemos piensen Uds.

STEM-CHANGING AND ORTHOGRAPHIC-CHANGING VERBS (CONTINUED)

Infinitive Present Participle Past Participle	Indicative						Subjunctive		Imperative
	Present	Imperfect	Preterite	Future	Conditional		Present	Imperfect	
produ cir (zc) produciendo producido	produzco produces produce producimos producís producen	producía producías producía producíamos producíais producían	produje produjiste produjo produjimos produjisteis produjeron	produciré producirás producirá produciremos produciréis producirán	produciría producirías produciría produciríamos produciríais producirían	produzca produzcas produzca produzcamos produzcáis produzcan	produjera produjeras produjera produjéramos produjerais produjeran		produce tú, no produzcas produzca usted produzcamos produzcan Uds.
reír (i, i) riendo reído	río ríes ríe reímos reís ríen	reía reías reía reíamos reíais reían	reí reíste rio reímos reísteis rieron	reiré reirás reirá reiremos reiréis reirán	reiría reirías reiría reiríamos reiríais reirían	ría rías ría riamos riáis rían	riera rieras riera riéramos rierais rieran		ríe tú, no rías ría usted riamos rían Uds.
seguir (i, i) (ga) siguiendo seguido	sigo sigues sigue seguimos seguís siguen	seguía seguías seguía seguíamos seguíais seguían	seguí seguiste siguió seguimos seguisteis siguieron	seguiré seguirás seguirá seguiremos seguiréis seguirán	seguiría seguirías seguiría seguiríamos seguiríais seguirían	siga sigas siga sigamos sigáis sigan	siguiera siguieras siguiera siguiéramos siguierais siguieran		sigue tú, no sigas siga usted sigamos sigan Uds.
sentir (ie, i) sintiendo sentido	siento sientes siente sentimos sentís sienten	sentía sentías sentía sentíamos sentíais sentían	sentí sentiste sintió sentimos sentisteis sintieron	sentiré sentirás sentirá sentiremos sentiréis sentirán	sentiría sentirías sentiría sentiríamos sentiríais sentirían	sienta sientas sienta sintamos sintáis sientan	sintiera sintieras sintiera sintiéramos sintierais sintieran		siente tú, no sientas sienta usted sintamos sientan Uds.
volver (ue) volviendo vuelto	vuelvo vuelves vuelve volvemos volvéis vuelven	volvía volvías volvía volvíamos volvíais volvían	volví volviste volvió volvimos volvisteis volvieron	volveré volverás volverá volveremos volveréis volverán	volvería volverías volvería volveríamos volveríais volverían	vuelva vuelvas vuelva volvamos volváis vuelvan	volviera volvieras volviera volviéramos volvierais volvieran		vuelve tú, no vuelvas vuelva usted volvamos vuelvan Uds.

Spanish to English Vocabulary

This vocabulary includes all words presented in the text, except for proper nouns spelled the same in English and Spanish, diminutives with a literal meaning, typical expressions of the Hispanic countries presented in the **Enfoque cultural**, and cardinal numbers (found on pages 14 and 15). Other cognates and words easily recognized because of the context, which are presented after lesson 11, are not included either.

The number following each entry corresponds to the **lección** in which the word was first introduced. Numbers in italics followed by *r* signal that the item was presented for recognition rather than as active vocabulary.

A

a *at, to* B; **es a las** *it's at* B; **a veces** *sometimes* 1
abajo *below 4r*
abierto *open 10r, 13; opened 13*
el/la abogado/a *lawyer 9*
abrazar(se) (c) *to embrace 13*
el abrazo *embrace, hug 1r*
el abrelatas *can opener 5r*
el abrigo *coat 6*
abril *April* B
abrir *to open* B*r*, 11
abrupto/a *abrupt 10r*
absoluto/a *absolute 5r*
la abuela *grandmother 4*
el abuelo *grandfather 4*
los abuelos *grandparents 4*
abundar *abound, to be plentiful 13r*
aburrido/a *boring 1; bored 2*
aburrirse *to be bored 7r*
acabar *to finish, to end 13;*
   acabar de + inf. *to have just +*
   past. part. 2r, 13
académico/a *academic 3r*
acampar *to camp 10r*
acceder *to agree 10r; to access 14r*
el acceso *access 9r*
el accesorio *accessory 5*
el accidente *accident 9r*
la acción *action 8r*
el aceite *oil 10*
la aceituna *olive 10r*
el acento *accent 3r*
la acentuación *accentuation 2r*
aceptar *to accept 8r, 13*
acerca de *about 1r*
el acero *steel 5r*
aclarar *to clarify 8r*

aclaratorio/a *clarifying 14r*
acogedor/a *friendly 6r*
acompañar *to accompany 2r, 8*
aconsejable *advisable 12r*
aconsejar *to give advice 5r, 10*
el acontecimiento *event 1r*
el acorazado *battleship 3r*
acortar *to shorten 13*
acostar *to put to bed 7;* **acostarse**
   (ue) *, to go to bed 7*
acostumbrado/a *used to 10r;*
   accustomed 14r
acreditar *to accredit 12r*
la actitud *attitude 5r*
la actividad *activity 1r*
activo/a *active* B
el actor *actor 3r, 9*
la actriz *actress 9*
la actuación *performance 9r*
actual *present, current 14*
la actualidad *present time 4r, 13*
actualmente *at the present time 9*
actuar *to act 5r, 13*
acuático/a adj. *water 7r*
el acuerdo *agreement 5r;* **estar de**
   acuerdo *to agree 2r, 3;* **de acuerdo**
   con/a *according to 4r*
el acumulador *battery 12*
acumular *to accumulate 9r*
acusar *to accuse 9r*
la adaptación *adaptation 3r*
adaptar(se) *to adapt 5r*
adecuado/a *appropriate 4r*
adelante *forward 9r;* **más adelante**
   later on 11r;
el adelanto *advance 14r*
adelgazar (c) *to lose weight 10r*
el ademán *gesture 15r*
además adv. *besides 1r*

adepto/a *follower 7r*
el aderezo *salad dressing 10*
adicional *additional 4r*
adicto/a *addicted 10r*
adiós *good-bye* B
el/la adivinador/a *fortune teller 4r*
la adivinanza *riddle 2r*
adivinar *to guess, to figure out 1r*
la administración *management 1r*
administrativo/a *administrative 5r*
la admiración *admiration 2r*
admirar *to admire 2r*
la admisión *admission 1r*
admitido/a *admitted 1r*
el/la adolescente *adolescent 4r*
adonde *where (to) 1r*
adónde *where (to) 3*
adoptar *to adopt 10r*
adornado/a *decorated 8r*
el adorno *decoration 10r*
adquirir *to acquire 4r*
la aduana *customs 12*
adulto/a *adult 3r, 14*
la adversidad *adversity 9r*
advertir (ie, i) *to observe, to*
   warn 14r
aéreo/a adj. *air 3r*
aeróbico/a *aerobic 5r*
la aerolínea *airline 12*
el aeropuerto *airport 4r, 12*
afectar *to affect 8r*
afeitar(se) *to shave 7*
el/la aficionado/a *fan 7*
afilado/a *sharp 5r*
la afirmación *statement 8r*
afirmar *to assure 5r*
afirmativamente *in the*
   affirmative 5r
afortunado/a *fortunate 5r*

africano/a *African* 2r
las afueras *outskirts* 5
la agencia *agency;* agencia de viajes *travel agency* 12
la agenda *agenda* 3r
el/la agente *agent* 5r, 12; agente de viajes *travel agent* 12
agitar *to shake* 5r
agosto *August* B
agradable *nice* 2
agradecer (zc) *to thank* 8r
el agradecimiento *gratitude* 8r
el agregado *addition* 2r
agregar *to add* 10r
agresivo/a *aggressive* Br
agrícola *agricultural* 9r
agrio/a *sour* 10
agrupar *to group together* 8r
el agua *water* 3; agua con gas *carbonated water* 3
el aguacate *avocado* 10
el agujero *hole* 14r
el/la ahijado/a *godchild* 4
ahí *there* 1r
ahora adv. *now* 1r, 2
ahorrar *to save* 6r
el aire *air, flair* 2r, 3; aire acondicionado *air conditioning* 3r, 5; al aire libre *outdoors* 3
el ají *pepper* 10r
el ajiaco *type of soup* 4r
el ajo *garlic* 5r, 10
al *to the* (contraction of *a + el*) 1r, 3; al lado (de) *next to* B
la alarma *alarm* 5r
el albergue *lodgings* 8r
el/la alcalde/sa *mayor* 10r
alcalino *alkaline* 10r
alcanzar (c) *to reach* 11r, 13
alcohólico/a *alcoholic* 10r
la aldea *village* 9r
alegrarse (de) *to be glad (about)* 11
alegre *happy, glad* 2
la alegría *joy* 1r, 8
alemán/alemana *German* 1r
la alergia *allergy* 3r
el alfabeto *alphabet* Br
el alfiler *pin* 15r
la alfombra *carpet, rug* 5
el alga *seaweed* 10r
algo *something* 1; *anything* 12
el algodón *cotton* 6
alguien *someone, anyone, somebody* 12
algún *some* 1r, 12; *any* 12
alguno/a *some* 1r, 2; *any* Br, 12
algunos/as *any, some* 5r, 12
la alimentación *diet* 10r

alimentar *to feed* 10r
el alimento *food* 5r, 10
alineado/a *lined-up* 6r
el aliño *seasoning* 10
allá *over there* 3r
allí *there* 1r, 3r, 5
el almacén *department store* 6
almacenar *to keep, to sore* 2r
la almohada *pillow* 5
almorzar (ue) *to have lunch* 4
el almuerzo *lunch* Br, 3
aló *hello* 3
el alojamiento *lodging* 12r
alquilar *to rent* 3
el alquiler *rent* 5r
alrededor *around* 1r
el altar *altar* 8r
alternar *to alternate* 12r
alto/a *tall,* 2; *high* 1r, 2; más alto *louder* Br
altruista *altruistic* 9r
la altura *height* 7r
el/la alumno/a *student* 1
la alusión *reference* 9r
el ama de casa *housewife, homemaker* 5r, 9
amable *nice* 2r
el/la amante *lover* 8r
amar *to love* 14r
amarillo/a *yellow* 2
amasar *to knead* 10r
amazónico/a *Amazonian* 6r
la ambición *ambition* 2r
ambicioso/a *ambitious* Br
ambiental *environmental* 8r
el ambiente *atmosphere, environment* 4r
el ámbito *scope, world* 9r
ambos/as *both* 2r
ambulante: vendedor/a ambulante *street vendor* 8r
amenazar (c) *to threaten, to menace* 15
americano/a *American* 3r
amigable *friendly* 2r
el/la amigo/a *friend* B
la amistad *friendship* 2r, 8
el amor *love* 3
la ampliación *enlargement, expansion* 1r
ampliar *to expand* 14r
amplio/a *wide* 1r
amueblado/a *furnished* 5r
el amuleto *amulet* 10r
el analfabetismo *illiteracy* 14r
el análisis *analysis* 11
analizar (c) *to analyze* 6r
anaranjado/a *orange* 2

ancho/a *wide* 6
el anda *platform to place an image* 8r
el andinismo *mountaineering* 9r
andino/a *Andean* 6r
la angustia *anguish* 12r
el anillo ring 6
el/la animador/a *host, hostess* 9r
la animación *animation* 9r
animado/a *animated, lively* 9r
el/la animador/a *host (of a program)* 9r
el animal *animal* 1r, 2
animar *to entertain, to host* 9r
el anisado *anisette (licor)* 3r
el aniversario *anniversary* Br
anoche *last night* 6
anotar *to jot down* 6r
la ansiedad *anxiety* 11r
ante(a)noche *night before last* 6
anteayer *day before yesterday* 6
el/la antepasado/a *ancestor* 8
anterior adj. *previous, prior* 1r
anterioridad: con anterioridad *in advance* 8r
antes adv. *in advance, before* 1r, 8
el antibiótico *antibiotic* 11r
la anticipación *anticipation, in advance* 1r
la antigüedad *antique* 9r
antiguo/a *old* 1r, 8; *former* 8
antipático/a *unpleasant* 2
la antropología *anthropology* 1
anual *annual* 7r
anunciar *to advertise* 5r; *to announce, to tell* 8r, 14
el anuncio *ad (advertisement), announcement* 3r, 9
añadir *to add* 6r, 10
el año *year* B; el año pasado *last year* 6; el año próximo *next year* 3; Año Nuevo *New Year's Day* 8
apagar (gu) *to extinguish, to put out* 9; *to turn off (the light)* 15
el aparato *instrument, set* 10r
aparecer (zc) *to appear, to show up* 4r
la aparición *appearance* 9r
la apariencia *appearance* 2r
el apartado postal (de correos) *P.O. box* 9r
el apartamento *apartment* 1r, 5
aparte (de) *besides* 2r
apasionante *exciting* 4r
el apellido *last name* 2r, 14
el aperitivo *appetizer, apéritif* 3r
el apetito *appetite* 10r
aplaudir *to applaud* 7
apoyar *to support, to back up* 7r

el apoyo *support 9r*
apreciar *to appreciate 4r*
aprender *to learn 1r*
apretar (ie) *to press 15r*
la aprobación *approval 14r*
apropiado/a *appropriate 4r*
aprovechar *to take advantage 7*
aproximadamente *approximately 6r*
apuntes: tomar apuntes *to take notes 1*
aquel/aquella adj. *that 3r, 5;* aquél/aquélla pron. *that one 2r, 5*
aquellos/aquellas adj. *those 5;* aquéllos/aquéllas pron. *those 5*
aquí *here 5*
el árabe *Arab 10r; Arabian 1r*
arbitrar *to referee 7r*
el árbitro *umpire, referee 7*
el árbol *tree 4r, 7*
el archivo *file cabinet 2r*
la ardilla *squirrel 2r*
el área *area 5r, 13*
la arena *sand 7r*
arenoso/a *sandy 7r*
el arete *earring 6*
argentino/a *Argentinian 2*
el argumento *argument 12r*
el arma *arm 14r*
el armario *closet, armoire 5*
la armonía *harmony 4r*
armonioso/a *harmonious 10r*
la arqueología *archaeology 8r*
arqueológico/a *archaelogical 8r*
el/la arquitecto/a *architect 9*
la arquitectura *architecture 1*
arreglar *to fix, to repair 9r*
arrendar (ie) *to rent 5r*
arriba *above 5r*
arriesgar *to risk 13r*
arrogante *arrogant Br*
el arroz *rice 3*
el arte *art Br;* bellas artes *fine arts 9r*
el artefacto *artifact 9r*
artesanal adj. *handicrafts 10r*
la artesanía *handicrafts 4r, 10*
el/la artesano/a *craftsman/woman 2r*
el artículo *article 1r*
el/la artista *artist 2r*
artístico/a *artistic 6r*
la arveja *pea 10r*
asado/a *baked 3r; roast 6r*
la asamblea *assembly 9r*
la ascendencia *ancestry, origin 2r*
ascender *to ascend, to advance (in business) 14r*
el ascenso *promotion 13r, 14*
el ascensor *elevator 5r*
asegurar *assure 9r*

el aserrín *sawdust 8r*
el asesinato *assassination, murder 12r*
la asfixia *asphyxia 12r*
así *so 1r; this way 6;* así como *as well as 2r*
asiático/a *Asian 2r*
el asiento *seat 12;* asiento de pasillo *aisle seat 12*
asimilar/se *to assimilate, to incorporate 12r*
asimismo *likewise 10r*
la asistencia *attendance 7r;* asistencia social *welfare 14*
el/la asistente *assistant 5r, 13*
asistir *to attend 4r*
la asociación *association 1r*
asociado/a *associated 7r*
asociar *to associate 4r*
el aspecto *aspect 2r; appearance 8r*
la aspiradora *vacuum cleaner 5*
la aspirina *aspirin 11*
el/la astronauta *astronaut 9r*
el/la astrónomo *astronomer 3r*
asumir *to assume (responsibilities) 13*
el asunto *subject, matter, issue 15*
la atención *attention, service 3r*
atender (ie) *to take care of 5r; to attend, to answer (telephone) 9*
atendido/a *attended 6r*
atentamente *sincerely 2r*
aterrizar (c) *to land 15r*
aterrorizar (c) *to terrorize 9r*
atípico/a *atypical 4r*
atlántico/a adj *Atlantic 2r*
el/la atleta *athlete 7r*
atlético/a *athletic Br*
la atmósfera *atmosphere 7*
la atracción *attraction 12r*
el atractivo *attraction 8r;* adj. *attractive Br*
atragantar *to choke 12r*
atrapar *to catch 14r*
atrasado/a *late 12r*
el atún *tuna 3r*
el auditorio *auditorium 3r*
el aula *classroom 13r*
aumentar *to increase 6r*
el aumento *increase 5r; raise 9r*
aun *even 9r*
aún *still 9r*
aunque *although 2r, 14*
la ausencia *absence 9r*
ausentarse *to be absent 14r*
ausente adj. *absent Br*
auténtico/a *authentic 8r*
auto(móvil) *car 2*
autobiográfico/a *autobiographic 2r*

el autobús *bus 4r, 12*
la autopista *freeway 12*
el/la autor/a *author 5r*
la autoría *authorship 9r*
la autoridad *authority 7r*
autoritario/a *authoritarian 9r*
el/la auxiliar: auxiliar de vuelo *steward, stewardess 12*
el avance *advance 9r*
avanzado/a *advanced 1r*
el ave *fowl, bird (poultry) 8r, 10*
la avenida *avenue Br*
la aventura *adventure 9r*
averiguar *to find out 1r*
el avión *airplane 3r, 12*
avisar *to let (someone) know 14r*
el aviso *advertisement, notice 4r, sign 14r*
ayer *yesterday 6*
la ayuda *help 4r*
el/la ayudante *assistant 13*
ayudar *to help 4*
azar: el azar *at random 12r*
azteca *Aztec 5r*
el/la azúcar *sugar 9r, 10*
azul *blue 2*
el azulejo *tile 5r*

B

bailar *to dance 1*
el bailarín/la bailarina *dancer 2r*
el baile *dance 1r*
la bajada *slope 7r*
bajar *to get off, to come down 7r;* bajar de peso *to lose weight 3r*
bajo/a *short 2;* prep. *under 3r*
el balboa *monetary unit of Panamá 1r*
el balcón *balcony 5r*
el balneario *(seaside) resort 2r*
el baloncesto *basketball 7*
bancario adj. *bank 14r*
el banco *bank 5r*
la banda *band 8r*
la bandeja *tray 10*
el banquete *banquet Br*
la bañadera/bañera *tub 5*
bañar(se) *to bathe, to take a bath 4;* bañarse en la playa *to go swimming 3r*
el baño *bathroom 2r, 5*
el bar *bar 4r*
barato/a *inexpensive, cheap 6*
la barbacoa *barbecue 5*
el barco *ship, boat 3r, 2*
barrer *to sweep 5*
el barrio *neighborhood Br, 5*

el barro *mud, clay* 3r
basar(se) *to base* 4r
la base *base* 2r
básicamente *basically* 4r
básico/a *basic* 1r
el basquetbol *basketball* 2r, 7
bastante adv. *enough* 1; **bastante bien** *pretty well, rather well* B; *a lot* 10r
bastar *to be enough* 15r
la basura *garbage* 5
la bata *robe* 6
batallar *to fight* 4r
el bate *baseball bat* 7
la batería *battery* 12
el batido *shake* 3r
la batidora *beater* 5r
batir *to beat* 5r, 10
el bautizo *baptism, christening* 4
el/la bebé *baby* 4r
beber *to drink* 3
la bebida *drink* 3
la beca *scholarship* 13r
el béisbol *baseball* 2r, 6
la belleza *beauty* 1r
bello/a *beautiful* 1r
la bendición *blessing* 8r
la beneficiencia *charity* 9r
el beneficio *benefit* 5r
besar *to kiss* 13
el beso *kiss* 1r
la biblioteca *library* 1
el/la bibliotecario/a *librarian* 9
la bicicleta *bicycle* 1
bien adv. *well* B; **¡Qué bien!** *That's great* 3
los bienes *goods* 9r; **bienes raíces** *real estate* 5r
el bienestar *well-being, welfare* 15
bienvenido/a *welcome* B
bilingüe *bilingual* 2r
el billete *ticket* 3r
la billetera *wallet* 6
la biología *biology* 1r
la biosfera *biosphere* 15
el bistec *steak* 3
blanco/a *white* 1
bloquear *to block* 15
la blusa *blouse* 6
la boca *mouth* 11
el bocado *bite* 10r
la boda *wedding* 8
la boletería *ticket office* 3r
el boleto *ticket* 3r, 12; **boleto de ida y vuelta** *roundtrip ticket* 12
el bolígrafo *ball-point pen* B
el bolívar *monetary unit of Venezuela* 1r

el boliviano *monetary unit of Bolivia* 1r; *Bolivian* 2r
los bolos *bowling* 7
la bolsa/el bolso *purse, bag* 6
bolsa de valores *stock market* 15r
el/la bombero/a *firefighter* 9
bonito/a *pretty* 2
el bono *bonus* 9r
el borde *edge* 10r
el borrador *eraser* B
el bosque *forest* 5r, 15; **bosque tropical** *rain forest* 5r, 15
la bota *boot* 6
el bote *boat* 10r
la botella *bottle* 5r, 10
el botones *bellhop* 12
el boxeador *boxer* 7r
boxear *to box* 7r
la brasa: **a la brasa** *barbecued* 6r
brasileño/a *Brazilian* 7r
el brazo *arm* 11
brillante *brilliant* 5r
el brote *outbreak* 11r
el/la bruto/a *brute, stupid* 9r
el buceo *skin diving* 7r
buen *good* 2r, 5
bueno/a *good* 1; *well* 1r
la bufanda *scarf* 6
el bulevar *boulevard* 2r
el bus *bus* 12
busca: **en busca de** *in search of* 9r, 15
el buscapersonas *beeper* 11r
buscar (qu) *to look for* 1
la búsqueda *search* 1r
la butaca *armchair* 5
el buzón *mailbox* 1r, 12

C

el caballero *gentleman* 2r
el caballo *horse* 3r
el cabello *hair* 11
la cabeza *head* 11
la cabina *cabin, cockpit* 15r
cada adj. *each, every* 1r, 7
la cadera *hip* 11
caer(se) *to fall* 11; **caer bien** *to like* 6r
café *brown* 2
el café *coffe house* 1; *coffee* 1r, 3; **plus café** *after dinner drink* 3
la cafeína *caffeine* 10r
la cafetería *cafeteria* 1
la caída *drop* 6r
la caja *cash register* 9r *box* 12r; **caja fuerte** *safe* 12
el/la cajero/a *cashier* 9; **el cajero automático** *ATM (machine)* 6r

el calcetín *sock* 6
el calcio *calcium* 10r
la calculadora *calculator* B
calcular *to calculate* 7r
el cálculo *calculus* 1r
la calefacción *heater* 5
el calentamiento *warming* 15r
calentar (ie) *to warm up, to heat up* 12r
la calidad *quality* 5r, 14
cálido/a *warm* 3r
caliente *hot* 3
la calificación *qualification* 2r, *rating* 14r
calificar (qu) *to qualify, to describe* 4r
callado/a *quiet* 2
callarse *to be quiet* 2r
la calle *street* B
el calor: **tener calor** *to be hot* 5; **hacer calor** *to be hot (weather)* 4r, 7
la caloría *calorie* 10r
el calzado *footwear* 7r
los calzoncillos *boxer shorts* 6
la cama *bed* 5
la cámara *camera* 9r, *chamber* 13r
la camarera *waitress* 3
el camarero *waiter* 3
el camarón *shrimp* 3
el camarote *cabin (on boat)* 12r
cambiar *to change, to exchange* 2r, 6; **cambiar de papel** *switch roles* Br
el cambio *change* 2r
el camello *camel* 8r
el/la caminante *walker* 3r
caminar *to walk* 1
la caminata *walk* 10r
el camino *road, way* 8
el camión *truck* 9r
la camisa *shirt* 6
la camiseta *T-shirt* 6
el camisón *nightgown* 6
el campamento *camp* 6r
la campaña *campaign* 9r
el/la campeón/a *champion* 7
el campeonato *championship* 5r, 7
el/la campesino/a *peasant* 15
el campo *field* 7; *countryside* 13
el canal *channel* 7r; *canal* 12r
canalizar (c) *to channel* 7r
cancelar *to cancel* 12
el cáncer *cancer* 3r
la cancha *court* 7
la canción *song* 2r, 3
el/la candidato/a *candidate* 2r
cansado/a *tired* 2
el cansancio *fatigue* 10r
cansar(se) *to get tired* 10
cantado/a *sung* 8r

el/la cantante *singer* 3r
cantar *to sing* 3
la cantidad *quantity, amount* 4r
la cantina *bar* 9r
cantonés/cantonesa *Cantonese* 3r
la caña *rattan* 5r
la capacidad capacity 4r
la capacitación *training* 9r
la capa *layer* 15r
capaz *capable* 12r
la capilla *chapel* 4r
la capital *capital* 1r
el capitán/la capitana *captain* 7r
el capó *car hood* 12
la cara *face* 11
el carácter *character* 8r
la característica *characteristic* 1r
el caramelo *candy* 8r
el carbón *coal* 15r
el/la cardiólogo/a *cardiologist* 9r
carecer (zc) *to lack* 2r, 14
cargar *to load* 8r
el cargo *position* 9r, 13
caribeño/a *from the Caribbean* 6r
el cariño *affection, love* 5r, 14r
cariñosamente *affectionately* 4r
cariñoso/a *affectionate* 2r
carmelita *brown* 2r
el Carnaval *Mardi Gras* 8
la carne *meat* 6r, 10; carne
    molida/picada *ground meat* 10;
    carne de res *beef* 10
caro/a *expensive* 4r, 6
la carrera *career* 1r; *race* 2r, 6
la carreta *cart, wagon* 8
la carretera *highway* 12
el carro *car* 12
la carroza *float* 8
la carta *letter* 2r, 12; *menu* 3r
el cartero *mailman* 12
el cartón: de cartón *(made of)*
    cardboard 15
la casa *home, house* 1
casado/a *married* 2
casarse *to get married* 4r, 14
el cascabel *bell* 4r
el casco *helmet* 13r
casero/a adj *house* 11r
el casete *cassette* 1
casi adv. *almost* 8r
el casillero *pigeonhole* 5r
el caso *case* 9r
castaño *brown* 2
el castellano *Castillian (Spanish)*
    language 1r
el/la catador/a *wine taster* 9r
catalán *Catalonian* 1r
el catálogo *catalogue* 7r

la catarata *cataract, fall* 2r
el catarro *chest cold* 11
catastrófico/a *catastrophic* 12r
la catedral *cathedral* 1r
la categoría *category* 4r
católico/a *Catholic* 8r
el caudillo *strong man, dictator* 14r
la causa: *cause* 12r; a causa de
    because of 12
causar *to cause* 15
el cayo *key* 12r
la cebolla *onion* 5r, 10
la cédula *identification card* 2r
la ceja *eyebrow* 11
la celebración *celebration* 1r, 8
celebrar *to celebrate* 3
celta *Celt* 2r
la célula *cell* 15r
el celular *cellular phone* 10r
el cementerio *cemetery* 8
la cena *dinner, supper* 3
cenar *to have dinner* 3
el censo *census* 13r, 14
la censura *censorship* 8r
centenario/a *hundred-year old* 8r
centrar(se) *to center* 10r
céntrico/a adj. *central* 5r
el centro *center* 1r, 5; *downtown* 5;
    centro comercial *shopping center*
    5r, 6
centroamericano/a *Central American* 2r
la cepa *roostalk* 9r
cerca (de) *near* 2r, 5
cercano/a *close, near by* 4r
el cerdo *pork* 10
el cereal *cereal* 3
el cerebro *brain* 11
la ceremonia *ceremony* 6r
la cereza *cherry* 10
cerrado/a *closed* 5r
cerrar (ie) *to close* Br, 4
certificado/a *certified* 9r
la cerveza *beer* 3
el cesto *wastepaper basket* B; el
    cesto/la cesta *basket, hoop* 7
el ceviche *raw fish dish* 3r
el champaña *champagne* 4r
chao/chau *good-bye* B
la chaqueta *jacket* 6
la charcutería *delicatessen* 6r
la charla *talk, chat* 1r
charlar *to chat* 14r
el cheque *check* 6r; cheque de
    viajero *traveller's check* 12
la chica *girl* B
el chico *boy* B
chileno/a *Chilean* 2
la chimenea *fireplace* 5

chino/a *Chinese* 5r
el chiste *joke* 8r
chocar (qu) *to crash* 12r
el chocolate chocolate 3r
el chofer *driver* 9
la chuleta *chop* 10
el churro *batter deep fried* 10r
el ciberespacio *cyberspace* 15r
el ciclismo *cycling* 7
el/la ciclista *cyclist* 7
ciego/a *blind* 15r
el cielo *sky* 12r, 15
la ciencia *science* 1; ciencia-ficción
    science-fiction 2r
el/la científico/a *scientist* 9
cierto adv. *true, certain* 1r, 10; por
    cierto *by the way* 9
la cifra *figure* 14r
la cima *summit, top* 8r
el cine *movies* Br, 3
cinematográfico/a adj. *movie* 3r
el/la cineasta *film director* 9r
la cinta *movie* 9r
la cintura *waist* 11
el cinturón *belt* 6; cinturón de
    seguridad *safety belt* 12
circular *to circulate* 11r
el círculo *circle* 8r
la circunstancia *circumstance* 5r
la cirugía *surgery* 9r
el/la cirujano/a *surgeon* 11r
la cita *date* 2r; cita a ciegas *blind
    date* 2r; cita (textual) *quote* 7r
la ciudad *city* 1r, 3
el/la ciudadano/a *citizen* 13
civil *civil, civilian* 2r
la civilización *civilization* 4r
la clara (de huevo) *egg white* 5r
claro/a *light, clear* 2r; *of course* 5
la clase *class* B
clásico/a *classic* 1r
clasificado/a *classified* 1r
clasificar (qu) *to classify* 4r
clasificatorio/a *preliminary* 7r
el/la cliente *client* 6r, 9
el clima *climate* 3r
climatizado/a *air conditioned* 15r
la clínica *clinic, hospital* 11r
el club *club* 2r
el cobre *copper* 9r
la cocaína *cocaine* 14r
el coche *car* 4r, 12
la cocina *kitchen*, 5; *cooking, cuisine* Br
cocinado/a *cooked* 10r
cocinar *to cook* 5
el/la cocinero/a *cook* 2r
el coco *coconut* 4r
el código: código postal *zip code* 3r

el codo *elbow* 11
el cognado *cognate* Br
la coherencia *coherence* 4r
el cohete *rocket* 15
coincidir *to coincide* 6r
colaborar *to collaborate* 5r
el colador *colander, strainer* 5r
colar *to strain* 5r
la colección *collection* 4r
el/la coleccionista *collector* 9r
colectivo/a *collective* 8r
el/la colega *colleague* 4r
el colibrí *hummingbird* 8r
la colina *hill* 9r
el collar *necklace* 6
colocar (qu) *to place* 13r
colombiano/a *Colombian* 2
el colón *monetary unit of Costa Rica and El Salvador* 1r
colonial *colonial* 2r
el color *color* 2; de color entero *solid color* 6
colorado/a *red* 10r
el colorante *colouring* 10r
el colorido *color* 8r; *colorful* 8r
la columna *column* 4r
la coma *comma* 3r
el comandante *commander, major* 12r
combatir *to fight* 14r
combinar *combine* 3r
la comedia *comedy* 3r
el comedor *dining room* 5
comentar *to comment, to discuss* 6r
el comentario *comment, commentary* 3r
comenzar (ie, c) *to begin* 1r, 8
comer *to eat* 1r, 3
comercial *commercial* 2r; centro comercial *shopping center* 6
la comercialización *commercialization* 6r
el/la comerciante *business person, trading* 13r
el comercio *commerce, business* 5r, 13
cómico/a *comic, funny* Br
la comida *dinner, supper* 3; *food* 10
el comienzo *beginning* 8
el comino *cumin* 10r
la comisión *commission* 7r
el comité *committee* 6r
como adv. *as, like* 1r, 8
cómo *how, what* B; *as* 8; ¿cómo te va? *How is it going?* 1; cómo no *of course* 9
la cómoda *dresser* 5
la comodidad *comfort* 5r
cómodo/a *comfortable* 3r
compacto/a *compact* 2r

el/la compañero/a *partner, classmate* Br, 1
la compañía *company, corporation* 2r, 9
comparar *to compare* 4r
la comparación *comparison* 8r
la comparsa *costumed group* 8
compartir *to share* 1r
el compás *rhythm* 4r
la compensación *compensation* 5r
la competencia *competition* 1r
competente *competent* Br
competir (i) *to compete* 7
el complejo *complex* 14r
complementar *to complement* 10r
complementario/a *complementary* 1r
completar *to complete* Br
completo/a *complete* 1r
la complicación *complication* 11r
complicado/a *complex* 10r
el componente *component* 4r
el comportamiento *behavior* 9r
composición *composition* 1r
el/la compositor/a *composer* 9r
la compra *shopping* 6; ir de compras *to go shopping* 3r, 6
el/la comprador/a *buyer* 6r
comprar *to buy* 1
la compraventa *buying and selling* 4r
comprender *to understand* Br
comprobar (ue) *to check, to confirm* 9r
comprometidola *committed* 14r
el compromiso *obligation, commitment* 2r
compuesto/a *compound* 5r
la computadora *computer* B
común *common* 1r
la comunicación *communication* 2r
comunicar(se) (qu) *to communicate* 3r, 9
la comunidad *community* 4r
con *with* B; con permiso *excuse me* B
la concentración *concentration* 4r
concentrar *to concentrate* 7r
la concepción *conception* 8r
el concepto *concept* 6r
el concierto *concert* Br
conciliar: conciliar el sueño *to get to sleep* 10r
la concordancia *agreement* 4r
el concurso *contest* 1r
la condición *condition* 10r
el condimento *condiment* 10r
el condominio *condominium* 1r
el/la conductor/a *driver* 12r
la conducta *behaviour* 10r
la confección *making* 8r
confeccionar *to make* 8r
la conferencia *lecture* 1r; *conference* 2r

la confiabilidad *trust* 14r
la confianza *trust* 14
configurar *to shape, to form* 4r
confiscar (qu) *to confiscate* 14r
confundido/a *confused* 11r
confundir(se) *to mix up, to confuse, to be confused* 13r
congelado/a *frozen* 10r
congelar(se) *to freeze* 7
congénito/a *congenital* 15r
el/la congresista *congressman-woman* 13r
el congreso *congress, convention* 5r
conjugar *to conjugate* 4r
el conjunto *set, group* 12r; adj. *joint* 9r
conmemorar *to commemorate* 8r
conmigo *with me* 2r, 7
el/la conocedor/a *expert* 9r
conocer (zc) *to know, to meet* 1r, 5
conocido/a *known, famous* 2r; *acquaintance* 2r
la conquista *conquest* 7r
el/la conquistador/a *conqueror* 8r
conquistar *to conquer* 13r
consagrado/a *recognized* 9r
la consecuencia *consequence* 2r
conseguir *to obtain, to get* 2r; *to accomplish* 12r
el/la consejero/a *counselor, adviser* 9r
el consejo *advise* 11r
el/la conserje *concierge* 12
la conservación *preservation* 15
conservado/a *kept, preserved* 5r
el/la conservador/a *conservative* 2r
el conservante *preservative* 10r
conservar(se) *to keep, preserve* 4r
considerablemente *considerably* 7r
considerar(se) *to consider* 2r
consistir *to consist of, to be composed of* 6r
la constancia *perseverance* 4r
constante *constant* 1r
constar *to consist* 10r
constituir *constitute* 2r
la construcción *construction* 5r
construido/a *built* 5r
construir (y) *to build* 1r, 15
el cónsul *consul* 2r
el consulado *consulate* 2r
consultar *to consult* 1r, 14
el consultorio *doctor's office* 9
consumado/a *accomplished* 9r
el/la consumidor/a *consumer* 6r
consumir *to consume, to eat* 3r
la contabilidad *accounting* 1r
contactar *to contact* 9r
el contacto *contact* 1r
el/la contador/a *accountant* 9

contagiar(se) *to give or spread/to get a desease by contagion* 11

el contagio *contagion, spreading of a desease* 11r

la contaminación *contamination* 8r, 15

contaminado/a *contaminated* 3r, 7

contar (ue) *to tell* 8r, 13

contemporáneo/a *contemporary* 1r

contener (g, ie) *to contain* 10r

el contenido *contents* 4r, 11; *contenido controlled* 11r

contento/a *happy, glad* 2

la contestación *answer* Br

el contestador: *el contestador automático answering machine* 15

contestar *to answer* Br, 6

el contexto *context* 3r

contigo *with you* 5r, 7

continuación: a continuación *below* 10r

continuamente *continuously* 10r

continuar *to continue* 8r, 14

contra *against* 7r, 15

contraer (g) *to contract* 11r

contrario/a *opposite, contrary* 7

el contraste *contrast* 4r

contratar *to hire* 14r

el contrato *contract* 9r

la contribución *contribution* 13r

contribuir *to contribute* 2r

controlar *to control* 7r

conveniente *convenient* 5r

convenir (g, ie) *to suit, to be convenient* 6r

el convento *convent* 8r

la conversación *conversation* Br

conversar *to talk, to converse* 1

convertir(se) (ie, i) *to make, to become* 4r, 13

cooperar *to cooperate* 4r

la cooperativa *cooperative society* 9r

la coorporación *corporation* 3r

la copa *stemmed glass* 10; *drink* 3r; la Copa Mundial *World Cup* 7

la copia *copy* 6r

copiar *to copy* 1r

el coraje *courage* 12r

el corazón *heart* 11

la corbata *tie* 6

el corcho *cork* 5r

el córdoba *monetary unit of Nicaragua* 1r

correcto/a *correct* 4r

el corredor/a *runner, cyclist* 6

el correo *mail, post office* 9; el correo electrónico *e-mail* 2r, 15; por correo *by mail* 9r

correr *to run* 4; correr el riesgo *run the risk* 15

la correspondencia *correspondence, mail* 2r

corresponder *to correspond* 2r

correspondiente *corresponding* 7r

la corrida (de toros) *bullfight* 1r, 8

el cortado *coffee with a small amount of milk or cream* 2r; adj. *cut up*

cortar *to cut* 5r, 10

el cortaviento *windbreaker* 7r

la cortesía *courtesy* Br

la cortina *curtain* 5

corto/a *short* 2

la cosa *thing* 1r

la cosecha *harvest* 15

coser *to sew* 5r

el cosmético *cosmetic* 6r

cosmopolita *cosmopolitan* 6r

la costa *coast* 2r

costar (ue) *to cost* 4; ¿cuánto cuesta? *How much is it?* 1

la costilla *rib* 10

el costo *cost* 1r

la costumbre *custom, use* 8

la creación *creation* 8r

el/la creador/a *inventor, creator* 4r

crear *to create* 4r

la creatividad *creativity* 4r

creativo/a *creative* Br

crecer (zc) *to grow up* 4r

el crecimiento *growth* 15r

el crédito *credit* 3r

la creencia *belief* 14

creer *to believe, to think* 3r, 5

el/la creyente *believer* 8r

la crianza *upbringing* 4r

criarse *to be brought up* 13

el crimen *crime* 8r, 14

criollo/a adj. *Spanish American* 3r

la crisis *crisis* 14r

cristiano/a *christian* 8r

Cristo *Christ* 8r

criticar (qu) *to criticize* 13r

el/la crítico/a *critic* 14r

la crónica *chronicle* 8r

el crucero *cruise* 6r, 12

el crucigrama *crossword puzzle* 6r

cruzar (c) *to cross* 2r

el cuaderno *notebook* B

la cuadra *city block* 3r, 12

cuadrado/a *square* 15r

el cuadrilátero *boxing ring* 7r

el cuadro *picture* 5; de cuadros *plaid* 6

cuál/es *what* B; *which (one)* 1

el/la/los/las cual(es) *which* 8r

cualquier/a *any* 1r

cuándo interrog. *when* B

cuando adv. *when* 1r, 2

cuanto: en cuanto *as soon as* 14

cuánto/a/os/as interrog *how much, how many* 1

la Cuaresma *Lent* 8

el cuarto *quarter* B; *room, bedroom* 2r, 5; *fourth* 5

cubano/a *Cuban* 2

cubanoamericano/a *Cuban American* 5r

los cubiertos *silverware* 5r

el cubo: en cubitos *in cubes* 10r

cubrir *to cover* 5r, 13

la cuchara *spoon* 5r, 10

la cucharada *spoon(full)* 10r

la cucharadita *teaspoon* 10r

la cucharita *teaspoon* 10

el cuchillo *knife* 5r, 10

la cueca *typical Chilean music* 12r

el cuello *neck* 11

la cuenca *river basin* 15

el cuenco *bowl* 5r

la cuenta: cuenta corriente *checking account* 9r

el cuento *story* 3r

el cuero *leather*; de cuero *(made of) leather* 6

el cuerpo *body* 4r, 11

la cueva *cave* 10r

el cuidado *care* 4r, 5; tener cuidado *to be careful* 5

cuidar(se) *to take care of* 5r, 11

la culpa *guilt* 14r

culpable *guilty* 11r

el cultivo *cultivation* 15r

la cultura *culture* 2r

cultural *cultural* 1r

la cumbia *Colombian music and dance* 4r

el cumpleaños *birthday* Br, 3

el cumplimiento *fulfillment* 14r

cumplir *fulfill, to keep* 5r

la cura *cure* 9r

el/la curandero/a *quack doctor* 11r

curar(se) *to cure, to get well* 10r

curativo/a *curative* 10r

la curiosidad *curiosity* 1r

curioso/a *curious* 5r

el currículum *résumé* 9

el cursillo *short course of studies* 12r

el curso *course* 1r

cuyo/a *whose* 5r

D

la dama *lady* 2r

la danza *dance* 1r

dañar *to damage, to harm* 15

el daño *damage, harm* 15

dar *to give* 1r, 6; **dar por sentado** *to take for granted* 14r

el dato *piece of information, data* 3r, 14

de *about* 2; *of, from* 2; **de nada** *you're welcome* B

debajo (de) adv. *under* B

deber *ought to, should* 3; **el deber** *duty* 14

debido: **debido a** *due to* 4r, 15

débil *weak* 2

decidir *to decide* 3

décimo/a *tenth* 5

decir (g, i) *to say, to tell* Br, 4; **es decir** *that is to say* 2r

la decisión *decision* 6r

decisivo/a *decisive* 6r

la declaración *declaration* 9r

declarado/a *declared* 8r

declarar *to declare* 9r

la decoración *decoration* 6r

el décuplo *decuple, tenfold* 15r

la dedicación *dedication* 5r

dedicar (qu) *to dedicate* 4r

el dedo *finger* 11

defender (ie) *to defend* 4r,

la defensa *defense* 11r

el/la defensor/a *defender* 13r

la deficiencia *deficiency* 10r

la deforestación *deforestation* 15

la degustación *tasting* 9r

dejar *to leave (behind)* 5r, 9; *to let, to allow* 9

del *of the* (contraction of de + el) 1r, 2

delante de *in front of* 9r

delgado/a *thin* 2

delicioso/a *delicious* 2r

la delincuencia *delinquency* 8r

la demanda *demand, claim* 9r

demás: **los demás** *the rest, others* 14

demasiado *too, excessively* 5r

democrático/a *democratic* 5r

demostrar (ue) *to show, to demonstrate* 4r

el demostrativo *demonstrative* 5r

la denominación *denomination* 14r

denotar *to denote, to indicate* 4r

denso/a *dense* 15r

el/la dentista *dentist* 11r

dentro *inside, in* 4r

el departamento *department* 1r

depender *to depend* 5r

el/la dependiente/dependienta *salesperson* 1

el deporte *sport* Br, 7

el/la deportista *sportsman/woman* 7r

deportivo/a adj. *sport* 1r, 6

deprimido/a *depressed* 10r, 11

la derecha *right* 4r, 12

el derecho *law* 1r; adv. *right* 14r, *straight* 12

el desacuerdo *disagreement* 13r

el/la desamparado/a *homeless* 14r

desaparecido/a *missing* 2r

desapercibido/a *unnoticed* 9r

desarrollar(se) *to develop* 3r, 15

el desarrollo *development* 8r

desayunar *to have breakfast* 3r, 4

el desayuno *breakfast* 3

descansar *to rest* 3

el descanso *rest* 7r

el/la descendiente *descendant, offspring* 13r

descomponer *to breakdown* 15

desconocido/a *unknown* 9r

el descontento *discontent* 9r

descremado/a *skim (milk)* 10r

describir *describe* 1r

la descripción *description* Br

descubrir *to discover* 5r

el descuento *discount* 6r

desde *from* 2r, *since* 13; **desde luego** *of course* 7r

desear *to wish, to want* 1r, 2

desempleado/a *unemployed* 9r

el deseo *wish* 9r

desesperado/a *desperate* 11r

el desfile *parade* 8; **desfile de modas** *fashion show* 6r

el deshielo *thaw* 15r

el desierto *desert* 3r

la desigualdad *inequality* 14r

desmontar *to dismantle, dismount* 12r

desordenar *to disarrange* 4r

desorganizado/a *disorganized* 9r

el despacho *study, office* 5r

despacio *slowly* Br

la despedida *farewell* Br

despedir (i) *to fire, to terminate* 9r; **despedirse** *to say good-bye* 3r

despegar *to take off* 15r

despejado/a *clear (weather)* 7

desperdiciar *to waste* 15

el despertador *alarm clock* 7r

despertarse (ie) *to wake up* 7

después *after, later* 1r, 3; *then* 4r

destacado/a *outstanding, distinguished* 15

destacar (qu) *to stand out* 7r

destinar(se) *to address* 4r; *to destine* 9r

el destino *destination* 3r, 12

destruir (y) *to destroy* 15r

la desventaja *disadvantage* 1r, 14

la desventura *misfortune* 9r

el detalle *detail* 5r

el detective *detective* Br

detener (g, ie) *to stop* 7r

el deterioro *damage* 7r

determinad/a *specific* 6r

determinar *to determine* 1r

detestar(se) *to detest* 11r

detrás (de) *behind* B

la devoción *devotion* 8r

devolver (ue) *to return, to give back* 6r

el día *day* B; **buenos días** *good morning* B; **todos los días** *every day* 1; **el Día de Acción de Gracias** *Thanksgiving* 8; **el Día de las Brujas** *Halloween* 8

el/la diabético/a *diabetic* 10r

la Diablada *Hispanoamerican folkloric festival* 8

el diablo *devil* 8r

el dialecto *dialect* 1r

el diálogo *dialog* 5r

el diámetro *diameter* 10r

diariamente *daily* 10r

diario/a *daily* 3r

el dibujo *drawing* 4r

el diccionario *dictionary* 1

diciembre *December* B

la dicotomía *dichotomy* 10r

el dictador *dictator* 14r

la dictadura *dictatorship* 13r

dictar *to give (classes)* 9r

el diente *tooth* 5r, 11

la dieta *diet* 3

la diferencia *difference* 3r

diferenciar *to differenciate* 3r

diferente *different* 1r

difícil *difficult* 1

la dificultad *difficulty* 13r

difunto/a *dead, deceased* 8; *Día de los Difuntos* All Souls Day 8

digerir (ie) *to digest* 10r

la digestión *digestion* 10r

dinámico/a *dynamic* Br

el dinero *money* 3r, 6

Dios *God* 8r

la diplomacia *diplomacy* 2r

diplomático/a *diplomatic* 2r

la dirección *address* B; *direction* 12r

la directiva *board of directors* 14r

directo/a *direct* 10r

el/la director/a *director, manager* 2r

el directorio *directory* 5r

dirigido/a *addressed* 6r, *managed* 14r

dirigir (j) *to send, to address* 2r

la disciplina *discipline* 4r

el disco *disk, record* 2r

la discoteca *discotheque* 1

la discriminación *discrimination* 14r

disculpar *to excuse* 8r
discutir *to argue, to discuss* 2r, 7
el/la diseñador/a *designer* 5r
diseñar *to design* 9r, 15
el diseño *design* 1r
el disfraz *costume* 8r
disfrazarse (c) *to wear a costume* 8
disfrutar *to enjoy* 1r
disminuir *to decrease* 13r
disparar *to fire* 15r
disponible *available* 2r, 12
la disposición *disposal* 6r
dispuesto/a *ready, determined to* 15
disputado/a *played, disputed* 7r
el disquete *disquette* Br, 1
la distancia *distance* 12r
distintivo/a *distinctive* 2r
distinto/a *different* 4r
distraido/a *absent minded* 15r
la distribución *distribution* 9r
la distribuidora *distributor* 13r
distribuir *to distribute* 8r
el distrito *district* 8r
disuelto/a *dissolved* 10r
la diversidad *diversity* 2r
la diversión *entertainment* 3r, 5
diverso *diverse, different* 5r
divertido/a *funny, amusing* 2
divertirse (ie, i) *to have a good time/fun* 3r, 8
dividir *to divide* 9r
división *division* 4r
divorciado/a *divorced* 2r, 4
divorciarse *to divorce* 9r
el divorcio *divorce* 8r, 14
doblado/a *dubbed* 3r
doblar *to fold* 5; *to bend* 11r; *to turn* 12
doble *double* 5r, 12
el/la doctor/a *doctor* Br, 11
la doctrina *doctrine* 10r
el documental *documentary* Br
el documento *document* Br
el dólar *dollar* 1
doler (ue) *to hurt* 11
el dolor *pain, ache* 8r, 10
doméstico/a *domestic* 4r
el domicilio *residence, home* 2r
domingo *Sunday* B; Domingo de Resurrección *Easter Sunday* 8
el/la dominicano/a *Dominican* 11r
el dominio *control, knowledge* 9r
don *title of respect* m. B
donar *to donate* 9r
dónde interrog. *where* 1r; *wherever*, 14
doña *title of respect* f. B
dormir (ue, u) *to sleep* 4; dormir la siesta *to take a nap* 4; dormirse (ue, u) *to fall asleep* 7

el dormitorio *bedroom* 5
dramatizar (c) *to dramatize* 8r
el/la dramaturgo/a *playwright* 9r
la droga *drug* 8
la ducha *shower* 5
ducharse *to take a shower* 10r
la duda *doubt* 4r
dudar *to doubt* 10
dudoso/a *doubtful* 10
el/la dueño/a *owner* 10r
dulce adj. *sweet* 3r, 10; *candy* 8r, 10
duplicar *duplicate* 15r
la duración *duration* 1r
durante *during* 1r, 3
durar *to last* 1r, 7
el durazno *peach* 15r
duro/a *hard* 10r

E

e *and* 2r
ecológico/a *ecological* 7r
el/la ecólogo/a *ecologist* 15r
la economía *economics* 1; *economy* 13r
económico/a *economic* 2r; *inexpensive* 5r
economista *economist* 2r
ecuatoriano/a *Ecuadorian* 10r
la edad *age* 2r, 13; tercera edad *senior citizen* 3r, 14
la edición *edition* 8r
el edificio *building* 1r, 5
la educación *education* 1r
educado/a *educated* 5r
efectivo/a *effective* 15r; en efectivo *cash* 6
el efecto *effect* 10r
efectuar (se) *to take place, to carry out* 15r
la eficiencia *efficiency* 14
eficiente *efficient* Br
el/la ejecutivo/a *executive* 9
el ejemplo *example* 1r, 3
el ejercicio *exercise* 4r, 11
el *the* B
él *he* B
la elaboración *making* 8r
elaborar *to make* 8r
la elección *election* 5r
el/la electricista *electrician* 9
eléctrico/a *electric* 3r
el electrodoméstico *electrical appliance* 5
electromagnético/a *electromagnetic* 10r
electrónico/a *electronic* 3r, 15
el elefante *elephant* 3r

elegante *elegant* Br
elegir (i, j) *to select, to choose* 11r
el elemento *element* 8r
eliminar *to eliminate* 10r
ella *she* B
ellos/as *they* 1
el elote *corn (on the cob)* 10
embarazada *pregnant* 11r
embargo: sin embargo *nevertheless* 1r
el embudo *funnel* 5r
la emergencia *emergency* 9r
el/la emigrante *emigrant* 13
emigrar *to emigrate* 13
emisor/a adj. *issuing, transmitting* 10r
emocionado/a *excited* 7
emocional *emotional* 12r
empacar (qu) *to pack* 12r
la empanada *small meat pie* 10r; empanadas salteñas *typical Bolivian meat pies* 10r
empezar (ie, c) *to begin, start* 3r, 4
el/la empleado/a *employee* 2r, 12
la empresa *company, corporation* 9
en *in, at* B; en punto *sharp, on the dot* B; en cuanto a *in regards to* 12; en la actualidad *at the present time* 13; en busca de *in search of* 15
enamorado/a *in love* 13
enamorarse *to fall in love* 11r
encantado/a *delighted* B
encantar *to delight, to love* 6
el/la encargado/a *person in charge* 8r
el encanto *charm* 1r
encargarse *to be in charge* 9r
encender (ie) *to turn on* 13r
encerrado/a *locked up* 12r
encerrar (ie) *to lock up* 8
la enchilada *Mexican dish* 5r
el encierro (de los toros) *penning (of bulls)* 8r
encima *on top* 10r
encontrar (ue) *to find* 1r, 6; encontrarse *to be* 5r; *to meet, to encounter* 15
el encuentro *encounter, meeting* Br
la encuesta *survey* 3r, 14
la energía *energy* 1r
enérgico/a *energetic* 14
enero *January* B
enfermar(se) *to get sick* 8r
la enfermedad *sickness* 11
el/la enfermero/a *nurse* 9
enfermo/a adj. *sick* 3r, 11
enfrentar *to confront* 12r
enfrente (de) *in front of* B
enfriar *to cool down* 10r
engordar *to gain weight* 10r

enharinado/a *lightly covered with flour* 10r

el enlace *link* 14

enlatado/a *canned* 10r

enmendar (ie) *to correct* 11r

la enmienda *correction* 2r

enojado/a *angry, mad* 2

enorme *enormous, huge* 2r

enriquecer (zc) *to enrich* 1r

la ensalada *salad* 3

el ensayo: el ensayo nuclear *nuclear test* 15

enseguida *immediately* 6

la enseñanza *teaching* 4r

enseñar *to teach* 1r

entender (ie) *to understand* 4

entero/a *whole* 4r; de color entero *solid color* 6

entonces *then* 2r, 8

el entorno *sorrounding* 7r

la entrada *appetizer* 3r; *ticket for admission* 3r, 8; *entrance* 5r

entrar *to go in, to enter* 6

entre *between, among* B

entregar *to deliver* 5r

el/la entrenador/a *coach* 7

el entrenamiento *training* 10r

entrenar *to train* 10r

entretenido/a *entertaining* 10r

el entretenimiento *entertainment* 3r

entrevista *interview* 2r, 9

el/la entrevistador/a *interviewer* 9r

entrevistar *to interview* 4r

entusiasmado/a *enthusiastic* 9r

el entusiasmo *enthusiasm* 10r

envejecer (zc) *to get old* 10r

enviar *to send* 2r, 9

envolver (ue) *to wrap* 10r

el episodio *episode* 4r

la época *time* 2r

la equidad *equity* 14r

equilibrar *to balance* 10r

el equilibrio *equilibrium, balance* 10r

el equipaje *luggage* 12

el equipo *team* 2r, 7; el equipo deportivo *equipment* 7

equivalente *equivalent* 5r

equivocado/a *wrong* 2r

erguido/a *erect* 10r

la escala *stopping point* 12r

escalar *to climb* 10r

la escalera *stairs, stairway* 5

el escáner *scanner* 6r

escapar *to escape, to flee* 13

el escaparate *shop window* 6r

la escasez *lack, scarcity* 7r

la escena *scene* 8r

escencial *essential* 10r

escoger (j) *to choose* 1r

escolar adj. *school* 4r

escribir *to write* Br, 3

escrito/a *written* 2r

el/la escritor/a *writer* 2r, 13

el escritorio *desk* B

escuchar *to listen* Br, 1

la escuela *school* 1r

la escultura *sculpture* 3r

el escurridor *colander* 5r

escurrir *to drain* 5r

ese/a adj. *that* B; ése/a pron. *that one* 5

esforzarse (ue) *to strive* 6r

eso pron. *that* 5; por eso *that, that's why* 3

esos/as adj. *those* 5; ésos/as pron. *those* 5

espacial adj. *space* 9r

el espacio *space* 7r

espacioso/a *spacious* 5r

el espagueti *spaghetti* 3

la espalda *back* 11

el español *Spanish* Br, 1; español/a adj. *Spanish* 1r, 2

la especia *spice* 5r

especial *special* 3r; en especial *especially* 8r

la especialidad *specialty* 1r

el/la especialista *specialist* 2r

especializado/a *specialized* 6r

especializarse (c) *to specialize* 6r

especialmente *specially* 2r

la especie *species* 3r

específicamente *specifically* 3r

especificar (qu) *to specify, to point out* 4r

espectacular *spectacular* 8r

el espectáculo *show* 3r

el/la espectador/a *spectator* 7r

el espejo *mirror* 5; el espejo retrovisor *rearview mirror* 12

la esperanza *hope* 10r

esperar *to hope, to expect* 4r, 10; *to wait for* 2r, 9

la espinaca *spinach* 10

el espíritu *spirit, disposition* 7r; joven de espíritu *young at heart* 2r

la espontaneidad *spontaneity* 4r

la esposa *wife* 4

el esposo *husband* 4

el esqueleto *skeleton* 8r

el esquí *skiing, ski* 7

el/la esquiador/a *skier* 7

esquiar *to ski* 2r, 7

la esquina *corner* 11r, 12

la estabilidad *stability* 14r

establecer(se) (zc) *to establish, to settle* 11r, 13

la estación *season* 6r, 7; *station* 4r, 12

estacionar *to park* 14r

el estacionamiento *parking* 5r

el estadio *stadium* 3r

la estadística *statistic*; adj. *statistical* 8r, 14

el estado *state* 1r; *status* 2r; *condition* 7r

estadounidense *U.S.A. citizen* 13r

el estancamiento *stagnation* 13r

estándar *standard* 10r

estar *to be* Br, 1; estar bien/mal *to be well/not well* B; estar a cargo *to be in charge* 9r; estar a dieta *to be on a diet* 3; estar de acuerdo *to agree* 2r, 3; estar de moda *to be fashionable* 6; estar enamorado/a *to be in love* 13; estar en forma *to keep fit* 4r; estar seguro/a *to be sure* 7

la estatua *statue* 4r

estatura *height* 14r

el estatuto *law* 14r

el este *east* 1r

este/a adj. *this* 1; éste/a pron. *this one* 5; esta noche *tonight* 3

el estéreo *stereo* 5r

estereotipado/a *stereotyped* 14r

el estilo *style* 5r

estimado/a *estimated, dear* 2r

el estímulo *stimulant* 1r

estirar *to stretch* 11r

esto *this* 4r, 5

el estómago *stomach* 3r, 11

estornudar *to sneeze* 11

estos/as adj. *these* 5; éstos/as pron. *these* 5

la estrategia *strategy* 7r

estrecho/a *narrow, tight* 6

la estrella *star* 3r

el estreno *première* 9r

el estrés *stress* 12r

estricto/a *strict* 11r

la estructura *structure* 4r

el/la estudiante *student* B

estudiantil adj *student* 1r

estudiar *to study* 1

el estudio *study* 1r; *studying* 9r

estudioso/a *studious* 1

la estufa *stove* 5

la etapa *stage* 4r

eterno/a *eternal* 5r

la etiqueta *etiquette* 5r

étnico/a *ethnic* 2r

euro *monetary unit of Spain* 1

europeo/a *European* 2r

el euskara *Basque language* 1r

el evento *event* 1r

la evidencia *evidence* 12r

evidente *evident* 2r
evitar *to avoid* 10r
la evolución *evolution* 4r
evolucionar *to evolve* 4r
exacto/a *exact* 8r
el examen *examination* 1
examinar *to examine* 11
excelente *excellent* 1
la excepción *exception* 13r
excepcional *exceptional* 5r
excepto *except* 7
excesiva *excessive* 10r
el exceso *excess* 9r
exclusivo/a *exclusive* 12r
la excursión *excursion* 3r
la excusa *excuse* 10r
exhaustivamente *exhaustingly* 12r
exhibir *to exhibit* 2r
existente *existent* 3r
existir *to exist* 2r
el éxito *success* 7r, 13; tener éxito
   to be successful 13
exótico/a *exotic* 5r
la expectativa *expectation* 12r
la experiencia *experience* 1r, 9
experimentar *to experience* 12r
el experimento *experiment* 15r
el/la experto/a *expert* 7r
la explicación *explanation* 9r
explicar (qu) *to explain* 1r
la exploración *exploration* 9r
explorar *to explore* 1r
el explorador *explorer* Br
la exportación *export* 9r
exportador/a adj. *exporting* 9r
la exposición *exhibit* 1r
expresar *to express* 10r
la expresión *expression* Br
el exprimidor *fruit-squeezer* 5r
exquisito/a *delicious, exquisite* 3r
extender(se) (ie) *to extend,*
   to expand 13r; *to spread out,*
   to extend 13
la extensión *extension* 2r
la extinción *extinction* 5r
extranjero/a adj *foreign* 1r; *foreigner* 2r
extrañar *to miss* 13r
extraordinario/a *extraordinary* 6r
extraterrestre adj *extraterrestrial* Br
extremadamente *extremely* 5r
extrovertido/a *extrovert* Br

F

la fábrica *factory* 15r
fabricar *to make* 8r
fabuloso *fabulous* 3

fácil *easy* 1
fácilmente *easily* 9r
factible *feasible* 13r
facturar *to check (luggage)* 12
la facultad *college, school of* 1
la falda *skirt* 4r, 6
fallecido/a *dead* 8r
falso/a *false* 1r
falta: hacer falta *to need* 14r
la fama *fame* 13
la familia *family* Br, 4
el familiar *relative* 2r; adj *family* 2r
famoso/a *famous* 1r
fanático/a *fanatic* 4r
la fantasía *fantasy* 3r
fantástico/a *fantastic* 3r
el/la farmacéutico/a *pharmacist* 11
la farmacia *pharmacy* 11
la fascinación *fascination* 2r
fascinante *fascinating* 4r
fascinar *to fascinate* 3r
la fase *phase* 1r
el fastidio *annoyance* 4r
la fatiga *fatigue* 10r
fatigado/a *fatigued, tired* 10r
favorecer (zc) *to favour, to help* 7r
favorito/a *favorite* Br, 1
febrero *February* B
la fecha *date* B
la federación *federation* 7r
la felicidad *happiness* 14
felicitar *to congratulate* 7r
feliz *happy* 2
el fenómeno *phenomenon* 14r
feo/a *ugly* 2
la feria *fair* 1r
el feriado: día feriado *holiday* 3r
la ferretería *hardware shop* 6r
el ferrocarril *railroad* 12
fértil *fertile* 2r
el festival *festival* 7r
la festividad *festivity* 8r
festivo *festive* 8r
fiable *trustworthy* 14
la fibra *fiber* 10r
la fiebre *fever* 11
fielmente *faithfully* 7r
la fiesta *party* Br, 3
fijarse *to pay attention* 11r
fijo/a *fixed* 6r
la filmoteca *film society, film club* 3r
la filosofía *philosophy* 1r
el fin: *end* 1, 7; fin de semana
   weekend 1; *objective* 9r
el final *end* 5r
final adj *final* 2r
finalista *finalist* 7r
finalmente *finally* 1r

financiado/a *financed* 11r
financiero/a *financial* 6r, 14
financiar *to finance* 15r
fino/a *fine* 3r
la firma *signature* 1r
firmar *to sign* 1r
la física *physics* Br
físicamente *physically* 7r
físico/a *physical* 2r
el/la fisioterapista *physiotherapist* 11r
la flexibilidad *flexibility* 9r
flexible *flexible* 2r
la flor *flower* 5r, 7
el flujo *flow* 14r
la fobia *phobia* 12r
el folclor *folklore* 1r
folclórico/a *folkloric* 2r
el folleto *pamphlet, brochure* 3r
fomentar *to foment* 14
los fondos *money* 9r; *fund* 11r
la fonoventa *phone sale* 3r
forma *form* 2r
la formación *formation* 7r
formar *to form* 2r
la fórmula *formula* 15r
el formulario *form* 1r
la fortaleza *fortress* 3r
la fortuna *fortune* 1r
la fotocopiadora *photocopier* 9r
la foto(grafía) *photography* 2r
fracturar(se) *to fracture, to break* 11
el francés/francesa *French* 2r
la frase *phrase* 8r
la frecuencia *frequency* 1r
frecuentemente *frequently* 1r, 4
el fregadero *sink* 5
freír(i) *to fry* 10
el frenesí *frenzy* 11r
la frente *forehead* 11
la fresa *strawberry* 10
fresco/a *cool* 7; *fresh* 10r
los frijoles *beans* 3r
el frío adj. *cold* 3; tener frío *to be*
   cold 5
la frontera *frontier, border* 2r
la fruta *fruit* 3
la fuente *fountain* 1r; *source* 8r, 14
fuera *out, outside* 3
fuerte *strong* 1r, 2
la fuerza *force* 10r, 14
fuerza laboral *work force* 14
fumar *to smoke* 11
la función *show, function* 2r
el funcionamiento *functioning* 14r
funcionar *to function* 6r
fundamental *fundamental, basic* 4r
fundar *to found* 1r, 13
furioso/a *furious* 6r

la fusión *fusion* 8r
el fútbol *soccer* 2r, 7
el/la futbolista *football player* 7r
el futuro *future* 4r

G

la gabardina *raincoat* 7r
el gabinete *cabinet (presidential)* 13r
las gafas: gafas de sol *sun glasses* 6
la galería *gallery* 3r
el gallego *Galician* 1r
la galleta *cookie* 10
la gamba *shrimp (in Spain)* 10r
el/la ganador/a *winner* 7r
ganar *to win* 4r, 7 ; *to earn, to make* 6r
ganas: tener ganas de *to feel like* 10r
el garaje *garage* 5
la garganta *throat* 11
el gas: agua con gas *carbonated water* 3
la gasolina *gasoline* 12r
gastar *to spend* 4r, 6
la gastronomía *gastronomy* 9r
el/la gato/a *cat* 2
la gelatina *gelatin* 9r, 10
el/la gemelo/a *twin* 4
genealógico/a *genealogical* 4r
la generación *generation* 4r
generalmente *generally* 4
generar *to generate* 10r
el género *type* 4r
generoso/a *generous* Br
genético/a *genetic* 15r
la generosidad *generosity* 9r
genial *great* 2r
la gente *people* 6r, 8
la geografía *geography* 1
geográfico/a *geographic* 2r
el gerente *manager* 9; gerente de
 ventas *sales manager* 9
la gestión *matter, business* 9r
el gesto *gesture* 4r
gigante adj. *giant* 5r
el gimnasio *gymnasium* 1
el glaciar *glacier* 2r
el gobierno *government* 6r, 13
el golf *golf* 7
la golondrina *sparrow* 15r
el golpe: golpe militar *military coup* 13
gordo/a *fat* 2
la gorra *cap* 6
gozar (c) *to enjoy* 8r
la grabación *recording* 3r
la grabadora *taperecorder,
 cassette player* B
gracias *thank you* B; Día de Acción
 de Gracias *Thanksgiving Day* 8

gracioso/a *funny* 2r
el grado *degree* 7r; *grade* 8r
la graduación *graduation* Br
graduado/a *graduated* 5r
gradualmente *gradually* 15r
graduarse *to graduate* 14r
gráfico/a *graphic* 1r
gramatical *grammatical* 4r
gran *great* 1r, 5
grande *big* 1
el grano *grain* 10r
la grasa *fat* 10r
gratis *free* 3r
la gratitud *gratitude* 10r
gratuito/a *gratuitous, free of charge* 11r
grave *seriously ill, serious* 14r
la gravedad *seriousness* 15r
el griego *Greek* 10r
la gripe *flu* 11
gris *gray* 2
gritar *to shout, scream* 8r
grueso/a *coarse* 7r
el grupo *group* 1r
el/la guacamayo/a *macaw* 8r
el guajolote *turkey* 10r
el guante *glove* 6; *baseball mit* 7
guapo/a *good-looking, handsome* 2
el guaraní *monetary unit of Paraguay*
 1r; *language spoken in Paraguay* 10r
guardar *to keep* 12
el guardarropa *wardrobe* 5r
la guardería *nursery* 6r
guatemalteco/a *Guatemalan* 2
la guayabera *loose-fitting men's
 shirt* 6r
gubernamental adj. *government* 6r
la guerra *war* 5r
el gueto *ghetto* 15r
el/la guía *guide* 3r
guiar *to guide* 9r
la guitarra *guitar* 1r, 3
gustar *to like* 2; *to be pleasing to* 6;
 me gustaría *I would like* 2r, 6
el gusto *liking, taste* 6r; mucho gusto
 pleased to meet you B

H

haber *to have* 13
había *there was, there were* 8
la habitación *room* 5r, 12; habitación
 doble/sencilla *double/single
 room* 12
el/la habitante *inhabitant,
 resident* 2r
el hábito *habit* 6r
hablador/a *talkative* 2

hablar *to speak* 1
hace *ago* 7
hacer (g) *to do, make* 1r, 4;
 hacer cola *to stand in line* 12;
 hacer escala *to make a stopover*
 12; hacer la maleta *to pack* 12r;
 hacer preguntas *to ask questions*
 4r; hacerse *to become* 4r; hacer el
 papel *play the part* 6r; ¿Qué
 tiempo hace? *What's the weather
 like?* 7
hacia *towards, near* 8r
el hambre: tener hambre *to be
 hungry* 5
la hamburguesa *hamburger* 1r, 3
la hamburguesería *hamburger place* 3r
la harina *flour* 10
hasta *until* B; hasta luego, hasta
 pronto *see you later* B; hasta la
 vista *see you later* 1; hasta que
 until 14
hay *there is, there are* B; hay que +
 inf. *it's necessary to + verb* 5
el hebreo *Hebrew* 2r
el hecho *fact* 9r; de hecho *in fact*
 5r; adj. *made* 8r
el helado *ice cream* 3
el helecho *fern* 13r
la hermana *sister* 4
el hemisferio *hemisphere* 10r
la hermanastra *stepsister* 4
el hermanastro *stepbrother* 4
el hermano *brother* 4
hermoso/a *beautiful* 1r
el héroe *hero* 10r
hervir (ie, i) *to boil* 10
el hielo *ice* 7
la hierba/yerba *herb* 3r
la hija *daughter* 4; hija única
 only daughter 4
el hijo *son* 2r, 4; hijo único *only son* 4
hiperactivo/a *hyperactive* 1r
el hipermercado *large market* 6r
hípico/a adj. *horse* 7r
hipocondríaco/a *hypodondriac* 1r
el hipódromo *race track* 3r
el hipopótamo *hippopotamus* 2
hispánico *Hispanic* 8r
hispano/a *Hispanic* 1r
hispanoamericano/a *Spanish
 American* 2r
hispanohablante *Spanish speaker* 13r
la historia *history* 1
histórico/a *historic* 4r
el hogar *home* 5r, 14
hola *hello, hi* B
el hombre *man* 4r, 4; hombre de
 negocios *businessman* 9

el hombro *shoulder* 11
el homenaje *homage* 10r
homogéneo/a *homogenous* 2r
hondureño/a *Honduran* 5r
la honestidad *honesty* 14
honrado/a *honoured* 8r
la hora *time, hour* B; hora americana//inglesa *precise time* Br
el horario *schedule* Br; horario corrido *uninterrupted schedule*
hornear *to bake* 10r
el horno *oven* 5; horno microondas *microwave oven* 5
el hospital *hospital* 1r, 11
el hotel *hotel* 4r, 12
hoy *today* B; hoy en día *nowadays* 4r, 8
hubo *there was, there were* (pret, of haber) 14r
el hueso *bone* 11
el/la huésped *guest* 1r, 12
el huevo *egg* 3; huevo duro *hard-boiled egg* 10r
huir *to flee, to escape* 13r
las humanidades *humanities* 1
humano/a *human* 5r, 11; ser humano *human being* 15
húmedo/a *humid, damp* 10r

I

la ida: ida y vuelta *round trip* 3r, 12
la idea *idea* 2r
ideal *ideal* 2r
idealista adj, *idealistic* Br
la identidad *identity* 2r
la identificación *identification* Br
identificar (qu) *to identify* 4r
el idioma *language* 1r, 13
la iglesia *church* 1r, 8
igual adj. *the same* 1r; *alike, equal* 2r; al igual que *like, same as* 1r
la igualdad *equality* 14
igualmente *likewise* B
ilógico/a *illogical* 5r
la ilustración *illustration* 5r
ilustre *illustrious* 3r
la imagen *image, statue* 8r
la imaginación *imagination* 6r
imaginar(se) *to imagine* 4r
imaginario/a *imaginary* 12r
imitar *to imitate* 5r
el impacto *impact* 10r
imparcial *impartial* Br
impartir (la bendición) *to give* 8r
impedir (i) *to prevent* 7r

el imperio *empire* 3r
el impermeable *raincoat* 6
el implante *implant* 15r
implicar (qu) *to involve, implicate* 10r
la importación *import* 10r
importado/a *imported* 4r
la importancia *importance* 2r
importante *important* Br, 9
importar *to import* 10r
la imprenta *printing* 15r
imprescindible *essential* 9r
impresionante *impressive* 1r
impresionar *to impress* 2r
la impresora *printer* 2r
imprimir *to print* 4r
el impuesto *tax* 12r
impulsivo/a *impulsive* Br
impulso *impulse* 7r
inapropiado/a *inappropriate* 9r
inaugurar *to inaugurate* 6r
la inauguración *inauguration* 9r
el/la inca *Inca* 3r
el incendio *fire* 9
incentivar *to encourage, to incite* 7r
el incentivo *incentive* 13r
el incienso *incense* 8r
la iniciativa *initiative* 9r
incluido/a *including* 10r
incluir (y) *to include* 3r
incluso *including* 5r; *even* 7r
inconcluso/a *unfinished* 12r
incorporar *to incorporate* 4r
incorrecto/a *incorrect* 14r
increíble *incredible* 2r
incrementar *increment* 10r
indeciso/a *undecided* 5r
independencia *independence* 3r, 8
independiente *independent* Br
independizarse (c) *to become independent/liberated* 14
indicado/a *indicated, recommended* 8r
indicar (qu) *to indicate* 2r, 9
el índice *index, percentage* 9r
el/la indígena *indigenous, native* 2r
el/la indio/a *Indian* 12r
indiscutible *indisputable* 8r
el individuo *individual* 6r
la industria *industry* 5r
inesperado *unexpected* 8r
la infancia *childhood* 4r
infantil adj. *children's* 3r
la infección *infection* 11
infeccioso/a *infectious* 11r
infectado/a *infected* 11
infectar *to infect* 11r
la inflación *inflation* 9r

la inflamación *inflammation* 11r
la influencia *influence* 5r
influenciar *to influence* 10r
influir *to influence* 15r
la información *information* 1r
informal *informal* Br
informar(se) *to inform, to become informed* 2r
la informática *computer science* 1
el informe *report* 2r
el/la ingeniero/a *engineer* 9
ingerir (ie) *to ingest* 10r
el inglés *English* 1r
el ingrediente *ingredient* 5r
ingresar *to be admitted* 1r
el ingreso *income* 9r
iniciar *to begin* 8r
injusto/a *unjust* 5r
inmaculado/a *immaculate* 8r
inmediatamente *immediately* 2r
inmenso/a *immense, vast* 4r
la inmersión *immersion* 1Br
inmerso/a *immerse* 4r
la inmigración *immigration* 2r
el/la inmigrante *immigrant* 13
inmigrar *immigrate* 13r
innegable *undeniable* 13r
innovador/a *innovatory* 6r
el inodoro *toilet* 5
inolvidable *unforgettable* 1r
inoxidable *stainless* 5r
inquieto/a *restless* 7r
inscribir *to register* 14r
el/la inspector/a *inspector* 12
la inspiración *inspiration* 4r
la institución *institution* 9r
el instituto *institute* 9r
la instrucción *instruction* 9r
el instrumento *instrument* 3r
insultar(se) *to insult* 13r
el/la integrante *member* 11r
intelectual *intelectual* 2r
inteligente *intelligent* Br, 2
la intención *intention* 15r
intenso/a *intense* 1r
intercambiar *to exchange* 2r
el intercambio *exchange* 1r
interceptar *to intercept* 14r
el interés *interest* 1r
el/la interesado/a *interested (person), applicant* 9r
interesado/a *interested* 1r
interesante *interesting* Br
interesar *to interest* 2r, 6
interminable *endless* 5r
internacional *international* 1r
el/la internauta *Internet user* 14r
el/la intérprete *interpreter* 9

interrogativo/a *interrogative* Br
interrumpir *to interrupt* 9r
intervenido *intercepted* 14r
intervenir (g, ie) *to intervene* 9r
íntimo/a *intimate, close* 1r
intrigante *intriguing* 3r
intrínseco/a *intrinsic* 2r
introducir (zc) *to introduce* 7r
introvertido/a *introvert* Br
inusual *unusual* 3r
inventar *to invent* 7r
invertir (ie, i) *to invest* 11r
la investigación *investigation, research* 3r
investigar (gu) *to investigate* 8r
integral
el invierno *winter* 6
la invitación *invitation* 2r, 8
el/la invitado/a *guest* 3r
invitar *to invite* 3r, 8
la inyección *injection* 11
ir *to go* Br, 3; ir a + *inf. to go to + verb* 3; irse *to go away, to leave* 7; ir de compras *to go shopping* 3r, 6
irónico/a *ironic* 9r
irracional *irrational* 12r
irradiado/a *irradiated* 10r
irresponsable *irresponsible* 4r
irritado/a *irritated* 11
irse *to go away, to leave* 7
la isla *island* 6r
italiano/a *Italian* 2r
el itinerario *itinerary* 12r
la izquierda *left* 4r, 12

J

el jabón *soap* 5r, 15
jamás *never* 3r, 12; por siempre jamás *forever and ever* 3r
el jamón *ham* 3
Januká *Hanukka* 3r
japonés/a *Japanese* 4r
el jardín *backyard, garden* 5
la jarra *jar, pitcher* 5r
la jaula *(bird) cage* 14r
el/la jefe/a *manager, boss* 2r, 9
el jesuita *Jesuit* 10r
Jesús *Jesus* 8r
el joropo *typical Venezuelan music* 12r
el/la joven *young man/woman* 3; joven adj. *young* 2
la joya *jewel, jewelry* 5r
la joyería *jewelry* 3r
judío/a *Jewish* 2r
el juego *game* 3r, 7; *set* 5r;

jueves *Thursday* B
el/la juez/a *judge* 9
el/la jugador/a *player* 7
jugar (ue) *to play (game, sport)* 4; jugar a los bolos *to bowl* 7
el jugo *juice* 3
el juguete *toy* 6r
la jugetería *toy store* 6r
julio *July* B
la jungla *jungle* 5r
junio *June* B
junto a *next to* 4
juntos *together* 2r, 15
el jurado *jury* 9r
la justicia *justice* 15r
justo/a *right* Br
juvenil adj. *young* 5r
la juventud *youth* 13

K

el kilómetro *kilometer* 6r

L

la art. *the* 1; pron. *you, her, it*
el labio *lip* 11
la labor *labor, work* 4r
laboral adj. *labor* 5r
el laboratorio *lab* 1
lacrimógeno/a *tear-producing* 15
lácteo/a *dairy (product)* 6r, 10
lado: al lado de *next to* B
el ladrón *thief* 13r
el lago *lake* 2r, 7
lamentar *to be sorry* 10r
la lámpara *lamp* 5
la lana *wool* 6; de lana *wool (made of)* 6
la langosta *lobster* 10
el/la lanzador/a *pitcher* 13
lanzar (c) *to throw* 7r, 13
el lápiz *pencil* B
largo/a *long* 2; a lo largo *throughout, along* 4r
las art. *the*; pron. *you, them*
lástima: ¡Qué lástima! *What a pity!* 1
la lata *can* 5r
latinoamericano/a *Latin-American* 7r
el lavabo *washbowl* 5
la lavadora *washing machine* 5
la lavandería *laundry room* 5r
el lavaplatos *dishwasher* 5
lavar(se) *to wash* 4; lavarse los dientes *to brush one's teeth* 7
la leche *milk* 3

la lechuga *lettuce* 3
el/la lector/a *reader* 2r
la lectura *reading* 4r
leer *to read* Br, 3
la legumbre *legume, vegetable* 10r
lejano/a *distant, remote* 13r
lejos (de) adv. *far* 2r, 5
el lempira *monetary unit of Honduras* 5r
la lencería *linen* 6r
la lengua *language* 1; *tongue* 11
el lenguaje *language* 4r
lentamente *slowly* 4
los lentes *glasses* 2; lentes de contacto *contact lenses* 2
el león *lion* 3r
la letra *letter* 9r
el letrero *sign* 14r
levantar *to raise, to lift* Br, 7; levantarse *to get up, to stand up* Br, 4
la ley *law* 14r
la leyenda *legend* 3r
liberado/a *released* 15r
liberal *liberal* Br
liberar *to release* 10r; *to liberate* 12r
la libra *pound* 10r
libre *free* 1r, 3
la librería *bookstore* 1
el libro *book* B
el liceo *school* 4r
el licor *alcoholic beverage* 10r
la liga *league* 13r
ligero/a *light* 15r
limitar *to limit* 7r
el limón *lemon* 5r
el limpiaparabrisas *windshield wiper* 12
limpiar *to clean* 5
el limpiavidrios *window cleaner* 5r
la limpieza *cleaning* 4r
limpio/a *clean* 5
la línea *line* 2r
el líquido *liquid* 5r
lírico/a *lyric* 9r
la lista *roll, list* B; la lista de espera *waiting list* 12
listo/a *smart, ready* 2
la literatura *literature* 1
literario/a *literary* 4r
la llamada *call* 9
llamar *to call* 3r; llamarse *to be called, to be named* B
llano/a *flat* 2r
la llanta *tire* 12
la llave *key* 12
la llegada *arrival* 8r, 12
llegar *to arrive* 1

llenar *to fill out 1r, 9*
lleno/a *full 2r, 12*
llevar *to wear, to carry 3r, 6;* **llevar a cabo** *to carry out 8r;* **llevarse bien** *to get along well 9r, 13;* **llevarse mal** *not to get along 13r*
llorar *to cry 9r*
llover (ue) *to rain 6r, 7*
la lluvia *rain 7;* **la lluvia ácida** *acid rain 15r;* **lluvia de ideas** *brainstorm 2r*
lo *pron. you, him, it;* **lo + adj.)** *the 1r;* **lo que** *what, that which 1r*
el local *site, place 6r*
la localización *location 5r*
localizado/a *situated 5r*
localizar (c) *to locate 8r, 14*
loco/a *crazy 6r*
el/la locutor/a *radio announcer 9*
lógicamente *logically 4*
lógico/a *logic Br*
lograr *to achieve 10r*
el logro *accomplishment 8r*
la loma *hill 5r*
la longitud *length 7r*
los *art. the 1; pron. you, them 5*
la lotería *lottery 5r*
luchar *to fight 5r*
luego *then 1r, 3; after 6r*
el lugar *place Br, 1;* **tener lugar** *to take place 8r*
lujo: con lujo de *with great*
lujoso/a *luxurious 6r*
la luna *moon;* **luna de miel** *honeymoon 7r*
lunar: de lunares *polka-dotted 6*
lunes *Monday B*
la luz *light 6r*

M

el machismo *machismo 14*
la macrobiótica *macrobiotics 10r*
la madera *wood 5r*
la madrastra *stepmother 4*
la madre *mother 4*
el/la madrileño/a *person from Madrid 1r*
la madrina *godmother 4*
la madrugada *early morning, dawn 1r*
la madurez *maturity 14r*
mágico/a *magic 10r*
magnífico/a *great, magnificent 6*
el maíz *corn 10;* **palomita de maíz** *pop corn*
majar *to crush, to pound 5r*
mal *not well, sick B; bad 5*

la maleta *suitcase 12*
el maletero *trunk (in a car) 12*
el maletín *briefcase 12*
el mallorquín *Majorcan language 1r*
malo/a *bad 1;* **ser malo/a** *to be bad 2;* **estar malo/a** *to be ill 2*
la mamá *mom 1r, 4*
la mancha *spot 11r*
mandar *to send 5r, 9*
el mandato *order, command 9r*
mandón/mandona *bossy 9r*
manejar *to drive 3r, 12; to manage, to handle 15*
el manejo *working knowledge 9r; handling 14r*
la manera *way 4r*
el mango *mango 10r*
maniático/a *fussy, finical 5r*
manifestar (ie) *to express 4r*
la mano *hand Br, 11;* **manos a la obra** *let's get down to work 1r*
la manta *blanket 5*
la manteca *lard 10*
el mantel *tablecloth 10*
mantener(se) (g, ie) *to mantain 2r, 8*
el mantenimiento *maintenance 5r*
la mantequilla *butter 3r, 10*
el manual *manual 5r*
manufacturero/a *manufacturing 9r*
la manzana *apple 2r, 10*
la manzanilla *camomile 11r*
mañana *adv. tomorrow B;* **hasta mañana** *until tomorrow B*
la mañana *morning B;* **de la mañana** *A.M. B*
el mapa *map 1*
maquillarse *to put on makeup 7*
máquina *machine 15r;* **la máquina fotográfica** *camera 6r;* **máquina de escribir** *typewriter 9r*
el mar *sea 1r, 3*
la maravilla *marvel 2r*
maravilloso/a *marvelous 4r, 8*
la marca *brand name 6r*
el marcapasos *pacemaker 15r*
marcar (qu) *to mark 4r; to score 7r*
la marcha *march 1r*
la margarina *margarine 10*
el mariachi *Mexican band 8r*
el marido *husband 4*
la marinera *typical Peruvian music 12r*
marino/a *adj sea 10r*
el marisco *seafood 3r, 10*
marrón *brown 2*
martes *Tuesday B*
marzo *March B*
más *more B;* **más o menos** *more or less B;* **más... que** *more...than 8*

la masa *dough 10*
masticar (qu) *to chew 5r*
matar *to kill 8*
el mate *tealike beverage 2r*
las matemáticas *mathematics Br*
la materia *subject of study 9r*
el material *material 8r*
materialista *materialist Br*
materno/a *maternal 2r; adj. mother, 4r*
matricularse *to register 1r*
el matrimonio *marriage, wedding 4r*
el mausoleo *mausoleum 10r*
máximo/a *maximum 7r*
mayo *May B*
la mayonesa *mayonnaise 10*
mayor *old 2;* **el/la mayor** *the oldest 4; greater 4r;* **la mayor parte** *most 1r*
la mayoría *the majority 5r, 14*
mayoritario/a *majority 13r*
me *me 5 ;* **me llamo** *my name is B*
la medalla *medal 7r*
el médano *slope 7r*
la media *half B; stocking, sock 6; average 12r, 14; adj. middle 4r*
mediano; a mediados *in the middle 13r*
la medialuna *type of croissant 2r*
mediano/a *average, medium 2*
la medianoche *midnight B*
mediante *through 10r*
la medicina *medicine 1; medication 11r*
el/la médico/a *medical doctor 4r, 9*
la medida *meassurement 10r;* **en la medida posible** *as much as possible 10r;* **a medida que** *at the same time as 10r;*
el medio *means 2r, 12;* **medio ambiente** *environment 15;* **medio/a hermano/a** *half-brother/sister 4*
el mediodía *noon B*
medir (i) *to measure 5r*
meditar *to meditate 10r*
la megatienda *superstore 6r*
la mejilla *cheek 11*
mejor *best 1r, 7; better, 2r, 8*
la mejora *improvement 5r*
mejorar *to improve 9*
melancólico/a *melancholic 12r*
la melodía *melody 4r, 8*
la memoria *memory 4r*
mencionar *to mention 1r*
el/la menor *the youngest 4; younger 8*
menos *minus (for telling time) B;* **más o menos** *more or less B;* **menos... que** *less/fewer than 8;* **a menos que** *unless 14;* **por lo menos** *at least 1r*

el mensaje *message* 4r
la menta *mint* 3r
la mentira *lie* 13r
el/la mentiroso/a *liar* 4
el menú *menu* 3r
el mercadillo *small open-air market* 4r
el mercado *market* 6r
la mercancía *merchandise, goods* 6r, 13
merecer (zc) *to deserve* 14r
el merengue *typical music of the Dominican Republic* 11r
el mes *month* B; mes pasado *last month* 6; mes próximo *next month* 3
la mesa *table*; mesa de noche *night stand* 5
el mestizaje *mestization* 2r
mestizo/a *mestizo* 2r
la meta *goal* 11r
metabolizar (c) *metabolize* 10r
el metal *metal* 5r
metódico/a *methodical* 10r
el método *method* 1r
el metro *subway* 6r, 12; *meter* 6r
la metrópoli *metropolis* 2r
metropolitano/a *metropolitan* 13r
mexicano/a *Mexican* 2
mexicoamericano/a *Mexican American* 13r
la mezcla *mixture, blend* 4r
mezclar *to blend, to mix* 10r
mi/s *my* B, 2
mí *me*, 2r, 3
el micrófono *microphone* 9r
el microondas *microwave* 5
el microscopio *microscope* 9r
el miedo: tener miedo *to be afraid* 5
el miembro *member* 1r
mientras *while, meanwhile* 2r, 3
miércoles *Wednesday* B
el milagro *miracle* 8r
milenario/a *millenary* 10r
el milenio *millennium* 7r
militar *military* 8r
la milla *mile* 3r
el millón *million* 3
el mimbre *wicker* 5r
la mímica *mimicry, imitation* 9r
la mina *mine* 4r
minero/a adj. *mining* 9r
la minería *mining* 15r
el minibus *small bus* 2r
mínimo/a *minimum* 2r
el ministerio (de) *ministry (government)* 2r, 14
el ministro *minister (government)* 15r
la minoría *minority* 8r

minoritario/a *minority* 13r
el minuto *minute* 2r
mió (-a, -os, -as) *my (of) mine* 12
la mirada *look* 1r
mirar *to look (at)* 1
la misión *mission* 11r
el/la misionero/a *missionary* 10r
mismo/a *same* 2r; lo mismo *the same thing* 7r
el misterio *mystery* 1r
misterioso/a *mysterious* 3r
la mitad *half* 8r, 13
el mobiliario *furniture* 5r
la mochila *backpack* B
la moda *fashion* 6; desfile de moda *fashion show* 6r
el/la modelo *model* 3r
el módem *modem* 9r
moderno/a *modern* Br
modesto/a *modest* 2r
modificar (qu) *to modify* 15r
el modo *way* 4r
el molde *mould* 8r
moler (ue) *to grind* 5r
molestar *to bother, to be bothered by* 11
molido/a *ground* 10r
el momento *moment* 2r
monetario/a *monetary* 5r
el/la monitor/a *camp counselor* 7r
el monstruo *monster* 9r
la montaña *mountain* 4r
el montañismo *mountaineering* 9r
montar *to ride* 1
el monumento *monument* 1r
morado/a *purple* 2
moreno/a *brunet* 2
morir *to die* 10r, 13
el/la moro/a *Moor* 1r
el mortero *mortar* 5r
la mostaza *mustard* 10
el mostrador *counter* 12
mostrar (ue) *to show* 3r, 6
motivado/a *motivitaed* 9r
motivar *to motivate* 9r
el motivo *motive* 8r
la moto(cicleta) *motorcycle* 4r, 12
el motor *motor* 12
mover (ue) *to move* 4r, 8
la movilidad *mobility* 8r
el movimiento *movement* 1r
la muchacha *girl, young woman* 3
el muchacho *boy, young man* 3
mucho/a *much, lot* 1r, 2; mucho gusto *pleased to meet you* B
muchos/as *many* 1r; muchas veces *often* 1
la mudanza *move* 14r
mudarse *to move* 5r

el mueble *furniture* 5
el muelle *dock* 14r
la mueblería *furniture store* 5r
la muerte *death* 10r
muerto/a *dead* 4r, 8; Día de los muertos *All Saints/All Souls Day* 8
la muestra *sample* 3r
la mujer *woman* 2r, 9; mujer de negocios *business woman* 9
multiplicar (qu) *multiply* 7
la multa *ticket (fine)* 13r
la multitud *crowd* 14r
mundial *world-wide* 3r, 7
el mundo *world* Br, 15
la muñeca *wrist* 11
el músculo *muscle* 11
el museo *museum* 1r, 12
la música *music* 1r, 3; música ambiental *background music* 4r
el/la músico/a *musician* 9r
el muslo *thigh* 9r
muy *very* B

N

nacer (zc) *to be born* 4r, 13
el nacimiento *birth* 2r
la nación *nation* 3r
nacional *national* 1r
la nacionalidad *nationality* 2r
nacionalizado/a *nationalized* 9r
nada adv. *nothing* 12; de nada *you're welcome* B
nadar *to swim* 3
nadie *no one, nobody* 12
la naranja *orange* 3; adj *orange* 2r
el narcotráfico *drug traffic* 14r
la nariz *nose* 11
la narración *narration* 6r
el/la narrador/a *narrator* 15r
narrar *to narrate* 2r
la natación *swimming* 7r
la natalidad *birth* 14r
nativo/a *native* 1r
la naturaleza *nature* 7r
la náusea *nausea* 11r
la nave espacial *space ship* 9r, 15
navegable *navigable* 10r
la navegación *navegation* 14r
navegar *to navigate* 1r
la Navidad *Christmas* 3r, 8
naviero/a *shipping* 15r
Nazareno *Nazarene* 8r
necesario/a *necessary* 1r, 10
la necesidad *need, necessity* 5r, 14
necesitar *to need* 1
negativo/a *negative* 4r

el negocio *business* 9
negro/a *black* 2
la nena *baby, infant girl* 14r
el nene *baby, infant boy* 14r
el nervio *nerve* 11
nervioso/a *nervous* 2
la neurosis *neurosis* 10r
neutro *neuter* 10r
nevar (ie) *to snow* 7
ni *neither, nor* 2; ni... ni *neither... nor* 2; ni siquiera *not even* 15r
nicaragüense *Nicaraguan* 2
la nieta *granddaughter* 4
el nieto *grandson* 4
la nieve *snow* 7
ningún *not, not any* 10r, 12
ninguno/a *not any, none* 7r, 12
la niñera *nanny* 9r
la niñez *childhood* 7r
el/la niño/a *child* 1r, 4
el nivel *level* 1r, 14
no *no, not* B; no sé *I don't know* Br
la noche *evening, night* B; de la noche *P.M.* B; esta noche *tonight* 3; por la noche *at night* 1
la Nochebuena *Christmas Eve* 8
la Nochevieja *New Year's Eve* 8
nocturno/a adj. *night* 8r
nombrar *to name* 13r
el nombre *name* Br
nominado/a *nominated* 8r
normalmente *normally* 4
el noreste *northeast* 1r
el noroeste *northwest* 1r
el norte *north* 1r
Norteamérica *North America* 3r
norteamericano/a *North American* 1
nos *us*
nosotros/as *we* 1
la nota *grade* 1; tomar notas *take notes* 1r
notable *notable, noteworthy* 14
notablemente *notably* 9r
notar *to notice* 5r
la noticia *news* 4
novedoso/a *novel, new* 6r
la novela *novel* 1r
el/la novelista *novelist* 13
noveno/a *ninth* 5
la novia *girlfriend, fiancée* 2r, 4
noviembre *November* B
el novio *boyfriend, fiancé* 2r, 4
nublado/a *cloudy* 7
el núcleo *nucleus* 4r
nuestro/a(s) *our* 1r, 2
nuevamente *newly, again* 4r
nuevo/a *new* 1r, 2; nuevo sol *monetary unit of Peru* 1r

la nuez *nut* 2r
el número *number* B
numeroso/a *numerous* 2r, 3r
nunca *never* 1
la nutrición *nutrition* 10r
nutrido/a *full, busy* 14r

O

o *or* B
el objetivo *objective* 1r
el objeto *object* 3r
la obligación *obligation, duty* 4r
obligar *to force, to oblige* 12r
obligatorio/a *obligatory* 8r
la obra *work* 1r, 13; obra de teatro *play* 3r
el/la obrero/a *worker* 9
la observación *observation* 2r
el/la observador/a *observer* 2r
observar *to observe* 4r
obtener (g, ie) *to obtain, to get* 3r
obtenido/a *obtained* 4r
obvio *obvious* 10
ocasionar *to cause* 7r
octavo/a *eighth* 5
octubre *October* B
oculto/a adj *hidden* Br
la ocupación *occupation* 2r,
ocupado/a *busy, occupied* 4
ocupar *to occupy* 10r, 13; ocuparse *to be in charge of* 4r
ocurrir *to happen, to occur* 3r
odiar *to hate* 13
el odio *hate* 14
el oeste *west* 10r
la oferta *offer* 6r
oficial *official* 1r
la oficina *office* 1
el oficio *occupation* 9
ofrecer (zc) *to offer* 1r, 9
el oído *(inner) ear* 4r, 11
oír (g) *to hear* 4
ojalá *I/we hope* 10
el ojo *eye* 2
la ola *wave* 7r
las Olimpiadas *Olympic Games* 5r
oliva: de oliva *olive* 10r
olvidar *to forget* 4r, 15
la opción *option* 7r
la ópera *opera* 3r
la operación *operation* 11r
operar *to operate* 11r
opinar *to think* 2r
la opinión *opinion* 1r
opíparamente *in grand style* 11r
la oportunidad *opportunity* 9

optativo/a *optional* 15r
óptico/a *optician* 2r
el optimismo *optimism* 2r
optimista adj. *optimistic* Br
óptimo/a *optimum* 10r
opuesto/a *opposite* 2r
la oración *sentence* 4r
el orden *order* 4r; el orden público *law and order* 9r; la orden *order, command* 9r; a sus órdenes *at your service* 12
ordenado/a *tidy* 5
el ordenador *computer* 1r
ordenar *to tidy up* 5
la oreja *(outer) ear* 11
el organismo *organism* 9r
organizado/a *organized* 12r
el/la organizador/a *organizer* 10r
organizar (c) *to organize* 1r
el órgano *organ* 15r
oriental *eastern* 2r
el origen *origin* 2r
originar *to originate, to start* 13r
la orilla; a orillas de *on the coast, beside* 2r
el oro *gold* 3r
la orquesta *orchestra* 4r, 8
la ortografía *orthography* 4r
os *you*
oscuro/a *dark, obscure* 2r
el/la oso/a *bear* 2
otavaleño/a *from Otavalo, Ecuador* 10r
el otoño *autumn, fall* 6
otro/a *other, another* 1r; otra vez *again* Br
oxígeno *oxigen* 11r

P

el/la paciente *patient* 9r; adj. *patient* Br
pacifista *pacifist* 15r
el padrastro *stepfather* 4
el padre *father* 3r, 4
los padres *parents* 4
el padrino *godfather* 4
pagado/a *paid* 5r
pagar *to pay* 3r, 6
la página *page* Br
el pago *payment* 6r
el país *country* 1r, 3
el pájaro *bird* 14r
la palabra *word* Br
el palacio *palace* 1r
la palma *palm* 4r
el palo *golf club* 7
la paloma *dove* 14r

palpable *tangible 13r*
la pampa *pampa 2r*
el pan *bread 3*
la panadería *bakery 6r*
panameño/a *Panamanian 2*
la pandilla *gang 14r*
el pánico *panic 12r*
la pantalla *screen 13r*
los pantalones *pants 6;*
   pantalones cortos *shorts 6*
el panteón *pantheon 10r*
las pantimedias *pantyhose 6*
el pañuelo *handkerchief 6*
la papa *potato 3;*
   papas fritas *French fries 3;* papa
   a la huancaína *Peruvian typical*
   dish; papas chorreadas
   Colombian typical dish 4r
el papá *dad 1r, 4*
la papada *double chin 9r*
la papaya *papaya 10r*
el papel *paper 1r;* cambiar de papel
   switch roles Br; hacer el papel
   play the part 6r
la papelería *stationery shop 6r*
el paquete *package 12*
el par *pair 7r;* sin par *without equal 1r*
para *for, to 1;* para mí *for me 3;*
   towards, in order to 11;
   para que *so that 14*
el parabrisas *windshield 12*
el paracaídas *parachute 15*
el parachoques *bumper 12*
la parada *parade 8; stop 12*
el paraguas *umbrella 6*
paraguayo/a *Paraguayan 10r*
parar *to stop 6r*
parcial *partial Br*
pardo *brown 2r*
parecer (zc) *to seem 1r, 6*
parecido/a *similar 5r*
la pared *wall 4r*
la pareja *partner/couple 2r*
el parentesco *kinship 4r*
el pariente *relative 4*
el parque *park 1r, 5*
el párrafo *paragraph 4r*
la parte *part 1r;* por otra parte *on*
   the other hand 3r, 14; en todas
   partes *everywhere 8r*
la participación *participation 8r*
el/la participante *participant 8r*
participar *to participate 1r, 7*
particular: en particular *especially 3r*
el partido *game Br, 7*
partir: a partir de *beginning in 10r*
la partitura *musical score 4r*
la pasa *raisin 10r*

el pasado *past 4r;* adj. *last 6;*
   pasado mañana *the day after*
   tomorrow 3
el pasaje *ticket 3r, 12; passage 9r;*
   pasaje de ida y vuelta *round trip 12*
el/la pasajero/a *passenger 12*
el pasaporte *passport 2r, 12*
pasar *to spend (time) 2r, 4; to go*
   through 4r; pour 5r; to happen
   6r; to come in 9r; pasarlo bien *to*
   have fun 3r; pasar la aspiradora
   to vacuum 5; pasar lista *to call*
   roll Br; ¿Qué pasa? *What's going*
   on? 9r; ¿Qué te/le(s) pasa? *What's*
   wrong with you? 11
el pasatiempo *pastime 15r*
la Pascua *Easter 8*
pasear *to stroll 1r, 4*
el paseo *walk 4r*
el pasillo *hall 5;* asiento de pasillo
   aile seat 12
la pasión *passion Br*
pasional *passional 9r*
pasivo/a *passive Br*
el paso *step 1r; passing 8r*
el pastel *pie, cake 8r*
la pastelería *pastry shop 10*
la pastilla *pill 3r, 11*
patear *to kick 7r*
paterno/a *paternal 2r*
patinar *to skate 7*
el patrimonio *patrimony 8r*
paulatinamente *gradually 15r*
el pavo *turkey 10*
la paz *peace 5r*
el pecho *chest 11*
la peculiaridad *peculiarity 4r*
el/la pediatra *pediatrician 11r*
pedir (i) *to ask for 4*
peinar (se) *to comb 4*
pelado/a *peeled 10r*
la pelea *argument 4r*
pelear *to fight 13*
la película *film 3*
el peligro *danger 5r*
peligroso/a *dangerous 10r*
el pelo *hair 2*
la pelota *ball 7*
la peluquería *beauty salon,*
   barbershop 9r
el/la peluquero/a *hairdresser 9*
pena: ¡Qué pena! *What a pity! 8*
pendiente *pending 10r*
la península *peninsula 7r*
pensar (ie) *to think 1r, 4;* pensar +
   inf. *to plan to + verb 4*
peor *worse, worst 6r, 8*
el pepino *cucumber 10*

pequeño/a *small 1*
peor *worse, worst 5r*
la pepa *seed 10r*
la pera *pear 10*
el/la perdedor/a *loser 7r*
perder (ie) *to loose 7;* perderse *to*
   get lost 12
la pérdida *loss 11r, 15*
perdido/a *lost 12r*
perdón *excuse me B*
el peregrinaje *peregrination 8r*
perezoso/a *lazy 2*
perfeccionista *perfectionist Br*
perfectamente *perfectly 4*
el perfil *profile 14*
el perfume *perfume 4r*
el periódico *newspaper 3*
el/la periodista *journalist,*
   newspaperman/woman 7r, 9
el período *period 5r*
permanecer (zc) *to stay 1r*
permanente *permanent 13r*
permitir *to permit, to allow 9r, 10*
pero *but 1*
el/la perro/a *dog 4r, 5*
perseguir *to chase 8r*
la perseverancia *perseverance 4r*
persistir *to persist 5r*
la persona *person Br, 2*
el personaje *character 8r; person 9r*
el personal *personnel 2r*
la personalidad *personality 2r*
la perspectiva *perspective 9r*
pertenecer (zc) *to belong 2r*
peruano/a *Peruvian 2*
pesar; a pesar de *in spite of 12r*
la pesca *fishing 15r*
el pescado *fish 3:* harina de pescado
   fishmeal 15r
pescar (qu) *to fish 10r*
la peseta *monetary unit of Spain*
   until 2001 1r
pesimista *pessimist Br*
el peso *weight 3r*
pesquero/a *fishing 15r*
la pestaña *eyelash 11*
el petróleo *petroleum, oil 6r*
petrolero/a adj. *petroleum 6r*
el/la pianista *pianist 8r*
picado/a *chopped, ground 10r*
picar (qu) *to chop 5r*
el pie *foot 10r, 11;* a pie *on foot 10r*
la piedra *stone 6r*
la piel *skin 11r*
la pierna *leg 3r, 11*
la pieza *piece, object 5r*
pilotear *to pilot, to fly 12r*
el/la piloto *pilot 9r*

la pimienta *pepper* 10
el pimiento *green pepper* 10
el pino *pine* 8r
pintado/a *painted* 12r
el pintor *painter* 5r
pintoresco/a *colourful, picturesque* 8r
la pintura *painting* 9r
la piña *pineapple* 10
la piñata *pottery filled with candies* 8r
la pirámide *pyramid* 12
pisar *to step on* 14r
la piscina *swimming pool* 5
el piso *floor, apartment (in Spain)* 5
la pista *clue* 1r; *slope, court, track* 7
el/la piyama *pajama* 6r
la pizarra *chalkboard* B
la pizzería *pizza place* 4r
la placa *license plate* 12
el placer *pleasure* 8r, 14
el plan *plan* 3r
planchar *to iron* 5
planear *to plan* 12r
el planeta *planet* 5r, 15
el planetario *planetarium* 3r
planificar (qu) *to plan* 3r
el plano/a *plan* 5r; *level* 10r
la planta *plant* 5; planta baja *first floor* 5
plantear *to plan out* 4r
plástico/a *plastic* 9r
la plata *silver* 10r
el plátano *banana* 10
el plato *dish,* 2r 5; plato principal *main dish* 3; *plate* 10
la playa *beach* 1
la plaza *plaza* 1; plaza de toros *bullring* 3r, 8
el pliegue *fold* 10r
el/la plomero/a *plumber* 9
el plomo *lead* 15r
la pluma *feather* 8r
poblado/a *inhabited* 8r
el/la poblador/a *settler* 13
la población *population, people* 2r, 13
pobre *poor* 2
la pobreza *poverty* 4r
poco/a: un poco *a little* 2r, 4; pocos/as *few* 1r
poder (ue) *to be able to, can* 1r, 4; el poder *power* 14
poderoso/a *powerful* 14r
el poema *poem* 1r
el/la poeta *poet* 9r
la polémica *polemic* 7r
el policía *policeman* 9; la mujer policía *policewoman* 9; la policía *police* 2r
el poliéster: de poliéster *polyester (made of)* 6

la política *politics* 2r, 13
el/la político/a *politician* 13r; *political* adj. 1r
la pollera *typical Panamanian dress* 12r
el pollo *chicken* 3
el polo *pole* 5r
el pomelo *grapefruit* 10
poner (g) *to put, to turn on* 4; ponerse *to put on* 5r,7; poner la mesa *to set the table* 4; poner una inyección *to give a shot/injection* 11; ponerse al día *to keep up to date* 9r
popular *popular* Br
popularidad *popularity* 7r
por *by,* 1r; *for* 2r; *about, through* 3; *because of* 2r, 6; por favor *please* B; por eso *that's why* 1r, 3; por fin *finally, at last* 3; por lo menos *at least* 3; por supuesto *of course* 3; por ciento *per cent* 3; por cierto *by the way* 9; por ejemplo *for instance* 1r, 3; por correo *by mail* 9; por la mañana/tarde *in the morning/afternoon* 1; por la noche *at night* 1; por lo menos *at least* 1r; por lo tanto *therefore* 10r; por otra parte *on the other hand* 14; por qué *why* 1
el porcentaje *percentage* 5r, 14
la porción *portion* 10r
porque *because* 1
la portada *cover (magazine)* 13
el portadocumentos *briefcase* 5r
portador: al portador *cash (in checks)* 9r
el portal *website* 13r
portátil *portable* 2r, 15
el/a porteño/a *resident of Buenos Aires*
el portón *gate* 5r
portugués/a *Portuguese* 1r
el porvenir *future* 9r
las Posadas *Hispanic festivities* 8r
el/la posadero/a *participant in* las Posadas
la posesión *possession* 12r
el/la posgraduado/a *postgraduate* 14r
la posibilidad *possibility* 1r
posible *possible* 2r, 10
positivo/a *positive* 5r
el postre *dessert* 3r, 10
la postura *posture* 10r
el potasio *potassium* 10r
la práctica *practice* 1r; adj. *practical* 9r
practicar (qu) *to practice* 1
el precio *price* Br, 6

precioso/a *beautiful* 6; *precious* 6r
precisamente *precisely* 7r
la precisión *precision* 4r
precolombino/a *pre-Columbian* 1r
predilecto/a *favorite* 7r
predominar *to predominate* 2r
la preferencia *preference* 2r
preferir (ie) *to prefer* 1r, 4
la pregunta *question* Br
preguntar *to ask (a question)* Br
prehispánico/a *pre-Hispanic* 8r
la preinscripción *preregistration* 1r
preliminar *preliminary* 3r
el premio *award, prize* 6r, 13
preocupado/a *preoccupied*
preocupar(se) *to worry* 10r
la preparación *preparation* 1r
preparar *to prepare* 1r, 5
el preparativo *preparation* 5r, 8
prescindir *to do without* 11r
la presencia *aspect* 9r, *presence* 13r
la presentación *presentation* Br
presentar *to present* 3r,
presente *present, here* Br
la preservación *preservation* 8r
el/la presidente/a *president* 2r
la presión *pressure* 10r
prestar *to lend* 6r
la pretensión *pretension* 9r
preventivo/a *preventive* 10r
previo/a *prior, previous* 2r
primario/a *elementary* 5r
la primavera *spring* 6
primer *first* 5
primero/a *first* 1r, 5; primera clase *first class* 12
el/la primo/la prima *cousin* 4
la princesa *princess* 2r
principal *main, principal* 1r
principalmente *mainly* 2r
el príncipe *prince* 5r
el principio *beginning* 4r; a principios *at the beginning* 14
la prioridad *priority* 7r
la prisa: tener prisa *to be in a hurry* 5
privado/a *private* Br
privilegiado/a *exceptional* 7r
probablemente *probably* 3r
probado/a *proved* 4r
probar(se) (ue) *to try (on)* 6
el problema *problem* Br
procedente de *to come from* 13r
proceder *to come from* 14
procesado/a *processed* 6r
la procesión *procession* 8
el proceso *process* 8r
proclamar *to proclaim* 10r
el prodigio *prodigy* 4r

la producción *production* 6r
la productividad *productivity* 15r
el producto *product* 2r
el/la productor/a *producer* 9r
la profesión *profession* 2r, 9
el/la profesional *professional* 2r
el profesionalismo *professionalism* 3r
el/la profesor/a *professor* B
profundo/a *deep* 14r
el/la progenitor/a *progenitor, direct ancestor* 4r
el programa *program* 1r
el/la programador/a *programmer* 9r
programar *to program* 12r
la prohibición *prohibition* 7r
prohibido/a *forbidden* 1
prohibir *to prohibit, to forbid* 10
prolífico/a *prolific* 9r
prolongado/a *lengthy* 10r
el promedio *average* 1r, 14
la promesa *promise* 7r
prometor/a *promising* 9r
prometer *to promise* 2r
la promoción *promotion* 9r
promover (ue) *to promote* 7r
el pronombre *pronoun* 1r
el pronóstico *(weather) forecast* 7
la prontitud *promptness* 2r
pronto *soon* 1; tan pronto *as soon as* 11r, 14
la propaganda *publicity, advertising* 7r
la propiedad *property* 5r
propio/a *own* 2r, 9
proponer (g) *to propose* 8r
proporcionar *to provide* 4r
el propósito *purpose* 2r
la propuesta *proposition, suggestion* 10r
la protección *protection* 15r
proteger (j) *to protect* 11r
la proteína *protein* 10r
la protesta *protest* 1r
provenzal *Provance style* 5r
la provincia *province* 8r
provocar (qu) *to provoke* 14r
próximamente *soon, shortly* 9r
próximo/a *next, next to* 3
la proyección *projection* 1r
el proyecto *project* 3r
la prueba *test* 9r
el/la psicólogo/a *psychologist* 9
la psicología *psychology* 1
el/la psiquiatra *psychiatrist* 9r
la publicación *publication* 13r
publicar (qu) *to publish* 6r
la publicidad *advertisement* 9r
público/a *public* 1r
el pueblo *town* 3r, 8; *people* 7r
el puente *bridge* 9r

la puerta *door* B; puerta de salida *gate* 12
el puerto *port, harbor* 9r
el puré *purée* 9r; puré de papas *mashed potatoes*
puertorriqueño/a *Puerto Rican* 2
pues *well* 3r
el puesto *position* 2r, 9; *stall* 6r
el pulmón *lung* 11
la pulsera *bracelet* 6
el punto *period* 3r; *point* 4r; punto y coma *semi colon* 3r; en punto *sharp* (time)
la puntuación *punctuation* 6r
puntual *punctual* 7r
el pupitre *student's desk* B
la pureza *purity* 10r
la purificación *purification* 8r
purificar (qu) *to purify, to cleanse* 10r
puro/a *pure* 14

Q

que *that* 1r, 2; lo que *what* 1r
qué *what* B; ¿Qué tal? *How's it going?* B; ¡Qué lástima! *What a pity!* 1; ¡Qué pena! *What a pity!* 8; ¡Qué va! *nothing of the sort, no way* 11
quedar *to be left over* 6; *to be* 3r; quedar bien *to fit* 6; quedarse *to stay* 5r; queda de usted *I remain* 2r
el quehacer *chore* 4r
la queja *complaint* 14r
quejarse *to complain* 14
la quema *burning* 8r
querer (ie) *to want* 1r, 4; Quisiera ... *I would like ...* 6
querido/a *dear* 1r
la quesadilla *Mexican dish* 5r
el queso *cheese* 3
quién *interrog. who* B; de quién/es *whose* 2
la química *chemistry* 1r
químico/a *chemical* 9r
quinto/a *fifth* 5
quitar *to take away, to remove* 7; quitarse *to take off* 7
el quitasol *sunshade, parasol* 5r
quizá(s) *maybe* 10

R

el radiador *radiator* 12r
el/la radio *radio* 5

la raíz *root* 1r
el rallador *kitchen grater* 5r
rallar *to grate* 5r
el Ramadán *Ramadan* 3r
rápidamente *rapidly, fast* 4
rápido/a *fast* 3
la raqueta *racket* 6r, 7
raro/a *odd* 7r
el rascacielos *skyscraper* 2r
el rasgo *trait, feature* 3r
la raspadura *scratching* 2r
el rato *time* 3r
el ratón *mouse* 15
la raya: de rayas *striped* 6
la raza *race* 2r
la razón *reason* 4r; tener razón *to be right* 2r, 5
la reacción *reaction* 1r
reaccionar *to react* 11r
reactivar *to reactivate* 15r
real *royal* 1r
la realidad *reality, truth* 5r; en realidad *in fact, really* 9
realista *realistic* 13r
la realización *realization* 7r
realizar (c) *to carry out* 4r, 14r; *to take place* 5r
realmente *really* 4r, 9
la rebaja *sale, reduction* 6
rebajado/a *marked down* 6
rebelde *rebellious* Br
recaudar *to raise, to collect* 10r
la recepción *reception* 6r; *front desk* 12
el/la recepcionista *receptionist* 9r
el receso *recess* Br
la receta *recipe* 10; *prescription* 11
recetar *to prescribe* 11
el rechazo *rebuff* 14r
recibir *to receive* 5r
el recibo *receipt* 9r
reciclar *recycle* 14r
recién adv. *recently* 11r
reciente adj. *recent* 5r
el recipiente *receptacle* 5r
reclamar *to claim* 2r
recolectar *to gather, collect* 13r
recomendable *advisable* 10r
la recomendación *recommendation* 4r
recomendar (ie) *to recommend* 6r, 10
la recompensa *reward* 5r
el reconocimiento *recognition* 5r
recopilar *to gather* 14
recordar (ue) *to remember* 1r, 8
recorrer *to travel* 7r
el/la rector/a *president (of a university)* 5r
el recuerdo *memory* 8r

la recuperación *recuperation* 5r
el recurso *resource* 6r, 15
la red *net* 7; *web* 7r
redondo/a *round* Br
reducido/a *reduced* 10r
reducir (zc) *to reduce* 10r
la referencia *reference* 4r
referir(se) (ie, i) *to refer* 5r
refinado/a *refined* 10r
reflejar *reflect* 2r
el refrán *proverb, saying* 3r
el refresco *soda, refreshment* 3
el refrigerador *refrigerator* 5
regalar *to give (a present)* 6
el regalo *present* 5r, 6
regar (ie) *to water* 5
regatear *to bargain* 6r
el régimen *regimen, diet* 10r
la región *region* 1r
la regla *rule* 6r
regresar *to come back* 5
regular *so so, not so good (well)* B
regularidad: con regularidad
    regularly 10r
regularmente *regularly* 4
la reina *queen* 8
reinar *to reign, to prevail* 8r
el reino *kingdom* Br
la reja *iron grill* 5r
rejuvenecer (zc) *to rejuvenate* 10r
la relación *relation* 2r;
    relationship 4r; relaciones
    exteriores *foreign affairs* 2r
relacionado/a *related* 1r
relacionar *to relate* 1r
relajante *relaxing* 3r
relajarse *to relax* 5r
relatar *to recount* 6r
relativamente *relatively* 2r
religioso/a adj. *religious* Br
el relleno *filling* 10r
el reloj *clock, watch* B
rematar *to auction* 9r
el remedio *remedy* 11r
rendir (i) *to render, to pay* 10r
la reparación *reparation, repair* 7r
reparar *to repair* 9r
repartir *to distribute* 12r
repente: de repente *suddenly* 8r
repetir (i) *to repeat* Br, 4
la réplica *copy* 11r
el/la reportero/a *reporter* 7r
el reposo *rest* 11r
el/la representante *representative* 5r
representar *to represent* 7
la reproducción *reproduction* 15r
la república *republic* 2r
el repuesto *part* 15r

requerido/a *required* 13r
requerir (ie) *to require* 7r
el requisito *requirement* 2r
la res: carne de res *beef* 10
la reserva *reserve* 3r, 15
la reservación *reservation* 3r, 12
reservado/a *reserved* 12r
reservar *to make a reservation* 8r, 12
la residencia *residence* 1r
el/la residente *resident* 5r
resistente *resistant* 5r
la resolución *resolution* 11r
resolver (ue) *to solve* 6r
respectivamente *respectively* 10r
respecto: con respecto a *in relation
    to* 4r
respetar(se) *to respect* 8
respirar *to breathe* 11
responder *to answer* 1r
la responsabilidad *responsibility* 2r
responsable *responsible* Br, 1
la respuesta *answer* 2r
el restaurante *restaurant* 2r, 3
el resto *rest* 4r; restos *ruins*
la restricción *restriction* 10r
el resultado *result, outcome* 4r
resultar *to result, to be* 8r,
    come about 14r
resumen: el resumen *summary* 14r
    en resumen *to summarize* 4r
la resurrección: Domingo de
    Resurrección *Easter Sunday* 8
retirar *to remove* 10r; el retiro
    retirement 14r
la reunión *reunion, meeting* Br, 3
reunirse *to get together, to meet* 1r, 8
la revelación *revelation* 13r
el reverso *back* 2r
revisar *to revise, to go over* 1; *to
    inspect* 12
la revisión *revision, inspection* 1r
la revista *magazine* 1r, 3
la revolución *revolution* 13r
revolucionario/a *revolutionary* 4r
el rey *king* 3r, 8; Reyes
    Magos *Wise Men* 6r, 8
rezar (c) *to pray* 8r
el riel *rail* 15r
el riesgo *risk, danger* 9r
el rincón *corner* 7r
el rió *river* 15r
la riqueza *wealth* 1r
el ritmo *rhythm* 1r
el rito *rite* 8r
robar *to steal* 8r
el robot *robot* 3r
la roca *rock* 7r

la rodilla *knee* 11; de rodillas
    kneeling 8r
rojo/a *red* 2
el rol *role* 6r
romano/a *Roman* 2r
romántico/a *romantic* B
romper *to break* 13; *to tear* 15
la ropa *clothing* 5r, 6; ropa interior
    underwear 6r
rosa *pink* 2r
rosado/a *pink* 2
rubio/a *blonde* 2
el ruego *plead* 14r
el ruido *noise* 8
las ruinas *ruins* 3r, 12
el ruso *Russian* 13r
rústico/a *rustic* 5r
la ruta *route, road* 3r
la rutina *routine* 3r

S

sábado *Saturday* B
la sabana *savanna, plain* 10r
la sábana *sheet* 5
saber *to know (facts)* Br, 5
el sabor *flavor* 5r
sabroso/a *delicious* 3r
el sacacorchos *corkscrew* 5r
sacar (qu) *to get, to take (out)* 1;
    sacar fotos *to take photos* 12r
la sacarina *saccharine* 11r
el sacerdote *priest* 8r
el saco *blazer* 6
sacrificar(se) (qu) *to sacrifice*
el sacrificio *sacrifice* 8r
la sal *salt* 4r, 10
la sala *living room* 5; sala de espera
    waiting room 12
el salario *salary* 5r
la salida *departure, exit* 12; hora de
    salida *dismissal time* 4r,
    departure time 12
salir (g) *to leave* 3r, 4
el salón *room* B
la salsa *sauce* 10; salsa de tomate
    tomato sauce 10; *type of music* 2r
la salsateca *salsa discotheque* 10r
saltar *to jump* 14
la salud *health* 7r, 11
saludable *healthy* 10r
saludar(se) *to greet* 13
el saludo *greeting* Br
la salvación *salvation* 15r
salvadoreño/a *Salvadoran* 5r
salvar *to save (from danger),
    to rescue* 15

sanar *to cure* 10r
la sanción *sanction* 14r
la sandalia *sandal* 6
el sándwich *sandwich* 3
sangrar *to bleed* 11r
la sangre *blood* 2r, 11
sano/a *healthy* 10r; sano/a y salvo/a *safe and sound* 15
el/la santo/a *saint* Br; Semana Santa *Holy Week* 8
la sardana *typical Catalonian dance* 1r
satírico/a *satiric* 2r
satisfacer (g) *to satisfy* 6r
sazonar *to season* 10
el secador *hairdryer* 9r
la secadora *drier* 5
secar(se) (qu) *to dry* 4
la sección *section* 3r
seco/a *dry* 5
el/la secretario/a *secretary* 2r
secundario/a *secondary* 1r
la sed: tener sed *to be thirsty* 5
la seda: de seda *silk (made of)* 6
sedentario/a *sedentary* 10r
la segregación *segregation* 15r
segregar *to secrete* 11r
seguido/a *followed* 8r
seguidor/a *follower* 10r
seguir (i) *to follow, to go on* 4; seguir derecho *to go straight ahead* 12
según *according to* 1r, 13
segundo/a *second* 1r, 5
seguramente *for sure, for certain* 5r
la seguridad *safety, security* 5r, 8
el seguro *insurance* 6r; adj. *sure* 5r; n. *safe* 12r,
la selección *selection* 7r
seleccionado/a *selected* 7r
seleccionar *to select* 1r
el sello *stamp* 5r, 12
la selva *jungle* 6r, 15
selvático/a *of the jungle* 15
la semana *week* B; Semana Santa *Holy Week* 1r, 8
semejante *similar* 4r
la semejanza *similarity* 4r
el semestre *semester* 1
la semilla *seed* 8r
el seminario *seminar* 12r
el/la senador/a *senator* 1r
la sencillez *simplicity* 10r
sencillo/a *simple* 9r
sendero *path* 13r
la sensibilidad *sensibility* 4r
sentarse (ie) *to sit down* Br, 7
sentimental *sentimental* Br
el sentimiento *feeling* 5r

sentir(se) (ie, i) *to feel* 2r, 11; *to be sorry* 11; lo siento *I'm sorry* B
la señal *signal* 9
el señor (Sr.) *Mr.* B; *lord* 8r
la señora (Sra.) *Mrs.* B
señorial *aristocratic, stately* 13r
la señorita *Miss* B
la separación *separation* 4r, 14
separado/a *separated* 2r
septiembre *September* B
séptimo/a *seventh* 5
sepultado/a *buried* 8r
ser *to be* Br, 2; el ser humano *human being* 15
la serenata *serenade* 1r
la serie *series* 4r
serio/a *serious* Br, 11
la serpiente *snake* 2
el servicio *service* 3r
la servilleta *napkin* 10
servir (i) *to serve* 3r, 4; ¿en que puedo servirle? *How may I help you?* 6
severo/a *severe, serious* 12r
la sevillana *typical dance of Andalusia* 12r
el sexo *sex* 2r, 8
sexto/a *sixth* 5
sí *yes* B
si *if* 1r, 3
el sida *AIDS* 11r, 14
siempre *always* 1
la siesta *nap* 4
el siglo *century* 1r
el significado *meaning* 7r
significar (qu) *to mean* 1r; *to signify* 3r
significativamente *significantly* 9r
siguiente adj. *following* 1r
la silla *chair* B
el sillón *armchair* 5r
simbolizar *to symbolize* 8r
el símbolo *symbol* 8r
simpático/a *nice, charming* 2
simplemente *simply* 4r
simultáneamente *simultaneously* 9r
sin *without* 2r, 7; sin embargo *nevertheless* 1r, 9; sin que, *without* 14
la sinagoga *sinagogue* 8r
sincero/a *sincere* Br
el sinfín *an endless number* 6r
sino *but* 1r
el sinónimo *synonym* 3r
el síntoma *symptom* 11
la sirena *siren* 9r
el sistema *system* 4r
el sitio *place* 2r
la situación *situation, location* 4r

situado/a *located* 1r
situar *to place* 15r
el sobre *envelope* 12
sobre *on, above* B; *about* 2r
la sobrina *niece* 4
el sobrino *nephew* 4
sociable *sociable* 2r
la sociedad *society* 5r, 13
la sociología *sociology* 1
el/la sociólogo/a *sociologist* 5r
el sodio *sodium* 10r
el sofá *sofa* 5
el sol *sun* 7
solamente *only* 1r
la soledad *solitude* 8r; *loneliness* 14r
solemne *solemn* 8r
la solemnidad *solemnity* 8r
soler (ue) *use to + inf.* 9r
el/la solicitante *solicitant, applicant* 2r
solicitar *to request, to apply for* 2r, 9
la solicitud *application* 9
sólo adv. *only* 1r, 3, 4
solo/a adj. *alone* 2r, 14; *one* 6r; de un solo color *solid color* 6
soltar *to let go* 14r
el/la soltero/a *single, bachelor* 2
la solución *solution* 6r
el sombrero *hat* 6
el somnífero *sleeping pill* 11r
sonar (ue) *to ring* 7r
el sonido *sound* 4r
la sopa *soup* 3
sordo/a *deaf* 15r
sorprendido/a *surprised* 9r
la sorpresa *surprise* 2r
sopresivo/a *surprising* 8r
sospechar *to suspect* 14r
el sostén *brassiere* 6
sostener (g, ie) *to hold* 4r
su(s) *your (formal), his, her, its* B; *theirs* 2
suave *soft* 8
subir *to go up* 8r, 12; *to increase* 10r; subir de peso *gain weight* 3r
subrayar *to underline* 4r
el subtítulo *subtitle* 3r
el suburbio *suburb* 5r
la sucursal *branch* 14r
sucio/a *dirty* 5
la sudadera *jogging suit, sweat shirt* 6
sudamericano/a *South-American* 7r
sueco/a *Swede* 3r
el sueldo *salary* 9
el sueño *dream* 2r; tener sueño *to be sleepy* 5
la suerte *luck* 1; tener suerte *to be lucky* 5; a la suerte *at random* 12r
el suéter *sweater* 6

suficiente *enough* 3r

la sugerencia *suggestion* 3r

sugerir (ie, i) *to suggest* 6r

suma adj. *much* 10r

sumar *to add* 1r

la superación *improvement* 9r; *overcoming* 13r

superar *to surpass* 9r; *to overcome* 12r

superdotado/a *gifted*

el supermercado *supermarket* 6r, 10

la súplica *plead* 14r

el sur *south* 1r

suramericano/a *South American* 2r

el sureste *southeast* 7r

el/la surfista *surfer* 7r

el surgimiento *breakout* 14r

surgir (j) *to appear, to arise* 14r

suroeste *southwest* 13r

el surtido *selection* 6r

la suscripción *subscription* 6r

la sustancia *substance* 10r

el sustantivo *noun* 10r

sustentar *to support* 5r

suyo (-a, -os, -as) *(of) yours, his, hers, theirs* 5r, 12

T

la tabla *chart* 4r; *cutting board* 5r

tal *such* 10; ¿Qué tal? *How's it going?* B; tal como *such as* 8r; tal vez *maybe* 10; con tal (de) que *provided that* 14

el talento *talent* 8r

la talla *size* 6

tallado/a *carved* 10r

el tamaño *size* 4r

también adv. *also, too* 1

tampoco adv. *neither, nor, either* 5r, 12

tan adv. *so* 1r; *as* 1r, 8

el tango *type of music and dance* 2r

tanto/a *as much* 1r, 8; en tanto *meanwhile* 9r; por lo tanto *therefore* 10r

tantos/as *as many* 8

tardar *to take (time)* 15r

tarde *late* 1r, 4; más tarde *later* 3; n. *afternoon* B

la tarea *assignment, homework* Br, 1

la tarjeta *card* 2r, 6; tarjeta de crédito *credit card* 3r, 6; tarjeta de embarque *boarding pass* 12; tarjeta postal *post card* 2r, 12

la tasa *rate, interest* 14r

la taza *cup* 10

te *you* 5; te llamas *your name is* B

el té *tea* 3

el teatro *theater* 3r, 8

el techo *roof* 8r

la técnica *technique* 12r

el tecnicismo *technicality* 9r

el/la técnico/a *technician* 9; adj. *technical* 9r

la tecnología *technology* 8r

el tejido *weaving* 8r

la tela *fabric* 6r

telefónico/a adj. *telephone* 9r

el teléfono *telephone* Br, 3

la telenovela *soap opera* 11r

la telepatía *telepathy* 3r

el/la televidente *TV viewer* 13

el televisor *TV set* B

la tele(visión) *television* 1

el tema *topic* 2r

temer *to fear* 11

el temor *fear* 7r

el temperamento *temperament* 9r

la temperatura *temperature* 3r

templado/a *moderate* 5r

temporal *temporary* 13r

temprano *early* 4

tender (ie) *to hang (clothes)* 5; tender la cama *to make the bed* 5r

el tenedor *fork* 5r, 10

tener (g, ie) *to have* Br, 4; tener años *to be...years old* 2; tener deseos de + inf. *to feel like + pres. part.* 8; tener dolor de... *to have a(n)... ache* 11; tener éxito *to be successful* 13; tener mala cara *to look terrible* 11; tener que + inf. *to have to + verb* 1r, 5; tener lugar *to take place* 8r

el tenis *tennis* Br, 7

el/la tenista *tennis player* 2r, 7

la tensión *pressure* 11; tensión arterial *blood pressure* 11

el teñido *dyeing* 8r

la teocracia *theocracy* 8r

el tequila *Mexican liqueur* 8r

la terapia *therapy* 12r

tercer *third* 5

tercero/a *third* 5

la terminación *ending* 10r

terminar *to finish* 3

el termómetro *thermometer* 2r, 11

la terraza *terrace* 1r, 5

el terreno *terrain* 14r

terrestre adj. *land* 3r

terrible *terrible* Br

el territorio *territory* 15r

el/la testigo *witness* 13r

el testimonio *testimony* 8r

el texto *text* 1r

la tía *aunt* 4

tibio/a *lukewarm* 10r

el tiempo *time* Br, 3; *weather* 7; tiempo libre *free time* 1r; 3; a tiempo *on time* 12

la tienda *store* 6

la Tierra *Earth* 15; tierra *land, soil* 2r, 15

el tigre *tiger* 3r

las tijeras *scissors* 5r

tímido/a *timid* Br

el tinte *shade, overtone* 9r

la tintoreriá *dry cleaner's* 14r

el tío *uncle* 4

típico/a *typical* 1r, 3

el tipo *type, style,* 3r; *kind* 10r

titulado/a *entitled* 9r

el/la titular *holder* 2r

el título *title* 4r

la tiza *chalk* B

la toalla *towel* 5

el tobillo *ankle* 11

el tocadiscos *record player* 5r

tocar (qu) *to play an instrument, to touch* 3

todavía adv. *still, yet* 4r, 13

todo *all, everything* 12; todos *everybody, all* 12; todos los días *every day* 1

tolerante *tolerant* 1r

tomar *to take, to drink* 1; tomar el sol *to sunbathe* 3

el tomate *tomato* 3

la tonelada *ton* 4r

el tono *tone* 2r

tonto/a *silly, foolish* 2

torcer(se), (ue, z) *to twist* 11

el torneo *tournament* 7r

la toronja *grapefruit* 10

la torta *cake* 5r

la tortura *torture* 10r

la tos *cough* 11

toser *to cough* 11

la tostada *toast* 3

totalmente *totally* 5r

la totora *cattail (plant)* 10r

trabajador/a *hard working* 2

trabajar *to work* 1

el trabajo *work* 1r, 9

la tradición *tradition* 2r, 8

tradicional *traditional* Br

tradicionalmente *traditionally* 4

traducir (zc) *to translate* 7

traer (g) *to bring* 3r, 4

el tráfico *traffic* 12r

trágico/a *tragic* 8r

el traje *suit* 6; traje de baño *bathing suit* 6; traje pantalón *pant suit* 6

tranquilamente *quietly* 4
la tranquilidad *tranquility* 5r
tranquilizante *tranquilizer* 12r
tranquilo/a *calm, tranquil* Br, 2
el transbordador espacial
    space shuttle 15
transformar *to transform* 4r
la transición *transition* 14r
transmitir *transmit* 11r
la transmutación *transmutation* 10r
la transparencia *transparency* 11r
transparente *transparent* 9r
transplantar *to transplant* 11r
el transporte *transportation* 5r
el trapo *cloth, kitchen cloth* 5r
trasladar(se) *to move,*
    to transfer 13
el tratado *treaty* 5r
el tratamiento *treatment* 10r
tratar *to try* 5r; *to deal, to discuss* 9r
través: a través de adv. *through* 13
tremendo/a *tremendous* 9r
el tren *train* 11r, 12
el trigo *wheat* 15r
el/la tripulante *crew member* 14
triste *sad* 2
la tristeza *sadness* 13
el triunfo *victory* 7r
el trofeo *trophy* 7r
tropezar (ie) *to stumble* 15r
tropical *tropical* 10r
el trueque *exchange* 9r
tu/s adj. *your* B, 2
tú pron. *you* (familiar) B
la tumba *tomb* 10r
la tuna *group of student minstrels* 1r
el túnel *tunnel* 3r
la túnica *tunic* 8r
el turismo *tourism* 9r
el/la turista *tourist* 1r; clase turista
    economy class 12
turístico/a adj. *tourist* 7r
turnarse *to take turns* 4r
el turno *turn, shift* 11r
tuyo (-a, -os, -as) *(of) yours, his,*
    hers, theirs 12

U

la ubicación *location* 5r
ubicar (qu) *to place, to locate* 14r
la úlcera *ulcer* 11r
último/a *last* 6r, 8
un/a *a, an, one* B; unos cuantos
    some 1r
único/a *only, unique* 4;
    hijo/a único/a *only child* 4

la unidad *unity* 5r
unido/a *united* 1r
el uniforme *uniform* 3r
la unión *union* 7r
unir *to unite, to join (together)* 2r
la universidad *university* 1
universitario/a adj. *university* 1r
el universo *universe* B, 15
unos/as *some* 1
urbano/a *urban* 12r
urgente *urgent* 1r
urgentemente *urgently* 9r
uruguayo/a *Uruguayan* 7r
usar *to use* 1r, 2; *to wear* 3
el uso *use* 2r
usted *you* (formal sing.) B
ustedes *you* (formal pl.) 1
usualmente *usually* 8r
el/la usuario/a *user* 7r
el utensilio *utensil* 5r
útil *useful* Br
utilizar (c) *to use, utilize* 4r
la uva *grape* 10

V

las vacaciones *vacation* 1r, 3
vacante *vacant, opening* 9
vacío/a *empty* 12
la vacuna *vaccination* 15r
la vainilla *vanilla* 4r, 10
el valenciano *Valencian language*;
    adj. *from Valencia*
valer *to be worth* 6
la validez *validity* 2r
valiente *brave* Br
valioso/a *valuable* 13r
el valle *valley* 9r
el vallenato *typical Colombian*
    music 4r
el valor *value, price* 3r
valorar *to value* 4r
vanagloriarse *to boast* 6r
el vaquero *cowboy* 7r;
    los vaqueros/jeans *jeans* 6;
variable *variable, changeable* 9r
variado/a *varied* 2r
la variante *variant* 7r
variar *to vary* 5r
la variedad *variety* 2r
varios/as *various, several* 1r
el varón *male* 14
el vascuence *Basque language* 1r
el vaso *glass* 3r, 10
el vecindario *neighborhood* 5r
el/la vecino/a *neighbor* 5r, 14
la vegetación *vegetation* 15r

el vegetal *vegetable* 3
vegetariano/a *vegetarian* 3r
la vela *candle* 4r
la velada *evening* 9r
el velero *sailboat* 3r
la velocidad *speed* 12
la vena *vein* 11
el vencimiento *expiration* 3r
el/la vendedor/a *salesman,*
    saleswoman 6r, 9
vender *to sell* 4r, 6
venerar *venerate* 8r
venezolano/a *Venezuelan* 2
venir (g, ie) *to come* 4
la venta *sale* 3r, 9
la ventaja *advantage* 2r, 14
la ventana *window* B
    ventanilla *window (car, plane,*
    etc.) 12
el ventanal *large window* 5r
ver *to see* 1r, 3
el verano *summer* 2r, 6
el verbo *verb* 1r
la verdad: ¿verdad? *truth, right?* 1
verde *green, not ripe* 2
la verdura *vegetable* 3
verificar (qu) *to verify* 4r
versátil *versatile* 7r
el vestido *dress* 3r, 6
vestir(se) (i) *to dress, to get dressed* 4
el vestuario *dressing room* 7r
la vez: a veces *sometimes* 1; dos
    veces *twice* 4; una vez *once* 12;
    muchas veces *often, many*
    times 1; alguna vez *sometimes, on*
    occasions 12; otra vez *again* 7r;
    una vez *once* 12; de vez en
    cuando *now and then* 10r
viajar *to travel* 2r, 12
el viaje *trip* 3r, 12; viaje espacial
    space trip 15
el/la viajero/a *traveller*
la víctima *victim* 8r
la vida *life* 1r, 15
el video *video* 1r
el videocasete *videocassette* 3r
la videocasetera *VCR* B
viejo/a *old* 2
el viento *wind* 7
viernes *Friday* B
vigilar *to watch* 12r
el villancico *Christmas carol* 8r
el vinagre *vinegar* 10
la vinificación *fermentation* 9r
el vino *wine* 3; vino tinto *red wine* 10
el viñedo *vineyard* 9r
la violencia *violence* 8
violeta adj. *violet,* 2r

el violín *violin* 4r
el/la violinista *violinist* 8r
la virgen *virgin* 8r
virtual *virtual* 3r
el virus *virus* 15r
la visa *visa* 3r
la visita *guest* 5r
el/la visitante *visitor* 5r
visitar *to visit* 1r, 4
la vista *view* 5r
la vitalidad *vitality* 1r
la vitamina *vitamin* 10r
la viuda *widow* 14
el viudo *widower* 14
los víveres *food supplies* 6r
la vivienda *housing* 13r
vivir *to live* 1r, 3
vivo/a *alive, living* 4r
el vocabulario *vocabulary* Br
la vocal *vowel* Br
el vocero *spokesman* 15r
volador *flying* 15r
el volante *steering wheel* 12
volar (ue) *to fly* 5r, 12
el volcán *volcano* 5r
el voleibol *volleyball* 7
el volumen *volume* 5r
la voluntad *will, will power* 13r
el/la voluntario/a *volunteer* 14r
volver (ue) *to return* 4
vos *you (familiar)* 2r
vosotros/as pron. *you (familiar plu.)* 1
votar *to vote* 12r
la voz *voice* 14r
el vuelo *flight* 3r, 12
la vuelta: viaje de ida y vuelta *round trip* 12
vuestro/a adj. *your (familiar plural)* 2

Y

y *and* B
ya *already* 3r, 5; ya que *since* 8r; ya sea *whether* 9r
yacente *lying, recumbent* 8r
la yema *egg yolk* 10r
la yerba/hierba *herb* 9r
yo *I* B
el yogur *yogurt* 10
yugoslavo/a *Yugoslavian* 2r

Z

la zanahoria *carrot* 10
la zapatilla *slipper* 6
el zapato *shoe* 6

la zarzuela *Spanish operetta* 3r
la zona *2r*
el zoológico *zoo* 3r

Apéndice 4

English to Spanish Vocabulary

A

a (an) un/a
above sobre
absence la ausencia
absent ausente
academic académico/a
accent el acento
accept aceptar
accessory el accesorio
accident el accidente
accompany acompañar
according según
account: checking account
    la cuenta: cuenta corriente
accountant el/la contador/a,
    el/la contable
accounting la contabilidad
accredit acreditar
ache el dolor
act actuar
active activo/a
activity la actividad
actress la actriz
adapt adaptar(se)
add añadir, sumar
address la dirección
adequate adecuado/a
admiration la admiración
admire admirar
adult adulto/a
advance el adelanto
advantage la ventaja
advertisement el aviso, el anuncio
advertising la publicidad
advice el consejo

advisable recomendable
advise aconsejar
aerobic aeróbico/a
affect afectar
affection el cariño
affiliation la afiliación
affirmatively afirmativamente
African africano/a
after después
afraid: to be afraid (of)
    tener miedo (de)
against contra
age la edad
agency: travel agency la agencia:
    agencia de viajes
agenda la agenda
aggressive agresivo/a
AIDS el sida
air el aire
air conditioning el aire
    acondicionado
airline la aerolínea
airplane el avión
airport el aeropuerto
aisle: aisle seat el pasillo: asiento de
    pasillo
alcoholic alcohólico/a
all todo/a, todos/as
allergic alérgico/a
allergy la alergia
allow dejar, permitir
almost casi
alone solo/a
already ya
also también
altar el altar

alternate alternar
although aunque
always siempre
ambitious ambicioso/a
among entre
amusing divertido/a
analysis el análisis
analyst: systems analyst el/la
    analista: analista de sistemas
analyze analizar
ancestor el/la antepasado/a
and y
anguish la angustia
animal el animal
ankle el tobillo
anniversary el aniversario
announce anunciar
announcement el anuncio
annoyance el fastidio
another otro/a
answer v. contestar; n. la
    contestación, la respuesta
answering machine el contestador
    automático
anthropology la antropología
antibiotic el antibiótico
anticipation la anticipación
antiquity la antigüedad
any algún, alguno/a/s
anyone cualquier/a
apartment el apartamento
appear aparecer, surgir
appearance la apariencia
appetite el apetito
applaud aplaudir
apple la manzana

applicant el/la solicitante

application la solicitud

April abril

architect el/la arquitecto/a

architecture la arquitectura

area el área

Argentinian argentino/a

argue discutir

argument la discusión

arm el brazo (body); el arma (weapon)

armament el armamento

armchair la butaca, el sillón

around alrededor

arrest detener

arrival la llegada

arrive llegar

arrogant arrogante

article el artículo

artifact el artefacto

artist el/la artista

as como

as many tantos/as

as much tanto/a

ascend ascender

Asian asiático/a

ask (a question) preguntar: ask for pedir

aspect el aspecto

asphyxiation la asfixia

aspirin la aspirina

assault el asalto

assembly la asamblea

assignment la tarea

assimilate asimilar/se

assistant el/la asistente, ayudante

associate asociar

assume presumir, asumir

astronaut el/la astronauta

astronomer el/la astrónomo

at a; en

athlete el/la atleta

athletic atlético/a

atrophy atrofiar

attend asistir (a): attend to atender

attendance la asistencia

attention la atención

attraction la atracción

attractive atractivo/a

August agosto

aunt la tía

authoritarian autoritario/a

autobiographical autobiográfico/a

autumn el otoño

available disponible

avenue la avenida

average n. el promedio, adj. mediano/a

avocado el aguacate

avoid evitar

award el premio

B

baby el/la bebé, el/la nene/a

baby-sitter la niñera, el canguro

back la espalda

backpack la mochila

backyard el jardín

bacon el tocino

bad malo/a

bag el/la bolso/a

balance v. equilibrar; n. el equilibrio; el saldo, balance

ball la pelota

ball-point pen el bolígrafo

banana el plátano

band la banda

bank el banco

banquet el banquete

baptism el bautizo

barbecue la barbacoa

barbershop la peluquería, barbería

bargain v. regatear

baseball el béisbol

baseball bat el bate

basic básico/a

basically básicamente

basket el/la cesto/a

basketball el baloncesto, basquetbol

bathe bañar(se)

bathroom el baño

battery el acumulador, la batería

be estar; ser, resultar; be a couple formar pareja; be able poder; be afraid tener miedo; be born nacer; be called llamarse; be careful tener cuidado; be cold tener frío; be hot tener calor; be hungry tener hambre; be in a hurry tener prisa; be in charge estar a cargo; be in love (with) estar enamorado (de); be left over quedar (like gustar); be lucky tener suerte; be missing faltar (like gustar); be necessary hacer falta; be part of formar parte de; be pleasing gustar; be right tener razón; be sleepy tener sueño; be sorry sentir (ie, i); be successful tener éxito; be sure estar seguro/a; be surprised sorprenderse; be thirsty tener sed; be used to estar acostumbrado/a

beach la playa

beat batir

beater la batidora

beautiful bello/a, precioso/a

beauty salon la peluquería

because porque

because of a causa de, por

become convertirse (en), hacerse; become independent independizarse; become impacient impacientarse

bed la cama

beef la carne de res

beeper el buscapersonas

beer la cerveza

begin comenzar, empezar

beginning el principio

behind detrás (de)

belief la creencia

believe creer

belt el cinturón

benefit el beneficio

besides además

best el/la mejor
better mejor
between entre
bicycle la bicicleta
big grande
bilingual bilingüe
bill la cuenta; el billete (*currency*)
biology la biología
biosphere la biosfera (*alt.* biósfera)
birth el nacimiento
birthday el cumpleaños
black negro/a
blanket la manta
blazer el saco
bleed sangrar
blind ciego/a
block bloquear
block (of city street) la cuadra,
    la manzana (*Sp.*)
blond rubio/a
blood la sangre
blood pressure la tensión arterial
blouse la blusa
blue azul
boat bote, barco
body el cuerpo
boil hervir
bone el hueso
book el libro
bookstore la librería
boot la bota
border la frontera
bored aburrido
boring aburrido/a
both ambos/as
bother molestar
bottle la botella
boy el chico, el muchacho
bracelet la pulsera
brain el cerebro
bra (brassiere) el sostén
brave valiente
bread el pan
break romper
breakfast el desayuno
breathe respirar

bridge el puente
briefcase el maletín,
    el portadocumentos
bring traer
brother el hermano
brother-in-law el cuñado
brown café, castaño, marrón
brunet moreno/a
brush *v.* cepillar(se), *n.* el cepillo:
    brush one's teeth
    cepillarse/lavarse los dientes
build construir
building el edificio
bullfight la corrida de toros
bullfighter el torero/a
bullfighting el toreo
bumper el parachoques
bus el autobús, bus
business el negocio
businessman el hombre de negocios
businesswoman la mujer de negocios
busy ocupado/a
but pero
butter la mantequilla
buy comprar

C

cabin la cabina
cabin (on a boat) el camarote
cabinet (presidential) el gabinete
cafeteria la cafetería
caffeine la cafeína
cake el pastel, el bizcocho,
    la tarta (*Sp.*)
calculator la calculadora
calculus el cálculo
call llamar
calm tranquilo/a
calorie la caloría
camera la cámara
camouflage camuflar
can opener el abrelatas
cancel cancelar
cancer el cáncer

candidate el/la candidato/a
candy el caramelo, el dulce
cap la gorra
capacity la capacidad
capital la capital (*city*), el capital
    (*money*)
capture capturar
car el coche, carro, auto(móvil)
car hood el capó
cardboard el cartón
care el cuidado
career la carrera
carpenter el/la carpintero/a
carpet la alfombra
carrot la zanahoria
carry out llevar a cabo, realizar
cash el efectivo
cash register la caja
cashier el/la cajero/a
cassette el/la casete
Castilian el castellano
catalog el catálogo
catastrophic catastrófico/a
catch (an illness) contagiarse
category la categoría
cathedral la catedral
cause causar, ocasionar
celebrate celebrar
celebration la celebración
cell la célula
cemetery el cementerio
census el censo
center el centro
cereal el cereal
certain cierto/a
certified certificado/a
chair la silla
chalk la tiza
chalkboard la pizarra
champagne el champán, champaña
champion el/la campeón/a
championship el campeonato
change cambiar
charming encantador/a, simpático/a
chart la tabla
chat charlar

check (luggage) facturar
cheek la mejilla
cheese el queso
chemistry la química
cherry la cereza
chest el pecho
chest cold el catarro
chicken el pollo
child el/la niño/a
childhood la niñez
Chilean chileno/a
chocolate el chocolate
choose escoger
chop picar: pork chop la chuleta
Christmas la Navidad
Christmas Eve la Nochebuena
church la iglesia
citizen el/la ciudadano/a
city la ciudad
civil civil
claim reclamar
claro clear, of course
class la clase
classic clásico/a
classified clasificado/a
classify clasificar (qu)
classroom el aula, el salón de clase
clean v. limpiar; adj. limpio/a
cleaning la limpieza
clear claro/a, despejado/a (weather)
client el/la cliente/a
climate el clima
clinic la clínica
clock el reloj
close cerrar
closet el armario, el clóset
cloth el trapo
clothing la ropa
cloudy nublado/a
club el club
coach el/la entrenador/a
coat el abrigo
cocaine la cocaína
cockpit la cabina
coffee el café
cognate el cognado

coincide coincidir
colander el colador, escurridor
cold frío/a
collect recaudar
college universidad
Colombian colombiano/a
colonial colonial
color el color
column la columna
comb peinar(se)
combine combinar
come venir
come from v. proceder; adv.
    procedente de
come in pasar, entrar
comical cómico/a
comment el comentario
commerce el comercio
common común
communicate comunicar(se)
communication la comunicación
community la comunidad
company la compañía, empresa
compare comparar
competent competente
competition la competencia
complain quejarse
complaint la queja
complete v. completar; adj.
    completo/a
computer la computadora, el
    ordenador (Sp.)
computer science la informática
concert el concierto
concierge el/la conserje
conclusion la conclusión
condominium el condominio
conference la conferencia
confiscate confiscar
confront enfrentar
confuse confundir(se)
congenital congénito/a
congress el congreso
consequence la consecuencia
conservative conservador/a
consider considerar(se)

construct construir
construction la construcción
consul el/la cónsul
consulate el consulado
consult consultar
consume consumir
contact lenses lentes de contacto
contagion el contagio
contain contener
contamination la contaminación
contemporary contemporáneo/a
contents el contenido
contest el concurso
context el contexto
contraband el alijo, contrabando
contract v. contraer; n. el contrato
contribution la contribución
control controlar
convention el congreso
conversation la conversación
cook v. cocinar; n. el/la cocinero/a
cookie la galleta, galletita
cool fresco/a
cooperate cooperar
co-op (cooperative society)
    la cooperativa
copy la copia
cork el corcho
corkscrew el sacacorchos
corn el maíz, el elote (on the cob)
corner el rincón, la esquina (street)
correct correcto/a
correspondence
    la correspondencia
corresponding correspondiente
cost v. costar, n. el costo
cotton el algodón
cough la tos
cough toser
counselor el/la consejero/a
counter el mostrador
country el país
countryside el campo
course el curso
court la corte (law), la cancha
    (sports)

courtesy la cortesía

cousin el/la primo/a

cover cubrir

crash chocar

crazy loco/a

cream la crema

creation la creación

creative creativo/a

credit card la tarjeta (de crédito)

crew member el/la tripulante

crime el crimen, la delincuencia

crisis la crisis

critic el/la crítico/a

crowd la multitud

crucial crucial

crucifix el crucifijo

cruise el crucero

crumb la migaja

crush majar

cry llorar

Cuban cubano/a

cucumber el pepino

cultivate cultivar

cultivation el cultivo

culture la cultura

cup la taza

cure v. curar(se), n. la cura

currency la moneda

current actual

curtain la cortina

custom la costumbre

customs la aduana

cut v. cortar, n. el corte

cyberspace el ciberespacio

cycling el ciclismo

cyclist el/la ciclista

D

dad el papá

daily diariamente

daily diario/a

dairy (product), lácteo/a

damage v. dañar; n. el daño

dance bailar, el baile

dancer el bailarín/la bailarina

data el dato, la información

date la fecha

daughter la hija

daughter-in-law la nuera

dawn la madrugada

day el día

dead muerto/a

deaf sordo/a

death la muerte

deceased difunto/a, muerto

December diciembre

decide decidir

decision la decisión

decisive decisivo/a

declare declarar

decrease disminuir

dedicate dedicar

defend defender

defense la defensa

deforestation la deforestación

delight encantar

delighted encantado/a

deliver entregar

demand la demanda

demonstrate demostrar

demonstration la manifestación
    (political)

denomination la denominación

dense denso/a

dentist el/la dentista

department el departamento

department store el almacén

departure la salida

depend depender

depressed deprimido/a

descendant el/la descendiente

description la descripción

deserve merecer

design el diseño

designer el/la diseñador/a

desk el escritorio: student desk
    el pupitre

desperate desesperado/a

dessert el postre

destiny el destino

destroy destruir

detective el detective

detest detestar(se)

develop desarrollar

diabetic el/la diabético/a

dialog el diálogo

dictator el dictador

dictatorship la dictadura

dictionary el diccionario

diet la dieta

difficult difícil

digest digerir

digestion la digestión

dining room el comedor

dinner la cena

diplomacy la diplomacia

diplomatic diplomático/a

director el/la director/a

dirty ensuciar

disadvantage la desventaja

disarrange desordenar

discipline la disciplina

discotheque la discoteca

discover descubrir

discrimination la discriminación

dish el plato

dishwasher el lavaplatos

dismantle desmontar

disquette el disquete

distance la distancia

distant lejano/a

distribute repartir, distribuir

distribution la distribución

diverse diverso/a

diversity la diversidad

diving el buceo

divorce v. divorciarse,
    n. el divorcio

divorced divorciado/a

do hacer

doctor el/la doctor/a: medical doctor
    el/la médico/a

doctor's office el consultorio

document el documento

dollar el dólar

domestic doméstico/a

door la puerta
dormitory el dormitorio
double doble: **double/single room** la habitación doble/sencilla
doubt dudar
drain escurrir
drawing el dibujo
dress *v.* vestir(se); el *n.* vestido
dresser la cómoda
drink *v.* beber, *n.* la bebida
drive manejar, conducir
driver el chofer, conductor
drug la droga
drug traffic el narcotráfico
drug trafficker el narcotraficante
dry secar(se)
dryer la secadora
due debido a
duplicate duplicar
during durante
dynamic dinámico/a

E

e-mail el correo electrónico
each cada
early temprano
ear la oreja, el oído (*inner*)
earring el arete
earth la tierra
easy fácil
eat comer
ecologist el/la ecólogo/a
economic económico/a
economics la economía
economy class clase turista
educated educado/a
effect el efecto
efficient eficiente
egg el huevo
eighth octavo/a
elbow el codo
electric eléctrico/a
electrical appliance el electrodoméstico

electrician el/la electricista
electronic electrónico/a
elegant elegante
element el elemento
embassy la embajada
embrace abrazar(se)
emergency la emergencia
emigrant el/la emigrante
emigrate emigrar
emotional emocional
employee el/la empleado/a
empty vacío/a
encounter el encuentro
end el final
energy la energía
engineer el/la ingeniero/a
English el inglés
enjoy disfrutar
enough bastante
ensemble el conjunto
entertainment la diversión
envelope el sobre
equal igual
equality la igualdad
equilibrium el equilibrio
equipment el equipo
equivalent equivalente
eraser el borrador
error el error
eternal eterno/a
ethnic étnico/a
European europeo/a
evening la noche
event el evento, acontecimiento, suceso
every cada, todos/as
everything todo
evidence la evidencia
examination el examen
examine examinar
excellent excelente
except excepto
exception la excepción
exceptional excepcional
exchange *v.* cambiar, *n.* el intercambio: **stock exchange** la bolsa de valores

excited emocionado/a
exclusive exclusivo/a
Excuse me. Perdón.
executive el/la ejecutivo/a
exhaustive exhaustivo
expectation la expectativa
expensive caro/a
experience la experiencia
experiment el experimento
explain explicar
explosion la explosión
express expresar
expression la expresión
extension la extensión
exterior el exterior
extinction la extinción
extremely extremadamente
extrovert extrovertido/a
eye el ojo
eyebrow la ceja
eyelash la pestaña

F

fabric la tela
fabulous fabuloso/a
face la cara
fact el hecho
factual factual
fall caer(se)
false falso/a
fame la fama
family la familia
famous famoso/a, conocido/a
fan el abanico, el ventilador; el/la aficionado/a (*sports, etc.*)
fanatic fanático/a
fantasy la fantasía
far lejos (de)
farewell la despedida
fascinate fascinar
fashion la moda
fashion show el desfile de modas
fast rápido/a

fat gordo/a
father-in-law el suegro
fatigue el cansancio, la fatiga
fatigued cansado/a, fatigado/a
favorite favorito/a
fear *v.* temer; *n.* el miedo;
    be afraid tener miedo
February febrero
feed alimentar
feel sentir(se)
festival el festival
festive festivo
fiancé/e el/la novio/a
fiber la fibra
fifth quinto/a
fight pelear, luchar
file el archivo
fill llenar
film la película
financed financiado/a
find encontrar: find out averiguar
finger el dedo
finish acabar, terminar
fire *n.* el incendio, el fuego; *v.* despedir
    (*an employee*), disparar (*a weapon*)
firefighter el/la bombero/a
fireplace la chimenea
first primer, primero/a
fish el pescado
fishing (boat) pesquero/a
fit caber, quedar(le) bien a uno
    (*clothing*)
fix arreglar
flat plano/a
flavor el sabor
flexible flexible
flight el vuelo
float (in a parade) la carroza
floor el piso: first floor la planta baja
flour la harina
flow *v.* fluir, *n.* el flujo
flower la flor
flu la gripe
fly volar
fold doblar
follow seguir

following siguiente
food la comida, el alimento
foot el pie
footwear el calzado
for por; para
forbidden prohibido/a
force obligar, forzar
forehead la frente
foreign extranjero/a: foreign affairs
    las relaciones exteriores
foreigner el/la extranjero/a
forget olvidar
fork el tenedor
form *v.* formar, *n.* la forma,
    el formulario (*to fill out*)
formal formal
formula la fórmula
found fundar
fowl (poultry) el ave
fracture fracturar(se)
free libre: free of charge gratis
frequency la frecuencia
frequently frecuentemente
Friday viernes
fried frito/a
friend el/la amigo/a
friendship la amistad
from de
front desk la recepción
fruit la fruta
fry freír
full lleno/a
function *v.* funcionar, *n.* el uso,
    la función
fund el fondo
funnel el embudo
furious furioso/a
furniture el mueble

G

game el juego, el partido
gang la pandilla
garage el garaje
garbage la basura
garden el jardín

garlic el ajo
gasoline la gasolina
gather recolectar
gelatin la gelatina
gene el gene (*alt.* el gen)
genealogical genealógico/a
generally generalmente
generation la generación
generous generoso/a
genetic genético/a
geography la geografía
German alemán
gesture el gesto, el ademán
get conseguir, obtener, adquirir,
    sacar (qu); get dressed vestirse;
    get married casarse: get ready
    arreglarse, prepararse; get old
    envejecer: get together reunirse;
    get up levantarse
together juntos/as
ghetto el gueto
giant gigante
girl la chica, la muchacha
give dar, regalar (*as a gift*)
glad contento/a
glass el cristal, el vaso; la copa
    (*stemmed glass*)
glove el guante
go ir
godchild el/la ahijado/a
godfather el padrino
godmother la madrina
golf-club el palo (*wood*), el hierro
    (*iron*)
good bueno/a
good-bye adiós
good-looking guapo/a
goods los bienes
government el gobierno
grade la nota
gradually gradualmente
graduate graduado/a
graduation la graduación
grain el grano
granddaughter la nieta
grandfather el abuelo

grandmother la abuela
grandson el nieto
grape la uva
grapefruit la toronja
grate rallar
grater el rallador
gray gris
green verde
greet saludar(se)
greeting el saludo
grind moler
ground molido/a
group el grupo
Guatemalan guatemalteco/a
guess adivinar
guitar la guitarra
gymnasium el gimnasio

H

habit el hábito
hair el cabello, el pelo
hairdresser el/la peluquero/a
hairdryer el secador
half la mitad, la media
hall el pasillo
ham el jamón
hamburger la hamburguesa
hand la mano
handicrafts la artesanía
handkerchief el pañuelo
hang tender, colgar
happen ocurrir
happiness la felicidad
happy feliz, alegre
hard duro/a: **hard-working**
    trabajador/a
harvest la cosecha
hat el sombrero
hate odiar, el odio
have tener (g) (ie), poseer, disponer de
    (g); haber (*aux.*); **have a good time**
    divertirse, pasarlo bien; **have**
    breakfast desayunar; **have**
    dinner/supper cenar; **have just +**
    past. part. acabar de + *inf.* **have**

lunch almorzar; **have to +** *verb*
    tener que + *inf.*
he él
head la cabeza
health la salud
healthy sano/a
hear oír
heart el corazón
heat el calor
heater la calefacción
hello hola
helmet el casco
help *v.* ayudar, *n.* la ayuda
hemisphere el hemisferio
here aquí, acá
highway la carretera
hip la cadera
Hispanic hispano/a
home el hogar
homework la tarea
honeymoon la luna de miel
hope esperar; **I/We hope** ojalá
horizontal horizontal
hospital el hospital
host/hostess el/la anfitrión/a
hot caliente
hotel el hotel`
house la casa
housewife el ama de casa
housing la vivienda
human humano/a; **human being** ser
    humano
humanities las humanidades
humid húmedo/a
humidity la humedad
hurt doler (ue) (*like* gustar)
husband el marido, el esposo
hysteria la histeria

I

I yo
I/we hope ojalá
ice cream el helado
ideal ideal
idealist idealista

identification la identificación;
    identification card la cédula,
    el carnet
identify identificar
identity la identidad
if si
illiteracy el analfabetismo
illogical ilógico/a
imaginary imaginario/a
imagination la imaginación
imitate imitar
immediately enseguida,
    inmediatamente
immigrant el/la inmigrante
impartial imparcial
implant el implante
importance la importancia
important importante
improve mejorar
impulsive impulsivo/a
in en: **in front of** enfrente (de)
inauguration la inauguración
incentive el incentivo
include incluir
income el ingreso
incorrect incorrecto/a
increase *v.* aumentar, subir; *n.* el
    aumento (de sueldo, etc.)
independent independiente
index el índice
indicate indicar
indicated indicado/a
individual el individuo
inequality la desigualdad
inexpensive barato/a
infect infectar
infection la infección
infectious infeccioso/a
inflammation la inflamación
influence la influencia
inform *v.* informar; *n.* el informe
informal informal
information la información
ingredient el ingrediente
inhabitant el/la habitante
injection la inyección

inspector el/la inspector/a
insult insultar(se)
insurance el seguro
intelligent inteligente
intention la intención
intercept interceptar
intercepted intervenido
interest *v.* interesar; *n.* el interés
interested interesado/a
interesting interesante
interior el interior
international internacional
interpreter el/la intérprete
interrogative interrogativo/a
interrupt interrumpir
interview *v.* entrevistar; *n.* la
    entrevista
intervene intervenir
intimate íntimo/a
introvert introvertido/a
investigation la investigación
invitation la invitación
invite invitar
involve implicar
iron *v.* planchar; *n.* el hierro (*metal*);
    la plancha (*clothes*)
ironic irónico/a
irrational irracional
irreparable irreparable
irritated irritado/a
isolate aislar
Italian italiano/a
itinerary el itinerario

J

jacket la chaqueta
January enero
Japanese japonés/a
jar el tarro, la jarra
jeans los vaqueros/jeans
jewel, jewelry la joya
jogging suit la sudadera
journalist el/la periodista
joy la alegría

judge el/la juez/a
juice el jugo, el zumo (*Sp.*)
juice press el exprimidor
July julio
jump saltar
June junio
jungle la selva, la jungla
justice la justicia

K

keep guardar
key la llave
kick patear
kid el/la niño/a, el/la chaval/a
kill matar
kinship el parentesco
kitchen la cocina
knee la rodilla
knife el cuchillo
know conocer (zc), saber (*facts*)
knowledge el conocimiento

L

lab laboratorio
lack *n.* la falta; *v.* carecer (de), faltar
    (*like* gustar)
lamp la lámpara
language el idioma, la lengua:
    language lab el laboratorio
    de lenguas
lard la manteca
last *v.* durar; ; *adj.* último/a,
    pasado/a: last night anoche, night
    before last anteanoche
late tarde
law la ley
lawyer el/la abogado/a
lazy perezoso/a
learn aprender
leather el cuero
leave salir, irse
left izquierda

leg la pierna
lemon el limón
lend prestar
Lent la Cuaresma
let dejar
letter la carta
lettuce la lechuga
level el nivel
liar el/la mentiroso/a
liberal liberal
librarian el/la bibliotecario/a
library la biblioteca
lie la mentira
life la vida
likewise igualmente
lion el león
lip el labio
liquid el líquido
list la lista
listen escuchar
literature la literatura
live vivir
living room la sala
load cargar
loaded cargado/a
lobster la langosta
local local
locate localizar
location la localización, ubicación
lock up encerrar
locked up encerrado/a
logical lógico/a
logically lógicamente
loneliness la soledad
long largo/a
look (at) mirar
look for buscar
loose suelto/a
lose perder
loss la pérdida
lottery la lotería
love *v.* amar; *n.* el amor
luggage el equipaje
lunch el almuerzo
lung el pulmón

M

machine la máquina;
   washing machine la lavadora;
   answering machine el contestador
   automático
magazine la revista
magnificent magnífico/a
mail el correo
mailbox el buzón, el casillero
   (*in office*)
mailman el cartero
main principal
maintenance el mantenimiento
majority la mayoría
make hacer, fabricar;
   make a bed tender la cama; **make**
   reservations hacer
   reservas/reservaciones
malformation la malformación
manager el/la gerente, director/a
mango el mango
mantain mantener(se)
manual manual
many muchos/as
map el mapa
March marzo
Mardi Gras el Carnaval
margarine la margarina
mark marcar
marked down rebajado/a
marriage el matrimonio
married casado/a
marry casarse
mask la careta
material el material
materialist materialista
maternal materno/a
mathematics las matemáticas
matter *v.* importar (*like* gustar);
   n. el asunto, la gestión
maturity la madurez
maximum máximo/a
May mayo
maybe quizá(s)

mayonnaise la mayonesa
mayor el/la alcalde/sa
mean significar, querer decir
meaning el significado
means medios
meat la carne
mechanic el/la mecánico/a
medicine la medicina
meditate meditar
meet encontrar(se), conocer
   (*for the first time*)
meeting la reunión
melody la melodía
member el miembro
memory la memoria
mention mencionar
menu el menú
merchandise la mercancía
metabolize metabolizar
metal el metal
methodical metódico/a
metropolitan metropolitano/a
Mexican mexicano/a
microphone el micrófono
microscope el microscopio
microwave el microondas
midnight la medianoche
mile la milla
military militar: **military coup**
   el golpe militar
milk la leche
mineral el mineral
minibomb la minibomba
minimal mínimo/a
minimum el mínimo
minister (**government**) el ministro
ministry (**government**)
   el ministerio (de)
minus menos
mirror el espejo
Miss la señorita
mission la misión
mistake la equivocación
mistery el misterio
model el/la modelo

modem el módem
modern moderno/a
modify modificar
mom la mamá
Monday lunes
money dinero
month el mes
motorcycle la moto(cicleta)
more más
morning la mañana
mortal mortal
mortar el mortero
mother la madre
mother-in-law la suegra
motive el motivo
mouse el ratón
moustache el bigote
mouth la boca
move mover
movement el movimiento
movies el cine
Mr. el señor (Sr.)
Mrs. la señora (Sra.)
much mucho/a
murder el asesinato
murderer el/la asesino/a
muscle el músculo
museum el museo
music la música
musical musical
mustard la mostaza
mutual mutuo
my mi, mis

N

name *v.* nombrar; *n.* el nombre
napkin la servilleta
narrator el/la narrador/a
narrate narrar
narrow estrecho/a
natal (pertaining to birth) natal
nation la nación
national nacional

nationality la nacionalidad

native nativo/a

navegation la navegación

near cerca (de)

nearby cercano/a

neck el cuello

necessity la necesidad

necklace el collar

need v. necesitar; n. la necesidad

neighbor el/la vecino/a

neighborhood el vecindario, el barrio

neither tampoco

nephew el sobrino

nervous nervioso/a

net la red

network la cadena

neurosis la neurosis

never nunca

nevertheless sin embargo

new nuevo/a

New Year's Eve la Nochevieja

news la noticia

newspaper el periódico

next próximo/a, al lado

Nicaraguan nicaragüense

nice agradable

niece la sobrina

night la noche

nightgown el camisón

ninth noveno/a

nobody nadie

no no

noise el ruido

none ninguno/a

noon el mediodía

normally normalmente

North American norteamericano/a

nose la nariz

not no

not any ningún

notably notablemente

note la nota, el apunte

notebook el cuaderno

noteworthy notable

nothing nada

notice v. notar; n. el aviso

novel la novela

novelist el/la novelista

November noviembre

now ahora

nuclear nuclear

number el número

nurse el/la enfermero/a

nursery la guardería

nutrition la nutrición

O

obituary obituario

observation la observación

observe observar

obtain obtener

October octubre

occupation el oficio, la ocupación

occupy ocupar

of de: of the (contraction of de + el) del

offer v. ofrecer; n. la oferta

office la oficina

official oficial

offspring el/la descendiente

often a menudo

oil el aceite

old viejo/a

older mayor

Olympic Games las Olimpiadas (alt. las Olimpíadas)

on sobre

onion la cebolla

only sólo

only daughter la hija única

only son hijo único

open abrir

open air market el mercado al aire libre

operate operar

operation la operación

opinion la opinión

opportunity la oportunidad

opposite opuesto/a, contrario/a

optimist optimista

option la opción

orange n. la naranja, adj. anaranjado/a

orchestra la orquesta

order el/la orden

organ el órgano

organism el organismo

organize organizar

organized organizado/a

origen el origen

other otro/a

ought deber

our nuestro/a(s)

outbreak el brote

outcome el resultado

outdoors al aire libre

outskirts las afueras

outstanding destacado/a

overcome superar

own propio/a

oxygen el oxígeno

P

P.O. box el apartado de correos

pacemaker el marcapasos

pacifist pacifista

pack empacar

package el paquete

pain el dolor

painting el cuadro, la pintura

pajama el/la piyama

pamphlet el folleto

Panamanian panameño/a

panic el pánico

pants los pantalones

pantyhose las pantimedias

papaya la papaya

parachute el paracaídas

parade el desfile, la parada

paragraph el párrafo

parents los padres

park el parque

parking lot el estacionamiento
part la parte
partial parcial
participant el/la participante
participate participar
participation la participación
partner el/la compañero/a;
    la pareja
party la fiesta
passive pasivo/a
passenger el/la pasajero/a
passion la pasión
passport el pasaporte
pastime el pasatiempo
pastry shop la pastelería
paternal paterno/a
patient el/la paciente
pay pagar
peace la paz
pear la pera
peasant el/la campesino/a
peeled pelado/a
pencil el lápiz
people la gente
pepper la pimienta
percentage el porcentaje
perfectionist perfeccionista
perfectly perfectamente
performance la actuación
perfume el perfume
period el período
permanent permanente
permit permitir
person la persona
personal personal
personality la personalidad
Peruvian peruano/a
pessimist el/la pesimista: pessimistic
    pesimista
petroleum el petróleo
pharmacist el/la farmacéutico/a
pharmacy la farmacia
phase la fase
phenomenon el fenómeno
photography la fotografía

physical físico/a
physics la física
pill la pastilla
pillow la almohada
pilot el piloto
pin el alfiler
pineapple la piña
pink rosado/a
pinpoint destacar, señalar
place v. colocar; n. el lugar
plan v. planear, n. el plan
planet el planeta
plate el plato
play jugar (*game, sport*), tocar
    (*musical instrument*)
player el/la jugador/a
plaza la plaza
pleased complacido/a
pleasure el placer
plumber el/la plomero/a
poem el poema
poet el poeta
police la policía
police officer el policía, la (mujer)
    policía
politician el político
polkadotted de lunares
polyester el poliester
poor pobre
popular popular
population la población
pork el cerdo
port el puerto
portable portátil
Portuguese portugués/portuguesa
position el puesto
positive positivo/a
possession la posesión
postcard la tarjeta postal
post office el correo
posterior posterior
postgraduate el/la posgraduado/a
powerful poderoso/a
practical práctico/a
practice practicar

prefer preferir
preference la preferencia
preliminary preliminar
preparation la preparación
prepare preparar
prescribe recetar
prescription la receta
present v. presentar; n. el regalo; at
    present adv. actualmente, en la
    actualidad
presentation la presentación
preservation la conservación
president el/la presidente/a
pretty bonito/a
previous anterior
price el precio
prince el príncipe
principal el/la director/a
    (*of a school*); adj. principal
printing la imprenta
prior previo/a
private privado/a
prize el premio
probably probablemente
problem el problema
procession la procesión
product el producto
productivity la productividad
profession la profesión
professor el/la profesor/a
profile el perfil
progenitor el/la progenitor/a
program v. programar;
    n. el programa
programmer el/la programador/a
prohibit prohibir
project el proyecto
promote promover
promotion el ascenso
pronoun el pronombre
protect proteger
protection la protección
protein la proteína
protest la protesta
proverb el refrán

psychiatrist el/la psiquiatra
psychologist el/la psicólogo/a
psychology la psicología
public n. el público; adj. público/a
publication la publicación
publicity la publicidad,
    la propaganda
Puerto Rican puertorriqueño/a
pure puro/a
purple morado/a
purpose el propósito
purse el/la bolso/a
put poner
put in order ordenar
put on makeup maquillarse
pyramid la pirámide

Q

quantity la cantidad
quarter el cuarto
question la pregunta
quiet callado/a
quietly tranquilamente
quote la cita

R

race la carrera; la raza
racket la raqueta
radiator el radiador
radio el/la radio
radio announcer el/la locutor/a
railroad el ferrocarril
rain v. llover; n. la lluvia
rain forest el bosque tropical
raincoat el impermeable,
    la gabardina
raise levantar
rapidly rápidamente
rate la tasa
reaction la reacción
reactivate reactivar

read leer
reader el/la lector/a
ready listo/a, dispuesto/a
really realmente
rearview mirror el espejo retrovisor
rebellious rebelde
receipt el recibo
recent reciente
recently recién, recientemente
receptacle el recipiente
receptionist el/la recepcionista
recess el recreo
recipe la receta
recommend recomendar
recommendation recomendación
recording la grabación
recuperation la recuperación
recycle reciclar
red rojo/a
reduced reducido/a
referee el árbitro
reflect reflejar
refreshment el refresco
refrigerator el refrigerador
region la región
regional regional
regularly regularmente
relate relacionar
related relacionado/a
relation(ship) la relación
relative el familiar, el pariente
relatively relativamente
release liberar
released liberado/a
religious religioso/a
remedy el remedio
remember recordar
rent v. alquilar; n. el alquiler
repair v. reparar; n. la reparación
repeat repetir
reporter el/la reportero/a
represent representar
representative el/la representante
reprimand regañar
reproduction la reproducción

republic la república
reservation la reservación
reserve la reserva
residence la residencia,
    el domicilio
resident el/la residente
resolution la resolución
resource el recurso
respect respetar(se)
responsibility la responsabilidad
responsible responsable
rest v. descansar; n. el resto
restaurant el restaurante
restriction la restricción
result v. resultar; n. el resultado
résumé el currículum vitae
return volver, devolver
reunion la reunión
revelation la revelación
revise revisar
revision la revisión
revolution la revolución
rhythm el ritmo
rib la costilla
rice el arroz
rich rico/a
riddle la adivinanza
right derecho/a
ring el anillo
risk el riesgo
river el río
river basin la cuenca
robe la bata
rocket el cohete
roll la lista
romantic romántico/a
roof el techo
round redondo/a
round trip (el viaje) de ida
    y vuelta
routine la rutina
ruins las ruinas
rule la regla
run correr
runner el corredor/a

S

sad triste
sadness la tristeza
safe la caja fuerte
safety la seguridad
saint el/la santo/a
salad la ensalada
salad dressing el aderezo
salary el sueldo
same mismo/a
sale la venta; la rebaja
salesman el vendedor
salesperson el/la
    dependiente/dependienta
saleswoman la vendedora
salt la sal
salvation la salvación
sanction la sanción
sandal la sandalia
sandwich el sándwich
satiric satírico/a
Saturday sábado
sauce la salsa
save (from danger) salvar
say decir
scarf la bufanda
schedule el horario
School of ... la Facultad de ...
science la ciencia
scientist el/la científico/a
scissors las tijeras
scream gritar
screen la pantalla
sea el mar
seafood el marisco
season v. sazonar, aliñar;
    n. la estación, la temporada
seasoning el aderezo, el aliño
second segundo/a
secretary el/la secretario/a
secretion la secreción
section la sección
security la seguridad
sedentary sedentario/a

see ver
seed la semilla
seem parecer
segregate segregar
segregation la segregación
seize decomisar
seizure el decomiso
select seleccionar
selection la selección
sell vender
semester el semestre
seminar el seminario
send enviar, mandar
senior citizen la tercera edad
sentiment el sentimiento
sentimental sentimental
separation la separación
September septiembre
serious serio/a; grave
seriousness la gravedad
serve servir
service el servicio
settler el/la poblador/a
seventh séptimo/a
severe severo/a
several algunos
sew coser
sex el sexo
shake agitar
sharp afilado/a
shave afeitar(se)
she ella
sheet la sábana
ship v. enviar; n. la nave, el barco:
    space ship la nave espacial
shirt la camisa
shoe el zapato
shopping la compra
shopping center el centro comercial
short bajo/a; corto/a
shorten acortar
shoulder el hombro
shout gritar
show v. mostrar; n. la función
shower v. ducharse, bañarse; n. la ducha

shrimp el camarón
shuttle el transbordador
sick enfermo/a
sickness la enfermedad
sign el letrero
signal la señal
signature la firma
silk la seda
silly tonto
similarity la semejanza
simplicity la sencillez
simply simplemente
sincere sincero/a
sing cantar
singer el/la cantante
single (bachelor) soltero/a
sink el fregadero
sister la hermana
sister-in-law la cuñada
sit down sentarse
situation la situación
sixth sexto/a
size la talla
ski esquiar
skiing el esquí
skimmed descremado/a
skin la piel
skirt la falda
sky el cielo
sleep dormir: fall asleep dormirse
slipper la zapatilla
slope la pista
slowly lentamente
small pequeño/a
smart listo/a
smoke fumar
snow v. nevar; n. la nieve
so tan (degree), entonces, luego: so
    long hasta luego: so-so regular:
    so that para que
soap el jabón
soccer el fútbol
social social
society la sociedad
socioeconomic socioeconómico/a

sociology la sociología
sock el calcetín
soda el refresco
sofa el sofá
soft suave
solemn solemne
solicitant el/la solicitante
solid color de color entero
solution la solución
some alguno/a
somebody alguien
someone alguien
something algo
sometimes a veces
son el hijo
son-in-law el yerno
song la canción
soon pronto
soup la sopa
sour agrio/a
source la fuente
space el espacio
spaghetti el espagueti
Spanish n. el español;
    adj. español/a
speak hablar
specialized especializado/a
specially especialmente
speciality la especialidad
speed la velocidad
spend gastar
spice la especia
spinach las espinacas
spokesman el vocero
spoon la cuchara
sport el deporte
sportive deportivo/a
spot la mancha
stopping point la escala
spring la primavera
store la tienda
store window el escaparate
stability la estabilidad
stadium el estadio
stainless inoxidable

stairs la escalera
stamp el sello
start v. empezar, comenzar;
    n. el comienzo
state el estado
statistic la estadística
statue la estatua
steak el bistec
steal robar
steel el acero
steering wheel el volante
stemmed glass la copa
stepbrother el hermanastro
stepfather el padrastro
stepmother la madrastra
stepsister la hermanastra
stereotyped estereotipado/a
steward el auxiliar de vuelo
stewardess la auxiliar de vuelo
still todavía
stomach el estómago
strategy la estrategia
strawberry la fresa
street la calle
stress el estrés
stripe la raya
striped de rayas
strong fuerte
student el/la estudiante,
    el/la alumno/a
study estudiar
studying el estudio
subject of study la materia
suburb el suburbio
subway el metro
success el éxito
such tal
sugar el azúcar
suggest sugerir
suggestion la sugerencia
suit el traje
suitcase la maleta
summer el verano
sun el sol
sunglasses las gafas de sol

Sunday domingo
sunshade el quitasol
supermarket el supermercado
support apoyo
surprise la sorpresa
survey la encuesta
suspect sospechar
stove la estufa
sweat shirt la sudadera
sweater el suéter
sweep barrer
sweet shop la dulcería
sweet dulce
swim nadar
swimming la natación
swimming pool la piscina,
    la alberca (Mex.)
symptom el síntoma
synonym el sinónimo
system el sistema

T

T-shirt la camiseta
table la mesa
tablecloth el mantel
take place efectuar(se)
take tomar, llevar: take a shower
    ducharse: take advantage of
    aprovechar: take a walk/stroll
    pasear, salir de paseo: take away
    quitar: take care of cuidar: take
    pictures sacar fotos
talk conversar
talkative hablador/a
tall alto/a
tape recorder la grabadora
tardy retrasado/a, moroso/a
    (in payment)
tea el té
teach enseñar
team el equipo deportivo
tear-producing lacrimógeno/a
teaspoon la cucharita

technician el/la técnico/a

tecnocracy la tecnocracia

telephone el teléfono

television la televisión:
    TV set el televisor

tell decir

temperature la temperatura

tennis el tenis: tennis player
    el/la tenista

tenth décimo/a

term of office el mandato

terrace la terraza

terrible terrible

territory el territorio

terrorize aterrorizar

textual textual

thanks gracias

that ese, esa, eso, aquel, aquella,
    aquello (*dem.*); que (*rel.*); that is o
    sea; that one ése, ésa, aquél,
    aquélla; that which lo que

the el, la, los, las; lo

theater el teatro

then entonces

therapy la terapia

there is, there are hay: there was,
    there were había

thermometer el termómetro

they ellos/as

thin delgado/a

think pensar, creer

third tercer, tercero/a

this este/a

threaten amenazar

throat la garganta

through a través (de), por

throw lanzar

Thursday jueves

ticket el boleto, el billete,
    el pasaje: ticket for admission la
    entrada

tie la corbata

time el tiempo, la hora

timid tímido/a

tire cansar: get tired cansar(se)

tire la llanta

tired cansado/a

today hoy

toilet el inodoro

tomorrow mañana

tone el tono

tongue la lengua

too también, además

tooth el diente

torture la tortura

toy el juguete

trace el rastro

tradition la tradición

traditional tradicional

traditionally tradicionalmente

train *v.* entrenar; *n.* el tren

trait el rasgo

transfer trasladar(se)

transition la transición

translate traducir

translator traductor/a, intérprete

transmit transmitir

transmutation la transmutación

transparency la transparencia

transplant transplantar

transportation el transporte

travel *v.* viajar, recorrer; *n.* el
    turismo: travel agent el/la agente:
    de viajes

traveller's check el cheque de viajero

tray la bandeja

treatment el tratamiento

trip el viaje

tropical tropical

trunk el maletero, el baúl

try tratar

try on probarse

tub la bañadera

Tuesday martes

tuna el atún

tunic la túnica

tourist el/la turista; turístico/a

turkey el pavo, guajolote (*Mex.*)

turn doblar: turn off apagar(se)

TV viewer el/la televidente

twin el/la gemelo/a

twist torcer(se)

typewriter la máquina de escribir

U

ugly feo/a

ulcer la úlcera

umbrella el paraguas

umpire el árbitro

uncle el tío

under debajo (de)

underline subrayar

understand entender

underwear ropa interior

unexpected inesperado

unforgettable inolvidable

uniform el uniforme

universe el universo

university la universidad

unnoticed desapercibido/a

unpayable impagable

unpleasant antipático/a

until hasta (que)

urban urbano/a

urgent urgente

use utilizar, usar

utensil el utensilio

V

vacant vacante

vacation la vacación

vaccination la vacuna

vacuum cleaner la aspiradora

valid válido/a

valuable valioso/a

vanilla la vainilla

variable variable

VCR la videocasetera

vegetable el vegetal, la verdura

vegetarian vegetariano/a

vegetation la vegetación

vein la vena

Venezuelan venezolano/a
verb el verbo
verify verificar
vertical vertical
very muy
victory el triunfo
victim la víctima
vinegar el vinagre
violence la violencia
violinist el/la violinista
virus el virus
vitamine la vitamina
vocabulary el vocabulario
volleyball el voleibol
volume el volumen
volunteer el/la voluntario
vote votar
voucher el vale
vowel la vocal

W

waist la cintura
waiter el camarero
waitress la camarera
wake up despertarse
walk caminar
want querer
war la guerra
wardrobe el guardarropa, el vestuario
warn advertir
warning el aviso
wash lavar(se)
washbowl el lavabo
washing machine la lavadora
waste desperdiciar
watch v. mirar, vigilar; n. el reloj
water v. regar; n. el agua (f.)
way el camino
we nosotros/as
weak débil
wear llevar, usar
wear a costume disfrazarse

weather report el pronóstico, el tiempo
wedding la boda
Wednesday miércoles
week la semana
weight el peso
welcome n. la bienvenida, v. dar la bienvenida
welfare el bienestar, asistencia social
well bien
what qué
when interrog. cuándo; adv. cuando
where dónde
where (to) adónde
which (one) cuál/es
while mientras
white blanco/a
who quién
why por qué
wide ancho/a
widow la viuda
widower el viudo
wife la esposa
will la voluntad
win ganar
wind el viento
window la ventana, ventanilla
window cleaner el limpiavidrios
windshield el parabrisas
windshield wiper el limpiaparabrisas
wine el vino
winner el/la ganador/a
winter el invierno
Wise Men Reyes Magos
wish desear
with con
without sin
woman la mujer
wood la madera
wool la lana
word la palabra
work v. trabajar; n. el trabajo
worker el/la obrero/a
world el mundo

world-wide mundial, universal
worry preocupar(se)
wrist la muñeca
write escribir
writer el/la escritor/a

Y

year el año
yellow amarillo/a
yes sí
yesterday ayer: day before yesterday anteayer
yet todavía
yogurt el yogur
you tú; usted, Ud.; vosotros/as; ustedes, Uds.; te, os, lo, la, los, las; ti, le, les
young joven

Z

zone la zona
zoo el zoológico

Credits

Index of Language Functions

Index

SINGLE PC LICENSE AGREEMENT AND LIMITED WARRANTY

READ THIS LICENSE CAREFULLY BEFORE OPENING THIS PACKAGE. BY OPENING THIS PACKAGE, YOU ARE AGREEING TO THE TERMS AND CONDITIONS OF THIS LICENSE. IF YOU DO NOT AGREE, DO NOT OPEN THE PACKAGE. PROMPTLY RETURN THE UNOPENED PACKAGE AND ALL ACCOMPANYING ITEMS TO THE PLACE WHERE YOU OBTAINED THEM.

1. GRANT OF LICENSE and OWNERSHIP: The enclosed computer programs ("Software") are licensed, not sold, to you by Prentice-Hall, Inc. ("We" or the "Company") and in consideration of your purchase or adoption of the accompanying Company textbooks and/or other materials, and your agreement to these terms. We reserve any rights not granted to you. You own only the disk(s) but we and/or our licensors own the Software itself. This license allows you to use and display your copy of the Software on a single computer (i.e., with a single CPU) at a single location for _academic_ use only, so long as you comply with the terms of this Agreement. You may make one copy for back up, or transfer your copy to another CPU, provided that the Software is usable on only one computer.

2. RESTRICTIONS: You may _not_ transfer or distribute the Software or documentation to anyone else. Except for backup, you may _not_ copy the documentation or the Software. You may _not_ network the Software or otherwise use it on more than one computer or computer terminal at the same time. You may _not_ reverse engineer, disassemble, decompile, modify, adapt, translate, or create derivative works based on the Software or the Documentation. You may be held legally responsible for any copying or copyright infringement which is caused by your failure to abide by the terms of these restrictions.

3. TERMINATION: This license is effective until terminated. This license will terminate automatically without notice from the Company if you fail to comply with any provisions or limitations of this license. Upon termination, you shall destroy the Documentation and all copies of the Software. All provisions of this Agreement as to limitation and disclaimer of warranties, limitation of liability, remedies or damages, and our ownership rights shall survive termination.

4. LIMITED WARRANTY AND DISCLAIMER OF WARRANTY: Company warrants that for a period of 60 days from the date you purchase this SOFTWARE (or purchase or adopt the accompanying textbook), the Software, when properly installed and used in accordance with the Documentation, will operate in substantial conformity with the description of the Software set forth in the Documentation, and that for a period of 30 days the disk(s) on which the Software is delivered shall be free from defects in materials and workmanship under normal use. The Company does _not_ warrant that the Software will meet your requirements or that the operation of the Software will be uninterrupted or error-free. Your only remedy and the Company's only obligation under these limited warranties is, at the Company's option, return of the disk for a refund of any amounts paid for it by you or replacement of the disk. THIS LIMITED WARRANTY IS THE ONLY WARRANTY PROVIDED BY THE COMPANY AND ITS LICENSORS, AND THE COMPANY AND ITS LICENSORS DISCLAIM ALL OTHER WARRANTIES, EXPRESS OR IMPLIED, INCLUDING WITHOUT LIMITATION, THE IMPLIED WARRANTIES OF MERCHANTABILITY AND FITNESS FOR A PARTICULAR PURPOSE. THE COMPANY DOES NOT WARRANT, GUARANTEE OR MAKE ANY REPRESENTATION REGARDING THE ACCURACY, RELIABILITY, CURRENTNESS, USE, OR RESULTS OF USE, OF THE SOFTWARE.

5. LIMITATION OF REMEDIES AND DAMAGES: IN NO EVENT, SHALL THE COMPANY OR ITS EMPLOYEES, AGENTS, LICENSORS, OR CONTRACTORS BE LIABLE FOR ANY INCIDENTAL, INDIRECT, SPECIAL, OR CONSEQUENTIAL DAMAGES ARISING OUT OF OR IN CONNECTION WITH THIS LICENSE OR THE SOFTWARE, INCLUDING FOR LOSS OF USE, LOSS OF DATA, LOSS OF INCOME OR PROFIT, OR OTHER LOSSES, SUSTAINED AS A RESULT OF INJURY TO ANY PERSON, OR LOSS OF OR DAMAGE TO PROPERTY, OR CLAIMS OF THIRD PARTIES, EVEN IF THE COMPANY OR AN AUTHORIZED REPRESENTATIVE OF THE COMPANY HAS BEEN ADVISED OF THE POSSIBILITY OF SUCH DAMAGES. IN NO EVENT SHALL THE LIABILITY OF THE COMPANY FOR DAMAGES WITH RESPECT TO THE SOFTWARE EXCEED THE AMOUNTS ACTUALLY PAID BY YOU, IF ANY, FOR THE SOFTWARE OR THE ACCOMPANYING TEXTBOOK. BECAUSE SOME JURISDICTIONS DO NOT ALLOW THE LIMITATION OF LIABILITY IN CERTAIN CIRCUMSTANCES, THE ABOVE LIMITATIONS MAY NOT ALWAYS APPLY TO YOU.

6. GENERAL: THIS AGREEMENT SHALL BE CONSTRUED IN ACCORDANCE WITH THE LAWS OF THE UNITED STATES OF AMERICA AND THE STATE OF NEW YORK, APPLICABLE TO CONTRACTS MADE IN NEW YORK, AND SHALL BENEFIT THE COMPANY, ITS AFFILIATES AND ASSIGNEES. THIS AGREEMENT IS THE COMPLETE AND EXCLUSIVE STATEMENT OF THE AGREEMENT BETWEEN YOU AND THE COMPANY AND SUPERSEDES ALL PROPOSALS OR PRIOR AGREEMENTS, ORAL, OR WRITTEN, AND ANY OTHER COMMUNICATIONS BETWEEN YOU AND THE COMPANY OR ANY REPRESENTATIVE OF THE COMPANY RELATING TO THE SUBJECT MATTER OF THIS AGREEMENT. If you are a U.S. Government user, this Software is licensed with "restricted rights" as set forth in subparagraphs (a)-(d) of the Commercial Computer-Restricted Rights clause at FAR 52.227-19 or in subparagraphs (c)(1)(ii) of the Rights in Technical Data and Computer Software clause at DFARS 252.227-7013, and similar clauses, as applicable.

Should you have any questions concerning this agreement or if you wish to contact the Company for any reason, please contact in writing: Modern Languages Media Editor, Prentice Hall, One Lake Street, Upper Saddle River, NJ 07458.

Mar Caribe

Océano Atlántico

Barranquilla
Cartagena

Maracaibo

TRINIDAD
Y TOBAGO
Port-of-Spain

Caracas

R. Orinoco

VENEZUELA

Georgetown

Paramaribo

GUYANA

Cayena

Medellín
Manizales

Cali

Bogotá

Salto Ángel

COLOMBIA

SURINAM

GUAYANA
FRANCESA

Quito

ECUADOR

CORDILLERA DE LOS ANDES

ECUADOR

R. Amazonas

Quayaquil

Cuenca

Manaus

Belém

Iquitos

BRASIL

Cajamarca

R. Madeira

Recife

PERÚ

Machu
Picchu

Lima

Ayacucho

Cuzco

Océano Pacífico

Isla Pinta   Isla Marchena

Isla San Salvador
Santa Cruz
Isla Santa Cruz

Isla Isabela

Puerto
Ayora

Isla
San Cristóbal

Puerto
Villamil

Puerto Baquerizo
Moreno

LAS ISLAS
GALÁPAGOS
(ECUADOR)

0   50   100 millas

0   50   100 kilómetros

Arequipa

L. Titicaca

BOLIVIA

Brasilia

La Paz

Salvador

Arica

Sucre

Belo Horizonte

Iquique

Potosí

PARAGUAY

0   25   50 millas

0   25   50 kilómetros

Cabo Norte

Volcán
Puakatike

Cabo
Cumming

Hanga Roa
Mataveri

Cabo Sur

Océano Pacífico

ISLA DE PASCUA
(CHILE)

Desierto de Atacama

Antofagasta

Salta

Asunción

São Paulo

Rio de Janeiro

Santos

TRÓPICO DE CAPRICORN

Tucumán

Salto Iguazú

Porto Alegre

CHILE

CORDILLERA DE LOS ANDES

Córdoba

R. Paraná

R. Uruguay

URUGUAY

Valparaíso

Santiago

Mendoza

Rosario

Buenos Aires

La Plata

Montevideo

Río de la Plata

Concepción

Bahía Blanca

ARGENTINA

Puerto Montt

Océano Pacífico

Estrecho de
Magallanes

ISLAS MALVINAS

TIERRA DEL FUEGO

Punta
Arenas

Cabo de Hornos

América del Sur

0   200   400   600   800 millas

0   200   400   600   800 kilómetros

⊛   Capital

▲   Volcán

∴   Ruinas